Schriften zum Gesellschafts-, Bank- und Kapitalmarktrecht

Herausgegeben von
Prof. Dr. Gregor Bachmann, Universität Trier
Prof. Dr. Matthias Casper, Universität Münster
Prof. Dr. Carsten Schäfer, Universität Mannheim
Prof. Dr. Rüdiger Veil, Bucerius Law School Hamburg

Band 12

Katrin Schlimm

Das Geschäftsleiterermessen des Vorstands einer Aktiengesellschaft

Die Kodifikation einer „Business Judgment Rule" deutscher Prägung in § 93 Abs. 1 S. 2 AktG

Nomos

Meiner Mutter, meiner Großmutter und
meinem Ehemann
sowie
meinem Vater in memoriam

Die Deutsche Nationalbibliothek verzeichnet diese Publikation in der Deutschen Nationalbibliografie; detaillierte bibliografische Daten sind im Internet über http://www.d-nb.de abrufbar.

Zugl.: Münster, Univ., Diss., 2008

ISBN 978-3-8329-4331-8

D6

1. Auflage 2009

Vorwort

Die Arbeit hat der Juristischen Fakultät der Westfälischen Wilhelms-Universität Münster im Sommersemester 2008 als Dissertation vorgelegen und befindet sich hinsichtlich Gesetzgebung, Rechtsprechung und Literatur auf dem Stand von April 2008.

In Bezug auf die Entstehung dieser Arbeit bin ich in vielerlei Hinsicht zu Dank verpflichtet:

Mein erster Dank gilt meinem verehrten Doktorvater Herrn Prof. Dr. Matthias Casper, der die Arbeit angeregt und ihre Entstehung in vielerlei Hinsicht fördernd begleitet hat. Herrn Prof. Dr. Wolfram Timm danke ich für die Erstellung des Zweitgutachtens. Des Weiteren richtet sich mein Dank an Herrn Prof. Dr. Rüdiger Veil für wertvolle Anregungen im Rahmen des interuniversitären Doktorandenseminars. Allen Herausgebern danke ich für die freundliche Aufnahme der vorliegenden Arbeit in ihre Schriftenreihe.

Dem Arbeitskreis Wirtschaft und Recht im Stifterverband für die deutsche Wissenschaft bin ich für die Gewährung eines Druckkostenzuschusses zu Dank verpflichtet.

Herrn Prof. em. Dr. Hans Brox, Bundesverfassungsrichter a.D., möchte ich vor allem dafür danken, dass er während meiner Tätigkeit als studentische Hilfskraft bei ihm meine Begeisterung für das Zivilrecht noch weiter entfacht hat.

Meinen Freundinnen und Freunden danke ich für wertvollen fachlichen Austausch, bedingungslosen mentalen Rückhalt und die notwendige Zerstreuung. Namentlich seien insofern vor allem Frau Verena Geiger, Frau Dr. Carolin Ostkamp, Frau Kristina Besler und Herr Matthias Pohlkamp genannt.

Mein größter Dank aber gilt meiner Familie – allen voran meiner Mutter, meiner Großmutter und meinem Ehemann, die während des Schreibprozesses alle Höhen und Tiefen miterlebt, vor allem aber auch mitgetragen haben. Ohne ihre liebevolle Fürsorge, ihre Geduld und ihr Verständnis wäre die Arbeit nicht entstanden. Ihnen dreien und meinem Vater – in stiller Verbundenheit – ist diese Arbeit gewidmet.

Essen im September 2008 Katrin Schlimm

Inhaltsverzeichnis

Abkürzungsverzeichnis

a.A.	anderer Ansicht
a.a.O.	am angegebenen Ort
ABA	American Bar Association
abgedr.	abgedruckt
Abs.	Absatz
AcP	Archiv für die civilistische Praxis
A.2d	Atlantic Reporter, 2d Series
a.E.	am Ende
a.F.	alte Fassung
AG	Aktiengesellschaft / Die Aktiengesellschaft (Zeitschrift)
AktG	Aktiengesetz i. d. F. v. 6.9.1965 (BGBl. I S. 1089), zul. geändert am 22.9.2005
A/K/S	Assmann/Kirchner/Schanze
ALI	American Law Institute
Alt.	Alternative
amtl.	amtlich
Anh.	Anhang
Anm.	Anmerkung
AR	Aufsichtsrat
Art.	Artikel
Ass`n	Association
Aufl.	Auflage
BaFin	Bundesanstalt für Finanzdienstleistungsaufsicht
BAG	Bundesarbeitsgericht
BaKred	Bundesaufsichtsamt für das Kreditwesen
BB	Der Betriebs-Berater (Zeitschrift)
Bd.	Band/Bände
BDA	Bundesvereinigung der Deutschen Arbeitgeberverbände
BdB	Bundesverband deutscher Banken
BDI	Bundesverband der Deutschen Industrie
bearb.	bearbeitet
Begr.	Begründer / Begründung
ber.	berichtigt
Beschl.	Beschluss

BetrVG	Betriebsverfassungsgesetz
BGB	Bürgerliches Gesetzbuch (BGB) i. d. F. der Bekanntmachung v. 2.1.2002 (BGBl. I S. 42, ber. S. 2909 und BGBl. I 2003, S. 738), zul. geändert am 19.4.2006
BGBl.	Bundesgesetzblatt
BGH	Bundesgerichtshof
BGHZ	Entscheidungen des Bundesgerichtshofes in Zivilsachen
BJR	Business Judgment Rule
BKR	Zeitschrift für Bank- und Kapitalmarktrecht
BRAK	Bundesrechtsanwaltskammer
BR-Drs.	Bundesratsdrucksache
BT-Drs.	Bundestagsdrucksache
Bus. Law.	The Business Lawyer (Zeitschrift)
BWL	Betriebswirtschaftslehre
bzgl.	bezüglich
bzw.	beziehungsweise
Cir.	Circuit
cl.	clause
Conn.	Connecticut
Corp.	Corporation
DAI	Deutsches Aktieninstitut
D.Ariz.	District of Arizona
DAV	Deutscher Anwaltverein
DB	Der Betrieb (Zeitschrift)
DBW	Die Betriebswirtschaft (Zeitschrift)
Del.Ch.	Court of Chancery of Delaware
Del. Gen. Corp. L.	Delaware General Corporation Law
Del. J. Corp. L.	Delaware Journal of Corporate Law
Del.Supr.	Supreme Court of Delaware
dens.	denselben
ders.	derselbe
DGB	Deutscher Gewerkschaftsbund
dies.	dieselbe(n)
DIHK	Deutscher Industrie- und Handelskammertag
Diss.	Dissertation
D&O	Director`s & Officer`s
DStR	Deutsches Steuerrecht (vor 1962: Deutsche Steuer-Rundschau) (Zeitschrift)

DSW	Deutsche Schutzvereinigung für Wertpapierbesitz e.V.
Duke L.J.	Duke Law Journal (Zeitschrift)
DZWir	Deutsche Zeitschrift für Wirtschaftsrecht (ab 1993)
ed.	edition
Erg.	Ergänzungslieferung
Erl.	Erläuterung
etc.	et cetera
f., ff.	folgende
F.2d	Federal Reporter, 2d Series
F.3d	Federal Reporter, 3d Series
Fn.	Fußnote(n)
Fordham L. Rev.	Fordham Law Review (Zeitschrift)
FS	Festschrift
F.Supp.	Federal Supplement
GDV	Gesamtverband der Deutschen Versicherungswirtschaft
gem.	gemäß
GG	Grundgesetz für die Bundesrepublik Deutschland i. d. F. v. 23.5.1949 (BGBl. S. 1), zul. geändert am 26.7.2002
Geo. Wash. L. Rev.	George Washington Law Review (Zeitschrift)
GesetzesE	Gesetzesentwurf
ggf.	gegebenenfalls
ggü.	gegenüber
GmbH	Gesellschaft mit beschränkter Haftung
GmbHG	Gesetz betreffend die Gesellschaften mit beschränkter Haftung i. d. F. der Bekanntmachung v. 20.5.1898 (RGBl. S. 846) zul. geändert am 22.3.2005
GmbH & Co.	Gesellschaft mit beschränkter Haftung & Compagnie
GmbHR	GmbH-Rundschau (bis 1963: Rundschau für GmbH) (Zeitschrift)
GO NW	Gemeindeordnung für das Land Nordrhein-Westfalen (GO NW) i. d. F. der Bekanntmachung v. 14.7.1994 (GV NRW S. 666/SGV NRW 2023) zul. geändert am 3.5.2005

Großkomm.	Großkommentar
grds.	grundsätzlich
Habil.	Habilitation
HGB	Handelsgesetzbuch (ohne Seehandel) i. d. F. v. 10.5.1897 (RGBl. S. 219), zul. geändert am 19.4.2006
h.M.	herrschende(n/r) Meinung
Hrsg.	Herausgeber
hrsg. v.	herausgegeben von
Hs.	Halbsatz
HV	Hauptversammlung
i. d. F. v.	in der Fassung vom
i. d. R.	in der Regel
i.E.	im Ergebnis
Inc.	Incorporated
insbes.	insbesondere
Intern.	International
i.R.d.	im Rahmen der/des
i.S.d./v.	im Sinne der/des/von
i.Ü.	im Übrigen
JA	Juristische Arbeitsblätter (Zeitschrift)
J. Bankr. L. & Prac.	Journal of Bankruptcy Law and Practice (Zeitschrift)
Jura	Jura (Zeitschrift)
JW	Juristische Wochenschrift (Zeitschrift)
JZ	Juristenzeitung (Zeitschrift)
KG	Kammergericht/Kommanditgesellschaft
KonTraG	Gesetz zur Kontrolle und Transparenz im Unternehmensbereich (KonTraG) v. 27.4.1998 (BGBl. I S. 786)
KWG	Gesetz über das Kreditwesen (Kreditwesengesetz – KWG) i. d. F. der Bekanntmachung v. 9.9.1998 (BGBl. I S. 2776), zul. geändert am 22.9.2005
LG	Landgericht
M&A	Mergers & Acquisitions
MaRisk	Mindestanforderungen an das Risikomanagement

m.E.	meines Erachtens
Minn.	Minnesota
MitbestG	Gesetz über die Mitbestimmung der Arbeitnehmer v. 4.5.1976 (BGBl. I S. 1153), zul. geändert am 14.8.2006
MünchKomm	Münchener Kommentar
m.w.N.	mit weiteren Nachweisen
n.	note
N.D.Ill.	Northern District of Illinois
n.F.	neue Fassung
NGO	Niedersächsische Gemeindeordnung i. d. F. v. 22.8.1996 (GVBl. S. 382) zul. geändert am 18.5.2006
NJW	Neue Juristische Wochenschrift (Zeitschrift)
Nr.	Nummer
Nw. U. L. Rev.	Northwestern University Law Review (Zeitschrift)
NZA	Neue Zeitschrift für Arbeitsrecht
NZG	Neue Zeitschrift für Gesellschaftsrecht
NZI	Neue Zeitschrift für das Recht der Insolvenz und Sarnierung
OLG	Oberlandesgericht
pass.	passim
PHi	Haftpflicht international, Recht und Versicherung (Zeitschrift)
R	Report
RabelsZ	Zeitschrift für ausländisches und internationales Privatrecht, begründet von *Rabel*
RefE	Referentenentwurf
RegE	Regierungsentwurf
RG	Reichsgericht
RGZ	Entscheidungen des Reichsgerichts in Zivilsachen
RGBl.	Reichsgesetzblatt
RGZ	Entscheidungen des Reichsgerichts in Zivilsachen
RIW	Recht der Internationalen Wirtschaft (Zeitschrift)
Rn.	Randnummer(n)

S.	Satz; Seite(n); Siehe
s.	siehe
Schr.	Schrift
Sdk	Schutzgemeinschaft der Kleinaktionäre e.V.
Sec.	Section
sog.	so genannt(e/en/es)
SoBeilage	Sonderbeilage
SoHeft	Sonderheft
ThürOLG	Thüringisches Oberlandesgericht
TransPuG	Gesetz zur weiteren Reform des Aktien- und Bilanzrechts, zur Transparenz und Publizität (Transparenz- und Publizitätsgesetz) v. 19.7.2002 (BGBl. I S. 2681)
u.	und
u.a.	und andere; unter anderem
u.d.T.	unter dem Titel
UMAG	Gesetz zur Unternehmensintegrität und Modernisierung des Anfechtungsrechts (UMAG) v. 22.9.2005 (BGBl. I S. 2802)
UmwG	Umwandlungsgesetz (UmwG) i. d. F. v. 28.10.1994 (BGBl. I S. 3210, ber. 1995 I S. 428), zul. geändert am 9.12.2004
Univ.	Universität
Urt.	Urteil
u.s.w.	und so weiter
u.U.	unter Umständen
v.	vom / versus
Val. U. L. Rev.	Valparaiso University Law Review (Zeitschrift)
Vand. L. Rev.	Vanderbilt Law Review (Zeitschrift)
Var.	Variante
VersR	Versicherungsrecht (Zeitschrift)
vgl.	vergleiche
WiB	Wirtschaftliche Beratung (Zeitschrift)
WL	Westlaw
WM	Wertpapier-Mitteilungen, Zeitschrift für Wirtschafts- und Bankrecht, Teil IV
WPg	Die Wirtschaftsprüfung (Zeitschrift)

WpHG	Gesetz über den Wertpapierhandel (Wertpapierhandelsgesetz – WpHG) i. d. F. der Bekanntmachung v. 9.9.1998 (BGBl. I. S. 2708), zul. geändert am 22.5.2005
WpÜG	Wertpapiererwerbs- und Übernahmegesetz (WpÜG) i. d. F. v. 20.12.2001 (BGBl. I S. 3822), zu. geändert am 8.7.2006
Yale L. J.	The Yale Law Journal (Zeitschrift)
z.B.	zum Beispiel
ZBB	Zeitschrift für Bankrecht und Bankwirtschaft
ZfB	Zeitschrift für Betriebswirtschaft
ZfbF	Schmalenbachs Zeitschrift für betriebswirtschaftliche Forschung
ZGR	Zeitschrift für Unternehmens- und Gesellschaftsrecht
ZHR	Zeitschrift für das gesamte Handelsrecht und Wirtschaftsrecht
ZIP	Zeitschrift für Wirtschaftsrecht (früher: Zeitschrift für die gesamte Insolvenzpraxis)
zit.	zitiert
ZRP	Zeitschrift für Rechtspolitik
zugl.	zugleich
zul.	zuletzt

1. Teil: Grundlegung

§ 1 Einleitung

I. Gegenstand und Ziel der Arbeit

Mit dem Fällen unternehmerischer Entscheidungen verhält es sich bisweilen wie mit *Nathans* drei Ringen: Unter den verschiedenen Entscheidungsmöglichkeiten die (ex ante) einzig Richtige zu bestimmen, ist weder dem ursprünglich Entscheidenden noch dem später zur Streitentscheidung berufenen Richter möglich.

Nicht zuletzt deshalb existierte in deutschen Unternehmens- wie juristischen Fachkreisen auch jahrzehntelang eine Art stillschweigende Übereinkunft dergestalt, die daran anknüpfende aktienrechtliche Organhaftung eher ein Dasein als „totes" Recht fristen zu lassen.[1] Mit anderen Worten verständigte man sich darauf, es dem Richter in der bekannten Parabel gewissermaßen gleichzutun.

Konkreter bedeutete dies, dass in deutschen Unternehmen mehr das nicht zwingend an die Feststellung einer Pflichtverletzung gekoppelte „Sanktionssystem Amtsverlust" bemüht wurde[2] denn das der Organhaftung, um Vorstandsmitglieder zu pflichtgemäßem Verhalten anzuhalten.[3] Das zur aktienrechtlichen Organhaftung

1 Vgl. insofern auch schon die Einschätzungen von *Wiedemann*, Gesellschaftsrecht, Bd. I, 1980, S. 624 (kein „lebendes" Recht) und *Schwark*, ZHR 142 (1978), 203 (219) (geringe Rolle in gerichtlicher Praxis) sowie aus neuerer Zeit etwa die von *H. Schaefer/Missling*, NZG 1998, 441 (441) (keine allzu große praktische Bedeutung); *Heimbach/Boll*, VersR 2001, 801 (801) (eher unbedeutende Rolle). Aus der Ökonomie dagegen so auch *M. Schmidt*, ZBB 2006, 31 (33) (§ 93 Abs. 1 AktG bisher praktisch ohne Bedeutung) und *v. Werder*, DB 1987, 2265 (2265) (bisher kein lebendes Recht). Ein weiterer Grund bestand nun allerdings auch darin, dass infolge der – lange Zeit – schwachen Ausgestaltung des Verfolgungsrechts einer Aktionärsminderheit im Grunde allein eine Geltendmachung von Schadensersatzansprüchen der Gesellschaft durch den Aufsichtsrat in Betracht kam. Dieser verhielt sich mit dem „Sanktionssystem Haftung" – noch ungeachtet etwaiger Solidaritätsaspekte – aber schon mit Blick auf die damit verbundenen eigenen Haftungsrisiken äußerst zurückhaltend (s. hierzu etwa *Kiethe*, ZIP 2003, 707 (707); *Mertens*, AG 1990, 49 (51); *Sieg*, PHi 2001, 90 (94)).

2 Vgl. hierzu etwa *Ulmer*, ZHR 163 (1999), 290 (295).

3 Eines Verweises auf die Organhaftung bediente man sich allenfalls dann, wenn es etwa um die Begrenzung oder den Ausschluss von Abfindungen im Rahmen des gütlichen Ausscheidens von Vorstandsmitgliedern ging (*Horn*, ZIP 1997, 1129 (1131)).

auffindbare Fallmaterial fiel und fällt demgegenüber eher spärlich aus.[4] Wenn deren Anwendung nun allerdings einmal unausweichlich wurde, so gab der Umgang mit ihr an sich seit jeher eine unumstrittene Grundeinsicht preis: Das Konzept eines auf die „einzig richtige Entscheidung" verhafteten Sorgfaltsstandards ist praktisch nicht durchführbar. Vielmehr bedarf es, will man gleichwohl Aussagen über dessen Einhaltung treffen, der Zuerkennung eines gewissen vorstandseigenen Handlungsspielraums.[5]

Der Begriff des Geschäftsleiterermessens bzw. zunächst auch des „pflichtgemäßen Ermessens"[6] hat in diesem Zusammenhang schließlich erstmals 1979 höchstrichterliche Anerkennung gefunden. Nichtsdestotrotz blieb es aber auch lange nach der damit angesprochenen *Herstatt*-Entscheidung[7] noch im Wesentlichen bei diesen vagen Grundeinsichten, die mehr mit „leeren Worthülsen" gespickt waren denn mit systembildenden Grundsätzen, die das damit zumindest schon im Keim angelegte Institut fortzuentwickeln und dem „toten" Recht auf diese Weise Leben einzuhauchen imstande gewesen wären.

An diesem verhaltenen Umgang mit der aktienrechtlichen Organhaftung im Allgemeinen und dem Geschäftsleiterermessen im Besonderen sollte sich erst mit Beginn der neunziger Jahre etwas ändern, als spektakuläre Unternehmenskrisen und –skandale (*ARAG*, *Metallgesellschaft*, *ASS*, *Bremer Vulkan*, *Balsam*, *KHD*, *Mannesmann*, *Holzmann*, *HypoVereinsbank*[8]) in Deutschland die *Corporate Governance*-Debatte entfachten und sodann auch schnell zum „liebsten Kind" juristischer Fachkreise avancieren ließen.[9] Im Kern geht es dabei um die Sicherstellung einer effizienten Unternehmensleitung- bzw. Überwachung und damit um die Steuerung des Verhaltens der handelnden Personen.[10] Da aufgrund struktureller Gegebenheiten zur

4 S. aus dem Fundus aktueller Stellungnahmen nur *Fleischer*, in: Handbuch des Vorstandsrechts, 2006, § 7, Rn. 47 sowie *M. Schmidt*, ZBB 2006, 31 (31). Vgl. aus der älteren Literatur demgegenüber etwa *Horn*, ZIP 1997, 1129 (1131) sowie *Schwark*, ZHR 142 (1978), 203 (219).

5 Vgl. insofern schon *RG*, Urt. v. 17.3.1885 – Rep. II. 467/85 –, RGZ 13, 43 (46) sowie *Klausing*, Aktien-Gesetz, 1937, Amtl. Begr. zu § 84, S. 71.

6 Die Terminologie weist insofern leichte Unterschiede auf: Ebenfalls den Begriff des „Geschäftsleiterermessens" zu Grunde legend etwa *Fleischer*, in: Handbuch des Vorstandsrechts, 2006, § 7, Rn. 45 und pass.; *ders.*, in: FS Wiedemann, 2002, S. 827 (827 und pass.) sowie in ZIP 2004, 685 (685 und pass.). Dagegen auf den Terminus des „unternehmerischen Ermessens" rekurrierend beispielsweise *Oltmanns*, Geschäftsleiterhaftung und unternehmerisches Ermessen, 2001; *Paefgen*, Unternehmerische Entscheidungen und Rechtsbindung, 2002, S. 1 und pass.; *M. Roth* in Unternehmerisches Ermessen, 2001 und in BB 2004, 1066 (1066 und pass.) sowie *Kindler*, ZHR 162 (1998),101 (101 und pass.). Demgegenüber vereinheitlichend auf den US-amerikanischen Begriff der *„Business Judgment Rule"* abstellend etwa *Brömmelmeyer*, WM 2005, 2065 (2065 und pass.).

7 *BGH*, Urt. v. 9.7.1979 – II ZR 118/77 (*„Herstatt"*) –, BGHZ 75, 96 (108).

8 S. hierzu die ausführliche Darstellung bei *Lohse*, Unternehmerisches Ermessen, 2005, S. 11 ff.

9 Vgl. *v. Werder*, in: Handbuch Corporate Governance, 2003, S. 3 (5).

10 *Lohse*, Unternehmerisches Ermessen, 2005, S. 27. Vgl. hierzu auch *Hopt*, in: Handbuch Corporate Governance, 2003, S. 29 (31 f.).

Verhaltenssteuerung in Deutschland allein die Forcierung der „internen *Corporate Governance*-Mechanismen" in Betracht kommt,[11] nimmt es nicht Wunder, dass sich besagte Debatte (unter anderem[12]) sehr schnell auf die aktienrechtliche Organhaftung kaprizierte – zumal die haftungsrechtliche Ahndung von Fehlverhalten des Managements auch öffentlich immer stärker eingefordert wurde.[13]

Es erwachte also ein immer stärkeres Bestreben, der aktienrechtlichen Organhaftung und damit auch dem Geschäftsleiterermessen ein Mehr an operationalem Gehalt zu verleihen. Insbesondere nachdem sich auch der *Bundesgerichtshof* im Jahr 1997 endlich dazu aufgefordert sah, die Sache *ARAG/Garmenbeck* zum Anlass für einen – für damalige Verhältnisse – wegweisenden Beitrag zu nehmen,[14] setzte eine ganze Welle juristischer Stellungnahmen bzw. Konkretisierungsvorschläge ein, in deren Rahmen – konform zu den höchstrichterlichen Vorgaben – nun auch immer mehr auf das US-amerikanische Pendant der *Business Judgment Rule* Bezug genommen wurde.[15] Zuletzt hat sich schließlich der Gesetzgeber selbst der Materie angenommen und der Fortentwicklung des Geschäftsleiterermessens durch dessen Kodifikation in § 93 Abs. 1 S. 2 AktG[16] zu einem (vorläufigen) Höhepunkt verholfen. Darin heißt es nun:

> „Eine Pflichtverletzung liegt nicht vor, wenn das Vorstandsmitglied bei einer unternehmerischen Entscheidung vernünftigerweise annehmen durfte, auf der Grundlage angemessener Information zum Wohle der Gesellschaft zu handeln."

Diese vergleichsweise rasante Entwicklung der letzten Jahre soll nun allerdings auch nicht darüber hinwegtäuschen, dass selbst mit dieser positivierten und einer Unterteilung in verschiedene Merkmale zugänglichen Formulierung im Grunde nicht mehr geschaffen wurde, als ein noch äußerst schemenhafter Rahmen für die so

11 Die disziplinierenden Kräfte der Kapitalmärkte, des Unternehmenskontrollmarktes und des Wettbewerbs auf den Güter- und Kapitalmärkten als die „externen *Corporate Governance*-Mechanismen" vermögen in Deutschland demgegenüber keine effiziente Unternehmensleitung und –überwachung zu gewährleisten. S. auch hierzu ausführlich *Lohse*, Unternehmerisches Ermessen, 2005, S. 28 ff. S. zu den internen und externen *Corporate Governance*-Mechanismen und deren jeweiliger Ausprägung in Deutschland darüber hinaus auch *Hopt*, in: Handbuch Corporate Governance, 2003, S. 29 (34 ff.).

12 Des Weiteren stand vor allem auch die – damit eng verwobene – Einführung der Aktionärsklage bzw. zumindest die deutliche Verschärfung des Verfolgungsrechts einer Aktionärsminderheit – wie sie nun auch mit § 148 Eingang in das geltende Aktiengesetz gefunden hat – im Blickpunkt des Interesses.

13 Vgl. zum letzten Aspekt etwa *Heermann*, ZIP 1998, 761 (761) und *Sieg*, PHi 2001, 90 (92) sowie aus jüngster Zeit *Rodewald/Unger*, BB 2006, 113 (113).

14 *BGH*, Urt. v. 21.4.1997 – II ZR 175/95 („*ARAG/Garmenbeck*") –, BGHZ 135, 244 (253 f.) = NJW 1997, 1926 (1928) = ZIP 1997, 883 (886).

15 S. vor allem die Monographien von *Oltmanns*, Geschäftsleiterhaftung, 2001; *Paefgen*, Unternehmerische Entscheidungen und Rechtsbindung, 2002 und *M. Roth*, Unternehmerisches Ermessen, 2001. S. des Weiteren exemplarisch *Horn*, ZIP 1997, 1129 (insbes. 1134 f.); *Kindler*, ZHR 162 (1998), 101 (103 ff.) und *Ulmer*, ZHR 163 (1999), 290 (297 ff., insbes. 299).

16 Eingefügt durch Art. 1, Punkt 1a. a) des UMAG v. 22.9.2005 (BGBl. I, S. 2802).

dringend erforderliche systembildende Grundlagenarbeit.[17] Der viel zu geringe Zuwachs an operationalem Gehalt offenbart sich dabei vor allem durch den auf der Ebene der einzelnen Merkmale wieder angebrachten und dort beinahe hilflos anmutenden Rückgriff etwa auf die alt hergebrachte „leere Worthülse", das mit der unternehmerischen Entscheidung verbundene Risiko dürfe nicht in unverhältnismäßiger Weise falsch beurteilt worden sein.[18] Woran es mangelt, ist also insbesondere eine konkrete interessengerechte und den Bedürfnissen der Praxis entsprechende Ausformung der einzelnen Merkmale der Neuregelung. Gänzlich vernachlässigt wurde bisher vor allem der dogmatisch interessante Aspekt der Rechtsnatur des Geschäftsleiterermessens.[19] Dies verwundert umso mehr, als dass aus den Reihen der Literatur bisweilen immer wieder Einwände betreffend die Unvereinbarkeit eines nach US-amerikanischem Vorbild konzipierten Geschäftsleiterermessens mit der Dogmatik des hiesigen Regelwerks laut geworden sind.[20]

Diesen ernüchternden Befund vor Augen, drängt sich nun aber die Frage auf, warum man sich mit der so ersehnten Konkretisierung des Geschäftsleiterermessens eigentlich bis heute so schwer tut. Schließlich gilt das praktische Bedürfnis nach einem vorstandseigenen Handlungsspielraum als unumstritten.[21] Allein dessen konkrete Ausformung dürfte dann aber doch nicht jahrzehntelang die Gemüter höchster juristischer Fachkreise bemühen.

Warum dem gleichwohl so ist, wird deutlich, wenn man einen Blick in die Ökonomie wagt und sich die eigentliche Daseinsberechtigung des Geschäftsleiterermessens und damit zugleich auch den hohen Anspruch vor Augen führt, dem dieses Institut gerecht zu werden hat:[22]

17 Vgl. insofern auch die Einschätzung von *Hauschka*, AG 2004, 461(461) (das UMAG werde den Betroffenen keine konkreten Vorgaben bieten können), *Koch*, ZGR 2006, 769 (783, 791) („Merkpostengesetzgebung", „deutungsoffene Fassung") sowie von *Spindler*, NZG 2005, 865 (871) (trotz Neuregelung keine Klärung der einzelnen Elemente in ihrer Interpretation). Vgl. zumindest für den Zeitraum bis nach der *ARAG/Garmenbeck*-Entscheidung in diesem Sinne auch *Abeltshauser*, Leitungshaftung, 1998, S. 193.

18 Begr. UMAG-GesetzesE, BT-Drs. 15/5092 v. 14.3.2005, S. 11.

19 Vgl. *Brömmelmeyer*, WM 2005, 2065 (2069): „Die Dogmatik der Business Judgment Rule ist ungeklärt." Einige knappe Aussagen enthalten allein die aktuellen Darstellungen von *Fleischer*, in: Handbuch des Vorstandsrechts, 2006, § 7, Rn. 50; *ders.*, ZIP 2004, 685 (689 f.); *Ihrig*, WM 2004, 2098 (2102 f.) und *M. Roth*, BB 2004, 1066 (1068 f.), wobei sich Letzterer insofern sogar schon vor der Kodifikation des Geschäftsleiterermessens geäußert hat: *ders.*, Unternehmerisches Ermessen, 2001, S. 52 ff.

20 So vor allem *Kinzl*, AG 2004, R3.

21 S. etwa *BGH*, Urt. v. 9.7.1979 – II ZR 118/77 („*Herstatt*") –, BGHZ 75, 96 (108); *BGH*, Urt. v. 21.4.1997 – II ZR 175/95 („*ARAG/Garmenbeck*") –, BGHZ 135, 244 (253) = NJW 1997, 1926 (1927) = ZIP 1997, 883 (885); MünchKommAktG/*Hefermehl/Spindler*, 2004, § 93, Rn. 24; *Hopt* in Großkomm. AktG, 1999, § 93, Rn. 81; *Landwehrmann*, in: Heidel, Aktienrecht, 2007, § 93, Rn. 85; *Mertens* in Kölner Kommentar zum AktG, 2. Auflage, 1996, § 93, Rn. 29 sowie zu den Anfängen in der Literatur etwa *Bastuck*, Enthaftung des Managements, 1986, S. 69 und *Grunewald*, DB 1981, 407 (409).

22 S. zum Folgenden sogleich ausführlich unten unter § 2 (S. 35 ff.) jeweils m.w.N.

Der bereits angesprochene Umstand, dass die Bestimmung der (ex ante) einzig richtigen Entscheidung weder dem ursprünglich Entscheidenden noch dem später zur Streitentscheidung berufenen Richter möglich ist, wird in der Ökonomie vor allem auf die Zukunftgerichtetheit und zugleich hohe Komplexität bzw. Unstrukturiertheit unternehmerischer Entscheidungsprobleme zurückgeführt. In der Situation nachträglicher Überprüfung ist der Blick des für die Beurteilung unternehmerischer Entscheidungen ohnehin schlecht gerüsteten Richters schließlich zudem durch die psychologisch nachgewiesene „Das-musste-so-kommen"-Attitüde verstellt.

Diese Beurteilungsprobleme allein rechtfertigen nun aber noch nicht das Erfordernis eines Handlungsspielraums. Vielmehr muss dazu noch die grundsätzlich risikoaverse Einstellung des Vorstands mit ins Kalkül gezogen werden, die ihn auf die solchermaßen begründete Gefahr, unter Umständen auch für die Realisation eines legitim eingegangenen Risikos haftbar gemacht zu werden, letztendlich mit der sukzessiven Einstellung der Geschäfte der an sich auf Gewinnmaximierung ausgerichteten Gesellschaft reagieren lässt.

Pointierter ließe sich demnach zusammenfassen, dass der mit der aktienrechtlichen Organhaftung bezweckte Schutz der Gesellschaft ab einer gewissen „Schärfe" derselben letztlich in sein Gegenteil verkehrt zu werden droht – wobei die Marke hier genau genommen durch das Kriterium der „Beherrschbarkeit" der eigenen Haftungsrisiken gesetzt wird. Innerhalb dieses Spannungsverhältnisses den Punkt größtmöglicher zugleich aber noch „unschädlicher" Schärfe zu lokalisieren und die Haftung vermittels eines Handlungsspielraums genau auf diesen Punkt zurückzuführen, kann als das Kernproblem der aktienrechtlichen Organhaftung bzw. – genauer noch – als der Pferdefuß des dem Grunde nach allgemein anerkannten Geschäftsleiterermessens bezeichnet werden.

Damit ist nun auch zugleich schon der hohe Anspruch abgesteckt, an dem sich die vorliegende Arbeit an ihrem Ende wird messen lassen müssen: Der durch den Gesetzgeber nun noch einmal selbst hervorgerufene Konkretisierungsbedarf in Bezug auf das Geschäftsleiterermessen erfordert dringend eine profunde Auseinandersetzung nicht nur mit dem ökonomischen und rechtsvergleichenden Hintergrund dieses Rechtsinstituts, sondern zugleich auch mit den Möglichkeiten einer dogmatischen Einpassung in das hiesige aktienrechtliche Regelwerk zur Schaffung einer insgesamt interessengerechten und handhabbaren Richtschnur für die Praxis.

Der Fokus soll dabei allerdings im Wesentlichen auf den Kern des Anwendungsbereichs der Neuregelung gerichtet werden. Das bedeutet, dass das Geschäftsleiterermessen im Zusammenhang mit Aufsichtsratshandeln lediglich am Rande,[23] im Zusammenhang mit Entscheidungen etwa des GmbH-Geschäftsführers oder auch des Insolvenzverwalters demgegenüber sogar gar nicht behandelt wird.[24] Ebenfalls

23 S. hierzu m.w.N. etwa *Gehb/Heckelmann*, ZRP 2005, 145 (148 f.); *Ihrig*, WM 2004, 2098 (2106 f.); *Lutter*, ZIP 2007, 841 (846 f.) sowie *C. Schäfer*, ZIP 2005, 1253 (1258).

24 S. zum GmbH-Recht aber etwa *Hommelhoff/Kleindiek* in Lutter/Hommelhoff, GmbHG, 16. Aufl., 2004, § 43, Rn. 14 ff.; *Zöllner/Noack* in Baumbach/Hueck, GmbHG, 2006, § 43, Rn. 23; *Fleischer*, ZIP 2004, 685 (692) sowie jüngst *Kuntz*, GmbHR 2008, 121 ff. und *Lutter*,

unberücksichtigt bleibt folglich auch die Anwendung des Geschäftsleiterermessens im Bereich der Außenhaftung.[25]

II. Gang der Darstellung

Zur Erreichung des eben proklamierten Ziels folgt die insgesamt in vier Teile gegliederte Arbeit der nachstehend skizzierten Marschroute:

Innerhalb des ersten – vorwiegend in den Dienst einer allgemeinen Grundlegung gestellten – Teils soll zunächst vermittels einer ökonomisch ausgerichteten Analyse dem *praktischen* Bedürfnis nach einem Geschäftsleiterermessen nachgespürt und auf diese Weise sogleich auch schon der Blick für spätere teleologische Auslegungen geschärft werden (§ 2). Des Weiteren erscheint es vor dem Hintergrund nicht nur des gesetzgeberischen Willens, sondern auch des schon beklagten spärlichen deutschen Fallmaterials als zielführend, der eigentlichen rechtlichen Würdigung sodann auch noch einen problemorientierten Rechtsvergleich voranzustellen, für den der Blick schließlich über den Atlantik auf die „Wiege" des Geschäftsleiterermessens zu richten ist (§ 3). Die Erkenntnisse daraus können dann später im Rahmen der Auseinandersetzung mit der Funktionsweise sowie den einzelnen Merkmalen von § 93 Abs. 1 S. 2 AktG fruchtbar gemacht werden. Den Auftakt für die eigentliche rechtliche Würdigung bilden schließlich die darauf folgenden Ausführungen betreffend die dogmatische Herleitung und historische Entwicklung eines deutschen Geschäftsleiterermessens (§ 4). Innerhalb der dogmatischen Herleitung ist ein Schwerpunkt schließlich auf die Frage zu legen, ob die gesetzlichen Vorgaben dem Vorstand nicht vielleicht schon per se noch einen gewissen Handlungsspielraum belassen oder ob vermittels der Regelung des § 93 Abs. 1 S. 2 AktG ein solcher Spielraum erst wieder konstitutiv geschaffen wird. Des Weiteren gilt es zu klären, in welchem Bereich des gesetzlichen Pflichtenprogramms besagtes Institut seiner Ratio zufolge nun genau zu verorten ist.

Ausgehend von diesem ökonomischen, rechtsvergleichenden und dogmatischen Unterbau soll im zweiten Teil der Arbeit schließlich die Funktionsweise des Geschäftsleiterermessens näher in den Blick genommen werden. Im Einzelnen gilt es dazu, zunächst die Rechtsnatur besagten Instituts einer eingehenden Untersuchung zu unterziehen (§ 5). Dabei sind im Wesentlichen zwei konkurrierende Erklärungs-

ZIP 2007, 841 (847 f.) jeweils m.w.N. S. zum Insolvenzrecht demgegenüber *Berger/Frege*, ZIP 2008, 204 ff. ebenfalls m.w.N.

25 S. hierzu m.w.N. etwa Spindler/Stilz/*Fleischer*, AktG, 2007, § 93, Rn. 73; *Fleischer*, in: Handbuch des Vorstandsrechts, 2006, § 7, Rn. 62; *ders.*, ZIP 2004, 685 (691 f.) sowie *M. Roth*, Unternehmerisches Ermessen, 2001, S. 261 ff.

ansätze, wonach das Geschäftsleiterermessen entweder als abgemilderter Sorgfaltspflichtenstandard oder aber lediglich als abgemilderter Überprüfungsmaßstab aufzufassen ist, einander gegenüber zu stellen. Im Zusammenhang mit dem zuletzt genannten Erklärungsansatz liegt ein deutlicher Schwerpunkt schließlich auf der vertieften Auseinandersetzung mit dem schon erwähnten Einwand mangelnder Vereinbarkeit mit deutschem Zivilrecht. Im Anschluss daran ist der Fokus letztlich noch auf Fragen betreffend die diesbezügliche Verteilung der Darlegungs- und Beweislast und damit auf die prozessuale Funktionsweise des Geschäftsleiterermessens zu richten (§ 6).

Im dritten Teil geht es nun endlich um die einzelnen Merkmale der Neuregelung – und damit zunächst um das der „unternehmerischen Entscheidung" (§ 7), dessen Konkretisierung letztlich entlang dreier – stets am natürlichen Wortsinn sowie an Sinn und Zweck des Geschäftsleiterermessens orientierter – Eingrenzungen erfolgt. Das sodann in Augenschein zu nehmende Merkmal des „Handelns auf der Grundlage angemessener Information" (§ 8) verlangt demgegenüber – wie schon angesprochen – in erster Linie nach einer Konkretisierung in Bezug auf die Reichweite der hiermit angesprochenen Verfahrenskontrolle. Bevor es insofern jedoch tatsächlich um die hierbei im Mittelpunkt stehende Entwicklung von für die Praxis handhabbaren Kriterien und Leitlinien – auch etwa speziell zu Maßnahmen aus dem M&A-Bereich, zur Einführung einer neuen Produktlinie sowie zur Vergabe eines Großkredits – geht, ist ein weiterer Schwerpunkt zunächst noch auf die während des Kodifikationsprozesses heftig diskutierte Frage zu legen, ob dem Vorstand in Bezug auf das Entscheidungsverfahren überhaupt schon ein Handlungsspielraum zuzugestehen ist. Nach dem Aspekt der Reichweite ist sodann das zweite große – in Deutschland bislang unerforschte – Gelände der Auswirkung und Heilung von Verfahrensdefiziten zu betreten. In diesem Zusammenhang bilden schließlich einerseits die dogmatische Begründung und Ausformung einer zur Heilung führenden „Genehmigung" und andererseits die Behandlung sich hierbei zwangsläufig aufdrängender haftungsrechtlicher Anschlussfragen einen Schwerpunkt.

Zum Schluss gilt es schließlich noch, die der Formulierung des „Handelns zum Wohle der Gesellschaft" zu entnehmende Loyalitäts-, Inhalts- und Gutgläubigkeitskontrolle einer näheren Untersuchung zuzuführen (§ 9). Für die Loyalitätskontrolle läuft dies nun zunächst wieder auf eine Vermessung der ihr zukommenden Reichweite und damit auf die Ausformung zunächst abstrakter und sodann konkreter, da einige ausgewählte Beispiele betreffender Grundsätze hinaus, wobei im zuletzt genannten Kontext Maßnahmen des Vorstands einer von einem Übernahmeangebot betroffenen Aktiengesellschaft im Mittelpunkt stehen. Im Anschluss daran wendet sich die Arbeit wiederum den Aspekten der Auswirkung und Heilung – dieses Mal von Interessenkonflikten – zu. Die Analyse der Inhaltskontrolle läuft demgegenüber vor allem auf eine Auseinandersetzung mit dem Erfordernis überhaupt einer solchen Kontrolle einerseits und auf die Etablierung einer Kasuistik inhaltsbezogener Ermessensgrenzen andererseits hinaus. Ganz ähnlich stehen auch im Rahmen des Gutgläubigkeitserfordernisses dessen Funktion und Inhalt im Blickpunkt des Interesses.

Der vierte und letzte Teil ist dagegen ganz in den Dienst eines abschließenden Fazits sowie einer thesenartigen Zusammenfassung der gefundenen Arbeitsergebnisse gestellt.

§ 2 Ökonomische Rechtfertigung eines Geschäftsleiterermessens

Zum tieferen Einstieg in die Materie des Geschäftsleiterermessens des Vorstands einer Aktiengesellschaft erscheint es mir sinnvoll, überhaupt erst einmal das praktische Bedürfnis nach einem solchen Institut zu illustrieren, um auf diese Weise auch gleich den Blick für spätere teleologische Auslegungen zu schärfen. Konkreter bedeutet dies schließlich, nun noch einmal genauer das in der Einleitung bereits angerissene Spannungsverhältnis zwischen der Schutzbedürftigkeit der Gesellschaft vor Missmanagement einerseits und dem Erfordernis der Begrenzung der dafür implementierten Organhaftung[26] andererseits in den Blick zu nehmen.

Gleichsam als Rahmen dafür soll schließlich die so genannte „*Agency*-Theorie" herangezogen werden, die die besagtes Spannungsverhältnis begründenden Eckpunkte bzw. deren Zusammenspiel auf sehr anschauliche Weise zu erklären vermag. Obwohl als Teilgebiet der „Vertragstheorie" an sich der „Neuen Institutionenökonomik" zuzuordnen,[27] ist dieser Erklärungsansatz auch „[i]m Gesellschaftsrecht längst zu einer vertrauten Figur geworden"[28]. Allerdings soll es darüber hinaus nicht Ziel der vorliegenden Arbeit sein, das Geschäftsleiterermessen gemäß der nicht unumstrittenen Vorgehensweise der so genannten „ökonomischen Analyse des Rechts"[29] sodann allein nach den Maßstäben ökonomischer Effizienz auszulegen.[30]

26 S. zu dieser Funktion der Organhaftung vor allem *Landwehrmann*, in: Heidel, Aktienrecht, 2007, § 93, Rn. 163 sowie *Kock/Dinkel*, NZG 2004, 441 (441). Vgl. darüber hinaus aber auch *Hopt* in Großkomm. AktG, 1999, § 93, Rn. 11 sowie *Hüffer*, AktG, 2008, § 93, Rn. 1. Dafür, dass es sich bei § 93 II 1 AktG demgegenüber überhaupt um einen gesetzlichen Tatbestand der Organhaftung handelt: MünchKommAktG/*Hefermehl/Spindler*, 2004, § 93, Rn. 10; *Hopt* in Großkomm. AktG, 1999, § 93, Rn. 20 und *Hüffer*, AktG, 2008, § 93, Rn. 11. A.A. vor allem *Mertens* in Kölner Kommentar zum AktG, 2. Auflage, 1996, § 93, Rn. 3, der in § 93 II 1 AktG zugleich auch einen Anwendungsfall der Vertragsverletzung sieht. Die Haftungsnorm dagegen ausschließlich in letzterem Sinne auffassend: *Baums*, Der Geschäftsleitervertrag, 1987, S. 211 ff.

27 *Gabler*, Wirtschaftslexikon, 2000, Bd. 1, Stichwort „Agency-Theorie", S. 56 sowie Bd. 5, Stichwort „Neue Institutionenökonomik", S. 2229.

28 *Fleischer*, ZGR 2001, 1 (7).

29 Synonym verwandte Bezeichnungen: „Ökonomische Theorie des Rechts" oder auch „Rechtsökonomik" bzw. „Rechtsökonomie".

30 Vgl. zu dieser grundsätzlichen Zielsetzung etwa *Kirchner*, Ökonomische Theorie des Rechts, 1997, S. 9; *H.-B. Schäfer/Ott*, Lehrbuch der ökonomischen Analyse des Zivilrechts, 2005, S. 1; *Weigel*, Rechtsökonomik, 2003, S. XIII; *Grundmann*, RabelsZ 61 (1997), 423 (425). Zu beachten ist insofern allenfalls, dass als Effizienzgesichtspunkte teilweise nicht nur Kosten-Nutzen-Aspekte eine Rolle spielen sollen, sondern etwa auch ethische Faktoren einbezogen werden können (so etwa *Schwintowski*, JZ 1998, 581 (587)). Andere Ansätze beziehen das Effizienzkriterium dagegen zwar nicht auch auf solche ethischen Faktoren, betonen unter Zurückweisung des Vorwurfs imperialistischer Tendenzen dafür aber, dass es auch nötig sein kann, Effizienzverluste zum Schutz höherwertiger Rechtsgüter bzw. Aufgaben des Rechts hinzunehmen (so etwa *H.-B. Schäfer/Ott*, Lehrbuch der ökonomischen Analyse des Zivil-

Vielmehr wird es – wie auch schon lange vor der ökonomischen Analyse des Rechts allgemein anerkannt[31] – lediglich darum gehen, den ökonomischen Einfluss auf die Regelung des Geschäftsleiterermessens anhand eines sich insofern anbietenden ökonomischen Erklärungsansatzes bereits im Zusammenhang mit dem gesetzgeberischen Regelungsziel sichtbar zu machen,[32] um ihn später im Rahmen der Auslegung von § 93 Abs. 1 S. 2 AktG gemäß den Vorstellungen des Gesetzgebers fruchtbar machen zu können.[33]

Zusammenfassend soll im Folgenden also unter Skizzierung der Grundaussagen der *Agency*-Theorie[34] vor allem die Schutzbedürftigkeit der Gesellschaft vor Missmanagement einerseits sowie das Erfordernis der Begrenzung der in diesen Dienst gestellten aktienrechtlichen Organhaftung andererseits aufgezeigt und damit erläutert werden, warum ein vorstandseigener Handlungsspielraum – wie der, den das Geschäftsleiterermessen einzuräumen beabsichtigt – jedenfalls aus ökonomischer Sicht notwendiger Bestandteil eines effektiven aktienrechtlichen Organhaftungssystems ist. Zum Schluss soll dann noch ein Blick auf die Bedeutung des Geschäftsleiterermessens für das Anreizsystem Amtsverlust die dargelegten Erläuterungen abrunden.

rechts, 2005, S. 6 sowie *Ott/H.-B. Schäfer*, JZ 1988, 213 (219)). Dennoch überwiegend zurückhaltend bis kritisch ggü. der ökonomischen Analyse des Rechts etwa *Eidenmüller*, Effizienz als Rechtsprinzip, 1998, S. 451-459 (speziell zur Gesetzesauslegung am Maßstab ökonomischer Effizienz); *Deckert*, JA 1996, 712 (716 f.); *Fezer*, JZ 1988, 223 (224 ff.); *Taupitz*, AcP 196 (1996), 114 (165 f.).

31 S. dazu vor allem *Deckert*, JA 1996, 712 (716 f.). Den Aspekt, dass die grundsätzliche Anwendung der Ökonomie auf das Recht weder neu noch umstritten ist, betont aber auch *Posner*, in: A/K/S, Ökonomische Analyse des Rechts, 1993, S. 79 (90).

32 Vgl. zu dem Befund, dass die Ratio des Geschäftsleiterermessens stark von ökonomischen Argumenten geprägt ist, etwa *Ihrig*, WM 2004, 2098 (2098) sowie *Paefgen*, AG 2004, 245 (247).

33 Vgl. zu dieser Differenzierung zwischen der Beachtung ökonomischer Aspekte im Rahmen der Gesetzesauslegung und der reinen Orientierung der Auslegung an den Postulaten der ökonomischen Analyse des Rechts neben *Deckert*, JA 1996, 712 (716 f.) auch aus der Methodenlehre etwa *Schmalz*, Methodenlehre für das juristische Studium, 1998, Rn. 290 f. In diesem ggü. einer ökonomischen Analyse des Rechts zurückhaltenden Sinne ist schließlich auch die Forderung *Fleischer`s* in ZGR 2001, 1 (32) zu verstehen, ökonomische Einzelargumente auf der juristischen Ebene erneut zu überprüfen und dort ggf. einem dogmatischen Zugriff zugänglich zu machen, sowie die Beurteilung *Taupitz`* in AcP 196 (1996), 114 (166), der von der Eignung der ökonomischen Analyse des Rechts zu „Tendenzaussagen" spricht.

34 Da sich die Grundannahmen der mehr empirisch ausgerichteten positiven *Agency*-Theorie einerseits und der vorwiegend mathematisch orientierten Prinzipal-Agent-Theorie andererseits (vgl. dazu etwa *Gabler*, Wirtschaftslexikon, 2000, Bd. 1, Stichwort „Agency-Theorie", S. 56 sowie *K. Eisenhardt*, Academy of Management Review, 1989, Vol. 14, No. 1, 57 (59)) im Wesentlichen decken, ist eine nähere Differenzierung dieser beiden „Strömungen" für die Zwecke der vorliegenden Arbeit entbehrlich. Der Begriff der *Agency*-Theorie wird hier also in seinem weitesten Sinne, d.h. als Oberbegriff für die beiden genannten Unteransätze zu Grunde gelegt.

I. Schutzbedürftigkeit der Aktiengesellschaft vor Missmanagement

1. Die Agency-Beziehung zwischen Vorstand und Aktiengesellschaft

Ausgangspunkt der *Agency*-Theorie ist zunächst die so genannte „*Agency*-Beziehung“, bei der definitionsgemäß eine Partei, der Agent, im Auftrag[35] einer anderen Partei, dem Prinzipal, agiert.[36]

Bezogen auf die Problematik des Geschäftsleiterermessens, das heißt bezogen auf die Situation, in der der Vorstand unternehmerische Entscheidungen trifft,[37] stellt Letzterer nach diesem Modell jedenfalls den Agenten dar.

Als Prinzipal werden von der – typischerweise das klassische *shareholder value*-Konzept vertretenden – Ökonomie demgegenüber gemeinhin die das Kapital zur Verfügung stellenden und damit letztlich auch das unternehmerische Risiko tragenden Aktionäre angesehen.[38] Da sich die vorliegende Arbeit, was den auf diese Weise angesprochenen hier jedoch nicht näher zu behandelnden Streit um die aktienrechtlichen Zielvorgaben[39] anbelangt, allerdings der herrschenden interessenpluralistischen Zielkonzeption[40] anschließt, erscheint es als sachgerecht, dementsprechend auch hier auf die Aktiengesellschaft als „Sammelbegriff“ für Aktionäre, Arbeitnehmer und Gemeinwohl abzustellen.[41]

Abschließend kommt die damit festgelegte *Agency*-Beziehung nun vor allem deshalb zustande, weil die verschiedenen Interessengruppen selbst nicht handlungsfähig und von daher auf eine Aufgabenübertragung auf den Vorstand angewiesen sind. Insbesondere die Aktionäre vermögen insofern die ursprünglich ihnen zukommende

35 Dieser Begriff ist nicht zwingend in seinem Rechtssinne zu verstehen.

36 *Gabler*, Wirtschaftslexikon, 2000, Bd. 1, Stichwort „Agency-Theorie“, S. 56. Sinngemäß auch *Fritsch/Wein/Ewers*, Marktversagen, 2007, S. 294; *Picot/Dietl/Franck*, Organisation, 2005, S. 72; *Picot/Reichwald/Wigand*, Die grenzenlose Unternehmung, 2003, S. 55; *Richter/Furubotn*, Neue Institutionenökonomik, 2003, S. 173; *D. Schneider*, BWL, Bd. 3, 1997, S. 23; *K. Eisenhardt*, Academy of Management Review, 1989, Vol. 14, No. 1, 57 (58) sowie *Elschen*, DBW 48 (1988), 248 (248).

37 *Agency*-Beziehungen können stets nur situationsabhängig festgelegt werden. D.h. in anderen Situationen kann der Vorstand durchaus auch einmal als Prinzipal anzusehen sein.

38 S. nur *Gabler*, Wirtschaftslexikon, 2000, Bd. 1, Stichwort „Agency-Theorie“, S. 56.

39 S. insofern vor allem den aktuellen Überblick bei *Fleischer*, in: Handbuch des Vorstandsrechts, 2006, § 1, Rn. 18 ff.

40 *Hüffer*, AktG, 2008, § 76, Rn. 12 ff.; *Mertens* in Kölner Kommentar zum AktG, 2. Auflage, 1996, § 76, Rn. 16; *Seibt*, in: K. Schmidt/Lutter, AktG, 2008, § 76, Rn. 12; *Grunewald*, Gesellschaftsrecht, 2005, 2. Teil C. Fn. 53; *K. Schmidt*, Gesellschaftsrecht, 2002, § 28 II. 1. a) (S. 804 ff.). Vgl. aus der Rechtsprechung etwa *BGH*, Urt. v. 5.7.1975 – II ZR 156/73 –, BGHZ 64, 325 (329).

41 Vgl. hierzu auch *Wiese/Demisch*, DB 2001, 849 (850) („Mehrheit von Prinzipalen“).

Unternehmerfunktion aufgrund ihrer in der Regel großen Zahl und ihres wechselnden Bestandes im schnelllebigen Wirtschaftsalltag selbst nicht wahrzunehmen.

2. *Die Gefahr treuwidrigen bzw. unsorgfältigen Verhaltens durch den Vorstand (Moral Hazard-Problem)*

Im Laufe der *Agency*-Beziehung führt diese Aufgabenübernahme nun allerdings zwangsläufig auch dazu, dass der Agent sehr bald über einen Informationsvorsprung gegenüber dem Prinzipal verfügt.[42] Dieser resultiert aus der Annahme, dass sich der Prinzipal nicht nur über das Verhalten des Agenten selbst, sondern zusätzlich auch noch über das diesbezügliche Handlungsumfeld sowie die Relevanz zukünftiger Entwicklungen[43] nur unvollkommen informieren und insofern letztlich nicht beurteilen kann, ob für ein schlechtes Ergebnis der Agent oder ein ungünstiger Umwelteinfluss verantwortlich ist.[44] Diese so genannte „Informationsasymmetrie" verschafft dem Agenten einen Spielraum für „verborgene Handlungen" (*hidden actions*[45]).[46]

Unter Hinzunahme der weiteren Bedingung, dass jeder Akteur stets seine eigene Nutzenmaximierung gegebenenfalls sogar unter Inkaufnahme negativer Konsequenzen für andere Wirtschaftssubjekte verfolgt (Opportunismusmaxime),[47] resultiert aus diesem Spielraum letztlich die Gefahr des so genannten *moral hazard*,[48] das heißt

42 *D. Schneider*, BWL, Bd. 3, 1997, S. 23.

43 S. dazu – allerdings aus Sicht des Agenten – noch näher unten unter § 2 II. 1. a. (S. 43).

44 S. *Franke/Hax*, Finanzwirtschaft, 2004, S. 425; *Fritsch/Wein/Ewers*, Marktversagen, 2007, S. 295; *Gabler*, Wirtschaftslexikon, 2000, Bd. 5, Stichwort „Moral Hazard", S. 2170 sowie Bd. 6, Stichwort „Prinzipal-Agent-Modelle", S. 2478; *Picot/Dietl/Franck*, Organisation, 2005, S. 75; *Picot/Reichwald/Wigand*, Die grenzenlose Unternehmung, 2003, S. 55, 58; *Richter/Furubotn*, Neue Institutionenökonomik, 2003, S. 174; *Elschen*, DBW 48 (1988), 248 (248 f.).

45 *Franke/Hax*, Finanzwirtschaft, 2004, S. 420; *Fritsch/Wein/Ewers*, Marktversagen, 2007, S. 290; *Gabler*, Wirtschaftslexikon, 2000, Bd. 5, Stichwort „Moral Hazard", S. 2170; *Picot/Reichwald/Wigand*, Die grenzenlose Unternehmung, 2003, S. 58.

46 S. *Picot/Reichwald/Wigand*, Die grenzenlose Unternehmung, 2003, S. 55; *D. Schneider*, BWL, Bd. 3, 1997, S. 23; *Elschen*, DBW 48 (1988), 248 (248 f.).

47 Vgl. *Franke/Hax*, Finanzwirtschaft, 2004, S. 422; *Picot/Dietl/Franck*, Organisation, 2005, S. 74; *K. Eisenhardt*, Academy of Management Review, 1989, Vol. 14, No. 1, 57 (59 – „Table 1").

48 *Franke/Hax*, Finanzwirtschaft, 2004, S. 420; *Picot/Dietl/Franck*, Organisation, 2005, S. 75; *Picot/Reichwald/Wigand*, Die grenzenlose Unternehmung, 2003, S. 58. Der Begriff des *moral hazard* bezeichnet i.R.d. *Agency*-Theorie also das Organisationsproblem, das nach Eingehung der *Agency*-Beziehung aufgrund der Nichtbeobachtbarkeit bzw. Nichtbeurteilbarkeit der Anstrengungen des Agenten bzw. der daraus resultierenden Informationsasymmetrie entsteht. Es ist von den Organisationsproblemen „Adverse selection" und „Hold up" zu unterscheiden. Vgl. zu dieser Einordnung die Übersichten bei *Picot/Dietl/Franck*, Organisation, 2005, S. 77 und *Picot/Reichwald/Wigand*, Die grenzenlose Unternehmung, 2003, S. 59.

die Gefahr, dass der Agent die vereinbarten Anstrengungen nicht vornimmt, ohne dass der Prinzipal dies beobachten könnte.[49]

Bezogen auf die Situation in der Aktiengesellschaft bedeutet dies, dass der Vorstand in seiner Eigenschaft als Organ der Gesellschaft zwar an sich zu Treue und Sorgfalt der Aktiengesellschaft gegenüber verpflichtet ist, er in gewissem Maße aber dennoch gegen diese allgemeine Treue- vor allem aber gegen seine allgemeine Sorgfaltspflicht verstoßen kann, ohne dass dies von den verschiedenen Interessengruppen unmittelbar beobachtet werden könnte. Vor der Vornahme solcher nicht beobachtbarer Treue- und Sorgfaltspflichtverstöße muss die Gesellschaft geschützt werden.

3. *Problembewältigung zum Schutz der Aktiengesellschaft*

Vor dem Hintergrund, dass das Problem des *moral hazard* aus dem Zusammenspiel von Informationsasymmetrie und Opportunismusmaxime resultiert, haben sich Problembewältigungsansätze zum Schutz der Gesellschaft auch genau an diesen beiden Prämissen zu orientieren.

a. Reduktion der Informationsasymmetrie durch Überwachung des Vorstands

Insofern ließe sich der Gefahr des *moral hazard* zum einen durch Abbau der Informationsasymmetrie und somit durch Einengung des diskretionären Verhaltensspielraums des Agenten entgegenwirken. Hierzu empfiehlt die *Agency*-Theorie so genanntes *monitoring*.[50] Darunter fallen allgemein alle Aktivitäten, deren Ziel es ist, festzustellen, ob der Agent seine Verpflichtungen erfüllt,[51] das heißt sich genügend anstrengt und eigene Belange hintanstellt. Gemeint sind also vor allem Kontroll- bzw. Überwachungsmaßnahmen zur Gewinnung zusätzlicher Informationen über das Handeln des Agenten. Die auf diese Weise angestrebte Transparenz über das Handeln des Agenten würde eine direkte Belohnung bzw. Bestrafung des Agenten ermöglichen[52] und so dessen Spielraum für verborgene Handlungen verringern.

Das Aktienrecht, das die Verpflichtung des Vorstands, sich genügend anzustrengen und eigene Belange hintanzustellen, als die bereits erwähnte allgemeine Sorgfalts- und Treuepflicht kennt,[53] sieht diesbezüglich vor allem die folgenden Kontroll- und Überwachungssysteme vor:

49 S. *Franke/Hax*, Finanzwirtschaft, 2004, S. 422; *K. Eisenhardt*, Academy of Management Review, 1989, Vol. 14, No. 1, 57 (61); *Elschen*, DBW 48 (1988), 248 (249).

50 *Picot/Dietl/Franck*, Organisation, 2005, S. 79; *Picot/Reichwald/Wigand*, Die grenzenlose Unternehmung, 2003, S. 58.

51 S. *Gabler*, Wirtschaftslexikon, 2000, Bd. 5, Stichwort „Monitoring", S. 2163.

52 S. *Picot/Reichwald/Wigand*, Die grenzenlose Unternehmung, 2003, S. 58.

53 S. dazu auch noch unten unter § 4 I. 2. c. (S. 98 ff.).

In erster Linie ist schließlich dem vom Gesetzgeber explizit als Kontroll- bzw. Überwachungsorgan konzipierten[54] Aufsichtsrat die Funktion zugedacht, in gewissem Umfang Transparenz über die Handlungen des Vorstands herzustellen.[55] Als aktienrechtliche Instrumente einer nicht nur vergangenheitsbezogenen, sondern auch präventiven Überwachung[56] zur Gewinnung von Informationen über das Handeln des Vorstands seien hier lediglich die Geltendmachung des Rechts auf Information gemäß § 90 AktG, des Rechts zur Einsichtnahme und Prüfung (§ 111 Abs. 2 S. 1 AktG) sowie zur Einberufung der Hauptversammlung aus Gründen des Gesellschaftswohls (§ 111 Abs. 3 AktG), die Begründung von Zustimmungsvorbehalten (§ 111 Abs. 4 S. 2 AktG) sowie die Prüfung des vom Vorstand für die Aktiengesellschaft (§§ 258, 264 Abs. 1. S. 1 HGB) zu errichtenden Jahresabschlusses und Lageberichts sowie des Gewinnverwendungsvorschlags (§ 171 AktG) genannt.

Daneben ist aber auch der Hauptversammlung, der primär die Rolle eines Willensbildungsorgans[57] in Grundlagenangelegenheiten zukommt, eine gewisse Überwachungsfunktion zugedacht. Auf welche Weise insofern eine Informationsgewinnung über das Handeln des Vorstands erfolgt, ist beispielsweise in § 120 Abs. 3 S. 2 AktG geregelt, wonach der Hauptversammlung im Rahmen der Verhandlung über die Entlastung des Vorstands ebenfalls der Jahresabschluss, der Lagebericht sowie der Bericht des Aufsichtsrats gemäß § 171 Abs. 2 S. 1 AktG zur Information vorzulegen sind. In § 142 AktG ist dagegen das (allgemeine[58]) Recht der Hauptversammlung (bzw. des Gerichts auf Antrag einer Minderheit) zu weitergehender Informationsgewinnung durch Bestellung von so genannten Sonderprüfern zur Prüfung von Vorgängen bei der Geschäftsführung (§ 142 Abs. 1 S. 1, 2. Alt. AktG) geregelt.

Zwar sind die eben skizzierten Maßnahmen immerhin in der Lage, für ein gewisses Mindestmaß an Transparenz Sorge zu tragen. Eine deutliche Einengung des Spielraums für verborgene Treue- und Sorgfaltspflichtverletzungen im Sinne einer Bewältigung des *moral hazard*-Problems vermögen sie aber letztendlich nicht zu bewirken. Insofern wäre vielmehr die Etablierung eines noch darüber hinausgehenden Kontroll- bzw. Überwachungssystems erforderlich.

Aus ökonomischer Sicht wird ein solch umfassendes Kontroll- und Überwachungssystem im Ergebnis allerdings als eher ineffizient im Hinblick auf die Bewältigung des *moral hazard*- Problems beurteilt: Zum einen sind solche Systeme in der Regel mit sehr hohen Kosten[59] verbunden.[60] Zum anderen bestünde aber auch die

54 Vgl. *Hüffer*, AktG, 2008, § 111, Rn. 2; *U. Eisenhardt*, Gesellschaftsrecht, 2007, Rn. 554 f.; *K. Schmidt*, Gesellschaftsrecht, 2002, § 28 III. 1. (S. 819).

55 S. nur *Picot/Dietl/Franck*, Organisation, 2005, S. 79.

56 S. etwa *U. Eisenhardt*, Gesellschaftsrecht, 2007, Rn. 555; *Grunewald*, Gesellschaftsrecht, 2005, 2. Teil C. Fn. 69; *Hueck/Windbichler*, Gesellschaftsrecht, 2008, § 25 I. 3. b) (S. 271); Beck AG-HB/*Schiedermair/Kolb*, 2004, § 7, Rn. 73; *Dreher*, ZHR 158 (1994), 614 (618).

57 *Hüffer*, AktG, 2008, § 118, Rn. 3; *U. Eisenhardt*, Gesellschaftsrecht, 2007, Rn. 574; *Hueck/Windbichler*, Gesellschaftsrecht, 2008, Einleitung zu § 29 (S. 355).

58 Im Gegensatz zur speziellen Sonderprüfung gem. § 258 AktG.

59 Sog. „Überwachungskosten“ als Teil der *Agency*-Kosten (*Gabler*, Wirtschaftslexikon, 2000, Bd. 1, Stichwort „Agency-Kosten“, S. 55).

Gefahr, dass auf diese Weise ein Großteil der mit der Implementierung einer *Agency*-Beziehung gerade bezweckten Spezialisierungsvorteile wieder aufgezehrt würde.[61]

b. Interessenharmonisierung durch Implementierung vor allem der Anreizsysteme Organhaftung und Amtsverlust

Das *moral hazard*-Problem lässt sich daher eher durch Anknüpfung an die zweite Prämisse, das heißt der des opportunistischen Verhaltens des Agenten bewältigen.[62]

Hierbei ist zu beachten, dass eigennutzorientiertes Handeln des Agenten an sich erst dadurch zum Problem für den Prinzipal wird, dass die beiden Wirtschaftssubjekte unterschiedliche Interessen verfolgen.[63] So sind die vom Prinzipal erwünschten Handlungen des Agenten für Letzteren mit einem Aufwand verbunden, den es aus dessen Sicht aber grundsätzlich zu vermeiden gilt. Oder – noch praxisrelevanter – der Agent betreibt einen Aufwand, orientiert diesen aber primär an persönlichen Vorteilen anstatt an der vom Prinzipal angestrebten Gewinnmaximierung. Genau genommen knüpft der zweite Problembewältigungsansatz daher auch nicht an der opportunistischen Einstellung des Agenten, sondern an der Interessendiskrepanz an: Dem Problem des *moral hazard* soll insofern durch Interessenangleichung und damit durch indirekte Verhaltenssteuerung[64] entgegengewirkt werden.[65] Als Instrument einer solchen indirekten Verhaltenssteuerung empfiehlt die *Agency*-Theorie die Implementierung eines Anreizsystems,[66] worunter alle Maßnahmen verstanden werden können, die verhaltensbeeinflussend wirken oder wirken können.[67] Auf eine Kurzformel gebracht und in Abgrenzung zum eben erläuterten Problembewältigungsansatz bedeutet dies: Belohnt bzw. sanktioniert wird nicht direkt für das Handeln des Agenten, sondern vielmehr für das Handlungsergebnis.[68] Dadurch soll ermöglicht werden, den Agenten auch ohne kostenintensive Kontrolle indirekt zu pflichtgemäßem Verhalten zu motivieren.[69]

60 *Franke/Hax*, Finanzwirtschaft, 2004, S. 423; *Gabler*, Wirtschaftslexikon, 2000, Bd. 1, Stichwort „Agency-Theorie", S. 56 sowie Bd. 5, Stichwort „Moral Hazard", S. 2170.

61 S. *Picot/Dietl/Franck*, Organisation, 2005, S. 73.

62 Einen solchen Lösungsansatz grds. bevorzugend etwa *Gabler*, Wirtschaftslexikon, 2000, Bd. 1, Stichwort „Agency-Theorie", S. 56 sowie Bd. 5, Stichwort „Moral Hazard", S. 2170.

63 *Fritsch/Wein/Ewers*, Marktversagen, 2007, S. 305.

64 S. *Gabler*, Wirtschaftslexikon, 2000, Bd. 1, Stichwort „Agency-Theorie", S. 56; *Picot/Dietl/Franck*, Organisation, 2005, S. 79.

65 S. *Fritsch/Wein/Ewers*, Marktversagen, 2007, S. 305.

66 *Franke/Hax*, Finanzwirtschaft, 2004, S. 423; *Fritsch/Wein/Ewers*, Marktversagen, 2007, S. 305 f.; *Gabler*, Wirtschaftslexikon, 2000, Bd. 5, Stichwort „Moral Hazard", S. 2170; *Picot/Dietl/Franck*, Organisation, 2005, S. 79; *Picot/Reichwald/Wigand*, Die grenzenlose Unternehmung, 2003, S. 58; *Elschen*, DBW 48 (1988), 248 (249).

67 *Gabler*, Wirtschaftslexikon, 2000, Bd. 1, Stichwort „Anreizsystem", S. 137.

68 I.E. so auch *Picot/Dietl/Franck*, Organisation, 2005, S. 79.

69 Vgl. *Franke/Hax*, Finanzwirtschaft, 2004, S. 423.

Im Aktienrecht können vor allem hinter den folgenden Regelungskomplexen Anreizsysteme erblickt werden:[70]

Ausgehend von ihrer Bedeutung für das hier zu behandelnde Institut des Geschäftsleiterermessens ist insofern zuvorderst die Organhaftung des Vorstands für Treue- und Sorgfaltspflichtverstöße gemäß § 93 Abs. 2 S. 1 AktG[71] sowie allenfalls noch die Möglichkeit des Amtsverlustes, insbesondere in der Form vorzeitiger Abberufung gemäß § 84 Abs. 3 S. 1 und 2 AktG,[72] zu nennen. Aus ökonomischer Sicht besteht die Anreizwirkung bei solchen Strafmaßnahmen in dem Ausbleiben einer monetären bzw. nichtmonetären Strafe. Mit anderen Worten werden Pflichtverletzungen von Seiten des Vorstands durch das Risiko einer monetären bzw. nichtmonetären Bestrafung für diesen unattraktiv.

Darüber hinaus verspricht sich die Ökonomie vor allem von einer Beteiligung am Ertrag in Form eines erfolgsorientierten Vergütungssystems eine hohe Anreizkompatibilität.[73] Als „zentraler“ Baustein sind insofern so genannte Aktienoptionen zu nennen.[74]

70 Dass auch von zivilrechtlichen Normen Präventionswirkung ausgehen kann, entspricht inzwischen nahezu einhelliger Auffassung. Als umstritten kann allenfalls noch der Rang der Präventionsfunktion bei der generellen Frage nach der Funktion von Rechtsnormen bezeichnet werden. Vgl. zu diesem Befund etwa *Blaschczok*, in: Ott/H.-B. Schäfer, Präventivwirkung, 1999, S. 156 (156 f.), der die Begriffe „Prävention“ und „Anreiz“ – wie auch dieser Darstellung zu Grunde liegend – synonym verwendet (a.a.O., S. 161, 168).

71 Vgl. zur Präventionsfunktion speziell des § 93 II 1 AktG statt vieler *Hüffer*, AktG, 2008, § 93, Rn. 1.

72 Vgl. zur Präventionsfunktion von § 84 I 2 sowie III 1 und 2 AktG etwa *Horn*, ZIP 1997, 1129 (1130).

73 *Franke/Hax*, Finanzwirtschaft, 2004, S. 425; *Fritsch/Wein/Ewers*, Marktversagen, 2007, S. 306; *Picot/Dietl/Franck*, Organisation, 2005, S. 79; *Picot/Reichwald/Wigand*, Die grenzenlose Unternehmung, 2003, S. 58; *D. Schneider*, BWL, Bd. 3, 1997, S. 25.

74 *Casper*, Der Optionsvertrag, 2005, S. 392. Vgl. insofern auch den Deutschen Corporate Governance Kodex i. d. F. v. 12.6.2006 unter 4.2.3, abgedruckt in NZG 2006, 614 (615). S. für eine jeweils aktuelle Fassung: http://www.corporate-governance-code.de.

II. Erfordernis der Begrenzung jedenfalls des Anreizsystems Organhaftung

1. Gefahr der Sanktionierung pflichtgemäßen Verhaltens und daraus resultierende Unsicherheit für den Vorstand

Bei konsequenter Anknüpfung der Sanktionen an das Handlungsergebnis besteht vor dem Hintergrund, dass Letzteres – wie schon angedeutet[75] – nicht nur vom Handeln des Agenten, sondern zugleich auch von für diesen nicht beherrschbaren und damit anreizinkompatiblen Faktoren abhängig ist, nun allerdings die Gefahr, dass der Schutzmechanismus über das anvisierte Ziel hinausschießt und teilweise auch pflichtgemäßes Verhalten sanktioniert wird, der Vorstand in der Entscheidungssituation also einer erheblichen Unsicherheit[76] in Bezug auf eine mögliche Sanktionierung ausgesetzt ist:

a. Unsicherheit infolge der Zukunftgerichtetheit unternehmerischer Entscheidungen

Vom Vorstand nicht beherrschbar und damit auch nicht anreizkompatibel sind zunächst all solche Umwelteinflüsse, die im Anschluss an die unternehmerische Entscheidung zufällig von außen hereinbrechen und den Erfolg einer Maßnahme mit beeinflussen.[77] Gemeint sind insofern vor allem die allgemeine Marktentwicklung, die Entwicklung neuer Technologien, das Verhalten von Konkurrenten, der Konjunkturverlauf, Verbraucherpräferenzen sowie politische Ereignisse.[78]

75 S. oben unter § 2 I. 2. (S. 38).

76 Die Begriffe „Unsicherheit" und „Risiko" werden hier – entgegen der wirtschaftswissenschaftlichen Terminologie – synonym verwendet. S. dazu, dass der Begriff der „Unsicherheit" dort an sich als Oberbegriff für „Risiko" und „Ungewissheit" verwendet wird, *Gabler*, Wirtschaftslexikon, 2000, Bd. 7, Stichwort „Unsicherheit", S. 3156. Risiken lassen sich dabei im Gegensatz zu Situationen, in denen Ungewissheit herrscht, mit Eintrittswahrscheinlichkeiten belegen.

77 Vgl. *Franke/Hax*, Finanzwirtschaft, 2004, S. 425; *Fritsch/Wein/Ewers*, Marktversagen, 2007, S. 295; *Gabler*, Wirtschaftslexikon, 2000, Bd. 6, Stichwort „Prinzipal-Agent-Modelle", S. 2478; *Picot/Reichwald/Wigand*, Die grenzenlose Unternehmung, 2003, S. 55, 58; *Richter/Furubotn*, Neue Institutionenökonomik, 2003, S. 174.

78 Vgl. etwa *K. Eisenhardt*, Academy of Management Review, 1989, Vol. 14, No. 1, 57 (61); *Feddersen*, ZGR 1993, 114 (116) sowie *Ulmer*, DB 2004, 859 (860).

Die daraus resultierende Unsicherheit[79] lässt sich schlagwortartig mit dem Begriff des Prognosecharakters[80] zusammenfassen: In dem Zeitpunk, in dem der Vorstand die unternehmerische Entscheidung trifft, kann er selbst bei größter Anstrengung seinerseits nicht darauf vertrauen, sondern allenfalls prognostizieren, dass sich der erhoffte Erfolg für die Gesellschaft zukünftig einstellen und er selbst, eine konsequente Anknüpfung an das Handlungsergebnis unterstellt, einer Sanktion entgehen wird.

b. Unsicherheit bezogen auf das gegenwärtige Entscheidungsumfeld

Diese Unsicherheit wird nun allerdings noch dadurch verstärkt, dass Wirtschaftssubjekte aber auch schon bezogen auf das gegenwärtige Marktgeschehen in aller Regel nie über vollständiges Wissen verfügen. In der Ökonomie spricht man insofern von „begrenzter Rationalität".[81]

Diese gründet im Wesentlichen darin, dass der Agent vor allem infolge von im Rahmen der Informationsgewinnung üblicherweise anzustellenden Kosten-Nutzen-Überlegungen[82] und der Notwendigkeit, unter großem Zeitdruck zu handeln,[83] nahezu immer daran gehindert ist, sämtliche gegenwärtig verfügbaren Informationen einzuholen und seiner Entscheidungsfindung zu Grunde zu legen.[84] Doch selbst wenn man unter Ausblendung dieser Restriktionen einmal davon ausgehen würde, dass die Einholung sämtlicher gegenwärtig verfügbarer Informationen möglich wäre, so würde deren umfassende Berücksichtigung gleichwohl spätestens an der lediglich begrenzten menschlichen Informationsverarbeitungskapazität scheitern.[85]

79 Zur Unsicherheit infolge der Zukunftgerichtetheit unternehmerischer Entscheidungen aus dem ökonomischen Schrifttum *Gottwald*, Entscheidungen unter Unsicherheit, 1990, S. 8; *Korndörfer*, Allgemeine Betriebswirtschaftslehre, 2003, S. 463 und *Mag*, Grundzüge der Entscheidungstheorie, 1990, S. 6 sowie aus dem juristischen Schrifttum MünchKommAktG/*Hefermehl/Spindler*, 2004, § 76, Rn. 25; *Semler*, Leitung und Überwachung der Aktiengesellschaft, 1996, Rn. 80 und *Wiedemann*, Organverantwortung, 1989, S. 12 f.

80 Darauf hinweisend, dass es sich bei unternehmerischen Entscheidungen aufgrund ihrer Zukunftgerichtetheit um solche mit Prognosecharakter handelt, auch UMAG-GesetzesE, BT-Drs. 15/5092 v. 14.3.2005, S. 11.

81 *Picot/Reichwald/Wigand*, Die grenzenlose Unternehmung, 2003, S. 45; *K. Eisenhardt*, Academy of Management Review, 1989, Vol. 14, No. 1, 57 (59 – „Table 1").

82 S. zum finanziellen Aspekt *Fleischer*, ZGR 2001, 1 (25) sowie *Kinzl*, AG 2004, R3.

83 So bereits *RG*, Urt. v. 17.3.1885 – II 467/85, RGZ 13, 43 (46), aber auch *Easterbrook/Fischel*, The Economic Structure of Corporate Law, 1991, S. 99; *Fleischer*, in: Handbuch des Vorstandsrechts, 2006, § 7, Rn. 46; *ders.*, ZGR 2001, 1 (24); *ders.*, in: FS Wiedemann, 2002, S. 827 (830 f.); *Horn*, ZIP 1997, 1129 (1133).

84 Vgl. *Maly*, ZfbF, SoHeft 36/1996, 179 (186) sowie *v. Werder*, ZfB 1997, 901 (916).

85 Vgl. schon *Witte*, in: Das Informationsverhalten in Entscheidungsprozessen, 1972, S. 41.

Noch weiter verschärft wird die daraus resultierende Unsicherheitskomponente letztlich durch das Merkmal der im Allgemeinen hohen Komplexität und Unstrukturiertheit unternehmerischer Entscheidungsprobleme.[86]

Für den Vorstand als Agenten bedeutet dies, dass er im Zeitpunkt der Entscheidungsfindung also noch nicht einmal mit Sicherheit abschätzen kann, ob er mit der unternehmerischen Entscheidung zumindest aus jetziger Sicht noch im besten Interesse der Gesellschaft handelt[87] und daher nicht Gefahr läuft, nachträglich für besagte Entscheidung sanktioniert zu werden.

Insgesamt beschreiben die bisher dargelegten Faktoren schließlich die für unternehmerische Entscheidungen gerade typische Risikobehaftetheit,[88] der auch nicht mittels der sämtlich mit beträchtlichen Unschärfen verbundenen modernen Investitionstheorien und Kapitalbudgetierungstechniken Herr zu werden ist[89] und die daher letztlich von jedem in Kauf zu nehmen ist, der unternehmerisch tätig sein will.

c. Mit einer nachträglichen Überprüfung unternehmerischer Entscheidungen verbundene Unsicherheit

Diese sich bereits aus der Natur der unternehmerischen Entscheidung selbst ergebende Unsicherheit wird für den Vorstand nun aber zusätzlich noch durch die Rahmenbedingungen einer nachträglichen Überprüfung – insbesondere im Kontext

86 S. zu beiden Aspekten *Lohse*, Unternehmerisches Ermessen, 2005, S. 78 sowie *V. Werder*, ZfbF, SoHeft 36/1996, 1 (6). Lediglich den Komplexitätsaspekt aufgreifend: *Oltmanns*, Geschäftsleiterhaftung, 2001, S. 21, 229 f.; *Fleischer*, in: FS Wiedemann, 2002, S. 827 (831) und *Horn*, ZIP 1997, 1129 (1133). Vgl. aus der US-amerikanischen Rechtsprechung etwa *Resolution Trust Corp. v. Blasdell*, 930 F.Supp. 417, 423 (D.Ariz. 1994).

87 Vgl. *V. Werder*, ZfbF, SoHeft 36/1996, 1 (6 f.), der darlegt, dass sich unstrukturierte Probleme keiner vollständig exakten Lösung im Sinne einer zwingend abgeleiteten einzig richtigen Problembewältigung zuführen lassen, mit der Folge, dass insofern stets ein mehr oder weniger großer Rest an Unsicherheit über die Richtigkeit einer Managementmaßnahme verbliebe.

88 S. dazu, dass auch unter Juristen über die Risikobehaftetheit unternehmerischer Entscheidungen Einigkeit besteht: *RG*, Urt. v. 28.6.1930 – IX 4/30, RGZ 129, 272 (275); *BGH*, Urt. v. 4.7.1977 – II ZR 150/75, BGHZ 69, 207 (213); MünchKommAktG/*Hefermehl/Spindler*, 2004, § 93, Rn. 28; *Landwehrmann*, in: Heidel, Aktienrecht, 2007, § 93, Rn. 85; *Hopt* in Großkomm. AktG, 1999, § 93, Rn. 82; *Mertens* in Kölner Kommentar zum AktG, 2. Auflage, 1996, § 93, Rn. 29; *Schilling* in Großkomm. AktG, 1973, § 93, Anm. 15; *Bastuck*, Enthaftung des Managements, 1986, S. 69; *Hommelhoff*, Die Konzernleitungspflicht, 1982, S. 174; *Lutter*, Pflichten und Haftung von Sparkassenorganen, 1991, S. 37; *Mestmäcker*, Verwaltung, 1958, S. 25, 213; *Oltmanns*, Geschäftsleiterhaftung, 2001, S. 4, 213, 243 f.; *Fleischer*, ZIP 2004, 685 (685); *ders.*, in: FS Wiedemann, 2002, S. 827 (830); *Gerkan*, ZHR 154 (1990), 39 (56); *Goette*, ZGR 1995, 648 (671); *Horn*, ZIP 1997, 1129 (1129, 1131); *Ihrig*, WM 2004, 2098 (2098, 2100); *Kock/Dinkel*, NZG 2004, 441 (442); *Semler*, in: FS Ulmer, 2003, S. 627 (627 f.); *Sonnenberger*, GmbHR 1973, 25 (28); *Ulmer*, DB 2004, 859 (860).

89 S. *Fleischer*, in: FS Wiedemann, 2002, S. 827 (831 f.); *Semler*, in: FS Ulmer, 2003, S. 627 (632); v. *Werder*, ZfbF, SoHeft 36/1996, 27 (33).

aktienrechtlicher Haftungsprozesse – verstärkt. Dazu muss man sich im Wesentlichen dreier Umstände gewahr werden:

Der erste baut auf der eben dargelegten Erkenntnis auf, dass angesichts der insofern unzulänglichen ökonomischen Bewertungsmethoden bereits ex ante unter Ökonomen keine Einstimmigkeit darüber erzielt werden kann, welche der in Betracht kommenden Entscheidungen als die für die Gesellschaft „beste“ auszuwählen ist. Als noch ungleich schwieriger gestaltet sich dann aber erst recht die nachträgliche Rekonstruktion des in aller Regel hochkomplexen und unstrukturierten Entscheidungsumfelds.[90]

Rückt man dazu noch den weiteren Gesichtspunkt, wonach Richter aufgrund ihrer beruflichen Ausrichtung selbst unter Heranziehung von – wie eben erläutert – notwendigerweise nur unzulänglichen Fachgutachten zur Beurteilung unternehmerischer Entscheidungen eher schlecht gerüstet sind,[91] mit ins Blickfeld, so erhärtet sich der Befund, dass bei der judiziellen Kontrolle unternehmerischer Entscheidungen Zurückhaltung geboten erscheint.

Unterstrichen wird diese Einsicht schließlich noch durch den dritten Aspekt der Ergebnisbeeinflusstheit nachträglicher Entscheidungsbeurteilungen. Gemeint ist damit die „Binsenweisheit“, dass Menschen, die in Kenntnis des Ausgangs einer Maßnahme deren Qualität zu beurteilen haben, diese Kenntnis nie ganz auszublenden imstande sind. Vielmehr wurde in der psychologischen Entscheidungsforschung, in der sich für diese Verhaltensanomalie der Begriff der „*hindsight bias*“ (etwa: „Rückschaufehler“[92]) eingebürgert hat,[93] eine gewisse „Das-musste-so-

90 Vgl. *Fleischer*, ZGR 2001, 1 (24); *ders.*, in: FS Wiedemann, 2002, S. 827 (831 f.); *Kinzl*, AG 2004, R 3 sowie aus der US-amerikanischen Rechtsprechung etwa *Joy v. North*, 692 F.2d 880, 886 (1982): „The circumstances surrounding a corporate decision are not easily reconstructed in a courtroom years later, [...]".

91 Vgl. *Hopt/M. Roth* in Großkomm. AktG, 2006, § 93 I 2, 4 nF, Rn. 8; *Mutter*, Unternehmerische Entscheidungen und Haftung, 1994, S. 228 f.;*Oltmanns*, Geschäftsleiterhaftung, 2001, S. 244; *Paefgen*, Unternehmerische Entscheidungen und Rechtsbindung, 2002, S. 176 f.; *Raiser/Veil*, Recht der Kapitalgesellschaften, 2006, § 14, Rn. 74; *Kinzl*, AG 2004, R 3; *Paefgen*, AG 2004, 245 (247); *S. H. Schneider*, DB 2005, 707 (709) sowie aus der US-amerikanischen Rechtsprechung *Federal Deposit Insurance Corporation v. Stahl*, 89 F.3d 1510, 1517 (11th Cir. 1996): "[...] directors are, in most cases, more qualified to make business decisions than are judges."; *Rosenfield v. Metals Selling Corp.*, 643 A.2d 1253,1262 (Conn. 1994): "[...] businessmen know more about business than judges do, [...]"; *Nixon v. Blackwell*, Del.Supr., 626 A.2d 1366, 1378 (1993): "While the court is not expected to substitute its business judgment for that of the directors in areas where particular business expertise is an ingredient of the decision, [...]"; *Air Line Pilots Ass'n, Intern. v. UAL Corp.*, 717 F.Supp. 575, 582 (N.D.Ill. 1989): "[...]directors, who, in any event, are presumably better versed in the operation of the business world.".

92 *Koch*, ZGR 2006, 769 (782); *C. Schäfer*, ZIP 2005, 1253 (1253); *S. H. Schneider*, DB 2005, 707 (708, Fn. 20).

93 S. MünchKommAktG/*Hefermehl/Spindler*, 2004, § 76, Rn. 25; *Hopt/M. Roth* in Großkomm. AktG, 2006, § 93 I 2, 4 nF, Rn. 8; Spindler/Stilz/*Fleischer*, AktG, 2007, § 93, Rn. 56; *Fleischer*, in: Handbuch des Vorstandsrechts, 2006, § 7, Rn. 46; *H.-B. Schäfer/Ott*, Lehrbuch der ökonomischen Analyse des Zivilrechts, 2005, S. 67; *Brömmelmeyer*, WM 2005, 2065 (2068);

kommen"-Attitüde von Menschen nachgewiesen, nach der sie infolge der Kenntnis der Ergebnisse von Handlungen im Nachhinein die Wahrscheinlichkeit erheblich überschätzen, mit der sie diese Ergebnisse vorhergesagt hätten.[94] Selbst wenn Richter verpflichtet sind, die zu kontrollierende unternehmerische Entscheidung ex ante zu beurteilen,[95] kann also dennoch nie ganz die Gefahr ausgeschlossen werden, dass sie sich eben doch von der ex post gewonnenen Erkenntnis über die Realisation der der Entscheidung innewohnenden Risiken leiten lassen.[96]

Unter Hinzuziehung dieser weiteren, die Unsicherheit für den Vorstand noch verstärkenden, Aspekte sieht sich der Vorstand bei stringenter Durchsetzung eines allein ergebnisorientierten Anreizsystems im Ergebnis also stets der Gefahr ausgesetzt, ex post von „fachfremden" Richtern für ein schlechtes Handlungsergebnis bestraft zu werden, obwohl für dieses gerade kein pflichtwidriges Verhalten seinerseits, sondern vielmehr die Realisation eines ex ante legitim eingegangenen Risikos verantwortlich ist.

2. *Risikoneigung des Vorstands als Agent und Konsequenzen*

Üblicherweise wird in der Ökonomie nun aber gerade von einer so genannten Risikoaversion des Agenten ausgegangen.[97] Das bedeutet zunächst einmal, dass Letzterer die Abhängigkeit gegen ihn gerichteter Sanktionen von der Realisation nicht beherrschbarer Risiken als negativ bewertet.[98] Bezogen auf das Verhalten des Vor-

Fleischer, ZIP 2004, 685 (686); *ders.*, in: FS Wiedemann, 2002, S. 827 (832); *S. H. Schneider*, DB 2005, 707 (708, Fn. 20) m.w.N.

94 S. *H.-B. Schäfer/Ott*, Lehrbuch der ökonomischen Analyse des Zivilrechts, 2005, S. 67; *Fleischer*, in: FS Wiedemann, 2002, S. 827 (832) sowie aus der US-amerikanischen Rechtsprechung etwa *Joy v. North*, 692 F.2d 880, 886 (1982): „[...] a reasoned decision at the time made may seem a wild hunch viewed years later against a background of perfect knowledge.".

95 S. hierzu *BGH*, Urt. v. 9.7.1979 – II ZR 118/77 („*Herstatt*"), BGHZ 75, 96 (113); MünchKommAktG/*Hefermehl/Spindler*, 2004, § 93, Rn. 22; *Hopt* in Großkomm. AktG, 1999, § 93, Rn. 81; *Kort* in Großkomm. AktG, 2003, § 76, Rn. 51; *Landwehrmann*, in: Heidel, Aktienrecht, 2007, § 93, Rn. 92; *Schilling* in Großkomm. AktG, 1973, § 93, Anm. 15; *Wiedemann*, Organverantwortung, 1989, S. 13; *Boujong*, DZWir 1997, 326 (328).

96 S. *Oltmanns*, Geschäftsleiterhaftung, 2001, S. 271; *M. Roth*, Unternehmerisches Ermessen, 2001, S. 97; *Fleischer*, ZIP 2004, 685 (686); *ders.*, in: FS Wiedemann, 2002, S. 827 (832); *Ihrig*, WM 2004, 2098 (2099); *M. Roth*, BB 2004, 1066 (1068); *S. H. Schneider*, DB 2005, 707 (708 f.).

97 S. *Gabler*, Wirtschaftslexikon, 2000, Bd. 6, Stichwort „Prinzipal-Agent-Modelle", S. 2478; *Picot/Dietl/Franck*, Organisation, 2005, S. 79; *Picot/Reichwald/Wigand*, Die grenzenlose Unternehmung, 2003, S. 58; *K. Eisenhardt*, Academy of Management Review, 1989, Vol. 14, No. 1, 57 (60).

98 *Gabler*, Wirtschaftslexikon, 2000, Bd. 6, Stichwort „Prinzipal-Agent-Modelle", S. 2478.

stands wird daraus geschlussfolgert, dass dieser sein Handeln infolgedessen überwiegend an der Vermeidung von Risiken ausrichten wird.[99]

Ein solches Vermeideverhalten des Agenten würde schließlich nicht nur für diesen selbst,[100] sondern vor allem auch für den Prinzipal zu weit reichenden negativen Konsequenzen führen, die den Nutzen, den man sich aus der Etablierung eines Anreizsystems verspricht, gerade in sein Gegenteil zu verkehren geeignet wäre:[101]

So würde eine an Risikovermeidung orientierte Einstellung des Agenten unter Zugrundelegung grundsätzlicher Risikobehaftetheit unternehmerischer Entscheidungen dessen Handeln im Auftrag des Prinzipals bald zum Erliegen bringen.[102] Eine stringente Befolgung des Anreizsystems ist also geeignet, das Pendel über das Ziel ordnungsgemäßer Pflichterfüllung hinaus geradewegs in Richtung des anderen Extrems eines übervorsichtigen und damit ebenfalls pflichtwidrigen[103] Verhaltens ausschlagen zu lassen. Die Vermeidung möglicherweise ruinöser Sanktionsfolgen scheint für den Agenten auf lange Sicht jedenfalls aussichtslos.

Aus Sicht des Prinzipals würde dagegen nicht nur die Anreizwirkung pervertiert, sondern noch darüber hinaus die gesamte *Agency*-Beziehung sinnentleert. Bezogen auf die Aktiengesellschaft würde dies vor allem bedeuten, dass den Aktionären die Verfolgung des Ziels der Gewinnmaximierung unmöglich gemacht würde, um deren Willen sie aber gerade ihr Kapital zur Verfügung stellen[104] bzw. die *Agency*-Beziehung überhaupt erst eingehen. Nicht zuletzt vor dem Hintergrund stets bestehender Diversifikationsmöglichkeiten[105] erwarten die insofern grundsätzlich risikoneutralen[106] Aktionäre vom Vorstand vielmehr gerade die Inkaufnahme gewisser

99 Vgl. zu der Einschätzung, dass dem Vorstand unter Geltung einer verschuldensunabhängigen Haftung „jeder Mut zur Tat genommen" würde, bereits die Amtl. Begr. zu § 84 AktG 1937, abgedr. bei *Klausing*, Aktien-Gesetz, 1937, Amtl. Begr. zu § 84, S. 71. Aus jüngerer Zeit dazu auch *BGH,* Beschl. v. 24.2.1997 – II ZB 11/96, BGHZ 134, 392 (398) = ZIP 1997, 1027 (1029); *Oltmanns*, Geschäftsleiterhaftung, 2001, S. 22; *M. Roth*, Unternehmerisches Ermessen, 2001, S. 30; *Fleischer,* in: FS Wiedemann, 2002, S. 827 (830); *ders.*, ZGR 2001, 1 (24); *Kindler*, ZHR 162 (1998), 101 (103); *Kock/Dinkel*, NZG 2004, 441, (442); *Paefgen*, AG 2004, 245 (247); *Ulmer*, DB 2004, 859 (859) sowie aus der US-amerikanischen Rechtsprechung *Rosenfield v. Metals Selling Corp.*, 643 A.2d 1253, 1262 (Conn. 1994).

100 Vgl. etwa *Easterbrook/Fischel*, The Economic Structure of Corporate Law, 1991, S. 100: "Damages hurt risk-averse managers more than they help risk-neutral investors."

101 Ähnlich *M. Roth*, Unternehmerisches Ermessen, 2001, S. 30.

102 Weniger drastisch, aber in die gleiche Richtung weisend: *BGH,* Beschl. v. 24.2.1997 – II ZB 11/96, BGHZ 134, 392 (398) = ZIP 1997, 1027 (1029); *Fleischer*, ZGR 2001, 1 (24); *Kock/Dinkel*, NZG 2004, 441 (442).

103 Vgl. auch *Linnerz*, NZG 2004, 307 (311).

104 *M. Roth*, Unternehmerisches Ermessen, 2001, S. 21 f.; *Paefgen*, AG 2004, 245 (247).

105 S. auch *Oltmanns*, Geschäftsleiterhaftung, 2001, S. 21 f., 213; *M. Roth*, Unternehmerisches Ermessen, 2001, S. 22 sowie aus der US-amerikanischen Rechtsprechung *Joy v. North*, 692 F.2d 880, 886 (1982) und *Gagliardi v. Trifoods Intern., Inc.*, Del.Ch., 683 A.2d 1049, 1052 (1996).

106 *Gabler*, Wirtschaftslexikon, 2000, Bd. 6, Stichwort „Prinzipal-Agent-Modelle", S. 2478; *Picot/Reichwald/Wigand*, 2003, Die grenzenlose Unternehmung, S. 58; *K. Eisenhardt*, Academy of Management Review, 1989, Vol. 14, No. 1, 57 (60).

Risiken.[107] Bereits insofern, nicht zuletzt aber auch dadurch, dass unter Fortspinnen dieses Szenarios schließlich der komplette Markt für Unternehmenskontrolle zum Erliegen gebracht würde,[108] weist eine Risikoaversion des Vorstands also ein beträchtliches Schädigungspotential für die gesamte Volkswirtschaft auf.[109]

3. Das Geschäftsleiterermessen als Begrenzung der Organhaftung und damit als Ausweg aus dem Dilemma

Ein Ausweg aus diesem Dilemma führt schlichtweg über die Risikobeschränkung durch Begrenzung des Anreizsystems. Das durch die Etablierung eines Anreizsystems in Fahrt gebrachte Pendel muss dort angehalten werden, wo von einer ordnungsgemäßen Pflichterfüllung des Agenten ausgegangen werden kann. Das Risiko, das er durch ordnungsgemäßes Verhalten nicht mehr zu beeinflussen vermag, muss dem Vorstand als Agenten abgenommen werden, um risikoaversem Verhalten seinerseits entgegenzuwirken.

In der Ökonomie, wo zur Lösung des *moral hazard*-Problems vor allem anreizkompatible Vergütungssysteme fokussiert werden, wird dazu eine Risikoteilung verbunden mit einer Risikoprämie für den Agenten vorgeschlagen.[110]

Dem punktuell wirkenden, das heißt an jede einzelne Vorstandsentscheidung anknüpfenden Anreizsystem Haftung ist dagegen zwar bereits insofern eine gewisse Begrenzung immanent, als dass § 93 Abs. 2 S. 1 AktG keine Erfolgshaftung begründet,[111] sondern vielmehr auch eine Pflichtverletzung sowie ein Verschulden voraussetzt. Mit anderen Worten wird also bereits nicht nur der Schaden als das Hand-

107 S. *Oltmanns*, Geschäftsleiterhaftung, 2001, S. 21; *M. Roth*, Unternehmerisches Ermessen, 2001, S. 21; *Fleischer*, ZIP 2004, 685 (685 f.); *ders.*, in: FS Wiedemann, 2002, S. 827 (830); *Ihrig*, WM 2004, 2098 (2099); *Ulmer*, DB 2004, 859 (860) sowie aus der US-amerikanischen Rechtsprechung *Joy v. North*, 692 F.2d 880, 886 (1982) sowie *Gagliardi v. Trifoods Intern., Inc.*, Del.Ch., 683 A.2d 1049, 1052 (1996): „Shareholders don`t want (or shouldn`t rationally want) directors to be risk averse.".

108 Dieser Gedanke klingt auch bei *Ihrig*, WM 2004, 2098 (2099) und *Paefgen*, AG 2004, 245 (247) sowie bezogen auf den Aufsichtsrat bereits in den Protokollen der Verhandlungen des Arbeitsausschusses des Vorläufigen Reichswirtschaftsrats aus dem Jahr 1932, abgedr. bei *Schubert/Hommelhoff*, Aktienrechtsreform, 1987, S. 240, sowie später auch bei MünchKommAktG/*Semler*, 2004, § 116, Rn. 267 an. Vgl. dazu aber auch *Air Line Pilots Ass`n, Intern. v.UAL Corp.*, 717 F.Supp. 575, 582 (N.D.Ill. 1989) sowie *Resolution Trust Corp. v. Blasdell*, 930 F.Supp. 417, 423 (D.Ariz. 1994). Allein bezogen auf notleidende Gesellschaften: MünchKommAktG/*Hefermehl/Spindler*, 2004, § 93, Rn. 3.

109 Vgl. Spindler/Stilz/*Fleischer*, AktG, 2007, § 93, Rn. 56; *Fleischer*, in: Handbuch des Vorstandsrechts, 2006, § 7, Rn. 46; *M. Roth*, Unternehmerisches Ermessen, 2001, S. 30; *Brömmelmeyer*, WM 2005, 2065 (2066); *Fleischer*, ZIP 2004, 685 (685 f.); *ders.*, in: FS Wiedemann, 2002, S. 827 (830); *M. Roth*, BB 2004, 1066 (1068).

110 *Picot/Dietl/Franck*, Organisation, 2005, S. 79; *Picot/Reichwald/Wigand*, Die grenzenlose Unternehmung, 2003, S. 58.

111 Spindler/Stilz/*Fleischer*, AktG, 2007, § 93, Rn. 56; MünchKommAktG/*Hefermehl/Spindler*, 2004, § 93, Rn. 3; *Landwehrmann*, in: Heidel, Aktienrecht, 2007, § 93, Rn. 1.

lungsergebnis, sondern zugleich auch die Handlung selbst betrachtet. Da die Bewertung unternehmerischer Entscheidungen und damit auch die Feststellung von Pflichtverletzungen aus den oben[112] dargelegten Gründen allerdings schon ex ante erhebliche Schwierigkeiten bereitet, vermögen diese Einschränkungen die beschriebene Unsicherheit bzw. die mit ihr verbundenen Probleme aber letztlich nur marginal zu verringern – zumal dem Verschuldenselement beinahe keine eigene praktische Relevanz zukommt.[113]

Daher ist eine zusätzliche Begrenzung dieses Anreizsystems durch Einräumung eines begrenzten vorstandseigenen Handlungsspielraums erforderlich, innerhalb dessen er nicht Gefahr läuft, regelmäßig in für ihn unter Umständen ruinöser Weise ex post von „fachfremden" Richtern für die Realisation eines ex ante legitim eingegangenen Risikos sanktioniert zu werden, und damit die von den Aktionären bzw. der Volkswirtschaft gerade erwünschten unternehmerischen Risiken einzugehen bereit ist.[114] Einen solchen zusätzlichen Handlungsspielraum für den Bereich, in dem mangelnde Fortune nicht von tatsächlichen Pflichtverletzungen unterschieden werden kann, vermag das neu geregelte Geschäftleiterermessen zu gewähren.

4. Bedeutung des Geschäftsleiterermessens für das Anreizsystem Amtsverlust

Um beurteilen zu können, inwieweit es auch bezogen auf das Anreizsystem Amtsverlust eines solchen Handlungsspielraums bedarf, muss zunächst danach differenziert werden, ob es insofern ebenfalls um eine punktuelle und damit schon kurzfristig bei einmalig mangelnder Fortune drohende Sanktionierung oder vielmehr um einen längerfristigen Anreiz gehen soll.

Im ersten Fall könnte man sich nun vorschnell zu der Schlussfolgerung verleiten lassen, dass infolge der auch hier intendierten punktuellen Wirkung insofern an sich kein Unterschied zum eben beschriebenen Anreizsystem Organhaftung bestehen kann. Schließlich ist nicht ersichtlich, warum nicht auch die Gefahr, bereits für ein-

112 S. unter § 2 II. 1. c. (S. 46).

113 Dies liegt daran, dass im Zusammenhang mit dem Verschuldenserfordernis allgemein von einem typisierten Verschulden (MünchKommAktG/*Hefermehl/Spindler*, 2004, § 93, Rn. 82 f. m.w.N.) ausgegangen wird. Das bedeutet, dass das, was in objektiver Hinsicht vom Vorstand verlangt wird, im Grundsatz auch subjektiv als zumutbar erachtet wird. Vgl. zum Ganzen *RG*, Urt. v. 28.2.1940 – II 115/39 –, RGZ 163, 200 (208 f.) (Genossenschaft); *BGH*, Urt. v. 28.10.1971 – II ZR 49/70 –, WM 1971, 1548 (1549); *OLG Düsseldorf*, Urt. v. 28.11.1996 – 6 U 11/95 *(„ARAG/Garmenbeck")* –, ZIP 1997, 27 (32): „Insoweit gilt ein typisierter Verschuldensmaßstab, so dass der Beklagte als Vorstandsmitglied der Klägerin für die Fähigkeiten und Kenntnisse einzustehen hat, die die ihm anvertraute Leitungsaufgabe objektiv erforderte." sowie *Paefgen*, Unternehmerische Entscheidungen und Rechtsbindung, 2002, S. 182.

114 Als Alternative zu einem solchen Handlungsspielraum kommt insbesondere nicht in Betracht, das Vorstandshandeln vollumfänglich zu versichern – lässt sich doch ein derart weitgehender, sogar das allgemeine Unternehmensrisiko mit umfassender, Versicherungsschutz auf wirtschaftlich sinnvolle Weise nicht herstellen (vgl. insofern auch *Becker*, Verwaltungskontrolle, 1997, S. 266).

malig falsches unternehmerisches Gespür vorzeitig abberufen zu werden, die beschriebene Risikoaversion zu begründen imstande sein soll. Im Einzelnen könnte sich einmalig mangelnde Fortune hier im Nachhinein, wenn auch noch nicht unbedingt als „grobe Pflichtverletzung",[115] so aber zumindest einmal (zu Unrecht) als Anlass für einen Vertrauensentzug durch die Aktionäre (§ 84 Abs. 3, S. 2, 3. Var. AktG) darstellen.

Andererseits ist die daraus resultierende Unsicherheit für den Vorstand und damit das Ausgangsproblem hier aber gleichwohl nicht annähernd so groß wie im Zusammenhang mit dem Anreizsystem Organhaftung: Auch wenn es für viele Aktionäre oftmals noch sehr reizvoll wäre, den Vorstand für jedes schlechte wirtschaftliche Ergebnis finanziell zur Verantwortung ziehen zu können,[116] so kann es aber nicht ernsthaft in deren Interesse liegen, einen Vorstand hierfür unter Umständen auch schon sogleich seines Amtes zu entheben. Vielmehr werden Aktionäre immer erst dann an einem, regelmäßig auch mit Nachteilen etwa in der Form von Informationsverlusten verbundenen, Wechsel interessiert sein, wenn gleichzeitig die Möglichkeit besteht, einen qualifizierteren Geschäftsleiter verpflichten zu können. Einen Geschäftsleiter, dem stets das Glück zur Seite steht, gibt es aber gerade nicht.[117] Es ist also anzunehmen, dass die Aktionäre in dem Bereich, im dem sich mangelndes Geschick aufgrund der beschriebenen Unsicherheitsfaktoren kaum von tatsächlichen Pflichtverletzungen unterscheiden lässt, bereits von sich aus sehr sparsam mit dem Instrument des Vertrauensentzugs umgehen. Das heißt, das Pendel muss hier an sich gar nicht erst „künstlich" durch Etablierung eines Handlungsspielraums in die Lotgerechte ordnungsgemäßer Pflichterfüllung zurückgeführt werden. Vielmehr dürfte es sich diesem Stand schon dadurch wieder nähern, dass die einer kurzfristigen Abberufung entgegen gesetzten Interessen der Aktionäre es wieder zur Umkehr bewegen.

Was nun den zweiten Fall einer längerfristigen Anreizwirkung anbelangt, so werden die Aktionäre hier zwar eher geneigt sein, unter Umständen auch bloß erfolglose Vorstandsmitglieder ihres Amtes zu entheben. Nichtsdestotrotz ist aber auch hier von einer gegenüber dem Anreizsystem Organhaftung geringeren Schutzbedürftigkeit des Vorstands auszugehen: Zum einen ist der Vorstand im Zusammenhang mit einem solchen längerfristigen Sanktionsmechanismus in der Lage, eine Sanktionierung etwa durch Änderung der Geschäftspolitik oder Erbringung überobligationsmäßiger Anstrengungen in anderen Bereichen gleichwohl noch einmal abzuwenden. Zum anderen muss es aber auch, vor allem in dem Fall, dass es dem Vorstand eben doch nicht mehr gelungen ist, „das Ruder noch einmal herumzureißen", letztendlich im Belieben der Aktionäre bleiben, den Vorstand auf lange Sicht, das heißt gemäß

115 Vgl. dazu nur die beispielhafte Aufzählung von in der Schwere schlechthin nicht vergleichbarer Handlungen bei MünchKommAkt/*Hefermehl/Spindler*, 2004, § 84, Rn. 98.

116 Die Gefahren negativer Publizität sowie eines u.U. erheblichen Ressourcenverbrauchs infolge langwierigen Prozessierens einmal außer Acht gelassen.

117 Vgl. dazu etwa die pointierte Aussage *Lutters* in ZIP 1995, 441 (441): „[...] niemand kann nur gewinnen [...]".

§ 84 Abs. 1 S. 1 AktG spätestens nach Ablauf von fünf Jahren, gegebenenfalls auch bereits für mangelnde unternehmerische Fortune auszutauschen.[118] Mit anderen Worten ist ein auf langfristige Anreizwirkung angelegtes Sanktionssystem Amtsverlust schon von vornherein nicht geeignet, das Pendel gefährlich weit über das Ziel ordnungsgemäßer Pflichterfüllung hinaus ausschlagen zu lassen. Stattdessen ist gerade dieses zwar weit entfernte für den Vorstand aber doch stets sichtbare Damoklesschwert verweigerter Wiederbestellung dazu in der Lage, den Vorstand in ökonomisch effektiver Weise dem permanenten Druck auszusetzen, sich im Bereich nicht beobachtbarer Anstrengungen zumindest nicht schlechter zu gerieren als seine Mitstreiter auf dem Markt für Unternehmenskontrolle, und damit das Pendel auch nur genau bis zu dem Punkt ausschlagen zu lassen, an dem der Bereich nicht beobachtbarer Vorstandsanstrengungen endet und der nicht beeinflussbarer und somit auch nicht anreizkompatibler unternehmerischer Fortune beginnt. Eine Zurückdrängung dieses Anreizes durch Beschränkung der Möglichkeiten langfristiger Amtsenthebung ist demgemäß weder erforderlich noch sachgerecht – zumal bereits eine durch einen Handlungsspielraum eingeschränkte aktienrechtliche Organhaftung in diesem Bereich kaum mehr Anreize zu setzen vermag.

Zusammenfassend kann also festgehalten werden, dass es jedenfalls zur notwendigen Begrenzung des Sanktionssystems Organhaftung der Etablierung eines genau begrenzten Handlungsspielraums bedarf, während der Rückgriff auf einen dem Grunde nach zwar ebenfalls erforderlichen Handlungsspielraum zur Unterbindung kurzfristiger Abberufung infolge der insofern ambivalenten Interessenlage der Aktionäre in der Praxis demgegenüber weitestgehend entbehrlich sein dürfte. Ein damit einhergehender Anreizverlust im Bereich nicht beobachtbarer Vorstandsanstrengungen kann schließlich jedenfalls durch das System langfristiger Abberufungsmöglichkeiten aufgefangen werden, das insofern als am besten geeignet angesehen werden kann, den in diesem Bereich bestehenden Freiraum des Vorstands rechtlich rückzubinden.[119] Dies vor Augen verwundert es schließlich auch nicht, dass das Anreizsystem Amtsverlust im allgemeinen Gerangel um das Geschäftsleiterermessen neben dem der Organhaftung generell kaum Beachtung findet. Demgemäß soll es auch hier nicht in den Mittelpunkt des Interesses gerückt werden.

118 So auch MünchKommAktG/*Hefermehl/Spindler*, 2004, § 93, Rn. 106.

119 Vgl. dazu etwa den *BGH*, Urt. v. 21.4.1997 – II ZR 175/95 („*ARAG/Garmenbeck*") –, BGHZ 135, 244 (253) = NJW 1997, 1926 (1927) = ZIP 1997, 883 (885), der den Bereich fehlgeschlagenen unternehmerischen Gespürs ebenfalls dem Sanktionssystem Amtsverlust zuweist.

III. Zusammenfassung und Ausblick

Ökonomisch betrachtet bezieht das Geschäftsleiterermessen des Vorstands einer Aktiengesellschaft seine Daseinsberechtigung also im Wesentlichen aus dem Umstand, dass sich der Vorstand bei konsequenter Durchsetzung des Sanktionssystems Organhaftung der Gefahr ausgesetzt sieht, im Nachhinein von „fachfremden" und in Kenntnis des ruinösen Ausgangs urteilenden Richtern für die Realisation eines ex ante kaum abschätzbaren Risikos zur Verantwortung gezogen zu werden, und ohne Eindämmung dieser Gefahr geneigt sein wird, sich risikoavers zu verhalten. Ein risikoaverses Verhalten von Seiten des Vorstands wäre aber nicht nur für sämtliche beteiligten Wirtschaftssubjekte von erheblichem Nachteil, sondern führte letztlich auch zur Sinnentleerung der gesamten *Agency*-Beziehung.

Dass dem Vorstand demgemäß zur Eindämmung besagter Gefahr ein Handlungsspielraum in Form eines Geschäftsleiterermessens dem Grunde nach zuzugestehen ist, war auch vor 2006 in der Rechtswissenschaft in Akzeptanz der dargestellten Grundeinsichten anerkannt[120] und hat mit der Neuregelung des § 93 Abs. 1 S. 2 AktG nun auch explizit Eingang in das geschriebene Recht gefunden.

Diese von ökonomischen Einflüssen geprägte teleologische Basis vor Augen, kann nun das Grundproblem der vorliegenden Arbeit angegangen werden: die Auflösung des dem Geschäftsleiterermessen zu Grunde liegenden Spannungsverhältnisses zwischen dem Erfordernis eines Schutzes der Gesellschaft vor Missmanagement einerseits und der Notwendigkeit der Begrenzung eines solchen Schutzes andererseits durch Austarieren der dieses bedingenden Faktoren im Rahmen der Auslegung seiner einzelnen Grenzen.

Bevor insoweit jedoch die Entwicklung eines deutschen Geschäftsleiterermessens in Augenschein genommen werden kann, soll der Blick zunächst noch über den

120 *BGH*, Urt. v. 9.7.1979 – II ZR 118/77 („*Herstatt*") –, BGHZ 75, 96 (108); *BGH*, Urt. v. 21.4.1997 – II ZR 175/95 („*ARAG/Garmenbeck*") –, BGHZ 135, 244 (253) = NJW 1997, 1926 (1927) = ZIP 1997, 883 (885); *BGH*, Urt. v. 23. 6.1997 – II ZR 132/93 („*Siemens/Nold*") –, BGHZ 136, 133 (140); *BGH*, NZG 2002, 195 (196); MünchKommAktG/*Hefermehl/Spindler*, 2004, § 93, Rn. 24; *Hopt* in Großkomm. AktG, 1999, § 93, Rn. 81; *Kort* in Großkomm. AktG, 2003, § 76, Rn. 51; AnwK-AktienR/*Landwehrmann*, 2003, § 93, Rn. 86; *Mertens* in Kölner Kommentar zum AktG, 2. Auflage, 1996, § 93, Rn. 29; *Bastuck*, Enthaftung des Managements, 1986, S. 69; *Mutter*, Unternehmerische Entscheidungen und Haftung, 1994, S. 177 f.; *Thümmel*, Persönliche Haftung, 2003, Rn. 167 ff.; *Wiedemann*, Organverantwortung, 1989, S. 13; *Brandes*, WM 2000, 53 (53); *Götz*, AG 1997, 219 (220); *Grunewald/H.F. Müller*, JZ 1999, 442 (445); *Grunewald*, DB 1981, 407 (409); *Heermann*, ZIP 1998, 761 (762); *Henze*, BB 2000, 209 (211, 215); *Horn*, ZIP 1997, 1129 (1133); *Ihrig*, WM 2004, 2098 (2098 f.); *Kallmeyer*, ZGR 1993, 104 (107); *Kindler*, ZHR 162 (1998), 101 (104 f.); *Lutter*, ZIP 1995, 441 (441); *Semler*, in: FS Ulmer, 2003, S. 627 (628); *Thümmel*, DB 2004, 471 (471); *Ulmer*, ZHR 163 (1999), 290 (297); *Witte/Hrubesch*, BB 2004, 725 (727).

Atlantik auf die „Wiege“ eines Geschäftsleiterermessens des Leitungsorgans einer Gesellschaft gerichtet werden, wo für dieses Rechtsinstitut der Begriff der *Business Judgment Rule (BJR)* geprägt wurde. Schließlich war es auch genau dieses wohl am besten entwickelte System unternehmerischen Ermessens,[121] das nicht nur allgemein die Entwicklung eines deutschen Geschäftsleiterermessens in signifikanter Weise geprägt,[122] sondern das vor allem auch konkret für die Neuregelung des § 93 Abs. 1 S. 2 AktG Pate gestanden hat.[123]

121 So auch *Paefgen*, Unternehmerische Entscheidungen und Rechtsbindung, 2002, S. 150.

122 Vgl. zum Einfluss der *BJR* US-amerikanischer Prägung insbesondere auf die *ARAG/Garmenbeck*-Entscheidung des *BGH* (Urt. v. 21.4.1997 – II ZR 175/95 –, BGHZ 135, 244) etwa: *Landwehrmann*, in: Heidel, Aktienrecht, 2007, § 93, Rn. 87; *Diekmann/Leuering*, NZG 2004, 249 (252); *Grunewald/H.F. Müller*, JZ 1999, 442 (445); *Kindler*, ZHR 162 (1998), 101 (107); *Paefgen*, AG 2004, 245 (247); *C. Schäfer*, ZIP 2005, 1253 (1254); *Thümmel*, DB 2004, 471 (471); *Ulmer*, DB 2004, 859 (859); *ders.*, ZHR 163 (1999), 290 (298 f.).

123 S. *Begr. UMAG-RegE*, ZIP 2004, 2455 (2455); *Hauschka*, ZRP 2004, 65 (66); *Kinzl*, AG 2004, R3; *Kock/Dinkel*, NZG 2004, 441 (441); *Paefgen*, AG 2004, 245 (246 f.); *Roth*, BB 2004, 1066 (1067); *Seibert/Schütz*, ZIP 2004, 252 (254); *Thümmel*, DB 2004, 471 (471); *Ulmer*, DB 2004, 859 (859); *Wilsing*, ZIP 2004, 1082 (1089).

§ 3 Die *Business Judgment Rule* US-amerikanischer Prägung

Wie bereits angedeutet, hat sich in den USA zur Auflösung des Spannungsverhältnisses zwischen dem Erfordernis des Schutzes einer Gesellschaft vor Missmanagement einerseits und dem Erfordernis der Begrenzung eines solchen Schutzes andererseits das zentrale Gesellschaftsrechtsinstitut[124] der *Business Judgment Rule (BJR)* entwickelt.[125]

Obwohl ich vorwiegend einen problemorientierten Rechtsvergleich vorzunehmen beabsichtige und den Inhalt dieses Paragrafen daher in erster Linie auf die Bedürfnisse der anschließenden Erörterungen zum deutschen Recht zuschneiden werde, erscheinen mir einige einleitende Erläuterungen wie etwa zur Organisationsform der *public corporation* als US-amerikanisches Aktiengesellschaftsäquivalent schon deshalb als unerlässlich, weil es jedenfalls auch die für einen Rechtsvergleich erforderlichen Rahmenbedingungen zu schaffen gilt. Den Schwerpunkt der Darstellung soll jedoch eine Herausarbeitung der Funktionsweise sowie der einzelnen Elemente der *BJR* bilden. Die Erkenntnisse daraus können dann später im Rahmen der Auseinandersetzung mit der Funktionsweise und den einzelnen Voraussetzungen der Neuregelung des § 93 Abs. 1 S. 2 AktG fruchtbar gemacht werden.

124 Vgl. zur Stellung der *BJR* im US-amerikanischen Gesellschaftsrecht etwa *Allen*, in: Comparative Corporate Governance, 1998, S. 307 (326) mit einer beeindruckenden Beobachtung bzgl. des Ansteigens der Zahl der Diskussionsbeiträge zu diesem Rechtsinstitut seit 1943 in n. 57; *Bainbridge*, Corporation Law, 2002, S. 241: „The business judgment rule is corporate law`s central doctrine." sowie *Elsing/Van Alstine*, US-amerikanisches Handels- und Wirtschaftsrecht, 1999, Rn. 605: eines der „wichtigsten Prinzipien des amerikanischen Gesellschaftsrechts". Die Rolle der *BJR* als Kernstück der Grundsätze zur Haftung von Gesellschaftsorganen betonend auch *Paefgen*, Unternehmerische Entscheidungen und Rechtsbindung, 2002, S. 151.

125 Vgl. hierzu *Bainbridge*, Corporation Law, 2002, S. 242: "Our analysis proceeds from the premise that the business judgment rule, [...], reflects an inherent tension between two competing values: the need to preserve the board of directors` decision-making discretion and the need to hold the board accountable for its decisions.".

I. Einleitung

1. Rechtsquellen des US-amerikanischen Gesellschaftsrechts

Die Ausführungen zu den „Rechtsquellen des US-amerikanischen Gesellschaftsrechts" müssen streng genommen mit einer Korrektur der gewählten Überschrift beginnen: Da die gesellschaftsrechtliche Gesetzgebungskompetenz und damit auch die diesbezügliche gerichtliche Zuständigkeit in den USA grundsätzlich nicht beim Bund, sondern bei den Einzelstaaten liegt,[126] gibt es an sich gar kein „US-amerikanisches Gesellschaftsrecht", sondern vielmehr eine Vielzahl von einzelstaatlichen „Gesellschaftsrechten".

Innerhalb der verschiedenen Einzelstaaten spielt auf diesem Gebiet neben der sonst traditionell wichtigsten Rechtsquelle des vom Richter gesetzten Fallrechts (*common law*) zunehmend auch das einzelstaatliche Gesetzesrecht eine wichtige Rolle (*state statutory law*).[127] So haben inzwischen alle Einzelstaaten umfassende Gesetze betreffend die Organisation insbesondere von hier interessierenden Kapitalgesellschaften erlassen.[128]

Unter den verschiedenen Einzelstaaten sticht im Bereich des Gesellschaftsrechts vor allem Delaware in seiner Bedeutung für die US-amerikanische Gesellschaftsrechtsentwicklung hervor.[129] Infolge seines frühen liberalen und flexiblen Gesellschaftsrechts[130] hat sich eine große Zahl von Kapitalgesellschaften[131] für eine Inkor-

126 Dies ergibt sich aus einem Umkehrschluss aus der *interstate commerce clause* (Art. I Sec. 8 cl. 3 US Constitution), nach der auf dem Gebiet des einzelstaatenübergreifenden Wirtschaftsrechts dem Bund die Gesetzgebungskompetenz zusteht.

127 *Turcon/Zimmer*, Grundlagen, 1994, S. 2. *Statutory law* genießt ggü. *common law* stets Vorrang und ist demnach imstande, früheres Fallrecht zu abzuändern.

128 Vgl. etwa das *Delaware General Corporation Law* (Del. Gen. Corp. L.) oder den *California Corporations Code* (Cal. Corp. Code) sowie das *New York Business Corporation Law* (N.Y. Bus. Corp. L.). Eine umfangreiche Bundesgesetzgebung (*federal statutory law*) besteht dagegen vor allem im Bereich des Aktienhandels.

129 Vgl. etwa die Einschätzungen von *Kessler*, Die Leitungsmacht, 1991, S. 251; *Frank/Moreland*, RIW 1989, 761 (761); *Luttermann*, BB 2001, 2433 (2436); *Trockels*, AG 1990, 139 (141).

130 Da Inkorporierungen aufgrund von Steuern und Registrierungsgebühren zum einen ein gewisses direktes Staatseinkommen zum anderen aber auch ein indirektes Einkommen etwa durch Folgeinvestitionen oder Sekundäreffekte versprechen, ist im Laufe des letzten Jahrhunderts zwischen den verschiedenen Einzelstaaten eine Art Wettbewerb um Inkorporierungen und damit um die Zurverfügungstellung des bei *corporations* „beliebtesten" Gesellschaftsrechts entbrannt, der zunächst unter dem Begriff des *race not of diligence but of laxity* und später unter dem des *race to the bottom* von verschiedener Seite auf vehemente Kritik gestoßen ist (vgl. dazu etwa *Hamilton*, The Law of Corporations, 2000, S. 63 ff.). Heute haben sich die einzelstaatlichen Gesellschaftsrechte weitestgehend angeglichen (*Bungert*, Gesellschaftsrecht in den USA, 2003, S. 5) – und zwar oftmals im Sinne der gerade auf Rechtsver-

poration in diesem Bundesstaat und damit für eine Unterwerfung ihrer internen Angelegenheiten unter das Recht von Delaware entschieden (*internal affairs rule*).[132] Das führte dazu, dass sich vor allem der *Court of Chancery of Delaware*[133] im Laufe des letzten Jahrhunderts überwiegend zu einem *business law court* entwickelte,[134] der über die Jahre hinweg nicht nur überragend viele, sondern infolge der wachsenden Erfahrung seiner Richter auf diesem Gebiet vor allem auch weit reichende Anerkennung genießende Präzedenzfälle produzierte.[135] In diesem hoch entwickelten Fallrecht und der damit einhergehenden Rechtssicherheit stehen die anderen Einzelstaaten Delaware zum Teil erheblich nach.[136]

2. *Organisationsform Public Corporation*

Die einzelstaatlichen Gesellschaftsrechtsstatuten stellen im Gegensatz zur deutschen Formenvielfalt für private Personenzusammenschlüsse traditionell lediglich zwei

einheitlichung angelegten „Mustergesetze" insbesondere des *American Law Institute (ALI) – Principles of Corporate Governance* – sowie der *American Bar Association (ABA) – Revised Model Business Corporation Act*. Dennoch hat sich Delaware seine Attraktivität als Gründungsstaat aufgrund extrem kurzer Gründungszeiten, seiner effektiven Abwicklung auch sonstiger gesellschaftsrechtlicher Formalitäten sowie aufgrund seines umfangreichen Fallrechts und der damit verbundenen Rechtssicherheit und Vertrautheit der Mehrheit der Gesellschaftsrechtsanwälte mit diesem Recht bewahren können (*Hamilton*, The Law of Corporations, 2000, S. 67 f.; *Turcon/Zimmer*, Grundlagen, 1994, S. 25 f.). Weitere beliebte Inkorporierungsstaaten sind Kalifornien und New York.

131 Derzeit sind mehr als die Hälfte aller öffentlich gehandelten US-Gesellschaften und rund 60 % der *Fortune 500*-Gesellschaften in Delaware inkorporiert (Angabe des *Department of State*: Division of Corporations bei www.state.de.us/corp (zul. abgerufen am 1.5.2008)).

132 Unabhängig davon, wo sich die geschäftliche Hauptniederlassung einer *corporation* befindet oder sie überhaupt ihre geschäftlichen Aktivitäten entfaltet, kann eine *corporation* grundsätzlich in jedem beliebigen Bundesstaat gegründet werden. Erforderlich ist lediglich die Bestellung eines Zustellungsvertreters in dem Gründungsstaat sowie die Registrierung beim Innenminister des Staates, in dem sie geschäftlich tätig werden will (*Becker*, Verwaltungskontrolle, 1997, S. 105; *Elsing/Van Alstine*, US-amerikanisches Handels- und Wirtschaftsrecht, 1999, Rn. 577).

133 Instanz vor dem *Supreme Court of Delaware* als dem insofern höchsten Gericht.

134 *Hamilton*, The Law of Corporations, 2000, S. 68.

135 Vgl. zum hervorragenden Ruf des *Court of Chancery of Delaware Bainbridge*, Corporation Law, 2002, S. 16 sowie *Hamilton*, The Law of Corporations, 2000, S. 68.

136 Abschließend sei noch angemerkt, dass es trotz der grundsätzlichen Zuständigkeit der Staatengerichte auch zahlreiche Gesellschaftsrechtsfälle gibt, die – zwar unter Anwendung von Staatenrecht – so aber gleichwohl von Bundesgerichten entschieden worden sind. Dies ist darauf zurückzuführen, dass bei Rechtsstreitigkeiten zwischen Kapitalgesellschaften, die weder denselben Gründungs- noch denselben Niederlassungsstaat aufweisen, eine konkurrierende Zuständigkeit der Bundesgerichte und der Staatengerichte besteht (*diversity jurisdiction*) (*Elsing/Van Alstine*, US-amerikanisches Handels- und Wirtschaftsrecht, 1999, Rn. 29, 31). Für die Bezeichnungen der insofern auch unterschiedlichen Entscheidungssammlungen (*reporters*) vgl. wiederum *Elsing/Van Alstine*, US-amerikanisches Handels- und Wirtschaftsrecht, 1999, Rn. 61 ff.

Organisationsformen bereit: die im Wesentlichen die deutschen Personengesellschaften abbildende *partnership* sowie als körperschaftliche Grundform die *corporation*.[137]

Die rechtlich und wirtschaftlich weitaus bedeutendere Rechtsform der *corporation* zeichnet sich infolge ihrer großen Flexibilität dadurch aus, dass sie sich zur Verfolgung der unterschiedlichsten Vereinigungszwecke eignet.[138] Da die *corporation* hier allein in ihrer Ausgestaltung als Aktiengesellschaftspendant interessiert, wird sie im Folgenden in Form der *public corporation* zu Grunde gelegt, die zugleich den Normalfall der *business corporation* bildet.

Konform zur deutschen Aktiengesellschaft definiert sich die *public corporation* dann schließlich auch als gewerblich tätige juristische Person, die im eigenen Namen Rechte und Pflichten begründen sowie klagen und verklagt werden kann.[139] Dabei ist auch sie in ihrem Bestand unabhängig von dem ihrer *shareholders* und haftet selbst nur mit ihrem Gesellschaftsvermögen, während die *shareholders* (grundsätzlich) keiner persönlichen Haftung unterliegen und ihre Aktien prinzipiell frei übertragen können.[140]

Ein weiteres konstitutives Merkmal der *public corporation* besteht nun allerdings auch in der sich vom deutschen Recht unterscheidenden Zentralisierung der Verwaltung im *board of directors*, auf den die Aktionäre einen Großteil der ursprünglich ihnen als „Eigentümer“ zustehenden Kontrolle übertragen.[141] Von da aus leitet dieser schließlich seinerseits wieder einen Teil der Kontrolle an die mit dem Tagesgeschäft befassten *officers* weiter[142] – das heißt an die von ihm selbst eingesetzten „leitenden Angestellten“.[143] Dabei ist es üblich, dass einige der *directors* zugleich

137 S. zur Durchbrechung dieses Dualismus durch die neu eingeführte und zwischen den beiden althergebrachten Rechtsformen letztendlich vermittelnde Gesellschaftsform der *limited liability company Becker*, Verwaltungskontrolle, 1997, S. 92 f.

138 S. hierzu näher *Bainbridge*, Corporation Law, 2002, S. 2 f. sowie *Becker*, Verwaltungskontrolle, 1997, S. 96 ff.: Zu unterscheiden ist vor allem zwischen öffentlicher und privater Zweckrichtung (*public* versus *private corporations*), großen Körperschaften mit Öffnung ggü. dem anlagesuchenden Publikum und Körperschaften mit exklusivem Mitgliederkreis (*public* versus *close corporations*) sowie zwischen Gesellschaften mit gewerblicher Ausrichtung und Vereinigungen ohne Gewinnerzielungsabsicht (*business* versus *nonprofit corporations*). Für all diese besonderen Ausprägungen stellt das Recht der *corporation* einen Grundbestand an Normen zur Verfügung, den es dann nur noch im Einzelfall unter typologischen Gesichtspunkten zu modifizieren gilt.

139 *Bainbridge*, Corporation Law, 2002, S. 7; *Bungert*, Gesellschaftsrecht in den USA, 2003, S. 31.

140 *Bungert*, Gesellschaftsrecht in den USA, 2003, S. 31; *Elsing/Van Alstine*, US-amerikanisches Handels- und Wirtschaftsrecht, 1999, Rn. 574; *Turcon/Zimmer*, Grundlagen, 1994, S. 8.

141 Den bei den Aktionären verbleibenden Teil der Kontrolle über die Gesellschaft üben diese im Wesentlichen über ihr Recht, die Mitglieder des *board of directors* zu wählen sowie über grundlegende Veränderungen in der Gesellschaft zu entscheiden, aus (*Turcon/Zimmer*, Grundlagen, 1994, S. 8). S. zum Vergleich der Stellung der Aktionäre nach US-amerikanischem und deutschem Recht *Becker*, Verwaltungskontrolle, 1997, S. 89.

142 *Hamilton*, The Law of Corporations, 2000, S. 228; *Turcon/Zimmer*, Grundlagen, 1994, S. 8.

143 *Elsing/Van Alstine*, US-amerikanisches Handels- und Wirtschaftsrecht, 1999, Rn. 594, 602.

das Amt eines *officer* bekleiden (*inside directors*[144])[145] und damit – vergleichbar den deutschen Vorstandsmitgliedern – die „eigentlichen Geschäftsführer" darstellen.[146] Den übrigen *directors* (*outside directors*[147]) kommt neben der Teilnahme an den wichtigsten Geschäftsführungsentscheidungen demgegenüber vor allem eine überwachende Funktion zukommt. Damit nehmen sie in etwa eine den deutschen Aufsichtsratsmitgliedern vergleichbare Rolle ein.[148]

Der *board of directors* übt insgesamt betrachtet also sehr weitgehende Befugnisse im Hinblick auf die Führung der Geschäfte der Gesellschaft aus.[149] Gleichsam als Korrelat unterliegt er dabei aber auch einer entsprechend strengen und zugleich haftungsbewehrten organschaftlichen Pflichtbindung (*fiduciary duties*),[150] als deren granitene Säulen jedenfalls die Sorgfalts- (*duty of care*) und Treuepflicht (*duty of loyalty*) genannt werden können.[151]

Der Sorgfaltspflicht werden dabei wiederum bis zu drei Elemente zugesprochen:

(1) Beachtung der Gebote von Treu und Glauben;

144 Vgl. zum Begriff *Elsing/Van Alstine*, US-amerikanisches Handels- und Wirtschaftsrecht, 1999, Rn. 595 sowie *Hamilton*, The Law of Corporations, 2000, S. 652.

145 I.d.R. bekleiden vor allem die führenden *officers* (Überblick bei *Hamilton*, The Law of Corporations, 2000, S. 327) zugleich das Amt eines *director* – so insbesondere der *chief executive officer*, der zumeist mit dem *chairman* des *board of directors* eine Personalunion bildet, und der *chief financial officer* (*Hamilton*, The Law of Corporations, 2000, S. 306, 323; *Oltmanns*, Geschäftsleiterhaftung, 2001, S. 12).

146 *Elsing/Van Alstine*, US-amerikanisches Handels- und Wirtschaftsrecht, 1999, Rn. 594.

147 Vgl. zum Begriff *Elsing/Van Alstine*, US-amerikanisches Handels- und Wirtschaftsrecht, 1999, Rn. 595 sowie *Hamilton*, The Law of Corporations, 2000, S. 659. Teilweise werden *inside directors* auch als *executive directors* und *outside directors* dementsprechend als *non-executive directors* bezeichnet, vgl. *Paefgen*, Unternehmerische Entscheidungen und Rechtsbindung, 2002, S. 154 ff.

148 *Bastuck*, Enthaftung des Managements, 1986, S. 11; *Grass*, Business Judgment Rule, 1998, S. 16, Fn. 35; *Trockels*, AG 1990, 139 (140, Fn. 5).

149 Vgl. auch Del. Gen. Corp. L. § 141(a): „The business and affairs of every corporation organized under this chapter shall be managed by or under the direction of a board of directors, […]."

150 *Aronson v. Lewis*, 473 A.2d 805, 811 (Del. Supr. 1984):"The existence and exercise of this power carries with it certain fundamental fiduciary obligations to the corporation and its shareholders." So auch *Pogostin v. Rice*, 480 A.2d 619, 624 (Del. Supr. 1984). S. des Weiteren *Merkt/Göthel*, US-amerikanisches Gesellschaftsrecht, 2006, Rn. 821.

151 S. etwa *Norlin Corp. v. Rooney, Pace Inc.*, 744 F.2d 255, 264 (1984): "A board member`s obligation to a corporation and its shareholders has two prongs, generally characterized as the duty of care and the duty of loyalty." S. des Weiteren etwa *Hamilton*, The Law of Corporations, 2000, S. 444. Über die Sorgfalts- und Treuepflicht hinaus wird vor allem in neuerer Zeit vielfach auch noch die Pflicht, in gutem Glauben (*good faith*) zu handeln, ausdrücklich als eigenständige und gleichwertige Kategorie benannt. S. etwa schon *Cede & Co. v. Technicolor, Inc.*, Del. Supr., 634 A.2d 345, 361 (1993) („[…] any one of the *triads* of their fiduciary duty – good faith, loyalty or due care") sowie *Emerald Partners v. Berlin*, 787 A.2d 85, 91 (Del. Supr. 2001). S. zu dieser neuerlichen Betonung der *good faith*-Pflicht auch noch weiter unten unter § 3 III. 5. (S. 90 ff.).

(2) Handeln im besten Interesse der Gesellschaft, wobei es auf die vernünftige Einschätzung des handelnden *director* bzw. *officer* ankommt, sowie

(3) Anwendung der Sorgfalt einer vernünftigen Person in vergleichbarer Position und unter gleichen Umständen.[152]

Zwar handelt es sich bei der Treuepflicht an sich ebenfalls um eine einheitliche und übergreifende Pflicht der *directors* und *officers*[153] mit dem Inhalt, stets den Interessen der Gesellschaft bzw. der Aktionäre uneingeschränkten Vorrang vor etwaig konkurrierenden Eigen- oder sonstigen Fremdinteressen einzuräumen.[154] Dennoch wird sie in aller Regel ausschließlich anhand von Fallgruppen diskutiert.[155] Diese lassen sich wie folgt zusammenfassen:

(1) Mit einer Interessenkollision behaftete Geschäfte (*conflicted interest transactions*), insbesondere in Fällen von Insichgeschäften bzw. Mehrfachvertretung (*self dealing* bzw. *interlocking directors*);

(2) unzulässiger Wettbewerb mit der Gesellschaft (*competition with the corporation*);

(3) Ausnutzung einer der Gesellschaft zustehenden Geschäftschance (*corporate opportunity doctrine*);

(4) Ausnutzen von Insiderinformationen zum eigenen Nutzen beim Handel mit Aktien der Gesellschaft (*insider trading*);

(5) Unterdrückung von Minderheitsaktionären (*oppression*) sowie

(6) Kauf und Verkauf der Kontrolle über die Gesellschaft.[156]

Im Falle der Verletzung einer der dargestellten *fiduciary duties* (*breach of duty*) kann, sofern die Verletzung im Zusammenhang von *board*-Beschlüssen aufgetreten

152 Vgl. etwa *ALI*, Principles of Corporate Governance: Analysis and Recommendations, 1994, § 4.01(a): “A director or officer has a duty to the corporation to perform the director`s or officer`s functions in good faith, in a manner that he or she reasonnably believes to be in the best interests of the corporation, and with the care that an ordinarily prudent person would reasonably be expected to exercise in a like position and under similar circumstances.” Eine sehr ähnliche Formulierung findet sich in *ABA*, Revised Model Business Corporation Act, 1998, § 8.30 sowie in Cal. Corp. Code § 309(a). Lediglich das *good-faith*-Erfordernis sowie den Maßstab der *ordinarily prudent person* aufgreifend N.Y. Bus. Corp. L. § 717(a). Allein auf das dritte Element abstellend zumeist die Rechtsprechung wie etwa in *Meyers v. Moody*, 693 F.2d 1196, 1209 (1982).

153 *Merkt/Göthel*, US-amerikanisches Gesellschaftsrecht, 2006, Rn. 877.

154 *Cede & Co. v. Techicolor, Inc.*, Del. Supr., 634 A.2d 345, 361 (1993): “Essentially, the duty of loyalty mandates that the best interest of the corporation and its shareholders takes precedence over any interest possessed by a director, officer or controlling shareholder and not shared by the stockholders generally.”.

155 *Bungert*, Gesellschaftsrecht in den USA, 2003, S. 44; *Hamilton*, The Law of Corporations, 2000, S. 467; *Merkt/Göthel*, US-amerikanisches Gesellschaftsrecht, 2006, Rn. 877.

156 Vgl. *Bungert*, Gesellschaftsrecht in den USA, 2003, S. 44; *Elsing/Van Alstine*, US-amerikanisches Handels- und Wirtschaftsrecht, 1999, Rn. 606 ff.; *Hamilton*, The Law of Corporations, 2000, S. 467; *Turcon/Zimmer*, Grundlagen, 1994, S. 15; *Kronstein/Hawkins*, RIW 1983, 249 (252).

ist, einerseits die Ausführung der entsprechenden Maßnahme mittels einer einstweiligen Verfügung (*injunction*) verhindert bzw. andererseits von den verantwortlichen *board*-Mitgliedern Schadensersatz verlangt werden, vorausgesetzt es ist bereits ein kausaler Schaden (*damage* und *causation*) eingetreten.[157] Die Ergreifung dieser Rechtsmittel obliegt dabei nicht nur der Gesellschaft selbst bzw. den in ihrem Namen handelnden *directors*, sondern darüber hinaus im Wege der Prozessstandschaft auch jedem einzelnen *shareholder* im eigenen Namen (*shareholder derivative litigation* bzw. *derivative suit*).[158]

Im – in der Praxis weitaus bedeutenderen – Fall der *shareholder derivative litigation* kann die *BJR* schließlich in verschiedenerlei Hinsicht eine wichtige Rolle spielen.[159] In allgemeiner und erster Hinsicht bietet sie jedoch der unternehmerischen Entscheidung sowie den sie tragenden verklagten *directors* bzw. *officers*[160] Schutz, wenn es im Rahmen der Begründetheit unmittelbar um die Überprüfung der Entscheidung selbst durch das angerufene Gericht geht. In Anerkennung der unter § 2 dargestellten Grundeinsichten[161] schließt sie dazu die Gerichte von einer vollständi-

157 Vgl. etwa *Barnes v. Andrews*, 298 F. 614, 616 (S.D.N.Y. 1924) sowie *ALI*, Principles of Corporate Governance: Analysis and Recommendations, 1994, § 4.01(d): "A person challenging the conduct of a director or officer under this Section has the burden of proving a breach of the duty of care, including the inapplicability of the provisions as to the fulfillment of duty under Subsection (b) or (c), and, in a damage action, the burden of proving that the breach was the legal cause of damage suffered by the corporation.".

158 S. zum Begriff der *derivative suit* sowie zu deren Abgrenzung zur *direct suit Bainbridge*, Corporation Law, 2002, S. 362 f. und *Hamilton*, The Law of Corporations, 2000, S. 535, 537. Insgesamt weiterführend *Block/Barton/Radin*, The Business Judgment Rule, 1998, S. 1379 ff.

159 Vgl. *Aronson v. Lewis*, 473 A.2d 805, 812 (Del. Supr. 1984): "The function of the business judgment rule is of paramount significance in the context of a derivative action. It comes into play in several ways – in adressing a demand, in the determination of demand futility, in efforts by independent disinterested directors to dismiss the action as inimical to the corporation`s best interests, and generally, as a defense to the merits of the suit. However, in each of these circumstances there are certain common principles governing the application and operation of the rule." sowie *Block/Barton/Radin*, The Business Judgment Rule, 1998, S. 1379.

160 S. dazu, dass besagtes Rechtsinstitut nach nahezu allgemeiner Ansicht nicht nur auf *directors*, sondern auch auf *officers* anwendbar ist, etwa *Cede & Co. v. Technicolor, Inc.*, Del. Supr., 634 A.2d 345, 361 (1993); *Cinerama, Inc. v. Technicolor, Inc.*, Del. Supr., 663 A.2d 1156, 1162 (1995): "the business judgment rule attaches to protect corporate officers and directors and the decisions they make"; *ALI*, Principles of Corporate Governance: Analysis and Recommendations, 1994, § 4.01(c): "A director or officer who makes a business decision [...]"; *Block/Barton/Radin*, The Business Judgment Rule, 1998, S. 97 ff. m.w.N. sowie jüngst noch *Hamermesh/Sparks*, 60 Bus. Law. (2005) 865, 876. Für eine allenfalls eingeschränkte Anwendbarkeit der *BJR* auf *officers* eintretend demgegenüber zuletzt *Johnson*, 60 Bus. Law. (2005) 439, 440, 469. Im Ergebnis folgt schließlich auch die vorliegende Darstellung dem juristischen Usus, im Zusammenhang mit der *BJR* grundsätzlich nicht zwischen *directors* und *officers* zu differenzieren bzw. auch oft verkürzend allein auf die Person des *director* abzustellen.

161 Vgl. noch einmal zusammenfassend zur Ratio der *BJR* speziell aus der US-amerikanischen Literatur *Block/Barton/Radin*, The Business Judgment Rule, 1998, S. 12 ff.; *Allen/Jacobs/Strine*, 56 Bus. Law. (2005) 1287, 1296 (sehr knapp); *Bainbridge*, 57 Vand. L.

gen Überprüfung der unternehmerischen Entscheidung anhand des eben vorgestellten strengen Sorgfaltsmaßstabs aus.[162] Genau um diese Eigenschaft der *BJR* wird es im Rahmen der folgenden Darstellung gehen. Schließlich setzt auch das deutsche Geschäftsleiterermessen des Vorstands einer Aktiengesellschaft genau dort an, wo es unmittelbar um die – vor allem gerichtliche – Beurteilung unternehmerischer Entscheidungen geht.

Bevor jedoch noch näher auf die Funktionsweise der *BJR* eingegangen wird,[163] sollen zunächst die Ursprünge und modernen Fassungen dieses Rechtsinstituts vorgestellt werden.

3. Ursprünge und moderne Fassungen der Business Judgment Rule US-amerikanischer Prägung

Die *BJR* zählt bereits seit sehr langer Zeit zu den festen Bestandteilen US-amerikanischer Gesellschaftsrechtstradition:

Ihre „Geburtsstunde" wird weithin auf das Jahr 1829 datiert,[164] obgleich sich der damals in der Sache *Percy v. Millaudon*[165] zur Entscheidung berufene *Supreme Court of Louisiana* zu diesem Zeitpunkt an sich noch auf den bloßen Ausschluss

Rev. (2004) 83, 110-127; *Johnson*, 60 Bus. Law. (2005), 439, 455-458; *Miller/Rutledge*, 30 Del. J. Corp. L. (2005) 343, 350-351 – jeweils m.w.N.

162 Wie mit dem Zitat aus *Aronson v. Lewis*, 473 A.2d 805, 812 (Del. Supr. 1984) in Fn. 159 eben schon angedeutet, spielt die *BJR* im US-amerikanischen Recht darüber hinaus aber auch bereits vorgelagert eine aus praktischer Sicht an sich sogar noch bedeutendere Rolle – und zwar findet sie auch im Rahmen der Feststellung Anwendung, ob die Aktionäre vor Klageerhebung – als eine Art Prozessvoraussetzung – verpflichtet waren, zunächst den *board* aufzufordern, für die Gesellschaft eine entsprechende Klage zu erheben (*demand requirement* oder *demand futile* bzw. *excused*), bzw., ob im Falle eines an den *board* gerichteten von diesem aber zurückgewiesenen *demand* diese Zurückweisung möglicherweise angegriffen und damit die angestrebte Klage schließlich dennoch weiterverfolgt werden kann (*demand wrongfully refused*). S. zu den Anforderungen einer *demand futility* nochmals *Aronson v. Lewis*, 473 A.2d 805, 813-814 (Del. Supr. 1984) (*Aronson test* bzw. *two-step test*) sowie *Rales v. Blasband*, Del. Supr., 634 A.2d 927, 933-934 (1993) (*Rales test*). S. dazu, dass der erfolgreiche Angriff der ablehnenden *demand*-Entscheidung die Kläger letztlich in die gleiche Lage versetzt, wie sie bei Nachweis eines *demand excused case* bestünde, *Block/Barton/Radin*, The Business Judgment Rule, 1998, S. 1455. Des Weiteren wird die *BJR* schließlich im Falle eines entbehrlichen (*demand futile* bzw. *excused*) oder zu Unrecht abgewiesenen *demand* (*demand wrongfully refused*) zur Beurteilung der weiteren Frage zu Grunde gelegt, ob unter diesen Umständen ein aus nicht in die Sache involvierten *directors* zusammengesetztes *special litigation committee* (*SLC*) dann auch sogleich eine Klageabweisung erwirken kann. S. hierzu den *two-step test*, der in *Zapata Corp. v. Maldonado*, Del. Supr., 430 A.2d 779, 788-789 (1981) entwickelt worden ist.

163 S. dazu sogleich unten unter § 3 II. 1. und 2. (S. 65 ff.).

164 So auch *Block/Barton/Radin*, The Business Judgment Rule, 1998, S. 9.

165 *Percy v. Millaudon*, 8 Mart. (n.s.) 68 (La. 1829).

einer Erfolgshaftung beschränkte.[166] Bereits von einem „weiten Ermessensspielraum" („large discretion") der *directors* war schließlich 1847 in einem Urteil des *Supreme Court of Alabama* die Rede.[167] Noch einen Schritt weiter ging schließlich der *Supreme Court of Rhode Island* im Jahr 1853, indem er seiner Entscheidung deutlich eine Differenzierung zwischen bloßer Fehlentscheidung und schadensersatzbegründender Pflichtverletzung zu Grunde legte.[168] Den entscheidenden Schritt vollzog jedoch der *Court of Appeals of New York*, als er 1912 in seinem Urteil konstatierte, Fragen betreffend die Unternehmenspolitik, die Zweckmäßigkeit von Verträgen oder Klagen etc. blieben einzig und allein der redlichen und uneigennützigen Entscheidung der *directors* überlassen, da ihre diesbezüglichen Kompetenzen unbegrenzt seien und deren Ausübung selbst dann nicht infrage gestellt werden könne, wenn sich im Nachhinein herausstelle, dass ihre Handlungen unklug oder unzweckmäßig gewesen seien.[169]

Die damit zum Ausdruck gebrachte Zurückhaltung bei der inhaltlichen Kontrolle einer unternehmerischen Entscheidung des *board of directors* ist bis heute eine der Kernaussagen der nach wie vor unkodifizierten[170] *BJR* geblieben.[171]

Daher statuiert das *American Law Institute* in § 4.01(c) seiner *Principles of Corporate Governance* auch heute noch:

> Ein *director* oder *officer*, der gutgläubig eine unternehmerische Entscheidung trifft, erfüllt seine Sorgfaltspflicht dann, wenn er:
>
> (1) bezogen auf den Gegenstand der unternehmerischen Entscheidung keinem Interessenkonflikt unterliegt,

166 *Percy v. Millaudon*, 8 Mart. (n.s.) 68, 77 (La. 1829): " [T]he occurrence of difficulties [...] which offer only a choice of measures, the adoption of a course from which loss ensues cannot make the [director] responsible, if the error was one into which a prudent man might have fallen.".

167 *Godbold v. Branch Bank*, 11 Ala. 191, 199 (1847).

168 *Hodges v. New England Screw Co.*, 3 R.I. 9, 18 (1853): "We think a Board of Directors acting in good faith and with reasonable care and diligence, who nevertheless fall into a mistake, either as to law or fact, are not liable for the consequences of such mistake.".

169 *Pollitz v. Wabash R.R. Co.*, 207 N.Y. 113, 124 (1912): „Questions of policy of management, expediency of contracts or action, adequacy of consideration, lawful appropriation of corporate funds to advance corporate interests, are left solely to [the directors`] honest and unselfish decision, for their powers therein are without limitation and free from restraint, and the exercise of them for the common and general interests of the corporation may not be questioned, although the results show that what they did was unwise or inexpedient.".

170 *Branson*, 36 Val. U. L. Rev. (2002) 631, 633.

171 Vgl. aus der Rechtsprechung nur *Cede & Co. v. Techicolor, Inc.*, Del. Supr., 634 A.2d 345, 360 (1993): „The rule operates to preclude a court from imposing itself unreasonably on the business and affairs of a corporation." Vgl. aus der Literatur etwa *Gummow/Bart*, 14 J. Bankr. L. & Prac. 6 (2005) Art. 4 II. D. sowie *Miller/Rutledge*, 30 Del. J. Corp. L. (2005) 343, 345-346. Vgl. aus dem deutschen Schrifttum etwa *Becker*, Verwaltungskontrolle, 1997, S. 264, der die *BJR* als auf drei einander bedingenden Säulen ruhend charakterisiert: (1) Begrenzung der Haftung der Verwaltungsmitglieder; (2) besondere Verteilung der Beweislast sowie (3) Anerkennung der beschränkten gerichtlichen Überprüfbarkeit von Leitungsentscheidungen.

(2) in Bezug auf den Gegenstand der unternehmerischen Entscheidung in dem Maße informiert ist, wie es der *director* oder *officer* unter den gegebenen Umständen vernünftigerweise (*reasonably*) für angemessen erachtet; und

(3) rational (*rationally*) davon ausgeht, die unternehmerische Entscheidung liege im besten Interesse der Gesellschaft.[172]

Die zweite der beiden am weitesten verbreiteten Formulierungen ist die der Gerichte in Delaware:[173]

> Es entspricht einer Vermutung, dass der *director* einer Gesellschaft unternehmerische Entscheidungen auf informierter Grundlage, in gutem Glauben und in der redlichen Überzeugung trifft, im besten Interesse der Gesellschaft zu handeln.[174]

Auf die Gemeinsamkeiten sowie auf die allenfalls im Detail erkennbaren Unterschiede zwischen diesen beiden Formulierungen wird im Rahmen der sich nun anschließenden Herausarbeitung der Funktionsweise sowie der einzelnen Elemente der *BJR* noch einzugehen sein.

II. Funktionsweise der *Business Judgment Rule*

Was nun zunächst die Funktionsweise der *BJR* anbelangt, so vereint dieses Rechtsinstitut nach heute allgemeiner Ansicht einen materiell-rechtlichen und einen prozessualen Aspekt in sich:[175]

172 *ALI*, Principles of Corporate Governance: Analysis and Recommendations, 1994, § 4.01(c): „A director or officer who makes a business judgment in good faith fulfills the duty under this Section if the director or officer: (1) is not interested [...] in the subject of the business judgment; (2) is informed with respect to the subject of the business judgment to the extent the director or officer reasonably believes to be appropriate under the circumstances; and (3) rationally believes that the business judgment is in the best interests of the corporation." Auf diese „mustergesetzliche" Formulierung haben auch die Entwurfsverfasser *Seibert* und *Schütz* in ihren einführenden Erläuterungen noch zum RefE in ZIP 2004, 252 (254, Fn. 10) Bezug genommen.

173 In diesem Sinne auch *Branson*, 36 Val. U. L. Rev. (2002) 631, 634. Auf die Hinzuziehung der ohnehin nur fragmentarischen Fassung des Revised Model Business Corporation Act, 1998, § 8.31 (a) wird hier demgemäß verzichtet.

174 S. vor allem *Aronson v. Lewis*, 473 A.2d 805, 812 (Del. Supr. 1984): "It is a presumption that in making a business decision the director of a corporation acted on an informed basis, in good faith and in the honest belief that the action taken was in the best interests of the company." sowie aus der jüngeren Rechtsprechung etwa *Omnicare, Inc. v. NCS Healthcare, Inc.*, Del. Supr., 818 A.2d 914, 927 (2003); *MM Companies, Inc. v. Liquid Audio, Inc.*, Del. Supr. 813 A.2d 1118, 1127 (2003).

175 S. zu der insofern üblichen Formulierung „[The *BJR* acts] as both a procedural guide for litigants and a substantive rule of law." etwa *Citron v. Fairchild Camera & Instrument*, Del.

1. Materiell-rechtlicher Aspekt

In materiell-rechtlicher Hinsicht bewirkt die *BJR*, wie schon angedeutet, vor allem eine Einschränkung der haftungsrechtlichen Verantwortlichkeit von *directors* und *officers* sowie den Schutz der unternehmerischen Entscheidung selbst,[176] wenn etwa Aktionäre oder ein opponierender *director* deren Ausführung mittels einer einstweiligen Verfügung (*injunction*) zu verhindern suchen. Bezogen auf diesen zuletzt genannten Kontext wird teilweise auch eine Modifikation in der Bezeichnung (*Business Judgment Doctrine*) gefordert, ohne dass damit jedoch zugleich auch eine sachliche Änderung verbunden wäre.[177]

Konkreter wird diese Haftungseinschränkung bzw. dieser Schutz nun dadurch erreicht, dass die Gerichte bei Beachtung der Maßgaben der *BJR* von einer weiteren gerichtlichen Überprüfung der unternehmerischen Entscheidung schlichtweg absehen und die die unternehmerische Entscheidung infrage stellende Klage abweisen.[178] Vom dogmatischen Standpunkt her stellen die einzelnen Maßgaben der *BJR* dabei einen gerichtlichen Überprüfungsmaßstab (*standard of judicial review*) auf,[179] der

Supr., 569 A.2d 53, 64 (1989); *Cede & Co. v. Technicolor, Inc.*, Del. Supr., 634 A.2d 345, 360 (1993); *Cinerama, Inc. v. Technicolor, Inc.*, Del. Supr., 663 A.2d 1156, 1162 (1995); *McMullin v. Beran*, Del. Supr., 765 A.2d 910, 916-917 (2000). Vgl. auch *Balotti/Hanks*, 48 Bus. Law. (1993) 1337, 1339 sowie *Hansen*, 48 Bus. Law. (1993) 1355, 1361.

176 Vgl. *Cede & Co. v. Technicolor, Inc.*, Del. Supr., 634 A.2d 345, 361 (1993): "If a shareholder plaintiff fails to meet this evidentiary burden, the business judgment rule attaches to protect corporate officers and directors and the decisions they make, and our courts will not second-guess these business judgments." sowie *Balotti/Hanks*, 48 Bus. Law. (1993) 1337, 1339: "In fact, the business judgment rule can be thought of as a statement of the circumstances [...] under which a court will not substitute its judgment for that of directors, either to hold them liable or to invalidate a transaction they have approved.".

177 Vgl. hierzu vor allem *Hinsey*, 52 Geo. Wash. L. Rev. (1984) 609, 611-613, der sich insofern eine schärfere Trennung wünscht, sowie die Würdigung dessen Anliegens durch den *Supreme Court of Delaware* in *Revlon, Inc. v. MacAndrews & Forbes Holdings*, Del. Supr., 506 A.2d 173, 180 n. 10 (1986): "One eminent corporate commentator has drawn a distinction between the business judgment rule, which insulates directors and management from personal liability for their business decisions, and the business judgment doctrine, which protects the decision itself from attack. The principles upon which the rule and doctrine operate are identical, while the objects of their protection are different. *See* Hinsey, [...] In the transactional justification cases, where the doctrine is said to apply, our decisions have not observed the distinction in such terminology. [...] Under the circumstances we do not alter our earlier practice of referring only to the business judgment rule, although in transactional justification matters such reference may be understood to embrace the concept of the doctrine." Dieser einheitlichen Bezeichnung als *BJR* schließt sich auch die vorliegende Darstellung an.

178 S. wiederum die schon eben in Fn. 176 wiedergegebenen Passagen aus *Cede & Co. v. Technicolor, Inc.*, Del. Supr., 634 A.2d 345, 361 (1993) und *Balotti/Hanks*, 48 Bus. Law. (1993) 1337, 1339.

179 In der Sache so die ganz h.M. – wenn auch nicht immer völlig konform in der Bezeichnung. Die *BJR* ausdrücklich als *standard of judicial review* bezeichnend: *Omnicare, Inc. v. NCS Healthcare, Inc.*, Del. Supr., 818 A.2d 914, 927 (2003); *MM Companies, Inc. v. Liquid Audio, Inc.*, Del. Supr., 813 A.2d 1118, 1127 (2003); *Block/Barton/Radin*, The Business Judgment Rule, 1998, S. 4; *Bungert*, Gesellschaftsrecht in den USA, 2003, S. 43; *Oltmanns*, Geschäfts-

den an die einzelnen *directors* und *officers* gerichteten Verhaltensstandard (*standard of conduct*[180]) der *duty of care* faktisch abmildert.[181] Eine tatsächliche Herabsetzung des Sorgfaltsmaßstabs findet demgegenüber gerade nicht statt. Vielmehr bleibt eine unternehmerische Entscheidung, die – würde man sie daraufhin überprüfen – nicht dem allgemein geltenden *ordinarily prudent person*-Standard[182] entspricht, eine unsorgfältige Entscheidung, auch wenn sie infolge der Anwendung des Überprüfungsstandards der *BJR* dennoch gerichtlichen Respekt genießt.[183] Anders ist letztlich auch nicht die insoweit unter Umständen leicht missverständliche Aussage des *Supreme Court of Delaware* zu bewerten, wonach die *directors* unter der *BJR* für „grobe Fahrlässigkeit" einzustehen hätten.[184] Die *BJR* stellt einen gerichtlichen Ü-

leiterhaftung, 2001, S. 32; *Allen/Jacobs/Strine*, 56 Bus. Law. (2005) 1287, 1296; *Eisenberg*, 62 Fordham L. Rev. (1993) 437, 441; *Miller/Rutledge*, 30 Del. J. Corp. L. (2005) 343, 352. Vgl. darüber hinaus auch *Abeltshauser*, Leitungshaftung, 1998, S. 130. S. für eine Definition wiederum *Eisenberg*, 62 Fordham L. Rev. (1993) 437, 437: „A standard of review states the test a court should apply when it reviews an actor`s conduct to determine whether to impose liability or grant injunctive relief." Sich mehr gegen den Begriff des *standard of review* als gegen dessen dogmatischen Bedeutungsgehalt in diesem Zusammenhang aussprechend: *Bainbridge*, Corporation Law, 2002, S. 242 ff., der unter Betonung der gerichtlichen Zurückhaltung, die US-amerikanische Gerichte bei der Überprüfung unternehmerischer Entscheidungen wahren, nicht von einem *standard of judicial review*, sondern vielmehr von einem *standard for judicial abstention* sprechen möchte (ähnlich *ders.*, 57 Vand. L. Rev. (2004) 83, 89-102).

180 S. auch hierzu die Definition von *Eisenberg*, 62 Fordham L. Rev. (1993) 437, 437: „ A standard of conduct states how an actor should conduct a given activity or play a given role.".

181 *Bungert*, Gesellschaftsrecht in den USA, 2003, S. 43.

182 Eine ausführliche Formulierung dieses Verhaltensstandards der allgemeinen Sorgfaltspflicht findet sich oben unter § 3 I. 2. (S. 59, Fn. 152).

183 Vgl. insofern pointiert *Eisenberg*, 62 Fordham L. Rev. (1993) 437, 467-468: „A director or officer who makes an unreasonable decision has acted wrongly, even though he is protected against liability under the business judgment rule. If directors or officers who violate the standards of reasonableness and fairness sometimes escape liability because of a less demanding standard of review, it is not because they have acted properly, but because utilizing standards of review that were fully congruent with the relevant standards of conduct would impose greater costs than the costs of letting some persons who violated their standards of conduct escape liability." Ähnlich *Mutter*, Unternehmerische Entscheidungen und Haftung, 1994, S. 215, 217, wonach die *BJR* nicht dahin missverstanden werden dürfe, dass die der Gesellschaft geschuldete Sorgfaltspflicht (*duty of care*) mit der Erfüllung der Voraussetzungen der *BJR* gleichzusetzen wäre. Im Sinne einer tatsächlichen Abmilderung der Sorgfaltspflicht demgegenüber aber wohl *Paefgen*, Unternehmerische Entscheidungen und Rechtsbindung, 2002, S. 168: „Diese Formulierungen verdeutlichen, dass der director durch die Einhaltung der Geltungsvoraussetzungen der BJR seine Organpflicht, nach bestem Wissen und Gewissen das Interesse der Gesellschaft zu fördern, abschließend und haftungsbefreiend erfüllt. [...] Die Leitungspflicht verlagert sich damit von einer [...] Erfolgshaftung in Richtung auf eine Verantwortung dafür, die für eine Entscheidungsoptimierung ausschlaggebenden situativen und prozeduralen Bedingungen der Loyalität, Information und gebührenden Sachprüfung einzuhalten.".

184 *Aronson v. Lewis*, 473 A.2d 805, 812 (Del. Supr. 1984): „under the business judgment rule director liability is predicated upon concepts of gross negligence", m.w.N. in n. 6 zur insoweit uneinheitlichen Bezeichnung des Überprüfungsstandards. S. weiter *Smith v. Van Gor-*

berprüfungsmaßstab dar, der zu einer Beschränkung der Haftung von *directors* und *officers* bzw. zu einer Einschränkung der Angreifbarkeit von unternehmerischen Entscheidungen selbst führt, und keinen speziellen Sorgfaltsmaßstab.

Des Weiteren begründet die *BJR* dabei aber zugleich auch eine gewisse Dualität stufenartig aufeinander abgestimmter Überprüfungsmaßstäbe:[185]

Hält die zu überprüfende unternehmerische Entscheidung, auf einer ersten Stufe, den Voraussetzungen der *BJR* stand, so genießt sie den Schutz dieses Rechtsinstituts – das heißt die Gerichte sehen von einer über das Vorliegen der Voraussetzungen der *BJR* hinausgehenden Überprüfung derselben ab und entscheiden im Sinne einer Klageabweisung.[186] Vom *American Law Institute* wird diese Wirkung letztlich mit dem scheinbar auch in Deutschland mehr und mehr in Mode kommenden Begriff des *safe harbor* umschrieben.[187]

Anderenfalls entfällt besagter Schutz und die unternehmerische Entscheidung wird unter Zugrundelegung des strengen *entire fairness standard of judicial review*, auf einer zweiten Stufe, einer vollen Überprüfung auf ihre Angemessenheit hin unterzogen.[188]

Insgesamt wird also nicht bereits deshalb von der Pflichtwidrigkeit des Vorstandshandelns ausgegangen, weil die unternehmerische Entscheidung nicht dem Standard der *BJR* gerecht wird.[189] Stattdessen verschärft sich zunächst lediglich der gerichtliche Überprüfungsmaßstab. Gelangt das Gericht sodann zu der Auffassung, dass die unternehmerische Entscheidung im Ergebnis gleichwohl noch den beiden

kom, Del. Supr., 488 A.2d 858, 873 (1985). Ähnlich auch die Darstellung von *Merkt/Göthel*, US-amerikanisches Gesellschaftsrecht, 2006, Rn. 832, wonach durch das Zusammenwirken von *duty of care*-Standard und *BJR* aus der *negligence*-Haftung (Haftung für einfache Fahrlässigkeit) in der Sache eine *recklessness*-Haftung werde, was im deutschen Recht einer Haftung für grobe Fahrlässigkeit sehr nahe komme. Vgl. zur Vereinbarkeit dieser Aussagen mit dem Befund, dass die *BJR* einen *standard of review* anstelle eines *standard of conduct* statuiert, nur *Eisenberg*, 62 Fordham L. Rev. (1993) 437, 448, der insofern von einem *gross-negligence standard of review* spricht. S. dazu, dass mit dem Begriff der *gross negligence* auch nicht etwa ein subjektives Vorwerfbarkeitskriterium gemeint ist, *Paefgen*, Unternehmerische Entscheidungen und Rechtsbindung, 2002, S. 181.

185 *Paefgen*, AG 2005, 245 (256).

186 *Unocal Corp. v. Mesa Petroleum Co.*, Del. Supr., 493 A.2d 946, 954 (1985); *Cede & Co. v. Technicolor, Inc.*, Del. Supr., 634 A.2d 345, 361 (1993); *Omnicare, Inc. v. NCS Healthcare, Inc.*, Del. Supr., 818 A.2d 914, 928 (2003); *MM Companies, Inc. v. Liquid Audio, Inc.*, Del. Supr., 813 A.2d 1118, 1128 (2003).

187 *ALI*, Principles of Corporate Governance: Analysis and Recommendations, 1994, § 4.01(c), Comment a.: "Although courts have not expressed it this way, the business judgment rule has offered a safe harbor for directors or officers who make honest, informed business decisions that they rationally believe are in the best interests of their corporations."

188 Insofern ist im Übrigen unerheblich, welche der Voraussetzungen der *BJR* fehlt. Der *entire fairness test* wurde nämlich sowohl in *Smith v. Van Gorkom*, Del. Supr., 488 A.2d 858, 893 (1985), wo den Beklagten mangelnde Information vorgeworfen worden ist, als auch etwa in *AC Acquisitions v. Anderson, Clayton & Co., Del. Ch.*, 519 A.2d 103, 115 (1986) angewendet, wo es demgegenüber um einen Loyalitätsverstoß ging.

189 *Cinerama, Inc. v. Technicolor, Inc.*, Del. Supr., 663, A.2d 1156, 1162 (1995); *McMullin v. Beran*, Del. Supr., 765 A.2d 910, 917 (2000).

fairness- Grundsätzen des *fair dealing* und *fair price*[190] gerecht wird, so können die die Entscheidung tragenden *directors* bzw. *officers* am Ende – zumindest theoretisch – doch noch einmal eine Klageabweisung erreichen.[191]

2. *Prozessualer Aspekt*

Der prozessuale Aussagegehalt der *BJR* spricht demgegenüber nun vor allem die Frage nach der Verteilung der Darlegungs- und Beweislast an. Trotz terminologischer Unterschiede in den einzelnen Fassungen der *BJR*[192] besteht insofern aber gleichwohl weitgehende Einigkeit darüber, dass besagte Verteilung im Rahmen der eben skizzierten Zwei-Stufen-Prüfung letztlich wie folgt vorzunehmen ist:

Auf der ersten – den Überprüfungsmaßstab der *BJR* in den Mittelpunkt stellenden – Stufe ist zunächst der Kläger gehalten, das Vorliegen der Voraussetzungen dieses Rechtsinstituts zu entkräften.[193] Ist ihm dies gelungen, so obliegt im Rahmen des auf

190 *Weinberger v. UOP, Inc.*, 457 A.2d 701, 711 (Del. Supr. 1983): "The concept of fairness has two basic aspects: fair dealing and fair price. The former embraces questions of when the transaction was timed, how it was initiated, structured, negotiated, disclosed to the directors, and how the approvals of the directors and the stockholders were obtained. The latter aspect of fairness relates to the economic and financial considerations of the proposed merger, including all relevant factors: assets, market value, earnings, future prospects, and any other elements that affect the intrinsic or inherent value of a company`s stock. [...] However, the test for fairness is not a bifurcated one as between fair dealing and price. All aspects of the issue must be examined as a whole since the question is one of entire fairness." Dem folgend etwa *Cede & Co. v. Technicolor, Inc.*, Del. Supr., 634 A.2d 345, 361 (1993); *Nixon v. Blackwell*, Del. Supr., 626 A.2d 1366, 1376 (1993); *Unitrin, Inc. v. American General Corp.*, Del. Supr., 651 A.2d 1361, 1371 n. 7 (1995); *Cinerama, Inc. v. Technicolor, Inc.*, Del. Supr., 663 A.2d 1156, 1163 (1995).

191 Vgl. dazu, dass es sich hierbei mehr um eine theoretische denn praktisch vorkommende Möglichkeit handelt, *AC Acquisitions v. Anderson, Clayton & Co.*, Del. Ch., 519 A.2d 103, 111 (1986); *Nixon v. Blackwell*, Del. Supr., 626 A.2d 1366, 1376 (1993) sowie *Unitrin, Inc. v. American General Corp.*, Del. Supr., 651 A.2d 1361, 1371 (1995): "Because the effect of the proper invocation of the business judgment rule is so powerful and the standard of entire fairness so exacting, the determination of the appropriate standard of judicial review frequently is determinative of the outcome of [the] litigation." Vgl. insofern auch *Block/Barton/Radin*, The Business Judgment Rule, 1998, S. 19 und 32 f.

192 S. zum insofern maßgeblichen Begriff der *presumption* in der Fassung des *Supreme Court of Delaware* bereits oben unter § 3 I. 3. (S. 64, Fn. 174). Das *ALI* bezeichnet die *BJR* demgegenüber als *safe harbor rule* (*ALI*, Principles of Corporate Governance: Analysis and Recommendations, 1994, § 4.01 (c), Comment a.) und bedient sich für die Frage nach der Verteilung der Darlegungs- und Beweislast einer gesonderten Beweislastregelung in Abs. (d) von § 4.01 der Principles of Corporate Governance.

193 Vgl. von Seiten der Rechtsprechung etwa die Fälle *Aronson v. Lewis*, 473 A.2d 805, 812 (Del. Supr. 1984); *Smith v. Van Gorkom*, Del. Supr. 488 A.2d 858, 873 (1985); *Citron v. Fairchild Camera & Instrument*, Del. Supr., 569 A.2d 53, 64 (1989); *Cede & Co. v. Technicolor, Inc.*, Del. Supr., 634 A.2d 345, 361 (1993); *Cinerama, Inc. v. Technicolor, Inc.*, Del. Supr., 663 A.2d 1156, 1162 (1995); *Omnicare, Inc. v. NCS Healthcare, Inc.*, Del. Supr., 818 A.2d 914, 927-928 (2003); *MM Companies, Inc. v. Liquid Audio, Inc.*, Del. Supr., 813 A.2d

der zweiten Stufe anzusiedelnden *entire fairness test* sodann den für die Entscheidung verantwortlichen *directors* bzw. *officers* der Nachweis, dass ihre Entscheidung gleichwohl noch den Grundsätzen des *fair dealing* und *fair price* entspricht. Mit der Widerlegung der Voraussetzungen der *BJR* ist also zugleich auch eine Umkehr der Darlegungs- und Beweislast verbunden (*burden shifting*).[194]

Ob dem vom *Supreme Court of Delaware* verwendeten Begriff der *presumption* dabei auch noch ein zusätzlicher Bedeutungsinhalt zu entnehmen ist[195] bzw. ob dieser Terminus möglicherweise sogar in seiner rechtstechnischen Bedeutung zu Grunde zu legen ist,[196] ist in den USA bislang keiner abschließenden Klärung unterzogen worden. Vielmehr geht man in neuerer Zeit immer mehr dazu über, bei der Formulierung der *BJR* auf diesen offenbar nebulösen[197] und ursprünglich wohl mehr in seinem umgangssprachlichen Sinn gebrauchten Begriff[198] zu verzichten.[199] Bereits deshalb, vor allem aber aufgrund der Tatsache, dass eine eingehende Auseinandersetzung mit diesem Problemkreis den Rahmen der vorliegenden Arbeit sprengen würde, wird dieser Fragestellung hier auch nicht näher nachgegangen. Allenfalls mit Blick auf eine spätere Auseinandersetzung mit der Rechtsnatur des deutschen Geschäftsleiterermessens könnte es sich möglicherweise lohnen, diesen Ansatz „im Hinterkopf" zu behalten.

Nachdem damit ein kurzer Überblick über die einerseits materiell-rechtlich und andererseits prozessual geprägte Funktionsweise der *BJR* gegeben wurde, soll es im Folgenden nun um die einzelnen Elemente dieses Rechtsinstituts gehen.

1118, 1127-1128 (2003). Vgl. von Seiten des *ALI* demgegenüber allein die schon erwähnte Beweislastregelung in § 4.01(d) der Principles of Corporate Governance.

194 So ausdrücklich nur die Rechtsprechung: *Weinberger v. UOP, Inc.*, 457 A.2d 701, 710 (Del. Supr. 1983); *Cede & Co. v. Technicolor, Inc.*, Del. Supr., 634 A.2d 345, 361 (1993); *Nixon v. Blackwell*, Del. Supr., 626 A.2d 1366, 1376 (1993); *Cinerama, Inc. v. Technicolor, Inc.*, Del. Supr., 663, A.2d 1156, 1162 (1995).

195 *Balotti/Hanks*, 48 Bus. Law. (1993) 1337, 1353 etwa messen diesem Begriff schließlich insofern einen zusätzlichen Bedeutungsinhalt bei, als sie darin eine Anhebung des Darlegungs- und Beweismaßes erblicken wollen.

196 Dies wird von *Balotti/Hanks*, 48 Bus. Law. (1993) 1337, 1345 demgegenüber – mit sehr zweifelhafter Begründung – zurückgewiesen.

197 Vgl. etwa *ALI*, Principles of Corporate Governance: Analysis and Recommendations, 1994, § 4.01(d), Comment a.: "The word "presumption" is not used in § 4.01 because it is imprecise and subject to misinterpretation."; *Balotti/Hanks*, 48 Bus. Law. (1993) 1337, 1339: „a label that has caused confusion among the faithful not only in Delaware but in other states as well" sowie *Branson*, 36 Val. U. L. Rev. (2002) 631, 645: "In his treatise, the late Professor Ed Cleary found that no concept in the law of evidence was more slippery than the concept of presumption, […]. Professor Cleary found no less than eight meanings courts have given to "presumption".".

198 S. hierzu wiederum *Balotti/Hanks*, 48 Bus. Law. (1993) 1337, 1340-1341.

199 S. dazu nur noch einmal die Aussage des *ALI* eben in Fn. 197.

III. Einzelne Elemente der *Business Judgment Rule*

Wie viele Elemente man in der *BJR* verankert sieht, hängt im Wesentlichen davon ab, in welchem Maße man den – im Grundsatz allgemein anerkannten – Tatbestand der *BJR* ausdifferenziert bzw. zusammenfasst.[200] In Anlehnung vor allem an die Fassung des *American Law Institute* wird der vorliegenden Darstellung schließlich eine Untergliederung in die folgenden fünf Elemente zu Grunde gelegt: (1) *business judgment*; (2) *not interested*; (3) *informed basis*; (4) *rational business purpose* und (5) *good faith*.[201]

1. Business Judgment

Wie bereits die Bezeichnung besagten Rechtsinstituts nahe legt, erfordert die Anwendung der *BJR* zunächst das Vorliegen überhaupt eines *business judgment*.[202]

Im Vergleich zu den anderen Elementen der *BJR* wird diesem Erfordernis nun allerdings insgesamt eher wenig Beachtung geschenkt.[203] Gleichwohl lassen sich zumindest zwei Kernaspekte ausfindig machen:

Als Erstes wird verschiedentlich betont, dass die *directors* bzw. *officers* jedenfalls eine bewusste Entscheidung (*conscious decision*) getroffen haben müssten – unabhängig davon, ob diese nun auf ein aktives Tun oder auf ein Unterlassen gerichtet

200 Eine stark ausdifferenzierte Darstellung findet sich etwa bei *Hansen*, 48 Bus. Law. (1993) 1355, 1363-1371, der zunächst nicht weniger als neun Elemente der *BJR* identifiziert (*process due care, subjective good faith, disinterest, independence, absence of waste, absence of egregious conduct, absence of illegality, absence of fraud* und *ultra vires conduct*), bevor er dieselben anschließend jedoch auf lediglich zwei Kernelemente zurückführt (*process due care* und *subjective good faith*). I.d.R. werden drei bis fünf Elemente unterschieden.

201 Eine entsprechende Einteilung findet sich etwa auch in *Brehm v. Eisner*, Del. Supr., 746 A.2d 244, 264 n. 66 (2000). Ebenfalls von fünf Elementen ausgehend: *Bainbridge*, Corporation Law, 2002, S. 270 ff.; *Grass*, Business Judgment Rule, 1998, S. 34, 49 ff.; *Kessler*, Die Leitungsmacht, 1991, S. 252 f.; *Branson*, 36 Val. U. L. Rev. (2002) 631, 639-645; *Kock/Dinkel*, NZG 2004, 441 (446 f.); *Trockels*, AG 1990, 139 (141).

202 *Kaplan v. Centex Corporation*, Del. Ch., 284 A.2d 119, 124 (1971).

203 Ein Grund dafür mag etwa in den von *Manning*, 39 Bus. Law. (1984) 1477, 1494 geäußerten und in den USA scheinbar vielfach (stillschweigend) geteilten Einwänden erblickt werden, wonach zumindest der lediglich eine konkrete Entscheidung in Augenschein nehmende Ansatz der *BJR* infolge der tatsächlichen Komplexität von *board*-Aktivitäten verfehlt sei. Näher dazu *Oltmanns*, Geschäftsleiterhaftung, 2001, S. 46 ff., der diese Kritik richtigerweise mit Hinweis auf ein fehlendes handhabbares Alternativkonzept sowie unter Betonung der Tatsache zurückweist, dass sich die meisten Schäden eben doch auf ganz konkrete Entscheidungen, wie z.B. den Verkauf eines Unternehmensteils zu einem den Wert des Unternehmensteils nicht widerspiegelnden Preis, zurückführen lassen.

sei.[204] So klar und eindeutig dieses Erfordernis auf den ersten Blick auch erscheinen mag, so kann es im Einzelfall gleichwohl sehr schwierig sein, zwischen *conscious decision* und von der *BJR* nicht geschützter *inexcusable inattentiveness* zu unterscheiden. Das *American Law Institute* hat in diesem Zusammenhang etwa auf den – im Ergebnis der *BJR* zugeordneten – Fall verwiesen, in dem informierte *directors* die Entscheidung getroffen haben, die Effektivität eines bestimmten Programms lediglich alle zwei Jahre zu überprüfen.[205]

Zweitens lässt sich feststellen, dass bloße gesellschaftsinterne Aufsichtstätigkeit nicht vom Anwendungsbereich der *BJR* erfasst und damit offenbar auch nicht als *business judgment* angesehen wird.[206] Gemeint ist damit vor allem die Überwachung der mit Management-Aufgaben betrauten Funktionsträger auf nachgeordneten Hierarchieebenen.

2. *Not Interested*

Des Weiteren bietet die *BJR* dort keinen Schutz, wo es den die unternehmerische Entscheidung infrage stellenden Klägern gelingt, die Erfüllung der den *directors* im Rahmen der Entscheidungsfindung obliegenden *duty of loyalty* in Zweifel zu ziehen.

Wie bereits erwähnt, gebietet diese allgemein, den Interessen der Gesellschaft bzw. ihrer Aktionäre uneingeschränkten Vorrang gegenüber etwaig konkurrierenden Eigen- oder sonstigen Fremdinteressen einzuräumen.[207] Dies vor Augen, hat man sich in diesem Zusammenhang schließlich auf die Überprüfung zweier – insgesamt mit dem Begriff des *not interested* zusammenfassbarer – Aspekte verständigt. Danach muss der Kläger entweder die Unbefangenheit (*disinterestedness*) der *directors* bzw. *officers* oder aber deren Unabhängigkeit (*independence*) in Zweifel ziehen. Gelingt ihm dies, kann schließlich davon ausgegangen werden, dass sich die Entscheidungsträger, anstatt ihrer *duty of loyalty* entsprechend zu entscheiden, vielmehr von diesen gesellschaftsfremden Interessen bzw. Einflüssen haben leiten lassen und der Schutz der *BJR* infolgedessen nicht mehr angezeigt ist.

204 S. hierzu insgesamt *Aronson v. Lewis*, 473 A.2d 805, 813 (Del. Supr. 1984): „However, it should be noted that the business judgment rule operates only in the context of director action. Technically speaking, it has no role where directors have either abdicated their functions, or absent a conscious decision, failed to act. But it also follows that under applicable principles, a conscious decision to refrain from acting may nonetheless be a valid exercise of business judgment and enjoy the protections of the rule." S. auch *Rales v. Blasband*, Del. Supr., 634 A. 2d 927, 933 (1993); *ALI*, Principles of Corporate Governance: Analysis and Recommendations, 1994, § 4.01(c), Comment c.; *Bainbridge*, Corporation Law, 2002, S. 270; *Hamilton*, The Law of Corporations, 2000, S. 454.

205 *ALI*, Principles of Corporate Governance: Analysis and Recommendations, 1994, § 4.01(c), Comment c.

206 S. etwa *Veasey*, 52 Bus. Law. (1997) 393, 394-395. Vgl. aus dem deutschen Schrifttum *Oltmanns*, Geschäftsleiterhaftung, 2001, S. 49 f.

207 S. hierzu schon oben unter § 3 I. 2. (S. 60, Fn. 154).

In der Fassung des *American Law Institute* findet sich dieses Element in § 4.01(c)(1) der *Principles of Corporate Governance* wieder, während es in der Delaware-Fassung aus dem *good faith*-Erfordernis herausgelesen wird.[208]

a. Interestedness und Lack of Independence

aa. Abstrakte Definitionen

In vorrangiger Orientierung an den klar strukturierten Definitionen von § 1.23 der *Principles of Corporate Governance* ist ein Fall von *interestedness* dann gegeben, wenn der *director* oder eine Person, zu der der *director* ein geschäftliches, finanzielles oder familiäres Verhältnis unterhält, entweder selbst Partei des infrage stehenden Geschäfts ist oder aber zumindest ein bedeutendes (*material*) finanzielles Interesse daran hegt.[209]

Lack of independence kann danach demgegenüber dann angenommen werden, wenn von Seiten einer Partei des infrage stehenden Geschäfts oder von einer sonst in bedeutsamer Weise (*material*) finanziell daran interessierten Person ein beherrschender Einfluss auf den *director* ausgeübt wird.[210]

208 S. für den genauen Wortlaut der beiden Fassungen oben unter § 3 I. 3. (S. 63 f., Fn. 172 und 174).

209 Vgl. *ALI*, Principles of Corporate Governance: Analysis and Recommendations, 1994, § 1.23 (a) (1) bis (3): "A director [...] is "interested" in a transaction [...] if either: (1) The director [...] is a *party* to the transaction [...]; (2) The director [...] has *business, financial, or familial relationship with a party* to the transaction [...], and that relationship would reasonably be expected to affect the director`s [...] judgment with respect to the transaction [...] in a manner adverse to the corporation; (3) The director [...] or a person with whom the director [...] has a business, financial, or familial relationship, has a *material pecuniary interest* in the transaction [...] and that interest and (if present) that relationship would reasonably be expected to affect the director`s [...] judgment in a manner adverse to the corporation; [...]." (Hervorhebungen durch Verfasserin).". Vgl. dagegen aber auch die etwas allgemeiner gefasste Formulierung des *Supreme Court of Delaware* in *Rales v. Blasband*, Del. Supr., 634 A.2d 927, 936 (1993), wonach ein *director* dann als *interested* angesehen wird, wenn er aus der *board*-Entscheidung einen finanziellen Vorteil erlangt, an dem nicht in gleicher Weise auch die Aktionäre teilhaben ("A director is considered interested where he or she will receive a personal financial benefit from a transaction that is not equally shared by the stockholder.").

210 Vgl. *ALI*, Principles of Corporate Governance: Analysis and Recommendations, 1994, § 1.23 (a) (4): "A director [...] is "interested" in a transaction [...] if either: (4) The director [...] is subject to a *controlling influence* by a party to the transaction [...] or a person who has a material pecuniary interest in the transaction [...], and that controlling influence could reasonably be expected to affect the director`s [...] judgment with respect to the transaction [...] in a manner adverse to the corporation." Vgl. dagegen aber auch die wiederum allgemeinere Aussage aus der Rechtsprechung Delaware`s, wonach ein *director* auch dann unter den Verdacht einer Loyalitätspflichtverletzung geraten kann, wenn er einer interessierten Person verbunden ist – wobei die Verbundenheit nicht zwingend aus einem finanziellen, sondern möglicherweise auch aus einem persönlichen Verhältnis zu ihr resultieren kann (*In re Maxxam, Inc.*, Del. Ch., 659 A.2d 760, 773 (1995); *In re Oracle Corp. Derivative Litigation*, Del. Ch., 824 A.2d

Wie schon angedeutet, müssen bloße sonstige finanzielle Interessen dabei stets einen gewissen Grad an Bedeutung aufweisen (*materiality*). Nach der Rechtsprechung Delaware`s soll zur Beurteilung dessen schließlich ein so genannter *subjective actual person standard* zu Grunde gelegt werden – das heißt zumindest im Rahmen der Beurteilung finanzieller Interessen der *directors* selbst.[211] Das bedeutet, dass sehr genau auf die jeweiligen Eigenschaften des einzelnen *director* geschaut wird, um einschätzen zu können, inwieweit ihn diese als besonders anfällig bzw. immun gegenüber etwaigen Selbstbereicherungsgelegenheiten erscheinen lassen. Darüber hinaus wird aber auch dessen sonstiges Verhalten in Augenschein genommen und mit dem einer vernünftigen Person unter gleichen Umständen verglichen.[212] Maßgeblich ist insofern stets der Gesamtkontext, das heißt bestimmte Eigenschaften bzw. besondere Umstände werden grundsätzlich in ihrer Gesamtheit anstatt isoliert voneinander betrachtet.[213]

Abstrakt formuliert soll ein relevantes finanzielles Eigeninteresse immer dann anzunehmen sein, wenn besagtes Interesse von seiner Intensität her mit dem im Falle eines Insichgeschäfts (*self-dealing*) – und damit mit dem im Falle der Innehabung der Parteieigenschaft – vergleichbar ist.[214]

bb. Einzelne Beispiele

Im Einzelnen haben sich zur Beurteilung der Relevanz finanzieller Eigeninteressen von *directors* selbst vor allem die folgenden Grundsätze herausgebildet:

Als unschädlich werden insofern zunächst all diejenigen Eigeninteressen erachtet, die *directors* infolge ihrer obendrein bestehenden Aktionärseigenschaft hegen und die damit (zumindest teilweise) auch von den übrigen Aktionären geteilt werden. In der Regel wird vielmehr davon ausgegangen, dass sich eine gleichzeitig bestehende Aktionärseigenschaft der *directors* ökonomisch gesehen sogar äußerst positiv auf

917, 938-939 (2003): "[…] a director may be compromised if he is beholden to an interested person. Beholden in this sense does not mean just owing in the financial sense, it can also flow out of "personal or other relationships" to the interested party.").

211 *Cede & Co. v. Technicolor, Inc.*, Del. Supr., 634 A.2d 345, 362-363 (1993); *Cinerama, Inc. v. Technicolor*, Inc., Del. Supr., 663 A.2d 1156, 1167 (1995).

212 *Cinerama, Inc. v. Technicolor, Inc.*, Del. Supr., 663 A.2d 1156, 1167 (1995): "Applying the "actual person" test, the Court of Chancery examined the record for evidence that any of the allegedly conflicted directors had "some special characteristic that [made] him … especially susceptible to or immune to opportunities for self-enrichment or … evidence that [any of such directors] in fact behaved differently in this instance than one would expect a reasonable person in the same or similar circumstances to act.".

213 Vgl. hierzu *Cinerama, Inc. v. Technicolor, Inc.*, 17 Del. J. Corp. L. 551, 571 (Del. Ch. 1991): "In some instances an arguable or an established personal financial benefit may, when viewed in context, be found to be immaterial in fact to the exercise of a judgment motivated entirely to achieve the best available result for the corporation and (in the sale context) for its shareholders.".

214 *Cede & Co. v. Technicolor, Inc.*, Del. Supr., 634 A.2d 345, 363 (1993).

die Interessenwahrung der Gesamtheit der Aktionäre auswirkt.[215] Dieser Grundsatz wird auch im Falle „kontrollierenden Aktieneigentums“[216] sowie sogar dann aufrechterhalten, wenn es verschiedene Klassen von Aktionären gibt und die unternehmerische Entscheidung nur den Aktionären der Klasse dient, der die *directors* selbst angehören.[217]

Desgleichen resultiert auch aus der nicht mehrheitlichen Beteiligung an einem Vertragspartner grundsätzlich kein relevanter Interessenkonflikt.[218]

Als einen relevanten Interessenkonflikt nach sich ziehend werden demgegenüber aber in aller Regel solche Zahlungen erachtet, die *directors* in erheblicher Höhe für nicht näher spezifizierte „beratende“ Tätigkeiten von dritter, an der zu beurteilenden Transaktion interessierter, Seite zugesagt werden.[219] Das Versprechen, nach einem Kontrollwechsel weiterbeschäftigt zu werden, soll dagegen wiederum kein relevantes Eigeninteresse begründen.[220]

Vor dem Hintergrund, dass Interessenkonflikte stets aus ihrem Gesamtkontext heraus beurteilt werden, kann sich ein relevanter Interessenkonflikt nun allerdings auch einmal aus der Zusammenschau verschiedener, für sich alleine betrachtet noch nicht als relevant zu beurteilender, Eigeninteressen ergeben. Ebenso scheint ein Interessenkonflikt eines einzelnen *director* tendenziell eher für relevant erachtet zu werden, wenn er von anderen demgegenüber eindeutig als *interested* einzustufenden *directors* geteilt und die unternehmerische Entscheidung schließlich einstimmig getroffen wird.[221]

Nachdem damit also schon einige Grundsätze zur Beurteilung der Relevanz von finanziellen Interessen in der Person der *directors* selbst angesprochen worden sind, sei zum Bereich von demgegenüber in der Person eines Dritten begründeten Fremdinteressen schließlich allein der Fall der Mehrfachvertretung (*interlocking directors*)

215 *Unitrin, Inc. v. American General Corp.*, Del. Supr., 651 A.2d 1361, 1380-1381 (1995). Vgl. auch *Block/Barton/Radin*, The Business Judgment Rule, 1998, S. 63 ff. m.w.N.

216 *Van de Walle v. Unimation, Inc.*, 17 Del. J. Corp. L. 390, 407-408 (Del. Ch. 1991).

217 S. dazu etwa *Gilbert v. El Paso Co.*, Del. Supr., 575 A.2d 1131, 1148 (1990).

218 *Kaplan v. Centex Corporation*, Del. Ch., 284 A.2d 119, 123 (1971).

219 Vgl. etwa *In re Maxxam, Inc.*, Del. Ch., 659 A.2d 760, 774 (1995) sowie *Ryan v. Tad`s Enterprises, Inc.*, Del. Ch., 709 A.2d 682, 689-690 (1996): „By negotiating payments for consulting and non-competition agreements for themselves as part of the Asset Sale, the Townsends stood to (and did) obtain an additional $500,000 – over twice the Townsends` combined annual salaries from Tad`s […], and representing a 7 % premium above the Townsend`s *pro rata* share of the $9.75 million gross proceeds. That prospective $500,000 incremental benefit was, therefore, a sufficient incentive for the Townsends to negotiate for the $2 million as a direct side payment to themselves, as opposed to having that amount be paid to Tad`s and then distributed *pro rata* to all shareholders. For those reasons, I conclude that the Townsends had a material conflicting personal financial interest in the Asset Sale transaction.“, bestätigt durch Del. Supr., 693 A.2d 1082 (1997) (*unpublished opinion*).

220 Vgl. *Branson*, 36 Val. U. L. Rev. (2002) 631, 641.

221 Vgl. insoweit etwa die Entscheidung *In re Tri-Star Pictures, Inc., Lit.*, Del. Supr., 634 A.2d 319 (1993), in der der *Supreme Court of Delaware* insgesamt sieben *directors* für *interested* erachtet hat.

als der, neben *self-dealing*, zweite klassische Fall von *interestedness*[222] angesprochen: Ist ein *director* zugleich *director* des Vertragspartners, so ist von einem relevanten Fremdinteresse auszugehen.

Im Zusammenhang mit dem zweiten Aspekt von *not interested*, dem der *independence*, trifft man demgegenüber zunächst auf die Aussage, wonach der bloße Umstand, dass es in einer Gesellschaft einen kontrollierenden Mehrheitsgesellschafter gebe, für sich alleine betrachtet noch nicht ausreiche, um die Loyalität der *directors* in Zweifel zu ziehen. Vielmehr müssten die die unternehmerische Entscheidung angreifenden Kläger dafür genau darlegen, inwiefern die *directors* von dem kontrollierenden Mehrheitsgesellschafter generell oder lediglich in dem zu beurteilenden Fall beherrscht worden seien.[223] Ebenso soll auch die Tatsache, dass ein *director* von einer dominierenden Aktionärsgruppe nominiert bzw. gewählt worden ist, noch nicht dessen grundsätzliche Unabhängigkeit in Zweifel ziehen können. Schließlich sei dies der gewöhnliche Weg, auf dem *directors* in ihr Amt gelangten.[224]

Ebenfalls unter dem Stichwort der *independence* ist neuerlich der Fall bloßer sozialer – im Gegensatz zu finanzieller – Verbundenheit behandelt worden. Während das Vorbringen schlichter Kollegialität, Freundschaft, Golfbekanntschaft oder anderer alltäglicher sozialer Kontakte bislang grundsätzlich als für die Annahme von *lack of independence* irrelevant erachtet worden ist,[225] hat der *Court of Chancery of Delaware* in dem Fall *Oracle Corp. Derivative Litigation*[226] insofern möglicherweise sogar eine Rechtsprechungsänderung eingeleitet:

Im Kern ging es in besagter Entscheidung um die Beurteilung der Unabhängigkeit eines *Special Litigation Committee (SLC)*. Dabei handelt es sich um einen Unterausschuss des *board of directors*, der sich ausschließlich aus nicht in die angegriffene Entscheidung involvierten *directors* zusammensetzt und den *board* in die Lage versetzen soll, trotz der Beklagteneigenschaft der Mehrheit seiner *directors* gleichwohl noch selbst für die Gesellschaft über die Verfolgung der zu ihren Gunsten angestrengten Klage zu entscheiden.[227] Beantragt ein solches *SLC* eine Klageabweisung, so gelangt auch in diesem Zusammenhang wiederum die *BJR* – wenn auch in modi-

222 *Aronson v. Lewis*, 473 A.2d 805, 812 (Del. Supr. 1984): "From the standpoint of interest, this means that directors can neither appear on both sides of a transaction nor expect to derive any personal financial benefit from it in the sence of self-dealing, as opposed to a benefit which devolves upon the corporation or all stockholders generally." S. auch *Cede & Co. v. Technicolor, Inc.*, Del. Supr., 634 A.2d 345, 362 (1993): "Classic examples of directors self-interest in a business transaction involve either a director appearing on both sides of a transaction [...].".

223 *Benerofe v. Cha*, WL 535405, at *7 (Del. Ch. 1996).

224 *Aronson v. Lewis*, 473 A.2d 805, 816 (Del. Supr. 1984).

225 Vgl. etwa *Veasey*, 52 Bus. Law. (1997) 393, 405-406.

226 *In re Oracle Corp. Derivative Litigation*, Del. Ch., 824 A.2d 917 (2003), bestätigt durch eine *court order* des *Supreme Court of Delaware* vom 14. April 2005 (*In re Oracle Corp.*, 872 A.2d 960 (Table) Del. Supr., 2005).

227 S. dazu, wie sich die Bildung eines solchen *SLC* in der Praxis vollzieht, vor allem *Branson*, 36 Val. U. L. Rev. (2002) 631, 648.

fizierter Weise[228] – zu Anwendung. Was dabei die Unabhängigkeit der *SLC*-Mitglieder anbelangt, so ist auf dieses Element sogar besondere Aufmerksamkeit zu verwenden. Besteht doch in einem solchen Fall, da die Mehrheit der *directors* bereits öffentlich einer Pflichtverletzung bezichtigt worden ist, mehr denn je die Gefahr, dass das Handeln der *SLC*-Mitglieder vorrangig von der Verbundenheit zu ihren Amtskollegen bestimmt wird (*structural bias*-Problem).[229]

Im Fall *Oracle Corp. Derivative Litigation* war das *SLC* schließlich damit beauftragt worden, das Verhalten einiger in den Verdacht von Insiderhandel geratener *directors* zu überprüfen bzw. bezogen hierauf die Belange der Gesellschaft zu vertreten. In diesem Zusammenhang genügte es dem zur Entscheidung berufenen Gericht zur Annahme von *lack of independence* letztlich, dass zwei der *SLC*-Mitglieder an der Universität lehrten, welcher drei der vier unter Verdacht geratenen *directors* hohe Beträge gespendet hatten bzw. ihr ebenfalls als Professoren angehörten.[230]

Ob aufgrund dieser Entscheidung des *Court of Chancery of Delaware* trotz der besonderen Bedeutung des *independence*-Kriteriums im Zusammenhang mit *SLC* sowie unter Beachtung der Tatsache, dass es sich insofern stets um eine Einzelfallentscheidung handelt, dennoch tatsächlich eine Verschärfung der Rechtsprechung zu Interessenkonflikten zu erwarten ist,[231] bleibt abzuwarten.

cc. Sonderfall: *Tender Offers*

Zum Schluss sei im Zusammenhang mit Interessenkonflikten schließlich noch der Sonderfall betreffend „feindliche Übernahmeangebote“ (*tender offers*) angesprochen.

Situationen, die zu einem gesellschaftsinternen Kontrollwechsel führen können, insbesondere im Zusammenhang mit feindlichen Übernahmeangeboten, bergen bezogen auf die Interessenlage der *directors* stets die gesteigerte Gefahr in sich, dass Letztere ihr Handeln für die Gesellschaft vorrangig an ihren persönlichen Eigeninteressen, das heißt vor allem am Erhalt ihrer eigenen gesellschaftsinternen Position

228 S. hierzu vor allem die Leitentscheidung *Zapata Corp. v. Maldonado*, Del. Supr., 430 A.2d 779, 788-789 (1981): „The Court should apply a two-step test to the motion. First, the Court should inquire into the independence and good faith of the committee and the bases supporting its conclusions. ... If the Court determines either that the committee is not independent or has not shown reasonable bases for its conclusions, or, if the Court is not satisfied for other reasons relating to the process, including but not limited to the good faith of the committee, the Court shall deny the corporation`s motion. If, however, the Court is satisfied ... that the committee was independent and ..., the Court may proceed, in its discretion, to the next step. ... The Court should determine, applying its own independent business judgment, whether the motion should be granted.“.

229 *Zapata Corp. v. Maldonado*, Del. Supr., 430 A.2d 779, 787 (1981).

230 *In re Oracle Corp. Derivative Litigation*, Del. Ch., 824 A.2d 917, 947-948 (2003).

231 In diese Richtung spekulierend etwa *Kock/Dinkel*, NZG 2004, 441 (445).

ausrichten, anstatt sich an den besten Interessen der Gesellschaft zu orientieren.[232] Dieser Besonderheit muss im Rahmen der Anwendung der *BJR* auf Entscheidungen im Kontext solcher außerordentlicher Situationen Rechnung getragen werden.[233]

Die Gerichte Delaware`s kommen dem schließlich nach, indem sie Maßnahmen von *directors*, die geeignet sind, ein Übernahmeangebot zu vereiteln,[234] einer gesteigerten richterlichen Überprüfung (*enhanced judicial scrutiny*[235]) unterziehen.[236] Das bedeutet, dass *directors*, wollen sie in den Schutz der *BJR* gelangen, zunächst eine spezielle Anfangshürde überwinden müssen, deren Beschaffenheit davon abhängt, in welchem Stadium einer feindlichen Übernahme sich die Gesellschaft gerade befindet:

232 *Bennett v. Propp*, 187 A.2d 405, 409 (Del. Supr. 1962): "We must bear in mind the inherent danger in the purchase of shares with corporation funds to remove a threat to corporate policy when a threat to control is involved. The directors are of necessity confronted with a conflict of interest, and an objective decision is difficult."; *Unocal Corp. v. Mesa Petroleum Co.*, Del. Supr., 493 A.2d 946, 954 (1985); *Unitrin, Inc. v. American General Corp.*, Del. Supr., 651 A.2d 1361, 1373 (1995): "This Court has recognized that directors are often confronted with an "´inherent conflict of interest` during contests for corporate control ´[b]ecause of the omnipresent specter that a board may be acting primarily in its own interests, rather than those of the corporation and its shareholders.`"".

233 *Unocal Corp. v. Mesa Petroleum Co.*, Del. Supr., 493 A.2d 946, 954 (1985). Darüber hinaus berühren feindliche Übernahmeangebote zwar stets auch in besonderem Maße die Rechte der Aktionäre, da die Veräußerung ihrer Aktien grundsätzlich allein in deren Belieben steht (s. hierzu noch die späteren Ausführungen zum deutschen Recht unten unter § 9 I. 1. b. bb. (2) (S. 301 ff.)). Dieser Aspekt wird jedoch vor allem vom *Supreme Court of Delaware* insgesamt stark untergewichtet. Vielmehr begnügt sich Letzterer insofern mit dem Hinweis, dass die Kompetenz der *directors* zur Entscheidung über ein Übernahmeangebot möglicherweise vereitelnde Maßnahmen jedenfalls aus deren grundsätzlicher und umfassender Pflicht resultiere, die Gesellschaft einschließlich ihrer Aktionäre vor Gefahren gleich welchen Ursprungs zu schützen (*Unocal Corp. v. Mesa Petroleum Co.*, Del. Supr., 493 A.2d 946, 954 (1985)). Vgl. zu diesem in den USA auch heute noch verbreiteten Standpunkt einer dominierenden Rolle des Managements in Übernahmesituationen jüngst noch *Atkins*, 60 Bus. Law. (2005) 1455, 1455-1456: „More to the point, much of what the article reflects has stood the test of time well – particularly his prediction that corporate directors would be entrusted with the primary role in guiding their companies`participation in the M&A marketplace.".

234 Vgl. bzgl. der Vielzahl möglicher Verteidigungsmaßnahmen *Block/Barton/Radin*, The Business Judgment Rule, 1998, S. 834 ff.: *white squire stock transactions*; *crown jewel asset sales*; *white knight transactions and mergers of equals*; *self-tender offers, exchange offers and extraordinary dividends*; *super-voting common stock*; *poison pill shareholder rights plans* sowie verschiedene Maßnahmen, die als *non-structural resistance* zusammengefasst werden können, wie *shareholder meeting dates, shark repellent charter and bylaw provisions* und *golden parachute severance agreements.*

235 *Paramount Communications v. QVC Network,* Del. Supr., 637 A.2d 34, 42 (1993); *Unitrin, Inc. v. American General Corp.*, Del. Supr., 651 A.2d 1361, 1373 (1995); *Omnicare, Inc. v. NCS Healthcare, Inc.*, Del. Supr., 818 S.2d 914, 928 (2003).

236 Lediglich einige wenige Gerichte außerhalb von Delaware sehen von einer Anwendung der *BJR* im Kontext von feindlichen Übernahmen gänzlich ab. So etwa die Richter der Bundesgerichte im 3. Bundesdistrikt, vgl. *Panter v. Marshall Field & Co.*, 646 F.2d 271, 295 (1981).

In der sich unmittelbar an ein feindliches Übernahmeangebot anschließenden Phase (*response phase*[237]) müssen die *directors* nach dem *Unocal test*[238] als Anfangshürde zum einen darlegen und beweisen, dass sie vernünftige Gründe für die Annahme einer Gefahr für die Gesellschaft haben (*reasonableness test*[239]).[240] In diesem Zusammenhang obliegt ihnen der Nachweis sowohl guten Glaubens als auch vernünftiger Nachforschungen zu diesem Zweck.[241] Zum anderen tragen sie die Darlegungs- und Beweislast dafür, dass ihre Verteidigungsmaßnahme in einem angemessenen Verhältnis zu der von dem feindlichen Übernahmeangebot ausgehenden Gefahr steht (*proportionality test*[242]).[243]

237 *Branson*, 36 Val. U. L. Rev. (2002) 631, 651. Seit *Moran v. Household Intern., Inc.*, Del. Ch., 490 A.2d 1059, 1079 (1985) bestätigt durch Del. Supr., 500 A.2d 1346, 1350 (1985) gilt derselbe Standard auch für präventive Verteidigungsmaßnahmen.

238 S. zu diesem *Unocal test* auch erst jüngst wieder *Balotti/Varallo/Czeschin*, 60 Bus. Law. (2005) 1399, 1411-1413, die insofern von einem *intermediate standard of review* sprechen.

239 *Unitrin, Inc. v. American General Corp.*, Del. Supr., 651 A.2d 1361, 1373 (1995).

240 *Unocal Corp. v. Mesa Petroleum Co.*, Del. Supr., 493 A.2d 946, 955 (1985): "In the face of this inherent conflict directors must show that they had reasonable grounds for believing that a danger to corporate policy and effectiveness existed because of another person`s stock ownership."; *Unitrin, Inc. v. American General Corp.*, Del. Supr., 651 A.2d 1361, 1373 (1995); *Omnicare, Inc. v. NCS Healthcare, Inc.*, Del. Supr., 818 A.2d 914, 935 (2003).

241 *Unocal Corp. v. Mesa Petroleum Co.*, Del. Supr., 493 A.2d 946, 955 (1985): "However, they satisfy that burden "by showing good faith and reasonable investigation ....""". Vgl. für Fallgruppen möglicher Gefahren etwa die Katalogisierung in *Unitrin, Inc. v. American General Corp.*, Del. Supr., 651 A.2d 1361, 1384 (1995): "(i) opportunity loss ... [where] a hostile offer might deprive target shareholders of the opportunity to select a superior alternative offered by target management [or, we would add, offered by another bidder]; (ii) structural coercion, ... the risk that disparate treatment of non-tendering shareholders might distort shareholders` tender decisions; and (iii) substantive coercion, ... the risk that shareholders will mistakenly accept an underpriced offer because they disbelieve management`s representations of intrinsic value." oder die umfassende Darstellung bei *Block/Barton/Radin*, The Business Judgment Rule, 1998, S. 663-681: (i) coercion; (ii) price inadequacy; (iii) insufficient time or information to assess price adequacy; (iv) failure to provide shareholders an option to remain equity holders; (v) corporate culture; (vi) antitrust and other regulatory issues.

242 *Unitrin, Inc. v. American General Corp.*, Del. Supr., 651 A.2d 1361, 1373 (1995).

243 Vgl. mit näheren Erläuterungen zunächst *Unocal Corp. v. Mesa Petroleum Co.*, Del. Supr., 493 A.2d 946, 955 (1985): "A further aspect is the element of balance. If a defensive measure is to come within the ambit of the business judgment rule, it must be reasonable in relation to the threat posed. This entails an analysis by the directors of the nature of the takeover bid and its effect on the corporate enterprise. Examples of such concerns may include: inadequacy of the price offered, nature and timing of the offer, questions of illegality, the impact on "constituencies" other than shareholders (i.e., creditors, customers, employees, and perhaps even the community generally), the risk of nonconsummation, and the quality of securities being offered in the exchange." sowie ebenfalls mit weiterführenden Äußerungen aus der neueren Rechtsprechung *Omnicare, Inc. v. NCS Healthcare, Inc.*, Del. Supr., 818 S.2d 914, 935 (2003): "The second stage of the Unocal test requires the NCS directors to demonstrate that their defensive response was "reasonable in relation to the threat posed." This inquiry involves a two-step analysis. The NCS directors must first establish that the merger deal protection devices adopted in response to the threat were not "coercive" or "preclusive", and then demonstrate that their response was within a "range of reasonable responses" to the threat

Anders verhält es sich demgegenüber in der *auction phase*[244], die dadurch gekennzeichnet ist, dass eine Übernahme bereits nicht mehr verhindert werden kann. In dieser Situation wechselt die Rolle der *directors* von Verteidigern zu Auktionatoren, die, wollen sie in den Schutz der *BJR* gelangen, nicht um den Nachweis umhinkommen, ihrer Maßnahme habe der Sinn zu Grunde gelegen, den Preis in die Höhe zu treiben (*Revlon duties*[245]).[246]

Ist es den *directors* gelungen, die entsprechende Anfangshürde zu überwinden, so gelangen wiederum die allgemeinen Aussagen der *BJR* zur Anwendung, in deren Kontext nun wieder zunächst den klagenden Aktionären die Darlegungs- und Beweislast für das Nichtvorliegen ihrer Voraussetzungen obliegt. Scheitern die *directors* demgegenüber bereits an der Anfangshürde, so gelangen sie nicht in den Schutz der *BJR* und können demgemäß nur noch durch den Nachweis der *entire fairness* ihrer Verteidigungsmaßnahme einen für sie günstigen Prozessausgang erwirken.

b. Rechtsfolgen

Handelt der *board* als Kollektiv, so entfällt der Schutz der *BJR* erst dann, wenn eine Mehrheit der der Entscheidung zustimmenden *directors* als interessiert bzw. abhängig eingestuft werden muss.[247] Einzelne interessierte bzw. abhängige *directors* vermögen der Anwendbarkeit dieses Rechtsinstituts im Grundsatz lediglich dann entgegenzustehen, wenn sie den *board* im Ganzen beherrschen bzw. kontrollieren oder aber es versäumt haben, dem *board* ihr Eigeninteresse bzw. ihre Abhängigkeit offen zu legen, obwohl ein vernünftiges *board*-Mitglied diesen Umstand für entscheidungsrelevant erachtet hätte.[248]

Gelingt den Klägern schließlich der Nachweis von die Anwendbarkeit der *BJR* ausschließenden Eigeninteressen bzw. einer entsprechenden Abhängigkeit, so besteht für die *directors* allerdings gleichwohl noch die Möglichkeit, das Ruder wieder herumzureißen und den Schutz der *BJR* im Wege der Heilung zurückzuerlangen:

perceived. […] A response is "coercive" if it is aimed at forcing upon stockholders a management-sponsored alternative to a hostile offer. A response is "preclusive" if it deprives stockholders of the right to receive all tender offers or precludes a bidder from seeking control by fundamentally restricting proxy contests or otherwise.".

244 *Branson*, 36 Val. U. L. Rev. (2002) 631, 651.

245 *Atkins*, 60 Bus. Law. (2005) 1455, 1457.

246 *Revlon, Inc. v. MacAndrews & Forbes Holdings*, Del. Supr., 506 A.2d 173, 182 (1986): "The directors` role changed from defenders of the corporate bastion to auctioneers charged with getting the best price for the stockholders at a sale of the company." Für eine umfassende Darstellung der Rechtsprechung zu dieser Variation der *BJR* vgl. *Block/Barton/Radin*, The Business Judgment Rule, 1998, S. 694 ff.

247 *Cinerama, Inc. v. Technicolor*, Inc., Del. Supr., 663 A.2d 1156, 1168 (1995); *Ryan v. Tad`s Enterprises, Inc.*, Del. Ch., 709 A.2d 682, 689 (1996); *Odyssey Partners v. Fleming Companies*, Del. Ch., 735 A.2d 386, 407 (1999).

248 *Cinerama, Inc. v. Technicolor*, Inc., Del. Supr., 663 A.2d 1156, 1168 (1995).

Nach Del. Gen. Corp. L. § 144(a)(1)-(3) etwa bleibt der Schutz der *BJR* trotz Interessenkonflikts auf Seiten der Mehrheit der *directors* bei Vorliegen einer der folgenden drei Voraussetzungen erhalten:

(1) Sowohl die den Interessenkonflikt begründenden als auch die für die infrage stehende Entscheidung relevanten Tatsachen wurden dem *board* bzw. dem *committee* offen gelegt oder sind diesem bekannt und der *board* bzw. das *committee* genehmigen die unternehmerische Entscheidung gutgläubig mit der Mehrheit der unbefangenen *directors* – selbst wenn diese das erforderliche Quorum nicht erreichen.[249]

(2) Sowohl die den Interessenkonflikt begründenden als auch die für die infrage stehende Entscheidung relevanten Tatsachen wurden den insofern abstimmungsberechtigten Aktionären offen gelegt oder sind diesen bekannt und die Aktionäre stimmen der unternehmerischen Entscheidung gutgläubig zu.[250]

(3) Die unternehmerische Entscheidung kann zu der Zeit, zu der sie getroffen, genehmigt bzw. zu der ihr zugestimmt wird, als *fair* erachtet werden.[251]

3. *Informed Basis*

Als drittes Element der *BJR* soll hier schließlich das der *informed basis* vorgestellt werden, das sich in der Delaware-Fassung unter identischem Wortlaut und in der Fassung des *American Law Institute* in etwas ausführlicherer Form in § 4.01(c)(2) der *Principles of Corporate Governance* wieder findet.[252]

249 Del. Gen. Corp. L. § 144(a)(1): "The material facts as to the director`s or officer`s relationship or interest and as to the contract or transaction are disclosed or are known to the board of directors or the committee, and the board or committee in good faith authorizes the contract or transaction by the affirmative votes of a majority of the disinterested directors, even though the disinterested directors be less than a quorum; or".

250 Del. Gen. Corp. L. § 144(a)(2): "The material facts as to the director`s or officer`s relationship or interest and as to the contract or transaction are disclosed or are known to the shareholders entitled to vote thereon, and the contract or transaction is specifically approved in good faith by vote of the shareholders; or".

251 Del. Gen. Corp. L. § 144(a)(3): "The contract or transaction is fair to the corporation as of the time it is authorized, approved or ratified, by the board of directors, a committee or the shareholders." Vor dem Hintergrund des auch bei gescheiterter Heilung geltenden *entire fairness standard* kommt dieser letzten Alternative allerdings vergleichsweise geringe Bedeutung zu. Des Weiteren sei noch erwähnt, dass die *Principles of Corporate Governance* des *ALI* in § 5.02(a) demgegenüber die Zugrundelegung eines differenzierten *intermediate standard of review* für unter einem Interessenkonflikt zustande gekommene unternehmerische Entscheidungen empfehlen (vgl. *Eisenberg*, 62 Fordham L. Rev. (1993) 437, 454). Mit anderen Worten sprechen sie sich gegen eine vollständige Heilung im Sinne einer Rückkehr zum Überprüfungsmaßstab der *BJR* aus und befürworten stattdessen lediglich eine partielle Einschränkung des ansonsten zu Grunde zu legenden *entire-fairness*-Standards.

252 S. für den genauen Wortlaut der beiden Fassungen oben unter § 3 I. 3. (S. 63 f., Fn. 172 und 174).

Von seiner Funktion her erlaubt das *informed basis*-Element den Gerichten schließlich eine eingeschränkte Überprüfung der Einhaltung der *duty of care* durch die *directors* bzw. *officers*, wobei die erwähnte Einschränkung zunächst einmal darin besteht, dass es hierbei allein um die verfahrensbezogenen Aspekte der Sorgfaltspflicht geht.[253] Daher wird in diesem Zusammenhang auch allgemein von *process due care*[254] gesprochen, die im Wesentlichen zwei Aspekte in sich vereint: sorgfältige Selbstinformation und sorgfältiges Verfahren bei der Entscheidungsfindung.[255]

a. Sorgfältige Selbstinformation

Was das Maß der sorgfältigen Selbstinformation anbelangt, so gehen trotz terminologischer Unterschiede sowohl die Gerichte in Delaware unter Zugrundelegung des Überprüfungsmaßstabs der *gross negligence*[256] als auch das *American Law Institute*, das demgegenüber auf das Erfordernis des *reasonably believes* abstellt,[257] im Wesentlichen von gleichen Prämissen aus:[258]

Danach obliegt es den *directors* bzw. *officers*, alle unter den gegebenen Umständen vernünftiger- bzw. realistischerweise erreichbaren Informationen einzuholen. Erforderlich ist also gerade nicht das Beschaffen sämtlicher Informationen. Vielmehr entscheiden die Umstände des Einzelfalls über das konkret gebotene Maß der

253 Vgl. *Grobow v. Perot*, Del. Supr., 539 A.2d 180, 189 (1988): "By proper business judgment we mean both substantive due care (purchase terms), [...], and procedural due care (an informed decision), [...]"; *Cede & Co. v. Technicolor, Inc.*, Del. Supr., 634 A.2d 345, 367 (1993): „The duty of the directors of a company to act on an informed basis, [...], forms the duty of care element of the business judgment rule." sowie *Block/Barton/Radin*, The Business Judgment Rule, 1998, S. 74: "The due care and informed judgment requirement refers to the process followed by directors in making a decision, and not the content of their decision.".

254 Vgl. etwa *Brehm v. Eisner*, Del. Supr., 746 A.2d 244, 264 (2000): „Due care in the decisionmaking context is process due care only.".

255 Vgl. *Aronson v. Lewis*, 473 A.2d 805, 812 (Del. Supr. 1984): "Second, to invoke the rule`s protection directors have a duty to inform themselves, prior to making a business decision, of all material information reasonably available to them. Having become so informed, they must then act with requisite care in the discharge of their duties." So auch etwa in *Cede & Co. v. Technicolor, Inc.*, Del. Supr., 634 A.2d 345, 367 (1993).

256 S. hierzu insbesondere *Aronson v. Lewis*, 473 A.2d 805, 812 (Del. Supr. 1984), wo sich der *Supreme Court of Delaware* unter Verweis auf die bis dato sehr uneinheitliche Terminologie der Gerichte Delawares` (s. dort n. 6) auf den Maßstab der *gross negligence* festgelegt hat. In der Folgezeit bestätigt etwa durch *Smith v. Van Gorkom*, Del. Supr., 488 A.2d 858, 873 (1985) sowie *Brehm v. Eisner*, Del. Supr., 746 A.2d 244, 259 (2000).

257 *ALI*, Principles of Corporate Governance: Analysis and Recommendations, 1994, § 4.01(c)(2). S. hierzu oben unter § 3 I. 3. (S. 64, Fn. 172).

258 S. zur Vergleichbarkeit der Delaware-Anforderungen an die Informationsgrundlage mit denen des *ALI* vor allem die pointierte Aussage des *Supreme Court of Delaware* in *Brehm v. Eisner*, Del. Supr., 746 A.2d 244, 259 n. 47 (2000): "In the end, the debate may be mostly semantic.".

Informationsbeschaffung.[259] Dabei mögen insbesondere die folgenden Umstände eine Rolle spielen:

(1) die Bedeutung der unternehmerischen Entscheidung;

(2) die für die Informationsbeschaffung zur Verfügung stehende Zeit;

(3) die Kosten der Informationsbeschaffung sowie

(4) die momentane wirtschaftliche Unternehmenslage.[260]

Wollen sich *directors* im Zusammenhang mit der Bildung einer angemessenen Informationsgrundlage schließlich auf Aussagen Dritter berufen, so genügt ein solches *relying* nur dann den Anforderungen der *process due care*, wenn besagte Aussagen auf einer hinreichenden Tatsachengrundlage beruhen, die *directors* nicht nur auf die Aussage selbst, sondern vernünftigerweise auch auf die diesbezügliche Sachkunde des Aussagenden gutgläubig vertrauen durften und Letzterer zudem sorgfältig ausgesucht worden ist.[261]

259 Vgl. etwa *Brehm v. Eisner*, Del. Supr., 746 A.2d 244, 259 (2000): "The "reasonably informed" language used by the Court of Chancery here may have been a short-hand attempt to paraphrase the Delaware jurisprudence that, in making business decisions, directors must consider all material information reasonably available, and that the directors` process is actionable only if grossly negligent. The question is whether the trial court`s formulation is consistent with our objective test of reasonableness, the test of materiality and concepts of gross negligence. We agree with the Court of Chancery that the standard for judging the informational component of the directors` decisionmaking does not mean that the Borad must be informed of every fact. The Board is responsible for considering only material facts that are reasonably available, not those that are immaterial or out of the Board`s reasonable reach." In *ALI*, Principles of Corporate Governance: Analysis and Recommendations, 1994, § 4.01(c), Comment e. findet sich demgegenüber die folgende in der Sache ganz ähnliche Aussage: "In evaluating what is a reasonable belief in a particular situation, the "informed" requirement in § 4.01(c)(2) should be interpreted realistically and with an appreciation of the factual context in which the business judgment was made.".

260 Vgl. vor allem die Zusammenstellung in *ALI*, Principles of Corporate Governance: Analysis and Recommendations, 1994, § 4.01(c), Comment e.: "Among the factors that may have to be taken into account in judging a director`s reasonable belief as to what was "appropriate under the circumstances" are: (i) the importance of the business judgment to be made; (ii) the time available for obtaining information; (iii) the costs related to obtaining information; [...] (v) the state of the corporation`s business at the time [...].".

261 Vgl. Del. Gen. Corp. L. § 141(e): „A member of the board of directors, or a member of any committee designated by the board of directors, shall, in the performance of such member`s duties, be fully protected in relying in good faith upon the records of the corporation and upon such information, opinions, reports or statements presented to the corporation by any of the corporation`s officers or employees, or committees of the board of directors, or by any other person as to matters the member reasonably believes are within such other person`s professional or expert competence and who has been selected with reasonable care by or on behalf of the corporation." sowie *Smith v. Van Gorkom*, Del. Supr., 488 A.2d 858, 875 (1985): „At a minimum for a report to enjoy the status conferred by § 141(e), it must be pertinent to the subject matter upon which a board is called to act, and otherwise be entitled to good faith, not blind, reliance." Vgl. weiter *Brehm v. Eisner*, Del. Supr., 746 A.2d 244, 262 (2000).

b. Sorgfältiges Verfahren bei der Entscheidungsfindung

Bezüglich der Anforderungen an das der Entscheidungsfindung zu Grunde liegende Verfahren lassen sich aus den in den letzten 20 Jahren ergangenen Entscheidungen des *Supreme Court of Delaware* bisweilen noch klarere Parameter herausfiltern. Den Auftakt bildet insofern die in juristischen Fachkreisen hohe Wellen schlagende Entscheidung *Smith v. Van Gorkom*[262] aus dem Jahr 1985, der knapp zusammengefasst der folgenden Sachverhalt zu Grunde lag: Nach kurzfristig einberufener zweistündiger Beratung ohne nennenswerte Diskussion hatte der *board* allein auf der Grundlage eines 20-minütigen Vortrags des persönlich involvierten *chief executive officer Van Gorkom* einem von Letzterem eingefädelten Unternehmenszusammenschluss zugestimmt. Im Ergebnis verurteilte der *Supreme Court of Delaware* sowohl *inside* als auch *outside directors* zur Leistung von Schadensersatz, nachdem er ihnen nicht etwa wegen Befangenheit, wie in den meisten Fällen der Nichtanwendbarkeit dieses Rechtsinstituts,[263] sondern vielmehr wegen Nichtbeachtung der *process due care* den Schutz der *BJR* versagt hatte.

Auch wenn sich bis heute – mehr als 20 Jahre nach besagter Entscheidung – nach wie vor kein einheitliches Meinungsbild zur Bewertung dieser Entscheidung herauskristallisiert hat,[264] so lassen sich ihr und ihren Folgeentscheidungen gleichwohl eine

262 *Smith v. Van Gorkom*, Del. Supr., 488 A.2d 858 (1985).

263 Vgl. dazu die Aussage von *Bishop*, 77 Yale L. J. (1968) 1078, 1099: „The search for cases in which directors of industrial corporations have been held liable in derivative suits for negligence uncomplicated by self-dealing is a search for a very small number of needles in a very large haystack." *Bishop* konnte damals nur eine solche Entscheidung ausfindig machen: die Entscheidung *Selheimer v. Manganese Corporation of America*, 224 A.2d 634 (1966) des *Supreme Court of Pennsylvania*. 1974 wurde schließlich noch ein Antrag auf Erlass einer einstweiligen Verfügung in einem dem Fall *Smith v. Van Gorkom* von der Sachlage her vergleichbaren Fall vom *Supreme Court of Delaware* abgewiesen: *Gimbel v. Signal Companies, Inc.*, Del. Supr., 316 A.2d 619 (1974).

264 Vgl. zu Bedeutung und Aufnahme dieser Entscheidung in juristischen Fachkreisen etwa *Allen*, in: Comparative Corporate Governance, 1998, S. 307 (324): "The world was thoroughly shocked by Smith v. Van Gorkom, [...]."; *Bainbridge*, Corporation Law, 2002, S. 276: "Smith v. Van Gorkom was the seminal process case."; *Macey/Miller*, 98 Yale Law J. (1988/89) 127, 132: "But the evidence is overwhelming that the decision shocked and amazed a large segment of the corporate bar."; *Stout*, 96 Nw. U. L. Rev. (2002) 675, 693: "Far from being „one of the worst decisions in the history of corporate law", Van Gorkom may be one of the finest." sowie zuletzt noch *Griffith*, 55 Duke L.J. (2005) 1, 59-63, der die Entscheidung insgesamt der aus zahlreichen Unternehmenskrisen heraus geborenen *Takeover*-Rechtsprechung von 1985/86 zurechnet und sie damit – gleich den ebenfalls schon angesprochenen Entscheidungen *Unocal Corp. v. Mesa Petroleum Co.*, Del. Supr., 493 A.2d 946 (1985) und *Revlon, Inc. v. MacAndrews & Forbes Holdings*, Del. Supr., 506 A.2d 173 (1986) – als Ausnahmeentscheidung qualifiziert. Meines Erachtens sind die prozessualen Sorgfaltsanforderungen im Fall *Smith v. Van Gorkom* in besonders krasser Weise missachtet und die vielfachen Missbilligungen bezogen auf die Verurteilung der *directors* zu Unrecht geäußert worden. Man wird sich fragen müssen, in welchem Fall das Element der *informed basis* sonst noch zu verneinen wäre bzw. eine Haftung für Sorgfaltspflichtverletzungen überhaupt noch in Betracht käme. Schließlich lässt sich eines der charakteristischen Grundmerkmale der *BJR*

Reihe von Grundregeln entnehmen, denen die Gerichte Delaware`s im Rahmen der Überprüfung des Entscheidungsverfahrens – teils mehr, teils weniger – Bedeutung beizumessen pflegen:

(1) *Directors* sind bei Einberufung einer *board*-Sitzung über den Grund der Zusammenkunft zu informieren.[265]

(2) Sie müssen sodann bereits im Vorhinein mit ausreichenden Informationen, bei der Zustimmung zu Verträgen mit deren wichtigsten Bestimmungen bzw. mit einer Zusammenfassung des Übereinkommens versorgt werden.[266]

(3) Von *directors* wird erwartet, dass sie sich aktiv und direkt in die Verhandlungen einbringen; dass sie sachkundig Alternativen erwägen.[267]

(4) Es sind in angemessenem Umfang in- sowie externe sachkundige Stellungnahmen einzubeziehen – auch wenn die *directors* bereits selbst als im Allgemeinen gut mit den Belangen der Gesellschaft bzw. des Unternehmens vertraut gelten.[268]

(5) Grundlos überstürzte Entscheidungen sind zu vermeiden.[269]

gerade wie folgt zusammenfassen: relativ weit reichende Überprüfung des Entscheidungsverfahrens zu Gunsten entsprechend starker Zurückhaltung im Zusammenhang mit der Überprüfung des Entscheidungsinhaltes (s. dazu noch sogleich unter § 3 III. 4. (S. 87 f.)).

265 *Smith v. Van Gorkom*, Del. Supr., 488 A.2d 858, 874-875 (1985): „None of the directors, [...], had any prior knowledge that the purpose of the meeting was to propose a cash-out merger of Trans Union. [...] Considering all of the surrounding circumstances – hastily calling the meeting without prior notice of its subject matter, [...]".

266 *Smith v. Van Gorkom*, Del. Supr., 488 A.2d 858, 874-875 (1985): "Without any documents before them concerning the proposed transaction, the members of the Board were required to rely entirely upon Van Gorkom`s 20-minute oral presentation of the proposal. No written summary of the terms of the merger was presented; the directors were given no documentation to support the adequacy of $55 price per share for sale of the Company; [...] Considering all of the surrounding circumstances – [...] without any prior consideration of the issue or necessity therefore, [...] and the total absence of any documention whatsoever – [...].".

267 *Citron v. Fairchild Camera & Instrument,* Del. Supr., 569 A.2d 53, 66 (1989): „We look for evidence as to whether a board has acted in a deliberate and knowledgeable way in identifying and exploring alternatives. [...] Thus, we look particularly for evidence of a board`s active and direct role in the sale process." und *Cede & Co. v. Technicolor, Inc*, Del. Supr., 634 A.2d 345, 368 (1993): "For example, we have stated that a director`s duty of care requires a director to take an active and direct role in the context of a sale of a company from beginning to end." Vgl. hierzu auch erst kürzlich wieder *Atkins*, 60 Bus. Law. (2005) 1455, 1460 sowie *Gummow/Bart*, J. Bankr. L. & Prac. 6 (2005) Art. 4 II. D.

268 *Smith v. Van Gorkom*, Del. Supr., 488 A.2d 858, 874-875, 880 (1985): " No members of Senior Management were present, [...] and the Board had before it nothing more than Van Gorkom`s statement of his understanding of the substance of an agreement which he admittedly had never read, nor which any member of the Board had ever seen. [...] The directors` unfounded reliance on both the premium and the market test as the basis for accepting the Pritzker proposal undermines the defendants` remaining contention that the Board`s collective experience and sophistication was a sufficient basis for finding that it reached its September 20 decision with informed, reasonable deliberation." Vgl. des Weiteren *Atkins*, 60 Bus. Law. (2005) 1455, 1458.

c. Rechtsfolgen

Was die Konsequenzen des Handelns einzelner als uninformiert zu erachtender *directors* anbelangt, so entfällt der Schutz der *BJR* für die unternehmerische Entscheidung auch hier wieder erst dann, wenn die Mehrheit der die Entscheidung tragenden *directors* ein Informationsdefizit aufweist.[270]

Desgleichen kommt auch hier wieder eine Heilung des Informationsdefizits in Betracht – und zwar infolge Billigung der unternehmerischen Entscheidung durch eine informierte Aktionärsmehrheit.[271] Ob insofern von einer informierten Aktionärsmehrheit gesprochen werden kann, hängt letztendlich davon ab, ob die diesbezüglich auch darlegungs- und beweispflichtigen[272] *directors* ihrer *fiduciary duty* hinlänglich nachgekommen sind, in voller Aufrichtigkeit all diejenigen relevanten Informationen offen zu legen, die ein vernünftiger Aktionär im Rahmen seines Votums über die Billigung der unternehmerischen Entscheidung für wichtig erachten würde.[273]

Im Fall *Smith v. Van Gorkom* hat der *Supreme Court of Delaware* dabei nicht nur eine ganze Reihe von Informationsdefiziten in Bezug auf die Umstände, die zur eigenen Uninformiertheit der *directors* geführt haben, benannt,[274] sondern zudem angedeutet, dass es darüber hinaus auch auf die Art und Weise der Offenlegung ankomme. So könne eine im Ergebnis zwar komplette aber infolge von zunächst zurückgehaltenen Informationen verzögerte Offenlegung letztlich dennoch unter dem Aspekt ungerechten Verhaltens in Bezug auf eine Heilung problematisch erscheinen.[275]

269 *Smith v. Van Gorkom*, Del. Supr., 488 A.2d 858, 874 (1985): "[...] given these circumstances, at a minimum, were grossly negligent in approving the "sale" of the Company upon two hours` consideration, [...], and without the exigency of a crisis or emergency." und *Citron v. Fairchild Camera & Instrument*, Del. Supr., 569 A.2d 53, 67 (1989): "The imposition of artificial time limits on the decision-making process of a board of directors may compromise the integrity of that deliberative process." Vgl. auch hierzu wieder *Atkins*, 60 Bus. Law. (2005) 1455, 1461.

270 *Levine v. Smith*, Del. Supr., 591 A.2d 194, 208 (1991); *Block/Barton/Radin*, The Business Judgment Rule, 1998, S. 75.

271 *Smith v. Van Gorkom*, Del. Supr., 488 A.2d 858, 889 (1985): "Hence, the merger can be sustained, notwithstanding the infirmity of the Board`s action, if its approval by majority vote of the shareholders is found to have been based on an informed electorate.".

272 *Smith v. Van Gorkom*, Del. Supr., 488 A.2d 858, 893 (1985).

273 *Smith v. Van Gorkom*, Del. Supr., 488 A.2d 858, 889 (1985): "To summerize: we hold that the directors of Trans Union breached their fiduciary duty to their stockholders [...] by their failure to disclose all material information such as a reasonable stockholder would consider important in deciding whether to approve the Pritzker offer.".

274 *Smith v. Van Gorkom*, Del. Supr., 488 A.2d 858, 890-892 (1985).

275 *Smith v. Van Gorkom*, Del. Supr., 488 A.2d 858, 893 (1985).

4. *Rational Business Purpose*

Auf den konkreten Nachweis der Befangenheit oder der Verletzung der *process due care* kommt es nach der ständigen Rechtsprechung des *Supreme Court of Delaware* dann nicht an, wenn die unternehmerische Entscheidung a priori bereits auf keinerlei rational nachvollziehbaren Geschäftszweck (*rational business purpose*) zurückgeführt werden kann.[276]

In der Delaware-Fassung kann dieser Prüfungspunkt aus der Formulierung „in der redlichen Überzeugung, im besten Interesse der Gesellschaft zu handeln" herausgelesen werden. Im Rahmen der Fassung des *American Law Institute* verbirgt er sich demgegenüber hinter dem ähnlich lautenden Passus in § 4.01(c)(3) der *Principles of Corporate Governance*.[277]

Im Gegensatz zur eben beleuchteten – die *duty of care* im Rahmen des Entscheidungsverfahrens betreffenden – Voraussetzung der *informed basis* zielt dieses Element der *BJR* nun auf eine inhaltliche Überprüfung der Entscheidung ab. Etwas konkreter wird dazu schließlich die Frage aufgeworfen, ob zumindest abstrakt gesehen die Möglichkeit besteht, dass die unternehmerische Entscheidung von irgendeinem nachvollziehbaren Geschäftszweck motiviert war, ohne dass die *directors* jedoch bemüht sein müssten, zur Rechtfertigung ihrer Entscheidung ständig nachvollziehbare Gründe bereitzuhalten.[278]

Damit wird zugleich auch deutlich, dass der *rationality standard* einen niedrigeren Überprüfungsmaßstab darstellt als der der *gross negligence* bzw. des *reasonably believes*, selbst wenn Letzterer gegenüber dem der *ordinary negligence* bereits als abgemildert erscheint.[279] In der Rechtspraxis spiegelt sich diese Tatsache nicht zu-

276 *Unocal Corp. v. Mesa Petroleum Co.*, Del. Supr., 493 A.2d 946, 954 (1985); *Cede & Co. v. Technicolor, Inc.*, Del. Supr., 634 A.2d 345, 361 (1993); *Unitrin, Inc. v. American General Corp.*, Del. Supr., 651 A.2d 1361, 1374 (1995); *Brehm v. Eisner*, Del. Supr., 746 A.2d 244, 264 n. 66 (2000). S. auch die Entscheidung des *United States Court of Appeals* (Seventh Cir.) in der Sache *Panter v. Marshall Field & Co.*, 646 F.2d 271, 293 (1981), in deren Rahmen ebenfalls Delaware-Recht zur Anwendung kam. Das Kriterium des *rational business purpose* dagegen lediglich als Indiz für Interessenkonflikte auffassend: *Bainbridge*, Corporation Law, 2002, S. 275.

277 Vgl. *ALI*, Principles of Corporate Governance: Analysis and Recommendations, 1994, § 4.01(c), Comment f., wo die eigene Formulierung inhaltlich mit der des *rational business purpose* unter Delaware-Recht gleichgesetzt wird. S. für die beiden vollständigen Fassungen wiederum schon oben unter § 3 I. 3. (S. 63 f., Fn. 172 und 174).

278 Vgl. dazu vor allem die Entscheidung *Shlensky v. Wrigley*, 237 N.E.2d 776, 780 (1968), in der der *Appellate Court of Illinois* (First District, Third Division) gerade über mögliche Gründe für die infrage stehende Entscheidung spekuliert, sowie *Dooley*, 47 Bus. Law. (1992) 461, 479 n. 58.

279 Für einen anschaulichen Beispielsfall zu dieser Stufung sei schließlich auf *ALI*, Principles of Corporate Governance: Analysis and Recommendations, 1994, § 5.02(a)(2)(B), Illustrations 8. verwiesen – selbst wenn das *ALI* den dort wiedergegebenen Fall in einem leicht anderen Zusammenhang angeführt hat: Der *board* von *corporation* C entscheidet sich für den Erwerb eines Grundstücks von *director* L zu einem Preis von $ 7.5 Mio., obwohl sich auf dem freien Markt für diesen Preis kein Käufer gefunden hat – vielmehr bewegten sich dort die Kaufge-

letzt auch in der äußerst geringen Anzahl von Urteilen wider, in deren Rahmen die infrage stehende unternehmerische Entscheidung bereits an diesem Grobraster scheiterte. Andererseits verdeutlicht besagter Befund aber zugleich auch auf sehr eindrucksvolle Weise eines der charakteristischen Grundmerkmale der *BJR*: relativ weit reichende Überprüfung des Entscheidungsverfahrens zu Gunsten entsprechend starker Zurückhaltung im Zusammenhang mit der Überprüfung des Entscheidungsinhaltes.[280]

Neben dem Umstand des nur sehr spärlichen Fallmaterials wird eine weitergehende Konkretisierung dieses inhaltsbezogenen Elementes der *BJR* nun aber auch dadurch noch zusätzlich erschwert, dass man sich im US-amerikanischen Rechtsalltag insofern einer bunt schillernden Begriffswelt ausgesetzt sieht, die besagtes „Grobraster" mit höchst unterschiedlichen Begrifflichkeiten belegt und darüber hinaus auch noch Differenzen bezogen auf den Prüfungsstandort offenbart.

Was Letzteres anbelangt, so sei etwa darauf hingewiesen, dass der *rational business purpose test* teilweise auch im Zusammenhang mit dem sogleich noch zu behandelnden *good faith*-Element durchgeführt wird.[281]

Als alternative Terminologie ist demgegenüber vor allem die des *waste test*[282] von Bedeutung[283] – lässt sich hieraus doch auch sogleich die erste und scheinbar wichtigste Fallgruppe mangelnder Rationalität ableiten:

bote zwischen $ 3 und 5 Mio. Ein von den unbefangenen *directors* zuvor engagierter Immobilienexperte hat geurteilt, dass es nicht auszuschließen sei, dass das Grundstück tatsächlich einen Wert von $ 7.5 Mio. habe, er selbst würde aber einen solchen Preis nicht zahlen. In einem solchen Fall können die *directors* zwar nicht mehr vernünftigerweise (*reasonably*) davon ausgehen, dass ihre unternehmerische Entscheidung im besten Interesse der Gesellschaft liegt. Infolge der immerhin gegebenen fernen Möglichkeit der Angemessenheit des Preises kann aber noch nicht von irrationalem Handeln gesprochen werden.

280 Vgl. etwa *Stout*, 96 Nw. U. L. Rev. (2002) 675, 693: "Acknowledging the complexities and uncertainties of the business world, the Delaware Supreme Court had the wisdom to concede that it was unqualified to sit in judgment on the substantive wisdom of most corporate directors` business decisions. Instead, it focused on what it could judge – the quality and thoroughness of the directors` decision-making process.".

281 S. etwa *In re J.P. Stevens & Co. Shareholders Litig.*, 542 A.2d 770, 780-781 (Del. Ch. 1988): "whether that decision is so far beyond the bounds of reasonable judgment that it seems essentially inexplicable on any other ground than bad faith". S. dazu, dass es sich dabei in aller Regel auch tatsächlich allein um eine Abweichung bezogen auf den Prüfungsstandort handelt, vor allem *In re RJR Nabisco, Inc. Shareholders Litigation*, 14 Del. J. Corp. L. 1132, 1156 n. 13 (Del. Ch. 1989): "As I conceptualize the matter, such limited substantive review as the rule contemplates (i.e., is the judgment under review "egregious" or "irrational" or "so beyond reason", etc.) really is a way of inferring bad faith. [...] It might be correctly said that whether one infers bad faith from an „egregious" or „irrational" decision [...] or directly strips the decision of that protection upon such a finding, is of little practical importance." Im selben Sinne auch *Oltmanns*, Geschäftsleiterhaftung, 2001, S. 103.

282 S. insofern sogar teilweise den *Supreme Court of Delaware* selbst: „Irrationality is the outer limit of the business judgment rule. Irrationality may be the functional equivalent of the waste test [...]."(*Brehm v. Eisner*, Del. Supr., 746 A.2d 244, 264 (2000)). Vgl. darüber hinaus auch noch die folgenden Aussagen: „Most often the claim is associated with a transfer of corporate assets that serves no corporate purpose [...];" (*Lewis v. Vogelstein*, Del. Ch., 699 A.2d 327,

Allgemein wird eine Verschwendung von Gesellschaftsmitteln schließlich immer dann angenommen, wenn Vermögenswerte der Gesellschaft entweder ohne Erhalt irgendeiner Gegenleistung oder unter Erhalt einer derart unverhältnismäßigen Gegenleistung hingegeben werden, dass keine vernünftige Person sich auf einen solchen Handel eingelassen hätte.[284] Etwas konkreter findet man zu den Grenzen einer solchermaßen nicht mehr hinnehmbaren Disproportionalität von Leistung und Gegenleistung schließlich vor allem die beiden folgenden Fälle: Während in *Cottrell v. Pawcatuck Company*[285] der *Supreme Court of Delaware* einen Verkaufspreis in Höhe von lediglich 40 % des Buchwertes mit Verweis auf andere Bewertungsmethoden noch als hinnehmbar ansah und demzufolge die Klage der Minderheitsaktionäre, mit der sie die Ungültigkeit des Verkaufs geltend machen wollten, abwies, erließ der *Court of Chancery of Delaware* in *Gimbel v. Signal Companies, Inc.*[286] die von Minderheitsaktionären beantragte einstweilige Verfügung zur Verhinderung der Veräußerung einer Tochtergesellschaft zu einem Preis in Höhe von (möglicherweise) gut 60 % ihres Wertes. Insgesamt betrachtet wird man daraus schließlich eine erforderliche Disproportionalität in Höhe von etwa 50 % bzw. anders gewendet in Höhe von etwa 200 % schlussfolgern können.

Wiederum etwas allgemeiner gefasst, da nicht allein auf Austauschverhältnisse bezogen, sind als weitere Fallgruppen mangelnder Rationalität schließlich noch solche Geschäfte zu nennen, durch die der Gesellschaft unter keinen Umständen ein

336 (1997); *Brehm v. Eisner*, Del. Supr., 746 A.2d 244, 263 (2000)) sowie "they [the limits] are confined to unconscionable cases where directors irrationally squander or give away corporate assets" (wiederum *Brehm v. Eisner*, Del. Supr., 746 A.2d 244, 263 (2000)).

283 Weniger bedeutend, da in der Sache nicht weiterführend, sind demgegenüber etwa die folgenden Termini: *no abuse of discretion* (*Aronson v. Lewis*, 473 A.2d 805, 812 (Del. Supr. 1984), *egregious conduct* (*Aronson v. Lewis*, 473 A.2d 805, 815 (Del. Supr. 1984); *AC Acquisitions v. Anderson, Clayton & Co.*, Del. Ch., 519 A.2d 103, 111 n. 9 (1986)) sowie etwa *so unwise or unreasonable as to fall outside the permissible bounds of the directors` sound discretion* (*Cramer v. General Tel. & Electronics Corp.*, 582 F.2d 259, 275 (1978)).

284 Vgl. *Lewis v. Vogelstein*, Del. Ch., 699 A.2d 327, 336 (1997); *Brehm v. Eisner*, Del. Supr., 746 A.2d 244, 263 (2000) sowie die Definition des *ALI*, Principles of Corporate Governance: Analysis and Recommendations, 1994, § 1.42: "A transaction constitutes a "waste of corporation assets" if it involves an expenditure of corporate funds or a disposition of corporate assets for which no consideration is received in exchange and for which there is no rational business purpose, or, if consideration is received in exchange, the consideration the corporation receives is so inadequate in value that no person of ordinary sound business judgment would deem it worth that which the corporation has paid." In diesen Zusammenhang ist schließlich auch der eben unter Fn. 279 skizzierte Beispielsfall einzuordnen, in dem aufgrund der fernen aber nicht ausgeschlossenen Möglichkeit, dass das Kaufobjekt tatsächlich einen dem Kaufpreis entsprechenden Wert aufweist, die Voraussetzung des *rational business purpose* allerdings noch als erfüllt anzusehen war.

285 *Cottrell v. Pawcatuck Company*, 128 A.2d 225, 229-233 (Del. Supr. 1956).

286 *Gimbel v. Signal Companies, Inc.*, Del. Ch., 316 A.2d 599, 616-617 (1974), bestätigt durch Del. Supr., 316 A.2d 619 (1974).

Gewinn zufließen kann[287] bzw. andererseits durch die schlicht ein offenbar gesellschaftsfremder Zweck verfolgt wird.[288]

5. *Good Faith*

Das *good faith*-Kriterium dient im Wesentlichen als Auffangtatbestand. Während es in der Fassung des *American Law Institute* explizit als solches Erwähnung findet, wird es in der Delaware-Fassung aus dem Passus „in der redlichen Überzeugung, im besten Interesse der Gesellschaft zu handeln" herausgelesen.[289]

In seiner Eigenschaft als Auffangtatbestand vermag es – zunächst ganz allgemein – ausnahmsweise auch einmal einer solchen unternehmerischen Entscheidung den Schutz der *BJR* zu versagen, die zwar nicht bereits im Kontext einer der zuvor dargestellten Voraussetzungen aus dem Anwendungsbereich dieses Rechtsinstituts herausgefallen ist, sich dafür aber im Rahmen eines allgemeinen abschließenden *smell test* aus anderen Gründen gleichwohl als „faul" darstellt.[290] Ein solcher Grund kann konkreter etwa darin bestehen, dass den *directors* zwar kein (finanzieller) Interessenkonflikt dafür aber ausnahmsweise einmal andere unzulässige Motive nachgewiesen werden können (*subjective bad faith*).[291] In diesem Zusammenhang zählte der *Court of Chancery of Delaware* in seiner Entscheidung *RJR Nabisco, Inc.*

287 Vgl. insofern die Entscheidung *Litwin v. Allen*, 25 N.Y.S.2d 667 (N.Y. Sup. 1940), in der *directors* dafür zur Verantwortung gezogen worden sind, dass sie entschieden, Wertpapiere zu erwerben, dem Veräußerer allerdings gleichzeitig gestatteten, diese innerhalb von 6 Monaten zu demselben Preis zurückzukaufen.

288 Vgl. hierzu wiederum die Entscheidung *Shlensky v. Wrigley*, 237 N.E.2d 776, 779-780 (1968), in der der *Appellate Court of Illinois* (First District, Third Division) zwar zunächst den bereits vom *Supreme Court of Delware* in *Dodge v. Ford Motor Co.*, 204 Mich. 459 (Supr. Ct. 1919) geäußerten Grundsatz aufgriff, wonach eine unternehmerische Entscheidung zunächst dem Profit der Aktionäre dienen müsse, denselben sodann aber wieder durch Spekulation darüber aufweichte, auf welche (sehr mittelbare) Weise die infrage stehende unternehmerische Entscheidung den finanziellen Interessen der Aktionäre langfristig zu dienen imstande war.

289 S. für die beiden vollständigen Fassungen wiederum oben unter § 3 I. 3. (S. 63 f., Fn. 172 und 174).

290 Vgl. *Branson*, 36 Val. U. L. Rev. (2002) 631, 644: "In a transactional setting, an attorney advising a board might run through the rules`s elements as a checklist: judgment or decision, absence of disabling conflicts, some care, and a rational basis. She would then do well to pause, raise her head, and sniff – loudly and several times. All good lawyers apply a "smell test". Even if all of the law`s formal requirements have been met, if the deal under consideration does not feel right, or smell right, they do not do the deal, or at least they advise postponement until they dig down to the source of their olfactory concern. In the business judgment rule context, the umbrella requirement of good faith is a surrogate of sorts for a smell test.".

291 *Branson*, 36 Val. U. L. Rev. (2002) 631, 644.

Shareholders Litigation[292] etwa die folgenden Beweggründe auf: Hass, Begierde, Neid, Rache, Schamgefühl und Stolz.[293]

Darüber hinaus vermag das *good faith*-Kriterium aber auch einen Prüfungsstandort für die Ausgrenzung wissentlich illegaler Entscheidungen zur Verfügung zu stellen.[294] Wieweit die Ausgrenzung solcher Entscheidungen aus dem Anwendungsbereich der *BJR* geht, wird in der US-amerikanischen Rechtspraxis allerdings nicht immer einheitlich beantwortet.[295] Nach dem *American Law Institute*[296] kann man sich aber jedenfalls an den folgenden Leitlinien orientieren: Grundsätzlich verdienen wissentlich illegale *board*-Entscheidungen nicht den Schutz der *BJR*.[297] Eine Ausnahme kann aber vor allem dort gelten, wo der Gesetzesverstoß in einem Vertragsbruch besteht oder aber aus der Motivation heraus begangen wird, die Gültigkeit der Rechtsnorm überprüfen zu lassen bzw. diesbezügliche Auslegungsfragen zu klären.

Neben diesen beiden – von ihrer Bedeutung her eher unterzugewichtenden – Anwendungsbereichen scheint das *good faith*-Kriterium in jüngster Zeit allerdings auch noch in einem dritten Zusammenhang an Bedeutung zu gewinnen – und zwar als eine Art „Ausweichprüfungsstandort" für (besonders krasse) Verfahrensfehler. Als Leitentscheidung muss insofern der Fall *Walt Disney Co. Derivative Litigation*[298] angesehen werden, in dem meines Erachtens mit ähnlicher Deutlichkeit wie in *Smith v. Van Gorkom* gegen die prozessualen Anforderungen der *BJR* verstoßen worden ist:

Was den zu Grunde liegenden Sachverhalt anbelangt, so hatte der *Chief Executive Officer* der *Walt Disney Company Michael Eisner* seinen langjährigen Freund *Michael Ovitz* faktisch im Alleingang zunächst zum neuen *President* der *Walt Disney Company* gemacht und ihm sodann nach ebenso kurzer wie erfolgloser Zeit – ebenfalls im Alleingang – zu einem äußerst lukrativen Amtsaustritt verholfen.

Der *Court of Chancery of Delaware* – und dem folgend schließlich auch der *Supreme Court of Delaware*[299] – bemängelte zunächst im Rahmen der Einstellungs-

292 *In re RJR Nabisco, Inc. Shareholders Litigation,* 14 Del. J. Corp. L. 1132 (Del. Ch. 1989).

293 *In re RJR Nabisco, Inc. Shareholders Litigation,* 14 Del. J. Corp. L. 1132, 1159 (Del. Ch. 1989): "Greed is not the only human emotion that can pull one from the path of propriety; so might hatred, lust, envy, revenge, or [...] shame or pride. Indeed any human emotion may cause a director to place his own interests, preferences or appetites before the welfare of the corporation.".

294 *ALI*, Principles of Corporate Governance: Analysis and Recommendations, 1994, § 4.01(c), Comment d.; *Branson*, 36 Val. U. L. Rev. (2002) 631, 644; *Eisenberg*, 62 Fordham L. Rev. (1993) 437, 449.

295 Vgl. zu diesem Problemkreis etwa *Bainbridge*, Corporation Law, 2002, S. 272 ff., nach dessen Ansicht Illegalität alleine noch nicht zum Ausschluss der *BJR* führt, sondern den *directors* vielmehr auch in diesem Bereich die Möglichkeit einer Kosten-Nutzen-Analyse offen stehen soll.

296 *ALI*, Principles of Corporate Governance: Analysis and Recommendations, 1994, § 4.01(c), Comment d., § 4.01(a), first paragraph, Comment d.

297 Vgl. insoweit auch *Miller v. American Telephone & Telegraph Company*, 507 F.2d 759, 762 (1974).

298 *In re Walt Disney Co. Derivative Litigation*, Del. Ch., 825 A.2d 275 (2003).

299 S. 2005 WL 877903 (Del. Supr.).

verhandlungen die völlig unzulängliche Selbstinformation sowie das gleichfalls unzureichende Entscheidungsverfahren nicht nur des zu diesem Zeitpunkt amtierenden *board of directors*, sondern auch des insofern zuständigen *compensation committee*: Weder der *board* noch das *committee* hatte je die endgültige Version des allein zwischen *Eisner* und *Ovitz* ausgehandelten Beschäftigungsübereinkommens eingesehen. Vielmehr wurden beide zu Beginn der Verhandlungen lediglich für wenige Minuten mit besagter Angelegenheit befasst, bevor sie *Eisner* ohne vorherige Diskussion, ohne Hinzuziehung von Experten und – was den *board* betrifft – sogar ohne Zurverfügungstellung einer Vertragszusammenfassung zur näheren Vertragsgestaltung mit *Ovitz* autorisierten. Zwar wurde dem *compensation committee* auch später noch einmal eine Version des Beschäftigungsübereinkommens unterbreitet. Diese unterschied sich aber wesentlich von der endgültigen Fassung.

Auch was die darauf folgende für *Ovitz* äußerst lukrative *non-fault-termination* des Beschäftigungsverhältnisses anbelangt, so blieb der zwar neu gewählte, in seiner Zusammensetzung allerdings kaum differierende, *board* inaktiv: Er erkundigte sich weder danach, warum er nicht informiert worden war, noch zog er Erkundigungen über die Konditionen der Vertragsbeendigung ein oder versuchte auch nur, die Verhandlungen zu verzögern, um diesbezügliche Informationen einzuholen.

Vor diesem Hintergrund urteilte der *Court of Chancery of Delaware* schließlich, dass ein solches Verhalten von *directors* nicht nur in Ermangelung eines grundsätzlich erforderlichen ordnungsgemäßen Entscheidungsverfahrens, sondern auch mangels Handelns in gutem Glauben (*good faith*) aus dem Anwendungsbereich der *BJR* herausfallen müsse.[300]

Die eigentliche Bedeutung dieser Entscheidung nicht nur für das *good faith*-Erfordernis im Einzelnen, sondern vielmehr auch für das Institut der *BJR* im Ganzen erschließt sich spätestens dann, wenn man den Umstand hinzuzieht, dass der Gesetzgeber Delaware`s zwei Jahre nach der Entscheidung *Smith v. Van Gorkom* eine Regelung erlassen hat, die es Gesellschaften erlaubt, *directors* zumindest von solchen Pflichtverletzung zu exkulpieren, die weder die Loyalitätspflicht noch die Pflicht, in gutem Glauben zu handeln, tangieren.[301] Entsprechend der großen Kon-

300 *In re Walt Disney Co. Derivative Litigation*, Del. Ch., 825 A.2d 275, 289 (2003): "These facts, if true, do more than portray directors who, in a negligent or grossly negligent manner, merely failed to inform themselves or to deliberate adequately about an issue of material importance to their corporation. Instead, the facts alleged in the new complaint suggest that the defendant directors consciously and intentionally disregarded their responsibilities, adopting a "we don`t care about the risks" attitude concerning a material corporate decision. Knowing or deliberate indifference by a director to his or her duty to act faithfully and with appropriate care is conduct, in my opinion, that may not have been taken honestly and in good faith to advance the best interests of the company.".

301 Del. Gen. Corp. L. § 102(b)(7): „A provision eliminating or limiting the personal liability of a director to the corporation or its stockholders for monetary damages for breach of fiduciary duty as a director, provided that such provision shall not eliminate or limit the liability of a director: (i) For any breach of the director`s duty of loyalty to the corporation or its stockholders; (ii) for acts or omissions not in good faith or which involve intentional misconduct or a knowing violation of law;".

troverse bezogen auf die Entscheidung *Smith v. Van Gorkom* werden aber auch bereits bezogen auf diese neue Rechtsprechung schon wieder Stimmen laut, die hierin allein eine hilflose Reaktion auf die Unternehmenskrisen der jüngsten Vergangenheit (*Enron*, *WorldCom*) und damit eine bloße Ausnahmeerscheinung erblicken wollen.[302] Welchen Weg die Judikatur tatsächlich einschlagen wird, bleibt abzuwarten. Meines Erachtens stellt die Entscheidung jedenfalls einen neuerlichen Beleg dafür dar, dass die in *Smith v. Van Gorkom* ausgesprochenen Grundsätze keinesfalls überholt, sondern vielmehr als allgemeine Grundregeln nach wie vor Bestand haben.

IV. Zusammenfassung

Zusammenfassend verdient schließlich festgehalten zu werden, dass es sich bei der *BJR* US-amerikanischer Prägung aus dogmatischer Sicht um einen gerichtlichen Überprüfungsmaßstab handelt, infolgedessen Gerichte sich im Rahmen der Beurteilung unternehmerischer Entscheidungen auf die Untersuchung beschränken, ob es den Klägern gelungen ist, eines der folgenden Elemente besagten Rechtsinstituts in Zweifel zu ziehen: (1) *business judgment*; (2) *not interested*; (3) *informed basis*; (4) *rational business purpose* oder (5) *good faith*.

Diesen Befund gilt es, im Rahmen der Auseinandersetzung mit der Funktionsweise und den einzelnen Voraussetzungen der Neuregelung des § 93 Abs. 1 S. 2 AktG fruchtbar zu machen. Ebenfalls noch mit dem Zweck einer Grundlegung – sollen im Rahmen des folgenden Paragrafen allerdings zuvor noch die dogmatischen und historischen Wurzeln des deutschen Geschäftsleiterermessens beleuchtet werden.

302 Vgl. etwa *Griffith*, 55 Duke L.J. (2005) 1, 73, der sich auch bezogen auf die Entscheidung *Smith v. Van Gorkom* in diesem Sinne äußert (a.a.O., 59-63; s. auch schon oben unter § 3 III. 3. b. (S. 83, Fn. 264)).

§ 4 Dogmatische Herleitung und historische Entwicklung eines deutschen Geschäftsleiterermessens

I. Dogmatische Herleitung des Geschäftsleiterermessens

Zunächst sollen im Rahmen einer dogmatischen Herleitung der Ursprung sowie die bereits von Sinn und Zweck vorgegebenen rechtlichen Konturen eines deutschen Geschäftsleiterermessens nachgezeichnet werden.

1. Eigenverantwortlichkeit gemäß § 76 Abs. 1 AktG als Ursprung

Seinen dogmatischen Ursprung findet das Geschäftsleiterermessen in § 76 Abs. 1 AktG – genauer in dem dort niedergelegten Prinzip der Eigenverantwortlichkeit des Vorstands.[303]

Dieses Prinzip wurde erstmals 1937 in das Aktiengesetz aufgenommen und sollte damals die auf dem Gebiet der Verwaltung der Aktiengesellschaft neu eingeführte Machtverschiebung von der Hauptversammlung (ehemals Generalversammlung) hin zum Vorstand markieren. Die Stärkung der Stellung des Vorstands beruhte dabei – vom ideologisch geprägten Gedanken des „Führerprinzips" einmal abgesehen – schon zu dieser Zeit vor allem auf der Einsicht, dass die Geschicke einer großen Korporation auf wirtschaftlich sinnvolle Weise nur von einem mit wenigen fachkundigen Personen besetzten Organ gelenkt werden können.[304]

Konkret bedeutet das Prinzip der Eigenverantwortlichkeit, dass den beiden anderen Organen innerhalb des Kompetenzbereichs des Vorstands einerseits weder ein

303 In diesem Sinne auch *OLG Hamm*, Urt. v. 10.5.1995 – 8 U 59/94, AG 1995, 512 (514); MünchKommAktG/*Hefermehl/Spindler*, 2004, § 76, Rn. 25, § 93, Rn. 24; *Kort* in Großkomm. AktG, 2003, § 76, Rn. 41; *Hommelhoff*, Die Konzernleitungspflicht, 1982, S. 168; *Henze*, BB 2000, 209 (216); *Horn*, ZIP 1997, 1129 (1133 u. 1134 f.); *Ihrig*, WM 2004, 2098 (2099). Ähnlich *M. Roth*, Unternehmerisches Ermessen, 2001, S. 9, 57, der das Ermessen letztlich aus einer Zusammenfassung von Leitungsmacht und Sorgfaltspflicht ableitet, sowie *Kindler*, ZHR 162 (1998), 101 (105), der das Geschäftsleiterermessen demgegenüber in der Leitungsaufgabe selbst verankert sieht.

304 S. zum Ganzen *Kort* in Großkomm. AktG, 2003, Vor § 76, Rn. 8. S. zu der Einsicht, dass die Aktionäre in ihrer Gesamtheit im Wirtschaftsalltag nicht handlungsfähig sind, auch bereits oben unter § 2 I. 1. (S. 38).

Initiativrecht noch ein Weisungsrecht gebührt,[305] sich der Vorstand seiner Leitungsmacht andererseits aber auch nicht entäußern kann.[306] Mit anderen Worten bringt das Prinzip der Eigenverantwortlichkeit die Exklusivität und Unveräußerlichkeit der Leitungsmacht des Vorstands zum Ausdruck. Diesen Aussagegehalt vor Augen, kann es schließlich auch allgemein als Fundament eines zunächst sogar umfassenden Handlungsspielraums des Vorstands innerhalb des ihm zugewiesenen Kompetenzbereichs aufgefasst werden.[307]

Dem steht auch nicht entgegen, dass nach dem Wortlaut von § 76 Abs. 1 AktG an sich lediglich die „Leitung" der Gesellschaft bzw. des von ihr getragenen Unternehmens[308] der Eigenverantwortlichkeit des Vorstands anheim gegeben wird. Zwar handelt es sich hierbei – zumindest nach bisweilen herrschender Ansicht[309] – lediglich um einen herausgehobenen Teilbereich[310] der allgemeinen, da jede rechtsge-

305 S. MünchKommAktG/*Hefermehl/Spindler*, 2004, § 76, Rn. 21; *Hüffer*, AktG, 2008, § 76, Rn. 10 f.; *Kort* in Großkomm. AktG, 2003, § 76, Rn. 41 ff.; *Fleischer*, ZIP 2003, 1 (1); *Turiaux/Knigge*, DB 2004, 2199 (2200).

306 S. *Kort* in Großkomm. AktG, 2003, § 76, Rn. 157; *Turiaux/Knigge*, DB 2004, 2199 (2200).

307 So auch *Hommelhoff*, Die Konzernleitungspflicht, 1982, S. 168.

308 Als Gegenstand der Leitung mehr das Unternehmen betonend: MünchKommAktG/*Hefermehl/Spindler*, 2004, § 76, Rn. 15; *Hüffer*, AktG, 2008, § 76, Rn. 9; *Mertens* in Kölner Kommentar zum AktG, 2. Auflage, 1996, § 76, Rn. 39; *Fleischer*, ZIP 2003, 1 (1). Dagegen in erster Linie auf die Gesellschaft als Gegenstand der Leitung abstellend: *Kort* in Großkomm. AktG, 2003, § 76, Rn. 39.

309 Spindler/Stilz/*Fleischer*, AktG, 2007, § 76, Rn. 14; MünchKommAktG/*Hefermehl/Spindler*, 2004, § 76, Rn. 17; *Hüffer*, AktG, 2008, § 76, Rn. 7, § 77, Rn. 3; *Kort* in Großkomm. AktG, 2003, § 76, Rn. 29; *Mertens* in Kölner Kommentar zum AktG, 2. Auflage, 1996, § 76, Rn. 4; *Seibt*, in: K. Schmidt/Lutter, AktG, 2008, § 76, Rn. 9; *Henze*, BB 2000, 209 (209). A.A. vor allem noch *Hefermehl*, in: Geßler/Hefermehl/Eckhardt/Kropff, AktG, 1973, § 76, Rn. 10 sowie *Semler*, Leitung und Überwachung der Aktiengesellschaft, 1996, Rn. 3 ff., insbes. Rn. 6, die „Leitung" und „Geschäftsführung" demgegenüber synonym verwenden.

310 Dieser Teilbereich umfasst geschriebene (z.B. §§ 83, 90, 91 I, II, 92 AktG) sowie ungeschriebene Leitungsaufgaben. Letztere werden dabei überwiegend mit den Begriffen der „Unternehmensplanung, -koordination und -kontrolle sowie der Besetzung von Führungsstellen" schlagwortartig umrissen. S. dazu *Hüffer*, AktG, 2008, § 76, Rn. 8, der die Leitung unter Zurückdrängung des unverkennbaren betriebswirtschaftlichen Einflusses zugleich aber auch als unverzichtbaren Kern der Vorstandsfunktion charakterisiert wissen will, sowie *Semler*, Leitung und Überwachung der Aktiengesellschaft, 1996, Rn. 11 ff., der – infolge der synonymen Verwendung von „Leitung" und „Geschäftsführung" – insofern allerdings nicht von „Leitung", sondern von „Führung" spricht und nach dem auch Entscheidungen des Tagesgeschehens Führungsentscheidungen sein können. Dazu müssten sie allerdings ein solches Gewicht aufweisen, dass sie die Entwicklung des Unternehmens mittel- oder langfristig zu steuern und einen bedeutsamen Einfluss auf die Ertrags- und Finanzlage sowie die Belegschaft auszuüben imstande sind. Wie *Semler* auch *Stein*, ZGR 1988, 163 (169). Neben den genannten vier Bereichen ebenfalls die außergewöhnliche Bedeutung von Leitungsmaßnahmen betonend: *Mertens* in Kölner Kommentar zum AktG, 2. Auflage, 1996, § 76, Rn. 5 sowie *Henze*, BB 2000, 209 (210). Vor allem die Begrifflichkeiten von *Henze* a.a.O. aufgreifend und diese als Festlegung der Unternehmenspolitik zusammenfassend: *Kort* in Großkomm. AktG, 2003, § 76, Rn. 36 (s. zum Erheblichkeitsaspekt Rn. 38). Eine in der Sache kaum abweichende Typologisierung vornehmend auch MünchKommAktG/*Hefermehl/Spindler*, 2004, § 76, Rn. 17 (Festlegung und Durchsetzung der Unternehmenspolitik, Entscheidung über die zu übernehmen-

schäftliche oder tatsächliche Tätigkeit für die Gesellschaft umfassenden und damit den Kompetenzbereich des Vorstands letztendlich komplettierenden, Geschäftsführung. Aus den Bestimmungen des Aktiengesetzes selbst kann aber gefolgert werden, dass sich das Prinzip der Eigenverantwortlichkeit auf den gesamten Kompetenzbereich des Vorstands beziehen muss:[311]

Vor dem Hintergrund, dass der Begriff der „Eigenverantwortlichkeit" hier im Sinne von „Innehabung eines alleinigen Initiativrechts" sowie im Sinne von „Weisungsungebundenheit" verstanden wird, lässt sich diese Folgerung vor allem §§ 111 Abs. 4 und 119 Abs. 2 AktG entnehmen. Diese Vorschriften bringen nämlich gerade zum Ausdruck, dass Aufsichtsrat und Hauptversammlung auch auf dem über die Leitung hinausgehenden Gebiet der Geschäftsführung kein Initiativrecht gebührt. Vielmehr sind diese von der Geschäftsführung ausgeschlossen. Dieser Grundsatz wird auch nicht etwa durch die Einräumung von Weisungsrechten zu Gunsten von Aufsichtsrat und Hauptversammlung durchbrochen. Die wenigen Einmischungen, die das Aktiengesetz Letzteren im Bereich der Geschäftsführung ausnahmsweise gestattet, beruhen entweder auf der Initiative des Vorstands selbst (§§ 119 Abs. 2, 111 Abs. 4 S. 3 AktG) oder räumen lediglich ein Vetorecht[312] für bestimmte Maßnahmen ein (§ 111 Abs. 4 S. 2 AktG). Bereits das zeigt also, dass der Vorstand auch auf dem über die Leitung hinausgehenden Gebiet der Geschäftsführung Eigenverantwortlichkeit genießt.

Darüber hinaus findet sich im Aktiengesetz aber auch gar keine explizite Zuweisung der gegenüber dem Bereich der Leitung umfassenden Geschäftsführungskompetenz. Vielmehr wird diese lediglich von verschiedenen Regelungen, wie §§ 77 und 82 II AktG, als bestehend vorausgesetzt. Dann kann aber auch nicht verwundern, dass es insofern auch an einer expliziten Aussage über die Geltung des Eigenverantwortlichkeitsprinzips in diesem allumfassenden Kompetenzbereich fehlt.[313]

den geschäftlichen und finanziellen Risiken, Besetzung der obersten Führungspositionen und Vorgabe der Ziele für die einzelnen Unternehmensbereiche) sowie *Fleischer*, in: Handbuch des Vorstandsrechts, 2006, § 7, Rn. 37 ff.; ZIP 2003, 1 (5 f.) und NZG 449 (450) (Planungs- und Steuerungsverantwortung, Organisations-, Finanz- und Informationsverantwortung sowie Maßnahmen, die zugleich entweder von besonderer Bedeutung oder mit einem außergewöhnlichen Risiko verbunden sind) S. demgegenüber aber auch den etwas weiteren funktionell geprägten Ansatz von *Abeltshauser*, Leitungshaftung, 1998, S. 31 (mit schematischer Darstellung) und 47.

311 In diesem Sinne auch MünchKommAktG/*Semler/Spindler*, 2004, Vor § 76, Rn. 56.

312 S. MünchKommAktG/*Hefermehl/Spindler*, 2004, § 76, Rn. 21; *Hüffer*, AktG, 2008, § 76, Rn. 11, § 111, Rn. 18.

313 Alternativ dazu wird auch vertreten, dass dem Vorstand durch § 76 I AktG zugleich auch die Geschäftsführungskompetenz zugewiesen werde – in diesem Sinne wohl *Wiesner*, in: Münchner Handbuch des Gesellschaftsrechts, Bd. 4, 1999, § 22, Rn. 1 sowie ausdrücklich *H. Schaefer/Missling*, NZG 1998, 441 (442). Danach würde sich eine Ausdehnung des Prinzips der Eigenverantwortlichkeit auf den umfassenden Bereich der Geschäftsführung mittels der die Norm des § 76 I AktG flankierenden Vorschriften der §§ 111 IV 1, 119 II AktG erübrigen.

Im Ergebnis bezieht sich das Prinzip der Eigenverantwortlichkeit also auf den gesamten mit dem Begriff der Geschäftsführung zu umschreibenden Kompetenzbereich des Vorstands.

2. *Schranken des der Eigenverantwortlichkeit entspringenden Handlungsspielraums und Verortung des Geschäftsleiterermessens innerhalb dieser Schranken*

Der durch das Prinzip der Eigenverantwortlichkeit zum Ausdruck gebrachte Handlungsspielraum wird allerdings sogleich wieder durch verschiedene zumeist aktienrechtliche Bindungen des Vorstands eingeschränkt bzw. – wie zu untersuchen sein wird – möglicherweise sogar vollständig aufgezehrt. Bei dem durch § 93 Abs. 1 S. 2 AktG kodifizierten Geschäftsleiterermessen kann es demgemäß nur darum gehen, dem Vorstand einen Teil seines ursprünglichen Handlungsspielraums wieder zurückzugeben. Welche Bindungen den Handlungsspielraum des Vorstands nun zunächst beschränken und welche davon sodann, in einem zweiten Schritt, nach Sinn und Zweck des Geschäftsleiterermessens wiederum durch dasselbe aufzuweichen sind, soll im Folgenden geklärt werden.

a. Konkrete gesetzliche Vorgaben

Dass besagter Handlungsspielraum lediglich innerhalb des dem Vorstand zugewiesenen Kompetenzbereichs in Betracht kommen kann, die aktienrechtliche Kompetenzordnung mithin gleichsam dessen erste Begrenzung darstellt, ist bereits angedeutet worden.[314] Darüber hinaus schränken nun aber auch noch zahlreiche weitere gesetzliche Vorgaben den mit § 76 Abs. 1 AktG zum Ausdruck gebrachten Handlungsspielraum wieder ein, indem sie den Vorstand mit – mehr oder weniger – ausdrücklichen Handlungsge- und -verboten belegen.[315] Konkreter kann dabei schließlich zwischen direkt an den Vorstand selbst gerichteten gesetzlichen Ge- und Verboten innerhalb seines Kompetenzbereichs auf der einen Seite und den Vorstand lediglich mittelbar bindenden, da an sich die Gesellschaft betreffenden, Regelungen auf der anderen Seite differenziert werden.

314 S. insofern auch noch einmal *Mertens* in Kölner Kommentar zum AktG, 2. Auflage, 1996, § 93, Rn. 29; *Fleischer*, in: Handbuch des Vorstandsrechts, 2006, § 7, Rn. 10; *Oltmanns*, Geschäftsleiterhaftung, 2001, S. 209 und *M. Roth*, Unternehmerisches Ermessen, 2001, S. 58, 66 ff.

315 Vgl. *Kort* in Großkomm. AktG, 2003, § 76, Rn. 47; *Landwehrmann*, in: Heidel, Aktienrecht, 2007, § 93, Rn. 6 ff., 10 ff.; *Mertens* in Kölner Kommentar zum AktG, 2. Auflage, 1996, § 93, Rn. 29; *Oltmanns*, Geschäftsleiterhaftung, 2001, S. 205, 209; *M. Roth*, Unternehmerisches Ermessen, 2001, S. 57 f.; *Heermann*, ZIP 1998, 761, (762 f.); *Kindler*, ZHR 162 (1998), 101 (106).

aa. Direkt an den Vorstand selbst gerichtete gesetzliche Ge- und Verbote

Innerhalb seines Kompetenzbereichs ist der Vorstand etwa dazu verpflichtet, auf Geschäftsbriefen bestimmte Angaben zu machen (§ 80 AktG), Änderungen des Vorstands oder der Vertretungsbefugnis eines Vorstandsmitglieds zur Eintragung in das Handelsregister anzumelden (§ 81 AktG), Hauptversammlungsbeschlüsse vorzubereiten und auszuführen (§ 83 AktG), für die Führung der erforderlichen Handelsbücher und die Einrichtung eines Früherkennungs-[316] bzw. Frühwarnsystems[317] zu sorgen (§ 91 AktG), bei Verlusten in Höhe der Hälfte des Grundkapitals unverzüglich die Hauptversammlung einzuberufen und ihr dies anzuzeigen (§ 92 Abs. 1 AktG) sowie bei Zahlungsunfähigkeit oder Überschuldung die Eröffnung des Insolvenzverfahrens zu beantragen (§ 92 Abs. 2 AktG).

Vom Gesetzgeber als besonders wichtig erachtete, in erster Linie dem Schutz des Gesellschaftsvermögens dienende,[318] Handlungsge- und -verbote sind dagegen im Katalog des § 93 Abs. 3 AktG zusammengefasst.

Darüber hinaus obliegen dem Vorstand letztlich noch zahlreiche Berichts-, Informations- und Rechenschaftspflichten – etwa gegenüber dem Aufsichtsrat (§ 90 AktG), den Aktionären (§ 131 AktG) und dem allgemeinen Geschäftsverkehr (§ 325 HGB). Weitere Berichtspflichten enthalten insbesondere die §§ 293a („Bericht über den Unternehmensvertrag"), 312 („Bericht des Vorstands über Beziehungen zu verbundenen Unternehmen") und 319 Abs. 3 S. 1 Nr. 3 AktG („Eingliederungsbericht") sowie die §§ 8 („Verschmelzungsbericht"), 127 („Spaltungsbericht") und 192 UmwG („Umwandlungsbericht").[319]

bb. Den Vorstand lediglich mittelbar bindende gesetzliche Regelungen

Als juristische Person des Privatrechts unterliegt die Aktiengesellschaft im Rechtsverkehr denselben gesetzlichen Bindungen wie alle anderen Rechtssubjekte auch. Da sie allerdings durch den Vorstand handelt,[320] richten sich diese aus dem Außenverhältnis stammenden Pflichten – zumindest mittelbar – auch an Letzteren.

Gemeint sind damit vor allem die dem Zivil- und Wirtschaftsrecht entspringenden Pflichten, insbesondere solche des Bilanz-, Wettbewerbs-, Kartell- und Kapital-

316 *Fleischer*, in: Handbuch des Vorstandsrechts, 2006, § 7, Rn. 6.

317 *Raiser/Veil*, Recht der Kapitalgesellschaften, 2006, § 14, Rn. 2.

318 Vgl. MünchKommAktG/*Hefermehl/Spindler*, 2004, § 93, Rn. 96; *Fleischer*, ZIP 2005, 141 (143).

319 Vgl. zu den konkreten gesetzlichen Vorstandspflichten auch die Übersichten bei Spindler/Stilz/*Fleischer*, AktG, 2007, § 93, Rn. 17 f.; *Fleischer*, in: Handbuch des Vorstandsrechts, 2006, § 7, Rn. 5 ff. und ZIP 2005, 141 (142 f.) sowie bei *Raiser/Veil*, Recht der Kapitalgesellschaften, 2006, § 14, Rn. 2 ff.

320 Vgl. MünchKommAktG/*Hefermehl/Spindler*, 2004, § 76, Rn. 11; *Hüffer*, AktG, 2008, § 78, Rn. 3; *Kort* in Großkomm. AktG, 2003, § 76, Rn. 11; *Mertens* in Kölner Kommentar zum AktG, 2. Auflage, 1996, § 76, Rn. 61.

marktrechts. Daneben verlangen aber auch die arbeits-, sozial- und steuerrechtlichen Regelungen genauso wie die Regelungen des Verwaltungsrechts, darunter vor allem die der Gewerbeordnung sowie des Bundesimmissionsschutzgesetzes, Beachtung. Nicht zuletzt beanspruchen das Straf- und Ordnungswidrigkeitengesetz deren Befolgung.[321]

b. Konkrete Vorgaben aus Satzung, Geschäftsordnung und Anstellungsvertrag

Neben den gesetzlichen Bestimmungen konkretisieren aber auch Satzung[322], Geschäftsordnung[323] und Anstellungsvertrag[324] das Pflichtenprogramm des Vorstands. Für die Satzung und die Geschäftsordnung ergibt sich dies sogar explizit aus der Vorschrift des § 82 Abs. 2 AktG.

Die Satzung markiert dabei vor allem durch Festlegung des Unternehmensgegenstandes (§ 23 Abs. 3 Nr. 2 AktG) eine allgemeine Grenze des der Eigenverantwortlichkeit entspringenden Handlungsspielraums.[325] Vom Unternehmensgegenstand zu unterscheiden ist demgegenüber der Gesellschaftszweck. Obwohl dieser nicht auch zwingend in der Satzung anzugeben ist, beschränkt er gleichwohl die Handlungsmöglichkeiten des Vorstands. In Ermangelung einer anders lautenden Satzungsbestimmung ist er auf Gewinnerzielung gerichtet und stellt damit den finalen Sinn des Zusammenschlusses dar, den es mit den jeweils durch den Unternehmensgegenstand festgelegten Mitteln zu verfolgen gilt.[326]

c. Die allgemeine Treue- und Sorgfaltspflicht

Eine weitere Einschränkung erfährt der durch das Prinzip der Eigenverantwortlichkeit zum Ausdruck gebrachte Handlungsspielraum des Vorstands schließlich durch

321 Vgl. zu diesen aus dem Außenverhältnis stammenden Pflichten auch den Überblick bei *Kort* in Großkomm. AktG, 2003, § 76, Rn. 47; *Landwehrmann*, in: Heidel, Aktienrecht, 2007, § 93, Rn. 10, 13 sowie bei *Fleischer*, in: Handbuch des Vorstandsrechts, 2006, § 7, Rn. 13 und in ZIP 2005, 141 (144).

322 *Landwehrmann*, in: Heidel, Aktienrecht, 2007, § 93, Rn. 7; *Oltmanns*, Geschäftsleiterhaftung, 2001, S. 209; *M. Roth*, Unternehmerisches Ermessen, 2001, S. 58, 72; *Heermann*, ZIP 1998, 761 (763).

323 *M. Roth*, Unternehmerisches Ermessen, 2001, S. 68; *Heermann*, ZIP 1998, 761 (763).

324 *Hüffer*, AktG, 2008, § 93, Rn. 13; *Wiesner*, in: Münchener Handbuch des Gesellschaftsrechts, Bd. 4, 2007, § 26, Rn. 5; *Heermann*, ZIP 1998, 761 (763).

325 S. *Oltmanns*, Geschäftsleiterhaftung, 2001, S. 206 ff.; *M. Roth*, Unternehmerisches Ermessen, 2001, S. 72; *Heermann*, ZIP 1998, 761 (763); *Semler*, in: FS Ulmer, 2003, S. 627 (635).

326 Vgl. zum Ganzen etwa *Hüffer*, AktG, 2008, § 23, Rn. 22, § 82, Rn. 9 sowie *Oltmanns*, Geschäftsleiterhaftung, 2001, S. 205 ff.

die gesetzlich nicht festgeschriebene allgemeine Treuepflicht[327] sowie durch die nach herrschender Meinung[328] in § 93 Abs. 1 S. 1 AktG generalklauselartig verankerte allgemeine Sorgfaltspflicht.[329]

Nach einer allgemeinen Umschreibung gebietet die organschaftliche Treuepflicht dem Vorstand, allein die Interessen der Gesellschaft und nicht seinen eigenen Nutzen oder den Vorteil eines Dritten zu verfolgen.[330] Der allgemeinen Sorgfaltspflicht wird der Vorstand nach einer ganz ähnlich lautenden gängigen Formulierung demgegenüber dadurch gerecht, dass er den Vorteil der Gesellschaft wahrt und Schaden von ihr abwendet.[331] Der in diesen beiden allgemeinen Umschreibungen nicht sogleich offen zu Tage tretende Unterschied zwischen besagten Pflichtenkategorien besteht nun im Wesentlichen darin, dass sich die Frage nach der Treuepflicht als eine solche nach der Motivation des Vorstandshandelns darstellt, während es im Zusammenhang mit der allgemeinen Sorgfaltspflicht mehr um die durch den Einsatz seiner Fähigkeiten erreichte Qualität des Vorstandshandelns geht.

Nach der allgemeinen Treuepflicht wird der dem Vorstand anheim gegebene Handlungsspielraum also dahingehend begrenzt, dass er keine Maßnahmen treffen darf, die nicht aus der Motivation heraus geboren sind, die Interessen der Gesellschaft zu verwirklichen, sondern stattdessen etwa zuvörderst konkreten eigenen Belangen oder den Belangen Dritter zu dienen bestimmt sind.

Die Aufgabe, eine ähnlich klare von der allgemeinen Sorgfaltspflicht herrührende Grenze besagten Handlungsspielraums zu formulieren, gestaltet sich demgegenüber ungleich schwieriger. Unklar ist vor allem, ob der Vorstand aufgrund der allgemei-

327 *Landwehrmann*, in: Heidel, Aktienrecht, 2007, § 93, Rn. 8; *Oltmanns*, Geschäftsleiterhaftung, 2001, S. 209; *M. Roth*, Unternehmerisches Ermessen, 2001, S. 57; *Heermann*, ZIP 1998, 761 (763); *Kindler*, ZHR 162 (1998), 101 (106).

328 MünchKommAktG/*Hefermehl/Spindler*, 2004, § 93, Rn. 17; *Hopt* in Großkomm. AktG, 1999, § 93, Rn. 19; *Landwehrmann*, in: Heidel, Aktienrecht, 2007, § 93, Rn. 1, 52; *Mertens* in Kölner Kommentar zum AktG, 2. Auflage, 1996, § 93, Rn. 6; *Fleischer*, in: Handbuch des Vorstandsrechts, 2006, § 7, Rn. 1; *Wiesner*, in: Münchener Handbuch des Gesellschaftsrechts, Bd. 4, 2007, § 25, Rn. 1. Immer noch kritisch *Hüffer*, AktG, 2008, § 93, Rn. 3a.

329 Dazu, dass der Handlungsspielraum des Vorstands auch durch die allgemeine Sorgfaltspflicht begrenzt wird, nur wenige, wie etwa *Landwehrmann*, in: Heidel, Aktienrecht, 2007, § 93, Rn. 9; *M. Roth*, Unternehmerisches Ermessen, 2001, S. 40, 48 ff. und *Kindler*, ZHR 162 (1998), 101 (106).

330 Vgl. *BGH*, Urt. v. 23.9.1985 – II ZR 246/84 –, WM 1985, 1443 (1443) (GmbH); Spindler/Stilz/*Fleischer*, AktG, 2007, § 93, Rn. 103; MünchKommAktG/*Hefermehl/Spindler*, 2004, § 76, Rn. 14; *Hopt*, in Großkomm. AktG, 1999, § 93, Rn. 145; *Krieger/Sailer*, in: K. Schmidt/Lutter, AktG, 2008, § 93, Rn. 16; *Landwehrmann*, in: Heidel, Aktienrecht, 2007, § 93, Rn. 8; *Mertens* in Kölner Kommentar zum AktG, 2. Auflage, 1996, § 93, Rn. 57; *M. Roth*, Unternehmerisches Ermessen, 2001, S. 60; *Fleischer*, in: Handbuch des Vorstandsrechts, 2006, § 9, Rn. 2 sowie *ders.*, WM 2003, 1045 (1045).

331 So oder so ähnlich Geßler/Hefermehl/Eckhardt/Kropff-*Hefermehl*, AktG, 1974, § 93, Rn. 13; MünchKommAktG/*Hefermehl/Spindler*, 2004, § 93, Rn. 23; *Mertens* in Kölner Kommentar zum AktG, 2. Auflage, 1996, § 93, Rn. 29; *Wiesner*, in: Münchener Handbuch des Gesellschaftsrechts, Bd. 4, 2007, § 25, Rn. 3.

nen Sorgfaltpflicht gehalten ist, stets die qualitativ beste – im Sinne einer die in der Gesellschaft zusammentreffenden Interessen bestmöglich zur Geltung bringenden – Entscheidung zu treffen. Wäre dem so, so hätte dies zur Konsequenz, dass diese Schranke den Handlungsspielraum des Vorstands nicht nur – gleichsam den bereits erörterten Schranken – mehr am Rande verengen, sondern ihn vielmehr zunächst völlig aufzehren würde, mit der Folge, dass das Geschäftsleiterermessen dem Vorstand überhaupt erst wieder einen Freiraum schaffen müsste.

Sieht man die insofern einschlägige Rechtsprechung und Literatur auf diese Fragestellung hin durch, so stößt man zunächst vielfach auf die Formulierung, der Maßstab der Sorgfaltspflicht der Vorstandsmitglieder sei der, wie der Leiter eines Unternehmens vergleichbarer Art und Größe, der nicht mit eigenen Mitteln wirtschafte, sondern vielmehr wie ein treuhänderischer Verwalter fremden Vermögens verpflichtet sei, zu handeln habe.[332] Des Weiteren wird teilweise ergänzt, die Sorgfaltspflicht des Vorstands sei damit grundsätzlich umfassender als die eines gewöhnlichen Geschäftsmanns.[333] Bereits vor dem Hintergrund dieser Aussagen lässt sich feststellen, dass es sich bei der allgemeinen Sorgfaltspflicht jedenfalls um einen erhöhten Pflichtenstandard handeln muss.[334]

Dieser erste Befund erhärtet sich, wenn man sich sodann die historische Entwicklung des für den Vorstand geltenden Sorgfaltspflichtenstandards vergegenwärtigt: So ist bereits das *Reichsgericht* im Jahr 1885 davon ausgegangen, dass dem Vorstand die Einhaltung des – damals noch dem Handelsgesetzbuch unter Art. 241 Abs. 2 zu entnehmenden – Standards der „Sorgfalt eines ordentlichen Geschäfts-

332 So oder so ähnlich *BGH*, Urt. v. 20.2.1995 – II ZR 143/93 –, BGHZ 129, 30 (34) (zwar ging es insofern um eine GmbH bzw. um den Standard des § 43 I GmbHG; dieser ist jedoch mit dem des § 93 I 1 AktG vergleichbar (*Zöllner/Noack* in Baumbach/Hueck, GmbHG, 2006, § 43, Rn. 7 ff.), so dass Fundstellen, in denen es nicht um eine AG, sondern vielmehr um eine GmbH geht, auch im Folgenden schlicht mit dem entsprechenden Zusatz „GmbH" gekennzeichnet werden; Entsprechendes gilt i.Ü. auch für die GmbH & Co. KG, die Publikums-KG und die Genossenschaft); *OLG Hamm*, Urt. v. 10.5.1995 – 8 U 59/94 –, AG 1995, 512 (514); MünchKommAktG/*Hefermehl/Spindler*, 2004, § 93, Rn. 22; *Hüffer*, AktG, 2008, § 93, Rn. 4; *Krieger/Sailer*, in: K. Schmidt/Lutter, AktG, 2008, § 93, Rn. 5; *Landwehrmann*, in: Heidel, Aktienrecht, 2007, § 93, Rn. 51; *Wiesner*, in: Münchener Handbuch des Gesellschaftsrechts, Bd. 4, 2007, § 25, Rn. 2.

333 *OLG Koblenz*, Urt. v. 10.6.1991 – 6 U 1650/89 –, ZIP 1991, 870 (871) (GmbH); MünchKommAktG/*Hefermehl/Spindler*, 2004, § 93, Rn. 22; *Landwehrmann*, in: Heidel, Aktienrecht, 2007, § 93, Rn. 52.

334 Vgl. hierzu auch *RG*, Urt. v. 28.2.1940 – II 115/39 –, RGZ 163, 200 (209): „Es ist also jedenfalls unrichtig, wenn der Berufungsrichter meint, grundsätzlich seien an die Sorgfaltpflicht des Klägers als Vorstands- und Aufsichtsratsmitgliedes keine scharfen Anforderungen zu stellen; er haftet vielmehr für die Sorgfalt eines ordentlichen Geschäftsmannes in dem oben erläuterten Sinne." sowie *A. Hueck* in Baumbach/Hueck, AktG, 1968, § 93, Rn. 2: „§ 93 begründet (zwingend) eine scharfe Haftung des Vorstands, weil seiner gehobenen Stellung eine erhöhte Vertantwortlichkeit entsprechen muss (Begr. z 84 AktG 1937)." Vgl. aus neuerer Zeit *Heimbach/Boll*, VersR 2001, 801 (801) (erhebliche Strenge der Haftung insgesamt); *Mertens*, AG 1990, 49 (51) (schärfste Haftung auf der ganzen Welt) sowie *M. Schmidt*, ZBB 2006, 31 (33) (Verschuldensmaßstab überaus streng).

mannes“ tatsächlich nicht immer möglich sei und die Forderung einer solchen Sorgfalt mithin nicht selten als „Härte“ erscheine.[335] Entsprechend der Vorstellung, dass einer gehobenen Stellung des Vorstands auch eine erhöhte Verantwortlichkeit entsprechen müsse,[336] wurde dieser Sorgfaltspflichtenstandard im Jahr 1937 im Zuge der bereits erwähnten[337] damaligen Machtverschiebung von der Hauptversammlung hin zum Vorstand nochmals erhöht:[338] So wurde zu jener Zeit nicht nur eine Haftung generell für alle Sorgfaltspflichtverletzungen eingeführt und damit die bisher geltende Haftung allein für ausgewählte als besonders schwer einzuordnende – und daher auch heute noch durch den Katalog des § 93 Abs. 3 AktG besonders hervorgehobene – Pflichtverletzungen erweitert.[339] Vielmehr wurde zugleich auch besagter Pflichtenstandard der „Sorgfalt eines ordentlichen Geschäftsmannes“ durch Einführung des bis heute geltenden Standards der „Sorgfalt eines ordentlichen und gewissenhaften Geschäftsleiters“ „aufgestockt“. Die maßgebliche Erhöhung des so heute etwa noch für Kaufleute geltenden Standards (§ 347 Abs. 1 HGB) ist dabei schließlich nicht allein in der Hinzufügung des Begriffs „gewissenhaft“, sondern darüber hinaus auch in der Betonung nunmehr der „leitenden“ Funktion des Vorstands zu erblicken.[340] Für wie streng der Standard der „Sorgfalt eines ordentlichen und gewissenhaften Geschäftsleiters“ damit befunden werden muss, wird besonders deutlich, wenn *Kust*[341] weiter erklärt, dass bereits das Standesrecht der Kaufleute diese zu „besonders sorgfältigem“ und „makellosem“ Verhalten verpflichte.

Vor diesem Hintergrund soll in Bezug auf die eingangs aufgeworfene Fragestellung schließlich die These aufgestellt werden, dass der Vorstand vermittels der allgemeinen Sorgfaltspflicht tatsächlich gehalten ist, stets die qualitativ „beste“ – im Sinne einer die in der Gesellschaft aufeinander treffenden Interessen bestmöglich

335 *RG*, Urt. v. 17.3.1885 – Rep. II. 467/85 –, RGZ 13, 43 (46) (Genossenschaft).

336 Vgl. *Klausing*, Aktien-Gesetz, 1937, Amtl. Begr. zu § 84, S. 71; Losert/Schiemer/Stadler, AktG 1965, 1966, § 84, S. 109 (zum insofern gleich gefassten österreichischen Recht); Geßler/Hefermehl/Eckhardt/Kropff-*Hefermehl*, AktG, 1974, § 93, Rn. 13; MünchKommAktG/*Hefermehl/Spindler*, 2004, § 93, Rn. 3; *Hopt* in Großkomm. AktG, 1999, § 93, Rn. 14; *Kust*, WM 1980, 758 (760).

337 S. dazu bereits oben unter § 4 I. 1. (S. 93).

338 MünchKommAktG/*Hefermehl/Spindler*, 2004, § 93, Rn. 3; *Hopt* in Großkomm. AktG, 1999, § 93, Rn. 1.

339 Vgl. *Klausing*, Aktien-Gesetz, 1937, Amtl. Begr. zu § 84, S. 71; *Schilling* in Großkomm. AktG, 1973, § 93, Anm. 9.

340 *Kust*, WM 1980, 758 (759 f.). Zwar werden in dessen Darstellung häufig die beiden Kategorien „allgemeine Sorgfaltspflicht“ und „Verschulden“ vermischt. Dieser Umstand kann jedoch vor dem Hintergrund, dass es sich bei dem für Vorstandsmitglieder geltenden Verschuldenserfordernis – wie bereits oben unter § 2 II. 3. (S. 50, Fn. 113) erwähnt – um ein sog. „typisiertes“ Verschulden handelt, i.E. vernachlässigt werden. Demgegenüber offen lassend, ob insofern überhaupt von einer Erhöhung des Sorgfaltspflichtenstandards auszugehen ist, *BGH*, Urt. v. 15.10.1962 – II ZR 194/61 –, WM 1962, 1286 (1287).

341 *Kust*, WM 1980, 758 (759).

zur Geltung bringenden – Entscheidung zu treffen,[342] wobei es sich insofern maßgeblich um eine ökonomische Betrachtungsweise handeln muss.[343]

Unter Beachtung jedenfalls der Zukunftgerichtetheit unternehmerischer Entscheidungen bzw. der daraus resultierenden Unsicherheit[344] ist diese These nun allerdings noch dahingehend zu präzisieren, dass es sich insoweit lediglich um eine Verpflichtung zur Vornahme der aus ex ante-Sicht besten Maßnahme handeln kann. Den Vorstand gleichwohl zur Vornahme der auch aus ex post-Sicht noch „besten" Maßnahme zu verpflichten, würde diesem nämlich gleichsam „hellseherische Fähigkeiten" und damit etwas – auch im Rechtssinne – Unmögliches abverlangen. Ungeachtet dessen wäre damit zugleich auch eine Verlagerung des allgemeinen Unternehmensrisikos von der Gesellschaft bzw. den Aktionären auf den Vorstand verbunden.[345] Eine solche Verlagerung kommt aber bereits deshalb nicht in Betracht, weil die Aktionäre infolge ihrer Diversifikationsmöglichkeiten viel besser dazu in der Lage, das allgemeine Unternehmensrisiko zu tragen.[346] Des Weiteren widerspräche eine solche Annahme schon der allgemeinen, beispielsweise hinter § 993 BGB zu erblickenden, zivilrechtlichen Wertung, wonach derjenige, der den Nutzen aus einer Sache zieht, grundsätzlich auch den sich insofern ergebenden Schaden bzw. die Nachteile daraus zu tragen hat.[347] Dass Sorgfaltspflichtverletzungen stets aus ex ante-Sicht zu überprüfen sind, ist daher auch bereits seit langem anerkannt.[348]

Mithin kann als Ergebnis festgehalten werden, dass der Vorstand infolge seiner Verpflichtung zur Einhaltung der „Sorgfalt eines ordentlichen und gewissenhaften Geschäftsleiters" gehalten ist, die aus ex ante-Sicht qualitativ „beste" – im Sinne einer die in der Gesellschaft aufeinander treffenden Interessen bestmöglich zur Gel-

342 Vgl. dazu, dass es um „die richtige Entscheidung" geht, auch *Großmann*, Unternehmensziele im Aktienrecht, 1980, S. 168.

343 Dass die Beachtung auch ethischer Grundsätze damit keineswegs abgschnitten ist, versichert bereits der Umstand, dass selbst bei einer rein ökonomischen Betrachtung ethische Gesichtspunkte nicht völlig außer Acht gelassen werden. Vgl. dazu wiederum *H.-B. Schäfer/Ott*, Lehrbuch der ökonomischen Analyse des Zivilrechts, 2005, S. 6 und *Ott/H.-B. Schäfer*, JZ 1988, 213 (219) sowie *Schwintowski*, JZ 1998, 581 (587).

344 Vgl. insofern bereits oben unter § 2 II. 1. a. u. b. (S. 43 ff.).

345 Gegen eine solche Verlagerung auch *Becker*, Verwaltungskontrolle, 1997, S. 266 f.; *Mestmäcker*, Verwaltung, 1958, S. 25, 213; *Oltmanns*, Geschäftsleiterhaftung, 2001, S. 213; *H. Schaefer/Missling*, NZG 1998, 441 (444); *Witte/Hrubesch*, BB 2004, 725 (727).

346 *Oltmanns*, Geschäftsleiterhaftung, 2001, S. 213.

347 Vgl. zu diesem Grundsatz bereits *Eucken*, Grundsätze der Wirtschaftspolitik, 2004, S. 279, der sich dann allerdings doch gewissermaßen in Widerspruch zu dieser Leitmaxime setzt, indem er sich i.E. für eine Erfolgshaftung zumindest des „allmächtigen" Vorstands ausspricht (*Eucken*, a.a.O., S. 284). Allein zu dem Aspekt, dass den Aktionären schließlich auch der Erfolg zugute komme, *Oltmanns*, Geschäftsleiterhaftung, 2001, S. 213. Vgl. zu diesen Grundeinsichten zuletzt auch noch *Lutter*, ZIP 2007, 841 (841).

348 So bereits Geßler/Hefermehl/Eckhardt/Kropff-*Hefermehl*, AktG, 1974, § 93, Rn. 13 sowie *Schilling* in Großkomm. AktG, 1973, § 93, Anm. 15.

tung bringenden – Entscheidung zu treffen. Der vorstandseigene Handlungsspielraum ist damit also zunächst als aufgezehrt anzusehen.[349]

Dieses Ergebnis lässt sich auch noch auf weitere Überlegungen stützen: Die erste betrifft dabei das nicht zuletzt auch von § 93 Abs. 1 S. 2 AktG selbst angesprochene Gutgläubigkeitserfordernis, wonach dem Vorstand jedenfalls subjektiv die Überzeugung, im besten Interesse der Gesellschaft zu handeln, und damit die Einhaltung des eben skizzierten hohen Standards abverlangt wird.[350] Würde diesem subjektiven Erfordernis nun nicht zugleich auch eine dahingehende objektive Verpflichtung entsprechen, so würde dies zu der für das Zivilrecht mindestens atypischen Annahme einer Art „überschießenden Innentendenz" zwingen.

Des Weiteren wäre ein weniger stringenter Sorgfaltspflichtenmaßstab – wie etwa die Verpflichtung zur Auswahl einer „unter Ökonomen zumindest noch auf überwiegende Zustimmung stoßenden Maßnahme" – aber auch nicht nur lediglich von entsprechend geringerer Anreizwirkung. Vielmehr führte dessen Zugrundelegung darüber hinaus dazu, dass der Abstand zum Geschäftsleiterermessen verwässert und das allgemein für erforderlich befundene Rechtsinstitut seiner Daseinsberechtigung letztlich beraubt würde. Pointierter ließe sich auch formulieren, dass bereits die allgemeine Anerkennung des Geschäftsleiterermessens Rückschlüsse auf die Stringenz des Sorgfaltsstandards des § 93 Abs. 1 S. 1 AktG zulässt.

Abschließend sollen die angestellten Erwägungen jedoch auch nicht verhehlen, dass es sich bei besagtem Befund natürlich mehr um eine theoretische Prämisse denn um ein stets ernsthaft durchsetzbares rechtliches Konzept handelt.[351] Schließ-

349 Mit dieser Aussage geht die vorliegende Arbeit letztlich einen anderen Weg als bisherige Darstellungen: Während Letzteren überwiegend gemein ist, dass sie den weiten Handlungsspielraum zunächst lediglich durch Gesetz, Satzung, Geschäftsordnung, Anstellungsvertrag und allenfalls noch durch die allgemeine Treuepflicht als geringfügig eingegrenzt ansehen und den verbleibenden weiten Spielraum sodann anhand von Ermessensgrenzen weiter einzuengen versuchen, bezieht die vorliegende Arbeit die Grenze der allgemeinen Sorgfaltspflicht in ihrer ursprünglichen, noch durch keinerlei Ermessenserwägungen „verfälschten", Weite mit in die Betrachtung ein und kommt daraufhin zu dem Ergebnis, dass der ursprüngliche Handlungsspielraum im Grunde zunächst als vollständig aufgezehrt anzusehen ist und das Geschäftsleiterermessen dem Vorstand damit erst wieder einen Freiraum schaffen muss. Vgl. zur Methode bisheriger Darstellungen exemplarisch etwa *Oltmanns*, Geschäftsleiterhaftung, 2001, S. 209, 217, 230; *Heermann*, ZIP 1998, 761 (762 f.) sowie *Turiaux/Knigge*, DB 2004, 2199 (2200). Monierend, dass eine Einschränkung der Leitungsmacht durch die allgemeine Sorgfaltspflicht bisher nicht diskutiert worden ist, auch *M. Roth*, Unternehmerisches Ermessen, 2001, S. 40.

350 S. zu diesem Erfordernis noch eingehender unten unter § 9 III. (S. 334 ff.).

351 Dessen war sich auch bereits der Gesetzgeber von 1937 selbst bewusst, als er einlenkte, eine zum Ersatz verpflichtende schuldhafte Verletzung könne in anderen als den in § 84 III AktG 1937 (nahezu identisch mit § 93 III AktG) genannten Fällen nur dann in Betracht kommen, wenn die Vorstandsmitglieder die Sorgfalt eines ordentlichen und gewissenhaften Geschäftsleiters gröblich verletzt hätten. Eine unmittelbare Haftung ggü. den Gläubigern dagegen auch in diesen Fällen leichterer Verletzungen der Sorgfaltspflicht eintreten zu lassen, könne auf das Verantwortungsbewusstsein des Vorstands demgegenüber möglicherweise lähmend wirken und daher nicht zum Vorteil der Gesellschaft gereichen (*Klausing*, Aktien-Gesetz, 1937, Amtl. Begr. zu § 84, S. 71).

lich bewirken die oben[352] erläuterten Aspekte der Zukunftgerichtetheit unternehmerischer Entscheidungen sowie der Intransparenz bereits des gegenwärtigen Marktgeschehens, dass insofern vielfach selbst ex ante keine einstimmige Entscheidung darüber möglich sein wird, welche der infrage kommenden Maßnahmen nun als „die Beste" zu erachten ist. Praktische Durchsetzbarkeit kann hier vielmehr erst wieder durch Abrücken von diesem hohen Standard erreicht werden. Genau dafür bedarf es so dringend des Geschäftsleiterermessens.

Die damit bereits angedeutete Verortung dieses Rechtsinstituts im Bereich der allgemeinen Sorgfaltspflicht soll nun im Folgenden noch einmal näher in Augenschein genommen werden.

d. Verortung des Geschäftsleiterermessens innerhalb dieser Schranken

Eine Verortung des Geschäftsleiterermessens innerhalb der eben dargestellten, den ursprünglich weiten Handlungsspielraum des Vorstands letztlich aufzehrenden, Schranken hat sich ausschließlich an Sinn und Zweck besagten Rechtsinstituts zu orientieren. Danach gilt es, den Vorstand davor zu schützen, ex post von „fachfremden" und in Kenntnis der ruinösen Folgen urteilenden Richtern für die Realisation eines ex ante ökonomisch kaum abschätzbaren Risikos verantwortlich gemacht zu werden.

Was nun die Begrenzung des vorstandseigenen Handlungsspielraums durch Gesetz, Satzung, Geschäftsordnung und Anstellungsvertrag sowie durch die allgemeine Treuepflicht anbelangt, so ist die beschriebene Schutzbedürftigkeit des Vorstands nicht gegeben: Über die rechtliche Zulässigkeit seines Handelns kann sich der Vorstand nämlich bereits im Vorhinein hinreichend zuverlässig informieren.[353] Bezogen auf die allgemeine Treuepflicht kann der Vorstand sogar am besten beurteilen, welchen Interessen er mit seinem Handeln zu dienen bezweckt. Darüber hinaus bestehen im Zusammenhang mit diesen Schranken aber auch für den Richter nicht die eingangs beschriebenen nachträglichen Überprüfungsschwierigkeiten. Die Überprüfung von Rechtsverstößen gehört vielmehr zum „täglichen Brot" des Richters[354] und auch das Ausfindigmachen und Beurteilen von Interessenkonflikten bereitet nicht die gleichen Probleme, wie sie im Zusammenhang mit der Beurteilung etwa des Inhalts unternehmerischer Entscheidungen zu verzeichnen sind. Insgesamt geben

352 S. dazu bereits oben unter § 2 II. 1. a. und b. (S. 43 ff., insbes. Fn. 87).

353 In diesem Sinne auch *Ihrig*, WM 2004, 2098 (2104); *C. Schäfer*, ZIP 2005, 1253 (1256); *S. H. Schneider*, DB 2005, 707 (710 f.).

354 So auch *Fleischer*, in: FS Wiedemann, 2002, S. 827 (845); *ders.*, ZIP 2005, 141 (149); *Paefgen*, AG 2004, 245 (251); *S. H. Schneider*, DB 2005, 707 (711). Auf das zusätzliche Argument des universellen Geltungsanspruchs der Rechtsordnung, nach dem auch das Mandat der Aktionäre an den Vorstand nur unter dem Vorbehalt von Gesetz und Recht stehen kann, kommt es hier insofern gar nicht mehr an. So auch *Fleischer*, ZIP 2005, 141 (149) sowie *C. Schäfer*, ZIP 2005, 1253 (1256). Vgl. zu Letzterem aber *Paefgen*, a.a.O. sowie *Ihrig*, WM 2004, 2098 (2105).

besagte Schranken also Vorstand und Richtern gleichermaßen klare Leitlinien vor. Daher sind sie keines Geschäftsleiterermessens zugänglich, sondern stellen vielmehr gleichsam „allgemeine Grenzen“[355] desselben dar.[356]

Etwas anderes gilt erst für die Schranke der allgemeinen Sorgfaltspflicht, die dem Vorstand nach hier vertretener Ansicht die ex ante qualitativ „beste“ Entscheidung zu treffen gebietet. Welche dies im konkreten Fall ist bzw. gewesen wäre, werden – bezogen auf unternehmerische Entscheidungen – aber selbst Ökonomen nicht einhellig beantworten können,[357] so dass es sich bei der allgemeinen Sorgfaltspflicht letztlich um ein in der Praxis nicht durchsetzbares rechtliches Konzept handelt. Genau wegen dieser mangelnden praktischen Handhabbarkeit der allgemeinen Sorgfaltspflicht entsteht nun ein Bereich, innerhalb dessen nicht zwischen einer tatsächlich begangenen Sorgfaltspflichtverletzung und der Realisation eines legitim eingegangenen Risikos unterschieden werden kann.[358] Damit bereitet aber auch gerade der Umgang mit der allgemeinen Sorgfaltspflicht den Nährboden für besagte Gefahr, dass der Vorstand ex post von „fachfremden“ und in Kenntnis der ruinösen Folgen urteilenden Richtern für die Realisation eines ex ante ökonomisch schwer abschätzbaren Risikos verantwortlich gemacht wird und sich dementsprechend risikoavers verhält. Dies vor Augen kann nicht verwundern, dass das Erfordernis eines Geschäftsleiterermessens und damit auch besagtes Rechtsinstitut selbst letztlich auch genau im Bereich der allgemeinen, das heißt nicht näher durch Gesetz konkretisierten Sorgfaltspflicht des Vorstands Platz greift.[359]

355 S. dazu, dass man unter den Begriff der „allgemeinen Ermessensgrenze bzw. -schranke“ im Grunde nicht nur den Umstand fassen kann, dass in diesem Bereich ein Handungsspielraum ausscheidet, sondern vielmehr zugleich auch noch die Tatsache, dass die Einhaltung dieser Grenzen teilweise sogar Voraussetzung für die Gewährung überhaupt eines Ermessens ist, vor allem unten unter § 9 I. (S. 292).

356 So auch Begr. UMAG-GesetzesE, BT-Drs. 15/5092 v. 14.3.2005, S. 11; *Kort* in Großkomm. AktG, 2003, § 76, Rn. 51; *Fleischer*, in: Handbuch des Vorstandsrechts, 2006, § 7, Rn. 53; *ders.*, ZIP 2004, 685 (690); *Heermann*, ZIP 1998, 761 (762 f.); *Kock/Dinkel*, NZG 2004, 441 (443). Lediglich Gesetz, Satzung und Treuepflicht als allgemeine Ermessensgrenzen benennend: *Landwehrmann*, in: Heidel, Aktienrecht, 2007, § 93, Rn. 84; *Oltmanns*, Geschäftsleiterhaftung, 2001, S. 209; *Ihrig*, WM 2004, 2098 (2103 ff.); *M. Roth*, BB 2004, 1066 (1068); *C. Schäfer*, ZIP 2005, 1253, (1256); *Thümmel*, DB 2004, 471 (472). Zu beachten ist jedoch, dass konkrete gesetzliche Vorschriften den Handlungsspielraum des Vorstands natürlich nur so weit begrenzen können, wie sie nicht gerade selbst einen Freiraum einräumen (so i.E. auch *M. Roth*, BB 2004, 1066 (1068)). Dort, wo sich durch Auslegung der Norm ergibt, dass der Gesetzgeber dem Vorstand in einem Teilbereich eine Letztentscheidungskompetenz einräumen wollte, greift – unabhängig davon, ob er dies auf Tatbestands– oder auf Rechtsfolgenseite zum Ausdruck gebracht hat, das Geschäftsleiterermessen vielmehr gleichwohl noch Platz, es sei denn, es handelt sich insofern aus anderen Gründen nicht um eine „unternehmerische Entscheidung“ i.S.v. § 93 I 2 AktG. S. dazu aber noch ausführlich unten unter § 7 (S. 173 ff.), insbes. unter § 7 II. 3. (S. 188 ff.).

357 S. bereits oben unter § 2 II. 1. (S. 43 ff.) sowie unter § 4 I. 2. c. (S. 103).

358 Vgl. *Hüffer*, AktG, 2008, § 93, Rn. 4b.

359 In diesem Sinne auch *M. Roth*, Unternehmerisches Ermessen, 2001, S. 55. Allerdings sei auch an dieser Stelle sogleich noch einmal klarstellend darauf hingewiesen, dass der Vorstand damit nicht zugleich auch für sämtliche Handlungen, die der Pflichtenquelle der allgemeinen

3. Zusammenfassung

Das in § 93 Abs. 1 S. 2 AktG kodifizierte Geschäftsleiterermessen findet in dem in § 76 Abs. 1 AktG verankerten Prinzip der Eigenverantwortlichkeit seinen dogmatischen Ursprung. Dieses Prinzip bringt einen zunächst umfassenden, lediglich durch die Kompetenzordnung begrenzten, vorstandseigenen Handlungsspielraum zum Ausdruck, der allerdings sogleich wieder durch die Gesamtheit der dem Vorstand obliegenden Pflichten, insbesondere der besonders strengen allgemeinen Sorgfaltspflicht, als aufgezehrt zu erachten ist. Dem Geschäftsleiterermessen kommt damit die Funktion zu, im Bereich der praktisch nicht handhabbaren und daher die beschriebenen Unsicherheiten nach sich ziehenden allgemeinen Sorgfaltspflicht einen Teil dieses ursprünglichen Handlungsspielraums wieder aufleben zu lassen.

Auf welchem dogmatischen Wege dies zu erreichen ist, soll im folgenden Paragrafen in Augenschein genommen werden. Zuvor seien allerdings noch einige – die allgemeine Grundlegung abschließende – Worte zur historischen Entwicklung des Geschäftsleiterermessens angebracht.

Sorgfaltspflicht entspringen, ein Geschäftsleiterermessen in Anspruch nehmen kann. Vielmehr gilt es zwischen mit den beschriebenen Unwägbarkeiten verbundenen „unternehmerischen Entscheidungen" i.S.v. § 93 I 2 AktG und solchen Entscheidungen zu differenzieren, die besagte Unwägbarkeiten nicht aufweisen und damit auch nicht unter den Anwendungsbereich der Neuregelung fallen. Dies ist bereits vereinzelt mittels Formulierungen wie „bezogen auf unternehmerische Entscheidungen" angedeutet worden und wird im weiteren Verlauf der Arbeit noch einer eingehenden Würdigung zu unterziehen sein. S. insbes. unten unter § 7 III. (S. 190 ff.).

II. Historische Entwicklung des Geschäftsleiterermessens

1. Das Geschäftsleiterermessen vor seiner Kodifikation in § 93 Abs. 1 S. 2 AktG

Dass das Konzept eines derart strengen Sorgfaltspflichtenstandards praktisch nicht durchführbar ist, wurde schon früh erkannt: Insofern sei zum einen auf die bereits oben erwähnten Aussagen des *Reichsgerichts* aus dem Jahre 1885 verwiesen[360] sowie zum anderen wiederum auf die bei *Klausing* abgedruckten Ausführungen der amtlichen Begründung zu § 84 AktG (1937)[361]. Dass dem Vorstand als Folge dieser Einsicht ausdrücklich ein Geschäftsleiterermessen zugesprochen wird, entspricht demgegenüber aber erst einer jüngeren Entwicklung.

a. Vor der allgemeinen Anerkennung eines Geschäftsleiterermessens

Ende des 19. Jahrhunderts reagierte man auf dieses Problem vielmehr zunächst noch mit der Gewährung einer statutarischen Abmilderung des Verschuldensmaßstabs im Sinne einer Haftung lediglich für Vorsatz und grobe Fahrlässigkeit.[362] Der Aktiengesetzgeber von 1937 entschied sich sodann, den Vorstand bei anderen als den im Katalog des § 84 Abs. 3 AktG (1937) aufgezählten Sorgfaltspflichtverletzungen sogar generell lediglich für grobe Fahrlässigkeit haften zu lassen.[363] Da das heute geltende Recht allerdings weder eine satzungsmäßige noch eine anstellungsvertragliche Herabsenkung des Verschuldensmaßstabs zulässt,[364] der Vorstand stattdessen

360 *RG*, Urt. v. 17.3.1885 – Rep. II. 467/85 –, RGZ 13, 43 (46). S. dazu nochmals oben unter § 4 I. 2. c. (S. 100).

361 *Klausing*, Aktien-Gesetz, 1937, Amtl. Begr. zu § 84, S. 71. S. auch dazu nochmals oben unter § 4 I. 2. c. (S. 103, Fn. 351).

362 Vgl. wiederum etwa *RG*, Urt. v. 17.3.1885 – Rep. II 467/85, RGZ 13, 43, 46.

363 *Klausing*, Aktien-Gesetz, 1937, Amtl. Begr. zu § 84, S. 71.

364 Für von § 93 AktG abweichende Satzungsbestimmungen folgt dies schon aus dem in § 23 V AktG enthaltenen Grundsatz der Satzungsstrenge. Die Unzulässigkeit von satzungsmäßigen oder anstellungsvertraglichen Haftungsmilderungen kann darüber hinaus aber auch aus einem Umkehrschluss aus § 93 IV, V AktG gefolgert werden, die einen Verzicht bzw. einen Vergleich über Schadensersatzansprüche der Gesellschaft gegen Vorstandsmitglieder bestimmten Beschränkungen unterwerfen. Haftungsmilderungen, die sogar bereits im Voraus vereinbart werden, müssen dann „erst recht“ ausgeschlossen sein. Zuletzt liegt besagtem Verständnis die Überlegung zu Grunde, dass die Vorstandshaftung nicht nur dem Interesse der Gesellschaft bzw. der Gesellschafter dient, sondern zumindest mittelbar auch den Schutz der Gläubiger bzw. den der Allgemeinheit bezweckt. Darüber sollen die Gesellschafter nicht disponieren können. Vgl. zum Ganzen jeweils m.w.N. MünchKommAktG/*Hefermehl/Spindler*, 2004,

vielmehr stets für „omnis culpa“ einzustehen hat,[365] sahen sich Rechtsprechung und Literatur zur Lösung besagten Problems seit dessen Inkrafttreten in der Mitte des letzten Jahrhunderts zum Umdenken veranlasst.

Bevor insoweit jedoch explizit ein Geschäftsleiterermessen des Vorstands erwogen wurde, diskutierten Fachkreise vor allem auch eine Anwendbarkeit der Grundsätze über eine Haftungsbeschränkung bei „gefahrgeneigter“ bzw. heute „betrieblich veranlasster“[366] Tätigkeit.[367] Diese Grundsätze basieren auf dem Gedanken, dass der Arbeitgeber kraft seines Weisungsrechts und seiner betrieblichen Organisationsgewalt nicht nur die arbeitsvertraglich geschuldete Arbeitsleistung bestimmt, sondern gleichfalls auch die Bedingungen für das betriebliche Schadens- und damit das Haftungsrisiko des Arbeitnehmers entscheidend prägt. Den Arbeitnehmer, der auf diese Bedingungen keinen Einfluss hat und dem auch bei grundsätzlich sorgfältiger Arbeit über die Zeit kleinere Fehler zugestanden werden müssen, dennoch für jede Fahrlässigkeit in zumeist beträchtlicher und in keiner Relation zu seinem Verdienst stehender Höhe haften zu lassen, würde diesen unverhältnismäßig belasten und entspräche damit keiner gerechten Risikoaufteilung.[368] Deshalb hat die Rechtsprechung die Haftung des Arbeitnehmers unter entsprechender Anwendung von § 254 BGB in Abhängigkeit vom jeweiligen Verschuldensgrad abgemildert.[369] Eine Übertragung

§ 93, Rn. 41; *Hopt* in Großkomm. AktG, 1999, § 93, Rn. 23 ff.; *Hüffer*, AktG, 2008, § 93, Rn. 1; *Landwehrmann*, in: Heidel, Aktienrecht, 2007, § 93, Rn. 5; *Mertens* in Kölner Kommentar zum AktG, 2. Auflage, 1996, § 93, Rn. 4; *Kust*, WM 1980, 758 (762), der in diesem Zusammenhang auch die umfassende Leitungsmacht des Vorstands betont, mit der eine generelle Haftungsbeschränkung nicht zu vereinbaren sei, sowie *U.H. Schneider*, in: FS Werner, 1984, S. 795 (800 ff.) (sowohl mit Überblick über den Meinungsstand als auch mit eigenen Ausführungen).

365 *Horn*, ZIP 1997, 1129 (1132); *Paefgen*, Unternehmerische Entscheidungen und Rechtsbindung, 2002, S. 135 m.w.N.; *ders.*, AG 2004, 245 (254) m.w.N.

366 S. zur Abkehr von den Grundsätzen über eine Haftungsbeschränkung bei „gefahrgeneigter Arbeit“ und hin zur Begründung dagegen von Grundsätzen über die Haftungsbeschränkung bei „betrieblich veranlasster Tätigkeit“: *BAG GS*, Beschl. v. 12.6.1992 – GS 1/92 (Vorlagebeschluss des 8. Senats) –, NJW 1993, 1732 ff. sowie *BAG GS*, Beschl. v. 27.9.1994 – GS 1/89 (A) – (Vorlagebeschl. des 8. Senats), NJW 1995, 210 ff. S. des Weiteren *BGH*, Beschl. v. 21.9.1993 – GmS – OGB 1/93 –, NJW 1994, 856, womit sich der *BGH* der Rechtsauffassung des *BAG* anschloss und eine Anrufung des *Gemeinsamen Senats der Obersten Gerichtshöfe des Bundes* obsolet wurde. Besagte Grundsätze werden bisweilen auch als Regeln über den „innerbetrieblichen Schadensausgleich“ bezeichnet (s.etwa *Dütz*, Arbeitsrecht, 2007, Rn. 198; *Junker*, Grundkurs Arbeitsrecht, 2007, Rn. 296).

367 *M. Roth*, Unternehmerisches Ermessen, 2001, S. 35 f.; *Kust*, WM 1980, 758 (762); *U.H. Schneider*, in: FS Werner, 1984, S. 795 (804 ff.).

368 Vgl. zum Ganzen aus gesellschaftsrechtlicher Sicht vor allem *M. Roth*, Unternehmerisches Ermessen, 2001, S. 35 sowie *U.H. Schneider*, in: FS Werner, 1984, S. 795 (804 f.). S. darüber hinaus aber auch *BAG*, Beschl. v. 27.9.1994 – GS 1/89 (A) – (Vorlagebeschl. des 8. Senats), NJW 1995, 210 (212) sowie *Dütz*, Arbeitsrecht, 2007, Rn. 198 und *Lieb/Jacobs*, Arbeitsrecht, 2006, Rn. 219.

369 Vgl. nur *BAG GS*, Beschl. v. 27.9.1994 – GS 1/89 (A) – (Vorlagebeschl. des 8. Senats), NJW 1995, 210 (212). S. vor allem zu den einzelnen Fahrlässigkeitsstufen auch *BAG*, Urt. v.

dieser Grundsätze auf die Vorstandstätigkeit zur Lösung des Ausgangsproblems haben Rechtsprechung und Literatur im Ergebnis aber überwiegend abgelehnt.[370] Als Hauptargument wird insofern auf die mangelnde Schutzbedürftigkeit der Vorstandsmitglieder verwiesen, die in Bezug auf die Gestaltung der Bedingungen ihrer Tätigkeit gerade keinen Weisungen unterliegen und für die Höhe des Betriebsrisikos vielmehr weitestgehend selbst verantwortlich sind.[371] Darüber hinaus wird befürchtet, eine Übertragung dieser zunehmend ausgedehnten Haftungseinschränkung gefährde den mit der Organhaftung mitverfolgten Gläubigerschutz.[372]

b. Erstmalige höchstrichterliche Erwähnung in der *Herstatt*-Entscheidung von 1979 und daran anschließende Entwicklung

Das Geschäftsleiterermessen fand schließlich erstmalig mit der *Herstatt*-Entscheidung des *Bundesgerichtshofs* vom 9.7.1979[373] explizite höchstrichterliche Aufmerksamkeit. In diesem Zusammenhang wurde dem Vorstand schließlich im Rahmen seiner aus § 92 Abs. 2 AktG resultierenden Pflicht zur Stellung damals noch des Konkurs- oder Vergleichsantrags ein „pflichtgemäßes Ermessen" eingeräumt.[374]

Zur Feststellung von Sorgfaltspflichtverstößen und damit zur Bestimmung der Grenzen eines solchen Geschäftsleiterermessens wurde im Folgenden dann aber gleichwohl zunächst wieder weitestgehend auf bereits bekannte Grundsätze zurückgegriffen, sofern der Begriff des Ermessens dabei überhaupt explizite Erwähnung fand:

So sollte etwa jedenfalls dann eine Sorgfaltspflichtverletzung vorliegen, wenn der Vorstand außerhalb des ihm zugewiesenen Kompetenzbereichs handelte bzw. gene-

25.9.1997 – 8 AZR 288/96 –, NZA 1998, 310 (311); *Dütz*, Arbeitsrecht, 2007, Rn. 200; *Junker*, Grundkurs Arbeitsrecht, 2007, Rn. 299 ff.; *Lieb/Jacobs*, Arbeitsrecht, 2006, Rn. 222.

370 *BGH*, Urt. v. 27.02.1975 – II ZR 112/72 –, WM 1975, 467 (469) (Genossenschaft): „Von einer Anwendung der arbeitsrechtlichen Grundsätze über eine Haftungsbeschränkung bei sogenannter gefahrgeneigter Arbeit kann bei dem Vertretungsorgan einer juristischen Person, das wegen Verletzung seiner normalen Vorstandspflichten in Anspruch genommen wird, keine Rede sein."; MünchKommAktG/*Hefermehl/Spindler*, 2004, § 93, Rn. 41; *Hüffer*, AktG, 2008, § 93, Rn. 14; AnwK-AktienR/*Landwehrmann*, 2003, § 93, Rn. 109 – und nach der Festschreibung des Geschäftsleiterermessens in § 93 Abs. 1 S. 2 AktG „erst recht" in der Neuauflage: *Landwehrmann*, in: Heidel, Aktienrecht, 2007, § 93, Rn. 107 – sowie *U.H. Schneider*, in: FS Werner, 1984, S. 795 (809 ff.), der allerdings für den Bereich der Verletzung bloßer Obhutspflichten (etwa fahrlässige Verursachung eines Unfalls mit dem Dienstfahrzeug) eine Anwendung besagter Grundsätze für möglich hält. In letzterem Sinne auch *M. Roth*, Unternehmerisches Ermessen, 2001, S. 36.

371 Vgl. etwa *M. Roth*, Unternehmerisches Ermessen, 2001, S. 35 f.

372 Darauf abstellend vor allem *U.H. Schneider*, in: FS Werner, 1984, S. 795 (807 ff.).

373 *BGH*, Urt. v. 9.7.1979 – II ZR 118/77 („*Herstatt*") –, BGHZ 75, 96.

374 *BGH*, Urt. v. 9.7.1979 – II ZR 118/77 („*Herstatt*") –, BGHZ 75, 96 (108).

rell gegen konkrete gesetzliche oder satzungsmäßige Ge- und Verbote verstieß.[375] Darüber hinaus gehörte zu besagten Grundsätzen auch die Richtschnur, dass Ware grundsätzlich nicht auf Kredit, sondern vielmehr allein Zug um Zug gewährt werden soll, sofern zuvor keine eingehende Prüfung der Verhältnisse des Warenempfängers stattgefunden hat und keine entsprechenden Sicherheiten vereinbart worden sind.[376] Etwas pauschaler sollte auch dann von einer Sorgfaltspflichtverletzung des Vorstands auszugehen sein, wenn mit der infrage stehenden Vorstandsentscheidung von vornherein nicht einmal die Möglichkeit eines Vorteils für die Gesellschaft verbunden war.[377] Ebenso wurde der Erwerb einer umfangreichen Beteiligung ohne genaue Prüfung der Verhältnisse grundsätzlich als Sorgfaltspflichtverletzung angesehen.[378] Schließlich wurde vom Vorstand erwartet, dass er alle ihm zur Verfügung stehenden Erkenntnisquellen ausschöpft und sachverständigen Rat einholt, wenn ihm selbst die Sachkunde fehlt.[379]

Während der erste, die Kompetenzordnung bzw. generell konkrete gesetzliche bzw. satzungsmäßige Ge- und Verbote betreffende, Grundsatz im Wesentlichen die oben[380] bereits erörterten allgemeinen Grenzen des Geschäftsleiterermessens bestätigt, beziehen sich die darauf folgenden Grundsätze demgegenüber schon auf die Überprüfung der Einhaltung der allgemeinen Sorgfaltspflicht selbst. Die beiden zuletzt genannten Grundsätze sprechen dabei die Verfahrenskontrolle als ersten Teil der Sorgfaltskontrolle an, während sich die beiden vorherigen demgegenüber mehr auf die Inhaltskontrolle als zweiten Teil besagter Kontrolle beziehen.[381]

375 Zu Sorgfaltspflichtverletzungen infolge von Gesetzesverstößen im Anschluss an die *Herstatt*-Entscheidung etwa *BGH*, Urt. v. 8.7.1985 – II ZR 198/84 –, WM 1985, 1293 (1293 f.) (GmbH) (auch wenn eine Untreue hier im Ergebnis aus Beweisgründen abgelehnt wurde). S. vor der *Herstatt*-Entscheidung demgegenüber *RG*, Urt. v. 3.2.1920 – II 272/19 –, RGZ 98, 98 (101) (GmbH: Gesetzesverstoß); *RG*, Urt. v. 26.9.1930 – 520/29 II. –, JW 1931, 40 (41) (Genossenschaft: Satzungsverstoß) sowie *RG*, Urt. v. 11.5.1938 – II 210/37 –, JW 1938, 2019 (2019) (Genossenschaft: Satzungsverstoß). S. zu Kompetenzüberschreitungen demgegenüber bereits *RG*, Urt. v. 28.5.1895 – Rep. II. 69/95 –, RGZ 35, 83 (87).

376 S. etwa *BGH*, Urt. v. 16.2.1981 – II ZR 49/80 –, WM 1981, 440 (441) = GmbHR 1981, 191 (192) (GmbH & Co. KG); *BGH*, Urt. v. 20.3.1986 – II ZR 114/85 –, GmbHR 1986, 302 (303) (GmbH). Vgl. aus der früheren Rechtsprechung (allgemein) zur sicherheitslosen Kreditgewährung dagegen etwa *RG*, Urt. v. 17.3.1885 – Rep. II. 467/85 –, RGZ 13, 43 (47 f.) (Genossenschaft); *RG*, Urt. v. 13.4.1920 – 473/19 II –, JW 1920, 1032 (1033); *LG Hagen*, Urt. v. 22.4.1976 – 12 HO 180/75 –, BB 1976, 1093 (1093) (GmbH & Co. KG).

377 *Hommelhoff*, Die Konzernleitungspflicht, 1982, S. 172. S. zuvor bereits *RG*, Urt. v. 28.6.1930 – IX 4/30 –, RGZ 129, 272 (275 f.).

378 *Mertens* in Kölner Kommentar zum AktG, 2. Auflage, 1996 (Stand: 1988), § 93, Rn. 53. Zuvor etwa auch schon *LG Hannover*, Urt. v. 23.2.1977 – 1 0.123/75 –, AG 1977, 198 (200).

379 *BGH*, Urt. v. 14.2.1985 – IX ZR 145/83 –, DB 1985, 1173 (1174) (Geschäftsführer einer Innungskrankenkasse – hier allerdings i.R.d. Verschuldens); *Mertens* in Kölner Kommentar zum AktG, 2. Auflage, 1996 (Stand: 1988), § 93, Rn. 53; *Bastuck*, Enthaftung des Managements, 1986, S. 69. Vgl. zuvor auch schon *Saage*, DB 1973, 115 (120).

380 S. unter § 4 I. 2. d. (S. 104 f.).

381 S. zu dieser Zweiteilung innerhalb der allgemeinen Sorgfaltskontrolle unten unter § 8 (S. 202) sowie unter § 9 II. (S. 325).

Als erster Ansatz einer zaghaften und zudem auch nur punktuellen, da allein auf einzelne Elemente des Geschäftsleiterermessens verhafteten, Systematisierung kann frühestens die sodann einsetzende Entwicklung zur Formulierung weiterer allgemeiner Kriterien für die Inhaltskontrolle von Vorstandsentscheidungen aufgefasst werden. Neben der schon oben erwähnten, bereits seit längerem praktizierten Richtschnur, dass zumindest die Möglichkeit eines Vorteils für die Gesellschaft bestehen muss,[382] bildeten sich insofern vor allem die folgenden Kriterien heraus: Die Grenzen des unternehmerischen Ermessens sollten jedenfalls dann als überschritten gelten, wenn die infrage stehende Maßnahme als „unvertretbar"[383] bzw. „übermäßig riskant"[384] erachtet werden musste. Darüber hinaus durfte sie teilweise aber auch nicht die Existenz[385] oder die dauerhafte Rentabilität[386] des Unternehmens gefährden. Vereinzelt wurde als allgemeine Richtschnur auch vorgeschlagen, die richterliche Kontrolle auf die Rechtmäßigkeit der Maßnahme zu beschränken, auf die Überprüfung deren Zweckmäßigkeit dagegen zu verzichten.[387] Schließlich wurde noch gefordert, dass das mit der beabsichtigten Maßnahme verbundene Nachteilsrisiko nicht außerhalb jeden Verhältnisses zum möglichen Vorteil stehen dürfe.[388]

Erst als zu Beginn der neunziger Jahre spektakuläre Unternehmenskrisen und –skandale (*ARAG*, *Metallgesellschaft*, *ASS*, *Bremer Vulkan*, *Balsam*, *KHD*, *Mannesmann*, *Holzmann*, *HypoVereinsbank*[389]) auch in Deutschland die *Corporate Governance*-Debatte entfachten, wurde der Ruf und das Bemühen um eine stärkere Systematisierung und Durchdringung des Geschäftsleiterermessens intensiver. Angesichts des spärlichen höchstrichterlichen Fallmaterials hierzulande[390] nimmt es nicht Wunder, dass seit dieser Zeit auch zunehmend die US-amerikanische *BJR* in juristischen Fachkreisen an Aufmerksamkeit gewann. Während eine Einbeziehung dieses Rechtsinstituts in die Interpretation des § 93 Abs. 1 S. 1 AktG zu Beginn der

382 S. soeben Fn. 377.

383 *Hommelhoff*, Die Konzernleitungspflicht, 1982, S. 174; *Bastuck*, Enthaftung des Managements, 1986, S. 70, 73; *Heisse*, Die Beschränkung der Geschäftsführerhaftung gegenüber der GmbH, 1988, S. 28 f. (GmbH); *Dreher*, ZHR 158 (1994), 614 (632 ff.); *Götz*, AG 1997, 219 (220); *Boujong*, DZWir 1997, 326 (328).

384 *Lutter*, Pflichten und Haftung von Sparkassenorganen, 1991, S. 37 f. S. auch bereits *BGH*, Urt. v. 16.2.1981 – II ZR 49/80, WM 1981, 440 (441) (GmbH & Co. KG): „ungewöhnlich großes Risiko".

385 *OLG Hamm*, Urt. v. 10.5.1995 – 8 U 59/94 („*Harpener/Omni*") –, AG 1995, 512 (514); *Mertens* in Kölner Kommentar zum AktG, 2. Auflage, 1996, § 93, Rn. 48; *Lutter*, Pflichten und Haftung von Sparkassenorganen, 1991, S. 38.

386 *OLG Hamm*, Urt. v. 10.5.1995 – 8 U 59/94 („*Harpener/Omni*") –, AG 1995, 512 (514).

387 S. *U.H. Schneider*, in: FS Werner, 1984, S. 795 (810 f.).

388 S. *BGH*, Urt. v. 4.7.1977 – II ZR 150/75 („*Berolina*") –, BGHZ 69, 207 (215) (Publikums-KG); *Mertens* in Kölner Kommentar zum AktG, 2. Auflage, 1996, § 93, Rn. 48; *Hommelhoff*, Die Konzernleitungspflicht, 1982, S. 172.

389 S. hierzu vor allem die ausführliche Darstellung bei *Lohse*, Unternehmerisches Ermessen, 2005, S. 11 ff. S. zur Krise der *Metallgesellschaft* aber auch etwa *Horn*, ZIP 1997, 1129 (1133). Vgl. des Weiteren die statistischen Angaben zu Unternehmenszusammenbrüchen in den Jahren 1996/1997 bei *Heermann*, ZIP 1998, 761 (761, Rn. 1).

390 So auch *Horn*, ZIP 1997, 1129 (1131).

neunziger Jahre noch überwiegend auf Skepsis stieß,[391] änderte sich diese ablehnende Haltung spätestens im Anschluss an die in Bezug auf ein deutsches Geschäftsleiterermessen für bisherige Verhältnisse bahnbrechende[392] *ARAG/Garmenbeck*-Entscheidung[393] aus dem Jahr 1997, mit der sich nun auch wieder der *Bundesgerichtshof* besagter Materie annahm.

c. Verstärktes Interesse seit der *ARAG/Garmenbeck*-Entscheidung von 1997

Nach der *ARAG/Garmenbeck*-Entscheidung sollte eine Schadensersatzpflicht des Vorstands erst dann in Betracht kommen,

> „wenn die Grenzen, in denen sich ein von Verantwortungsbewusstsein getragenes, ausschließlich am Unternehmenswohl orientiertes, auf sorgfältiger Ermittlung der Entscheidungsgrundlagen beruhendes unternehmerisches Handeln bewegen muss, deutlich überschritten sind, die Bereitschaft, unternehmerische Risiken einzugehen, in unverantwortlicher Weise überspannt worden ist oder das Verhalten des Vorstandes aus anderen Gründen als pflichtwidrig gelten muss."[394]

Mit dieser Aussage gab der *Bundesgerichtshof* nicht nur zu erkennen, dass für eine nähere Konkretisierung des deutschen Geschäftsleiterermessens auch aus dem diesbezüglichen US-amerikanischen Erfahrungsschatz Nutzen gezogen werden kann.[395] Vielmehr stellte er insoweit auch erstmals ein gewisses, wenn auch noch nicht sehr konkretes System[396] unternehmerischen Ermessens auf. Genauer sprach er mit der gewählten Formulierung nämlich nicht nur allgemeine Ermessensgrenzen wie Gesetzes- bzw. Satzungsverstöße auf der einen („oder das Verhalten des Vorstandes aus anderen Gründen als pflichtwidrig gelten muss") und Treupflichtverstöße auf der anderen Seite an („ausschließlich am Unternehmenswohl orientiertes"). Vielmehr zeigte er zugleich auch eigentliche Ermessensschranken auf, das heißt solche, die die Überprüfung der Einhaltung der allgemeinen Sorgfaltspflicht selbst zum Gegenstand haben („Grenzen, in denen sich ein von Verantwortungsbewusstsein getragenes, [...], auf sorgfältiger Ermittlung der Entscheidungsgrundlagen beruhendes unternehmerisches Handeln bewegen muss, deutlich überschritten sind, die

391 Eine entsprechende Einbeziehung ablehnend etwa noch *Kessler*, Die Leitungsmacht, 1991, S. 253 f. sowie *Mutter*, Unternehmerische Entscheidungen und Haftung, 1994, S. 217 ff.

392 Vgl. zur Bedeutung der *ARAG/Garmenbeck*-Entscheidung für das Geschäftsleiterermessen nur *Paefgen*, AG 2004, 245 (248) m.w.N., der insoweit von einem „Quantensprung" spricht.

393 *BGH*, Urt. v. 21.4.1997 – II ZR 175/95 („*ARAG/Garmenbeck*") –, BGHZ 135, 244 = NJW 1997, 1926 = ZIP 1997, 883.

394 *BGH*, Urt. v. 21.4.1997 – II ZR 175/95 („*ARAG/Garmenbeck*") –, BGHZ 135, 244 (253 f.) = NJW 1997, 1926 (1928) = ZIP 1997, 883 (886).

395 Vgl. zu der Einschätzung, dass der *BGH* in besagter Entscheidung unverkennbar Anleihen am US-amerikanischen Recht machte, etwa *Landwehrmann*, in: Heidel, Aktienrecht, 2007, § 93, Rn. 87; *Diekmann/Leuering*, NZG 2004, 249 (252); *Grunewald/H.F. Müller*, JZ 1999, 442 (445); *Kindler*, ZHR 162 (1998), 101 (107); *Paefgen*, AG 2004, 245 (247); *Thümmel*, DB 2004, 471 (471); *Ulmer*, ZHR 163 (1999), 290 (298 f.); *ders.*, DB 2004, 859 (859).

396 Vgl. zu dieser letzten Einschätzung auch *Lohse*, Unternehmerisches Ermessen, 2005, S. 47.

Bereitschaft, unternehmerische Risiken einzugehen, in unverantwortlicher Weise überspannt worden ist").

Dieser „höchstrichterliche Ritterschlag"[397] für ein in gewissem Maße systematisiertes und am US-amerikanischen Modell der *BJR* orientiertes Geschäftsleiterermessen setzte nun eine ganze Welle juristischer Stellungnahmen bzw. weitergehender Konkretisierungen eines deutschen Geschäftsleiterermessens in Gang, in deren Rahmen auch immer mehr auf die US-amerikanische *BJR* Bezug genommen wurde.[398] Zu nennen sind in diesem Zusammenhang zunächst vor allem die Beiträge von *Horn*[399], *Kindler*[400] und *Ulmer*[401], die jeweils einen eigenen Katalog von Voraussetzungen des Geschäftsleiterermessens formulieren. Das Gleiche wurde sodann in monographischer Form auch von *Oltmanns*,[402] *M. Roth*[403] sowie *Paefgen*[404] unternommen:

Nach sehr ausführlicher Darstellung der diesbezüglichen US-amerikanischen Rechtslage sucht *Oltmanns* dem festgestellten Konkretisierungsbedarf im Zusammenhang mit den Voraussetzungen eines deutschen Geschäftsleiterermessens –

397 *Fleischer*, ZIP 2004, 685 (686); *ders.*, in: FS Wiedemann, 2002, S. 827 (837).

398 Vgl. insofern *Fleischer*, ZIP 2004, 685 (685), der formuliert, das Geschäftsleiterermessen sei nach der *ARAG/Garmenbeck*-Entscheidung „zum Lieblingskind des aktienrechtlichen Schrifttums aufgestiegen", aber auch *Horn*, ZIP 1997, 1129 (1129), der schon kurz nach Ergehen der *ARAG/Garmenbeck*-Entscheidung konstatiert, die Diskussion um die Haftung des Vorstands der AG nach § 93 II 1 AktG sowie um die Pflichten des Aufsichtsrates hätten durch besagte Entscheidung an Breite und Tiefe gewonnen.

399 *Horn*, ZIP 1997, 1129 (insbes. 1134 f.), der den erforderlichen vorstandseigenen Handlungsspielraum vermittels eines „Haftungsausnahmetatbestandes" zu gewähren sucht, der – in Anlehnung an die *BJR* US-amerikanischen Rechts – dann nicht greifen soll, wenn „(1) der Vorstand seine Pflicht zur Einholung wichtiger und erreichbarer Informationen in Vorbereitung seiner Entscheidung verletzt hat oder (2) wenn er in einem Interessenkonflikt handelt, vor allem aber, (3) wenn seine Handlung oder Entscheidung durch keine vernünftige unternehmerische Überlegung gerechtfertigt werden kann".

400 *Kindler*, ZHR 162 (1998), 101 (103 ff.), der das unternehmerische Ermessen in der Form, die es durch die *ARAG/Garmenbeck*-Entscheidung erhalten hat, insgesamt dem Merkmal der „Pflichtwidrigkeit" zuordnet und es – insofern konform zu obigen Ausführungen – vornehmlich als durch die Vorgaben der folgenden anderen Pflichtenquellen begrenzt ansieht: allgemeine Treuepflicht, gesetzliche Einzelvorschriften sowie allgemeine – einerseits verfahrens- andererseits inhaltsbezogene – Sorgfaltspflicht. Schlussendlich empfiehlt er zur weiteren Präzisierung einen rechtsvergleichenden Blick auf die US-amerikanischen Erfahrungen mit der *BJR*.

401 *Ulmer*, ZHR 163 (1999), 290 (297 ff., insbes. 299), der seinen bekannten Formulierungsvorschlag mehr als notwendiges Gegengewicht für eine vorrangig angestrebte Verschärfung des Verfolgungsrechts der Aktionäre unterbreitete: „Eine Pflichtverletzung liegt nicht vor, wenn der Schaden durch unternehmerisches Handeln im Interesse der Gesellschaft auf der Grundlage angemessener Informationen verursacht wurde, auch wenn dieses Handeln sich aufgrund späterer Entwicklungen oder Erkenntnisse als für die Gesellschaft nachteilig erweist." Bezogen auf eine systematische Einpassung in das geltende Aktienrecht schlägt *Ulmer* eine Verankerung besagten Satzes als neuen Satz 2 von § 93 II AktG vor.

402 *Oltmanns*, Geschäftsleiterhaftung, 2001.

403 *M. Roth*, Unternehmerisches Ermessen, 2001.

404 *Paefgen*, Unternehmerische Entscheidungen und Rechtsbindung, 2002.

unter Rückgriff auf das US-amerikanische Vorbild – schließlich durch Aufstellen des folgenden Kriterienkatalogs nachzukommen: (1) rational nachvollziehbares bzw. vertretbares Entscheidungsverfahren; (2) rational nachvollziehbarer Entscheidungsinhalt sowie (3) kein Treuepflichtverstoß.[405]

Demgegenüber stellt *M. Roth* jeweils unter Präzisierung der – in ihrer Abstraktheit für angemessen befundenen – *ARAG/Garmenbeck*-Kriterien den folgenden Katalog von Voraussetzungen für ein deutsches Geschäftsleiterermessen des Vorstands auf: (1) Vorliegen einer typischen Organtätigkeit;[406] (2) keine Interessenkollision;[407] (3) guter Glaube an die Richtigkeit der Entscheidung;[408] (4) darauf vertrauen dürfen, die Entscheidung auf einer angemessenen Informationsgrundlage zu treffen,[409] sowie (5) keine Unverantwortlichkeit der Entscheidung.[410]

Auch *Paefgen* deckt mit Blick auf das US-amerikanische Recht zunächst auf, dass das deutsche Geschäftsleiterermessen in weiten Teilen als „unterentwickelt" bewertet werden muss,[411] bevor er sodann darlegt, dass bzw. wie die US-amerikanischen Aussagen der *BJR* – hier sogar organübergreifend – in das deutsche Recht implementiert werden können. Seine Formulierung der einzelnen Elemente des Geschäftsleiterermessens lautet dabei schließlich wie folgt: (1) gehörige Information und Sachprüfung im Einzelfall; (2) kein relevanter Loyalitätskonflikt sowie – stark untergewichtet – (3) Entscheidungsergebnis nicht offensichtlich so abwegig, dass der Entscheidung unter keinerlei Gesichtspunkten irgendein vernünftiger unternehmerischer Sinn beigemessen werden kann.[412]

Ihren (vorläufigen) Höhepunkt findet die Fortentwicklung des Geschäftsleiterermessens schließlich in der kürzlich in Kraft getretenen Kodifikation dieses Rechtsinstituts in § 93 Abs. 1 S. 2 AktG.

2. *Die Kodifikation des Geschäftsleiterermessens durch das UMAG*

Der Kodifikationsprozess in Bezug auf ein deutsches Geschäftsleiterermessen nimmt im Grunde in dem eben[413] schon wiedergegebenen und bereits konkret für eine Einpassung in § 93 Abs. 2 S. 2 AktG konzipierten Formulierungsvorschlag *Ulmers* aus dem Jahr 1999 seinen Ausgang.

405 *Oltmanns*, Geschäftsleiterhaftung, 2001, S. 326, 374 ff.
406 *M. Roth*, Unternehmerisches Ermessen, 2001, S. 74 ff.
407 *M. Roth*, Unternehmerisches Ermessen, 2001, S. 58 ff.
408 *M. Roth*, Unternehmerisches Ermessen, 2001, S. 63.
409 *M. Roth*, Unternehmerisches Ermessen, 2001, S. 85 f.
410 *M. Roth*, Unternehmerisches Ermessen, 2001, S. 100.
411 *Paefgen*, Unternehmerische Entscheidungen und Rechtsbindung, 2002, S. 150.
412 *Paefgen*, Unternehmerische Entscheidungen und Rechtsbindung, 2002, S. 179 f., 214 ff., 228, 249.
413 S. soeben unter Fn. 401.

Diesem Formulierungsvorschlag trat im darauf folgenden Jahr nämlich nicht nur der *63. Deutsche Juristentag* bei.[414] Vielmehr empfahl auch die im Mai 2000 eingesetzte *Regierungskommission „Corporate Governance – Unternehmensführung – Unternehmenskontrolle – Modernisierung des Aktienrechts“*[415] unter dem Vorsitz von *Theodor Baums* in ihrem Abschlussbericht von Juli 2001 eine Kodifikation des Geschäftsleiterermessens nach dem Vorbild des von *Ulmer* unterbreiteten Vorschlags.[416]

Diesen Empfehlungen folgend[417] brachte die Bundesregierung am 19.1.2004 den Referentenentwurf eines Gesetzes zur Unternehmensintegrität und Modernisierung des Anfechtungsrechts (UMAG)[418] auf den Gesetzgebungsweg, dessen Artikel 1 unter Punkt 1. die Kodifikation des Geschäftsleiterermessens durch folgenden neuen Satz 2 von § 93 Abs. 1 AktG vorsieht:

> „Eine Pflichtverletzung liegt nicht vor, wenn das Vorstandsmitglied bei einer unternehmerischen Entscheidung ohne grobe Fahrlässigkeit annehmen durfte, auf der Grundlage angemessener Information zum Wohle der Gesellschaft zu handeln.“

Konform zur bereits zuvor erlangten hohen Aufmerksamkeit löste diese Formulierung – wie von *Seibert/Schütz*[419] zutreffend prognostiziert – in der Folgezeit „einen breiten fachjuristischen Tintenfluss“ aus. Zwar wurde eine Kodifikation des Geschäftsleiterermessens vom Grundsatz her überwiegend begrüßt.[420] In Bezug auf

414 S. Verhandlungen des Dreiundsechzigsten Deutschen Juristentages, 2000, Bd. II/1 O 79 sowie den diesbezüglichen Beschluss des *63. Deutschen Juristentages* – Abteilung Wirtschaftsrecht – unter http://www.djt.de/files/djt/63/wirtschaftsrecht.pdf, S. 8 (zul. abgerufen am 1.5.2008).

415 Nach der Begr. zum UMAG-RefE, NZG 2004, SoBeilage 4, S. 5 (8) (der RefE wird hier fälschlicherweise schon als RegE bezeichnet) hatte diese Kommission den Auftrag, sich mit möglichen Defiziten des deutschen Systems der Unternehmensführung und –kontrolle zu befassen und im Hinblick auf den durch Globalisierung und Internationalisierung der Kapitalmärkte sich vollziehenden Wandel der deutschen Unternehmens- und Marktstrukturen Modernisierungsvorschläge für das deutsche Regelwerk zu unterbreiten.

416 Bericht der Regierungskommission „Corporate Governance“, BT-Drs. 14/7515 v. 14.8.2001, S. 50 f.

417 Vgl. die Bezugnahme auf die Empfehlungen des *63. Deutschen Juristentages* sowie der *Regierungskommission* in der Begr. zum UMAG-RefE, NZG 2004, SoBeilage 4, S. 5 (9).

418 S. wiederum NZG 2004, SoBeilage 4, S. 5 ff. Bei dem UMAG handelt es sich nach dem TransPuG insgesamt bereits um den zweiten Schritt zur Umsetzung der von besagter Regierungskommission empfohlenen Gesetzesänderungen. Es soll zugleich Punkt 1 des 10-Punkte-Programms der Bundesregierung zur Stärkung der Unternehmensintegrität und des Anlegerschutzes umsetzen.

419 *Seibert/Schütz*, ZIP 2004, 252 (254).

420 Vgl. die Gem. Stellungnahme v. *BDI*, *BDA*, *DIHK*, *GDV* und *BdB* zum UMAG-RefE v. 2.4.2004, http://www.dihk.de/index.html?/inhalt/themen/rechtundfairplay/stellungnahmen/index.html, S. 1, 7 (zul. abgerufen am 1.5.2008); die Stellungnahme der *BRAK* zum UMAG-RefE v. 5.4.2004, http://brak.de/seiten/pdf/Stellungnahmen/UMAG.pdf, S. 2 (zul. abgerufen am 1.5.2008) sowie die Stellungnahme des *DAI* zum UMAG-RefE v. 31.3.2004, http://www.dai.de/internet/dai/dai-2-0.nsf/LookupDL/6507FCC96CC72FC4C1256E6D00344251/$File/DAI-Stellungnahme+UMAG-RefE_040331.pdf, S. 2 (zul. abgerufen am 1.5.2008). S. darüber hinaus auch etwa *Hüffer*, AktG, 2008, § 93, Rn. 4a sowie *Thümmel*, DB

Detailfragen wurde jedoch sehr schnell der an der einen oder anderen Stelle verborgene juristische Zündstoff spürbar:

Im Mittelpunkt der Auseinandersetzung stand zunächst die Implementierung des Verschuldenselementes der „groben Fahrlässigkeit". Während teilweise lediglich die Vermengung der Kategorien „Pflichtverletzung" und „Verschulden", die von einander zu trennen, „zu den großen Errungenschaften des deutschen Haftungsrechts"[421] zählt, als unglücklich empfunden wurde,[422] galt die Kritik in erster Linie jedoch der damit zum Ausdruck gebrachten Zuerkennung eines schon nicht unerheblichen verfahrensbezogenen Handlungsspielraums[423] bzw. überhaupt der Abmilderung des Verschuldensmaßstabes im Zusammenhang mit unternehmerischen Entscheidungen.[424]

2004, 471 (472). Im Rahmen der Befürwortung einer Kodifikation wurde insofern vor allem auf den Zuwachs an Legitimation, Transparenz und Rechtssicherheit infolge einer gleichmäßigen Rechtsanwendung sowie auf die damit verbundene Appellwirkung verwiesen, den Vorstand auch nach Öffnung der Verfolgungsmöglichkeiten für Aktionäre mit relativ geringem Aktienbesitz nicht für jede fehlgeschlagene Entscheidung zur Verantwortung ziehen zu können. Darüber hinaus fuße die gesetzliche Festschreibung auf einem intensiven Dogmatisierungsprozess, dessen Fortschreiten dadurch auch keineswegs behindert werde. Vgl. zum Für und Wider einer Kodifikation nur *Fleischer*, ZIP 2004, 685 (687 f.) sowie *Ihrig*, WM 2004, 2098 (2101 f.). Kritisch ggü. einer Kodifikation vor allem *Kinzl*, AG 2004, R3, der den zusätzlichen Erkenntnisgewinn für gering einschätzt, dafür aber erhebliche Schwierigkeiten im Umgang mit der Vorschrift des § 93 I 2 AktG befürchtet. Die Neuregelung demgegenüber sogleich insgesamt, d.h. nicht nur unter dem Aspekt der Positivierung, sondern vor allem auch inhaltlich, ablehnend: *Lohse*, Unternehmerisches Ermessen, 2005, S. 48 ff., 498.

421 *Fleischer*, ZIP 2004, 685 (689).

422 So vor allem *Fleischer*, ZIP 2004, 685 (689), kritisch aber auch *Ihrig*, WM 2004, 2098 (2106).

423 S. etwa *Hauschka*, ZRP 2004, 65 (67): „Das „Informed Judgment" gilt vor die Klammer gezogen, innerhalb derer es dann um Ermessen und Verschulden gehen mag."; *Semler*, AG 2005, 321 (325); *Thümmel*, DB 2004, 471 (472); *Ulmer*, DB 2004, 859 (860 ff.). Die Zuerkennung eines weiten Handlungsspielraums bereits in der Vorbereitungsphase demgegenüber begrüßend *Kock/Dinkel*, NZG 2004, 441 (444): „Die Entscheidung eines Unternehmensleiters über die Voraussetzungen einer Handlung, also über den Grad der erforderlichen Informationsdichte, muss wie die eigentliche unternehmerische Entscheidung selbst dem Beurteilungsspielraum unterliegen." In diesem Sinne auch *Paefgen*, AG 2004, 245 (254), der insofern sogar gerade in der zu diesem Zweck implementierten Abmilderung des Verschuldensmaßstabs auf grobe Fahrlässigkeit einen gelungenen Ausgleich zwischen den Prinzipien der Organautonomie auf der einen und der judiziellen Kontrolle des Organhandelns auf der anderen Seite sieht. Bzgl. der Anforderungen an die Entscheidungsvorbereitung jedenfalls klarere Ausführungen zumindest in der Gesetzesbegründung fordernd: Gem. Stellungnahme v. *BDI*, *BDA*, *DIHK*, *GDV* und *BdB* zum UMAG-RefE v. 2.4.2004, http://www.dihk.de/index.html?/inhalt/themen/rechtundfairplay/stellungnahmen/index.html, S. 7 (zul. abgerufen am 1.5.2008) sowie Stellungnahme des *DAI* zum UMAG-RefE v. 31.3.2004, http://www.dai.de/internet/dai/dai-2-0.nsf/LookupDL/6507FCC96CC72FC4C1256E6D00344251/$File/DAI-Stellungnahme+UMAG-RefE_040331.pdf, S. 2 (zul. abgerufen am 1.5.2008). S. zum Aspekt eines bereits verfahrensbezogenen Handlungsspielraums unten unter § 8 I. 1. (S. 204 ff.).

424 S. etwa die Stellungnahme des *Handelsrechtsausschusses des DAV* zum UMAG-RefE v. April 2004, NZG 2004, 555 (556); die Stellungnahme des *SdK* zum UMAG-RefE v.

Darüber hinaus schieden sich die Geister teilweise auch an der Frage, wer für die Voraussetzungen der Neuregelung darlegungs- und beweispflichtig sein soll.[425]

Des Weiteren wurden in Bezug auf den Begriff der „unternehmerischen Entscheidung“ Verbesserungsvorschläge unterbreitet.[426]

Zur Abrundung dieser Auswahl an Diskussionspunkten sei schließlich noch die von verschiedener Seite vorgebrachte Empfehlung zur Positivierung einerseits des Legalitätsprinzips[427] sowie andererseits auch der Treuepflicht[428] genannt.

Unter Berücksichtigung zumindest des Einwandes der Vermengung von Sorgfaltspflichten- und Verschuldensmaßstab[429] beschloss das Bundeskabinett daraufhin am 17.11.2004 einen Regierungsentwurf des UMAG[430], dessen Artikel 1 unter

30.3.2004, http://www.jura.uni-augsburg.de/prof/moellers/materialien/materialdateien/040_deutsche_gesetzgebungsgeschichte/umag_geschichte/umag_geschichte_pdfs/stnahme_sdk_umag.pdf, S. 3 f. (zul. abgerufen am 1.5.2008) sowie *Ulmer*, DB 2004, 859 ff.

425 Für eine Darlegungs- und Beweislast des Vorstandes: Stellungnahme der *DSW* zum UMAG-RefE, http://www.dsw-info.de/uploads/media/DSW-Stellungnahme-UMAG.pdf, S. 2 f. (zul. abgerufen am 1.5.2008). A.A. Gem. Stellungnahme v. *BDI*, *BDA*, *DIHK*, *GDV* und *BdB* zum UMAG-RefE v. 2.4.2004, http://www.dihk.de/index.html?/inhalt/themen/rechtundfairplay/stellungnahmen/index.html, S. 2 f., 8 (zul. abgerufen am 1.5.2008) sowie *Paefgen*, AG 2004, 245 (258) und *M. Roth*, BB 2004, 1066 (1067, 1069). Unentschlossen: Stellungnahme des *DAI* zum UMAG-RefE v. 31.3.2004, http://www.dai.de/internet/dai/dai-2-0.nsf/LookupDL/6507FCC96CC72FC4C1256E6D00344251/$File/DAI-Stellungnahme+UMAG-RefE_040331.pdf, S. 2 (zul. abgerufen am 1.5.2008). Ausführlich zu diesem Problem unten unter § 6 (S. 158 ff.).

426 S. hierzu etwa die Gem. Stellungnahme v. *BDI*, *BDA*, *DIHK*, *GDV* und *BdB* zum UMAG-RefE v. 2.4.2004, http://www.dihk.de/index.html?/inhalt/themen/rechtundfairplay/stellungnahmen/index.html, S. 7 f. (zul. abgerufen am 1.5.2008) sowie die Stellungnahme des *DAI* zum UMAG-RefE v. 31.3.2004, http://www.dai.de/internet/dai/dai-2-0.nsf/LookupDL/6507FCC96CC72FC4C1256E6D00344251/$File/DAI-Stellungnahme+UMAG-RefE_040331.pdf, S. 2 (zul. abgerufen am 1.5.2008), in deren Rahmen vorgeschlagen wurde, besagten Begriff durch die Formulierung „Geschäftsführungsmaßnahmen, bei denen Vorstandsmitgliedern ein Ermessen eingeräumt ist“ zu ersetzen. Der *Handelsrechtsausschuss des DAV* empfiehlt in seiner Stellungnahme zum UMAG-RefE v. April 2004, NZG 2004, 555 (556) dagegen eine Ersetzung durch den Begriff des „unternehmerischen Handelns“.

427 In diesem Sinne etwa *Paefgen*, AG 2004, 245 (252) sowie *Thümmel*, DB 2004, 471 (472).

428 So *Fleischer*, ZIP 2004, 685 (691); *Ihrig*, WM 2004, 2098 (2105); *Kock/Dinkel*, NZG 2004, 441 (444).

429 S. die Begr. zum UMAG-RegE, ZIP 2004, 2455 (2455): „Der Regierungsentwurf übernimmt nicht das Kriterium der „groben Fahrlässigkeit“ aus dem Referentenentwurf, gegen den geltend gemacht worden ist, dass er eine Vermengung von Pflichten- und Sorgfaltsmaßstab bedeutet hätte.“ Andere Einwände bzw. Verbesserungsvorschläge haben demgegenüber zumindest in der Entwurfsbegründung Berücksichtigung gefunden. Dies betrifft vor allem die von *BDI*, *BDA*, *DIHK*, *GDV* und *BdB* geforderte Präzisierung bzgl. der Anforderungen an die Entscheidungsvorbereitung (s. soeben in Fn. 423). Genauer forderten diese Spitzenverbände, betriebswirtschaftlich vorgegebene Informationsschwerpunkte zu formulieren sowie klarzustellen, dass eine rein formale Absicherung mittels externer Gutachten genauso vermieden werden muss wie die Annahme, jedes Vorstandsmitglied müsse dasselbe Informationsniveau erreichen. S. hierzu die Begr. zum UMAG-RegE, ZIP 2004, 2455 (2456).

430 Abgedruckt in ZIP 2004, 2455 ff.

Punkt 1. die folgende gegenüber der Fassung des Referentenentwurfs leicht geänderte Formulierung des Geschäftsleiterermessens enthält:

> „Eine Pflichtverletzung liegt nicht vor, wenn das Vorstandsmitglied bei einer unternehmerischen Entscheidung *vernünftigerweise*[431] annehmen durfte, auf der Grundlage angemessener Information zum Wohle der Gesellschaft zu handeln."

Auch dieser Entwurf zog noch einige Stellungnahmen unter anderem aus den Reihen der Spitzenverbände nach sich.[432] Vor allem rief sich am 18.2.2005 aber nun auch der *Bundesrat* mit einer kritischen Stellungnahme zu besagtem Entwurf auf den Plan.[433] Die in der Gegenäußerung[434] von Seiten der *Bundesregierung* am 9.3.2005 zurückgewiesenen Einwände bezogen sich insofern zum einen wiederum auf die mangelnde Festschreibung des Legalitätsprinzips und zum anderen auf die – mit der Formulierung „annehmen durfte" bewirkte – durchgängig subjektive Betrachtung.[435]

Nach Beschlussempfehlung und Bericht des *Rechtsausschusses* vom 15.6.2005[436] wurde der Gesetzesentwurf des UMAG vom 14.3.2005[437] nach zweiter und dritter Beratung[438] am 16.06.2005 schließlich einstimmig angenommen.[439] Am 8.7.2005

431 Hervorhebung durch Verfasserin.

432 S. die Gem. Stellungnahme v. *BDI*, *BDA*, *DIHK*, *GDV* und *BdB* zum UMAG-RegE v. 26.1.2005, http://www.dihk.de/index.html?/inhalt/themen/rechtundfairplay/stellungnahmen/index.html, S. 4 ff. (zul. abgerufen am 1.5.2008), die in der Ersetzung des Begriffs der „groben Fahrlässigkeit" durch „vernünftigerweise" keine Verbesserung erblicken und vor allem unter nochmaliger Betonung der Beweislastproblematik den bereits zum UMAG-RefE unterbreiteten Formulierungsvorschlag wiederholen: „Geschäftsführungsmaßnahmen, bei denen Vorstandsmitgliedern ein Ermessen eingeräumt ist, stellen keine Pflichtverletzung dar, es sei denn, sie werden grob fahrlässig oder vorsätzlich nicht frei von Sonderinteressen oder sachfremden Erwägungen oder nicht auf der Grundlage angemessener Information getroffen. Absatz 2 Satz 2 findet in den Fällen des Satzes 1 keine Anwendung." S. demgegenüber aber auch die Stellungnahme des *Handelsrechtsausschusses des DAV* zum UMAG-RegE v. April 2004, NZG 2005, 388 (388), der sich weiterer Verbesserungsvorschläge enthält und die Formulierung i.E. für verabschiedungsreif hält.

433 Stellungnahme des Bundesrates zum UMAG-RegE, BR-Drs. 3/05 (Beschluss) v. 18.2.2005 sowie Anlage 2 zu BT-Drs. 15/5092 v. 14.3.2005.

434 Gegenäußerung der Bundesregierung, Anlage 3 zu BT-Drs. 15/5092 v. 14.3.2005.

435 Stellungnahme des Bundesrates zum UMAG-RegE, BR-Drs. 3/05 (Beschluss) v. 18.2.2005, S. 2 f. sowie Anlage 2 zu BT-Drs. 15/5092 v. 14.3.2005, S. 33 f. Der insofern selbst vorgebrachte Formulierungsvorschlag lautete: „Eine Pflichtverletzung liegt nicht vor, wenn das Vorstandsmitglied bei einer unternehmerischen Entscheidung Recht und Gesetz, die Bestimmungen der Satzung und rechtswirksame Beschlüsse von Gesellschaftsorganen beachtet sowie auf der Grundlage angemessener Information zum Wohle der Gesellschaft gehandelt hat.".

436 Beschlussempfehlung und Bericht des Rechtsausschusses zum UMAG-GesetzesE, BT-Drs. 15/5693 v. 15.6.2005. Der *Rechtsausschuss* nahm den GesetzesE in Bezug auf die Kodifikation des Geschäftsleiterermessens unverändert an, s. a.a.O., S. 6.

437 UMAG-GesetzesE, BT-Drs. 15/5092 v. 14.3.2005.

438 Deutscher Bundestag, Stenografischer Bericht, 181. Sitzung v. 16.6.2005, Plenarprotokoll 15/181, S. 17111. Die erste Lesung des GesetzesE im *Bundestag* war demgegenüber bereits am 18.3.2005 erfolgt.

beschloss der *Bundesrat* den Verzicht auf die Einberufung des Vermittlungsausschusses im Sinne von Art. 77 Abs. 2 GG.[440]

Damit konnte das UMAG am 1.11.2005 in Kraft treten.

3. *Fazit*

Betrachtet man die Zeitspanne zwischen der ersten höchstrichterlichen Erwähnung des Geschäftsleiterermessens im Jahr 1979 und der kürzlich erfolgten Kodifikation im Jahr 2005, so ist anzuerkennen, dass besagte Rechtsfigur im Verlauf des letzten Drittels dieses Zeitraums eine vergleichsweise rasante Entwicklung nachvollzogen hat. Gleichwohl muss bei genauerem Hinsehen schnell Ernüchterung einsetzen:

Als Ausgangsproblem ist im Rahmen der nun abgeschlossenen Grundlegung die mangelnde Handhabbarkeit des strengen Sorgfaltspflichtenstandards des § 93 Abs. 1 S. 1 AktG herausgearbeitet worden, die – unter Einbeziehung des eingangs dargestellten ökonomischen Sachverstandes – gleichsam den Nährboden für besagte Gefahr bereitet, dass der Vorstand ex post von „fachfremden“ und in Kenntnis der ruinösen Folgen urteilenden Richtern für die Realisation eines bereits ex ante ökonomisch schwer abschätzbaren Risikos verantwortlich gemacht wird und sich dementsprechend risikoavers verhält. Desgleichen ist schon erklärt worden, dass besagte mangelnde Handhabbarkeit des allgemeinen Sorgfaltspflichtenstandards nun gerade vermittels der Figur des Geschäftsleiterermessens überwunden werden soll. Solchermaßen zueinander in Bezug gesetzt, tritt jedoch auch sogleich zu Tage, welchem Anspruch diese Rechtsfigur gerecht zu werden hat: Will sie über die mangelnde praktische Handhabbarkeit des strengen Sorgfaltspflichtenstandards des § 93 Abs. 1 S. 1 AktG hinweghelfen, so muss jedenfalls sie selbst den insofern nötigen operationalen Gehalt aufweisen.

Daran fehlt es jedoch bislang: Zwar verfügt mittlerweile auch schon das deutsche Recht über einige monographische Beiträge hierzu. Des Weiteren liegt mit der Kodifikation des Geschäftsleiterermessens nun immerhin eine allgemein gültige und einer Unterteilung in verschiedene Merkmale zugängliche Formulierung vor. Ein ausreichender operationaler Gehalt ist damit aber nach wie vor nicht erreicht: Zum einen stehen die angesprochenen Konkretisierungsbeiträge mehr oder weniger zusammenhanglos nebeneinander. Zum anderen ist an verschiedener Stelle aber auch noch bislang unbeachteter Konkretisierungsbedarf vorhanden. Woran es zur „Belebung“ des Organhaftungsrechts also nach wie vor fehlt, ist insbesondere eine konkrete interessengerechte und den Bedürfnissen der Praxis entsprechende Ausformung der einzelnen Elemente der Neuregelung. Gänzlich vernachlässigt wurde bisher etwa der dogmatisch interessante Aspekt der Rechtsnatur des Geschäftsleiterermessens. Dazu will die vorliegende Arbeit nun im Folgenden einen Beitrag leisten.

439 UMAG-Gesetzesbeschluss, BR-Drs. 454/05 v. 17.6.2005.

440 Beschluss des Bundesrates zum UMAG, BR-Drs. 454/05 (Beschluss) v. 8.7.2005.

2. Teil: Funktionsweise des Geschäftsleiterermessens gemäß § 93 Abs. 1 S. 2 AktG

§ 5 Rechtsnatur des Geschäftsleiterermessens

Was die Rechtsnatur des Geschäftsleiterermessens anbelangt, so ist der Boden für eine diesbezügliche Analyse in Deutschland schlecht vorbereitet. Das bislang besagtem Problemkreis entgegengebrachte Desinteresse ist auch im Rahmen des Kodifikationsprozesses keiner vermehrten Aufmerksamkeit gewichen. Vielmehr fehlt es im deutschen Recht insofern nach wie vor an einer vertiefteren Auseinandersetzung.[441] Wenn ein wissenschaftlicher Beitrag überhaupt einmal diesbezügliche Äußerungen enthält, so kann man sich oft nicht des Eindrucks erwehren, dass es sich dabei mehr um „zufällig" gewählte Formulierungen denn um bewusste Stellungnahmen zu besagtem Problemkreis handelt.[442] Zieht man sie gleichwohl im Rahmen einer Analyse der Rechtsnatur des Geschäftsleiterermessens heran, so ist also jedenfalls entsprechende Vorsicht geboten.

441 In diesem Sinne schon *Heisse*, Die Beschränkung der Geschäftsführerhaftung gegenüber der GmbH, 1988, S. 29 (GmbH) sowie zuletzt *Brömmelmeyer*, WM 2005, 2065 (2069): „Die Dogmatik der Business Judgment Rule ist ungeklärt.".

442 Bewusste und eindeutige – wenn auch sehr knappe – Aussagen enthalten im Wesentlichen erst die ganz aktuellen Darstellungen von *Hopt/M. Roth* in Großkomm. AktG, 2006, § 93 I 2, 4 nF, Rn. 10 f.; *Hüffer*, AktG, 2008, § 93, Rn. 4d; *Fleischer*, in: Handbuch des Vorstandsrechts, 2006, § 7, Rn. 50; *ders.*, ZIP 2004, 685 (689 f.); *Ihrig*, WM 2004, 2098 (2102 f.) und *M. Roth*, BB 2004, 1066 (1068 f.), wobei Letzterer insofern auch bereits vor der Kodifikation Stellung bezogen hat: *ders.*, Unternehmerisches Ermessen, 2001, S. 52 ff.

I. Abschließende Klärung lediglich des Prüfungsstandorts und der Rechtsfolge von § 93 Abs. 1 S. 2 AktG

Der eben beschriebenen Tendenz entsprechend hat auch der Gesetzgeber dem Rechtsanwender zur Bestimmung der Rechtsnatur des Geschäftsleiterermessens relativ wenig Wegleitung an die Hand gegeben. Einer abschließenden Klärung hat er in diesem Zusammenhang nämlich lediglich zwei (Vor-) Fragen unterzogen: Die eine betrifft den Prüfungsstandort des Geschäftsleiterermessens, die andere dagegen die generelle Rechtsfolge von § 93 Abs. 1 S. 2 AktG.

1. Integration des Geschäftsleiterermessens in die allgemeinen Tatbestände auf der Ebene der Sorgfaltspflichtverletzung

Nach ganz herrschender Meinung[443] enthält § 93 Abs. 1 S. 1 AktG nicht nur eine Regelung des subjektiven Verschuldensmaßstabs, sondern ist – im Sinne eines „Doppelcharakters"[444] –zugleich auch generalklauselartige Pflichtenquelle bezogen auf nicht speziell geregelte objektive Verhaltenspflichten des Vorstands. Gleichsam als Bestätigung dieser Sichtweise[445] legt die daran anknüpfende Neuregelung des § 93 Abs. 1 S. 2 AktG nun fest, wann eine Pflichtverletzung demgegenüber aber gerade nicht vorliegt („Eine Pflichtverletzung liegt nicht vor, wenn ...").

Mit dieser systematischen Einpassung der Neuregelung in das aktienrechtliche Regelwerk sowie mit der gewählten Formulierung hat der Gesetzgeber nun nicht nur zum Ausdruck gebracht, dass besagtes Rechtsinstitut in die allgemeinen Tatbestände – vor allem in den hier interessierenden Organhaftungstatbestand des § 93 Abs. 2 S. 1 AktG – zu integrieren ist. Vielmehr hat er damit zugleich auch zu erkennen gegeben, dass die einzelnen Voraussetzungen des § 93 Abs. 1 S. 2 AktG im jeweiligen tatbestandlichen Schichtenaufbau auf der Ebene der Pflichtverletzung zu prüfen sind.[446] Dieser Verortung des Geschäftsleiterermessens ist im Grundsatz zuzustim-

443 S. dazu bereits den Nachweis oben unter § 4 I. 2. c. (S. 99, Fn. 328).

444 S. zu diesem Begriff etwa *Ihrig*, WM 2004, 2098 (2102). Stattdessen den Begriff der „Doppelfunktion" bzw. der „doppelten Funktion" aufgreifend: *Hopt* in Großkomm. AktG, 1999, § 93, Rn. 19; *Hüffer*, AktG, 2008, § 93, Rn. 3a (wenn auch kritisch); *Krieger/Sailer*, in: K. Schmidt/Lutter, AktG, 2008, § 93, Rn. 5; *Wiesner*, in: Münchener Handbuch des Gesellschaftsrechts, Bd. 4, 2007, § 26, Rn. 5; *Kock/Dinkel*, NZG 2004, 441 (441).

445 S. auch *Ihrig*, WM 2004, 2098 (2102, Fn. 62).

446 Im Sinne einer Einordnung des Geschäftsleiterermessens auf der Ebene der Pflichtverletzung auch bereits *BGH*, Urt. v. 21.4.1997 – II ZR 175/95 („*ARAG/Garmenbeck*") –, BGHZ 135, 244 (253 f.) = NJW 1997, 1926 (1928) = ZIP 1997, 883 (886): „[...] oder das Verhalten des Vorstands aus anderen Gründen als pflichtwidrig gelten muss." Sich dieser Verortung anschließend: *Mertens* in Kölner Kommentar zum AktG, 2. Aufl., 1996, § 93, Rn. 29; *Kindler*,

men:[447] Schließlich ist im Rahmen der Grundlegung festgestellt worden, dass das Geschäftsleiterermessen letztendlich im Bereich der allgemeinen Sorgfaltspflicht – als Teil der objektiven Verhaltenspflichten des Vorstands – Platz greift, da deren mangelnde praktische Handhabbarkeit gerade den Nährboden für die Gefahr bereitet, dass der Vorstand ex post von „fachfremden" und in Kenntnis des ruinösen Ausgangs urteilenden Richtern für die Realisation eines bereits ex ante kaum abschätzbaren Risikos haftbar gemacht wird und sich demzufolge risikoavers verhält.[448] Da es sich bei der allgemeinen Sorgfaltspflicht aber andererseits auch nur um einen Teilbereich der objektiven Verhaltenspflichten des Vorstands handelt, sei bereits an dieser Stelle einschränkend darauf hingewiesen, dass die vorliegende Darstellung den im Gesetz verwendeten Begriff der „Pflichtverletzung" damit auch sogleich durch den präziseren Terminus der „Sorgfaltspflichtverletzung" ersetzt.[449]

Im Ergebnis hat das Geschäftsleiterermessen also eine Integration in die allgemeinen Tatbestände erfahren und ist dort auf der Ebene der Sorgfaltspflichtverletzung zu prüfen.

ZHR 162 (1998), 101 (104); *Ulmer*, ZHR 163 (1999), 290 (299) (auch wenn er letztlich eine systematische Verankerung in § 93 II 2 AktG vorschlägt). Mit gleichem Ergebnis zur aktuellen Gesetzesfassung etwa *Hüffer*, AktG, 2008, § 93, Rn. 4c sowie *Götz/Holzborn*, WM 2006, 157 (157). Vgl. darüber hinaus auch die nachfolgende Fn.

447 So auch *C. Schäfer*, ZIP 2005, 1253 (1255). Eine solche Verortung ebenfalls begrüßend: *Ihrig*, WM 2004, 2098 (2102), der zur Begründung allerdings maßgeblich darauf abstellt, dass das Eingehen unternehmerischer Risiken mit dem objektiven Sorgfaltspflichtenmaßstab des „ordentlichen und gewissenhaften Geschäftsleiters" vereinbar sei. Damit erweckt *Ihrig* allerdings den Eindruck, dass es bei dem Geschäftsleiterermessen letztlich darum geht, die Eingehung von Risiken für pflichtgemäß zu erklären. Die notwenige Eingehung gewisser Risiken ist jedoch stets auch schon mit dem strengen Standard des § 93 I 1 AktG vereinbar. Stattdessen sollen mit dem Geschäftsleiterermessen zur Vermeidung risikoaversen Verhaltens von Seiten des Vorstands darüber hinaus auch gerade solche Handlungen einer Haftung entzogen werden, die unter Zugrundelegung des strengen Sorgfaltspflichtenmaßstabs des „ordentlichen und gewissenhaften Geschäftsleiters" an sich eine Sorgfaltspflichtverletzung darstellen würden, infolge der dargelegten Unwägbarkeiten aber nicht mit Sicherheit als eine solche bezeichnet werden können. Könnte man legitime Risiken von illegitimen unterscheiden, bedürfte es keines Geschäftsleiterermessens. Demgegenüber begründet *Fleischer*, ZIP 2004, 685 (688) seine Zustimmung zu besagter Verortung damit, dass das Aktiengesetz auch bereits an bloße Pflichtverletzungen Rechtsfolgen, wie die des Widerrufs der Bestellung zum Vorstandsmitglied gem. § 84 III 2 AktG knüpfe, wovor es den Vorstand gleichfalls zu schützen gelte. Vgl. zur m.E. insofern aber gerade geringeren Schutzbedürftigkeit des Vorstands schon oben unter § 2 II. 4. (S. 50 ff.).

448 S. oben unter § 4 I. 2. d. (S. 105 f.).

449 Vgl. insofern aber auch bereits die Begr. zum UMAG-GesetzesE, BT-Drs. 15/5092 v. 14.3.2005, S. 11: „Die Vorschrift soll den Bereich unternehmerischen Handlungsspielraums ausgrenzen aus dem Tatbestand der Sorgfaltspflichtverletzung nach Satz 1.".

2. *Ausschluss der Sorgfaltspflichtverletzung als Rechtsfolge von § 93 Abs. 1 S. 2 AktG*

Ebenfalls einer abschließenden Klärung hat der Gesetzgeber die Frage unterzogen, welche Rechtsfolge an das Vorliegen der Voraussetzungen von § 93 Abs. 1 S. 2 AktG zu knüpfen ist: Diese muss im Ergebnis jedenfalls im Ausschluss des Merkmals der Sorgfaltspflichtverletzung bestehen.

3. *Konsequenzen für die Ausgangsfrage nach der Rechtsnatur des Geschäftsleiterermessens*

Damit ist nun allerdings noch nichts darüber gesagt, auf welche Weise es dogmatisch zu besagtem Ausschluss kommen soll und welche Rechtsnatur dem Geschäftsleiterermessen damit zuzuschreiben ist.

Zwar bedient sich der Gesetzgeber zumindest in der Gesetzesbegründung darüber hinaus noch wiederholt des dem US-amerikanischen Recht entlehnten Begriffs des *„safe harbor"* bzw. des „sicheren Hafens".[450] Eine Erläuterung der damit verbundenen Konsequenzen bleibt der Gesetzgeber dem Rechtsanwender aber schuldig.

Andererseits kann mit den getroffenen Aussagen aber zumindest schon einmal eine ganze Reihe der bisher noch denkbaren Interpretationsmöglichkeiten ausgeschlossen und sich der Lösung des Ausgangsproblems wenigstens auf diese Weise wieder ein Stück weit genähert werden:

Nicht in Betracht kommt etwa, § 93 Abs. 1 S. 2 AktG als „Haftungsausnahmetatbestand" aufzufassen – und zwar in dem Sinne, dass eine Ausnahme von einer an sich gegebenen Haftung gemacht würde.[451] Liegen die Voraussetzungen des Geschäftsleiterermessens vor, so gelangt die Prüfung nämlich nicht mehr über das Merkmal der Sorgfaltspflichtverletzung hinaus. Des Weiteren weist *Hüffer*[452] zutreffend darauf hin, dass § 93 Abs. 1 AktG streng genommen auch gar noch nicht zum „Haftungstatbestand" gehöre. Wäre § 93 Abs. 1 S. 2 AktG also tatsächlich als „Haftungsausnahmetatbestand" gedacht, so kann davon ausgegangen werden, dass der Gesetzgeber ihn unter diesen Umständen dann auch vielmehr in § 93 Abs. 2 AktG verankert hätte.

Zweitens muss die Einordnung des § 93 Abs. 1 S. 2 AktG als eigener Haftungstatbestand speziell für Ermessensfehler abgelehnt werden.[453] Mit der systematischen

450 Begr. UMAG-GesetzesE, BT-Drs. 15/5092 v. 14.3.2005, S. 11.

451 Mehr diesen Begriff als den eben beschriebenen Bedeutungsgehalt zu Grunde legend: *Horn*, ZIP 1997, 1129 (1135). Im Ergebnis wird man *Horn* wohl eher im Sinne einer „haftungsfreien [Sorgfalts-]Pflichtverletzung" verstehen müssen (so auch *Kindler*, ZHR 162 (1998), 101 (104)).

452 *Hüffer*, AktG, 2008, § 93, Rn. 4d.

453 In diesem Sinne könnte man schließlich *C. Schäfer*, ZIP 2005, 1253 (1257, 1259) missverstehen, wenn er formuliert, für Ermessensfehler werde unmittelbar nach § 93 I 2 AktG gehaftet.

Einpassung des Geschäftsleiterermessens in einen neuen Satz 2 von § 93 Abs. 1 AktG und der gewählten Formulierung „Eine Pflichtverletzung liegt nicht vor, wenn ..." hat der Gesetzgeber – wie bereits dargelegt – vielmehr klar zum Ausdruck gebracht, dass das Geschäftsleiterermessen auf der Ebene der Sorgfaltspflichtverletzung in die allgemeinen – vor allem haftungsrechtlichen – Tatbestände zu integrieren ist.

Ebenso wenig kann die Rechtsnatur des Geschäftsleiterermessens gemäß § 93 Abs. 1 S. 2 AktG schließlich in einem speziellen Verschuldensmaßstab erblickt werden.[454]

Nach dieser „negativen" Eingrenzung des Problemkreises soll im Folgenden nun aber wieder „positiv" durch Ausfindigmachen und Bewerten der noch in Betracht kommenden Erklärungsansätze eine Lösung für besagtes Ausgangsproblem gesucht werden.

II. Verbleibende Erklärungsansätze bezüglich der Rechtsnatur des Geschäftsleiterermessens

Da der Gesetzeswortlaut, die Systematik sowie die in der Gesetzesbegründung niedergelegten Aussagen des Gesetzgebers für sich alleine betrachtet zur weiteren Erschließung der Rechtsnatur des Geschäftsleiterermessens nichts mehr beizutragen imstande ist, ist der Blick von nun an verstärkt auf Sinn und Zweck besagten Rechtsinstituts zu richten und eine Problemlösung daran zu orientieren.[455]

Wie bereits erläutert, bestehen Sinn und Zweck des Geschäftsleiterermessens darin, dem Vorstand einen Handlungsspielraum einzuräumen, innerhalb dessen er nicht Gefahr läuft, im Nachhinein von „fachfremden" und in Kenntnis des ruinösen Ausgangs urteilenden Richtern für die Realisation eines bereits ex ante kaum abschätzbaren Risikos verantwortlich gemacht zu werden, und innerhalb dessen er sich demgemäß auch nicht risikoavers verhält. Genauer resultiert die beschriebene Gefahr dabei letztlich daraus, dass das Konzept eines auf die qualitativ „beste" Entscheidung verhafteten Sorgfaltspflichtenstandards praktisch nicht durchführbar ist.[456]

Richtigerweise ist *C. Schäfer* aber wohl dahingehend aufzufassen, dass er in dem Rechtsinstitut des Geschäftsleiterermessens einen speziellen Überprüfungsstandard erblickt. S. dazu auch noch unten unter § 5 II. 2. (S. 130, Fn. 471).

454 In diese Richtung aber *Boujong*, DZWir 1997, 326 (328), der in den in der *ARAG/Garmenbeck*-Entscheidung aufgestellten Grundsätzen zum Geschäftsleiterermessen u.a. eine Modifikation des Verschuldensmaßstabs sieht.

455 Vgl. zu dieser methodischen Vorgehensweise *Larenz*, Methodenlehre, 1991, S. 344.

456 S. dazu bereits oben unter § 4 I. 2. d. (S. 105).

Folglich kommen für einen insofern Abhilfe schaffenden Handlungsspielraum an sich lediglich zwei Anknüpfungspunkte in Betracht:

1. Anknüpfung am strengen Sorgfaltspflichtenstandard selbst

a. Das Geschäftsleiterermessens als abgemilderter Sorgfaltspflichtenstandard

Zum einen könnte zur Lösung besagten Praktikabilitätsproblems nun am allgemeinen Sorgfaltspflichtenmaßstab selbst angeknüpft und in Bezug auf diesen ein Handlungsspielraum eingeräumt werden: Entbehrt der allgemeine Sorgfaltspflichtenstandard infolge seiner Stringenz praktischer Überprüfbarkeit, so kann diesem Manko und den damit verbundenen Folgeproblemen zunächst durch Abmilderung auch genau dieses Maßstabs Abhilfe geleistet werden. Dann wäre das Geschäftsleiterermessen von seiner Rechtsnatur her als ein gegenüber dem strengen Sorgfaltspflichtenstandard des § 93 Abs. 1 S. 1 AktG abgemilderter Sorgfaltspflichtenmaßstab und damit als ein objektiver Verhaltensstandard aufzufassen.[457] Dieser würde dann im Bereich „unternehmerischer Entscheidungen" im Sinne von § 93 Abs. 1 S. 2 AktG als der speziellere Maßstab dem allgemeinen Sorgfaltspflichtenstandard zunächst vorgehen. Würde der Vorstand im Rahmen einer unternehmerischen Entscheidung diesem speziellen abgemilderten Sorgfaltspflichtenstandard gerecht, so entspräche er damit den ihm obliegenden objektiven Verhaltenspflichten und die vom Gesetzgeber vorgesehene Rechtsfolge mangelnder Sorgfaltspflichtverletzung könnte unmittelbar eintreten.

> Beispiel:[458] Der Vorstand der C-Gesellschaft entscheidet sich für den Erwerb eines Grundstücks von Vorstandsmitglied L zu einem Preis von 7,5 Mio. €, obwohl sich auf dem freien

457 So i.E. wohl *Ihrig*, WM 2004, 2098 (2102), der § 93 I 2 AktG als „Regelung des objektiven Pflichtenmaßstabs" bezeichnet, sowie zuletzt auch *Hopt/M. Roth* in Großkomm. AktG, 2006, § 93 I 2, 4 nF, Rn. 12 („Konkretisierung der Sorgfaltspflichten") und *Lutter*, ZIP 2007, 841 (842 f.) („Liegen die entsprechenden Voraussetzungen der Norm vor, so ist das Handeln des Vorstands nicht pflichtwidrig, d.h. rechtmäßig [...]."). Das mit § 93 I 2 AktG kodifizierte Geschäftsleiterermessen (u.a.) ebenfalls als „Aussage zu den materiellen Sorgfaltsanforderungen" darstellend letztlich auch die Entwurfsverfasser *Seibert/Schütz* in ZIP 2006, 252 (254) (vgl. dazu, dass es sich bei Äußerungen von den Entwurf ausarbeitenden Ministerialbeamten aber nicht etwa um eine für den Ausleger bindende Richtschnur handelt, nur *Larenz*, Methodenlehre, 1991, S. 329, 344). Nicht ganz eindeutig *Wilsing*, ZIP 2004, 1082 (1089), der zwar überwiegend von einer „Präzisierung des Sorgfaltsmaßstabs" sowie von einer „Reduzierung der Sorgfaltsanforderungen" spricht, andererseits aber auch den „sicheren Hafen" des § 93 I 2 AktG als „einer gerichtlichen Überprüfung entzogen" bezeichnet. Wiederum im Sinne eines abgemilderten Sorgfaltspflichtenstandards – allerdings noch zur Rechtslage vor der Kodifikation – *M. Roth*, Unternehmerisches Ermessen, 2001, S. 52 ff.; *Heisse*, Die Beschränkung der Geschäftsführerhaftung gegenüber der GmbH, 1988, S. 29 (GmbH); *Kindler*, ZHR 162 (1998), 101 (104); *Thümmel*, DB 2004, 471 (471).

458 Entspricht im Wesentlichen dem bereits oben unter § 3 III. 4. (S. 86, Fn. 279) wiedergegebenen Beispielsfall des *ALI*.

Markt für diesen Preis kein Käufer gefunden hat. Vielmehr bewegten sich dort die Kaufgebote zwischen 3 und 5 Mio. €. Ein von den unbefangenen Vorstandsmitgliedern zuvor engagierter Immobilienexperte hat geurteilt, dass es nicht auszuschließen sei, dass das Grundstück tatsächlich einen Wert von 7,5 Mio. € habe, er selbst würde aber einen solchen Preis nicht zahlen.

Müsste sich eine Überprüfung dieser Kaufentscheidung an dem strengen Sorgfaltsmaßstab des § 93 Abs. 1 S. 1 AktG orientieren, nach dem der Vorstand – wie gezeigt[459] – die aus ex ante-Sicht qualitativ „beste" Entscheidung zu treffen hat, so würde der überprüfende Richter im vorliegenden Fall eine Sorgfaltspflichtverletzung mit großer Wahrscheinlichkeit bejahen. Würde man den Sorgfaltspflichtenmaßstab für Entscheidungen, die dem Anwendungsbereich des Geschäftsleiterermessens unterfallen, nun aber absenken – etwa bis zur Grenze der Rückführbarkeit des Entscheidungsinhalts auf rationale unternehmerische Erwägungen[460] –, so müsste man demgegenüber urteilen, dass der Vorstand seiner – insofern abgemilderten – Sorgfaltspflicht gerade noch gerecht geworden ist. Eine Sorgfaltspflichtverletzung würde damit ohne weiteres ausscheiden.

b. Rechtsnaturunabhängige Funktionsweise von § 93 Abs. 1 S. 2 AktG

aa. Sperrwirkung des § 93 Abs. 1 S. 2 AktG

Dieser Ausschluss einer Sorgfaltspflichtverletzung müsste darüber hinaus auch als endgültig bezeichnet werden. Mit anderen Worten – und nicht allein auf den vorbezeichneten Erklärungsansatz verhaftet – könnte bei Vorliegen des Tatbestandes von § 93 Abs. 1 S. 2 AktG die dort angeordnete Rechtsfolge auch nicht mehr unter Zuhilfenahme des allgemeinen Maßstabs des § 93 Abs. 1 S. 1 AktG bzw. durch einen daran geführten Nachweis der Sorgfaltspflichtwidrigkeit entkräftet werden. Anderenfalls stünde eine Aushöhlung von Sinn und Zweck der Neuregelung zu befürchten.

Dieser letzte Umstand bewirkt nun auch, dass es sich bei der eben beschriebenen „Sperrwirkung" von § 93 Abs. 1 S. 2 AktG zugleich um eine von der genauen Rechtsnatur letztendlich unabhängige – und in Fachkreisen zudem auch nicht bezweifelte – Wirkung handelt.[461] So erblickt *Fleischer*[462] in besagter Sperrwirkung etwa die Eigenart der aus dem US-amerikanischen Recht stammenden und auch vom Gesetzgeber aufgegriffenen Figur des *„safe harbor"*, die er mit dem Begriff des „Tatbestandsausschlussgrundes" für das deutsche Recht mit dogmatischem Leben zu füllen sucht.

459 S. oben unter § 4 I. 2. c. (S. 101 ff.).

460 S. dazu noch ausführlich unten unter § 9 II. 2. (S. 326 ff.).

461 I.E. ebenfalls von einer Sperrwirkung ausgehend: *Fleischer*, in: Handbuch des Vorstandsrechts, 2006, § 7, Rn. 51; *ders.*, ZIP 2004, 685 (689); *Ihrig*, WM 2004, 2098 (2103); *C. Schäfer*, ZIP 2005, 1253 (1257); *S. H. Schneider*, DB 2005, 707 (712).

462 *Fleischer*, in: Handbuch des Vorstandsrechts, 2006, § 7, Rn. 51 sowie Spindler/Stilz/*Fleischer*, AktG, 2007, § 93, Rn. 61 und *ders.*, ZIP 2004, 685 (689).

bb. Rückgriff auf § 93 Abs. 1 S. 1 AktG

Bisher ausgeblendet wurde damit allerdings noch die Fallkonstellation, in der das Vorstandshandeln selbst dem abgemilderten Standard des § 93 Abs. 1 S. 2 AktG nicht mehr gerecht zu werden vermag. Im Ergebnis kann dieser Fall – wiederum unabhängig von einer bestimmten Rechtsnatur des Geschäftsleiterermessens – letztlich nicht anders behandelt werden, als dass die Sperrwirkung der Neuregelung entfällt und den Rückgriff auf eine Überprüfung der infrage stehenden Maßnahme unter Zugrundelegung des allgemeinen strengen Maßstabs des § 93 Abs. 1 S. 1 AktG freigibt.[463]

Zum einen ergibt sich diese Schlussfolgerung bereits aus dem reinen Wortlaut der Neuregelung: Erfüllt das Vorstandshandeln noch nicht einmal die Voraussetzungen des § 93 Abs. 1 S. 2 AktG, dann liegt das tatsächliche Vorliegen einer Sorgfaltspflichtverletzung zwar sehr nahe. § 93 Abs. 1 S. 2 AktG besagt insofern jedoch ausdrücklich nur, wann gerade nicht von einer Sorgfaltspflichtverletzung ausgegangen werden kann. Eine etwaige Deutung, dass bei Nichtvorliegen der Voraussetzungen des § 93 Abs. 1 S. 2 AktG auch sogleich positiv auf eine Sorgfaltspflichtverletzung geschlossen werden kann, wird also bereits nicht mehr vom Wortlaut der Neuregelung getragen. Vielmehr bedarf es dazu eines Rückgriffs auf § 93 Abs. 1 S. 1 AktG.

Zum anderen ist § 93 Abs. 1 S. 2 AktG sowohl durch seinen Wortlaut als auch durch seine systematische Stellung als Ausnahme zu § 93 Abs. 1 S. 1 AktG konzipiert.[464] Sind aber die Voraussetzungen einer Ausnahme nicht gegeben, so entspricht es gängiger juristischer Handhabe, sodann wiederum nach der Regel zu verfahren. Die etwaige Annahme sogar einer „negativen Sperrwirkung" von § 93 Abs. 1 S. 2 AktG würde dagegen einen besonderen Begründungsaufwand erfordern, für den hier

463 Einen solchen Rückgriff ebenfalls befürwortend: *Hüffer*, AktG, 2008, § 93, Rn. 4c; *Fleischer*, ZIP 2004, 685 (689); *Ihrig*, WM 2004, 2098 (2103); *Paefgen*, AG 2004, 245 (249); *S. H. Schneider*, DB 2005, 707 (712). A.A. allerdings *C. Schäfer*, ZIP 2005, 1253 (1257): „Anders als dies im Schrifttum zum Teil gesehen wird, sind diese „Ermessensfehler" unmittelbar haftungsbegründend, sofern ein Schaden der Gesellschaft eingetreten ist; es braucht also nicht mehr erneut der (volle) Tatbestand nach Satz 1 geprüft zu werden." Wie *C. Schäfer* wohl auch die Gem. Stellungnahme v. *BDI*, *BDA*, *DIHK*, *GDV* und *BdB* zum UMAG-RefE v. 2.4.2004, http://www.dihk.de/index.html?/inhalt/themen/rechtundfairplay/stellungnahmen/index.html, S. 2 (zul. abgerufen am 1.5.2008) sowie zum UMAG-RegE v. 26.1.2005, http://www.dihk.de/index.html?/inhalt/themen/rechtundfairplay/stellungnahmen/index.html, S. 6 (zul. abgerufen am 1.5.2008). Liegt allerdings noch nicht einmal eine „unternehmerische Entscheidung" vor, d.h. ist noch nicht einmal der Anwendungsbereich des Geschäftsleiterermessens eröffnet, so bejaht selbstverständlich auch *C. Schäfer* einen Rückgriff auf § 93 I 1 AktG (a.a.O., (1256)). Vgl. zum Schluss auch noch *Lohse*, Unternehmerisches Ermessen, 2005, S. 261, 503 die – allerdings im Rahmen eines eigenen nicht an § 93 I 2 AktG, sondern vielmehr an der Ermessensfehlerlehre des Verwaltungsrechts orientierten Ansatzes – ebenfalls eine unmittelbare Haftungsbegründung von Ermessensfehlern annimmt.

464 Begr. UMAG-GesetzesE, BT-Drs. 15/5092 v. 14.3.2005, S. 12. Vgl. auch *S. H. Schneider*, DB 2005, 707 (712).

letztlich nichts ersichtlich ist. Die Vorstandsmitglieder haben sich in einem solchen Fall vielmehr als des mit dem Geschäftsleiterermessen intendierten Schutzes unwürdig erwiesen. Einer Anwendung des strengen Maßstabs des § 93 Abs. 1 S. 1 AktG steht insofern nichts mehr entgegen.

Damit ist nun im Grunde auch schon der nächste und letzte Aspekt in diesem Zusammenhang angesprochen: Die Vorschrift des § 93 Abs. 1 S. 2 AktG bezweckt den Schutz der Vorstandsmitglieder. Der dazu gewährte Handlungsspielraum soll sich zu Gunsten der Vorstandsmitglieder auswirken. Er ist als Gegengewicht zur Verschärfung des Verfolgungsrechts der Aktionäre konzipiert.[465] Eine Belastung der Vorstandsmitglieder durch die Neuregelung, wie sie etwa mit der Annahme einer sogar positiv auf die Begründung einer Sorgfaltspflichtverletzung zielenden Wirkung verbunden wäre, ist demgegenüber als nicht gewollt auszuschließen. Dazu darf bzw. muss vielmehr auf § 93 Abs. 1 S. 1 AktG zurückgegriffen werden.

cc. Stufenprüfung

Insgesamt führt die damit beschriebene allgemeine Funktionsweise von § 93 Abs. 1 S. 2 AktG schließlich unweigerlich zur Annahme eines aktienrechtlichen Doppelstandards. Dies wirkt sich nicht nur derart aus, dass zwischen dem Geschäftsleiterermessen unterfallenden Vorstandsentscheidungen auf der einen und von der Neuregelung nicht erfassten Maßnahmen auf der anderen Seite zu differenzieren ist. Vielmehr schlägt besagte Aufspaltung darüber hinaus auch schon innerhalb der zuerst genannten Gruppe zu Buche – und zwar im Sinne einer in diesem Zusammenhang anzunehmenden „Stufenprüfung".[466] Konform zur Funktionsweise der US-amerikanischen *BJR*[467] vollzieht sich diese Stufenprüfung nun wie folgt: Der zur Überprüfung berufene Richter zieht, auf einer ersten Stufe, lediglich den abgemilderten Standard des § 93 Abs. 1 S. 2 AktG heran. Wird die unternehmerische Entscheidung den dort niedergelegten Anforderungen gerecht, so ist sie im „sicheren Hafen" des Geschäftsleiterermessens angelangt. Eine weitergehende Prüfung findet nicht statt.

Sind die Merkmale des § 93 Abs. 1 S. 2 AktG dagegen nicht erfüllt, so entfällt der Schutz des Geschäftsleiterermessens und der Richter unterzieht die unternehme-

465 S. die Begr. zum UMAG-GesetzesE, BT-Drs. 15/5092 v. 14.3.2005, S. 10 und 11 sowie etwa *Koch*, ZGR 2006, 769 (782); *Paefgen*, AG 2004, 245 (246); *M. Roth*, BB 2004, 1066 (1066) und *Wilsing*, ZIP 2004, 1082 (1089).

466 Mehr oder weniger ausdrücklich ebenfalls von einer Stufenprüfung ausgehend auch *Fleischer*, ZIP 2004, 685 (689); *Ihrig*, WM 2004, 2098 (2103); *Paefgen*, AG 2004, 245 (249); *S. H. Schneider*, DB 2005, 707 (712). Eine Stufenprüfung auch bereits vor der Kodifikation des Geschäftsleiterermessens befürwortend: *Paefgen*, Unternehmerische Entscheidungen und Rechtsbindung, 2002, S. 249 ff. Eine Stufenprüfung dagegen konform zu seiner bereits oben angesprochenen Sichtweise ablehnend: *C. Schäfer*, ZIP 2005, 1253 (1257).

467 S. zur Funktionsweise der *BJR* US-amerikanischer Prägung insofern bereits oben unter § 3 II. 1. (S. 67 f.).

rische Entscheidung, auf einer zweiten Stufe, einer erneuten Prüfung – diesmal jedoch unter Zugrundelegung des allgemeinen strengen Maßstabs des § 93 Abs. 1 S. 1 AktG.

c. Schwächen eines als abgemilderter Sorgfaltspflichtenmaßstab verstandenen Geschäftsleiterermessens

Würde man die Rechtsnatur des Geschäftsleiterermessens nun allerdings tatsächlich, wie eingangs aufgeworfen, in einem abgemilderten objektiven Verhaltensstandard erblicken, so würde die eben beschriebene Stufung jedoch unweigerlich zu denklogischen Verwerfungen führen: So vermag kaum einzuleuchten, warum dem Vorstand im Bereich unternehmerischer Entscheidungen zwar grundsätzlich lediglich abgeschwächte Verhaltensanforderungen auferlegt werden sollen, die sich für den Fall, dass er diesen nicht gerecht geworden ist, nachträglich dann aber doch wieder zum bekannten strengen Sorgfaltspflichtenstandard verdichten.

Des Weiteren spricht gegen eine solche Qualifikation auch bereits die Intention, die der Gesetzgeber mit der Einführung des UMAG generell verfolgte: So soll mit dem UMAG, das den Begriff der Unternehmensintegrität schon in seinem Namen trägt, dem „Verblassen des Leitbildes des ehrbaren Kaufmanns" entgegengewirkt werden.[468] Die Einführung eines abgeschwächten Sorgfaltspflichtenstandards gerade für den wichtigen Bereich des unternehmerischen Handelns würde infolge ihrer negativen Signalwirkung dem aber geradezu diametral entgegenstehen.

Darüber hinaus würde unter Zugrundelegung einer solchen Sichtweise letztlich etwas kodifiziert, was bereits seit Jahrzehnten noch nicht einmal der grundgesetzlich verbürgten Verbandsautonomie anheim gestellt wird. Eine Abmilderung des Sorgfaltspflichtenstandards kann nämlich nach wie vor weder durch dahingehende anstellungsvertragliche Regelung noch durch satzungsmäßige Bestimmung erreicht werden.[469] Hintergrund dieser Sichtweise ist – vereinfacht gesprochen – wiederum die starke Stellung des Vorstands, die nach einer entsprechend starken Rückbindung verlangt.[470] Würde man nun das Geschäftsleiterermessen als eine solche Abmilderung verstehen, so bedeutete dessen Kodifikation einen Bruch mit der bisherigen Rechtstradition, ohne dass sich der Gesetzgeber dazu ausdrücklich erklärt hätte.

468 Vgl. die Rede *Brigitte Zypries*` „UMAG und 10-Punkte-Programm" vom 17.06.05 in Berlin, http://www.bmj.de/enid/c8354a4342fc1af3b0c3dcf11f36e4f1,0/Juni/ss7__6_2__5_-_UMAG _und_ss_-Punkte-Programm_un.html (zul. abgerufen am 3.9.2006).

469 Generell zum zwingenden Charakter der Vorstandshaftung gem. § 93 II 1 AktG vor allem MünchKommAktG/*Hefermehl/Spindler*, 2004, § 93, Rn. 10, 41; *Hopt* in Großkomm. AktG, 1999, § 93, Rn. 23 ff.; *Hüffer*, AktG, 2008, § 93, Rn. 1; *Mertens* in Kölner Kommentar zum AktG, 2. Auflage, 1996, § 93, Rn. 4; *U.H. Schneider*, in: FS Werner, 1984, S. 795 (800 ff.). S. dazu auch bereits oben unter § 4 II. 1. a. (S. 107), wo die Problematik auf den Verschuldensmaßstab bezogen dargestellt worden ist.

470 MünchKommAktG/*Hefermehl/Spindler*, 2004, § 93, Rn. 41.

Daher erscheint es sinnvoll, den Blick nun auch einmal auf die zweite Anknüpfungsmöglichkeit zu richten und zu prüfen, ob sich daraus nicht möglicherweise eine weniger problematische Sichtweise entwickeln lässt.

2. *Anknüpfung erst auf der Ebene der Überprüfung*

a. Das Geschäftsleiterermessen als abgemilderter Überprüfungsstandard

Wiederum davon ausgehend, dass die den Vorstand belastende Unsicherheit samt der daraus resultierenden Folgeprobleme letztlich aus der mangelnden Überprüfbarkeit des strengen Sorgfaltspflichtenmaßstabs des § 93 Abs. 1 S. 1 AktG erwächst, ließe sich auf der anderen Seite nun auch erst bei der Überprüfung der Einhaltung dieses Maßstabs ansetzen. Das würde bedeuten, dass der strenge Sorgfaltspflichtenmaßstab des „ordentlichen und gewissenhaften Geschäftsleiters" bestehen bliebe und stattdessen erst im Rahmen der Überprüfung dessen Einhaltung ein Handlungsspielraum gewährt würde. Dieser würde dann keine Abmilderung des Sorgfaltspflichtenmaßstabs selbst, sondern erst eine Abmilderung des diesbezüglichen Überprüfungsstandards bewirken. Damit würde es sich bei dem Geschäftsleiterermessen von seiner Rechtsnatur her um einen speziellen, vom strengen Sorgfaltspflichtenmaßstab des „ordentlichen und gewissenhaften Geschäftsleiters" abgekoppelten, Überprüfungsmaßstab handeln.[471] Unter Zugrundelegung einer solchen Sichtweise

471 Die Neuregelung des § 93 I 2 AktG – in Abkehr von seiner vorherigen Ansicht (Fn. 457) – zunächst ebenfalls in diesem Sinne darstellend: *M. Roth*, BB 2004, 1066 (1068 f. – insbesondere: „Die Ableitung des unternehmerischen Ermessens aus dem Leitungsermessen des Vorstands wird mit der Neudefinition des unternehmerischen Ermessens nur insofern modifiziert, als nunmehr zwischen objektivem Pflichtverstoß (standard of conduct) und Haftung (standard of review) differenziert wird."). Im Sinne eines abgemilderten Sorgfaltspflichtenstandard nun aber (wieder) *Hopt/M. Roth* in Großkomm. AktG, 2006, § 93 I 2, 4 nF, Rn. 12: „Zutreffend erscheint die Qualifikation des Abs. 1 Satz 2 als Konkretisierung der Sorgfaltspflichten bei rechtlich nicht gebundenen Entscheidungen. [...] Die Differenzierung zwischen Haftung und Sorgfaltspflicht ist nicht nötig und liegt der Kodifikation der business judgment rule nicht zugrunde." Das Geschäftsleiterermessen nach der Neuregelung demgegenüber wohl ebenfalls als modifizierten Überprüfungsmaßstab auffassend: *Paefgen*, AG 2004, 245 (249); *C. Schäfer*, ZIP 2005, 1253 (1254: „Vielmehr ist beim Beurteilungsstandard selbst anzusetzen, damit dessen theoretische Kongruenz zum Verhaltensstandard auch in der Praxis wenigstens näherungsweise erreicht wird. Und eben diesen Weg beschreitet der Gesetzgeber jetzt im UMAG, wenn er in § 93 Abs. 1 AktG einen zweiten Satz einfügt, [...]." u. 1259: „indem er nicht (mehr) bei der Milderung des Pflichten – bzw. Sorgfaltsmaßstabs ansetzt") sowie *S. H. Schneider*, DB 2005, 707 (712): „Sind die Tatbestandsmerkmale erfüllt, so scheidet eine gerichtliche Prüfung aus. [...] Rechtsfolge ist nur, dass die Regel wieder hergestellt wird, nach der das Verhalten gerichtlich überprüfbar ist." In gleichem Sinne könnte man schließlich auch die wenigen – als Aussage zur Rechtsnatur des Geschäftsleiterermessens auslegbaren – Äußerungen des Gesetzgebers verstehen: Begr. UMAG-GesetzesE, BT-Drs. 15/5092 v. 14.3.2005, S. 11 („als Maßstab für die Überprüfung") sowie Gegenäußerung der Bundesregierung zur Stellungnahme des Bundesrates, BT-Drs. 15/5092, Anlage 3, S. 41 („Im Übrigen ist es Kern-

bliebe der Vorstand also zur Einhaltung der strengen Sorgfaltspflichten aus § 93 Abs. 1 S. 1 AktG verpflichtet, wäre im Ergebnis aber dennoch nicht den mit einer diesbezüglichen Überprüfung verbundenen Unsicherheiten ausgesetzt, da in der Überprüfungssituation lediglich abgemilderte Anforderungen zu Grunde gelegt würden.

b. Vorzüge eines als abgemilderten Überprüfungsmaßstab verstandenen Geschäftsleiterermessens

In dieser zuletzt beschriebenen Wirkweise ist auch sogleich einer der Vorzüge einer Qualifikation des Geschäftsleiterermessens als abgemilderten Überprüfungsstandard gegenüber dessen eben beschriebener Einordnung als abgemilderten Sorgfaltspflichtenstandard zu erblicken: Mit der Kodifikation eines solchermaßen verstandenen Geschäftsleiterermessens wäre keine negative Signalwirkung verbunden, die sich als der Glaubwürdigkeit des UMAG abträglich erweisen könnte.

Gleiches gilt nun aber auch für die übrigen Nachteile, die sich die zuerst dargestellte Sichtweise entgegen halten lassen muss: So würde lediglich die Abmilderung des Überprüfungsstandards weder einen Bruch mit der Rechtstradition heraufbeschwören, wonach der Sorgfaltspflichtenstandard als zwingend und damit gleichsam als Bestandteil eines unabdingbaren aktienrechtlichen Regelungskerns aufzufassen

bestandteil der neuen Business-Judgment-Rule, dass nicht nur die unternehmerische Entscheidung selbst, sondern auch die Planungs- und Informationsphase der gerichtlichen Überprüfung teilweise entzogen sind."). Auch *Fleischer* bezeichnet diese Sichtweise in Spindler/Stilz, AktG, 2007, § 93, Rn. 60 sowie in Handbuch des Vorstandsrechts, 2006, § 7, Rn. 50 und in ZIP 2004, 685 (689 f.) als einen gangbaren modernen Erklärungsansatz. In ZGR 2001, 1 (24) qualifizierte *ders.* bereits das vom *BGH* in der *ARAG/Garmenbeck*-Entscheidung näher umrissene Geschäftsleiterermessen als „zurückgenommenen Überprüfungsstandard nach dem Vorbild der US-amerikanischen *business-judgement-rule*". *Kinzl* spricht sich in AG 2004, R 3 demgegenüber ausdrücklich gegen die Möglichkeit der Einführung eines solchen „gerichtsfreien Raumes" aus. In die gleiche Richtung weist der Beitrag *Brömmelmeyers*` in WM 2005, 2065 (2069), den es an späterer Stelle noch eingehender zu würdigen gilt (s. § 5 II. 2. d. (S. 148 ff.)). Das Geschäftsleiterermessen dagegen auch bereits vor seiner Kodifikation in § 93 I 2 AktG als eingeschränkten gerichtlichen Überprüfungsmaßstab auffassend: *Oltmanns*, Geschäftsleiterhaftung, 2001, S. 231, 275, 301 f., der die Rechtsnatur des Geschäftsleiterermessens allerdings nicht problematisiert, sondern sich insofern vielmehr auf die unreflektierte Übertragung der in den USA dazu entwickelten Sichtweise beschränkt. Insofern wohl ebenfalls bereits im Sinne eines abgemilderten Überprüfungsmaßstabs: *Dreher*, ZHR 158 (1994), 614 (632 ff.). Vgl. aus der Rechtsprechung insofern etwa *OLG Düsseldorf*, Urt. v. 14.3.1996 – 6 U 119/94 („*ARAG/Garmenbeck II*") –, ZIP 1996, 1083 (1088) („Beschränkung der gerichtlichen Kontrolle"). Vgl. zum Schluss noch *Lohse*, Unternehmerisches Ermessen, 2005, S. 261, die – wiederum gänzlich ohne diesbezügliche dogmatische Erläuterungen – ebenfalls von einem „Kontrollmaßstab" spricht – auch wenn sie insofern gerade nicht von einer Stufenprüfung der beschriebenen Art, sondern vielmehr von einem einzigen im Bereich unternehmerischen Ermessens zu Grunde zu legenden Maßstab ausgeht (vgl. schon oben unter § 5 II. 1. b. bb. (S. 127, Fn. 463)).

ist. Noch würde sie zu den beschriebenen Verwerfungen im Falle des Nichtvorliegens der Voraussetzungen des § 93 Abs. 1 S. 2 AktG führen. Zwar würde – wie gesagt – auch bei Einordnung des Geschäftsleiterermessens als speziellen Überprüfungsmaßstab von einer Stufenprüfung auszugehen sein. Eine Verdichtung des Überprüfungsmaßstabs im Falle des Nichtvorliegens der Voraussetzungen des § 93 Abs. 1 S. 2 AktG erscheint demgegenüber aber weitaus schlüssiger als eine nachträgliche Erhöhnung der objektiven Verhaltenspflichten. Welchen objektiven Pflichten jemand gerecht zu werden hat, muss für diesen grundsätzlich bereits im Zeitpunkt seines Handelns feststehen.

Darüber hinaus befände sich ein solchermaßen verstandenes Geschäftleiterermessen zugleich in voller Kongruenz zu seinem US-amerikanischen Pendant, das nicht zuletzt vom Gesetzgeber selbst zum erklärten Vorbild für die Neuregelung erhoben worden ist.[472]

c. Einwand mangelnder Vereinbarkeit mit deutschem Zivilrecht

Andererseits muss man sich im Rahmen dieser Sichtweise dafür aber wiederum mit anderen Problemen auseinandersetzen – und zwar ist in diesem Zusammenhang bereits moniert worden, dass ein „gerichtsfreier Raum“, wie er aus einer Absenkung des Überprüfungsmaßstabs erwachsen würde, dem deutschen Zivilrecht fremd sei.[473] Mit anderen Worten wird eingewendet, dass die vom Gesetzgeber vorgegebene Orientierung an der US-amerikanischen *BJR* andererseits auch nicht in eine unbesehene Übertragung fremden Rechts ausarten dürfe.

Im Folgenden wird also zu untersuchen sein, inwieweit ein solcher Einwand berechtigt ist bzw. welche Konsequenzen sich daraus für die Vertretbarkeit der in Rede stehenden Sichtweise ergeben.

aa. Grundsätzlicher Gleichklang von Verhaltens- und Überprüfungsstandard

Grundsätzlich unterliegt das Handeln von Rechtssubjekten im Zivilrecht der vollen richterlichen Kontrolle.[474] Die ursprünglichen Anforderungen bzw. Aussagen des materiellen Rechts bilden also auch im Rahmen einer Überprüfung die für den Richter verbindliche Richtschnur.

472 Begr. UMAG-GesetzesE, BT-Drs. 15/5092 v. 14.3.2005, S. 11. S. dazu, dass auch der materiell-rechtliche Aussagegehalt der *BJR* gerade darin besteht, unternehmerische Entscheidungen lediglich anhand eines abgemilderten gerichtlichen Überprüfungsmaßstabs zu kontrollieren, bereits oben unter § 3 II. 1. (S. 65 ff.).

473 *Kinzl*, AG 2004, R3.

474 Vgl. speziell für schadenstiftende Handlungen etwa *S. H. Schneider*, DB 2005, 707 (712).

bb. Gesetzliche Vermutungen als Ausnahme zu diesem Grundsatz

Andererseits gilt aber auch bezogen auf diesen Grundsatz die Binsenweisheit: „Keine Regel ohne Ausnahme." Dessen wird man sich schnell gewahr werden, wenn man etwa einen Blick auf das Regelungsgebiet der gesetzlichen Vermutung wirft.

(1) Begriffliche Klärung

Vermutungen liegen – vereinfacht gesprochen – immer dann vor, wenn in einem Tatbestand (so genannte Vermutungsbasis[475]) Tatsachen bezeichnet werden, bei deren Vorliegen als Rechtsfolge[476] entweder auf eine andere Tatsache oder aber auf ein Recht geschlossen wird.[477]

Beispiel: In § 1006 Abs. 1 S. 1 BGB wird vom Besitz (Vermutungsbasis) auf das Eigentum des Besitzers geschlossen, in § 1566 BGB dagegen maßgeblich von der Dauer des Getrenntlebens (Vermutungsbasis) auf das Scheitern der Ehe als Scheidungsgrund.

Dem in der Definition bereits zum Ausdruck gebrachten Dualismus bezüglich des Vermutungsgegenstandes entsprechend, werden letztlich auch so genannte „Tatsachenvermutungen" auf der einen von „Rechtsvermutungen" auf der anderen Seite geschieden: Besteht die Rechtsfolge in der Vermutung einer Tatsache bzw. an sich

475 Musielak/*Huber*, ZPO, 2007, § 292, Rn. 4; Hk-ZPO/*Saenger*, 2007, § 292, Rn. 7; *Blomeyer*, Zivilprozeßrecht, 1985, § 67 II. 2. b) (S. 354); *Musielak*, Grundkurs ZPO, 2007, Rn. 479; *Rosenberg/Schwab/Gottwald*, Zivilprozessrecht, 2004, § 111, Rn. 35.

476 Grundsätzlich kann die angesprochene Rechtsfolge sowohl eine solche des materiellen Rechts als auch eine solche des Prozessrechts sein. Da im Rahmen der vorliegenden Arbeit jedoch ausschließlich dem materiellen Recht zuzuordnende Rechtsfolgen samt den in ihren Dienst gestellten Vermutungen von Belang sind, bleiben die auf prozessualem Gebiet anzusiedelnden Vermutungen hier außen vor.

477 Vgl. Musielak/*Huber*, ZPO, 2007, § 292, Rn. 2 f.; *Reichold* in Thomas/Putzo, ZPO, 2007, § 292, Rn. 1 f.; Hk-ZPO/*Saenger*, 2007, § 292, Rn. 2 f.; *Rosenberg/Schwab/Gottwald*, Zivilprozessrecht, 2004, § 111, Rn. 34, 36. Weiter eingrenzend wird dabei zumeist noch betont, dass es sich bei den die Vermutungsbasis bildenden Tatsachen um so genannte „tatbestandsfremde" Tatsachen handeln müsse. Damit ist gemeint, dass die Voraussetzungen des Vermutungstatbestandes nicht identisch sein dürfen mit den Voraussetzungen des Tatbestandes, dem die vermutete Tatsache bzw. das vermutete Recht selbst als Tatbestandsmerkmal angehört (sog. „Rechtsfolgenorm"; *Musielak/Stadler*, Grundfragen des Beweisrechts, 1984, Rn. 245). Anderenfalls ginge die typische Zweigliedrigkeit in Tatbestand und Rechtsfolge verloren, die die Vermutung von der eingliedrigen Beweislastnorm unterscheidet (*Musielak/Stadler*, Grundfragen des Beweisrechts, 1984, Rn. 246). Als Negativbeispiel wird insofern zumeist auf die Vorschrift des § 2255 BGB verwiesen. S. zur Aussonderung solcher „unechten Vermutungen" aus dem Vermutungsbegriff vor allem wieder *Musielak/Stadler*, Grundfragen des Beweisrechts, 1984, Rn. 245 ff. Ähnlich *Blomeyer*, Zivilprozeßrecht, 1985, § 67 II. 2. b) (S. 354 f. – „Scheinvermutungen").

genauer in der eines gesetzlichen Tatbestandsmerkmals[478], so spricht man von einer Tatsachenvermutung,[479] wird dagegen ein Recht bzw. wiederum genauer ein gegenwärtiger Rechtszustand[480] vermutet, so liegt eine Rechtsvermutung vor.[481]

Bleibt im Rahmen einer einführenden begrifflichen Klärung schießlich noch der Terminus „gesetzlich" zu erläutern, der letztlich auf nichts anderes als auf die gesetzliche Normierung der Vermutung hinweist.[482] Der gesetzlichen Vermutung wird teilweise die vom Richter geschaffene so genannte „tatsächliche Vermutung"[483] als Pendant gegenüber gestellt. Eine solche Gegenüberstellung ist jedoch mit Vorsicht zu genießen, da die beiden Rechtsfiguren beträchtliche Unterschiede in Funktion und Wirkung aufweisen.[484]

478 *Leipold*, Beweislastregeln und gesetzliche Vermutungen, 1966, S. 100 sowie vor allem S. 86: „In Wahrheit sind die Vermutungen nicht auf Tatsachen, sondern auf Tatbestandsmerkmale gerichtet.".

479 Vgl. Musielak/*Huber*, ZPO, 2007, § 292, Rn. 2; MünchKommZPO/*Prütting*, 2008, § 292, Rn. 5; Hk-ZPO/*Saenger*, 2007, § 292, Rn. 2; *Rosenberg/Schwab/Gottwald*, Zivilprozessrecht, 2004, § 111, Rn. 34; *Schellhammer*, Zivilprozess, 2007, Rn. 395.

480 *Reichold* in Thomas/Putzo, ZPO, 2007, § 292, Rn. 2; *Rosenberg/Schwab/Gottwald*, Zivilprozessrecht, 2004, § 111, Rn. 36; *Rosenberg*, Die Beweislast, 1965, S. 228 (mit näherer Erläuterung).

481 Vgl. Musielak/*Huber*, ZPO, 2007, § 292, Rn. 3; MünchKommZPO/*Prütting*, 2008, § 292, Rn. 5; Hk-ZPO/*Saenger*, 2007, § 292, Rn. 3; *Rosenberg/Schwab/Gottwald*, Zivilprozessrecht, 2004, § 111, Rn. 36; *Schellhammer*, Zivilprozess, 2007, Rn. 395.

482 MünchKommZPO/*Prütting*, 2008, § 292, Rn. 1, 5, 11.

483 Die tatsächliche Vermutung (auch „unechte" oder „natürliche Vermutung" bzw. „praesumtio facti", vgl. MünchKommZPO/*Prütting*, 2008, § 292, Rn. 7) wird für gewöhnlich dem Anscheinsbeweis (auch „Beweis des ersten Anscheins" bzw. „prima-facie-Beweis", Stein-Jonas/*Leipold*, ZPO, 1997, §, 286, Rn. 87 f.) zugerechnet (Stein-Jonas/*Leipold*, ZPO, 1997, § 292, Rn. 6; Hk-ZPO/*Saenger*, 2007, § 292, Rn.4; *Wieczorek*, ZPO, 1976, § 292 A III). Teilweise werden die beiden Begriffe aber auch synonym verwendet (*Jauernig*, Zivilprozessrecht, 2007, § 50 V. (S. 166); dagegen: Stein-Jonas/*Leipold*, ZPO, 1997, § 286, Rn. 97, Fn. 271). Vereinzelt wird auch formuliert, der erste Anschein begründe im Prozess eine tatsächliche Vermutung (*Schellhammer*, Zivilprozess, 2007, Rn. 404). Bei dem Anscheinsbeweis handelt es sich um eine besondere Art des Indizienbeweises, bei dem der Richter einen typischen Geschehensablauf kraft freier Würdigung als erwiesen ansieht (vgl. Stein-Jonas/*Leipold*, ZPO, 1997, § 286, Rn. 88; *Reichold* in Thomas/Putzo, ZPO, 2007, § 286, Rn. 12 f.).

484 Ein wesentlicher Unterschied besteht etwa darin, dass zur Entkräftung des Anscheinsbeweises bereits der Nachweis der ernsthaften Möglichkeit eines anderen Geschehensablaufs im konkreten Fall genügt, während zur Entkräftung einer widerlegbaren Vermutung entweder der volle Gegenbeweis gegen die die Vermutungsbasis begründenden Tatsachen oder aber der sich gegen den Inhalt der Vermutung selbst richtende sog. volle „Beweis des Gegenteils" erbracht werden muss, der sogar Hauptbeweis ist (s. zum „Beweis des Gegenteils" noch weiter unten unter § 5 II. 2. c. bb. (2) (a) (bb) (S. 137 f.)). Darüber hinaus wird größtenteils aber auch von einer unterschiedlichen Rechtsnatur der beiden Rechtsfiguren ausgegangen: Während die gesetzliche Vermutung letzten Endes überwiegend dem materiellen Recht zugeordnet wird (s. auch hierzu noch sogleich unter § 5 II. 2. c. bb. (2) (a) (aa) (S. 135, Fn. 488)), wird die tatsächliche Vermutung eher als prozessrechtliches Institut aufgefasst. Insgesamt weiterführend vor allem Stein-Jonas/*Leipold*, ZPO, 1997, § 286, Rn. 97 ff., § 292, Rn. 10, 15.

(2) Wirkweise gesetzlicher Vermutungen

Was nun die Wirkweise gesetzlicher Vermutungen und damit die hier zur Widerlegung des oben bezeichneten Einwandes gerade relevante Materie anbelangt, so ist es üblich, zwischen so genannten widerlegbaren Vermutungen auf der einen und unwiderlegbaren Vermutungen auf der anderen Seite zu differenzieren:

(a) Widerlegbare Vermutungen

(aa) Beweiserleichternde Wirkung

Bei der auch von der Vorschrift des § 292 ZPO als Regelfall ausgewiesenen[485] widerlegbaren Vermutung („praesumtio iuris"[486]) handelt es sich um einen Rechtssatz, der nach inzwischen wohl allgemeiner Ansicht erst in der Überprüfungssituation – vor allem also im Prozess – seine Wirkungen entfaltet.[487] Damit unterscheidet er sich von den rein materiell-rechtlichen Normen, die bereits a priori die Rechtslage beeinflussen.[488]

Zu den Wirkungen, die die widerlegbare Vermutung nun konkret in der Überprüfungssituation entfaltet, gehört zunächst die, die mit dem Begriff der „Verschiebung des Beweisthemas"[489] schlagwortartig zusammengefasst werden kann.

> Beispiel: Normalerweise sind für das Recht „Eigentum" die insofern rechtsbegründenden Umstände selbst darzulegen bzw. zu beweisen. Genauer bedeutet dies, dass die sich auf das Eigentum berufende Partei grundsätzlich Tatsachen darzulegen und gegebenenfalls auch zu beweisen hat, die den Richter etwa von Einigung und Übergabe überzeugen. Dank der widerlegbaren gesetzlichen Rechtsvermutung des § 1006 Abs. 1 S. 1 BGB steht der Partei diesbezüglich aber auch noch ein anderer Weg offen: Anstatt Tatsachen darzulegen bzw. zu beweisen, aus denen sich Einigung und Übergabe ergeben, genügt auch die Darlegung bzw. der Beweis von Tatsachen, aus denen der Richter den Besitz der entsprechenden Partei folgern kann. Das Darlegungs- und Beweisthema muss also nicht zwingend „Einigung und Übergabe" lauten. Vielmehr kann es gem. § 1006 Abs. 1 S. 1 BGB auch auf das alternative Thema „Besitz" verscho-

485 MünchKommZPO/*Prütting*, 2008, § 292, Rn. 1.

486 Baumbach/Lauterbach/Albers/*Hartmann*, ZPO, 2008, § 292, Rn. 4; MünchKommZPO/*Prütting*, 2008, § 292, Rn. 5.

487 Baumbach/Lauterbach/Albers/*Hartmann*, ZPO, 2008, § 292, Rn. 8; Stein-Jonas/*Leipold*, ZPO, 1997, § 292, Rn. 10; *Leipold*, Beweislastregeln und gesetzliche Vermutungen, 1966, S. 79. S. zum früheren Streit *Leipold*, a.a.O., S. 76 ff. A.A. war insofern vor allem noch *Plósz*, in: FS Wach, 1913, S. 1 (9), der in der widerlegbaren Vermutung demgegenüber einen zweiten rein materiell-rechtlichen Tatbestand erblickte.

488 Dem steht auch nicht entgegen, dass der widerlegbaren Vermutung insgesamt schließlich dennoch ganz überwiegend ein materiell-rechtlicher Charakter zugesprochen wird, was daher rührt, dass sie – auch wenn sie ihre Wirkung erst in der Überprüfungssituation entfaltet – insofern andererseits aber dennoch nicht den Gang des Verfahrens, sondern vielmehr den Inhalt des Urteils bestimmt (s. Stein-Jonas/*Leipold*, ZPO, 1997, § 292, Rn. 10).

489 Stein-Jonas/*Leipold*, ZPO, 1997, § 292, Rn. 8; Hk-ZPO/*Saenger*, 2007, § 292, Rn. 7; *Blomeyer*, Zivilprozeßrecht, 1985, § 67 II. 2. b) (S. 354); *Gottwald*, Jura 1980, 225 (235).

ben werden. Steht der Besitz fest, so erübrigt sich die Darlegung bzw. der Beweis der das Eigentum an sich begründenden Tatsachen. Noch nicht einmal der Vermutungsgegenstand „Eigentum" muss unter diesen Umständen vorgetragen werden.[490] Der Richter hat das Eigentum vielmehr auch ohne Darlegung und Beweis seinem Urteil zu Grunde zu legen.[491] (Auf die den „Beweis des Gegenteils" betreffende Ausnahme wird sogleich noch einzugehen sein.[492])

Da es gerade charakteristisch ist, dass das mit der Vermutung eingeführte alternative Beweisthema weniger anspruchsvoll ist als das ursprünglich vorgegebene, spricht man widerlegbaren Vermutungen letztlich auch „beweiserleichternde Wirkung" zu.[493]

Genau auf diese beweiserleichternde Wirkung kommt es für die Zwecke der vorliegenden Untersuchung nun auch maßgeblich an. So soll insofern nämlich die These aufgestellt werden, dass besagte Wirkung letztlich auf nichts anderes hinausläuft als auf eine Reduktion des Überprüfungsmaßstabs. Mit anderen Worten entspricht die beweiserleichternde Wirkung von widerlegbaren Vermutungen genau der gesuchten Abmilderung des Überprüfungsmaßstabs: Normalerweise wird das Vorliegen des Rechtes „Eigentum" unter Zugrundelegung eines sich an den rechtsbegründenden Umständen orientierenden Überprüfungsmaßstabs kontrolliert. Daneben steht der Partei zum Nachweis des Eigentums aber auch der insofern weniger anspruchsvolle Überprüfungsmaßstab des § 1006 Abs. 1 S. 1 BGB zur Verfügung.

490 Dies entspricht inzwischen wohl nicht nur für Rechts-, sondern auch für Tatsachenvermutungen der ganz überwiegenden Ansicht: Baumbach/Lauterbach/Albers/*Hartmann*, ZPO, 2008, § 292, Rn. 9; Musielak/*Huber*, ZPO, 2007, § 292, Rn. 4; *Schellhammer*, Zivilprozess, 2007, Rn. 396. In diesem Sinne auch bereits *Wieczorek*, ZPO, 1976, § 292 A sowie *Leipold*, Beweislastregeln und gesetzliche Vermutungen, 1966, S. 89, 98 f. m.w.N. zum früheren Streitstand.

491 Diese Aussage bringt zugleich auch die inzwischen allgemein anerkannte Ansicht zum Ausdruck, dass es sich bei widerlegbaren Vermutungen letztlich um besondere, da zweigliedrige, „Beweislastregeln" und nicht dagegen etwa um sog. „Beweisregeln" handelt (s. dazu vor allem Stein-Jonas/*Leipold*, ZPO, 1997, § 292, Rn. 7 m.w.N. sowie mit Begründung, näher ausgeführt in *Leipold*, Beweislastregeln und gesetzliche Vermutungen, 1966, S. 80 ff.; für eine Einordnung als Beweislastregel auch: MünchKommZPO/*Prütting*, 2008, § 292, Rn. 26; Hk-ZPO/*Saenger*, 2007, § 292, Rn. 8; *Wieczorek*, ZPO, 1976, § 292 A; *Musielak*, Grundkurs ZPO, 2007, Rn. 479; *ders./Stadler*, Grundfragen des Beweisrechts, 1984, Rn. 244; *Rosenberg/Schwab/Gottwald*, Zivilprozessrecht, 2004, § 111, Rn. 35; *Gottwald*, Jura 1980, 225 (235 f.)). Unter Beweisregeln versteht man Rechtsnormen, die den Beweiswert bestimmter Beweismittel festlegen und damit zur Wahrheit oder Unwahrheit einer Behauptung im beweisrechtlichen Sinne führen, ohne dass es insofern auf die richterliche Überzeugung ankäme (Feststellungswirkung, beweisschaffende Wirkung). Beweislastregeln geben demgegenüber darüber Aufschluss, welcher Partei im Prozess die Darlegung bzw. der Beweis einer bestimmten Tatsache obliegt bzw. zu wessen Lasten eine insofern ggf. verbleibende Unsicherheit gehen soll (beweislastregelnde Wirkung) (*Reichold* in Thomas/Putzo, ZPO, 2007, Vorbem § 284, Rn. 20 f.). Würde man nun also entgegen der allgemeinen Ansicht vom Vorliegen einer Beweisregel ausgehen, so müsste man anstelle der oben zu Grunde gelegten Wortwahl formulieren, der Richter habe das Eigentum seinem Urteil als bewiesen zu Grunde zu legen.

492 S. unten unter § 5 II 2. c. bb. (2) (a) (bb) (S. 137).

493 Baumbach/Lauterbach/Albers/*Hartmann*, ZPO, 2008, § 292, Rn. 9; *Blomeyer*, Zivilprozeßrecht, 1985, § 67 II. 2. b) (S. 354).

Wird der Vortrag der sich auf das Eigentum berufenden Partei diesem abgemilderten Überprüfungsmaßstab gerecht, so hat der Richter (zunächst) vom Bestehen des Rechtes „Eigentum" auszugehen, wie wenn dem ursprünglichen – sich an den insofern rechtsbegründenden Umständen orientierenden – Überprüfungsmaßstab entsprochen worden wäre.

(bb) Umkehr von Darlegungs- und Beweislast

Zur Wirkung widerlegbarer Vermutungen gehört darüber hinaus nun aber auch, dass diese letztlich nicht endgültiger Natur sind. Das bedeutet, dass sie trotz bzw. gerade bei feststehender Vermutungsbasis dem Gegner vielmehr noch die Möglichkeit der Widerlegung der Vermutung belassen.

Im Einzelnen muss dieser dazu Tatsachen darlegen bzw. beweisen, die den Richter voll vom Gegenteil der Vermutung überzeugen und nun die vermutete Tatsache bzw. das vermutete Recht selbst betreffen – wie etwa Tatsachen, die auf eine Übereignung der in Rede stehenden Sache an den Gegner hindeuten. Bei diesem so genannten „Beweis des Gegenteils"[494] handelt es sich nämlich nicht etwa, wie die Bezeichnung vielleicht suggerieren mag, um einen Gegenbeweis, sondern vielmehr erst um den insofern anspruchsvolleren Hauptbeweis.[495] Schließlich ist bezüglich des Vermutungsgegenstandes bisher noch gar kein Beweis angetreten worden.

Deshalb bewirken widerlegbare Vermutungen, sofern die Vermutungsbasis feststeht, bezogen auf die vermutete Tatsache bzw. das vermutete Recht auch stets eine Umkehr der Darlegungs- und Beweislast:[496] Die nach allgemeinen Regeln darlegungs- und beweisbelastete Partei muss nämlich lediglich die Vermutungsbasis darlegen und gegebenenfalls beweisen. Ist ihr dies geglückt, so obliegt die sich unmittelbar auf den Vermutungsgegenstand beziehende Darlegung bzw. dessen Be-

494 Baumbach/Lauterbach/Albers/*Hartmann*, ZPO, 2008, § 292, Rn. 9; Musielak/*Huber*, ZPO, 2007, § 292, Rn. 5; Stein-Jonas/*Leipold*, ZPO, 1997, § 292, Rn. 15 f.; MünchKomm-ZPO/*Prütting*, 2008, § 292, Rn. 23 f.; *Reichold* in Thomas/Putzo, ZPO, 2007, § 292, Rn. 4; Hk-ZPO/*Saenger*, 2007, § 292, Rn. 10; Zöller/*Greger*, ZPO, 2006, § 292, Rn. 2; *Rosenberg/Schwab/Gottwald*, Zivilprozessrecht, 2004, § 111, Rn. 35 f.

495 Baumbach/Lauterbach/Albers/*Hartmann*, ZPO, 2008, § 292, Rn. 9; Musielak/*Huber*, ZPO, 2007, § 292, Rn. 5; Stein-Jonas/*Leipold*, ZPO, 1997, § 292, Rn. 15; MünchKomm-ZPO/*Prütting*, 2008, § 292, Rn. 23; *Reichold* in Thomas/Putzo, ZPO, 2007, § 292, Rn. 4; Hk-ZPO/*Saenger*, 2007, § 292, Rn. 10; Zöller/*Greger*, ZPO, 2006, § 292, Rn. 2; *Blomeyer*, Zivilprozeßrecht, 1985, § 67 II 2. b) (S. 354); *Rosenberg/Schwab/Gottwald*, Zivilprozessrecht, 2004, § 111, Rn. 35; *Schellhammer*, Zivilprozess, 2007, Rn. 396; *Wieczorek*, ZPO, 1976, § 292 A IV b. Der Gegenbeweis ist demgegenüber bereits dann geführt, wenn die Überzeugung des Gerichts von der Wahrheit der beweisbedürftigen Tatsache erschüttert, die aus dem Hauptbeweis gewonnene Feststellung also bloß unsicher geworden ist (*Reichold* in Thomas/Putzo, ZPO, 2007, Vorbem § 284, Rn. 8).

496 *Schellhammer*, Zivilprozess, 2007, Rn. 395. Lediglich die Beweislast ansprechend: MünchKommZPO/*Prütting*, 2008, § 292, Rn. 26; Hk-ZPO/*Saenger*, 2007, § 292, Rn. 8; *Blomeyer*, Zivilprozeßrecht, 1985, § 67 II. 2. b) (S. 354); *Gottwald*, Jura 1980, 225 (235).

weis der nach allgemeinen Grundsätzen insofern an sich gerade nicht darlegungs- bzw. beweisbelasteten Partei.

(b) Unwiderlegbare Vermutungen

(aa) Ausschluss des Beweises des Gegenteils

Zur Eigenart unwiderlegbarer Vermutungen („praesumtiones iuris et de iure“[497]) gehört dagegen, dass ein solcher Beweis des Gegenteils gerade ausgeschlossen ist (§ 292 S. 1 ZPO). Das führt nun dazu, dass besagte Rechtssätze bezogen auf den die in Rede stehende Rechtsfolge ursprünglich anordnenden Tatbestand eine gewisse Sperrwirkung entfalten. Für den Gegner folgt daraus wiederum die Konsequenz, zur Verteidigung allein auf das Bestreiten der Vermutungsbasis bzw. den diesbezüglichen Gegenbeweis zurückgreifen zu können. Demzufolge gehört es auch nicht zur Wirkung unwiderlegbarer Vermutungen, die Darlegungs- und Beweislast umzukehren.

> Beispiel: Als klassische[498] Beispiele für unwiderlegbare gesetzliche Tatsachenvermutungen können die vom Gesetzgeber auch unmissverständlich als solche bezeichneten und in § 1566 BGB niedergelegten Vermutungen für das Scheitern der Ehe angeführt werden. Steht vor allem eine gewisse Dauer des Getrenntlebens als Vermutungsbasis fest, so hat der Richter seinem Urteil endgültig zu Grunde zu legen, dass die Ehe gescheitert ist. Auf die Voraussetzungen des „Grundtatbestandes“[499] des § 1565 Abs. 1 S. 2 BGB kommt es demgegenüber selbst dann nicht mehr an, wenn der Antragsgegner überzeugend darlegt, es bestünde gleichwohl noch eine realistische Chance, dass die Ehegatten die eheliche Lebensgemeinschaft wiederherstellen (so genannte „Eheprognose“[500], § 1565 Abs. 1 S. 2 a.E. BGB).[501] Vielmehr ist bei Darlegung bzw. Beweis von Tatsachen, die einen der beiden Vermutungstatbestände ausfüllen, ein Rückgriff auf den Grundtatbestand des § 1565 Abs. 1 S. 2 BGB gesperrt.

(bb) Diskussion überhaupt einer erst überprüfungsbezogenen Wirkung

Darüber hinaus wird vertreten, dass sich unwiderlegbare Vermutungen von ihren widerlegbaren Gegenstücken schließlich nicht nur in dieser – die Verteilung der Darlegungs- und Beweislast typischerweise unbeeinflusst lassenden Wirkung – unterscheiden. Vielmehr wird ihnen verschiedentlich gleichsam „in einem Auf-

497 Baumbach/Lauterbach/Albers/*Hartmann*, ZPO, 2008, § 292, Rn. 5; MünchKommZPO/*Prütting*, 2008, § 292, Rn. 4.

498 Vgl. etwa MünchKommZPO/*Prütting*, 2008, § 292, Rn. 4, der die in § 1566 BGB enthaltenen unwiderlegbaren Vermutungen insofern als die wichtigsten Beispiele im modernen Zivilrecht bezeichnet.

499 S. zu dieser auch hier verwendeten Terminologie Soergel-*Heintzmann*, BGB, 1989, § 1566, Rn. 4 sowie *Schlüter*, BGB-Familienrecht, 2006, Rn. 178.

500 Erman/*W. Maier*, BGB, 12. Aufl., 2008, § 1565, Rn. 7.

501 S. etwa MünchKommBGB/*Wolf*, 2000, § 1566, Rn. 35, 80 sowie *Schlüter*, BGB-Familienrecht, 2006, Rn. 178, 180. Die Möglichkeit der Aussetzung des Verfahrens (§ 614 ZPO) kann als für die Zwecke der vorliegenden Arbeit irrelevant außer Acht gelassen werden.

wasch" darüber hinaus sogar überhaupt eine erst überprüfungsbezogene Wirkung abgesprochen. So handele es sich bei unwiderlegbaren Vermutungen nicht um Beweiserleichterungen, sondern im Grunde vielmehr um rein materiell-rechtliche Rechtssätze, die – gleich den die entsprechende Rechtsfolge ursprünglich anordnenden Normen – unmittelbar auf die Setzung rein materieller Rechtsfolgen gerichtet seien. Bei ihrer Fassung habe der Gesetzgeber lediglich einen gesetzestechnischen Umweg gewählt.[502]

Dem folgend, ließe sich diese Erscheinungsform der gesetzlichen Vermutung – anders als ihr widerlegbares Pendant – letztlich auch nicht im Sinne der Etablierung eines abgemilderten Überprüfungsmaßstabs auffassen.

Da sich aber jedenfalls schon die Figur der widerlegbaren Vermutung als geeignet erwiesen hat, den oben geschilderten Einwand mangelnder Vereinbarkeit eines als abgemilderten Überprüfungsstandard verstandenen Geschäftsleiterermessens mit dem deutschen Zivilrecht zurückzuweisen, braucht auf besagte Diskussion zumindest an dieser Stelle noch nicht näher eingegangen zu werden.[503]

(3) Fazit

Im Ergebnis ist dem deutschen Zivilrecht also jedenfalls mit der widerlegbaren Vermutung eine Rechtsfigur bekannt, deren Wirkung einer Absenkung des Überprüfungsmaßstabs gleichkommt. Abgesehen davon wird die insofern maßgebliche beweiserleichternde Wirkung aber etwa auch schon dem oben nur kurz erwähnten Anscheinsbeweis zugesprochen.[504] Der Einwand der mangelnden Vereinbarkeit eines als abgemilderten Überprüfungsstandard verstandenen Geschäftsleiterermessens mit dem deutschen Zivilrecht kann dementsprechend also jedenfalls als widerlegt angesehen werden. Der in Rede stehenden Sichtweise stünde damit zumindest aus dieser Warte nichts entgegen.

502 So vor allem *Plósz*, in: FS Wach, 1913, S. 1 (8). In diesem Sinne aber wohl auch Stein-Jonas/*Leipold*, ZPO, 1997, § 292, Rn. 5; *Leipold*, Beweislastregeln und gesetzliche Vermutungen, 1966, S. 102, 104; *Musielak*, Grundkurs ZPO, 2007, Rn. 481; *ders./Stadler*, Grundfragen des Beweisrechts, 1984, Rn. 251.

503 S. insoweit aber noch unten unter § 5 II. 2. c. cc. (2) (S. 143 ff.).

504 *Reichold* in Thomas/Putzo, ZPO, 2007, § 286, Rn. 13; *Jauernig*, Zivilprozessrecht, 2007, § 50 V. (S. 166). Von der beweiserleichternden Wirkung des Anscheinsbeweises abzugrenzen ist dessen – vielfach angenommene – zugleich die Beweisstärke abmildernde Wirkung. Diese betrifft nun nicht den Umfang bzw. den „Schwierigkeitsgrad" der nachzuweisenden Tatsachen, sondern vielmehr das Maß der richterlichen Überzeugung. S. dazu Stein-Jonas/*Leipold*, ZPO, 1997, § 286, Rn.92 ff. m.w.N. zum Meinungsstand.

cc. Interpretation des § 93 Abs. 1 S. 2 AktG als unwiderlegbare gesetzliche Tatsachenvermutung

Zwar kann damit das eingangs anvisierte Ziel der Zurückweisung des vorbezeichneten Einwandes an sich als erreicht erachtet und somit auch gleich ein wichtiger Schritt in Richtung Vertretbarkeit der hier in Rede stehenden Sichtweise verzeichnet werden. Andererseits sollte man aber gleichwohl noch nicht an dieser Stelle eines Vergleichs der Neuregelung mit der Rechtsfigur der gesetzlichen Vermutung stehen bleiben, will man nicht Gefahr laufen, sich unter Umständen noch größerer Früchte zu begeben.

Dass einem als abgemilderten Überprüfungsmaßstab verstandenen Geschäftsleiterermessen eine gewisse Nähe zumindest zur widerlegbaren gesetzlichen Vermutung nicht abgesprochen werden kann, ist bereits Quintessenz des vorherigen Abschnitts gewesen. Diesen Ansatz gilt es nun aber weiterzuverfolgen: Möglicherweise lässt er sich nämlich sogar soweit ausbauen, dass das neu kodifizierte Geschäftsleiterermessen obendrein auch sogleich vollständig in das bekannte dogmatische Gewand der gesetzlichen Vermutung gekleidet werden kann. Dies hätte den Vorteil, die Neuregelung einer vollständigen Integration in das zivilrechtliche Regelwerk unterziehen und im weiteren Umgang mit ihr auf eine bereits gefestigte Ausgangsbasis[505] zurückgreifen zu können.

Daher gilt es im Folgenden zu untersuchen, inwieweit die Neuregelung nicht vielleicht sogar als gesetzliche Vermutung aufgefasst werden kann.

(1) Teleologischer und funktioneller Abgleich

Gesetzliche Vermutungen können als Reaktion des Gesetzgebers auf eine prozessuale Unsicherheit in Bezug auf die Existenz der vermuteten Tatsache bzw. des vermuteten Rechts aufgefasst werden.[506] So kann es zum Beispiel für den Eigentümer unter bestimmten Umständen sehr schwer sein, die sein Eigentum begründenden Umstände nachzuweisen, etwa weil der Rechtserwerb schon Jahrzehnte zurückliegt und diesbezüglich keine Unterlagen oder Zeugen mehr existieren. Der Bewältigung

505 Die bis hierhin des Öfteren angebrachten Verweise auf eine „inzwischen allgemeine Ansicht" mögen belegen, dass die noch bis in die zweite Hälfte des letzten Jahrhunderts beklagten „Sprachverwilderungen" und „Begriffsverwirrungen" im Zusammenhang mit der gesetzlichen Vermutung (vgl. *Rosenberg*, Die Beweislast, 1965, S. 199) inzwischen eine sehr weitgehende Klärung erfahren haben. Das erlaubt nun schließlich auch, hier bereits von einer gefestigten Ausgangsbasis zu sprechen, ohne die sich eine solche dogmatische Einpassung letztlich auch nicht als gewinnbringend erweisen könnte.

506 *Musielak*, Grundkurs ZPO, 2007, Rn. 479, 481; *ders./Stadler*, Grundfragen des Beweisrechts, 1984, Rn. 244, 247. Darin ist letztlich auch der Unterschied zu den sog. Fiktionen (z.B. § 1923 II BGB) zu erblicken, bei denen der Gesetzgeber im Ergebnis eine Gleichsetzung zweier Tatbestände erreichen will, obwohl gerade klar ist, dass diese Gleichsetzung nie der Lebenswirklichkeit entspricht (MünchKommZPO/*Prütting*, 2008, § 292, Rn. 8).

der daraus zulasten des Eigentümers resultierenden Unsicherheit dient schließlich die bereits angesprochene Etablierung eines alternativen und größtenteils weniger anspruchsvollen Beweisthemas, die insgesamt einer Abmilderung des Überprüfungsmaßstabs entspricht und sich bezüglich Darlegungs- und Beweislast auf die oben beschriebene, zwischen widerlegbarer und unwiderlegbarer Vermutung differenzierende, Weise vollzieht.

Die Rechtsfigur des Geschäftsleiterermessens ist insofern ganz ähnlich motiviert: Auch hier geht es letztlich um die Bewältigung einer sich zunächst zulasten des Vorstands selbst auswirkenden prozessualen Unsicherheit, resultierend aus der mangelnden Überprüfbarkeit des vom materiellen Recht vorgegebenen strengen Sorgfaltspflichtenstandards des „ordentlichen und gewissenhaften Geschäftsleiters".[507] Inwieweit sich der Gesetzgeber bei dessen Kodifikation nun aber auch einer der gesetzlichen Vermutung entsprechenden Regelungstechnik bedient hat, die demzufolge sogleich auch eine Interpretation der Neuregelung als eine eben solche Vermutung zulassen würde, muss nun im Folgenden erst noch genauer untersucht werden. Zu dieser Untersuchung sei auch sogleich einschränkend erwähnt, dass dabei von vornherein ausschließlich auf die hier allein in Betracht kommende unwiderlegbare gesetzliche Tatsachenvermutung als Vergleichsgrundlage abgestellt wird. Zur Veranschaulichung mögen insofern wiederum die klassischen Beispiele der in § 1566 BGB niedergelegten Vermutungen für das Scheitern der Ehe dienen:

Im Regelungszusammenhang des Ehescheidungsrechts normiert die hier als Grundtatbestand[508] zu bezeichnende Regelung des § 1565 Abs. 1 S. 2 BGB die Voraussetzungen, an die das materielle Recht grundsätzlich die insofern maßgebliche Rechtsfolge des „Scheiterns der Ehe" knüpft und die sich schlagwortartig mit den Begriffen „Eheanalyse" und „Eheprognose" zusammenfassen lassen.[509]

Im Regelungszusammenhang des Geschäftsleiterermessens findet diese Regelung schließlich in § 93 Abs. 1 S. 1 AktG ihre Entsprechung. Mit der Einhaltung der „Sorgfalt eines ordentlichen und gewissenhaften Geschäftsleiters" normiert sie nämlich die vom materiellen Recht grundsätzlich vorgesehenen Voraussetzungen für die in diesem Zusammenhang maßgebliche Rechtsfolge „mangelnder Sorgfaltspflichtverletzung".

So wie der Gesetzgeber im Zusammenhang mit dem Grundtatbestand des § 1565 Abs. 1 S. 2 BGB bzw. den darin geregelten – sehr tief in die Privatsphäre der Eheleute eindringenden und kaum zu bewältigende Analysen und Prognosen fordernden – Voraussetzungen erkannt hat, dass mit deren Überprüfung verschiedene Probleme verbunden sind,[510] so ist er sich letztlich auch im Zusammenhang mit dem strengen Sorgfaltspflichtenstandard des § 93 Abs. 1 S. 1 AktG der mit dessen Überprüfung

507 S. hierzu vor allem oben unter § 4 I. 2. d. (S. 105).

508 S. zu dieser Terminologie bereits oben unter § 5 II. 2. c. bb. (2) (b) (aa) (S. 138, Fn. 499).

509 S. zu diesen Begriffen etwa Erman/*W. Maier*, BGB, 12. Aufl., 2008, § 1565, Rn. 7.

510 Vgl. hierzu Erman/*W. Maier*, BGB, 12. Aufl., 2008, § 1566, Rn. 1; Soergel-*Heintzmann*, BGB, 1989, § 1566, Rn. 1; Hk-BGB/*Kemper*, 2005, § 1566, Rn. 1; *Schlüter*, BGB-Familienrecht, 2006, Rn. 177.

einhergehenden Schwierigkeiten bewusst geworden. Im Kontext des § 1565 Abs. 1 S. 2 BGB hat er dieser Vorschrift daraufhin die in § 1566 Abs. 1 und 2 BGB enthaltenen Vermutungen zur Seite gestellt. Bezogen auf den Regelungszusammenhang der dem Vorstand obliegenden objektiven Sorgfaltspflichten reagierte der Gesetzgeber demgegenüber vermittels des neu angefügten Satzes 2 von § 93 Abs. 1 AktG.

Gleichsam den Vermutungen des § 1566 BGB führt nun auch diese Neuregelung letzten Endes zu derselben Rechtsfolge, wie sie aus dem ihr vorangestellten Grundtatbestand des § 93 Abs. 1 S. 1 AktG abgeleitet werden kann und der zufolge sie als so genannte Tatsachenvermutung aufgefasst werden müsste: der Ausschluss einer Sorgfaltspflichtverletzung von Seiten des Vorstands. Dazu normiert sie – ebenfalls konform zu § 1566 Abs. 1 und 2 BGB – gegenüber den im Grundtatbestand formulierten Voraussetzungen insgesamt geringere Konditionen, die – ließe sich die Norm letzten Endes tatsächlich als unwiderlegbare Vermutung auffassen – insgesamt die Vermutungsbasis bilden und somit das erleichterte Beweisthema bezeichnen würden: Der Beweis wäre demzufolge dann nicht mehr bezüglich Tatsachen zu führen, die die Einhaltung der „Sorgfalt eines ordentlichen und gewissenhaften Geschäftsleiters" belegten, sondern vielmehr bezüglich solcher Tatsachen, die auf die Einhaltung der Voraussetzungen des § 93 Abs. 1 S. 2 AktG hindeuteten.[511]

Besonders deutlich zeigt sich die Nähe der jeweils vom Gesetzgeber gewählten Regelungstechnik schließlich im Verhältnis der beiden Normen zu ihrem jeweiligen Grundtatbestand: Stehen die gegenüber dem Grundtatbestand für deutlich geringer zu erachtenden Voraussetzungen fest, so ist ein Rückgriff auf Letzteren nach Sinn und Zweck ausgeschlossen. Auf diese – für beide Tatbestände bereits näher erläuterte[512] – Sperrwirkung ist es schließlich auch zurückzuführen, dass sich hier allein das Gewand der unwiderlegbaren Vermutung zur Übertragung eignet.

Als Ergebnis des vorangegangenen teleologischen und funktionellen Abgleichs lässt sich damit festhalten, dass sich die Neuregelung sowohl aus Sicht der ihr zu

511 Zwar handelt es sich hierbei teilweise um die gleichen Tatsachen, die auch im Kontext des § 93 I 1 AktG darzulegen bzw. zu beweisen wären. Genauso verhält es sich aber auch im Zusammenhang mit § 1566 BGB. Das hier die Vermutungsbasis bildende „Getrenntleben" kann insofern nämlich ebenfalls bereits als zu der von § 1565 I 2 BGB vorausgesetzten Beseitigung der ehelichen Lebensgemeinschaft führend erachtet werden (Soergel-*Heintzmann*, BGB, 1989, § 1566, Rn. 3; MünchKommBGB/*Wolf*, 2000, § 1566, Rn. 34: „Für das Getrenntleben müssen schon nahezu alle Elemente des Scheiterns vorliegen."). Insgesamt betrachtet sind solche Überschneidungen nicht selten und dürfen nicht mit dem eingangs erwähnten Erfordernis der „Tatbestandsfremdheit" in Zusammenhang gebracht werden (s. oben unter § 5 II. 2. c. bb. (1) (S. 133, Fn. 477)). In diesem letzten Kontext ist mit „Tatbestand" nämlich nicht wie hier der Grundtatbestand gemeint, sondern vielmehr der Tatbestand des dort als „Rechtsfolgenorm" bezeichneten Rechtssatzes, der diesem noch „übergeordnet" ist. Die entsprechende Rechtsfolgenorm wäre hier die Regelung des § 1565 I 1 BGB bzw. bezogen auf das Aktienrecht (vor allem) die des § 93 II 1 AktG, da sie den hier jeweils maßgeblichen Vermutungsgegenstand als Tatbestandsmerkmal enthalten (bezogen auf § 93 II 1 AktG an sich genauer als „negatives" Tatbestandsmerkmal).

512 S. für § 1566 BGB oben unter § 5 II. 2. c. bb. (2) (b) (aa) (S. 138) und für § 93 I 2 AktG oben unter § 5 II. 1. b. aa. (S. 126).

Grunde liegenden gesetzgeberischen Intention als auch von der verwendeten Regelungstechnik her nahezu nahtlos in die Rechtsfigur der unwiderlegbaren gesetzlichen Tatsachenvermutung einfügen ließe.

(2) Diskussion um den Charakter der unwiderlegbaren Vermutung

Andererseits wurde nun aber auch bereits angedeutet,[513] dass im Zusammenhang mit unwiderlegbaren Vermutungen gerade umstritten ist, ob auch ihnen die hier maßgebliche beweiserleichternde und damit im Sinne einer Abmilderung des Überprüfungsmaßstabs zu verstehende Wirkung zuzusprechen ist.

Wäre dem nicht so, so ließe sich eine das Geschäftsleiterermessen als abgemilderten Überprüfungsmaßstab interpretierende Sichtweise zwar gleichwohl noch vertreten. Der Einwand mangelnder Vereinbarkeit eines solchermaßen verstandenen Geschäftsleiterermessens mit dem deutschen Zivilrecht vermag schließlich jedenfalls unter Verweis auf die Rechtsfigur der widerlegbaren Vermutung entkräftet zu werden. Dessen darüber hinausgehende und hier gerade zu überprüfende Interpretation als unwiderlegbare gesetzliche Tatsachenvermutung wäre demgegenüber aber ausgeschlossen. Vielmehr ließe sich ein solchermaßen verstandenes Geschäftsleiterermessen von seiner Rechtsnatur her dann allenfalls noch als eine gewissermaßen zwischen widerlegbarer und unwiderlegbarer Vermutung anzusiedelnde Rechtsfigur auffassen, was dem juristischen Novum aber immerhin noch ein gewisses Mindestmaß bekannter Konturen verleihen würde.

Dies vor Augen, kommt man an dieser Stelle also nun nicht mehr um eine Auseinandersetzung mit der Rechtsnatur der unwiderlegbaren Vermutung umhin:

(a) Gleichartigkeit der Tatbestände

Zunächst könnte man unwiderlegbare Vermutungen bezogen auf die ihnen vorangestellten „Grundtatbestände“ nicht nur als gleichwertig, sondern – was ihre Rechtsnatur anbelangt – vor allem auch als gleichartig auffassen. Dann würde es sich bei unwiderlegbaren Vermutungen um rein materiell-rechtliche Rechtssätze handeln, die – wie deren Grundtatbestände auch – bereits a priori gestaltend auf die materielle Rechtslage einwirken und neben den schon vorhandenen Grundtatbeständen schlicht einen jeweils zweiten Tatbestand der gleichen Art etablieren würden.[514]

513 S. oben unter § 5 II. 2. c. bb. (2) (b) (bb) (S. 138).

514 S. vor allem *Plósz*, in: FS Wach, 1913, S. 1 (8). Dem folgend wohl Stein-Jonas/*Leipold*, ZPO, 1997, § 292, Rn. 5; *Leipold*, Beweislastregeln und gesetzliche Vermutungen, 1966, S. 102, 104; *Musielak*, Grundkurs ZPO, 2007, Rn. 481; *ders./Stadler*, Grundfragen des Beweisrechts, 1984, Rn. 251. An der vorgenannten Sichtweise müssten sich an sich auch *Krieger/Sailer*, in: K. Schmidt/Lutter, AktG, 2008, § 93, Rn. 11 festhalten lassen, wenn sie die genaue Einordnung des Geschäftsleiterermessens entweder als unwiderlegbare Vermutung oder als „Tatbe-

Unter Zugrundelegung einer solchen Sichtweise müsste eine Interpretation des als abgemilderten Überprüfungsmaßstab verstandenen Geschäftsleiterermessens als unwiderlegbare Vermutung ausscheiden. Würde man das Geschäftsleiterermessen gleichwohl als unwiderlegbare Vermutung interpretieren, so führte dies letzten Endes dazu, dass § 93 Abs. 1 S. 2 AktG von seiner Rechtsnatur her vielmehr – im Sinne der zuerst dargestellten Sichtweise – als abgemilderter Sorgfaltspflichtenstandard aufzufassen wäre. Schließlich weist auch der insofern als Grundtatbestand anzusehende § 93 Abs. 1 S. 1 AktG einen solchen Charakter auf.[515]

(b) Überprüfungsregel

Im Gegensatz dazu ließe sich aber auch annehmen, dass unwiderlegbare Vermutungen – genauso wie für ihre widerlegbaren Gegenstücke inzwischen allgemein anerkannt[516] – ihre Wirkung erst in der Überprüfungssituation entfalten und demgemäß auch erst auf der Ebene der Überprüfung nicht aber bereits a priori die materielle Rechtslage beeinflussen.[517] Demzufolge könnten dann auch sie als Beweiserleichterungen[518] und damit als abgemilderte Überprüfungsmaßstäbe bzw. als Überprüfungsregeln aufgefasst werden.[519] Dass man sie aufgrund ihrer nicht den Gang des Verfahrens, sondern vielmehr den Inhalt des Urteils bestimmenden Wirkung im Ergebnis gleichwohl dem materiellen Recht zuschlagen und nicht darüber hinaus

standskonkretisierung zu § 93 I 1 AktG" – und damit als spezieller Sorgfaltspflichtenstandard – im Ergebnis offen lassen wollen, andererseits aber konstatieren, dass derjenige, der den Anforderungen des § 93 I 2 AktG genüge, jedenfalls objektiv pflichtgemäß handele. Nur bei einem Verständnis unwiderlegbarer Vermutungen als materiell-rechtliche Normen ist eine solche „Anheimstellung" möglich. (Dass auf dem Gebiet des Prozessrechts anzusiedelnde Vermutungen im Rahmen der vorliegenden Darstellung außer Acht gelassen werden, wurde bereits oben unter § 5 II. 2. c. bb. (1) (S. 133, Fn. 476) erwähnt.)

515 S. zu der von der h.M. vorgenommenen Einordnung des § 93 I 1 AktG (auch) als objektiven Verhaltensstandard bereits oben unter § 4 I. 2. c. (S. 98, Fn. 328).

516 S. insofern bereits oben unter § 5 II. 2. c. bb. (2) (a) (aa) (S. 135, Fn. 487).

517 So wohl Baumbach/Lauterbach/Albers/*Hartmann*, ZPO, 2008, § 292, Rn. 8; *Hedemann*, Die Vermutung, 1904, S. 213 f.; *Pagenstecher*, Zur Lehre von der materiellen Rechtskraft, 1905, S. 191 f.

518 Im Kontext des § 1566 BGB in diesem Sinne vor allem Hk-BGB/*Kemper*, 2005, § 1566, Rn. 1: „Da der unmittelbare Nachweis des Scheiterns der Ehe oft schwierig ist, hat der Gesetzgeber durch die Aufstellung von zwei unwiderleglichen Vermutungen, die an die Dauer des Getrenntlebens anknüpfen, den Beweis des Scheiterns der Ehe erleichtert." sowie Erman/*W. Maier*, BGB, 12. Aufl., 2008, § 1566, Rn. 1: „Die Vorschrift ergänzt § 1565 I insofern, als nicht mehr das Scheitern der Ehe, sondern der Ablauf einer Trennungsfrist zu beweisen ist." und Rn. 4: „Auch in diesem Fall bleibt die Zerrüttung (§ 1565) der Scheidungsgrund, aber nicht diese, sondern der Zeitablauf muss bewiesen werden.".

519 Vgl. in diesem Sinne schließlich auch die im Kontext von § 1566 II BGB gewählte Formulierung von Soergel-*Heintzmann*, BGB, 1989, § 1566, Rn. 41: „Die richterliche Überprüfung ist beschränkt auf den Ablauf einer mindestens drei Jahre lang andauernden Zeit des Getrenntlebens i.S.d. § 1567.".

sogar noch als prozessuale Rechtssätze auffassen müsste,[520] stünde dieser Einordnung nicht entgegen.

Unter Zugrundelegung einer solchen, unwiderlegbare Vermutungen als Überprüfungsregeln auffassenden, Sichtweise wäre die hier ins Auge gefasste Interpretation schließlich gangbar.

(c) Hilfscharakter

Zuletzt könnte man nun noch erwägen, ob sich im Zusammenhang mit der Rechtsnatur unwiderlegbarer Vermutungen nicht möglicherweise auch noch ein Mittelweg beschreiten ließe: So könnte man zwar einerseits davon ausgehen, dass es sich bei unwiderlegbaren Vermutungen um nicht erst in der Überprüfungssituation relevante Regelungen, sondern vielmehr um solche Rechtssätze handelt, die – wie die ihnen zugeordneten Grundtatbestände auch – bereits a priori von Einfluss auf die materielle Rechtslage sind. Andererseits, so ließe sich überlegen, müsste dies aber nicht auch zwingend zu der Annahme einer mit dem Grundtatbestand völlig identischen Rechtsnatur führen. Handelte es sich bei dem Grundtatbestand etwa – wie hier – um einen objektiven Verhaltensstandard, so könnte man bei einer diesen tangierenden Regelung auch schlicht von einem Ausnahmetatbestand ohne Pflichtenquellencharakter ausgehen. Dann würde es sich bei unwiderlegbaren Vermutungen von ihrer Rechtsnatur her letztlich um von vornherein auf die materielle Rechtslage einwirkende Rechtssätze handeln, denen aber jedenfalls kein eigenständiger Pflichtenquellen-, sondern stattdessen eher eine Art Hilfscharakter zukäme.

(d) Ergebnis

Den nachstehenden Äußerungen zu diesem Problem ist zunächst die Bemerkung voranzustellen, dass eine tiefgreifende Auseinandersetzung mit der Rechtsnatur der unwiderlegbaren Vermutung letztlich den Rahmen der vorliegenden, sich mit dem Geschäftsleiterermessen des Vorstands einer Aktiengesellschaft beschäftigenden, Arbeit sprengen würde. Davon abgesehen ist eine solche umfassende Würdigung in diesem Kontext aber auch gar nicht unbedingt für erforderlich zu erachten: So sprechen keine zwingenden Gründe dagegen, die Rechtsfigur der unwiderlegbaren Vermutung selbst dann, wenn sie zwar grundsätzlich in der einen Weise aufzufassen wäre, hier aber gleichwohl in einer anderen – ebenfalls vertretbaren – und den Zwecken der Neuregelung zuträglicheren Art zu Grunde zu legen. Vor diesem Hinter-

520 In letzterem Sinne aber *Hedemann*, Die Vermutung, 1904, S. 213. S. zum entsprechenden Problem im Kontext der widerlegbaren Vermutung bereits oben unter § 5 II. 2. c. bb. (2) (a) (aa) (S. 135, Fn. 488).

grund kann es im Folgenden also um nichts weiter als um eine Grobbewertung des zuvor Gesagten gehen.

Bezüglich der zuletzt angestellten, der unwiderlegbaren Vermutung eine Art „Hilfscharakter" zusprechenden, Überlegung ist zunächst festzustellen, dass sich die dort vorgenommene Differenzierung, sofern eine solche überhaupt in dogmatisch vertretbarer Weise vorgenommen werden kann, im Grunde nur in den wenigsten Fällen überhaupt auswirken würde. Schließlich handelt es sich nur bei den wenigsten Grundtatbeständen um wirkliche Pflichtenquellen.

Zwar könnte dem wiederum entgegnet werden, dass im Kontext des Geschäftsleiterermessens aber gerade ein solcher Fall gegeben wäre und es schließlich – wie eben noch betont – letztlich vor allem um eine für die Zwecke der Neuregelung des § 93 Abs. 1 S. 2 AktG zielführende Einordnung geht – was etwa bedeutet, die Neuregelung so aufzufassen, dass keine negative Appellwirkung von ihr ausgeht.

Andererseits müsste dann aber auch weiter reflektiert werden, ob es überhaupt eine Norm geben kann, die, ohne selbst Pflichtenquelle zu sein, eine solche aber dennoch etwa in einschränkender Weise beeinflusst, oder ob besagter „Pflichtenquellencharakter" dann nicht zwangsläufig auch auf die den Pflichtenstandard beeinflussende Regelung „abfärben" müsste. Insgesamt betrachtet kann besagte Überlegung also jedenfalls als eine dogmatisch auf „tönernen Füßen" stehende Konstruktion entlarvt und damit letzten Endes auch zurückgewiesen werden.

Der ersten, die unwiderlegbare Vermutung und ihren jeweiligen Grundtatbestand stets als gleichartig auffassenden Sichtweise kann demgegenüber entgegen gehalten werden, dass zumindest nicht so ohne weiteres überzeugen will, warum der Gesetzgeber, wenn er mit der Vermutung doch eigentlich nicht mehr als einen zweiten rein materiell-rechtlichen Tatbestand für die in Rede stehende Rechtsfolge etablieren wollte, dazu dann überhaupt den regelungstechnischen Umweg der unwiderlegbaren Vermutung ergriffen hat. Schließlich wird auch in der Kommentarliteratur zu § 1566 BGB stets entgegen einer solchen Sichtweise von einem den Tatbestand des § 1565 Abs. 1 BGB „ergänzenden" oder „formalisierenden" Charakter besagter Vermutungen gesprochen.[521] Von zwei separaten und dogmatisch völlig gleichartigen Tatbeständen ist dagegen nicht die Rede.

Für die zweite, unwiderlegbare Vermutungen demgegenüber als Beweiserleichterungen und damit als Überprüfungsregeln auffassende, Sichtweise kann letztlich noch angeführt werden, dass nicht einsichtig ist, warum der Ausschluss des Gegenbeweises, worin sich die beiden Unterarten der gesetzlichen Vermutung zunächst allein unterscheiden, auch sogleich zur Annahme einer gänzlich andersartigen Rechtsnatur führen soll. Die Zusammenfassung der beiden Rechtsfiguren unter dem einheitlichen Begriff der gesetzlichen Vermutung spricht – zumindest mangels hier nicht ersichtlicher entgegenstehender Anhaltspunkte – vielmehr zunächst einmal für deren grundsätzliche dogmatische Gleichbehandlung.

521 Erman/*W. Maier*, BGB, 12. Aufl., 2008, § 1566, Rn. 1; Soergel-*Heintzmann*, BGB, 1989, § 1566, Rn. 4; Hk-BGB/*Kemper*, 2005, § 1566, Rn. 1.

Zusammenfassend kann daher festgehalten werden, dass bereits losgelöst von etwaigen die Zwecke des Geschäftsleiterermessens berücksichtigenden Erwägungen viel dafür spricht, der unwiderlegbaren Vermutung generell den Charakter einer Überprüfungsregel zuzusprechen. Jedenfalls für die Zwecke der vorliegend zu untersuchenden Neuregelung des § 93 Abs. 1 S. 2 AktG hindert aber letztlich nichts daran, besagte Rechtsfigur in der eben bezeichneten Weise aufzufassen. Damit steht der Interpretation eines als Überprüfungsmaßstab aufgefassten Geschäftsleiterermessens als unwiderlegbare gesetzliche Tatsachenvermutung auch aus dieser Warte nichts entgegen.

(3) Die mangelnde Verankerung des Vermutungscharakters im Wortlaut von § 93 Abs. 1 S. 2 AktG

Damit gilt es schließlich, nur noch einen letzten möglichen Einwand gegen die Interpretation eines als abgemilderten Überprüfungsmaßstab aufgefassten Geschäftsleiterermessens als unwiderlegbare gesetzliche Tatsachenvermutung aus dem Wege zu räumen – und zwar könnte man noch an der mangelnden Verankerung des Vermutungscharakters im Wortlaut der Neuregelung Anstoß nehmen.

Insofern ist zwar zuzugeben, dass gesetzliche Vermutungen in der Regel auch in ihrem Wortlaut als solche gekennzeichnet sind.[522] Insbesondere gilt der Grundsatz, dass Vermutungen nur dann unwiderlegbar sind, wenn dies im Gesetz ausdrücklich so vorgeschrieben ist.[523]

Andererseits gibt es aber auch zahlreiche Rechtssätze, die, obwohl sie den Begriff „vermuten" nicht beinhalten, gleichwohl als Vermutung anzusehen sind.[524] Schließlich sind darunter sogar einige, denen der Charakter einer unwiderlegbaren Vermutung zugesprochen wird.[525]

Im Ergebnis ist in der mangelnden Verankerung des Vermutungscharakters im Wortlaut der Neuregelung also ebenfalls kein unüberwindbarer Hinderungsgrund für die hier in Rede stehende Interpretation als unwiderlegbare gesetzliche Tatsachenvermutung zu erblicken. Vielmehr kann einmal mehr auf den Grundsatz verwiesen

522 *Wieczorek*, ZPO, 1976, § 292 A I; *Rosenberg/Schwab/Gottwald*, Zivilprozessrecht, 2004, § 111, Rn. 34. S. insofern etwa §§ 938, 1006 I 1, 1117 III, 1253 II, 2009 BGB.

523 Baumbach/Lauterbach/Albers/*Hartmann*, ZPO, 2008, § 292, Rn. 8; Stein-Jonas/*Leipold*, ZPO, 1997, § 292, Rn. 1, 5.

524 *Musielak/Stadler*, Grundfragen des Beweisrechts, 1984, Rn. 247; *Musielak*, Die Grundlagen der Beweislast im Zivilprozeß, 1975, S. 75; *Rosenberg/Schwab/Gottwald*, Zivilprozessrecht, 2004, § 111, Rn. 34, die insofern etwa §§ 363 und 685 II BGB als Beispiele anführen.

525 Stein-Jonas/*Leipold*, ZPO, 1997, § 292, Rn. 4, der als Beispiel u.a. § 551 ZPO a.F. anführt (entspricht im Wesentlichen § 547 ZPO n.F.). S. zur Einordnung dieser Vorschrift als unwiderlegbare Vermutung auch *Reichold* in Thomas/Putzo, ZPO, 2007, § 547, Rn. 1.

werden, dass dort, wo der Gesetzgeber schweigt, eben Literatur und Rechtsprechung gefragt sind.[526]

(4) Fazit

Zusammenfassend enthüllt der angestellte Vergleich der allgemeinen Wirkweise unwiderlegbarer gesetzlicher Tatsachenvermutungen mit den bis dato erforschten allgemeinen Wirkungen des Geschäftsleiterermessens unverkennbar eine große Nähe der Neuregelung zu besagter Rechtsfigur. Diese kann aus dogmatischer Sicht als solide Ausgangsbasis für eine Interpretation des § 93 Abs. 1 S. 2 AktG als eine solche Vermutung bewertet werden.

Im Ergebnis ist die unternommene Auseinandersetzung mit der Rechtsfigur der gesetzlichen Vermutung also nicht nur in dem Sinne als Frucht bringend zu erachten, dass sie dem Einwand mangelnder Vereinbarkeit eines als abgemilderter Überprüfungsmaßstab verstandenen Geschäftsleiterermessens den Wind aus den Segeln zu nehmen vermag. Vielmehr trägt sie ungleich größere Früchte, macht man sie darüber hinaus auch noch für eine Einkleidung des § 93 Abs. 1 S. 2 AktG in das Gewand der unwiderlegbaren gesetzlichen Tatsachenvermutung fruchtbar. Solchermaßen ermöglicht sie der Neuregelung nämlich nicht nur eine vollständige Integration in das zivilrechtliche Regelwerk und der Praxis den Rückgriff auf bereits Bekanntes. Vielmehr stellt sie darüber hinaus auch noch einen dogmatisch „eleganten" Weg zur Lösung des Ausgangsproblems der mangelnden praktischen Überprüfbarkeit des strengen Sorgfaltspflichtenstandards des § 93 Abs. 1 S. 1 AktG dar.

d. Der Einwand der Wirkungslosigkeit und mangelnden Vereinbarkeit sanktionsloser Verhaltensstandards mit dem Aktienrecht

Selbst wenn der hier befürworteten Sichtweise damit im Grunde schon der „Zuschlag" erteilt worden ist, so muss man sich gleichwohl noch kurz mit einem letzten Einwand – nun wieder allgemeiner gegen die Deutung des Geschäftsleiterermessens überhaupt als abgemilderten Überprüfungsstandard – auseinandersetzen: So lehnt *Brömmelmeyer* die Idee eines solchen „aktienrechtlichen Doppelstandards" nämlich vor allem deshalb ab, weil die über den abgemilderten Überprüfungsmaßstab hi-

526 Vgl. *Stickelbrock*, Richterliches Ermessen, 2002, S. 26. Genauso wenig wie der Wortlaut für eine Interpretation des Geschäftsleiterermessens als unwiderlegbare Vermutung auf der einen Seite zwingend etwas ermangelt, so enthält er auf der anderen im Übrigen aber auch nicht etwa positiv Bestandteile, aufgrund derer bereits nach dem natürlichen Wortsinn der Neuregelung die Annahme einer Vermutung ausgeschlossen wäre. S. zum Wortsinn als äußerste Grenze der Auslegung vor allem *Larenz*, Methodenlehre, 1991, S. 322, 324, 343 sowie *Zippelius*, Juristische Methodenlehre, 2006, S. 61.

nausgehenden objektiven Sorgfaltspflichten damit letztlich zu für den „homo oeconomicus“ bedeutungslosen „Predigten“ degradiert würden, die richtigerweise allein in den Corporate Governance Kodex nicht aber versteckt in die Dogmatik des § 93 Abs. 1 AktG gehörten.[527]

Was nun die Bewertung dieses Einwandes anbelangt, so ist zunächst klarzustellen, dass man, unabhängig davon, welche Rechtsnatur man dem Geschäftsleiterermessen letztlich zuschreibt, um die von *Brömmelmeyer* monierte Idee eines „aktienrechtlichen Doppelstandards“ letzten Endes nicht umhin kommt. Dies liegt daran, dass jedenfalls die positive Feststellung einer Sorgfaltspflichtverletzung nach wie vor allein unter Zuhilfenahme des strengen Sorgfaltspflichtenstandards des „ordentlichen und gewissenhaften Geschäftsleiters“ möglich ist.[528] Vermittels des neuen Tatbestandes des § 93 Abs. 1 S. 2 AktG kann dagegen lediglich negativ auf das Fehlen einer Sorgfaltspflichtverletzung geschlossen werden. Bereits diese Tatsache offenbart also, dass die Dogmatik des § 93 AktG keineswegs auf die von *Brömmelmeyer* als bloße „Predigt“ bezeichnete Regelung des § 93 Abs. 1 S. 1 AktG verzichten kann und damit auch der von ihm offerierte „Platzverweis“ in Richtung Corporate Governance Kodex zurückgewiesen werden muss. Davon abgesehen würde die Preisgabe bzw. die Ausgliederung besagten hohen Standards aber auch diametral der dem UMAG zu Grunde liegenden gesetzgeberischen Intention zuwider laufen, wonach dem „Verblassen des Leitbildes des ehrbaren Kaufmanns“ gerade entgegen gewirkt werden soll.[529]

Genauso wenig wie sich demzufolge also auf die Annahme eines „aktienrechtlichen Doppelstandards“ verzichten lässt, genauso wenig wird man nun aber auch einen damit gewissermaßen einhergehenden Verlust an verhaltenssteuernder Wirkung gänzlich verhindern können. Schließlich wird der Vorstand im Rahmen seines unternehmerischen Handelns nunmehr in erster Linie den abgemilderten Standard des § 93 Abs. 1 S. 2 AktG im Auge haben – bewahrt ihn dieser doch jedenfalls schon einmal vor einer unmittelbar an einzelne Entscheidungen anknüpfenden persönlichen Haftung. Andererseits vermag der daraus resultierende Anreizverlust im Bereich über den Standard des § 93 Abs. 1 S. 2 AktG hinausgehender Anstrengungen aber auch bereits zu einem Großteil durch die auf lange Sicht bestehenden Abberufungsmöglichkeiten aufgefangen zu werden, die insofern als am besten geeignet angesehen werden können, den in diesem Bereich bestehenden Handlungsspielraum des Vorstands rechtlich rückzubinden.[530] Über einen längeren Zeitraum betrachtet lässt sich schließlich auch bereits wesentlich leichter beurteilen, ob der Vorstand dem Standard des § 93 Abs. 1 S. 1 AktG für gewöhnlich gerecht zu werden pflegt oder ob sein Handeln demgegenüber zumeist weit hinter diesem Standard zurückbleibt.

527 *Brömmelmeyer*, WM 2005, 2065 (2069).
528 S. hierzu bereits oben unter § 5 II. 1. b. bb. (S. 127 f.).
529 Vgl. hierzu bereits oben unter § 5 II. 1. c. (S. 129) sowie § 5 II. 2. b. (S. 131).
530 S. auch insofern schon oben unter § 2 II. 4. (S. 50 ff.).

Darüber hinaus lassen sich nun aber auch durchaus einleuchtende und empirisch belegbare Aussagen von Seiten der Ökonomie und Verhaltenspsychologie ausfindig machen, nach denen es in dem vom Anreizverlust betroffenen Bereich an sich auch gar keines so starken „künstlichen" Anreizes bedarf: Ist der Vorstand nämlich ohnehin schon gehalten, von gesellschaftsfremden Interessen unbeeinflusst und auf der Grundlage eines zumeist umfangreichen Verfahrens zu entscheiden,[531] so erscheint die Annahme, er treffe dann auch tatsächlich die nach seinem Empfinden beste Entscheidung, keineswegs als zu optimistisch.[532] Diese Hypothes wird nun noch dadurch bestärkt, dass das Geschäftsleiterermessen dem Vorstand mit der Aufstellung des Verfahrenserfordernisses im Grunde auch zugleich dessen Einhaltung erleichtet. Einer der insofern maßgeblichen Aspekte betrifft schließlich die Tatsache, dass ein klar konturiertes Verfahrenserfordernis dem Vorstand zugleich auch eine Art „Rechtfertigung" für tiefgreifende Nachfragen bei sonst möglicherweise misstrauischen Mitarbeitern bietet.[533] Diese nicht unerhebliche psychologische Entlastung berücksichtigend, besteht der zusätzliche Aufwand, für den es infolge des Geschäftsleiterermessens zunächst keinen Anreiz mehr zu geben scheint, dann im Wesentlichen nur noch in einer reinen „Denkleistung".[534] Ein entsprechendes soziales Umfeld vorausgesetzt, wird der Vorstand diesen Aufwand dann grundsätzlich auch schon von sich aus, das heißt altruistisch auf sich nehmen.[535]

Dies vor Augen dürfte nun auch deutlich werden, dass es sich bei dem strengen Sorgfaltspflichtenstandard des § 93 Abs. 1 S. 1 AktG trotz des unausweichlichen Anreizverlustes im Bereich über den Standard des § 93 Abs. 1 S. 2 AktG hinausgehender Anstrengungen also auch nach der Kodifikation des Geschäftsleiterermessens keineswegs um eine von *Brömmelmeyer*[536] so bezeichnete „lex imperfecta" handelt. Die oben angesprochene Rückbindung des vom Geschäftsleiterermessen (zurück-)gewährten Handlungsspielraums vermittels der Möglichkeit langfristiger Abberufung bildet nämlich gerade eine Sanktion zumindest für die dauerhafte Nichtbeachtung dieses Standards. Von einer völlig sanktionslosen Norm in der Art einer „lex imperfecta"[537] kann demnach bei § 93 Abs. 1 S. 1 AktG schon ohnehin keine Rede sein. Was schließlich einen etwaigen selbst vermittels der Möglichkeit langfristiger Abberufung nicht rückbindbaren Bereich erwünschter Vorstandsanstrengungen anbelangt, so wurde gezeigt, dass es hier – möglicherweise unter teil-

531 S. zum Verfahrens- und Loyalitätserfordernis ausführlich weiter unten unter § 8 (S. 202 ff.) und § 9 I. (S. 292 ff.).

532 S. hierzu sowie zum Folgenden *Stout*, 96 Nw. U. L. Rev. (2002) 675, 689 ff.

533 *Stout*, 96 Nw. U. L. Rev. (2002) 675, 690: "The rule does this by giving a director an independent reason other than pure distrust. [...], allowing directors to "sugarcoat" their demands [...].".

534 *Stout*, 96 Nw. U. L. Rev. (2002) 675, 689: "In other words, the only extra effort the director must make is to think.".

535 *Stout*, 96 Nw. U. L. Rev. (2002) 675, 689: "It is perhaps not too optimistic to hope that for most directors this last step entails only a small personal sacrifice – small enough that we can count on some degree of altruistic behavior.".

536 *Brömmelmeyer*, WM 2005, 2065 (2069).

537 S. zu diesem Begriff *Röhl*, Allgemeine Rechtslehre, 2001, § 25 V. (S. 191).

weisem Abrücken vom Bild des reinen „homo oeconomicus" – auch durchaus einmal als gerechtfertigt erscheint, insofern von Seiten des Vorstands auf ein gewisses Maß an Altruismus zu vertrauen.

Welche Sichtweise *Brömmelmeyer* schließlich selbst verfolgt bzw. ob er mit seiner Formulierung eines „ins Negative gewendeten Definitionsmerkmals der Pflichtverletzung"[538] möglicherweise sogar noch einen Mittelweg zu konstruieren sucht, kann letzten Endes nicht mit Sicherheit beurteilt werden. Sollte es sich dabei jedoch um einen „Mittelweg" der bereits oben[539] im Rahmen der Diskussion um die Rechtsnatur unwiderlegbarer Vermutungen angedachten Art handeln, wonach die entsprechende Norm, ohne selbst Pflichtenquelle zu sein, eine solche aber dennoch zu beeinflussen vermag, so kann nur das in obigem Kontext Gesagte wiederholt werden: Dogmatisch gesehen handelt es sich dabei um ein sehr zweifelhaftes Konstrukt, das etwa die Frage aufwirft, ob hier der Pflichtenquellencharakter der Ausgangsnorm nicht zwangsläufig auch auf die den Pflichtenstandard beeinflussende Regelung „abfärben" muss. Daher sollte es insgesamt zurückgewiesen werden.

Alles in allem ist dem Einwand *Brömmelmeyer`s* damit – wenn überhaupt – nur wenig Gewicht beizumessen.

e. Ergebnis

Im Ergebnis spricht sich die vorliegende Darstellung also für eine Deutung des Geschäftsleiterermessens als abgemilderten Überprüfungsmaßstab aus und empfiehlt dazu dessen Interpretation als unwiderlegbare gesetzliche Tatsachenvermutung.[540]

538 *Brömmelmeyer*, WM 2005, 2065 (2069).

539 S. § 5 II. 2. c. cc. (2) (d) (S. 146).

540 Die Figur der gesetzlichen Vermutung ist in diesem Zusammenhang zuerst von *M. Roth* in BB 2004, 1066 (1069) angesprochen worden: „Sachgerecht ist eine gesetzliche Vermutung für sorgfaltsgerechtes Handeln im besten Interesse der Gesellschaft, soweit nur Verstöße gegen die Grenzen des unternehmerischen Ermessens des Vorstands in Rede stehen." Allerdings lagen dieser Schlussfolgerung weniger konzeptionelle Erwägungen als vielmehr die Motivation zu Grunde, die – bezogen auf die Neuregelung – für nicht sachgerecht empfundene Umkehr von Darlegungs- und Beweislast zulasten des Vorstands gem. § 93 II 2 AktG in diesem Zusammenhang für nicht anwendbar zu erklären. (Dazu ausführlich noch sogleich unter § 6 (S. 158 ff.).) In Großkomm. AktG, 2006, § 93 I 2, 4 nF, Rn. 12 sprechen sich *Hopt/M. Roth* nunmehr explizit gegen die Qualifikation von § 93 I 2 AktG als unwiderlegbare Rechtsvermutung aus: „Eine unwiderlegliche Rechtsvermutung setzt implizit voraus, dass auch bei Vorliegen einer Sorgfaltspflichtverletzung eine Haftung nicht eingreift [...]. Die Differenzierung zwischen Haftung und Sorgfaltspflicht ist nicht nötig und liegt der Kodifikation der business judgment rule nicht zugrunde." Von einer unwiderlegbaren Vermutung ausgehend nun aber auch *Hüffer*, AktG, 2008, § 93, Rn. 4d sowie *Koch*, ZGR 2006, 769 (784). Allerdings stufen sie diese – insofern abweichend von der vorliegenden Darstellung – als „Rechtsvermutung" ein (s. zu dieser Einordnung nochmals oben unter § 5 II. 2. c. cc. (1) (S. 142)). Den Begriff der „Vermutung" – ohne Erläuterung – übernehmend: *Bürgers/Israel*, in: Bürgers/Körber, AktG, 2008, § 93, Rn. 9.

Die sich aus der mangelnden praktischen Überprüfbarkeit des strengen Sorgfaltspflichtenstandards des § 93 Abs. 1 S. 1 AktG zunächst zulasten des Vorstands ergebende Unsicherheit über deren Einhaltung wird dementsprechend durch Zurverfügungstellung eines zweiten – insgesamt weniger anspruchsvollen – Beweisthemas behoben, was letztlich einer Abmilderung des Überprüfungsmaßstabs entspricht. Wird das Vorstandshandeln diesem gerecht, so wird kraft Gesetzes und unwiderlegbar auf die Einhaltung auch des strengen Sorgfaltspflichtenstandards des § 93 Abs. 1 S. 1 AktG geschlossen. Anderenfalls ist der Weg zum Nachweis einer Sorgfaltspflichtverletzung anhand des strengen § 93 Abs. 1 S. 1 AktG eröffnet.

Beispiel: Zur Veranschaulichung sei nun nochmals das oben[541] im Rahmen der zuerst dargestellten, das Geschäftsleiterermessen als abgemilderten objektiven Verhaltensstandard auffassenden, Sichtweise erwähnte Beispiel herangezogen, in dem es um die Entscheidung des Vorstands der C-Gesellschaft ging, von einem seiner Vorstandsmitglieder ein Grundstück zum Preis von 7,5 Mio. € käuflich zu erwerben.

Würde man diese Entscheidung anhand eines strengen, den Voraussetzungen des § 93 Abs. 1 S. 1 AktG entsprechenden, Überprüfungsmaßstabs kontrollieren, so würde der zur Überprüfung Berufene – wie schon gesagt – sehr wahrscheinlich urteilen, dass die in Rede stehende Kaufentscheidung dem nicht mehr gerecht wird. Legt man aber stattdessen die insofern einen abgemilderten Überprüfungsmaßstab bildenden Voraussetzungen des § 93 Abs. 1 S. 2 AktG zu Grunde, nach denen die Entscheidung – wie noch zu zeigen sein wird[542] – inhaltlich lediglich auf ihre Rückführbarkeit auf rationale unternehmerische Erwägungen überprüft wird, so müsste man demgegenüber urteilen, dass die Kaufentscheidung diesem gerade noch standhält. Eine Sorgfaltspflichtverletzung wäre also auch hier ausgeschlossen.

Anders als bei der Annahme eines objektiven Verhaltensstandards – vollzieht sich dieser Ausschluss nun allerdings nicht so ohne weiteres. Vielmehr wird er erst kraft der Vermutungswirkung des § 93 Abs. 1 S. 2 AktG herbeigeführt, anstatt unmittelbar aus der tatsächlichen Überprüfung der Einhaltung der Sorgfaltspflicht zu folgen. Auf die Klärung der Frage nach der tatsächlichen Einhaltung der Sorgfaltspflicht wird unter Zugrundelegung der hier befürworteten Sichtweise vielmehr bewusst verzichtet.

3. Verweis allein auf „Ermessenscharakter“ in Bezug auf die Feststellung der Rechtsnatur nicht weiterführend

Auch wenn mit dem vorstehend Gesagten hier bereits ein endgültiges Ergebnis bezogen auf die Rechtsnatur des Geschäftsleiterermessens gefunden wurde, so soll der Vollständigkeit halber im Folgenden gleichwohl noch einmal kurz auf einen letzten, von Literatur und Rechtsprechung immer wieder aufgegriffenen, Aspekt eingegangen werden:

541 S. § 5 II. 1. a. (S. 125).
542 S. unten unter § 9 II. 2. (S. 326 ff.).

Und zwar könnte ein unbefangener Blick auf die in deutschen Fachkreisen für besagtes Rechtsinstitut oft bemühte Bezeichnung als „Geschäftsleiter*ermessen*" oder auch als „unternehmerisches *Ermessen*" zu der vorschnellen Annahme verleiten, unter Umständen bereits im damit angedeuteten „Ermessenscharakter" selbst die gesuchte Rechtsnatur, zumindest aber diesbezügliche Hinweise zu erblicken. Warum sich ein solcher Ansatz aber letzten Endes als nicht zielführend und die vorstehenden Gedankengänge mithin nicht als überflüssig erweisen werden, sei im Folgenden kurz erläutert:

Zunächst einmal ist zuzugeben, dass der Begriff des „Ermessens" im deutschen Recht zwar gemeinhin mit einer mehr oder weniger konkreten Rechtsfigur in Verbindung gebracht wird, deren Heranziehung auch in diesem Zusammenhang auf den ersten Blick als vielversprechend erscheinen mag – zumal wenn man der Aussage, bei dem Ermessen handele es sich um ein allgemeines „Strukturproblem des ganzen Rechts",[543] Glauben schenken mag.

Auf der anderen Seite lässt sich auf hinreichend gesicherter Grundlage insofern aber auch allein im Bereich des Verwaltungsrechts von einer halbwegs konkreten Rechtsfigur sprechen. Denn allein dort kann auf einen bis heute nicht abreißen wollenden Strom fachjuristischer Beiträge geblickt werden, dessen Verdienst es ist, dass besagte Rechtsfigur in vielen Punkten als geklärt gelten kann, in anderen Bereichen dagegen immer noch als umstritten aufgefasst werden muss.[544] Zu den geklärten Punkten ist vor allem die Ermessensfehlerlehre zu zählen,[545] mit deren Übertragung sich einzelne Autoren bzw. teilweise ebenso die Rechtsprechung nun auch zur Bestimmung vor allem des Inhalt des Geschäftsleiterermessens begnügen wollen.[546]

543 *Mayer-Maly*, in: FS Melichar, 1983, S. 441 (449). So auch mit beinahe identischem Wortlaut *Stickelbrock*, Richterliches Ermessens, 2002, S. VII.

544 *Stickelbrock*, Richterliches Ermessen, 2002, S. 1, 204. Vgl. auch *Wolff/Bachof/Stober/Kluth*, Verwaltungsrecht I, 2007, § 31, Rn. 35, nach denen über die Bedeutung und die diversen Facetten dieser Rechtsfigur keine Einigkeit bestehe, die Ermessenslehre vielmehr zu den klassischen Streitfragen von Wissenschaft und Rechtsprechung gehöre.

545 *Stickelbrock*, Richterliches Ermessen, 2002, S. 204. S. zur verwaltungsrechtlichen Ermessensfehlerlehre etwa *Battis*, Allgemeines Verwaltungsrecht, 2002, S. 141 ff.; *Bull/Mehde*, Allgemeines Verwaltungsrecht, 2005, Rn. 593 ff.; *Ipsen*, Allgemeines Verwaltungsrecht, 2007, Rn. 536 ff.; *Maurer*, Allgemeines Verwaltungsrecht, 2006, § 7, Rn. 19 ff.; *Peine*, Allgemeines Verwaltungsrecht, 2006, Rn. 215 ff.; *Wolff/Bachof/Stober/Kluth*, Verwaltungsrecht I, 2007, § 31, Rn. 56 ff. sowie den Überblick bei *Alexy*, JZ 1986, 701 ff. S. dazu, dass etwaige Abweichungen in der Gliederung der Ermessensfehler ohne wesentlichen Einfluss auf das Ergebnis sind, etwa *Wolff/Bachof/Stober/Kluth*, Verwaltungsrecht I, 2007, § 31, Rn. 56.

546 S. vor allem *Großmann*, Unternehmensziele im Aktienrecht, 1980, S. 169 ff.; *Heisse*, Die Beschränkung der Geschäftsführerhaftung gegenüber der GmbH, 1988, S. 30 ff. (GmbH) sowie *Semler*, in: FS Ulmer, 2003, S. 627 (634 ff., 639 f.). Sich ebenfalls noch der öffentlich-rechtlichen Terminologie bedienend: *OLG Düsseldorf*, Urt. v. 14.3.1996 – 6 U 119/94 (*„ARAG/Garmenbeck II"*) –, ZIP 1996, 1083 (1088); AnwK-AktienR/*Landwehrmann*, 2003, § 93, Rn. 94 ff. (anders allerdings in der Neuauflage: *Landwehrmann*, in: Heidel, Aktienrecht, 2007, § 93, Rn. 88 ff.); *Schilling*, ZHR 144 (1980) 136, (144). Unentschlossen bzgl. einer Übertragung öffentlich-rechtlicher Maßstäbe dagegen MünchKommAktG/*Hefermehl/Spindler*, 2004, § 93, Rn. 27.

Wenn man sich allerdings das eigentliche Wesen des verwaltungsrechtlichen Ermessens als gesetzliche Ermächtigung einer Verwaltungsbehörde, innerhalb eines bestimmten Spielraums selbst unter verschiedenen rechtlich zulässigen Rechtsfolgen die insofern zweckmäßigste auszuwählen,[547] vergegenwärtigt, so wird sehr schnell deutlich, dass man mit dem damit zum Ausdruck gebrachten – und dem öffentlich-rechtlichen Ermessen letztlich zu Grunde liegenden – Gewaltenteilungsproblem[548] im deutschen Zivilrecht insgesamt recht wenig anfangen kann. Selbst wenn man besagtes Problem in aktienrechtlicher Manier noch in einen Konflikt um die Aufgabenwahrnehmung etwa zwischen Vorstand und Anteilseignern oder aber in einen solchen zwischen Vorstand und zur Überprüfung seines Handelns berufener „Instanz" – wie letztlich auch dem Richter – überführen wollte, so bedürfte es dabei aber jedenfalls weiterer typischerweise dem zivilrechtlichen Gedankengut entspringender Einordnungen, um die Neuregelung in das vorhandene aktienrechtliche Regelwerk zu integrieren und der Praxis damit auch tatsächlich den Rückgriff auf bereits Bekanntes zu ermöglichen.[549] Das bloße Berufen auf einen dem Wesen des verwaltungsrechtlichen Ermessens entsprechenden Charakter des Geschäftsleiterermessens brächte also letzten Endes, wenn überhaupt, dann nur sehr wenig Licht in das allgemeine Dunkel um die dogmatische Erfassung dieses zivilrechtlichen Rechtsinstituts. Erst recht ließen sich daraus kaum konkrete Aussagen über den weiteren Umgang mit der Neuregelung ableiten.

Gleiches gilt letztlich auch im Zusammenhang mit den Voraussetzungen bzw. den Strukturmerkmalen des Geschäftsleiterermessens: Auch hier kann sich eine bloße Übertragung der aus der verwaltungsrechtlichen Ermessensfehlerlehre stammenden Begrifflichkeiten letzten Endes nur als in der Sache nicht weiterführend erweisen.[550]

547 Vgl. *Stickelbrock*, Richterliches Ermessen, 2002, S. 105 ff. m.w.N. auch zu davon abweichenden Ansichten sowie zum – mit der dargelegten Formulierung übereinstimmenden – international vorherrschenden Verständnis des verwaltungsrechtlichen Ermessensbegriffs. Vgl. darüber hinaus auch *Maurer*, Allgemeines Verwaltungsrecht, 2006, § 7, Rn. 7; *Peine*, Allgemeines Verwaltungsrecht, 2006, Rn. 203 sowie *Kornblum*, AcP 168 (1968), 450 (458).

548 S. vor allem *Battis*, Allgemeines Verwaltungsrecht, 2002, S. 139. Vgl. aber auch etwa *Maurer*, Allgemeines Verwaltungsrecht, 2006, § 7, Rn. 6, wonach die Einräumung von Ermessen eine Lockerung nicht nur der Gesetzesbindung, sondern zugleich auch eine solche der verwaltungsgerichtlichen Kontrolle impliziere.

549 So ließe sich ein Konflikt zwischen Vorstand und Richter um die Reichweite der Überprüfung des Vorstandshandelns etwa wiederum mit der Etablierung eines speziellen Überprüfungsmaßstabs auflösen. Als weiteres Beispiel für eine „zivilrechtliche Aufbereitung" des vor allem öffentlich-rechtlich geprägten Ermessensbegriffs kann hier aber auch auf die von *M. Roth* (Unternehmerisches Ermessen, 2001, S. 51 ff.) – noch zur Rechtslage vor der Kodifikation des Geschäftsleiterermessens – vorgenommene „Übersetzung" des „billigen Ermessens" i.S.v. §§ 315 ff. BGB und demzufolge auch des Geschäftsleiterermessens in einen abgemilderten Sorgfaltspflichtenstandard hingewiesen werden.

550 So auch *Mutter*, Unternehmerische Entscheidungen und Haftung, 1994, S. 253 f.: „Als Zwischenbilanz lässt sich festhalten, dass ein Rekurs auf die öffentlich-rechtliche Prüfungspraxis von Ermessensentscheidungen der Verwaltung im Rahmen der Befassung mit den unternehmerischen Entscheidungen [...] zwar möglich ist, er aber im Grunde zur Verbesserung der

Wenn etwa in Umsetzung der öffentlich-rechtlichen Vorgaben gefolgert wird, der Vorstand handele dann nicht mehr in Gemäßheit des ihm eingeräumten Ermessens, wenn er Eigeninteressen verfolge, so handelt es sich dabei um nichts mehr als um eine bereits aus Sinn und Zweck des Geschäftsleiterermessens ableitbare Erkenntnis, deren bloße Benennung als „Ermessensfehlgebrauch" in der Sache (bestenfalls) nicht weiterbringt.[551] Gleiches gilt für die Einführung der weiteren ebenfalls der Ermessensfehlerlehre entlehnten Begriffe des „Ermessensausfalls"[552], des „Ermes-

Justiziabilität unternehmerischen Handelns wenig – streng genommen, an wirklich Neuem sogar nichts beizutragen vermag.".

551 M.E. ist eine Verwendung der der verwaltungsrechtlichen Ermessensfehlerlehre entlehnten Terminologie nach der Kodifikation des Geschäftsleiterermessens sogar schlichtweg nicht mehr angezeigt. Mit der Neuregelung hat der Gesetzgeber nämlich ausdrücklich festgelegt, in welchem speziell für das Aktienrecht geltenden „Rahmen" die den Handlungsspielraum des Vorstands ausmachenden Grundsätze fortan zu prüfen sind. Im Einzelnen sind dies die im Folgenden noch näher zu beleuchtenden Merkmale der „unternehmerischen Entscheidung", des „Handelns auf der Grundlage angemessener Information", des „Handelns zum Wohle der Gesellschaft", des „Handelns ohne Sonderinteressen und sachfremde Einflüsse" und der „Gutgläubigkeit" (Begr. UMAG-GesetzesE, BT-Drs. 15/5092 v. 14.3.2005, S. 11). Etwaige dem Verwaltungsrecht entlehnte Fehlerkategorien sind damit gerade ausgeschlossen. Gleichwohl noch eine Orientierung am Verwaltungsrecht befürwortend *Lohse*, Unternehmerisches Ermessen, 2005, S. 51 ff., 61 ff., 184 ff., die zunächst zur Bestimmung des Anwendungsbereichs des Geschäftsleiterermessens, anstatt auf das Merkmal der „unternehmerischen Entscheidung" abzustellen, eine Anknüpfung an der normativen Ermächtigungslehre des Verwaltungsrechts (a.a.O., S. 61) und zur näheren Strukturierung und Eingrenzung des vorstands- bzw. auch aufsichtsratseigenen Handlungsspielraums sodann eine Orientierung an der verwaltungsrechtlichen Entscheidungsfehlerlehre empfiehlt (a.a.O., S. 184). Zu einer etwaigen Integration bzw. Vereinbarkeit ihres Ansatzes mit dem nun von § 93 I 2 AktG verbindlich vorgegebenen Prüfungsprogramm führt sie selbst schließlich am Ende kurz aus, dass eine solche – aufgrund möglicher Zuordnung der einzelnen Fehlerkategorien unter die Merkmale des § 93 I 2 AktG – in dogmatischer Hinsicht zwar nicht gänzlich ausgeschlossen, in letzter Konsequenz, d.h. vor allem inhaltlich, aufgrund der vorherrschenden rechtspolitischen Tendenzen hin zu eher weiten Entscheidungsfreiräumen (momentan) aber nicht zu erwarten sei (a.a.O., S. 504).

552 Übertragen auf das Aktienrecht läge wohl dann ein „Ermessensausfall" vor, wenn der Vorstand noch nicht einmal die Existenz verschiedener Handlungsalternativen erkannt hat. Dass hier die Grenzen des Geschäftsleiterermessens überschritten sind, folgt aber nicht erst aus einer Übertragung öffentlich-rechtlicher Grundsätze, sondern vielmehr bereits aus Sinn und Zweck des Geschäftsleiterermessens selbst. Als Prüfungsstandort bietet sich insofern nun das Merkmal der „unternehmerischen Entscheidung" an. S. dazu unten unter § 7 I. 2. (S. 175 ff.).

sensdefizits“[553], der „Ermessensdisproportionalität“[554] sowie der „Ermessensreduktion auf Null“[555].

Mit anderen Worten verbrämt ein bloßer Verweis auf den „Ermessenscharakter“ hier lediglich das eigentliche Problem und bleibt die oben angestellte zivilrechtliche Einordnung schuldig. Damit kann er aber auch von vorneherein als nicht weiterführend gänzlich außer Acht gelassen werden.[556]

III. Zusammenfassung

Eine Auseinandersetzung mit dem bisher kaum beleuchteten Problemkreis betreffend die Rechtsnatur des Geschäftsleiterermessens hat also ergeben, dass man dem Anliegen des Gesetzgebers und der Dogmatik des geltenden Zivil- bzw. Aktienrechts am ehesten gerecht wird, wenn man besagtes Rechtsinstitut im Ergebnis als abgemilderten (gerichtlichen) Überprüfungsmaßstab auffasst und die Neuregelung dazu in das bekannte dogmatische Gewand der unwiderlegbaren gesetzlichen Tatsachenvermutung kleidet. Wird die unternehmerische Entscheidung den insofern die Vermutungsbasis und damit den abgemilderten Überprüfungsstandard bildenden Voraussetzungen von § 93 Abs. 1 S. 2 AktG gerecht, so wird unwiderlegbar vermutet, dass eine Sorgfaltspflichtverletzung nicht vorliegt. Anderenfalls kommt es – und zwar insofern konform zum US-amerikanischen Vorbild – auf einer zweiten Stufe zu einer Verdichtung des Überprüfungsmaßstabs entsprechend dem Standard der „Sorgfalt eines ordentlichen und gewissenhaften Geschäftsleiters“ im Sinne von § 93 Abs. 1 S. 1 AktG.

553 Unter dem Begriff des „Ermessensdefizits“ könnten sich etwa Entscheidungen zusammenfassen lassen, denen ein unzureichendes Entscheidungsverfahren, insbesondere eine mangelhafte Informationsgrundlage, zu Grunde liegt. S. zum Verfahrenserfordernis noch ausführlich unten unter § 8 (S. 202 ff.).

554 Für diesen Begriff könnte zum einen gleichfalls das eben unter Fn. 553 Gesagte gelten. Zum anderen könnte er aber auch der später unter § 9 II. (S. 325 ff.) noch näher zu erörternden Inhaltskontrolle zugeordnet werden.

555 Da mit dem Begriff der „Ermessensreduktion auf Null“ Fälle gemeint sind, in denen vernünftigerweise allein eine Entscheidung in Betracht kommt, wäre auch er letztlich der Inhaltskontrolle zuzuordnen.

556 Gleiches gilt auch für die bloße Heranziehung der ebenfalls überwiegend öffentlich-rechtlich geprägten Begriffe „Beurteilungsspielraum“ und „Einschätzungsprärogative“ zum Zwecke der Klärung von Wesen und Inhalt des Geschäftsleiterermessens. S. zur Einordnung der in diesem Zusammenhang mit angesprochenen „unbestimmten Rechtsbegriffe“ in den Kontext des Geschäftsleiterermessens demgegenüber noch weiter unten unter § 7 II. 3. (S. 188 ff.).

Während mit dem vorstehend Gesagten also die Rechtsnatur und damit die im Ergebnis dem materiellen Recht zuzuschlagende[557] Funktionsweise des Geschäftsleiterermessens einer eingehenden Untersuchung unterzogen worden ist, gilt es nun im Folgenden die prozessuale Funktionsweise der Neuregelung – das heißt die Verteilung von Darlegungs- und Beweislast – in Augenschein zu nehmen.

557 S. insofern nochmals oben unter § 5 II. 2. c. cc. (2) (b) (S. 144).

§ 6 Darlegungs- und Beweislast

Was die prozessuale Funktionsweise der Neuregelung und damit die Verteilung von Darlegungs- und Beweislast anbelangt, so gilt es zunächst klarzustellen, dass sich allein aus der Qualifikation des § 93 Abs. 1 S. 2 AktG als unwiderlegbare Vermutung im Grunde keine diesbezüglichen Besonderheiten ergeben:

Für die Frage nach der auf die Vermutungsbasis bezogenen Darlegungs- und Beweislastverteilung[558] gelten ohnehin stets die allgemeinen Regeln und damit zumeist die auch ursprünglich für den Vermutungsgegenstand geltende Verteilung von Darlegungs- und Beweislast.[559] Und eine auf den Vermutungsgegenstand selbst bezogene Umkehr der Darlegungs- und Beweislast gibt es bei unwiderlegbaren Vermutungen gerade nicht.[560]

I. Die allgemeine Grundregel

Daher gilt es auch hier, zunächst bei der allgemeinen Grundregel anzusetzen, nach der jede Partei die Tatsachen darzulegen und zu beweisen hat, die den Tatbestand der ihr günstigen Norm ausfüllen.[561] Genauer bedeutet dies, dass derjenige, der eine Rechtsfolge für sich in Anspruch nimmt, alle insofern rechtsbegründenden und rechtserhaltenden Tatsachen zu behaupten bzw. gegebenenfalls zu beweisen hat, während der Gegner für die diesbezüglich rechtshindernden, rechtsvernichtenden und rechtshemmenden Umstände darlegungs- und beweispflichtig ist.[562]

558 Selbstverständlich können auch hier letztlich nur die einzelnen – die entsprechenden Tatbestandsmerkmale begründenen – Tatsachen nicht aber die Tatbestandsmerkmale bzw. die damit verknüpften und letztlich vom Gericht selbst zu entscheidenden Rechtsfragen Beweisgegenstand sein. Wenn im Rahmen der vorliegenden Arbeit der Übersichtlichkeit halber mancherorts nun aber gleichwohl auf den insofern nicht ganz präzisen Ausdruck der „Verteilung von Darlegungs- und Beweislast bzw. der Darlegung und des Beweises *bezogen auf* oder *bzgl.* bestimmter Tatbestandsmerkmale" abgestellt wird, so ist damit also jedenfalls das eben Beschriebene gemeint.

559 So ausdrücklich MünchKommZPO/*Prütting*, 2008, § 292, Rn. 20.

560 S. oben unter § 5 II. 2. c. bb. (2) (b) (aa) (S. 138).

561 Stein-Jonas/*Leipold*, ZPO, 1997, § 286, Rn. 38; *Reichold* in Thomas/Putzo, ZPO, 2007, Vorbem § 284, Rn. 23; *Jauernig*, Zivilprozessrecht, 2007, § 50 IV. (S. 165); *Rosenberg/Schwab/Gottwald*, Zivilprozessrecht, 2004, § 114, Rn. 10.

562 Vgl. zunächst *Jauernig*, Zivilprozessrecht, 2007, § 50 IV 1. (S. 165): „Diese Grundregel bedarf der Ergänzung; denn sie sagt nicht, welche Rechtsnorm einer Partei günstig ist und

Nach dieser Grundregel gilt es also zunächst festzulegen, wer nun welche Rechtsfolge für sich in Anspruch nimmt. Wie bereits im Rahmen der ökonomischen Rechtfertigung des Geschäftsleiterermessens dargelegt,[563] geht es vorliegend um die Erschließung dieses Rechtsinstituts vor allem im Kontext der allgemeinen Organinnenhaftung des Vorstands. Damit empfiehlt es sich, bei der Regelung § 93 Abs. 2 S. 1 AktG anzusetzen. Die maßgebliche Rechtsfolge besteht hier also in der Schadensersatzpflicht des Vorstands und wird demgemäß von der Gesellschaft bzw. dem für sie handelnden Aufsichtsrat (§ 112 AktG), gesetzlichem Vertreter (§ 147 Abs. 2 AktG) oder – wie seit dem UMAG praktisch am bedeutsamsten – der Aktionärsminderheit (§ 148 AktG) in Anspruch genommen.

Nach der eben beschriebenen Grundregel verfahrend, ließe sich die angesprochene Einteilung nun derart vornehmen, dass die in § 93 Abs. 2 S. 1 AktG zumeist auch ausdrücklich benannten Voraussetzungen einer zugleich schuldhaften Pflichtverletzung von Seiten der in Anspruch genommenen Vorstandsmitglieder sowie eines darauf kausal beruhenden Schadens der Gesellschaft als für die angestrebte Schadensersatzpflicht rechtsbegründende Tatbestandsmerkmale qualifiziert würden. Demnach wären die sich auf die Schadensersatzpflicht berufende Gesellschaft bzw. die für sie handelnden Personen bezüglich dieser Voraussetzungen auch darlegungs- und beweisbelastet.[564]

Was nun die Neuregelung des § 93 Abs. 1 S. 2 AktG anbelangt, so ist auch diese letztlich auf das anspruchsbegründende Tatbestandsmerkmal der Sorgfaltspflichtverletzung bezogen. Allein unter Zugrundelegung besagter Grundregel könnte man demnach also auch für die Neuregelung (voreilig) zu dem Schluss gelangen, dass die Darlegungs- und Beweislast bezüglich der dort enthaltenen Voraussetzungen auf Seiten der Gesellschaft bzw. der für sie handelnden Personen liegt. Demzufolge läge es also bei der Gesellschaft nachzuweisen, dass das infrage stehende Handeln keine unternehmerische Entscheidung im Sinne der Neuregelung darstellt oder aber die Vorstandsmitglieder nicht auf der Grundlage angemessener Information bzw. nicht zum Wohle der Gesellschaft gehandelt haben.[565]

warum.“ S. zur Ergänzung selbst sodann *Reichold* in Thomas/Putzo, ZPO, 2007, Vorbem § 284, Rn. 23; *Jauernig*, Zivilprozessrecht, 2007, § 50 IV. 1. b) und d) (S. 165) und *Rosenberg/Schwab/Gottwald*, Zivilprozessrecht, 2004, § 114, Rn. 10.

563 S. oben unter § 2 II. 4. (S. 50 ff.).

564 Unter hypothetischer Zugrundelegung allein der allgemeinen Regel so auch *Hopt* in Großkomm. AktG, 1999, § 93, Rn. 276; MünchKommAktG/*Hefermehl/Spindler*, 2004, § 93, Rn. 86 sowie *Kiethe*, WM 2005, 2122 (2127 f.).

565 S. zu den einzelnen Elementen des Geschäftsleiterermessens noch ausführlicher in den folgenden Paragrafen.

Andererseits bringt der Gesetzgeber die von ihm intendierte Einordnung in rechtsbegründende und rechtshindernde Tatbestandsmerkmale und damit die von ihm angestrebte Verteilung der Darlegungs- und Beweislast auch oft durch die Etablierung eines Regel-Ausnahme-Verhältnisses zum Ausdruck.[566] Dabei trägt allgemein derjenige, der sich auf die Ausnahme beruft, auch die diesbezügliche Darlegungs- und Beweislast.[567] Die Etablierung eines solchen Regel-Ausnahme-Verhältnisses pflegt der Gesetzgeber zumeist durch insofern die jeweilige Ausnahme kennzeichnende Wendungen wie „gilt nicht / tritt nicht ein / ist ausgeschlossen, wenn" sprachlich zum Ausdruck zu bringen.[568]

Nimmt man nun also erstmals die Neuregelung selbst genauer in Augenschein, so wird man sich schnell der Tatsache gewahr werden, dass letztlich auch diese eine entsprechende Wendung enthält, indem sie anordnet, „eine Pflichtverletzung liegt nicht vor, wenn". Infolge dieses – vom Gesetzgeber im Hinblick auf die Darlegungs- und Beweislastverteilung so auch bewusst konstruierten[569] – Ausnahmecharakters von § 93 Abs. 1 S. 2 AktG sind die dort enthaltenen Voraussetzungen unter Korrektur des eben Gesagten im Ergebnis also doch als anspruchsvernichtende Tatbestandsmerkmale zu qualifizieren. Demnach obliegt auch die diesbezügliche Darlegungs- und Beweislast den in Anspruch genommenen Vorstandsmitgliedern selbst.[570]

566 *Reichold* in Thomas/Putzo, ZPO, 2007, Vorbem § 284, Rn. 23.

567 *Reichold* in Thomas/Putzo, ZPO, 2007, Vorbem § 284, Rn. 24; *Grunsky*, Zivilprozessrecht, 2006, Rn. 180.

568 Stein-Jonas/*Leipold*, ZPO, 1997, § 286, Rn. 61; *Zeiss/Schreiber*, Zivilprozessrecht, 2003, Rn. 463.

569 Begr. UMAG-GesetzesE, BT-Drs. 15/5092 v. 14.3.2005, S. 12.

570 S. abermals die Begr. zum UMAG-GesetzesE, BT-Drs. 15/5092 v. 14.3.2005, S. 12 sowie nun auch *Bürgers/Israel*, in: Bürgers/Körber, AktG, 2008, § 93, Rn. 27; Spindler/Stilz/*Fleischer*, AktG, 2007, § 93, Rn. 72; *Krieger/Sailer*, in: K. Schmidt/Lutter, AktG, 2008, § 93, Rn. 31; *Raiser/Veil*, Recht der Kapitalgesellschaften, 2006, § 14, Rn. 75; *Holzborn/Bunnemann*, BKR 2005, 51 (52) und *Spindler*, NZG 2005, 865 (872).

III. Bedeutung der Umkehr von Darlegungs- und Beweislast gemäß § 93 Abs. 2 S. 2 AktG

Zu demselben Ergebnis gelangt man allerdings auch bereits unter Anwendung der in § 93 Abs. 2 S. 2 AktG enthaltenen Umkehr von Darlegungs- und Beweislast, nach der bei Streit über die Einhaltung der „Sorgfalt eines ordentlichen und gewissenhaften Geschäftsleiters" die Vorstandsmitglieder die Beweislast trifft.

Die hinter dieser Beweislastregel stehende gesetzgeberische Motivation lässt sich im Wesentlichen mit dem Begriff der „Beweisnähe"[571] schlagwortartig zusammenfassen und leuchtet unmittelbar ein, wenn man sich die hier maßgebliche Informationsverteilung in der Gesellschaft vor Augen führt: Anders als die Gesellschaft bzw. genauer die eben aufgeführten (unter bestimmten Umständen) für sie handelnden Personen verfügen die Vorstandsmitglieder in der Regel eher über die zur Begründung bzw. aus ihrer Sicht mehr zur Widerlegung einer solchen Sorgfaltspflichtverletzung relevanten Kenntnisse und Unterlagen. Sie sind „näher dran" und können deshalb besser zur Klärung der insofern relevanten Umstände beitragen.[572]

Andererseits ist aber auch das Bedürfnis der Vorstandsmitglieder anzuerkennen, sich nicht gleich für jeden Schaden entlasten zu müssen. In dem Bestreben, das damit aufgezeigte Spannungsverhältnis angemessen aufzulösen,[573] werden die sich aus besagter Beweislastregel ergebenden Konsequenzen von der ganz herrschenden Meinung[574] schließlich wie folgt beschrieben:

Bezogen auf die klagende Gesellschaft bleibt es jedenfalls bei der Darlegung und gegebenenfalls dem Beweis von Tatsachen, die den Eintritt und die Höhe eines

571 S. etwa *Mertens* in Kölner Kommentar zum AktG, 2. Auflage, 1996, § 93, Rn. 100; *Kinzl*, AG 2004, R3.

572 Vgl. *BGH*, Urt. v. 4.11.2002 – II ZR 224/00, BGHZ 152, 280 (283) = AG 2003, 381 (381) = NJW 2003, 358 (358): „Diese Abweichung von dem Grundsatz der Beweislast des Anspruchstellers für sämtliche anspruchsbegründenden Umstände [...] rechtfertigt sich aus der Erwägung, dass das jeweilige Organmitglied die Umstände seines Verhaltens und damit auch die Gesichtspunkte überschauen kann, die für die Beurteilung der Pflichtmäßigkeit seines Verhaltens sprechen, während die von ihm verwaltete Korporation in diesem Punkt immer in einer Beweisnot wäre [...]."; MünchKommAktG/*Hefermehl/Spindler*, 2004, § 93, Rn. 86; *Hopt* in Großkomm. AktG, 1999, § 93, Rn. 276 f.; *Landwehrmann*, in: Heidel, Aktienrecht, 2007, § 93, Rn. 110; *Goette*, ZGR 1995, 648 (672); *Kiethe*, WM 2005, 2122 (2128); *Paefgen*, AG 2004, 245 (257).

573 Vgl. zu besagtem Spannungsverhältnis *Oltmanns*, Geschäftsleiterhaftung, 2001, S. 333 f.

574 S. insoweit vor allem das Grundsatzurteil des *BGH*, Urt. v. 4.11.2002 – II ZR 224/00 –, BGHZ 152, 280 (284) = AG 2003, 381 (381 f.) = NJW 2003, 358 (358 f.) im Anschluss an *Goette*, ZGR 1995, 648 (673 f.) sowie weiterhin etwa *Hüffer*, AktG, 2008, § 93, Rn. 16; *Krieger/Sailer*, in: K. Schmidt/Lutter, AktG, 2008, § 93, Rn. 31; *Landwehrmann*, in: Heidel, Aktienrecht, 2007, § 93, Rn. 112; *Wiesner*, in: Münchener Handbuch des Gesellschaftsrechts, Bd. 4, 2007, § 26, Rn. 11; *Kau/Kukat*, BB 2000, 1045 (1046).

Schadens sowie dessen Verursachung durch ein „möglicherweise pflichtwidriges" Verhalten von Seiten der beklagten Vorstandsmitglieder zu belegen vermögen. Den Vorstandsmitgliedern obliegt nach der Regelung des § 93 Abs. 2 S. 2 AktG demgegenüber die Darlegung bzw. gegebenenfalls der Beweis von Tatsachen, die entweder auf die mangelnde Pflichtwidrigkeit bzw. deren mangelndes Verschulden hinweisen oder aber belegen, dass der Schaden auch bei pflichtgemäßem Verhalten eingetreten wäre.

Da sich der Vorstand nach der so verstandenen Beweislastregel also ohnehin schon bezüglich des Tatbestandsmerkmals „Sorgfaltspflichtverletzung" exkulpieren muss, bedarf es an sich gar nicht mehr zwingend zugleich auch des auf Regel-Ausnahme-Verhältnisse bezogenen Grundsatzes, um die Darlegungs- und Beweislast bezüglich der Voraussetzungen des § 93 Abs. 1 S. 2 AktG als dem Vorstand anheim gegeben zu erklären. Bezüglich des Merkmals mangelnder Sorgfaltspflichtverletzung trägt er vielmehr bereits nach der sich von Wortlaut und Systematik her ohne weiteres auch auf die Neuregelung beziehenden Sonderregel des § 93 Abs. 2 S. 2 AktG die Darlegungs- und Beweislast.

Die Tatsache, dass sich der Gesetzgeber gleichwohl für eine die Darlegungs- und Beweislastverteilung unmissverständlich zum Ausdruck bringende Formulierung des § 93 Abs. 1 S. 2 AktG entschieden hat, mag nun aber jedenfalls als Bestätigung der geschilderten herrschenden Meinung aufgefasst werden – zumindest jedoch als Absage an die lange vertretene Ansicht[575], die Beweislastregel des § 93 Abs. 2 S. 2 AktG bewirke allein bezogen auf das Verschuldenselement besagte Umkehr.

Schließlich ist in diesem Zusammenhang noch anzumerken, dass im Rahmen des von der Gesellschaft zu erbringenden Nachweises „möglicherweise pflichtwidrigen" Verhaltens nicht etwa auch auf den Maßstab des § 93 Abs. 1 S. 2 AktG zurückgegriffen werden kann. Wie bereits erwähnt,[576] vermag dieser Maßstab allein zur Begründung *mangelnder* Sorgfaltspflichtverletzung herangezogen zu werden, nicht aber auch zu deren positiver Feststellung. Indem die Gesellschaft aber gerade bezogen auf Letztere darlegungs- und beweisbelastet ist, kommt insofern auch allein eine Heranziehung von § 93 Abs. 1 S. 1 AktG in Betracht. Dies mag zwar zunächst wie-

575 So etwa noch *Frels*, AG 1960, 296 (298) sowie *Fleck*, GmbHR 1974, 224 (224). Vor dem Hintergrund, dass es sich bei Pflichtwidrigkeit und Verschulden letztlich um nahezu „gleichlaufende" typisierte Maßstäbe handelt (s. dazu bereits oben unter § 2 II. 3. (S. 50)), spricht gegen diese Ansicht vor allem die Tatsache, dass eine solchermaßen begrenzte Darlegungs- und Beweislastumkehr damit letztlich ins Leere laufen würde. Ungeachtet dessen setzt sie sich aber auch zum allgemeinen Verständnis des – letztlich auch § 93 II 2 AktG selbst wieder zu Grunde liegenden – Terminus der „Sorgfalt eines ordentlichen und gewissenhaften Geschäftsleiters" als Aussage nicht nur zum Verschuldensmaßstab, sondern zugleich auch zu den objektiven Verhaltenspflichten des Vorstands in Widerspruch (s. zu diesem Verständnis bereits oben unter § 4 I. 2. c. (S. 98, Fn. 328)). Zum Schluss sei nun noch darauf hingewiesen, dass es insofern auch schon einer allgemeinen zivilrechtlichen Regel entspricht, dass ein Vertragspartner, der zu bestimmten Leistungen verpflichtet ist, auch deren ordnungsgemäße Erfüllung zu beweisen hat (vgl. zu diesem letzten Aspekt etwa *Mertens* in Kölner Kommentar zum AktG, 2. Auflage, 1996, § 93, Rn. 100).

576 S. oben unter § 5 II. 1. b. bb. (S. 127).

der wie ein Schritt in die falsche Richtung erscheinen – ist der strenge Standard des § 93 Abs. 1 S. 1 AktG doch gerade als ein praktisch kaum handhabbares und für den Vorstand mit erheblichen Unsicherheiten verbundenes Konzept entlarvt worden.[577] Infolge des insofern klaren Wortlautes von § 93 Abs. 1 S. 2 AktG ist dies aber hinzunehmen. Im Übrigen stellen sich die damit verbundenen Nachteile in diesem Zusammenhang aber letztendlich auch gar nicht als so gravierend dar: Für die *eigentliche* Überprüfung des angegriffenen Vorstandshandelns ist jedenfalls der abgemilderte Überprüfungsmaßstab des § 93 Abs. 1 S. 2 AktG zu Grunde zu legen. Der von der Gesellschaft anhand § 93 Abs. 1 S. 1 AktG zu erbringende Nachweis bezieht sich demgegenüber lediglich auf ein „möglicherweise pflichtwidriges" Verhalten. Aufgrund dieser Einschränkung bereits des Tatbestandsmerkmals selbst lässt sich eine dahingehende Aussage nun aber auch unter Zugrundelegung besagten strengen Standards noch treffen.

IV. Ablehnung einer davon abweichenden Verteilung von Darlegungs- und Beweislast

Zum Abschluss soll schließlich noch auf die im Rahmen des Kodifikationsprozesses verschiedentlich geäußerten Bedenken[578] gegenüber der hier gefundenen letztlich zulasten des Vorstands gehenden Verteilung der Darlegungs- und Beweislast eingegangen werden:

Die angebrachten Einwände bzw. die an den Gesetzgeber gerichteten Verbesserungsvorschläge stützten sich insofern vor allem auf eine ansonsten befürchtete Entwertung des geschaffenen „sicheren Hafens".[579] Mit anderen Worten drohe der mit dem Geschäftsleiterermessen intendierte Schutz unter Zugrundelegung der gefundenen Darlegungs- und Beweislastverteilung letzten Endes leer zu laufen, was insbesondere vor dem Hintergrund der Verschärfung des Verfolgungsrechts von Aktionärsminderheiten als bedenklich empfunden wurde.[580] Darüber hinaus befürch-

577 S. oben unter § 4 I. 2. c. und d. (S. 103 f. und 105).

578 S. dazu bereits oben unter § 4 II. 2. (S. 117).

579 So die Gem. Stellungnahme v. *BDI*, *BDA*, *DIHK*, *GDV* und *BdB* zum UMAG-RefE v. 2.4.2004, http://www.dihk.de/index.html?/inhalt/themen/rechtundfairplay/stellungnahmen/index.html, S. 3 (zul. abgerufen am 1.5.2008) sowie zum UMAG-RegE v. 26.1.2005, http://www.dihk.de/index.html?/inhalt/themen/rechtundfairplay/stellungnahmen/index.html, S. 6 (zul. abgerufen am 1.5.2008) und *Paefgen*, AG 2004, 245 (258).

580 Gem. Stellungnahme v. *BDI*, *BDA*, *DIHK*, *GDV* und *BdB* zum UMAG-RefE v. 2.4.2004, http://www.dihk.de/index.html?/inhalt/themen/rechtundfairplay/stellungnahmen/index.html, S. 8 (zul. abgerufen am 1.5.2008) sowie zum UMAG-RegE v. 26.1.2005, http://www.dihk.

tete man aber auch generell eine Benachteiligung deutscher Unternehmen vor allem gegenüber ihren US-amerikanischen Konkurrenten, falls sich nicht auch die Verteilung der Darlegungs- und Beweislast an den internationalen Gepflogenheiten orientiere.[581] So wurde es mit Blick auf die ohnehin starke Anlehnung am US-amerikanischen Recht nur als folgerichtig empfunden, insofern auch die entsprechende Darlegungs- und Beweislastverteilung „zu implantieren".[582] Die daraus resultierenden etwaigen Beweisschwierigkeiten auf Seiten der klagenden Gesellschaft bzw. der für sie handelnden Personen könnten dabei sehr wohl auch ohne den so genannten „Ausforschungsbeweis" US-amerikanischer Prägung – nämlich „anhand der dafür von der Rechtsprechung entwickelten Grundsätze" – gelöst werden.[583] Schließlich stünde den Aktionären insofern auch noch die Beantragung einer Sonderprüfung offen.[584]

Dies vor Augen empfiehlt es sich schließlich, zuletzt noch der Frage nachzugehen, ob besagte Einwände nicht unter Umständen auch eine alternative Auslegung bezüglich der Verteilung von Darlegungs- und Beweislast zuließen[585] oder aber zumindest für die Zukunft eine Rechtsfortbildung bzw. eine entsprechende Gesetzesänderung empfohlen werden muss.

1. Unzulässigkeit einer alternativen Auslegung

Bevor dafür jedoch sogleich in eine Auseinandersetzung mit den dargelegten Bedenken selbst eingestiegen wird, erscheint es angebracht, für die Frage nach einer alternativen Auslegung zunächst zu klären, ob selbst bei gegebener Berechtigung des Vorgetragenen eine solche überhaupt zulässig wäre.

de/index.html?/inhalt/themen/rechtundfairplay/stellungnahmen/index.html, S. 5 (zul. abgerufen am 1.5.2008); *Paefgen*, AG 2004, 245 (258); *M. Roth*, BB 2004, 1066 (1067).

581 S. Gem. Stellungnahme v. *BDI*, *BDA*, *DIHK*, *GDV* und *BdB* zum UMAG-RegE v. 26.1.2005, http://www.dihk.de/index.html?/inhalt/themen/rechtundfairplay/stellungnahmen/index.html, S. 2 und 6 (zul. abgerufen am 1.5.2008).

582 *M. Roth*, BB 2004, 1066 (1067).

583 Gem. Stellungnahme v. *BDI*, *BDA*, *DIHK*, *GDV* und *BdB* zum UMAG-RefE v. 2.4.2004, http://www.dihk.de/index.html?/inhalt/themen/rechtundfairplay/stellungnahmen/index.html, S. 8 (zul. abgerufen am 1.5.2008) sowie zum UMAG-RegE v. 26.1.2005, http://www.dihk.de/index.html?/inhalt/themen/rechtundfairplay/stellungnahmen/index.html, S. 5 f. (zul. abgerufen am 1.5.2008).

584 *M. Roth*, BB 2004, 1066 (1067).

585 In diesem Sinne *Hopt/M. Roth* in Großkomm. AktG, 2006, § 93 I 2, 4 nF, Rn. 66 ff., 69: „Grundsätzlich trifft die Vorstandsmitglieder danach nur eine sekundäre Darlegungslast.".

a. Bewusste Wertungsentscheidung des Gesetzgebers

Entscheidend ist insofern, dass der Gesetzgeber bezüglich der für § 93 Abs. 1 S. 2 AktG geltenden Verteilung von Darlegungs- und Beweislast eine bewusste Wertungsentscheidung getroffen hat.

Zum einen hat er dies bereits vermittels der schon angesprochenen negativen Formulierung von § 93 Abs. 1 S. 2 AktG selbst, die in der „juristischen Kunstsprache“[586] im Sinne einer ganz bestimmten Verteilung von Darlegungs- und Beweislast aufgefasst wird,[587] zum Ausdruck gebracht. Zum anderen hat diese Interpretation aber auch in der Gesetzesbegründung gleichsam auf unmissverständliche Weise ihre Bestätigung erfahren.[588] Dieser Befund einer bewusst und unmissverständlich getroffenen Wertungsentscheidung von Seiten des Gesetzgebers, die sich im Übrigen auch noch vollends mit der deutschen Rechtstradition deckt,[589] lässt dem Auslegenden letztlich keinen „Beurteilungsspielraum“.[590] Über eine solche Wertungsentscheidung darf er sich auch nicht hinwegsetzen,[591] will er sich nicht dem Verdikt der Gesetzesmanipulation[592] bzw. des Aufoktroyierens seiner eigenen rechtspolitischen Ansicht[593] aussetzen.

586 S. zu diesem Ausdruck *Larenz*, Methodenlehre, 1991, S. 320.

587 S. dazu bereit oben unter § 6 II. (S. 160 f.).

588 Begr. UMAG-GesetzesE, BT-Drs. 15/5092 v. 14.3.2005, S. 12: „Da der Haftungsfreiraum des Satzes 2 als Ausnahme und Einschränkung gegenüber Satz 1 formuliert ist, liegt die Darlegungs- und Beweislast für das Vorliegen der Tatbestandsmerkmale beim betroffenen Organ.“.

589 So geht die „Exkulpationsobliegenheit“ des Vorstands hinsichtlich der Pflichtwidrigkeit letztlich bereits auf die Rechtsprechung noch zum Aktienrecht des HGB zurück (*Hopt* in Großkomm. AktG, 1999, § 93, Rn. 276 sowie ausführlich *Goette*, ZGR 1995, 648 (669 f.)). S. zur Beachtung dieser Rechtstradition speziell im Kontext des Geschäftsleiterermessens vor allem *BGH*, Urt. v. 4.11.2002 – II ZR 224/00, BGHZ 152, 280 (284) = AG 2003, 381 (382) = NJW 2003, 358 (359).

590 S. zum Begriff des „Beurteilungsspielraums“ bzw. zu dem des „Spielraums der Eigenbeurteilung“ *Larenz*, Methodenlehre, 1991, S. 346, 349. S. zum Ganzen aber auch noch *dens.*, a.a.O., S. 344.

591 *Larenz*, Methodenlehre, 1991, S. 349: „Hinzu kommt, dass das Gesetz in manchen Materien mit guten Gründen der Rechtssicherheit, der Zweckmäßigkeit oder Praktikabilität den Vorrang vor der Fallgerechtigkeit gibt. Auch über die darin liegende Wertentscheidung des Gesetzgebers darf sich der Richter nicht einfach hinwegsetzen.“ Vgl. auch *Zippelius*, Juristische Methodenlehre, 2006, S. 50: „Es entspricht der Funktionenteilung gerade auch im gewaltenteiligen Staat, dass die Gesetzesauslegung im Einklang mit den Zweck- und Zweckmäßigkeitsentscheidungen des Gesetzgebers steht. Diese Entscheidungen kommen im parlamentarischen Staat der Mehrheit der Abgeordneten zu, die am Gesetzesbeschluss teilnehmen.“.

592 Vgl. *Larenz*, Methodenlehre, 1991, S. 348.

593 Vgl. *Zippelius*, Juristische Methodenlehre, 2006, S. 61.

b. Kein anderes Ergebnis unter Hinzuziehung von § 148 Abs. 1 S. 2 Nr. 3 AktG

Diese Wertungsentscheidung lässt sich auch nicht etwa unter Hinweis auf die ebenfalls im Zuge des UMAG in das Gesetz aufgenommene Vorschrift des § 148 Abs. 1 S. 2 Nr. 3 AktG erschüttern:

Im Kontext des Verfolgungsrechts einer Aktionärsminderheit betrifft diese Regelung nun das insofern neue und im Vorfeld einer Klage erfolgreich zu durchlaufende so genannte Klagezulassungsverfahren, als deren erste materielle Voraussetzung sie schließlich das Erfordernis des Vorliegens von Tatsachen normiert, „die den Verdacht rechtfertigen, dass der Gesellschaft durch Unredlichkeit oder grobe Verletzung des Gesetzes oder der Satzung ein Schaden entstanden ist".

Ein möglicherweise auch im vorliegenden Zusammenhang zu berücksichtigender Aspekt könnte insofern nun darin liegen, dass im Rahmen dieses Klagezulassungsverfahrens nun aber gleichwohl – und scheinbar in Abkehr von der bisherigen Rechtstradition – der klagenden Aktionärsminderheit der Nachweis einer Sorgfaltspflichtverletzung aufgegeben wird.[594] Mit anderen Worten könnte man schließlich die sich auf Beweisnähe und Rechtstradition stützende Wertungsentscheidung des Gesetzgebers durch den Einwand zu erschüttern suchen, dass sich der Gesetzgeber hier gerade nicht infolge von befürchteten Beweisschwierigkeiten daran gehindert sah, nach der allgemeinen Grundregel zu verfahren und dementsprechend dem Kläger die diesbezügliche Klärung aufzugeben.

Andererseits stellt aber gerade dieser scheinbare Wertungswiderspruch bei Lichte betrachtet ein in sich weitestgehend stimmiges Konzept dar: Bei genauerem Hinsehen stimmen die im Klagezulassungsverfahren an den Kläger gestellten Anforderungen betreffend die materiell-rechtlichen Anspruchsvoraussetzungen nämlich in großen Teilen mit den auch im Hauptverfahren von ihm insofern zu bewältigenden Hürden überein. Schließlich ist er – wie gesehen[595] – auch dort nach herrschender Meinung nicht etwa vollständig der Darlegung bzw. des Beweises bezogen auf das Merkmal der Sorgfaltspflichtverletzung enthoben, sondern muss immerhin ein „möglicherweise pflichtwidriges" Verhalten des Vorstands darlegen und beweisen. Da es im Rahmen von § 148 Abs. 1 S. 2 Nr. 3 AktG nun ebenfalls um bloße „Verdachtstatsachen" geht, liegen die in Rede stehenden Anforderungen insofern nicht sehr weit auseinander. So ist zum Begriff des „Tatverdachts" zwar die Aussage zu finden, die erhebliche Pflichtverletzung müsse „denklogisch wahrscheinlich und

594 Trotz der insofern möglicherweise missverständlichen Formulierung einer „Verletzung des Gesetzes oder der Satzung" besteht das Verfolgungsrecht einer Aktionärsminderheit nicht nur bei Verstößen gegen konkrete gesetzliche und statutarische Bestimmungen, sondern vielmehr auch bei Missachtung der gesetzlich nicht näher konkretisierten allgemeinen Treue- und Sorgfaltspflicht (s. dazu bereits die Begr. zum UMAG-GesetzesE, BT-Drs. 15/5092 v. 14.3.2005, S. 22, aber auch die Stellungnahme der *DSW* zum UMAG-RefE, http://www.dsw-info.de/uploads/media/DSW-Stellungnahme-UMAG.pdf, S. 15 f. (zul. abgerufen am 1.5.2008)). Anderenfalls würde die Konzeption des § 93 I 2 AktG als Gegengewicht zur Verschärfung des Verfolgungsrechts einer Aktionärsminderheit auch gar keinen Sinn machen.

595 S. oben unter § 6 III. (S. 161 f.).

nicht bloß nur möglich sein".[596] Aus praktischer Sicht dürfte die dazwischen befindliche Spanne allerdings nicht als gravierend zu bewerten und mit Blick auf das dahinter stehende Ziel der Verhinderung rechtsmissbräuchlicher Rechtsausübung[597] zudem ohne weiteres zu rechtfertigen sein. Gleiches gilt auch für den Zusatz einer „groben" Verletzung des Gesetzes, was wohl entweder eine erhebliche Pflichtabweichung bzw. ein bedeutendes Verschulden oder aber einen eklatanten Schaden voraussetzen wird.[598] Eine Nivellierung der damit angedeuteten leichten Unterschiede dürfte insbesondere dann eintreten, wenn im Rahmen des Klagezulassungsverfahrens tatsächlich auf die Durchführung eines umfassenden Beweisverfahrens verzichtet und der klagenden Aktionärsminderheit demzufolge allein die *Darlegung* der bezeichneten Tatsachen obliegen würde.[599] Was den zur Etablierung einer Sorgfaltspflichtverletzung maßgeblichen Standard selbst anbelangt, so ist, da es insofern jeweils um deren positive Begründung geht, schließlich hier wie dort auf den strengen Standard des § 93 Abs. 1 S. 1 AktG abzustellen – und nicht etwa auf den des § 93 Abs. 1 S. 2 AktG.[600]

Da bezogen auf die einerseits im Klagezulassungs- und andererseits im Hauptverfahren die materielle Anspruchsbegründung betreffenden Anforderungen also letztendlich keine große Diskrepanz festgestellt werden konnte, vermag im Ergebnis auch ein Verweis auf § 148 Abs. 1 S. 2 Nr. 3 AktG keinesfalls die im Kontext des

596 MünchKommAktG/*Schröer*, 2004, § 142, Rn. 69.

597 Begr. UMAG-GesetzesE, BT-Drs. 15/5092 v. 14.3.2005, S. 20.

598 Vgl. – wenn auch zum Begriff der „groben Verletzung des Gesetzes oder der Satzung" in § 142 II 1 AktG a.F. – MünchKommAktG/*Schröer*, 2004, § 142, Rn. 68.

599 Dieser Aspekt ist bisher noch weitestgehend ungeklärt: Im Sinne lediglich einer Darlegungslast: *Hüffer*, AktG, 2008, § 148, Rn. 8 sowie *K. Schmidt*, NZG 2005, 796 (800). Genauso – allerdings im Kontext des insofern gleich lautenden § 142 II 1 AktG a.F.: *Hüffer*, AktG, 2004, § 142, Rn. 20; MünchKommAktG/*Schröer*, 2004, § 142, Rn. 66. Im Sinne eines vollen Beweises dagegen: *Diekmann/Leuering*, NZG 2004, 249 (250); *Holzborn/Bunnemann*, BKR 2005, 51 (56); *Paschos/Neumann*, DB 2005, 1779 (1780); *Ulmer*, DB 2004, 859 (863) (die Angemessenheit eines solchen Vollbeweises allerdings bezweifelnd) sowie die Stellungnahme des *Handelsrechtsausschusses des DAV* zum UMAG-RefE v. April 2004, NZG 2004, 555 (561). Für eine Glaubhaftmachung demgegenüber: *Kuthe*, BB 2004, 449 (450); *Seibert/Schütz*, ZIP 2004, 252 (253) sowie die Stellungnahme des *DGB* zum UMAG-RefE v. 17.5.2004, http://www.boeckler.de/pdf/dgb_stellungnahme_umag_2004.pdf, S. 4 (zul. abgerufen am 1.5.2008). Für eine in diesem Zusammenhang lediglich eine Darlegungslast befürwortende Sichtweise würde schließlich die Tatsache sprechen, dass das Klagezulassungsverfahren vom Gesetzgeber offenbar als ein bloßes Vorschaltverfahren (*Holzborn/Bunnemann*, BKR 2005, 51 (56)) konzipiert ist. Würde man bereits hier ein umfangreiches Beweisverfahren zulassen, so könnte dies nicht nur zu erheblichen zeitlichen Verzögerungen, sondern darüber hinaus möglicherweise sogar zu einer mit Blick auf den insofern verkürzten Rechtsweg problematischen Vorwegnahme der Hauptsache führen. Darüber hinaus erscheint auch bereits das Erfordernis einer schlüssigen Darlegung als geeignet, eine rechtsmissbräuchliche Rechtsausübung als solche zu entlarven.

600 S. hierzu auch nochmals die insofern übertragbaren Aussagen oben unter § 6 III. (S. 162). Die Entbehrlichkeit einer Heranziehung von § 93 I 2 AktG im Klagezulassungsverfahren dagegen auf den Terminus der „groben" Gesetzes- und Satzungsverletzung zurückführend: *K. Schmidt*, NZG 2005, 796 (800).

§ 93 Abs. 1 S. 2 AktG zudem bewusst getroffene und explizit artikulierte Wertungsentscheidung des Gesetzgebers zu erschüttern. Vielmehr kann insgesamt sogar von einem in sich stimmigen Gesamtkonzept gesprochen werden.

c. Fazit

Damit kann als Fazit festgehalten werden, dass eine von der hier gefundenen Darlegungs- und Beweislastverteilung abweichende Auslegung jedenfalls unzulässig wäre. Auf eine Auseinandersetzung mit den oben dargelegten Einwänden kommt es daher an dieser Stelle noch gar nicht an.

2. *Unzulässigkeit einer Rechtsfortbildung und Ablehnung einer Gesetzesänderung*

Während damit zumindest schon einmal festgestellt worden ist, dass sich eine vom vorstehend Gesagten abweichende Verteilung der Darlegungs- und Beweislast jedenfalls derzeit nicht erreichen lässt, so soll es im Folgenden nun um die Beurteilung künftiger Änderungsmöglichkeiten gehen. Die Rechtsfortbildung wird dabei deshalb erst in diesem Kontext angesprochen, weil für besagte – von ihrer Wirkung her deutlich über die bloße Auslegung hinausgehende – Methode[601] typischerweise erst ein gewisses Bedürfnis offenkundig werden muss.[602] Ein solches bereits kurze Zeit nach Inkrafttreten einer Neuregelung annehmen zu wollen, würde dem Ausnahmecharakter dieser Methode nicht gerecht werden.

Im Kontext der Rechtsfortbildung ist nun gemeinhin zunächst zwischen „gesetzesimmanenter“ und „gesetzesübersteigender“ Rechtsfortbildung zu unterscheiden.[603] Da sich Erstere unter Verweis auf die eben schon in den Vordergrund gestellte bewusste gesetzgeberische Wertungsentscheidung und damit bereits aufgrund mangelnder „Unvollständigkeit des Gesetzes“[604] allerdings sehr schnell von der Hand weisen lässt, kann es vorliegend, wenn überhaupt, dann nur um eine gesetzesübersteigende Rechtsfortbildung gehen. Vor dem Hintergrund, dass eine solche hier allenfalls mit einem dringenden Bedürfnis in der Rechtsgemeinschaft gerechtfertigt

601 *Larenz*, Methodenlehre, 1991, S. 366.

602 Vgl. *Larenz*, Methodenlehre, 1991, S. 366, 381 ff., 391 ff., 413 ff.

603 S. hierzu *Larenz*, Methodenlehre, 1991, S. 366: „Als die Grenze der Auslegung im engeren Sinne haben wir die des möglichen Wortsinns erkannt. Methodisch geleitete Rechtsfortbildung über diese Grenze hinaus, aber noch im Rahmen des ursprünglichen Plans, der Teleologie des Gesetzes selbst, ist Lückenausfüllung, gesetzesimmanente Rechtsfortbildung; Rechtsfortbildung noch über diese Grenze hinaus, aber innerhalb des Rahmens und der leitenden Prinzipien der Gesamtrechtsordnung, ist gesetzesübersteigende Rechtsfortbildung.“.

604 S. zum Erfordernis der „Lückenhaftigkeit“ bzw. der „planwidrigen Unvollständigkeit“ des Gesetzes in Abgrenzung zu einer als fehlerhaft erkannten und eine gesetzesimmanente Rechtsfortbildung insoweit ausschließenden Entscheidung des Gesetzgebers *Larenz*, Methodenlehre, 1991, S. 370 ff., 374.

werden könnte,[605] gilt es damit nun auch endlich die oben dargelegten Einwände[606] zu würdigen. Auf dieser Basis ließe sich – alternativ dazu – dann auch über eine entsprechende Änderungsempfehlung an den Gesetzgeber nachdenken.

Ein dringendes Regelungsbedürfnis könnte sich hier nun vor allem aus den Einwänden betreffend die Wirkkraft der Regelung („Entwertung des sicheren Hafens“) sowie aus den sich im Zusammenhang mit dem internationalen Vergleich ergebenden Bedenken („Benachteiligung deutscher Unternehmen“) ableiten lassen. Andererseits vermag zunächst der Befürchtung betreffend die Wirkkraft der Neuregelung bereits Folgendes entgegengehalten zu werden:

Eine mit der Verteilung von Darlegungs- und Beweislast bewirkte Entwertung des „sicheren Hafens“ bzw. ein darauf zurückzuführendes Leerlaufen der Neuregelung wäre schließlich nur dann zu befürchten, wenn auch bezüglich der prozessualen Handhabbarkeit der Voraussetzungen des § 93 Abs. 1 S. 2 AktG ernsthafte Zweifel bestünden bzw. sie infolge ihrer Stringenz gleichsam eine nahezu unüberwindbare Hürde darstellten. Im Vergleich zum strengen Standard des § 93 Abs. 1 S. 1 AktG etabliert die Neuregelung allerdings gerade einen deutlich abgemilderten Überprüfungsstandard,[607] der – wie noch näher auszuführen sein wird – im Wesentlichen die Kontrolle des Entscheidungsverfahrens anhand bestimmter Kriterien und Leitlinien (Dauer der Beratung, Versorgung der Vorstandsmitglieder mit bestimmten situationsabhängigen Unterlagen etc.),[608] die Überprüfung der einzelnen Vorstandsmitglieder auf das Vorhandensein etwaiger relevanter Fremdinteressen hin[609] sowie eine grobe inhaltliche Überprüfung der Entscheidung[610] vorsieht. Dass sich diese Voraussetzungen in der Praxis als unzumutbar hoch entpuppen werden, ist nicht ersichtlich:

Zwar lässt sich die Befürchtung, dass vor allem das verfahrensbezogene Element letztendlich wohl zu einem gegenüber dem bisherigen Usus erhöhten Dokumentationsaufwand führen wird, nicht vor der Hand weisen. Gegen diese Konsequenz ist mit Blick auf die damit verbundenen Vorteile, wie „erhöhte Bewusstseinsbildung“ und „gesteigerte Richtigkeitsgewähr bezogen auf den Entscheidungsinhalt“, bis zu einem gewissen – noch näher zu präzisierenden – Grade meines Erachtens aber auch nichts einzuwenden.[611] Eine mangelnde darlegungs- bzw. beweisrechtliche Handhabbarkeit der Neuregelung vermag daraus jedenfalls nicht zu resultieren.

Gleiches gilt schließlich auch für die beiden anderen Voraussetzungen: Was das negative Merkmal des Nichtvorhandenseins relevanter gesellschaftsfremder Interes-

605 Vgl. zu den verschiedenen Begründungsansätzen für eine gesetzesübersteigende Rechtsfortbildung, von denen hier allenfalls der des dringenden Bedürfnisses des Rechtsverkehrs in Betracht kommt, abermals *Larenz*, Methodenlehre, 1991, S. 414 ff.

606 S. dazu nochmals unter § 6 IV. (S. 163 f.).

607 S. oben unter § 5 II. 2. (S. 130 ff.).

608 S. zum Verfahrenserfordernis unten unter § 8 (S. 202 ff.).

609 S. zum Loyalitätserfordernis unten unter § 9 I. (S. 292 ff.).

610 S. zur Inhaltskontrolle unten unter § 9 II. (S. 325 ff.).

611 So auch *Brömmelmeyer*, WM 2005, 2065 (2067). S. zu besagtem Dokumentationsaufwand vor allem auch noch unten unter § 8 I. 3. d. (S. 248 f.). Vgl. – unter einem anderen Aspekt – aber auch noch § 7 I. 2. d. (S. 179 f.).

sen in der Person der einzelnen Vorstandsmitglieder anbelangt, so wird dem Vorstand nicht etwa der Ausschluss aller insofern nur erdenklichen positiven Möglichkeiten abverlangt. Vielmehr führt hier die Anwendung der Grundsätze über den Negativbeweis dazu, dass allein die Tatsachen zu widerlegen sind, die nach dem substantiierten Vortrag des Gegners für das Vorhandensein eines solchen Fremdinteresses sprechen.[612] Die an den Entscheidungsinhalt gestellten Anforderungen sind demgegenüber sogar nahezu zu vernachlässigen.[613]

Mithin kann festgehalten werden, dass bezüglich der prozessualen Handhabbarkeit der Voraussetzungen des § 93 Abs. 1 S. 2 AktG keinerlei Bedenken bestehen, ein Leerlaufen der Neuregelung demnach auch bei dem Vorstand aufgegebener Darlegungs- und Beweislast nicht zu befürchten steht. Vor dem Hintergrund der Gesamtzielsetzung des UMAG, das – wie nun schon mehrfach erinnert – die intendierte Verbesserung der Unternehmensintegrität bereits mit seinem Namen kundtut, ließe sich sogar formulieren, dass gerade eine solchermaßen aufgeteilte Darlegungs- und Beweislast dem Anliegen des Gesetzgebers am besten gerecht zu werden vermag.

Selbst unter dem Aspekt der Verschärfung des Verfolgungsrechts einer Aktionärsminderheit ergibt sich kein anderes Bild. Vielmehr bietet insofern das Klagezulassungsverfahren mit seinen gerade von den klagenden Aktionären darzulegenden bzw. teilweise auch zu beweisenden Voraussetzungen dem Vorstand insgesamt einen ausreichenden Schutz vor der Gefahr, sich für nahezu jeden wirtschaftlichen Fehlschlag exkulpieren zu müssen.

Auf der Basis des eben Gesagten lässt sich nun auch der zweite Vorbehalt bezüglich einer befürchteten Benachteiligung deutscher Unternehmen gegenüber ihren US-amerikanischen Konkurrenten schnell entkräften: Wie noch im weiteren Verlauf der Darstellung zu zeigen sein wird, weist das deutsche Geschäftsleiterermessen von seinen Voraussetzungen her insgesamt eine sehr große Nähe zur US-amerikanischen *BJR* auf. Selbst wenn in den USA die Darlegungs- und Beweislast zulasten des Klägers verteilt ist,[614] so erlaubt das nicht etwa den *directors* bzw. *officers*, die mit der *BJR* aufgestellten Anforderungen zu vernachlässigen. Vielmehr sind auch sie gehalten, etwa dem damit einhergehenden Dokumentationsaufwand gerecht zu werden, wollen sie nicht Gefahr laufen, sich unter Umständen gegenüber dem Vorbringen des Klägers nicht verteidigen zu können. Bezüglich der Voraussetzung des Nichtvorhandenseins relevanter gesellschaftsfremder Interessen in der Person der einzelnen Vorstandsmitglieder stellt sich die prozessuale Situation infolge der Grundsätze zum Negativbeweis sogar nahezu identisch dar. Mithin entbehrt auch dieser Einwand letztlich der erforderlichen Schlagkraft. Damit sind die beiden Einwände der

612 Vgl. etwa *Reichold* in Thomas/Putzo, ZPO, 2007, Vorbem § 284, Rn. 18 sowie *Schellhammer*, Zivilprozess, 2007, Rn. 393 m.w.N.

613 S. zu den – im Vergleich zur Verfahrenskontrolle – sehr eingeschränkten inhaltlichen Anforderungen wiederum unten unter § 9 II. (S. 325 ff.).

614 S. dazu bereits oben unter § 3 II. 2. (S. 68).

Gefahr des Leerlaufens der Neuregelung sowie der Benachteiligung deutscher Unternehmen im Ergebnis jedenfalls zu vernachlässigen.

Was die weitere Kritik anbelangt, so sei angemerkt, dass sich die „Implantierung" fremden Rechts immer nur soweit als zulässig – und im Übrigen auch immer nur soweit als überhaupt gewinnbringend – erweisen kann, wie sie noch mit den Grundprinzipien der „empfangenden" Rechtsordnung und den Zielvorstellungen des dortigen Gesetzgebers vereinbar ist. Wie bereits dargelegt, hat der hiesige Gesetzgeber mit der gefundenen Verteilung von Darlegungs- und Beweislast eine bewusste Wertungsentscheidung getroffen,[615] die zudem mit der bisher geltenden Rechtstradition in Einklang steht.[616] Dem lässt sich auch nicht entgegenhalten, dass vor dem Hintergrund verschiedener Beweiserleichterungen[617] sowie dem den Aktionären an die Hand gegebenen Mittel der Sonderprüfung unter Umständen auch ein anderer Weg gangbar gewesen wäre.

Damit kann im Ergebnis festgehalten werden, dass sich mit den dargestellten Einwänden ein unabweisbares Bedürfnis des Rechtsverkehrs nicht belegen lässt, eine vom Tätigwerden des Gesetzgebers unabhängige Änderung der Verteilung von Darlegungs- und Beweislast im Wege der gesetzesübersteigenden Rechtsfortbildung also unzulässig und von daher in Zukunft auch nicht zu erwarten ist. Gleichfalls kann vor diesem Hintergrund aber auch dem Gesetzgeber selbst keine Empfehlung zur Änderung der auf die Neuregelung bezogenen Darlegungs- und Beweislastverteilung ausgesprochen werden. Vielmehr sieht sich die vorliegende Darstellung dazu veranlasst, der gefundenen Darlegungs- und Beweislastverteilung mit Blick auf die ebenfalls zu begrüßende Gesamtzielsetzung des Gesetzgebers als in der Sache sinnvoll und in sich stimmig beizupflichten.

615 S. nochmals oben unter § 6 IV. 1. a. (S. 165).

616 S. auch hierzu bereits oben unter § 6 IV. 1. a. (S. 165).

617 Gemeint sind insofern wohl jene Beweiserleichterungen, nach denen aus der Art des Schadens auf eine zu Grunde liegende Handlung der Vorstandsmitglieder geschlossen wird (MünchKommAktG/*Hefermehl/Spindler*, 2004, § 93, Rn. 88; *Hüffer*, AktG, 2008, § 93, Rn. 17; *Landwehrmann*, in: Heidel, Aktienrecht, 2007, § 93, Rn. 115; *Mertens* in Kölner Kommentar zum AktG, 2. Auflage, 1996, § 93, Rn. 104) bzw. aus bestimmten tatsächlichen Anzeichen (z.B. Warenfehlbestand) auf einen Schaden (MünchKommAktG/*Hefermehl/Spindler*, 2004, § 93, Rn. 88; *Hopt* in Großkomm. AktG, 1999, § 93, Rn. 282; *Mertens* in Kölner Kommentar zum AktG, 2. Auflage, 1996, § 93, Rn. 105). Damit wird aber auch sogleich deutlich, dass sich die bisher zu diesem Kontext entwickelten Beweiserleichterungen allein auf die Merkmale beziehen, die der Kläger nach h.M. ohnehin schon darzulegen und zu beweisen hat. Für die in der Neuregelung enthaltenen Merkmale bedürfte es dann also jedenfalls auch der Entwicklung neuer Beweiserleichterungen.

V. Zusammenfassung

Zusammenfassend liegt die Darlegungs- und Beweislast bezüglich der von § 93 Abs. 1 S. 2 AktG aufgestellten Voraussetzungen in Organhaftungsprozessen also – entgegen der allgemeinen Grundregel – bei den insofern beklagten Vorstandsmitgliedern. Dies folgt in erster Linie aus der Konzeption der Neuregelung als Ausnahmevorschrift. Darüber hinaus lässt sich diese Schlussfolgerung aber auch aus der sich nach Wortlaut und Systematik gleichermaßen auf die Neuregelung beziehenden Beweislastregel des § 93 Abs. 2 S. 2 AktG ableiten.

Im Einzelnen obliegt dem Vorstand damit die Darlegung bzw. der Beweis zunächst bezüglich des Vorliegens einer unternehmerischen Entscheidung, sodann aber vor allem auch hinsichtlich der Einhaltung der verfahrens- und inhaltsbezogenen Anforderungen sowie der eigenen Gutgläubigkeit. Bezüglich des Nichtvorhandenseins gesellschaftsfremder Interessen führt die Anwendung der Grundsätze über den Negativbeweis dazu, dass insofern allein der substantiierte Gegenvortrag des Klägers zu widerlegen ist.[618]

Auf diese insgesamt fünf Merkmale von § 93 Abs. 1 S. 2 AktG genauer einzugehen, wird nun auch Gegenstand der folgenden Paragrafen sein.

618 An dieser Stelle sei schließlich noch kurz der Vorschlag *Heermanns*` (ZIP 1998, 761 ff.) erwähnt, den – jedenfalls vor der Kodifikation noch – als nur näherungsweise bestimmbar empfundenen Ermessensspielraum vermittels eines flexiblen Systems bzgl. Anforderungen und Verteilung von Darlegungs- und Beweislast prozessual abzusichern. Ausgehend von einer grds. zulasten des Vorstands bestehenden Darlegungs- und Beweislastverteilung bilden dabei die folgenden Aussagen den Kern seiner diesbezüglichen Ausführungen: „Je weiter ein Leitungsorgan mit einer Entscheidung in den Grenzbereich des unternehmerischen Ermessensspielraums vordringt, desto höher sind die Anforderungen an eine Dokumentation des gesamten Entscheidungsprozesses, [...] Je deutlicher sich eine Entscheidung innerhalb des begrenzten unternehmerischen Ermessensspielraums hält, desto geringer sind die Anforderungen an den gleichwohl bestehenden Rechtfertigungszwang. [...] Soweit die beweiserheblichen Umstände zumindest überwiegend der Gefahrensphäre des klagenden Unternehmens zuzurechnen sind, kommt es zu Gunsten des beklagten Leitungsorgans zu Beweiserleichterungen. Wenn solche Umstände ausnahmsweise der alleinigen Einflusssphäre der Gesellschaft unterliegen, kommt eine Umkehr der in § 93 Abs. 2 Satz 2 AktG angeordneten Beweislastverteilung in Betracht." (a.a.O., (769)). Bei Lichte betrachtet handelt es sich dabei allerdings im Wesentlichen um ohne weiteres der gängigen Prozesspraxis entspringende Feststellungen. So kann nicht verwundern, dass ein Vorstandsmitglied umso mehr Begründungsaufwand betreiben muss, desto zweifelhafter seine unternehmerische Entscheidung anmutet. Bzgl. der zuletzt angesprochenen abgestuften Beweislastverteilung nach Gefahrensphären, die sich bezogen auf ihre Praktikabilität ohnehin eher als zweifelhaft darstellen dürfte, fehlt es – abgesehen von der Situation ausgeschiedener Vorstandsmitglieder – jedenfalls an näheren Ausführungen. Zumindest bezogen auf die Verteilung von Darlegungs- und Beweislast ergibt sich aus dem Beitrag also insgesamt relativ wenig konkret Weiterführendes, das hier noch näher zu erörtern wäre.

3. Teil: Die Voraussetzungen des Geschäftsleiterermessens gemäß § 93 Abs. 1 S. 2 AktG

§ 7 Unternehmerische Entscheidung

Das Merkmal der „unternehmerischen Entscheidung“ kann als Aussage zum sachlichen Anwendungsbereich von § 93 Abs. 1 S. 2 AktG verstanden werden.[619] Dies gilt es im Kontext einer Definition besagten Merkmals, die sich vor allem an dessen natürlichem Wortsinn sowie an Sinn und Zweck des Geschäftsleiterermessens zu orientieren hat, zu berücksichtigen. Insgesamt empfiehlt sich eine Definition anhand dreier Merkmale:

I. Bestehen einer Entscheidungssituation in tatsächlicher Hinsicht

Unter Zugrundelegung des natürlichen Wortsinns von „Entscheidung“ versteht man darunter den „Akt menschlichen Verhaltens, sich auf eine von verschiedenen Möglichkeiten festzulegen“.[620] Daraus lassen sich nun sogleich mehrere Erkenntnisse für das Entstehen einer Entscheidungssituation ableiten:

619 So auch *M. Roth*, BB 2004, 1066 (1068) (allerdings unter Bezweiflung eines tatsächlichen Bedürfnisses für das Merkmal der „unternehmerischen Entscheidung“) sowie *S. H. Schneider*, DB 2005, 707 (712). In die gleiche Richtung weisend: Gem. Stellungnahme v. *BDI*, *BDA*, *DIHK*, *GDV* und *BdB* zum UMAG-RefE v. 2.4.2004, http://www.dihk.de/index.html?/inhalt/themen/rechtundfairplay/stellungnahmen/index.html, S. 9 (zul. abgerufen am 1.5.2008) und zum UMAG-RegE v. 26.1.2005, http://www.dihk.de/index.html?/inhalt/themen/recht undfairplay/stellungnahmen/index.html, S. 7 (zul. abgerufen am 1.5.2008) sowie Stellungnahme des *DAI* zum UMAG-RefE v. 31.3.2004, http://www.dai.de/internet/dai/dai-2-0.nsf/LookupDL/6507FCC96CC72FC4C1256E6D00344251/$File/DAI-Stellungnahme+UM AG-RefE_040331.pdf, S. 2 (zul. abgerufen am 1.5.2008) (jeweils Vorschlag der Ersetzung des Begriffs der „unternehmerischen Entscheidung“ durch die Formulierung „Geschäftsführungsmaßnahmen, bei denen Vorstandsmitgliedern ein Ermessen eingeräumt ist“).

620 Meyers großes Taschenlexikon, 2006, Bd. 6, Stichwort „Entscheidung“, S. 1909.

1. *Keine tatsächliche Gebundenheit*

Die zentralste Erkenntnis lautet dahingehend, dass es überhaupt erst einmal „verschiedener" – und damit mindestens schon zweier – „Möglichkeiten" im Sinne von Handlungsalternativen bedarf.[621] Ist bereits in tatsächlicher Hinsicht lediglich eine einzige Handlungsmöglichkeit erkennbar, so befindet sich der Vorstand erst gar nicht in der Situation, überhaupt eine Entscheidung treffen zu können. Vielmehr liegt eine tatsächliche Gebundenheit des Vorstands vor, aus der heraus auch erst recht nicht die für eine Anwendbarkeit des Geschäftsleiterermessens erforderliche Unsicherheit entstehen kann. Der Anwendungsbereich des Geschäftsleiterermessens ist in einem solchen Fall nicht eröffnet.

Da der Begriff der „Möglichkeiten" sehr weit gefasst ist, spielt es allerdings keine Rolle, ob besagte Handlungsalternativen nun auf ein aktives Tun oder auf ein Unterlassen gerichtet sind.[622] Demnach liegt also schon dann keine tatsächliche Gebundenheit vor, wenn der Vorstand rein faktisch immerhin zwischen der Vornahme einer bestimmten Maßnahme auf der einen und deren schlichter Nichtvornahme auf der anderen Seite zu wählen imstande ist.

Nichts anderes folgt aus Sinn und Zweck des Geschäftsleiterermessens: Die Entscheidung gegen die Ergreifung einer Maßnahme lässt sich genauso schwer auf ihre Richtigkeit hin überprüfen wie diejenige, die positiv auf die Vornahme einer solchen gerichtet ist. Folglich ist auch die daraus resultierende Unsicherheit für den Vorstand einschließlich ihrer das Geschäftsleiterermessen erst rechtfertigenden Folgeprobleme die gleiche.

Indem der Anwendungsbereich des Geschäftsleiterermessens also gleichermaßen für auf ein aktives Tun gerichtete Entscheidungen eröffnet ist wie für solche, die ein Unterlassen zum Gegenstand haben, sind aber auch etwaige diesbezügliche Abgrenzungsschwierigkeiten praktisch bedeutungslos.[623] Wichtig ist vielmehr allein das Vorliegen überhaupt zweier Handlungsalternativen.

621 So auch *S. H. Schneider*, DB 2005, 707 (709).

622 Im Sinne einer Einbeziehung von Unterlassen auch die Begr. UMAG-GesetzesE, BT-Drs. 15/5092 v. 14.3.2005, S. 11 sowie *Ihrig*, WM 2004, 2098 (2105); *Kock/Dinkel*, NZG 2004, 441 (443); *Paefgen*, AG 2004, 245 (251); *S. H. Schneider*, DB 2005, 707 (709, 712). Vgl. zur insofern übereinstimmenden Rechtslage in den USA oben unter § 3 III. 1. (S. 70).

623 Als Beispiel für eine solche Abgrenzungsschwierigkeit kann der bereits oben unter § 3 III. 1. (S. 71) angesprochene Beispielsfall des *ALI* herangezogen werden. Zwar sucht das *ALI* anhand dieses Falles an sich die Abgrenzung zwischen bewusstem und unbewusstem Handeln zu illustrieren, worauf auch sogleich im folgenden Abschnitt noch einzugehen sein wird. M.E. eignet sich besagter Fall jedoch eher zur Veranschaulichung der eben angesprochenen Abgrenzungsschwierigkeit. In dem Beispielsfall hatte der *board* beschlossen, die Effektivität eines bestimmten Programmes lediglich alle zwei Jahre zu überprüfen. Sieht man die hier offenbar zu bemängelnde Länge des Überprüfungsintervals lediglich als untergeordneten Teil der Gesamtentscheidung an, so wird man zur Annahme einer auf ein aktives Tun gerichteten Entscheidung gelangen. Stellt man dagegen maßgeblich auf die mangelnden zwischenzeitlichen Überprüfungen ab, so wird man schließlich eher zur Annahme einzelner von der Ge-

2. *Unbewusste Untätigkeit*

Des Weiteren impliziert der Akt der Festlegung das Bestehen einer psychologischen Zwangslage in der Person des Entscheidenden.[624] Zu dem objektiven Vorhandensein mindestens zweier Handlungsmöglichkeiten muss also auch noch subjektiv das Bewusstsein des Vorstands treten, sich auf eine der beiden festlegen zu müssen.

a. Der Grundsatz

Daraus kann man schließen, dass die unbewusste Untätigkeit – anders als bewusste Entscheidungen, die auf das Unterlassen einer Maßnahme gerichtet sind – demgegenüber nicht mehr vom Geschäftsleiterermessen geschützt ist.[625] Mit unbewusster Untätigkeit ist dabei die Situation gemeint, in der der Vorstand sich noch nicht einmal der Existenz des Beschlussgegenstandes einschließlich der damit verbundenen Entscheidungsmöglichkeiten bewusst ist und dementsprechend auch keine psychologische Zwangslage empfinden kann, die ihm eine diesbezügliche Willensbetätigung abverlangen könnte.

Im Sinne einer teleologischen Absicherung dieser Ausgrenzung der unbewussten Untätigkeit aus dem Anwendungsbereich des Geschäftsleiterermessens könnte man nun formulieren, dass der Vorstand dann, wenn er sich noch nicht einmal der Entscheidungsnotwendigkeit bewusst war, generell auch nicht schutzbedürftig ist.[626] Andererseits ist aber zu bedenken, dass sich der Vorstand stets mit einer Vielzahl von möglichen Entscheidungsgegenständen konfrontiert sieht. Pointierter könnte man sogar sagen, dass es an sich stets unendlich viele verfolgbare Denkansätze gibt, der Vorstand also immer gezwungen ist, im Rahmen eines mehr oder weniger bewussten Filterungsprozesses bestimmte von ihm für nicht so wichtig erachtete Beschlussgegenstände nicht nur zurückzustellen bzw. endgültig zu verwerfen, sondern sogar von vornherein zu ignorieren bzw. erst gar nicht in sein Bewusstsein treten zu lassen. Wollte sich der Vorstand mit allen auch nur denkbaren Eventualitäten auseinandersetzen, so würde sich dies extrem lähmend auf seine Aufgabenwahrnehmung auswirken. Mithin muss es für den Vorstand auch legitim sein, bestimmte Entscheidungsgegenstände von vornherein auszublenden. Von einer generell mangelnden Schutzbedürftigkeit bei unbewusster Untätigkeit kann demnach also keine Rede sein.

samtentscheidung losgelöster und auf ein Unterlassen gerichteter Entscheidungen hin tendieren.

624 *S. H. Schneider*, DB 2005, 707 (709).

625 Vgl. Begr. UMAG-GesetzesE, BT-Drs. 15/5092 v. 14.3.2005, S. 11; *Hüffer*, AktG, 2008, § 93, Rn. 4f; *Fleischer*, in: Handbuch des Vorstandsrechts, 2006, § 7, Rn. 56; *Oltmanns*, Geschäftsleiterhaftung, 2001, S. 218; *Kock/Dinkel*, NZG 2004, 441 (443); *C. Schäfer*, ZIP 2005, 1253 (1256, Fn. 31); *S. H. Schneider*, DB 2005, 707 (709, 712). Vgl. zur auch insofern wieder übereinstimmenden Rechtslage in den USA oben unter § 3 III. 1. (S. 70).

626 So *S. H. Schneider*, DB 2005, 707 (709).

Zuzugeben ist einer solchen These allenfalls insofern, als dass der Vorstand im Zusammenhang mit unbewusster Untätigkeit nicht unbedingt des Schutzes gerade der Rechtsfigur des Geschäftsleiterermessens bedarf, die die aus der mangelnden Überprüfbarkeit des strengen Sorgfaltspflichtenmaßstabs des § 93 Abs. 1 S. 1 AktG resultierende Unsicherheit für den Vorstand einschließlich der diesbezüglichen Folgeprobleme einzudämmen sucht. Ist dem Vorstand nämlich ein Beschlussgegenstand gänzlich entgangen, so wird es sich dabei in aller Regel auch um einen solchen gehandelt haben, dessen Außerachtlassung erst aufgrund eines völlig atypischen und daher vom Vorstand legitimerweise zu vernachlässigenden Geschehensablaufs zu einem die Gesellschaft schädigenden Ereignis geführt hat. Dann hat der Vorstand aber auch unter Zugrundelegung des strengen Sorgfaltspflichtenmaßstabs des § 93 Abs. 1 S. 1 AktG keine Inanspruchnahme zu befürchten. Ein derart atypischer Geschehensablauf wird sich auch im Nachhinein noch ohne größere Probleme als ein solcher identifizieren lassen.

Beispiel: In einem erdbebengefährdeten Gebiet sind unter anderem zahlreiche Lagerhallen infolge eines starken Erdbebens zerstört worden. Deshalb muss sich aber nicht auch der Vorstand einer etwa im Ruhrgebiet ansässigen und dort unter anderem auch einige Lagerhallen unterhaltenden Aktiengesellschaft mit der Möglichkeit des Einsturzes dieser Hallen infolge eines starken Erdbebens auseinandersetzen. Sollte es dort tatsächlich einmal zu einem solchen Erdbeben kommen, so wird man ihm selbst unter Zugrundelegung des strengen Sorgfaltspflichtenmaßstabs des § 93 Abs. 1 S. 1 AktG nicht vorwerfen, er hätte diese Eventualität in Betracht ziehen und eine diesbezügliche Entscheidung treffen müssen.

Die Nichtanwendbarkeit des Geschäftsleiterermessens auf unbewusste Untätigkeit lässt sich ungeachtet dessen aber auch bereits auf eine viel simplere Überlegung stützen: War sich der Vorstand seiner Entscheidungsmöglichkeit noch nicht einmal bewusst und liegt demnach erst recht keine Willensbetätigung vor, so fehlt es letzten Endes auch an einer anhand der Voraussetzungen des Geschäftsleiterermessens überhaupt überprüfbaren Handlung. Die später noch zu erläuternden Voraussetzungen der angemessenen Informationsgrundlage sowie des auf rationale unternehmerische Erwägungen rückführbaren Entscheidungsinhaltes ergeben nur dann Sinn, wenn eine Informationsgrundlage überhaupt denkbar und ein Entscheidungsinhalt überhaupt gebildet worden ist.

Insgesamt lässt sich also festhalten, dass die Rechtsfigur des Geschäftsleiterermessens bei unbewusster Untätigkeit nicht anwendbar ist.

b. Unbewusste Untätigkeit im Rahmen eines ansonsten bewussten Entscheidungsprozesses

Etwas komplizierter liegt der Fall erst dann, wenn es während eines bereits laufenden Entscheidungsprozesses, der auch mit einer positiven Entscheidung abgeschlossen wird, bezogen auf einen damit zusammenhängenden Entscheidungsgegenstand zu einer unbewussten Untätigkeit kommt.

Beispiel: Der Vorstand beschließt den im Wesentlichen ordnungsgemäßen Bau einer Lagerhalle im Ruhrgebiet. Dabei vergisst er jedoch, sich auch mit einer etwaigen Gefährdung der zu errichtenden Halle durch Bergschäden auseinander zu setzen. Später entstehen schließlich derartige Schäden in erheblichem Umfang.

Grundsätzlich sind hier zwei unterschiedliche Sichtweisen denkbar: Zum einen könnte man, anstatt auf die positive Entscheidung zum Bau der Lagerhalle insgesamt abzustellen, vielmehr direkt an dem schwerpunktmäßig vorwerfbaren Versäumnis einer Auseinandersetzung mit etwaigen Bergschäden selbst anknüpfen. Denn obwohl der Vorstand insgesamt betrachtet einen Entscheidungsprozess durchgeführt hat, liegt bezogen auf den davon theoretisch abtrennbaren Aspekt einer etwa erforderlichen Bergschadenssicherung eine unbewusste Untätigkeit vor. Käme es infolge der Schäden zu einem Prozess gegen den Vorstand, so wäre diesem damit eine Berufung auf das Geschäftsleiterermessen verwehrt.

Andererseits könnte man stattdessen aber auch auf die positive Entscheidung insgesamt abstellen, in deren Rahmen es schließlich erst zu besagter unbewusster Untätigkeit gekommen ist. Dann wäre der Anwendungsbereich des Geschäftsleiterermessens eröffnet und es müsste innerhalb der Voraussetzungen dieser Rechtsfigur entschieden werden, ob infolge der unbewussten Untätigkeit etwa die Entscheidungsvorbereitung als unzureichend erachtet oder – in sehr schwerwiegenden Fällen – vielleicht sogar der gesamte Entscheidungsinhalt angegriffen werden kann.

Im Grundsatz erachte ich die zuletzt genannte Sichtweise für vorzugswürdiger: Insbesondere im Falle einer weniger schwerwiegenden Unaufmerksamkeit ist sie dem anderen Blickwinkel aufgrund ihrer Flexibilität überlegen – bestünde bei diesem doch die Gefahr, dass der Vorstand letztlich für jede kleine Außerachtlassung zur Verantwortung gezogen wird, obwohl er möglicherweise unter großem Zeitdruck gehandelt und insgesamt betrachtet immer noch eine sehr respektable Entscheidung getroffen hat. Während unter Zugrundelegung dieser Sichtweise eine Inanspruchnahme des Vorstands also stets vorgezeichnet wäre, steht mit der zuletzt genannten Betrachtungsweise eine Handhabe zur Verfügung, vermittels derer sich in jedem Einzelfall ein angemessenes Ergebnis erzielen lässt.

Andererseits halte ich es demgemäß aber auch nicht für ausgeschlossen, ausnahmsweise gleichwohl auch einmal direkt auf die unbewusste Untätigkeit selbst abzustellen. Dies wird insbesondere dann in Betracht kommen, wenn es sich um einen klar abtrennbaren Beschlussgegenstand mit entsprechendem eigenen Gewicht handelt, dessen Außerachtlassung für besonders schwerwiegend erachtet werden kann.

c. Abgrenzung unbewusster Untätigkeit vom bewussten Verwerfen eines Beschlussgegenstandes

Von einer unbewussten Untätigkeit abzugrenzen sind schließlich die Fälle, in denen der Vorstand einen Beschlussgegenstand zunächst wahrgenommen, dann jedoch wieder bewusst zu Gunsten anderer, von ihm für wichtiger erachteter, Beschlussgegenstände verworfen hat.

Zwar ist es auch hier – genauso wie etwa bei der oben erwähnten[627] auf das Unterlassen einer Maßnahme gerichteten Entscheidung – letztlich nicht zu einer den Beschlussgegenstand betreffenden Sachentscheidung gekommen. Auf der anderen Seite liegt hier aber immerhin überhaupt eine den entsprechenden Entscheidungsgegenstand betreffende bewusste Entscheidung vor, die nicht nur einer Überprüfung anhand der Voraussetzungen des Geschäftsleiterermessens zugänglich ist, sondern darüber hinaus auch durchaus schon des mit diesem Rechtsinstitut bezweckten Schutzes bedarf: Bei einem Beschlussgegenstand, mit dem sich der Vorstand immerhin im Rahmen eines bewussten Auswahlprozesses mehr oder weniger vertieft auseinandergesetzt hat, wird es sich nämlich in aller Regel nicht mehr um eine ähnlich fern liegende Erwägung handeln, wie es etwa in dem oben gebildeten Beispiel[628] betreffend die Erdbebengefahr im Ruhrgebiet der Fall war. Dann greifen aber auch wieder die ein Geschäftsleiterermessen rechtfertigenden Erwägungen Platz, mit der Folge, dass auch bereits für solche „Vorentscheidungen" der Anwendungsbereich besagten Rechtsinstituts eröffnet sein muss.

Im Ergebnis stellen also auch schon Entscheidungen darüber, sich im Hinblick auf eine etwaige spätere Beschlussfassung mit einem bestimmten Entscheidungsgegenstand auseinander zu setzen bzw. andererseits von einer vertiefteren Auseinandersetzung gerade abzusehen, solche im Sinne des Geschäftsleiterermessens dar, selbst wenn es auch hier letztlich nicht zu einer den Beschlussgegenstand betreffenden Sachentscheidung gekommen ist.

d. Zusammenfassung und Bedeutung der Abgrenzungsproblematik für die Praxis

Zusammenfassend lassen sich in diesem Zusammenhang also insgesamt drei Kategorien unterscheiden: (1) die unbewusste Untätigkeit entweder im Kontext eines laufenden Entscheidungsprozesses oder aber gänzlich außerhalb eines solchen; (2) die bewusste Entscheidung für oder gegen die nähere Auseinandersetzung mit einem Beschlussgegenstand im Hinblick auf eine etwaige spätere Sachentscheidung sowie (3) die einen Beschlussgegenstand betreffende entweder auf ein aktives Tun oder auf ein Unterlassen gerichtete Sachentscheidung selbst. Von vornherein auszuschließen ist ein Geschäftsleiterermessen insofern allein im Rahmen unbewusster Untätigkeit außerhalb eines laufenden Entscheidungsprozesses als einem Teilaspekt der ersten Kategorie.

Obgleich der Vorstand damit theoretisch an sich wenig zu befürchten hat, wird die Anwendbarkeit des Geschäftsleiterermessens in der Praxis nun aber maßgeblich davon abhängen, ob der Vorstand eine bewusste Entscheidung im konkreten Fall auch darzulegen bzw. zu beweisen imstande ist.[629] Relevant wird dies vor allem

627 S. § 7 I. 1. (S. 174).

628 S. oben unter § 7 I. 2. a. (S. 176).

629 Vgl. zu der Einschätzung, dass mit besagter Abgrenzung Beweisprobleme verbunden sein können, auch *ALI*, Principles of Corporate Governance: Analysis and Recommendations,

dann werden, wenn der Vorstand angibt, trotz unterbliebener Sachentscheidung dennoch eine bewusste Entscheidung gegen eine weitere Auseinandersetzung mit dem betreffenden Beschlussgegenstand getroffen zu haben. Dass insofern vor allem der von Seiten des Vorstands betriebene Dokumentationsaufwand eine entscheidende Rolle spielen wird, liegt auf der Hand.[630] Dazu gilt es schließlich das Folgende anzumerken:

Sollte eine solche Entscheidung – etwa bei einer kleinen Aktiengesellschaft – sogar vom Gesamtvorstand getroffen werden, so dürfte der entsprechende Beschluss ohnehin in das Sitzungsprotokoll Eingang finden. Der Nachweis einer bewussten Entscheidung wird sich unter diesen Umständen relativ leicht führen lassen.

Aber auch dann, wenn besagte Entscheidung bereits im Vorfeld einer solchen Sitzung von einzelnen Ressortverantwortlichen getroffen wird, so vermögen dem in diesem Zusammenhang unmittelbar greifbaren Vorwurf einer Verrechtlichung unternehmerischer Entscheidungen zumindest die folgenden Erwägungen entgegengesetzt zu werden:

Zunächst ist gleichsam als Prämisse voraus zu schicken, dass sich der bezüglich eines Beschlussgegenstandes betriebene Aufwand stets an dessen Bedeutung für die Gesellschaft orientieren wird. In offenkundig, das heißt in sogar für „außenstehende" Aktionäre erkennbar bedeutsamen Fällen, wie sie im haftungsrechtlichen Kontext die Regel darstellen, wird der entsprechende Ressortverantwortliche daher nicht nur tatsächlich einen entsprechenden Aufwand betreiben, sondern diesen auch noch anhand von angeforderten Unterlagen hinlänglich nachweisen können. Um dem mit der Kodifikation des Geschäftsleiterermessens unzweifelhaft forcierten Dokumentationsaufwand gerecht zu werden, bedarf es also im Wesentlichen allein einer zeitweiligen Aufbewahrung der angeforderten und aktenmäßig zusammengestellten Unterlagen. Dass damit bereits eine überbordende Belastung für die Vorstandsmitglieder oder gar eine lähmende Bürokratisierung verbunden sein soll, ist nicht ersichtlich. Die zweifelsohne nicht zu vermeidende gewisse „Lästigkeit" wird dagegen für die Vorstandsmitglieder selbst durch die mit einer Dokumentation verbundenen Beweissicherungsmöglichkeiten[631] und für die Gesellschaft zudem noch durch die bereits erwähnten[632] Aspekte einer „erhöhten Bewusstseinsbildung" und „gesteigerten Richtigkeitsgewähr bezogen auf den Entscheidungsinhalt" aufgewogen.

Inwieweit die Abgrenzung zwischen bewusster und unbewusster Untätigkeit bzw. die damit verbundenen Darlegungs- und Beweisfragen tatsächlich virulent sein werden, mag die zukünftige Praxis zeigen. Schwerwiegende Probleme sind vor dem Hintergrund des eben Gesagten jedenfalls nicht zu erwarten.

1994, § 4.01(c), Comment c.: "Of course, whether there has been a conscious decision or inexcusable inattentiveness may, at times, not be readily discernible and may present close evidentiary questions.".

630 Vgl. hierzu auch *Hüffer*, AktG, 2008, § 93, Rn. 4f, nach dem eine Dokumentation der „Entscheidung" anzuraten sei.

631 Vgl. hierzu *Hauschka*, AG 2004, 461 (464 f.).

632 S. hierzu auch bereits oben unter § 6 IV. 2. (S. 169) sowie noch weiter unten unter § 8 I. 3. d. (S. 250).

3. *Entscheidung versus Umsetzung*

Letztlich lässt sich aus dem natürlichen Wortsinn des Begriffs „Entscheidung" noch ableiten, dass damit allein der Akt der „Festlegung" und damit die Entscheidung selbst nicht aber zugleich auch deren Umsetzung gemeint sein kann.[633]

Auch diese Aussage bedarf im Ergebnis keiner teleologischen Korrektur: Die maßgebliche, ein Geschäftsleiterermessen erst rechtfertigende, Unsicherheit besteht nämlich lediglich in der Entscheidungssituation selbst, nicht aber auch noch im Rahmen der sich daran orientierenden Umsetzung. Zwar ist dem Einwand, die kognitiv getroffene Entscheidung allein löse noch keine Rechtsfolgen aus,[634] jedenfalls insofern zuzugeben, als dass es sich genau genommen bereits um eine zur Umsetzung freigegebene Entscheidung handeln muss. Der etwaige weitere Einwand, im Grunde sei es sogar gerade die Umsetzung nicht aber allein die vorgelagerte Entscheidung, die zum Schaden führe, würde hingegen den heute geltenden Kausalitätsbegriff verkennen. Gegen eine Ausgrenzung des Umsetzungsaktes spricht schließlich auch noch der Umstand, dass Ausführungshandlungen vor allem in größeren Unternehmen in aller Regel nicht mehr vom Vorstand selbst vollzogen, sondern vielmehr dem mittleren Management überantwortet werden.[635] Würde man den Akt der Umsetzung nun gleichwohl in den Entscheidungsbegriff mit einbeziehen, so brächte die damit begründete Mehrheit von Handelnden nur noch weitere unnötige Verkomplizierungen mit sich. Demzufolge bleibt es bei der zur Umsetzung freigegebenen Entscheidung selbst als maßgeblichem Anknüpfungspunkt.[636]

Zuletzt ist noch anzumerken, dass es für die Annahme einer „unternehmerischen Entscheidung" im Übrigen auch keineswegs eines formellen Vorstandsbeschlusses bedarf.[637] Vielmehr ist das Geschäftsleiterermessen auch bereits das einzelne Vorstandsmitglied in seinem Handeln zu schützen bestimmt.[638]

633 So aber die Begr. zum UMAG-GesetzesE, BT-Drs. 15/5092 v. 14.3.2005, S. 11 sowie Spindler/Stilz/*Fleischer*, AktG, 2007, § 93, Rn. 66; *Kock/Dinkel*, NZG 2004, 441 (443) und *Elster*, PHi 2006, 232 (235).

634 *Kock/Dinkel*, NZG 2004, 441 (443).

635 *V. Werder*, ZfbF, SoHeft 36/1996, 27 (50), der davon ausgeht, dass der Vorstand selbst i.d.R. lediglich einige wenige Umsetzungshandlungen vornimmt, namentlich solche mit symbolischer Funktion.

636 So auch *Oltmanns*, Geschäftsleiterhaftung, 2001, S. 218.

637 S. *Hüffer*, AktG, 2008, § 93, Rn. 4f.

638 So auch *Ihrig*, WM 2004, 2098 (2105). Vgl. darüber hinaus die Begr. zum UMAG-GesetzesE, BT-Drs. 15/5092 v. 14.3.2005, S. 11, in deren Kontext ebenfalls vom Handeln einzelner Organmitglieder die Rede ist.

II. Keine rechtliche Gebundenheit

Nachdem der Begriff der „unternehmerischen Entscheidung" im Sinne von § 93 Abs. 1 S. 2 AktG mit dem bisher Gesagten mehr anhand seiner natürlichen Bedeutung und damit in tatsächlicher Hinsicht eingegrenzt worden ist, soll es im Folgenden nun um eine darüber hinausgehende – sich vornehmlich an der Teleologie des Geschäftsleiterermessens orientierende – rechtliche Eingrenzung desselben gehen.

1. Keine Anwendbarkeit des Geschäftsleiterermessens im Bereich „allgemeiner Ermessensschranken"

Dazu kann zunächst auf bereits erarbeitete Erkenntnisse zurückgegriffen werden: Wie schon oben im Rahmen der dogmatischen Herleitung des Geschäftsleiterermessens dargelegt,[639] vermag dasselbe von seiner Teleologie her allein im Bereich der allgemeinen, das heißt nicht näher konkretisierten Sorgfaltspflicht Platz zu greifen. Die daneben bestehenden Pflichtenkategorien der konkreten gesetzlichen Pflichten, der aus Satzung, Geschäftsordnung und Anstellungsvertrag resultierenden Vorgaben sowie der allgemeinen Treuepflicht sind demgegenüber keines Geschäftsleiterermessens zugänglich. Im Rahmen der Befolgung dieser Pflichten läuft der Vorstand nämlich nicht Gefahr, im Nachhinein von „fachfremden" und in Kenntnis des ruinösen Ausgangs urteilenden Richtern für die Realisation eines bereits ex ante kaum abschätzbaren Risikos verantwortlich gemacht zu werden. Vielmehr geben diese „allgemeinen Ermessensgrenzen bzw. -schranken" Vorständen wie Richtern gleichermaßen klare Leitlinien vor.

a. Prüfungsstandort für Verstöße gegen konkrete gesetzliche Pflichten, Satzung, Geschäftsordnung und Anstellungsvertrag

Für einen Teilbereich dieser allgemeinen Ermessensschranken bietet es sich nun an, ihm das Merkmal der „unternehmerischen Entscheidung" als Prüfungsstandort zuzuweisen – und zwar gilt dies für die allgemeinen Ermessensschranken der konkreten gesetzlichen Pflichten (einschließlich der den vorstandseigenen Kompetenzbereich absteckenden Regelungen) sowie der aus Satzung, Geschäftsordnung und Anstellungsvertrag resultierenden Vorgaben. Verstöße gegen diese Pflichtenkategorien bzw. allgemeiner überhaupt Handlungen, die in Ausführung dieser Pflichten

639 S. § 4 I. 2. d. (S. 105 f.).

erfolgen, stellen also keine „unternehmerischen Entscheidungen" dar. Auf sie ist die Neuregelung des § 93 Abs. 1 S. 2 AktG nicht anwendbar.[640]

Begründen lässt sich diese Zuweisung nun zum einen aus dogmatischer Sicht mit der oben angesprochenen[641] den Anwendungsbereich des Geschäftsleiterermessens eröffnenden Funktion dieses Tatbestandsmerkmals. Zum anderen entspricht eine solche Verortung aber auch dem erklärten Willen des Gesetzgebers, indem er das Merkmal der „unternehmerischen Entscheidung" aus seiner Gegensätzlichkeit zur rechtlich gebundenen Entscheidung heraus charakterisiert wissen will.[642]

Dass sich besagte Zuweisung dabei kaum mehr aus der natürlichen Bedeutung des Begriffes der „unternehmerischen Entscheidung" ableiten lässt, steht dem schließlich nicht entgegen.[643] Dieser Umstand demonstriert lediglich, dass es sich bei dem genannten Begriff eben um einen so genannten „Rechtsbegriff" handelt, der nicht allein durch dessen natürlichen Wortsinn, sondern auch durch die Teleologie des Geschäftsleiterermessens sein typisches Gepräge erhält.[644]

Im gleichen Zuge lassen sich damit auch die teilweise geäußerten Befürchtungen, dass eine solche Zuweisung zwingend zu „sprachlichen Verwerfungen" führe,[645] zurückweisen: So wird man etwa eine die statutarischen Zustimmungserfordernisse missachtende Investitionsentscheidung – als eine nach dem natürlichen Wortsinn klassische „unternehmerische Entscheidung" – infolge besagter Zuweisung fortan nicht etwa zwingend als „unternehmerische Nichtentscheidung" oder als „nicht unternehmerische Entscheidung" bezeichnen müssen. Vielmehr handelt es sich insofern lediglich nicht mehr um eine „unternehmerische Entscheidung im Sinne von § 93 Abs. 1 S. 2 AktG".

Insgesamt ist die vom Gesetzgeber vorgesehene Zuweisung dieses Teilbereichs der allgemeinen Ermessensschranken zum Merkmal der „unternehmerischen Ent-

640 In diesem Sinne auch *Krieger/Sailer*, in: K. Schmidt/Lutter, AktG, 2008, § 93, Rn. 12 sowie *Lutter*, ZIP 2007, 841 (843). S. weiter *Fleischer*, in: Handbuch des Vorstandsrechts, 2006, § 7, Rn. 53; *ders.*, ZIP 2004, 685 (690) und *Göz/Holzborn*, WM 2006, 157 (157) (allerdings jeweils ohne ausdrückliche Benennung auch der Geschäftsordnung); *Ihrig*, WM 2004, 2098 (2103 ff.); *Kock/Dinkel*, NZG 2004, 441 (443) (keine Privilegierung solcher Pflichtverletzungen durch § 93 I 2 AktG); *Weiss/Buchner*, WM 2005, 162 (164) (ebenfalls ohne Einbeziehung der Geschäftsordnung). Allein auf Gesetz und Satzung abstellend: *Hüffer*, AktG, 2008, § 93, Rn. 4f; *Diekmann/Leuering*, NZG 2004, 249 (252) (keine Geltung der Neuregelung in diesem Bereich); *C. Schäfer*, ZIP 2005, 1253 (1256);*Ulmer*, DB 2004, 859 (860); *Witte/Hrubesch*, BB 2004, 725 (728). Insofern auf das besagte Ermessensschranken zusammenfassende Schlagwort des „Legalitätsprinzips" zurückgreifend: *Paefgen*, AG 2004, 245 (251).

641 S. oben unter § 7 (S. 173).

642 Begr. UMAG-GesetzesE, BT-Drs. 15/5092 v. 14.3.2005, S. 11 – allerdings ebenfalls mit dem Nachsatz: „Für illegales Verhalten gibt es keinen „sicheren Hafen" im Sinne einer haftungstatbestandlichen Freistellung, [...]".

643 Dies aber monierend *Thümmel*, DB 2004, 471 (472), der sich infolgedessen letztlich für eine Positivierung des Legalitätsprinzips ausspricht.

644 So auch *C. Schäfer*, ZIP 2005, 1253 (1256).

645 S. hierzu vor allem *Hauschka*, ZRP 2004, 65 (66): „Eine unternehmerische Entscheidung, die fehlerhaft zu Stande gekommen ist, wird deshalb nicht rückwirkend eine unternehmerische „Nichtentscheidung".".

scheidung" also zu begrüßen und gegenüber einer insofern ebenfalls vorgeschlagenen Verortung im Kontext des – letztlich die Loyalitäts- und Inhaltskontrolle sowie das Gutgläubigkeitserfordernis beherbergenden – Merkmals des „Handelns zum Wohle der Gesellschaft"[646] als deutlich vorzugswürdiger zu erachten. Auch dem US-amerikanischen Vorbild, das überwiegend eine Zuweisung zum Gutgläubigkeitserfordernis propagiert[647], vermag damit unter diesem Gesichtspunkt nicht nachgeeifert zu werden. Zwar werden dort in der Regel lediglich wissentlich illegale Gesetzesverstöße unter diesem Merkmal behandelt. Andererseits liegt in einem solchen Fall aber auch oftmals ein Handeln gerade zum Nutzen der Gesellschaft vor, da Gesetzesverstöße nicht selten zur kalkulierten Gewinnmaximierung auf Seiten der Gesellschaft vorgenommen werden.[648] Mit mangelnder Gutgläubigkeit im Sinne einer bewussten Schädigung der Gesellschaft bzw. im Sinne von Nachlässigkeit oder Gleichgültigkeit[649] haben Gesetzesverstöße also nicht zwingend etwas zu tun.

b. (Noch) Keine Aussonderung von Treuepflichtverletzungen

Für den im Rahmen des eben Gesagten ausgeklammerten Bereich der allgemeinen Treuepflicht ist dagegen eine andere Zuordnung vorzunehmen:

Zwar handelt es sich auch insofern letztlich um eine im Kontext der dogmatischen Herleitung des Geschäftsleiterermessens als allgemeine Ermessensschranke qualifizierte Pflichtenkategorie. Als maßgeblich ist in diesem Zusammenhang vor allem die gute Beherrschbarkeit und Beobachtbarkeit deren Einhaltung von Seiten des Vorstands erachtet worden sowie darüber hinaus auch die Tatsache, dass das Ausfindigmachen und Beurteilen von Interessenkonflikten für den Richter nicht die gleichen schweren Probleme bereitet, wie sie im Zusammenhang mit der Beurteilung etwa des Inhalts unternehmerischer Entscheidungen zu verzeichnen sind.[650]

Dennoch will der Gesetzgeber das Loyalitätserfordernis nicht im Kontext des den Anwendungsbereich des Geschäftsleiterermessens eröffnenden Merkmals der „unternehmerischen Entscheidung" geprüft wissen, sondern sieht es vielmehr implizit in dem des „Handelns zum Wohle der Gesellschaft" verankert.[651] Damit tritt es im Rahmen einer Prüfung des § 93 Abs. 1 S. 2 AktG im Ergebnis also als eigenständige Voraussetzung neben die den Tatbestand letztlich komplettierenden Merkmale der „unternehmerischen Entscheidung", der Verfahrens- und Inhaltskontrolle sowie der Gutgläubigkeit.[652]

646 So *Hauschka*, ZRP 2004, 65 (66).
647 S. oben unter § 3 III. 5. (S. 90).
648 S. zur Aussonderung auch solcher „nützlicher Pflichtverletzungen" noch sogleich unter § 7 II. 1. c. (S. 184 ff.)).
649 S. zum Gutgläubigkeitserfordernis unten unter § 9 III. (S. 334 ff.).
650 S. zum Ganzen oben unter § 4 I. 2. d. (S. 104 f.).
651 Begr. UMAG-GesetzesE, BT-Drs. 15/5092 v. 14.3.2005, S. 11.
652 I.E. ebenfalls von einer entsprechenden fünfgliedrigen Einteilung ausgehend etwa *Fleischer*, in: Handbuch des Vorstandsrechts, 2006, § 7, Rn. 52; *ders.*, ZIP 2004, 685 (690 f.); *Hausch-*

Da es sich beim Loyalitätserfordernis um ein in der Praxis äußerst relevantes Merkmal handelt, erscheint diese hervorgehobene Stellung des Loyalitätserfordernisses als gerechtfertigt. Darüber hinaus mutet es aber auch in sprachlicher Hinsicht treffender an, das Loyalitätserfordernis in dem Merkmal des „Handelns zum Wohle der Gesellschaft" verankert zu sehen und ihm dementsprechend einen eigenen Platz im Kanon der Voraussetzungen von § 93 Abs. 1 S. 2 AktG zuzuweisen, anstatt es dogmatisch bereits dem Merkmal der „unternehmerischen Entscheidung" zuzuordnen. Damit ist auch dieser Verortung im Ergebnis vorbehaltlos zuzustimmen.

Insgesamt lässt sich als bisheriges Fazit festhalten, dass Handlungen, die in Ausführung konkreter gesetzlicher Pflichten sowie aus Satzung, Geschäftsordnung und Anstellungsvertrag resultierender Vorgaben vorgenommsen werden, keine „unternehmerischen Entscheidungen im Sinne von § 93 Abs. 1 S. 2 AktG" darstellen. Obwohl die organschaftliche Treuepflicht an sich gleichfalls als allgemeine Ermessensschranke zu qualifizieren ist, stehen aber selbst Verstöße gegen sie demgegenüber gleichwohl noch nicht einer Bezeichnung des infrage stehenden Handelns als „unternehmerische Entscheidung" in diesem Sinne entgegen.[653]

c. „Nützliche Pflichtverletzungen"

Selbst in allgemeiner Anerkennung der eben bezeichneten Grundsätze ist nun aber verschiedentlich – zumeist unter dem Stichwort der „nützlichen Pflichtverlet-

ka, ZRP 2004, 65 (66 f.) und *Paefgen*, AG 2004, 245 (251 ff.) (auch wenn Letzterer dem Merkmal der Gutgläubigkeit seinen Nutzen und damit seine Daseinsberechtigung, jedenfalls aber einen diesbezüglichen eigenen Regelungsbedarf, im Grunde abspricht).

653 So explizit wohl nur *C. Schäfer*, ZIP 2005, 1253 (1256): „Eine unternehmerische Entscheidung liegt auch dann vor, wenn das Vorstandsmitglied eigensüchtige Ziele verfolgt. [...] Die Trennung zwischen Sorgfalts- oder Treuepflicht ist für den Begriff der unternehmerischen Entscheidung nach der Gesetzesfassung irrelevant." Selbst unter Zugrundelegung der eben beschriebenen fünfgliedrigen Einteilung des Tatbestandes von § 93 I 2 AktG werden in einigen Darstellungen dennoch bereits im Kontext des Merkmals der „unternehmerischen Entscheidung" Treuepflichtverstöße aus dem Anwendungsbereich des Geschäftsleiterermessens auszusondern versucht (s. etwa *Fleischer*, in: Handbuch des Vorstandsrechts, 2006, § 7, Rn. 53; *ders.*, ZIP 2004, 685 (690)). Für eine Verortung der Treuepflicht beim Merkmal der unternehmerischen Entscheidung auch: *Hopt/M. Roth* in Großkomm. AktG, 2006, § 93 I 2, 4 nF, Rn. 21 sowie *Lutter*, ZIP 2007, 841 (843). Diese teilweisen Vermischungen bzw. Überschneidungen der einzelnen Tatbestandsmerkmale vermögen jedoch kaum zu verwundern, sind sie doch bereits im oftmals zweideutigen Wortlaut der Begr. zum UMAG-GesetzesE, BT-Drs. 15/5092 v. 14.3.2005, S. 11 geradezu angelegt: „Die Regelung geht von der Differenzierung zwischen fehlgeschlagenen unternehmerischen Entscheidungen einerseits und der Verletzung sonstiger Pflichten andererseits (Treuepflichten; Informationspflichten; sonstige allgemeine Gesetzes- und Satzungsverstöße) aus." Vgl. auch die differenzierende Einordnung bei *Koch*, ZGR 2006, 769 (785), der „bewusste Verstöße gegen die Unternehmensinteressen" bereits im Zusammenhang mit dem Merkmal der unternehmerischen Entscheidung ausgesondert wissen will, während ein Handeln unter „sachfremden Einflüssen" der Annahme einer solchen noch nicht entgegenstehen soll.

zung“[654] – die Frage aufgeworfen worden, ob es nicht ausnahmsweise auch Vorstandsentscheidungen geben kann, die, obwohl sie letztlich einen wohlkalkulierten Rechtsverstoß nach dem Muster einer „Law-as-Price“-Theorie[655] beinhalten, gleichwohl als „unternehmerische Entscheidungen im Sinne von § 93 Abs. 1 S. 2 AktG“ lediglich den abgemilderten Überprüfungsmaßstab für sich in Anspruch nehmen können.[656]

Zur Illustration des Gemeinten seien nur die insofern paradigmatischen Fälle gewinnbringender aber illegaler Waffengeschäfte, die Missachtung kostenträchtiger Umweltstandards sowie Schmiergeldzahlungen im inländischen Geschäftsverkehr genannt,[657] in deren Rahmen es stets um eine Abwägung zwischen dem rechtswidrig zu erlangenden Gewinn auf der einen und dem Entdeckungsrisiko auf der anderen Seite geht.

Um nun der aufgeworfenen Frage nachzugehen, ist wiederum zunächst an der teleologischen Ausgangsbasis anzusetzen und damit an der Gefahr, dass der Vorstand im Nachhinein von „fachfremden“ und in Kenntnis des ruinösen Ausgangs urteilenden Richtern für die Realisation eines bereits ex ante kaum abschätzbaren Risikos verantwortlich gemacht wird. Beim Vorhandensein konkreter gesetzlicher Regelungen steht dem Vorstand nun aber, wie schon erläutert,[658] gerade eine klare und für den Richter verhältnismäßig leicht überprüfbare Leitlinie zur Verfügung, bei deren Befolgung sich sein Handeln stets und ohne weiteres als pflichtgemäß darstellt.[659] Die etwaige „Nützlichkeit“ eines Gesetzesverstoßes spielt dabei keine Rolle. Wie anhand der Beispiele bereits angedeutet, werden Nützlichkeitserwägungen vielmehr, wenn überhaupt, dann stets nur im umgekehrten Fall, das heißt im Falle gesetzeswidrigen Vorstandshandelns virulent. Mit anderen Worten werden unter dem Stichwort der „nützlichen Pflichtverletzung“ stets nur bereits als gesetzeswidrig eingestufte Vorstandshandlungen dem Verdikt der Pflichtwidrigkeit wieder zu entziehen gesucht. Da dem Vorstand bei Bestehen konkreter gesetzlicher Regelungen demgemäß aber jedenfalls ein verlässlicher Weg offensteht, auf dem er der beschriebenen Gefahr zu entgehen imstande ist, erscheint es aus teleologischer Sicht zunächst einmal als gerechtfertigt, dem Vorstand unter Verweis auf diesen verlässlichen Weg für gleichwohl begangene „nützliche Pflichtverletzungen“ den Schutz des Geschäftsleiterermessens dann auch zu versagen.

Etwas anderes wäre allenfalls dann noch zu erwägen, wenn es letztendlich ein Bedürfnis dafür gäbe, dem Vorstand gerade auch im Bereich kalkulierter Gesetzesverstöße die mit dem Geschäftsleiterermessen verbundene Sicherheit zu gewähren.

654 S. zum damit bezeichneten Problemkreis vor allem die aktuelle und umfangreiche Darstellung bei *Fleischer*, ZIP 2005, 141 ff.

655 S. *Fleischer*, ZIP 2005, 141 (147) (m.w.N. und Erläuterungen).

656 S. vor allem *Ihrig*, WM 2004, 2098 (2104 f.) sowie *C. Schäfer*, ZIP 2005, 1253 (1256).

657 Vgl. etwa *Raiser/Veil*, Recht der Kapitalgesellschaften, 2006, § 14, Rn. 67; *Fleischer*, ZIP 2005, 141 (145) sowie *Ihrig*, WM 2004, 2098 (2104) (mit einem sehr ausführlichen Beispiel zur Missachtung kostenträchtiger Umweltstandards).

658 S. oben unter § 7 II. 1. (S. 181), vor allem aber bereits oben unter § 4 I. 2. d. (S. 104 f.).

659 So pointiert *Hauschka*, ZRP 2004, 65 (66).

Das würde jedoch voraussetzen, dass solche Gesetzesverstöße – unter bestimmten Voraussetzungen – auch gerade erwünscht sind. In Deutschland ist indes das Gegenteil der Fall: Eine strikte Gesetzesbindung der Leitungsorgane entspricht hier der ganz herrschenden Ansicht.[660] Eine Ausnahme von diesem strikten Legalitätsprinzip wird allenfalls ganz vereinzelt für teilweise so bezeichnete „nicht strikte Legalitätspflichten"[661] zugelassen, womit vor allem die Nichtbegleichung bzw. verspätete Begleichung vertraglich begründeter Forderungen als ausnahmsweise nicht pflichtwidrig einzustufen versucht wird.[662]

Damit versteht sich schließlich von selbst, dass eine gegen das Gesetz verstoßende unternehmerische Initiative „erst recht" nicht als im Sinne von § 93 Abs. 1 S. 2 AktG schutzwürdig erachtet werden kann. Auch was die zuletzt genannten Vertragsverletzungen anbelangt, so braucht von diesem Grundsatz nicht abgewichen zu werden:[663] Schließlich steht dem Vorstand mit der Befolgung des Vertrages auch hier wieder jedenfalls eine Handlungsmöglichkeit offen, nach der er unter Zugrundelegung der allgemeinen zivilrechtlichen Wertung, dass es niemals treu- bzw. sorgfaltswidrig sein kann, sich auf das Gesetz zu berufen, gerade nicht Gefahr läuft, im Nachhinein haftungsrechtlich sanktioniert zu werden. Entscheidet er sich gleichwohl gegen diese sichere Handlungsmöglichkeit und stellt sich demgegenüber bewusst außerhalb des geltenden Rechts, so ist ihm auch zuzumuten, sein Handeln anhand des strengen Maßstabs des § 93 Abs. 1 S. 1 AktG überprüfen zu lassen – zumal die damit gewählte Unsicherheit noch nicht einmal annähernd so groß ausfallen dürfte, wie es etwa im Zusammenhang mit typischerweise als „unternehmerische Entschei-

660 Spindler/Stilz/*Fleischer*, AktG, 2007, § 93, Rn. 32; *Hopt* in Großkomm. AktG, 1999, § 93, Rn. 99; *Landwehrmann*, in: Heidel, Aktienrecht, 2007, § 93, Rn. 10, 71; *Mertens* in Kölner Kommentar zum AktG, 2. Auflage, 1996, § 93, Rn. 34; *Wiesner*, in: Münchener Handbuch des Gesellschaftsrechts, Bd. 4, 2007, § 25, Rn. 4; *Raiser/Veil*, Recht der Kapitalgesellschaften, 2006, § 14, Rn. 66; *Fleischer*, ZIP 2005, 141 (148); *Lutter*, ZIP 2007, 841 (843 f.). Als Begründung sei vor allem die mit Verweis auf § 396 I AktG insofern m.E. tragfähigste Aussage von *Fleischer* in Spindler/Stilz/*Fleischer*, AktG, 2007, § 93, Rn. 32 bzw. *Fleischer*, ZIP 2005, 141 (148) genannt, wonach die Einhaltung der Gesetzesbestimmungen dem Gesellschaftsinteresse vorgeordnet sei.

661 *Paefgen*, Unternehmerische Entscheidungen und Rechtsbindung, 2002, S. 25.

662 *Bürgers/Israel*, in: Bürgers/Körber, AktG, 2008, § 93, Rn. 8; *Hopt* in Großkomm. AktG, 1999, § 93, Rn. 100; Spindler/Stilz/*Fleischer*, AktG, 2007, § 93, Rn. 30; *Fleischer*, in: Handbuch des Vorstandsrechts, 2006, § 7, Rn. 20; *Paefgen*, Unternehmerische Entscheidungen und Rechtsbindung, 2002, S. 25; *M. Roth*, Unternehmerisches Ermessen, 2001, S. 132; *Wiesner*, in: Münchener Handbuch des Gesellschaftsrechts, Bd. 4, 2007, § 25, Rn. 4; *Fleischer*, ZIP 2005, 141 (150); *Ihrig*, WM 2004, 2098 (2105); *C. Schäfer*, ZIP 2005, 1253 (1256); *Windbichler*, ZGR 1989, 434 (437). So wohl auch die überwiegende Ansicht in den USA, s. oben unter § 3 III. 5. (S. 90).

663 So auch *Ihrig*, WM 2005, 2098 (2105); *Koch*, ZGR 2006, 769 (786); *C. Schäfer*, ZIP 2005, 1253 (1256). A.A. *Bürgers/Israel*, in: Bürgers/Körber, AktG, 2008, § 93, Rn. 11; *Fleischer*, in: Handbuch des Vorstandsrechts, 2006, § 7, Rn. 20 sowie *M. Roth*, Unternehmerisches Ermessen, 2001, S.132 f. Wohl ebenfalls für eine Anwendbarkeit von § 93 I 2 AktG auf Vertragsverletzungen *Krieger/Sailer*, in: K. Schmidt/Lutter, AktG, 2008, § 93, Rn. 12 sowie *Lutter*, ZIP 2007, 841 (843).

dungen“ zu qualifizierenden Investitionsentscheidungen der Fall ist. Vielmehr besteht insofern durchaus die Möglichkeit, dass die Handlung dann auch ausnahmsweise als gerechtfertigt angesehen wird.[664]

Im Ergebnis sind Verstöße gegen das Legalitätsprinzip also ungeachtet etwaiger „Kosten-Nutzen-Analysen“ stets als vom Anwendungsbereich des Geschäftsleiterermessens ausgeschlossen anzusehen.[665] Dies ist, wie gezeigt, vor allem auf die insofern mangelnde, ein Geschäftsleiterermessen aber erst rechtfertigende, Unsicherheit zurückzuführen. Auf etwaige weitere Begründungsansätze, die sich mit den Begriffen der „Einheit der Rechtsordnung“[666] sowie dem „unter dem Vorbehalt von Gesetz und Recht stehenden Mandat des Vorstands“[667] schlagwortartig zusammenfassen lassen, kommt es damit im Grunde gar nicht mehr an.[668]

Der Grundsatz, wonach bei Vorhandensein konkreter gesetzlicher, satzungsmäßiger, anstellungsvertraglicher sowie in der Geschäftsordnung enthaltener Vorgaben ein Geschäftsleiterermessen ausscheidet, ist demnach auch unter dem Aspekt einer „nützlichen Pflichtverletzung“ keiner Ausnahme zugänglich.

2. *Unklare oder umstrittene Rechtslage*

Die einzig denkbare Ausnahme von besagtem Grundsatz betrifft schließlich den Fall einer unklaren oder umstrittenen Rechtslage:

Wiederum ausgehend von der Teleologie des Geschäftsleiterermessens, bilden die vorhandenen Vorgaben hier nämlich gerade keine klare Leitlinie, an der der Vorstand sein Handeln bereits ex ante sicher zu orientieren vermag. Daher muss es dem Vorstand in einem solchen Fall gestattet sein, für die Abwägung zwischen dem unter Zugrundlegung einer bestimmten Rechtsauffassung erwarteten Vorteil für die Gesellschaft auf der einen Seite und den Konsequenzen im Fall der Rechtswidrigkeit besagter Rechtsauffassung auf der anderen Seite das Geschäftsleiterermessen in Anspruch zu nehmen.[669]

Ist also etwa nach Einführung einer neuen, zum Beispiel auf europarechtlichen Vorgaben beruhenden, Rechtsvorschrift deren künftige Auslegung noch ungewiss, so wird es unter Anwendung von § 93 Abs. 1 S. 2 AktG – wie bei jeder anderen unternehmerischen Entscheidung auch – letztlich darauf ankommen, ob der Vor-

664 Vgl. *Ihrig*, WM 2005, 2098 (2105).

665 So auch Spindler/Stilz/*Fleischer*, AktG, 2007, § 93, Rn. 33; *Ihrig*, WM 2005, 2098 (2105); *Paefgen*, AG 2004, 245 (251); *C. Schäfer*, ZIP 2005, 1253 (1256).

666 Dazu *Ihrig*, WM 2005, 2098 (2105).

667 Zusätzlich hierauf abstellend: *Paefgen*, AG 2004, 245 (251).

668 Bezogen auf den Grundsatz der „Einheit der Rechtsordnung“ so auch *Fleischer*, ZIP 2005, 141 (149) sowie *C. Schäfer*, ZIP 2005, 1253 (1256).

669 Bezogen auf das Geschäftsleiterermessen so ausdrücklich wohl nur *Fleischer*, in: Handbuch des Vorstandsrechts, 2006, § 7, Rn. 19 und in ZIP 2005, 141 (149) sowie *M. Roth*, Unternehmerisches Ermessen, 2001, S. 132.

stand in ausreichender Form sachkundigen Rechtsrat eingeholt hat[670] und die darauf beruhende Entscheidung noch auf rationale unternehmerische Erwägungen rückführbar ist.[671] Darüber hinaus erfasst das Stichwort „unklare Rechtslage" schließlich auch solche Fälle, in denen sich der Vorstand über eine Rechtsvorschrift hinwegsetzen muss, um deren Gültigkeit oder bislang vorherrschende Auslegung gerichtlich überprüfen zu lassen.[672]

Insgesamt stehen also vor allem Gesetze aber auch Bestimmungen in Satzung, Geschäftsordnung und Anstellungsvertrag, die das infrage stehende Vorstandshandeln (möglicherweise) konkret zu regeln bestimmt sind, einer Anwendung von § 93 Abs. 1 S. 2 AktG dann ausnahmsweise doch nicht entgegen, wenn bezüglich ihrer Auslegung oder Gültigkeit juristisch begründete Zweifel bestehen.

3. *Rechtliche Bindungen und verbleibendes Ermessen*

Eine weitere Besonderheit betrifft schließlich Regelungen, die die Entscheidungsmöglichkeiten des Vorstands lediglich mehr oder weniger stark eingrenzen, indem sie dem Vorstand für seine Entscheidung zwar in Teilbereichen eine verbindliche Leitlinie zur Verfügung stellen, ihm in anderer Hinsicht aber gerade keine konkreten Vorgaben machen.

Solche Regelungen haben mit den vorher Besprochenen also gemein, dass sie für die infrage stehende Vorstandsentscheidung jedenfalls konkrete Vorgaben bereithalten. Auf der anderen Seite diktieren sie dem Vorstand aber auch nicht soweit dessen Handlungsmöglichkeiten, dass diesem letztlich nur noch eine einzige rechtlich zulässige Entscheidungsmöglichkeit verbliebe.

Dieses Zusammentreffen von einerseits speziellen rechtlichen Vorgaben und andererseits nicht näher konkretisierten Verhaltenspflichten impliziert nun auch bezogen auf die Anwendbarkeit des Geschäftsleiterermessens eine Art gedankliche „Zweiteilung" der zu untersuchenden Vorstandsentscheidung: Für den abschließend geregelten Teil erübrigt sich ein Rückgriff auf die allgemeine Generalklausel des § 93 Abs. 1 S. 1 AktG und damit auch ein solcher auf das Geschäftsleiterermessen. Für den anderen Teil bedarf es zur weiteren Konkretisierung der Vorstandspflichten demgegenüber gerade besagter Generalklausel[673] und damit auch der Anwendbarkeit des Geschäftsleiterermessens.

670 So auch *Fleischer*, in: Handbuch des Vorstandsrechts, 2006, § 7, Rn. 19 sowie *ders.*, ZIP 2005, 141 (149 f.). Nicht speziell im Kontext des Geschäftsleiterermessens, sondern mehr allgemein im Zusammenhang mit den Pflichten bzw. dem Verschulden des Vorstands bei zweifelhafter Rechtslage so auch *Landwehrmann*, in: Heidel, Aktienrecht, 2007, § 93, Rn. 12.

671 S. zu diesem Kriterium genauer im Kontext der Inhaltskontrolle unten unter § 9 II. 2. (S. 326 ff.).

672 *Fleischer*, in: Handbuch des Vorstandsrechts, 2006, § 7, Rn. 19 sowie *ders.*, ZIP 2005, 141 (150). Vgl. zur sich damit deckenden Rechtsauffassung des *ALI* oben unter § 3 III. 5. (S. 90).

673 Speziell für Normen, die dem Vorstand letztlich ein Ermessen belassen, so auch *M. Roth*, Unternehmerisches Ermessen, 2001, S. 105. Dagegen allgemein zum Rückgriff auf die Gene-

Bezogen auf den Grundsatz des Ausschlusses von § 93 Abs. 1 S. 2 AktG bei Bestehen konkreter rechtlicher Bindungen handelt es sich bei dieser Aussage nun nicht wieder um eine Ausnahme, sondern vielmehr um eine Präzisierung desselben. Zusammenfassend vermag besagter Grundsatz dazu wie folgt ergänzt zu werden: Das Vorhandensein spezieller Regelungen führt nur soweit zum Ausschluss des Geschäftsleiterermessens, wie diese dem Vorstand konkrete Handlungsanweisungen bzw. Handlungsverbote an die Hand geben. Für den nicht derart vorherbestimmten Teil der Entscheidung bedarf es demgegenüber wieder eines Rückgriffs auf die Generalklausel des § 93 Abs. 1 S. 1 AktG und damit auch auf das Geschäftsleiterermessen.[674]

Der Unterschied zur eben vorgestellten Ausnahme besteht demgemäß also darin, dass der Gesetzgeber im Fall zweifelhafter Rechtslage die Entscheidung des Vorstands (möglicherweise) gerade in einer bestimmten Weise vollumfänglich zu determinieren beabsichtigte, was infolge etwa der Verwendung eines zweideutigen Wortlautes für den Rechtsanwender so aber nicht klar zum Ausdruck gekommen ist. Im Falle eines „verbleibenden Ermessens" verzichtet er dagegen ganz bewusst auf eine vollumfängliche Regelung und begnügt sich stattdessen mit der Zurverfügungstellung eines gewissen Handlungsrahmens.

Was nun das Ausfindigmachen solcher die Verhaltenspflichten des Vorstands nur teilweise konkretisierender Regelungen anbelangt, so wird oft die Verwendung eines unbestimmten Rechtsbegriffes auf sie hindeuten:

Eine ganze Fülle solcher unbestimmter Rechtsbegriffe findet sich vor allem in der die Berichtspflicht des Vorstandes gegenüber dem Aufsichtsrat betreffenden Vorschrift des § 90 AktG: „grundsätzliche Fragen der Unternehmensplanung" (Abs. 1 S. 1 Nr. 1), „erhebliche Bedeutung" (Abs. 1 S. 1 Nr. 4), „sonstige wichtige Anlässe"

ralklausel des § 93 I 1 AktG beim Fehlen spezialgesetzlicher Regelungen: MünchKomm-AktG/*Hefermehl/Spindler*, 2004, § 93, Rn. 17; *Mertens* in Kölner Kommentar zum AktG, 2. Auflage, 1996, § 93, Rn. 7; *H. Schaefer/Missling*, NZG 1998, 441 (444).

674 In diesem Sinne auch *Brömmelmeyer*, WM 2005, 2065 (2066) und *M. Roth*, BB 2004, 1066 (1068). S. zu besagter Einschätzung auch bereits vor der Kodifikation des Geschäftsleiterermessens: *M. Roth*, Unternehmerisches Ermessen, 2001, S. 103 ff., der für unternehmerisches Ermessen bei „Handlungsspielraum lassenden spezialgesetzlichen Regelungen" allerdings eine Verschärfung des sonst im Bereich unternehmerischen Ermessens geltenden Maßstabs der „Unverantwortlichkeit" vorschlägt. Da hier konkretere Leitlinien vorhanden seien, solle hier auf den Maßstab der „Vertretbarkeit" abgestellt werden. (In diesem Sinne nun auch *Hopt/M. Roth* in Großkomm. AktG, 2006, § 93 I 2, 4 nF, Rn. 53 ff., 59.) Diesem Vorschlag folgt die vorliegende Darstellung nicht. Dort, wo das Gesetz einen Rahmen zur Verfügung stellt, ist dieser uneingeschränkt zu beachten. Innerhalb dieses Rahmens, wo das Geschäftsleiterermessen noch Platz zu greifen vermag, tut es dies demgegenüber gerade deshalb, weil die Spezialregelung insofern keine konkreten Leitlinien vorsieht und besagter Bereich damit anhand des allgemeinen Standards des § 93 I 1 AktG zu konkretisieren ist. Diese Unterscheidung kann im Rahmen der Inhaltskontrolle unproblematisch berücksichtigt werden, ohne dass es dazu eines speziellen Überprüfungsmaßstabs bedürfte (vgl. für Beispiele auch noch unten unter § 7 III. 2. b. und c. (S. 195 ff.) sowie § 9 I. 1. b. bb. (2) (c) (S. 308 f.)). Eine Differenzierung wie die Beschriebene und damit auch die Anwendbarkeit des Geschäftsleiterermessens in solchen Fällen offenbar von vornherein ablehnend: *Hüffer*, AktG, 2008, § 93, Rn. 4f.

(Abs. 1 S. 3), „erheblicher Einfluss" (Abs. 1 S. 3 sowie Abs. 3 S. 1), „Grundsätze einer gewissenhaften und getreuen Rechenschaft" (Abs. 4 S. 1) sowie „möglichst rechtzeitig" (Abs. 4 S. 2). Aber auch in der die Rechenschaftspflicht des Vorstands gegenüber den Aktionären betreffenden Norm des § 131 AktG sind zahlreiche unbestimmte Rechtsbegriffe enthalten – so etwa „zur sachgemäßen Beurteilung des Gegenstandes der Tagesordnung erforderlich" (Abs. 1 S. 1), „Grundsätze einer gewissenhaften und getreuen Rechenschaft" (Abs. 2 S. 1) sowie „vernünftige kaufmännische Beurteilung" und „nicht unerheblicher Nachteil" (Abs. 3 S. 1 Nr. 1).

Als weiteres Beispiel sei auf die Regelung des § 91 Abs. 2 AktG verwiesen, wonach der Vorstand „geeignete Maßnahmen" zu treffen, insbesondere ein Überwachungssystem einzurichten hat, damit den Fortbestand der Gesellschaft gefährdende Entwicklungen früh erkannt werden. Ebenso enthalten § 92 Abs. 2 S. 1 AktG mit „ohne schuldhaftes Zögern" sowie § 121 Abs. 1 AktG mit „Wohl der Gesellschaft" jeweils einen unbestimmten Rechtsbegriff.

In § 92 Abs. 1 AktG gebraucht der Gesetzgeber sogar den Begriff des „pflichtgemäßen Ermessens" selbst, um einen von ihm nicht näher konkretisierten Entscheidungsbereich anzuzeigen.

Abschließend gilt es, zu solchen die Verhaltenspflichten des Vorstands nur punktuell konkretisierenden Regelungen jedoch noch Folgendes klarstellend festzuhalten: Anhand des bisher Gesagten lässt sich allein feststellen, ob das Geschäftsleiterermessen trotz Bestehens einer sich auf die Entscheidung beziehenden Spezialregelung noch anwendbar sein kann. Mit anderen Worten wurde bis hierhin lediglich das Vorhandensein einer solchen Spezialregelung als eine „unternehmerische Entscheidung" nicht per se ausschließend erklärt. Damit ist aber noch nichts darüber gesagt, ob der insofern nicht schon konkret vorgezeichnete Teilbereich der Entscheidung auch die für eine „unternehmerische Entscheidung" erforderliche typische Unsicherheit aufweist und damit auch endgültig dem Geschäftsleiterermessen des Vorstands anheim gegeben werden kann. Auf dieses letzte – eine unternehmerische Entscheidung neben ihrer tatsächlichen und rechtlichen Ungebundenheit charakterisierende – Merkmal wird schließlich im Folgenden näher einzugehen sein.

III. Unsicherheit im Zeitpunkt der Entscheidungsfindung

1. Der Grundsatz

Das Merkmal der „Unsicherheit im Zeitpunkt der Entscheidungsfindung" spricht letztlich die typische Risikobehaftetheit unternehmerischer Entscheidungen an, die durch die Rahmenbedingungen einer nachträglichen Überprüfung nochmals verschärft wird[675] und aus der letztlich das Bedürfnis für ein Geschäftsleiterermessen resultiert.[676] Mithin leitet sich dieses Charakteristikum der unternehmerischen Entscheidung – wie die erste Eingrenzung des „Bestehens einer Entscheidungssituation" auch – wiederum vornehmlich aus dem natürlichen Wortsinn dieses Begriffes sowie – mehr noch – aus der Teleologie des Geschäftsleiterermessens ab.

Wie bereits näher dargelegt,[677] resultiert die typische Risikobehaftetheit unternehmerischer Entscheidungen zum einen aus deren Zukunftgerichtetheit – insofern wird zumeist auch von einem „Prognosecharakter"[678] unternehmerischer Entscheidungen gesprochen – zum anderen aber auch aus der mangelnden Überschaubarkeit und damit Beherrschbarkeit bereits des gegenwärtigen Marktgeschehens (hohes Maß an Komplexität und Unstrukturiertheit).

Mit anderen Worten ist folglich eine Unsicherheit erforderlich, die typischerweise die Anwendung betriebswirtschaftlicher Entscheidungsgrundsätze (etwa der modernen Investitions- und Kapitalbudgetierungstheorien) erfordert[679] und, würde man den strengen Standard des § 93 Abs. 1 S. 1 AktG zu Grunde legen, selbst dann noch eine für den Vorstand unzumutbare Gefahr begründet, von „fachfremden" und in Kenntnis des ruinösen Ausgangs urteilenden Richtern für die Realisation eines bereits ex ante schwer kalkulierbaren Risikos verantwortlich gemacht zu werden.[680] Das Unsicherheitskriterium zielt also maßgeblich auf die mangelnde Kalkulierbarkeit der im Raume stehenden Risiken ab, nicht aber etwa auch nach Art einer Baga-

675 S. zur typischen Risikobehaftetheit unternehmerischer Entscheidungen sowie zu deren abermalige Verschärfung durch die Rahmenbedingungen aktienrechtlicher Haftungsprozesse ausführlich oben unter § 2 II. 1. (S. 43 ff.).

676 S. hierzu nochmals oben unter § 2 II. 3. (S. 49 f.) (aus ökonomischer Sicht) sowie unter § 4 I. 2. d. (S. 105 f.) (aus rechtlicher Sicht).

677 § 2 II. 1. a. und b. (S. 43 ff.).

678 *Brömmelmeyer*, WM 2005, 2065 (2066); *C. Schäfer*, ZIP 2005, 1253 (1256). Vgl. aber auch die Begr. zum UMAG-GesetzesE, BT-Drs. 15/5092 v. 14.3.2005, S. 11: „Unternehmerische Entscheidungen sind infolge ihrer Zukunftsbezogenheit durch Prognosen und nicht justiziable Einschätzungen geprägt.".

679 In die gleiche Richtung weisend, aber weniger weitgehend: *Brömmelmeyer*, WM 2005, 2065 (2066): „Ungewissheit besteht insb. in ungeregelten Entscheidungssituationen, in denen sich der Vorstand nicht an rechtlichen, sondern nur an kaufmännischen Kriterien orientieren kann.".

680 Ein spezielles Ungewissheitserfordernis ebenfalls hervorhebend: *Bürgers/Israel*, in: Bürgers/Körber, AktG, 2008, § 93, Rn. 11; *Hüffer*, AktG, 2008, § 93, Rn. 4f; *Brömmelmeyer*, WM 2005, 2065 (2066) und *C. Schäfer*, ZIP 2005, 1253 (1256). Das Charakteristikum der Ungewissheit demgegenüber zumindest stark untergewichtend, wenn nicht gar als unbrauchbar zurückweisend: *Paefgen*, AG 2004, 245 (251) sowie zuletzt auch *Hopt/M. Roth* in Großkomm. AktG, 2006, § 93 I 2, 4 nF, Rn. 18. Vgl. zur typischen Unsicherheit unternehmerischer Entscheidungen auch *Mutter*, Unternehmerische Entscheidungen und Haftung, 1994, S. 226: „Das unternehmerische Wagnis können alle Statistiken aus Rechnungslegung, hausinternem Controlling, Marktforschung und Demoskopie niemals gänzlich eliminieren." Ebenfalls zur Eröffnung von Ermessensspielräumen maßgeblich auf das Vorhandensein eines „unstrukturierten hochkomplexen Problems" abstellend: *Lohse*, Unternehmerisches Ermessen, 2005, S. 78 ff.

tellklausel auf die Höhe eines möglichen Schadens und damit auf die Höhe einer drohenden Haftung. Letzteres wäre zum einen nur schwerlich mit der Teleologie des Geschäftsleiterermessens vereinbar und angesichts der Tatsache, dass es in Haftungsfällen typischerweise um Angelegenheiten von einigem finanziellen Gewicht geht, zum anderen aber wohl auch praktisch entbehrlich.

Da unter dem Aspekt besagter Unsicherheit vor allem so genannte „Verwaltungsmaßnahmen" des Vorstands Aufmerksamkeit auf sich zu lenken scheinen,[681] soll im Folgenden nun auch genau dieser Bereich näher in Augenschein genommen und dabei einer gewissen Kategorisierung unterzogen werden.

2. *Kategorisierung im Bereich der Verwaltungsmaßnahmen*

a. Interne Organisations- und Überwachungspflichten

Unter dem Begriff der Verwaltungsmaßnahmen lassen sich zunächst einmal all jene Maßnahmen fassen, mit denen der Vorstand seinen internen Organisations- und Überwachungspflichten nachkommt. Sie dienen im Wesentlichen der Sicherstellung der Funktionsfähigkeit der Gesellschaft.[682]

Im Einzelnen zählt dazu etwa die aus § 91 Abs. 2 AktG resultierende Pflicht, geeignete Maßnahmen zu treffen, insbesondere ein Überwachungssystem einzurichten, damit den Fortbestand der Gesellschaft gefährdende Entwicklungen früh erkannt werden. Ungeachtet der Frage, welche genaue Reichweite der damit begründeten Überwachungspflicht nun beizumessen ist,[683] sei bezogen auf die Unsicherheit und

681 Den Bereich der Verwaltungsmaßnahmen in diesem Kontext gesondert aufgreifend etwa *S. H. Schneider*, DB 2005, 707 (711) (insofern allerdings von „Strukturmaßnahmen" sprechend) sowie *Weiss/Buchner*, WM 2005, 162 (163, Fn. 23), die das in der Stellungnahme zum UMAG-RefE v. 2.4.2004, http://www.dihk.de/index.html?/inhalt/themen/rechtundfair play/stellungnahmen/index.html (zul. abgerufen am 1.5.2008) zum Ausdruck gebrachte Anliegen von *BDI*, *BDA*, *DIHK*, *GDV* und *BdB*, den Begriff der „unternehmerischen Entscheidung" durch den der „Geschäftsführungsmaßnahmen, bei denen Vorstandsmitgliedern ein Ermessen eingeräumt ist" zu ersetzen, darin begründet sehen, dass anderenfalls „auch nicht unternehmerische, also Verwaltungsmaßnahmen erfasst würden". Vgl. aber vor allem auch *Fleischer*, in: Handbuch des Vorstandsrechts, 2006, § 7, Rn. 55 sowie *ders.*, ZIP 2004, 685 (690, Fn. 74): „Als praktisch hoch bedeutsam wird sich vor allem erweisen, inwieweit die Wahrnehmung von Organisations- und Überwachungspflichten unternehmerischer Natur ist; [...]".

682 Vgl. *S. H. Schneider*, DB 2005, 707 (711).

683 Was erforderlich ist, um den Anforderungen von § 91 II AktG gerecht zu werden, ist umstritten. Zum Teil wird insofern die Begründung unmissverständlicher Zuständigkeiten, ein engmaschiges Berichtswesen und eine Dokumentation für ausreichend erachtet (*Hüffer*, AktG, 2008, § 91, Rn. 8). Teilweise wird der Vorschrift aber auch sogleich die Pflicht zur Einrichtung eines allgemeinen Risikomanagementsystems entnommen (*Oltmanns*, in: Heidel, Aktienrecht, 2007, § 91, Rn. 6, 8; *Wiesner*, in: Müchener Handbuch des Gesellschaftsrechts, Bd. 4, 1999, § 25, Rn. 5; die zuletzt genannte Sichtweise jedenfalls in dieser Pauschalität ablehnend: MünchKommAktG/*Spindler*, 2004, § 91, Rn. 23).

damit auch auf den Charakter einzelner Entscheidungen im Rahmen einer solchen laufenden Überwachung schließlich das Folgende gesagt: Soweit es insofern allein um die Erkennung negativer Entwicklungen im Sinne einer Abweichung der tatsächlichen Gegebenheiten von erwarteten Zuständen bzw. um deren Weiterleitung an den Vorstand geht, wird man in Bezug auf die Entscheidung, auf welche Weise sich besagte Erkennung und Weiterleitung vollziehen soll, meines Erachtens noch nicht von einer ausreichend großen Unsicherheit ausgehen können. Schließlich sollte hierzu in aller Regel ein bloßer Datenabgleich genügen, dessen Organisation sich vergleichsweise unkompliziert gestalten dürfte. Erst dann, wenn es darüber hinaus vielmehr schon um die Bewertung besagter Entwicklungen geht, mit anderen Worten also im Grunde bereits die Frage nach einer Reaktion im Sinne einer (neuen) Sachentscheidung im Raume steht, kann – eine entsprechende Unsicherheit vorausgesetzt – demgegenüber wieder von einer unternehmerischen Entscheidung im Sinne von § 93 Abs. 1 S. 2 AktG ausgegangen werden. Dann stehen aber wohl auch keine „reinen" Organisations- und Überwachungsentscheidungen mehr im Raume.[684]

Keine Anwendung findet die Neuregelung schließlich auch im – von den internen Organisations- und Überwachungspflichten mitumfassten – Bereich der Berichts-, Informations- und Rechenschaftspflichten des Vorstands vor allem gegenüber dem Aufsichtsrat (§ 90 AktG) und den Aktionären (§ 131 AktG)[685] sowie im Zusammenhang mit Beschlüssen zur Einberufung der Hauptversammlung[686] – und zwar unabhängig davon, auf welchem Grund sie beruhen: So spricht der Gesetzgeber im Zusammenhang mit der Pflicht zur Einberufung der Hauptversammlung gemäß § 92 Abs. 1 AktG zwar sogar explizit von einem „pflichtgemäßen Ermessen"[687], das dem Vorstand bei der Feststellung eines Verlustes in Höhe der Hälfte des Grundkapitals zukommen soll. Da sich eine solche Feststellung – im Gegensatz etwa zu hochkomplexen Investitionsentscheidungen – aber bereits allein unter Zuhilfenahme von,

684 Entscheidungen betreffend den Regelungsgegestand des § 91 II AktG i.E. ebenfalls noch nicht dem Anwendungsbereich des § 93 I 2 AktG unterstellend: *Ihrig*, WM 2004, 2098 (2103), der zur Begründung allerdings auf eine m.E. so gerade nicht bestehende „rechtlich strikt vorgegebene Pflichtenbindung" verweist, und *S. H. Schneider*, DB 2005, 707 (711). Demgegenüber auch insofern grundsätzlich von einem (eingeschränkten) Ermessen ausgehend: *M. Roth*, Unternehmerisches Ermessen, 2001, S. 112 f. („Dagegen bleibt die konkrete Ausgestaltung des Risikomanagements sowie der Buchführung dem unternehmerischen Ermessen des Vorstands überlassen. [...] Wegen der spezialgesetzlichen Regelung wird man jedoch bezüglich des Risikomanagements von der Vertretbarkeit und nicht von der Unverantwortlichkeit als Überprüfungsmaßstab ausgehen müssen.") sowie Spindler/Stilz/*Fleischer*, AktG, 2007, § 93, Rn. 65. Wie *Fleischer* wohl auch *Bürgers/Israel*, in: Bürgers/Körber, AktG, 2008, § 93, Rn. 12.

685 So auch *Ihrig*, WM 2004, 2098 (2103) und *S. H. Schneider*, DB 2005, 707 (711). Vgl. etwa zur vollen Überprüfbarkeit der Einhaltung der „Grundsätze einer gewissenhaften und getreuen Rechenschaft" (§§ 90 IV 1, 131 II 1 AktG) *Hüffer*, AktG, 2008, § 90, Rn. 13, § 131, Rn. 21.

686 *S. H. Schneider*, DB 2005, 707 (711).

687 S. bereits oben unter § 7 II. 3. (S. 190).

wenn auch nicht immer einheitlichen, Bilanzierungsgrundsätzen treffen lässt,[688] entbehrt auch eine diesbezügliche Entscheidung letztlich der typischen, die Anwendbarkeit von § 93 Abs. 1 S. 2 AktG erst rechtfertigenden, Unsicherheit.[689]

Auch wenn vorstehende Normen also, wie oben festgestellt, allesamt unbestimmte Rechtsbegriffe enthalten, die trotz grundsätzlichen Bestehens einer Spezialregelung innerhalb ihrer Reichweite eine Anwendbarkeit des Geschäftsleiterermessens zunächst noch begründen, so muss Letzteres im Ergebnis also gleichwohl jeweils in Ermangelung einer insofern typischen Unsicherheit abgelehnt werden. Das Ausfüllen des unkonkretisiert gebliebenen Bereiches durch die Vorstandsmitglieder ist damit einer vollen (gerichtlichen) Kontrolle zugänglich.

Allgemeiner gehört es schließlich noch zu den Organisations- und Überwachungspflichten des Vorstands, zum einen in gewissen Maßen generell für die Rechtmäßigkeit der organschaftlichen Entscheidungsprozesse innerhalb der Gesellschaft Sorge zu tragen[690] und zum anderen durch eine entsprechende Organisation zudem die Rechtmäßigkeit des Verhaltens der nachgeordneten Mitarbeiter zu gewährleisten und zu überwachen.[691] Was die zuerst genannte Pflicht anbelangt, so wird man mangels typischer Risikobehaftetheit diesbezüglicher Entscheidungen eine Anwendbarkeit von § 93 Abs. 1 S. 2 AktG ablehnen müssen.

Mehr Einordnungsschwierigkeiten bereitet dagegen die Überwachung nachgeordneter Mitarbeiter: Insoweit wird man differenzieren müssen – und zwar zum einen zwischen delegierten Geschäftsführungsentscheidungen[692], die, hätte sie der Vorstand oder ein Vorstandsmitglied selbst getroffen, aufgrund ihrer Unsicherheit in den Kreis unternehmerischer Entscheidungen im Sinne von § 93 Abs. 1 S. 2 AktG gefallen wären, und zum anderen zwischen „sonstigem Mitarbeiterhandeln".

Für eine Anwendbarkeit von § 93 Abs. 1 S. 2 AktG auf Überwachungsentscheidungen betreffend die zuletzt genannte Gruppe wird man eine Anwendbarkeit von § 93 Abs. 1 S. 2 AktG verneinen müssen. Es mangelt insofern an der erforderlichen Unsicherheit bereits in Bezug auf die Entscheidungen der zu Überwachenden. Was demgegenüber im Zusammenhang mit Entscheidungen der zuerst genannten Gruppe gilt, hängt maßgeblich davon ab, ob der strenge Standard des § 93 Abs. 1 S. 1 AktG in der Person des – insofern zumeist handelnden – leitenden Angestellten vollumfänglich erhalten bleibt oder aber möglicherweise abgemildert wird. Im – wahrscheinlicheren – ersten Fall würde dann bereits viel dafür sprechen, dem leitenden

688 Vgl. *Hüffer*, AktG, 2008, § 92, Rn. 3.

689 A.A. *M. Roth*, Unternehmerisches Ermessen, 2001, S. 104.

690 *Hopt* in Großkomm. AktG, 1999, § 93, Rn. 89 ff.; *Mertens* in Kölner Kommentar zum AktG, 2. Auflage, 1996, § 93, Rn. 30 ff.; *Wiesner*, in: Münchener Handbuch des Gesellschaftsrechts, Bd. 4, 2007, § 25, Rn. 5; *Oltmanns*, Geschäftsleiterhaftung, 2001, S. 223 f.

691 *Hopt* in Großkomm. AktG, 1999, § 93, Rn. 107; *Landwehrmann*, in: Heidel, Aktienrecht, 2007, § 93, Rn. 75; *Oltmanns*, Geschäftsleiterhaftung, 2001, S. 225 f.

692 S. zu Beispielen für Entscheidungen, die an einzelne Vorstandsmitglieder und damit auch an nachgeordnete Mitarbeiter übertragen werden können, unten unter § 8 I. 3. b. bb. (S. 219).

Angestellten schon selbst ein Geschäftsleiterermessen zuzubilligen,[693] mit der Folge, dass der Vorstand bei der Überwachung solcher Maßnahmen demgegenüber nicht mehr des Schutzes des § 93 Abs. 1 S. 2 AktG bedürfte. Im zweiten Fall müsste demgegenüber möglicherweise erwogen werden, die dann gegebene Verengung des Pflichtenprogramms in der Person des leitenden Angestellten im Rahmen der Überwachung durch den Vorstand wieder auszugleichen. Dann müsste dem Vorstand insofern aber auch ein Geschäftsleiterermessen zustehen.

In Zusammenschau dieses exemplarisch ausgewählten Vorstandshandelns soll schließlich insgesamt die These aufgestellt werden, dass solche Verwaltungsmaßnahmen, die auf die Erfüllung rein interner Organisations- und Überwachungspflichten, einschließlich der verschiedenen Berichts-, Informations- und Rechenschaftspflichten sowie der Pflicht zur Einberufung der Hauptversammlung, gerichtet sind, in aller Regel keine die Anwendbarkeit des Geschäftsleiterermessens rechtfertigende Unsicherheit aufweisen und damit auch nicht zu den „unternehmerischen Entscheidungen" im Sinne von § 93 Abs. 1 S. 2 AktG zählen.[694]

b. Insolvenzantragspflicht gemäß § 92 Abs. 2 AktG

Etwas anderes gilt jedoch (teilweise) im Zusammenhang mit der Insolvenzantragspflicht aus § 92 Abs. 2 AktG:

Nach dieser Vorschrift hat der Vorstand bei Zahlungsunfähigkeit (bzw. auch bereits bei Überschuldung) „ohne schuldhaftes Zögern, spätestens aber drei Wochen nach Eintritt der Zahlungsunfähigkeit" die Eröffnung des Insolvenzverfahrens zu beantragen.

Der *Herstatt*-Entscheidung[695] zufolge bringt die Verwendung des unbestimmten Rechtsbegriffes „ohne schuldhaftes Zögern" dabei zum Ausdruck, dass der Vorstand „mit der Sorgfalt eines ordentlichen und gewissenhaften Geschäftsleiters (§ 93 Abs. 1 Satz 1 AktG) zu prüfen und zu entscheiden [hat], ob nicht andere, weniger einschneidende Maßnahmen besser als ein Insolvenzverfahren geeignet sind, Schaden von der Gesellschaft, ihren Gläubigern und der Allgemeinheit abzuwenden."[696] Konform zum oben Ausgeführten besagt dies zunächst nichts anderes, als dass letztlich ein von besagter Spezialregelung nicht weiter konkretisierter Bereich verbleibt,

693 S. zu der Frage, ob sich auch leitende Angestellte auf § 93 I 2 AktG berufen können, weiterführend etwa *Bürkle/Fecker*, NZA 2007, 589 ff.

694 Vgl. dagegen aber auch *Landwehrmann*, in: Heidel, Aktienrecht, 2007, § 93, Rn. 76, 81, der für innerorganisatorische Maßnahmen, wie Geschäftsverteilung und Vorlagen an den Aufsichtsrat, bzgl. des „Wie" von einem Ermessen des Vorstands ausgeht. Ein solches Ergebnis wäre m.E. allenfalls dann zu rechtfertigen, wenn man das Geschäftsleiterermessen wie *Dreher* in ZHR 158 (1994), 614 ff. – aber entgegen der hier vertretenen Ansicht – vornehmlich aus der grundgesetzlich garantierten Verbandsautonomie herleiten wollte.

695 *BGH*, Urt. v. 9.7.1979 – II ZR 118/77 („Herstatt") –, BGHZ 75, 96 ff.

696 *BGH*, Urt. v. 9.7.1979 – II ZR 118/77 („Herstatt") –, BGHZ 75, 96 (108).

den es anhand des Standards von § 93 Abs. 1 S. 1 AktG auszufüllen gilt und in dessen Rahmen folglich noch eine Anwendung des Geschäftsleiterermessens in Betracht kommt.

Darüber hinaus gibt die *Herstatt*-Entscheidung aber auch über die sich daran anschließende Frage nach einer mit der beschriebenen Vorstandsentscheidung einhergehenden Unsicherheit Aufschluss. So führt der *Bundesgerichtshof* bezüglich der Entscheidung, Insolvenzmaßnahmen zu Gunsten eines Rettungsversuchs aufzuschieben oder nicht, vor allem das Folgende aus:

> „Hierbei sind einmal die Folgen in Betracht zu ziehen, die ein Zusammenbruch des Unternehmens für dieses selbst, seine Betriebsangehörigen, seine Kundschaft und die Allgemeinheit haben würde; sie wiegen, [...] bei einem Bankhaus außerordentlich schwer und konnten es daher dort besonders nahelegen, vor Einleitung eines Konkurs- oder Vergleichsverfahrens jede nicht allzu entfernt liegende Rettungschance zu ergreifen oder jedenfalls mit Sorgfalt und ohne übertriebene Hast zu prüfen. Zum anderen lassen sich bei einem größeren Bankunternehmen wie der H.-Bank mit ihren vielfältigen Geschäftsbeziehungen und internen Verflechtungen die Sanierungsaussichten vielfach gar nicht auf den ersten Blick übersehen. Um beurteilen zu können, ob solche Aussichten überhaupt bestehen, bedarf es vorweg genauerer Feststellungen nicht nur über die eigene Vermögens- und Liquiditätslage, sondern auch über die verbundener Unternehmen sowie über die Ursachen der eingetretenen Krise. Auf dieser Grundlage ist dann, wenigstens im groben, ein Sanierungsplan zu entwerfen, dessen Risiken und Erfolgsaussichten im Hinblick auf die vorhandenen oder zu erwartenden finanziellen Hilfsquellen zunächst überschlägig zu bewerten sind [...]. Dazu ist die Bereitschaft der Gläubiger, der Großbanken und gegebenenfalls auch der öffentlichen Hand zu Hilfeleistungen oder Verzichten einzuschätzen, wozu Gespräche mit kompetenten Persönlichkeiten erforderlich sein können, [...]. Erst so läßt sich vielfach ein klareres Bild gewinnen, ob Bemühungen um eine Überwindung der Krise ohne Insolvenzverfahren so lohnend sind, daß es zu verantworten ist, das an sich beachtliche Interesse des Publikums an einer wahrheitsgemäßen Unterrichtung über die wirtschaftliche Lage des Unternehmens noch kurze Zeit zurückzustellen."[697]

Diese Aussagen sowie die im weiteren Verlauf der Entscheidung noch anzutreffende Einschätzung, die Lage des Vorstands sei schwierig und nur mit einem hohen Maß an Weitblick, persönlichem Einsatz, aber auch Diskretion möglicherweise zu bewältigen,[698] mögen schließlich die große Unsicherheit illustrieren, die mit der Entscheidung verbunden ist, Insolvenzmaßnahmen zu Gunsten eines Rettungsversuchs aufzuschieben oder nicht. Daher stellt die bezeichnete Entscheidung – zumindest bis zum Fristablauf – im Ergebnis auch eine solche im Sinne von § 93 Abs. 1 S. 2 AktG dar.[699] Im Anschluss daran ist der Vorstand in seiner Entscheidung gebunden: Liegen die Voraussetzungen des § 92 Abs. 2 AktG bei Fristablauf noch vor, so hat er zwingend einen Insolvenzantrag zu stellen.[700]

697 *BGH*, Urt. v. 9.7.1979 – II ZR 118/77 („Herstatt") –, BGHZ 75, 96 (112).

698 *BGH*, Urt. v. 9.7.1979 – II ZR 118/77 („Herstatt") –, BGHZ 75, 96 (115).

699 Von einem „pflichtgemäßen Ermessen" des Vorstands spricht insofern letztlich auch der *BGH*, Urt. v. 9.7.1979 – II ZR 118/77 („Herstatt") –, BGHZ 75, 96 (108). Vgl. darüber hinaus auch *Fleischer*, in: Handbuch des Vorstandsrechts, 2006, § 7, Rn. 54. A.A. *S. H. Schneider*, DB 2005, 707 (711).

700 *Hüffer*, AktG, 2008, § 92, Rn. 13.

c. Durchführung einer genehmigten Kapitalerhöhung

Ebenfalls von einer die Anwendbarkeit des Geschäftsleiterermessens rechtfertigenden Unsicherheit ist im Zusammenhang mit der Entscheidung des Vorstands über die Durchführung einer genehmigten Kapitalerhöhung (§ 202 AktG) auszugehen:

Von einem „genehmigten Kapital" spricht man unter Zugrundelegung der Legaldefinition des § 202 Abs. 1 AktG dann, wenn der Vorstand qua Satzung dazu ermächtigt worden ist, das Grundkapital bis zu einem bestimmten Betrag durch Ausgabe neuer Aktien gegen Einlagen zu erhöhen.[701] Da der Vorstand aufgrund dieser Ermächtigung dann selbst zu entscheiden imstande ist, ob und gegebenenfalls wann das Grundkapital in welcher Höhe erhöht werden soll,[702] eröffnet ihm dieses Institut – anders als die reguläre Kapitalerhöhung – einen (wenn auch von der Hauptversammlung abgeleiteten) Handlungsspielraum dafür, im bestmöglichen Zeitpunkt schnell und flexibel neues Eigenkapital beschaffen zu können.[703] Letzteres wird dabei vor allem mit Blick auf die Notwendigkeit für wichtig erachtet, „auf dem nationalen oder internationalen Markt rasch und erfolgreich auf vorteilhafte Angebote oder sich ansonsten bietende Gelegenheiten reagieren und Möglichkeiten zur Unternehmenserweiterung – insbesondere [...] durch den Erwerb von Unternehmen oder Unternehmensbeteiligungen gegen Ausgabe neuer Aktien – im Interesse der Gesellschaft und ihrer Aktionäre ausnutzen zu können"[704].

Dieses letzte Zitat vor Augen wird deutlich, dass es innerhalb dieses Handlungsspielraums zugleich auch wieder um nichts anderes geht als um das Ergreifen oder Nichtergreifen von Marktchancen unter Abwägung erheblicher Risiken, die trotz der Anwendung etwa moderner Investitionstheorien noch zu einer erheblichen Unsicherheit im Zeitpunkt der Entscheidungsfindung führen[705] und damit die Anwendbarkeit von § 93 Abs. 1 S. 2 AktG begründen.[706]

701 Vgl. auch *Hüffer*, AktG, 2008, § 202, Rn. 2.

702 Vgl. MünchKommAktG/*Bayer*, 2005, § 202, Rn. 1; *Hüffer*, AktG, 2008, § 202, Rn. 20.

703 MünchKommAktG/*Bayer*, 2005, § 202, Rn. 1; *Hüffer*, AktG, 2008, § 202, Rn. 2. Etwaige von der Hauptverversammlung vorgegebene Beschränkungen sind selbstverständlich zu beachten (vgl. *Groß/Fischer*, in: Heidel, Aktienrecht, 2007, § 203, Rn. 87; *Hirte* in Großkomm. AktG, 2006, § 203, Rn. 81). Sie beschränken den Handlungsspielraum von vornherein.

704 *BGH*, Urt. v. 23.6.1997 – II ZR 132/93 („Siemens/Nold") –, BGHZ 136, 133 (136).

705 Vgl. insofern auch *BGH*, Urt. v. 7.3.1994 – II ZR 52/93 („Deutsche Bank") –, BGHZ 125, 239 (248: „Eine Platzierung [...] kann [...] nur dann erfolgreich sein, wenn den Gegebenheiten und Entwicklungen an der Börse des entsprechenden Landes, seiner Konjunktur, Wirtschaft, Wirtschaftspolitik und auch seiner allgemeinen politischen Lage hinreichend Rechnung getragen werden kann." sowie 250: „Da der Erfolg derartiger Einsätze nicht sicher prognostiziert werden kann, sondern von einer Reihe zeitbedingter Faktoren und Entwicklungen [...] abhängig ist [...].".

706 So i.E. auch *Fleischer*, in: Handbuch des Vorstandsrechts, 2006, § 7, Rn. 54; *M. Roth*, Unternehmerisches Ermessen, 2001, S. 104 und *S. H. Schneider*, DB 2005, 707 (711). Insofern ebenfalls von einem „pflichtgemäßen Ermessen" sprechend: MünchKommAktG/*Bayer*, 2005, § 202, Rn. 87 sowie *Hüffer*, AktG, 2008, § 202, Rn. 20.

Gleiches gilt im Übrigen auch in Bezug auf die Entscheidung des Vorstands, von der in diesem Kontext vielfach zugleich miterteilten Ermächtigung zum Ausschluss des Bezugsrechts Gebrauch zu machen:[707] Zum einen kann diese weitere Entscheidung im Grunde nicht losgelöst von der eben Beschriebenen getroffen werden und weist damit schon allein deswegen die geforderte Unsicherheit auf. Zum anderen ist mit ihr aber auch jedenfalls eine Beurteilung der Interessen der Gesellschaft verbunden,[708] wenn nicht sogar eine höchst diffizile Abwägung zwischen den Interessen der Aktionäre an der anteilsmäßigen Erhaltung ihrer mitgliedschaftlichen Stellung auf der einen und dem Interesse der Gesellschaft an dem Ausschluss des Bezugsrechts auf der anderen Seite.[709]

Damit kann im Ergebnis festgehalten werden, dass sich die Entscheidung über die Durchführung einer genehmigten Kapitalerhöhung gegebenenfalls noch unter Bezugsrechtsausschluss insgesamt als eine solche im Sinne von § 93 Abs. 1 S. 2 AktG darstellt.

d. Gerichtliche Durchsetzung zivilrechtlicher Ansprüche der Gesellschaft

Während die zuvor dargestellten Vorstandsentscheidungen allesamt einer relativ eindeutigen Zuordnung zugänglich waren, soll es im Folgenden nun noch einmal um einen – im weiteren Sinne ebenfalls noch den Verwaltungsmaßnahmen zuzurechnenden – Entscheidungstypus gehen, der sich nach Aussagen *C. Schäfer`s* durch ein „schwer zu systematisierendes mixtum compositum aus tatsächlicher und rechtlicher Ungewissheit im Entscheidungszeitpunkt“[710] auszeichnet: die Entscheidung über die gerichtliche Durchsetzung zivilrechtlicher Ansprüche der Gesellschaft.

Was die mit einer solchen Entscheidung verbundene Unsicherheit anbelangt, so wird man auf der einen Seite sicherlich schnell auf das jedem Prozess immanente Prozessrisiko hinweisen wollen, wonach der Vorstand, will er einen Prozess anstrengen, genauso wie jeder andere Kläger auch, unausweichlich gewissen Unwäg-

707 Auch bezogen auf diesen Aspekt von einem Ermessen des Vorstands ausgehend: *Hüffer*, AktG, 2008, § 203, Rn. 33; *Fleischer*, in: Handbuch des Vorstandsrechts, 2006, § 7, Rn. 54 sowie *M. Roth*, Unternehmerisches Ermessen, 2001, S.104. In gleichem Sinne *Hirte* in Großkomm. AktG, 2006, § 203, Rn. 78. S. darüber hinaus *BGH*, Urt. v. 23.6.1997 – II ZR 132/93 („Siemens/Nold“) –, BGHZ 136, 133 (139 f.), der insofern letztlich ebenfalls von einem „unternehmerischen Ermessen“ des Vorstands spricht.

708 Dies für eine sachliche Rechtfertigung offenbar genügen lassend: *BGH*, Urt. v. 23.6.1997 – II ZR 132/93 („*Siemens/Nold*“) –, BGHZ 136, 133 (139). Eine derartige Interpretation der Aussagen des *BGH* ablehnend: *Hirte* in Großkomm. AktG, 2006, § 203, Rn. 79. Weiterführend auch MünchKommAktG/*Bayer*, 2005, § 203, Rn. 112 ff.

709 Eine solche umfassende Angemessenheitsprüfung – anstatt einer bloßen Zweckmäßigkeitsprüfung – fordernd: MünchKommAktG/*Bayer*, 2005, § 203, Rn. 117 sowie *Hüffer*, AktG, 2008, § 203, Rn. 35. Im Umkehrschluss ebenfalls von diesen sonst auch für Bezugsrechtsausschlüsse geltenden Anforderungen ausgehend: *Hirte* in Großkomm. AktG, 2006, § 203, Rn. 79.

710 *C. Schäfer*, ZIP 2005, 1253 (1256).

barkeiten ausgesetzt ist, aufgrund derer sich der Ausgang des Rechtsstreits manchmal nur schwer abschätzen lässt.[711]

Auf der anderen Seite darf dabei aber auch nicht übersehen werden, dass es im Zusammenhang mit der Entscheidung über die Durchsetzung einer zivilrechtlichen Forderung im Kern gleichwohl vor allem um die rechtliche Beurteilung eines abgeschlossenen Sachverhaltes geht.[712] Die daraus resultierende Unsicherheit lässt sich im Ergebnis nicht einmal ansatzweise mit derjenigen typischer unternehmerischer Entscheidungen im Sinne von § 93 Abs. 1 S. 2 AktG vergleichen.

Gleiches gilt im Grunde auch für die damit in engem Zusammenhang stehende Beurteilung der späteren Vollstreckungsaussichten: Ob der Anspruchsgegner die Forderung mit seinem Vermögen wird begleichen können, lässt sich wesentlich leichter einschätzen als der Erfolg etwa einer hochkomplexen Investitionsentscheidung.

Damit weisen Entscheidungen über die gerichtliche Durchsetzung zivilrechtlicher Forderungen im Ergebnis nicht die erforderliche Unsicherheit auf und stellen demnach auch keine unternehmerischen Entscheidungen im Sinne der Neuregelung dar.[713] Vielmehr sind sie sogleich anhand des strengen Standards des § 93 Abs. 1 S. 1 AktG zu überprüfen. Dass der Vorstand deswegen Gefahr läuft, pauschal für jede Nichtverfolgung haftbar gemacht zu werden, steht dabei gleichwohl nicht zu befürchten. Schließlich ist anerkannt, dass er vor allem aus wirtschaftlichen Gründen sowie etwa vor dem Hintergrund einer zu befürchtenden Imagegefährdung auch einmal von der Durchsetzung zivilrechtlicher Forderungen absehen kann.[714]

Abschließend sei insofern nun noch angemerkt, dass sich das hier gefundene Ergebnis zugleich auch auf einer Linie mit höchstrichterlich geäußerten und von gesetzgeberischer Seite gleichsam übernommenen Wertungen befindet: So hatte auch der *Bundesgerichtshof* in der *ARAG/Garmenbeck*-Entscheidung[715] wohlgemerkt dem Aufsichtsrat bezüglich der Geltendmachung eines Schadensersatzanspruches der Gesellschaft gegen ihren Vorstand ein Ermessen grundsätzlich in Abrede gestellt und die Nichtverfolgung – gewissermaßen als „Notausstieg“[716] – allein aus „gewichtigen“ bzw. „überwiegenden“ Gründen des Gesellschaftswohls erlaubt.[717] Diese auf

711 S. *S. H. Schneider*, DB 2005, 707 (711).

712 Vgl. *S. H. Schneider*, DB 2005, 707 (711).

713 So auch *S. H. Schneider*, DB 2005, 707 (711 f.). Mit gleichem Ergebnis, allerdings nicht ohne Zweifel bezüglich dessen Angemessenheit: *C. Schäfer*, ZIP 2005, 1253 (1257). Dem Vorstand im Rahmen der Geltendmachung von Ansprüchen dagegen ein „unternehmerisches Ermessen“ einräumend: *Mertens* in Kölner Kommentar zum AktG, 2. Auflage, 1996, § 93, Rn. 51 sowie *M. Roth*, Unternehmerisches Ermessen, 2001, S. 122 ff. (eingeschränktes Ermessen bei Ansprüchen gegen Organmitglieder und unbeschränktes Ermessen bei Ansprüchen gegen Dritte) .

714 *Hopt* in Großkomm. AktG, 1999, § 93, Rn. 112; *Landwehrmann*, in: Heidel, Aktienrecht, 2007, § 93, Rn. 66; *Wiesner*, in: Münchener Handbuch des Gesellschaftsrechts, Bd. 4, 2007, § 25, Rn. 8.

715 *BGH*, Urt. v . 21.4.1997 – II ZR 175/95 (*„ARAG/Garmenbeck“*) –, BGHZ 135, 244 ff.

716 *C. Schäfer*, ZIP 2005, 1253 (1257).

717 *BGH*, Urt. v . 21.4.1997 – II ZR 175/95 (*„ARAG/Garmenbeck“*) –, BGHZ 135, 244 (255).

die Beurteilung des Prozessrisikos allgemein übertragbare Wertung[718] hat mit der im Zuge des UMAG erfolgten Einführung von § 148 Abs. 1 S. 2 Nr. 4 AktG nun gleichsam ihre gesetzgeberische Bestätigung erfahren:[719] Nach dieser Vorschrift soll eine Klage nämlich ausnahmsweise dann nicht zugelassen werden, wenn der Geltendmachung des Ersatzanspruchs überwiegende Gründe des Gesellschaftswohls entgegenstehen.

Damit hat sich das gefundene Ergebnis nicht nur als mit Blick auf das Geschäftsleiterermessen teleologisch fundiert, sondern darüber hinaus auch noch als höchstrichterlich tradiert und von Seiten des Gesetzgebers akzeptiert erwiesen.

IV. Zusammenfassung

Zusammenfassend verdient damit festgehalten zu werden, dass es für die Annahme einer „unternehmerischen Entscheidung" im Sinne von § 93 Abs. 1 S. 2 AktG zunächst einmal in tatsächlicher Hinsicht überhaupt einer Entscheidungssituation bedarf. Dazu müssen dem Vorstand mindestens zwei tatsächlich mögliche – entweder auf ein aktives Tun oder auf ein Unterlassen gerichtete – Handlungsalternativen offen stehen, bezüglich derer er sich in einer psychologischen Zwangslage befindet.[720]

Über diese tatsächliche Ungebundenheit hinaus darf sich der Vorstand des Weiteren aber auch nicht einer rechtlichen Gebundenheit ausgesetzt sehen. Im Sinne einer Zuweisung eines Teilbereichs der allgemeinen Ermessensschranken zum Merkmal der „unternehmerischen Entscheidung" müssen danach zugleich mindestens zwei Handlungsalternativen bestehen, die weder gegen konkrete gesetzliche Pflichten noch gegen aus Satzung, Geschäftsordnung und Anstellungsvertrag resultierende Vorgaben verstoßen. Erst recht darf sich der Vorstand – unabhängig von einer etwaigen „Nützlichkeit" für die Gesellschaft – nicht noch positiv für eine solchermaßen rechtswidrige Handlungsalternative entscheiden. Mit anderen Worten darf die Entscheidung nicht bereits konkret aus den gesetzlichen Vorgaben ableitbar sein.[721] Dabei ist jedoch zu beachten, dass das Vorhandensein spezieller Regelungen nur soweit zum Ausschluss des Geschäftsleiterermessens führen kann, wie dieselben dem Vorstand auch tatsächlich konkrete Handlungsanweisungen bzw. Handlungsverbote an die Hand geben. Für infolge der Verwendung unbestimmter Rechtsbegriffe nicht vorherbestimmte Teile der Entscheidung bleibt die Neuregelung demge-

718 So i.E. auch *C. Schäfer*, ZIP 2005, 1253 (1257).
719 Vgl. *C. Schäfer*, ZIP 2005, 1253 (1257).
720 S. § 7 I. 1. und 2. (S. 174 f.).
721 § 7 II. 1. (S. 181 ff.).

genüber anwendbar.[722] Eine wirkliche Ausnahme von diesem das Legalitätsprinzip betreffenden Grundsatz gilt allein für den Fall einer unklaren Rechtslage.[723]

Zum Schluss muss mit der infrage stehenden Entscheidung schließlich noch eine erhebliche Unsicherheit dergestalt verbunden sein, dass, würde man den strengen Standard des § 93 Abs. 1 S. 1 AktG zu Grunde legen, selbst unter Anwendung modernster betriebswirtschaftlicher Entscheidungsgrundsätze noch eine für den Vorstand unzumutbare Gefahr verbliebe, von „fachfremden" und in Kenntnis des ruinösen Ausgangs urteilenden Richtern für die Realisation eines bereits ex ante schwer kalkulierbaren Risikos verantwortlich gemacht zu werden.[724]

Nachdem anhand des Merkmals der „unternehmerischen Entscheidung" derweil bereits der sachliche Anwendungsbereich von § 93 Abs. 1 S. 2 AktG abgesteckt worden ist, soll es im Folgenden nun um die weiteren Merkmale der Neuregelung gehen.

722 § 7 II. 3. (S. 188 ff.).
723 § 7 II. 2. (S. 187 f.)
724 § 7 III. 1. (S. 191).

§ 8 Handeln auf der Grundlage angemessener Information

Das Erfordernis des „Handelns auf der Grundlage angemessener Information" spricht schließlich die verfahrensbezogene Sorgfaltskontrolle als ersten Teil der auf der anderen Seite inhaltsbezogenen Sorgfaltskontrolle an und nimmt im Zusammenhang mit dem Geschäftsleiterermessen eine Art „Doppelrolle" ein:

Zum einen bietet es zusammen mit dem später[725] noch genauer zu erforschenden Loyalitätserfordernis eine Art „Richtigkeitsgewähr"[726] bezogen auf den Inhalt der infrage stehenden unternehmerischen Entscheidung. Mit anderen Worten fungiert es insofern gleichsam als Legitimationsgrundlage und Voraussetzung für die starke Begrenzung der Inhaltskontrolle.[727]

Zum anderen stellt sich das „Handeln auf der Grundlage angemessener Information" aber zugleich auch selbst als unmittelbar aus § 93 Abs. 1 S. 1 AktG resultierende und damit anhand des Maßstabs der „Sorgfalt eines ordentlichen und gewissenhaften Geschäftsleiters" zu konkretisierende Pflicht dar,[728] deren Einhaltung es

725 S. unten unter § 9 I. (S. 292 ff.).

726 So auch *Paefgen*, Unternehmerische Entscheidungen und Rechtsbindung, 2002, S. 179, 224 sowie pass.

727 In diesem Sinne lassen sich auch die Aussagen von *M. Roth*, Unternehmerisches Ermessen, 2001, S. 80: „Auch ist die Funktion der Haftungsbeschränkung unternehmerischen Ermessens nur gerechtfertigt, wenn unternehmerische Entscheidungen „lege artis" zustande gekommen sind." und *Fleischer*, in: FS Wiedemann, 2002, S. 827 (840) verstehen: „Ein Haftungsfreiraum für Geschäftsleiter ist nur gerechtfertigt, wenn die unternehmerische Entscheidung auf der Grundlage hinreichender Information getroffen wird." S. speziell im Zusammenhang mit Maßnahmen aus dem M&A-Bereich *Mutschler/Mersmann*, DB 2003, 79 (80): „Für die Praxis des M&A-Geschäfts bedeutet das, dass jeder Teilschritt einer Akquisition an dem Sorgfaltsmaßstab des § 93 Abs. 1 Satz 1 AktG zu messen ist, um durch das Verfahren der Entscheidungsfindung inhaltliche Richtigkeit der Akquisitionsentscheidung zu gewährleisten. Das Verfahren dient mithin dazu, die am Ende getroffene Akquisitionsentscheidung inhaltlich zu legitimieren, weil die inhaltliche Richtigkeit der Entscheidung nicht ihrerseits unmittelbar mit Hilfe des gesetzlichen Sorgfaltsmaßstabs überprüft werden kann.".

728 Das Verfahrenserfordernis als integralen Bestandteil der allgemeinen Sorgfaltspflicht bestätigend: *Hopt* in Großkomm. AktG, 1999, § 93, Rn. 84 f.; *Landwehrmann*, in: Heidel, Aktienrecht, 2007, § 93, Rn. 62; *Mertens* in Kölner Kommentar zum AktG, 2. Auflage, 1996, § 93, Rn. 29; *Bastuck*, Enthaftung des Managements, 1986, S. 69; *Großmann*, Unternehmensziele im Aktienrecht, 1980, S. 168 f.; *Hommelhoff*, Die Konzernleitungspflicht, 1982, S. 174; *Paefgen*, Unternehmerische Entscheidungen und Rechtsbindung, 2002, S. 178 ff., 223, 228 (das Verfahrenserfordernis sei zudem auch schon zwingendes Korrelat zu den zahlreichen Berichts-, Informations- und Rechenschaftspflichten des Vorstands); *Brömmelmeyer*, WM 2005, 2065 (2067), *Kindler*, ZHR 162 (1998), 101 (106); *Linnerz*, NZG 2004, 307 (312); *Semler*, AG 2005, 321 (325).

im Rahmen der Organhaftung und damit auch im Kontext des Geschäftsleiterermessens genauso zu überprüfen gilt wie die Qualität des Entscheidungsinhalts[729].[730]

An dieser „Doppelrolle" wird sich schließlich auch die Reichweite der mit besagtem Merkmal angesprochenen Verfahrenskontrolle orientieren müssen:

729 *Paefgen*, Unternehmerische Entscheidungen und Rechtsbindung, 2002, S. 178 ff., 223, 228 erachtet es darüber hinaus sogar für zulässig, die Sorgfaltspflicht gem. § 93 I 1 AktG im Zusammenhang mit dem Geschäftsleiterermessen nahezu auf ihren prozeduralen Aspekt zu reduzieren (vgl. auch *ders.*, AG 2004, 245 (248) sowie weiter unten unter § 9 II. 1. (S. 325 f.)). Nach *M. Roth*, Unternehmerisches Ermessen, 2001, S. 80 entspricht die Durchführung einer Verfahrenskontrolle auch im Kontext des Geschäftsleiterermessens letztlich den spezialgesetzlichen Regelungen zur Beachtung der aktienrechtlichen Zuständigkeit, der Art und Form der Einberufung von Organsitzungen sowie den allgemeinen Prinzipien des Verwaltungs- und Zivilrechts, die über die Formulierung „bei ihrer Geschäftsführung" in § 93 I 1 AktG auch in das Aktienrecht Eingang fänden. Diese Formulierung bringe nämlich zum Ausdruck, dass das Aktienrecht die Geschäftsführung als Prozess verstehe.

730 Dieser Aspekt findet m.E. bisweilen zu wenig Anklang. Vgl. etwa *Ihrig*, WM 2004, 2098 (2106): „Bei der kritischen Erörterung ist allerdings im Auge zu behalten, dass es im Kontext des vorgeschlagenen neuen § 93 Abs. 1 Satz 2 gemäß UMAG nicht um die Frage geht, inwieweit eine Nachlässigkeit bei der Beschaffung der zur Vorbereitung der Entscheidung erforderlichen Information selbst unmittelbar haftungsbegründend wirkt. Vielmehr geht es darum, eine Eintrittsvoraussetzung zu definieren, von deren Erfüllung die Inanspruchnahme des Safe Harbours der BJR abhängt. Die Verletzung von Informationspflichten ist in diesem Zusammenhang also nicht ein unmittelbar haftungsbegründender „Kunstfehler", sondern schließt lediglich die Inanspruchnahme des mit der BJR verbundenen „safe harbour" aus." Zuzustimmen ist *Ihrig* schließlich insoweit, als dass es im Kontext von § 93 I 2 AktG – wie bereits oben unter § 5 II 1. b. bb. (S. 127 f.) dargelegt – in der Tat nicht um eine unmittelbare Haftungsbegründung gehen kann. Dazu bedarf es vielmehr stets eines Rückgriffs auf § 93 I 1 AktG. Dies gilt jedoch für alle von der Neuregelung angesprochenen Pflichtenkategorien gleichermaßen. Auch „Inhaltsfehler" sind demnach im Kontext von § 93 I 2 AktG nicht unmittelbar haftungsbegründend. Nichtsdestotrotz geht es bei § 93 I 2 AktG im Kern um nichts anderes als um die (begrenzte) Überprüfung der Einhaltung der „Sorgfalt eines ordentlichen und gewissenhaften Geschäftsleiters", die neben einem sorgfältigen Inhalt eben auch ein sorgfältiges Verfahren reklamiert. Warum es sich bei dem Verfahrenserfordernis gleichwohl lediglich um eine bloße Voraussetzung dafür handeln soll, dass die Entscheidung dann offenbar vor allem keiner weitergehenden inhaltlichen Überprüfung unterzogen wird, ist nicht ersichtlich. Unabhängig davon, ob dem Vorstand nun schwerpunktmäßig ein unsorgfältiger Entscheidungsinhalt oder aber eine unsorgfältige Entscheidungsvorbereitung vorgeworfen werden soll, nimmt der Weg der Geltendmachung stets bei dem eingeschränkten Überprüfungsmaßstab des § 93 I 2 AktG seinen Ausgang, wo in beiden Fällen jedenfalls die den Entscheidungsprozess abschließende Sachentscheidung als die zur Eröffnung des Anwendungsbereichs maßgebliche Handlung zu Grunde gelegt wird. Selbst bei einem Verfahrensfehler wird man das Entscheidungsergebnis nämlich jedenfalls mit angreifen können und müssen: Hat sich der Verfahrensfehler noch nicht einmal auf das Entscheidungsergebnis ausgewirkt, so wird erst recht kein Schaden kausal auf ihn rückführbar sein (vgl. dazu, dass Verfahrensentscheidungen im Übrigen auch keine „unternehmerischen Entscheidungen" i.S.v. § 93 I 2 AktG darstellen, sogleich unter § 8 I. 1. b. aa. (3) (S. 208)). Ist die Entscheidung den verfahrens- und/oder inhaltsbezogenen Anforderungen des § 93 I 2 AktG dann tatsächlich nicht gerecht geworden, so schließt sich eine Überprüfung nun vor allem des schwerpunktmäßig vorwerfbaren Handelns anhand von § 93 I 1 AktG an.

I. Reichweite der Verfahrenskontrolle

1. Absenkung des Überprüfungsmaßstabs auch bereits im Zusammenhang mit der Verfahrenskontrolle

Mit der Reichweite der Verfahrenskontrolle ist schließlich die Frage angesprochen, ob die verfahrensbezogene Sorgfaltskontrolle anhand des strengen an § 93 Abs. 1 S. 1 AktG orientierten Standards durchzuführen oder ob auch bereits hier lediglich ein abgemilderter Überprüfungsmaßstab zu Grunde zu legen ist.[731]

Im Kern – das heißt unter Außerachtlassung der in der vorliegenden Arbeit befürworteten Qualifikation des Geschäftsleiterermessens als abgemilderter Überprüfungsmaßstab – lag diese Frage auch bereits dem weiter oben schon einmal angesprochenen[732] und während der Kodifikation des Geschäftsleiterermessens mit besonderer Intensität geführten Disput zu Grunde, ob dem Vorstand auch bereits in diesem – der eigentlichen Entscheidung noch vorgeschalteten – Stadium schon ein Handlungsspielraum zuerkannt werden sollte.

a. Für eine möglichst weit reichende Verfahrenskontrolle eintretende Gesichtspunkte

In diesem Zusammenhang könnte einen die zuerst beschriebene Funktion des Verfahrenserfordernisses als Legitimationsgrundlage für die starke Begrenzung der Inhaltskontrolle nun zunächst in die Richtung einer möglichst weit reichenden, wenn nicht sogar umfassenden, Verfahrenskontrolle hin tendieren lassen. Schließlich erscheint die „Richtigkeitsgewähr" umso tragfähiger, desto mehr Fundierung man ihrer Grundlage abverlangt.

Diesem Aspekt lassen sich schließlich auch noch weitere allesamt in die gleiche Richtung weisende Gesichtspunkte anfügen: Dazu zählt zunächst die in ihrer Allgemeinheit wohl schnell auf Zustimmung stoßende Einschätzung, dass bezüglich eines sorgfältigen Entscheidungsverfahrens auch unter „fachfremden" Richtern stets we-

731 Der Klarheit halber sei an dieser Stelle vielleicht kurz angemerkt, dass der Begriff des „Überprüfungsmaßstabs" im Rahmen der vorliegenden Arbeit sowohl in Bezug auf die Gesamtregelung des § 93 I 2 AktG als auch in Bezug auf die Einzelelemente vor allem der Verfahrens-, Loyalitäts- und Inhaltskontrolle verwendet wird. Ist also im Zusammenhang mit der Gesamtregelung des § 93 I 2 AktG von einem abgemilderten Überprüfungsmaßstab die Rede, so ist damit genau genommen derjenige gemeint, der sich aus einer Zusammenschau der verschiedenen, jeweils auf die einzelnen Elemente der Neuregelung bezogenen, Überprüfungsmaßstäbe ergibt.

732 S. § 4 II. 2. (S. 116, Fn. 423).

sentlich konkretere Vorstellungen bestehen, als dies bezogen auf die Qualität des Entscheidungsinhaltes der Fall ist.[733]

Darüber hinaus sind zur Untermauerung einer strengen Verfahrenskontrolle verschiedentlich auch allgemein die rechtspolitischen Tendenzen der letzten Jahre ins Feld geführt worden: So hätten sich die aktienrechtlichen Reformschritte der jüngeren Vergangenheit allesamt durch die Verbesserung des Informationsstandes von Vorstand und Aufsichtsrat als gemeinsames Kernanliegen ausgezeichnet. Eine Absenkung der Verfahrensanforderungen sei mit dieser insgesamt zu begrüßenden Grundtendenz schwerlich zu vereinbaren.[734]

Zu guter Letzt sind insofern schließlich noch erhebliche Bedenken gegenüber dem vom Gesetzgeber in der Gesetzesbegründung[735] so hervorgehobenen Respekt für „Instinkt, Erfahrung, Phantasie und Gespür für künftige Entwicklungen" sowie für ein „Gefühl für die Märkte und die Reaktion der Abnehmer und Konkurrenten" angemeldet worden. So sei in der industriellen Großunternehmung, wo es um Milliardenbeträge und Tausende von Arbeitsplätzen gehe, die informierte Entscheidung dem Instinkt grundsätzlich vorzuziehen.[736]

b. Eine Begrenzung der Verfahrenskontrolle bedingende Aspekte

Während die genannten Aspekte also allesamt in die Richtung einer möglichst umfassenden Verfahrenskontrolle weisen, gilt es nun aber auch, auf die andererseits für eine Begrenzung derselben sprechenden Gesichtspunkte einzugehen: Dazu empfiehlt es sich, das Augenmerk nun verstärkt auf die zweite Rolle des Verfahrenserfordernisses zu richten, wonach Letzterem neben seiner spezifisch auf die Inhaltskontrolle bezogenen „Hilfsfunktion" zugleich auch die Eigenschaft einer eigenständigen und wiederum aus der allgemeinen Sorgfaltspflicht gemäß § 93 Abs. 1 S. 1 AktG abzuleitenden Pflichtenkategorie zukommt.

Vor diesem Hintergrund könnte es sich bei Verfahrenshandlungen – im Extremfall – vielleicht sogar schon selbst um „unternehmerische Entscheidungen" im Sinne von § 93 Abs. 1 S. 2 AktG handeln. Dies zu klären, soll den übrigen Erwägungen betreffend eine Beschränkung der Verfahrenskontrolle zunächst einmal vorangestellt werden:

733 S. auch *Fleischer*, in: FS Wiedemann, 2002, S. 827 (840).

734 *Ulmer*, DB 2004, 859 (862). Zustimmend *Lohse*, Unternehmerisches Ermessen, 2005, S. 49 f., die der Neuregelung allerdings insgesamt äußerst kritisch gegenübersteht.

735 Begr. UMAG-GesetzesE, BT-Drs. 15/5092 v. 14.3.2005, S. 11.

736 *Hauschka*, ZRP 2004, 65 (67). Ebenfalls kritisch ggü. einer zu weitgehenden Zulassung von Intuition als Entscheidungsgrundlage *v. Werder*, ZfbF, SoHeft 36/1996, 27 (53): „Zudem kann beim heutigen Forschungsstand zwar noch nicht abschließend bewiesen, mit der ganz herrschenden Auffassung in der Management- und Betriebswirtschaftslehre aber davon ausgegangen werden, daß gut vorbereitete Problemlösungen im Durchschnitt erfolgsträchtiger sind und rein intuitive Entschlüsse zu hohe Risiken in sich bergen.".

aa. Verfahrensentscheidungen als „unternehmerische Entscheidungen" im Sinne von § 93 Abs. 1 S. 2 Akt?

(1) Erhebliche Unsicherheit auch bereits im Zusammenhang mit Verfahrensentscheidungen

Ob Verfahrensentscheidungen auch bereits selbst als unternehmerische Entscheidungen im Sinne von § 93 Abs. 1 S. 2 AktG aufzufassen sind, wird nach dem bisher Gesagten nun erst einmal vom Grad der mit solchen Verfahrensentscheidungen verbundenen Unsicherheit abhängen:[737]

Bereits im Kontext der ökonomischen Rechtfertigung des Geschäftsleiterermessens[738] ist im Zusammenhang mit der Darstellung der verschiedenen sich zur typischen Unsicherheit unternehmerischer Entscheidungen zusammenfügenden Komponenten darauf hingewiesen worden, dass der Vorstand aufgrund von Kosten-Nutzen-Erwägungen[739] und Zeitzwängen[740] – gleichsam als eine dieser Komponenten – nahezu immer daran gehindert ist, sämtliche gegenwärtig verfügbaren Informationen einzuholen und seiner Entscheidungsfindung zu Grunde zu legen.[741] So lässt sich beispielsweise die Erfolgsträchtigkeit einer neuen Produktlinie zwar vermittels der Erstellung von Absatzprognosen, der Einholung von Konsumentenurteilen und der Erhebung von Kaufverhaltensdaten durch Produkt-, Laden- und Markttests abschätzen.[742] Andererseits ist eine solch groß angelegte Studie aber auch nicht nur mit erheblichen Kosten, sondern zugleich auch mit einem nicht unbeträchtlichen Zeitaufwand verbunden. Der Vorstand wird sich in dem gewählten Beispiel also nicht nur fragen müssen, ob die Informationskosten durch den erhofften Informationszuwachs bzw. nicht zuletzt auch durch die erhoffte Gewinnträchtigkeit der Produkteinführung selbst gerechtfertigt erscheinen. Vielmehr wird er zudem abschätzen müssen, ob er dem Interesse der Gesellschaft nicht vielleicht auch einmal gerade dadurch am besten gerecht wird, dass er sich zu Gunsten eines Vorsprungs vor der

737 S. zur Unsicherheit als Merkmal „unternehmerischer Entscheidungen" i.S.v. § 93 I 2 AktG im Einzelnen bereits oben unter § 7 III. 1. (S. 190 f.).

738 S. oben unter § 2 II. 1. b. (S. 44 ff.).

739 Vgl. über die oben bereits genannten Fundstellen hinaus nun auch noch MünchKomm-AktG/*Hefermehl/Spindler*, 2004, § 93, Rn. 25; *Mutter*, Unternehmerische Entscheidungen und Haftung, 1994, S. 226; *Oltmanns*, Geschäftsleiterhaftung, 2001, S. 280 ff.; *Spindler*, NZG 2005, 865 (872). Vgl. allein zum finanziellen Aspekt demgegenüber noch *Hommelhoff*, Die Konzernleitungspflicht, 1982, S. 174.

740 Vgl. zum Zeitaspekt nun auch noch *Ihrig*, WM 2004, 2098 (2106) (auch wenn sich Letzterer i.E. gerade gegen eine Begrenzung der Verfahrenskontrolle ausspricht) sowie die Begr. zum UMAG-GesetzesE, BT-Drs. 15/5092 v. 14.3.2005, S. 12.

741 S. hierzu nun auch noch die Begr. zum UMAG-GesetzesE, BT-Drs. 15/5092 v. 14.3.2005, S. 12 sowie *Fleischer*, in: FS Wiedemann, 2002, S. 827 (841).

742 *Fleischer*, in: FS Wiedemann, 2002, S. 827 (840).

Konkurrenz bereits auf nicht voll abgesicherter Informationsgrundlage für die Einführung der neuen Produktlinie entscheidet.[743]

Spätestens das gewählte Beispiel zeigt also sehr eindrücklich, dass Entscheidungen für bzw. gegen die Einholung bestimmter Informationen als Teil dessen, was es im Rahmen der Verfahrenskontrolle zu überprüfen gilt,[744] in der Tat bereits ebenfalls eine nicht unerhebliche Unsicherheit aufweisen,[745] die typischerweise die Anwendung betriebswirtschaftlicher Verhaltensmaßstäbe erfordert,[746] sich aber selbst dann nicht vollständig einfangen lässt.[747] Würde man zur Überprüfung von Verfahrensentscheidungen vor diesem Hintergrund nun gleichwohl einen strengen, da an § 93 Abs. 1 S. 1 AktG orientierten, Überprüfungsstandard zu Grunde legen, nach dem der Vorstand wiederum für die „beste" – im Sinne von „die in der konkreten Situation genau gebotene" – Informationsgrundlage Sorge zu tragen hätte, so liefe der Vorstand (auch) in diesem Zusammenhang Gefahr, im Nachhinein von „fachfremden" und in Kenntnis des ruinösen Ausgangs urteilenden Richtern für die Realisation eines bereits ex ante jedenfalls nicht gänzlich ausschließbaren Risikos verantwortlich gemacht zu werden.

(2) Systematische und teleologische Einwände

Diese Einsicht könnte den Rechtsanwender nun auch sogleich dazu verleiten, Verfahrensentscheidungen tatsächlich schon selbst als „unternehmerische Entscheidungen" im Sinne von § 93 Abs. 1 S. 2 AktG zu qualifizieren. Bei genauerem Hinsehen erschiene eine solche Annahme jedoch unter verschiedenerlei Gesichtspunkten als verfehlt:

Zunächst würde besagte Qualifikation die höchst zweifelhafte Konsequenz nach sich ziehen, dass innerhalb der Verfahrenskontrolle – als einem Element von § 93 Abs. 1 S. 2 AktG – die Neuregelung sogleich erneut zur Anwendung gelänge. Bereits diese systematische Verwerfung, in deren Zusammenhang sich unweigerlich das Bild einer sich selbst in den Schwanz beißenden Katze aufdrängt, kann vom Gesetzgeber nicht gewollt sein. Als ungleich gravierender wäre demgegenüber aber noch die Tatsache zu beurteilen, dass die beschriebene „Endlosschleife" eine wirkliche Verfahrenskontrolle im Ergebnis dauerhaft auszuschließen imstande wäre. Mit

743 Vgl. *Hommelhoff*, Die Konzernleitungspflicht, 1982, S. 174: „Außerdem kann der Erfolg eines Geschäftes durchaus darauf beruhen, daß der Vorstand hic et nunc zum Geschäftsabschluss – mitsamt aller Risiken aus nicht voll abgesicherter Entscheidungsfindung – bereit ist, während sich die Konkurrenz noch in Abwägungen verzehrt." Sich anschließend: *Oltmanns*, Geschäftsleiterhaftung, 2001, S. 280 f.

744 S. für eine genaue Konkretisierung des Verfahrensbegriffs noch weiter unten unter § 8 I. 3. a. (S. 215 f.).

745 Vgl. auch *Ihrig*, WM 2004, 2098 (2106).

746 Vgl. *Fleischer*, ZIP 2004, 685 (691).

747 So auch *Mutter*, Unternehmerische Entscheidungen und Haftung, 1994, S. 226. Vgl. weiter *Großmann*, Unternehmensziele im Aktienrecht, 1980, S. 169.

anderen Worten drohte das Merkmal der Verfahrenskontrolle bei Befürwortung besagter Annahme im Ergebnis leer zu laufen.

Davon abgesehen ergeben sich aber auch noch weitere teleologische Ungereimtheiten: Zwar haben die obigen Ausführungen eine nicht unerhebliche Unsicherheit auch bereits im Zusammenhang mit Verfahrensentscheidungen offenbar werden lassen. Andererseits ist aber auch schon angedeutet worden, dass bezüglich eines sorgfältigen Verfahrens gemeinhin weitaus konkretere Vorstellungen bestehen als dies in Bezug auf den Inhalt einer unternehmerischen Entscheidung der Fall ist.[748] Bei näherem Hinsehen lässt sich dies wie folgt erklären:

Als Ausgangspunkt sei zunächst noch einmal darauf hingewiesen, dass es sich bei der die Informationsgrundlage betreffenden Unwägbarkeit bezogen auf die mit der späteren Sachentscheidung verbundene Unsicherheit allein um eine Unsicherheitskomponente neben vielen weiteren handelt.[749] Während es im Rahmen der Informationsbeschaffung also etwa abzuwägen gilt, ob vorzugsweise Information „A" oder aber Information „B" eingeholt werden soll,[750] liegt der späteren Sachentscheidung stattdessen eine ungleich komplexere Abwägung etwa derart zu Grunde, welchen Auskünften, Gutachten, Studien etc. aus der Fülle der eingeholten Informationen insgesamt nun gegebenenfalls das ausschlaggebende Gewicht beizumessen ist, wie die infolge der Zukunftgerichtetheit sowie der hohen Komplexität und Unstrukturiertheit unternehmerischer Entscheidungen verbleibenden Risiken zu bewerten sind bzw. welcher konkrete Inhalt der ausstehenden Entscheidung damit schlussendlich verliehen werden soll. Pointierter ließe sich auch formulieren, dass Entscheidungen betreffend die Informationsgrundlage von ihrer Komplexität und damit letztlich auch von ihrer Unsicherheit her noch „eine Stufe" vor der eigentlichen Sachentscheidung anzusiedeln sind. Jedenfalls ist insofern ein deutliches „Unsicherheitsgefälle" zu verzeichnen.[751]

(3) Fazit

Die vorstehenden systematischen und teleologischen Einwände müssen schließlich auch in der Qualifikation der Verfahrensentscheidungen ihren Niederschlag finden – und zwar derart, dass Letztere jedenfalls nicht schon selbst als „unternehmerische Entscheidungen" im Sinne von § 93 Abs. 1 S. 2 AktG einzuordnen sind.[752]

748 S. oben unter § 8 I. 1. a. (S. 204).

749 S. zu den übrigen Unsicherheitskomponenten oben unter § 2 II. 1. (S. 43 ff.).

750 S. für eine nähere Konkretisierung des Verfahrensbegriffs wiederum erst unten unter § 8 I. 3. a. (S. 215 f.)

751 A.A. *Oltmanns*, Geschäftsleiterhaftung, 2001, S. 282.

752 In die entgegengesetzte Richtung weisend – wenn auch noch zur Rechtslage vor dem UMAG – aber wohl *Oltmanns*, Geschäftsleiterhaftung, 2001, S. 282 ff.: „Bei der Ausgestaltung des Entscheidungsverfahrens geht es um eine unternehmerische Entscheidung, die sich nicht von anderen Vorstandsentscheidungen unterscheidet. […] Es ist dann aber auch kein Grund ersichtlich, warum nicht die Gestaltung des Entscheidungsverfahrens und das Maß an Entschei-

Auf der anderen Seite folgt aus der Verneinung einer solchen Einordnung nun aber selbstverständlich nicht zugleich auch zwingend, dass eine Absenkung des Überprüfungsmaßstabs damit gänzlich zu unterbleiben hätte. Selbst wenn Verfahrensentscheidungen bezogen auf ihre Unsicherheit im Grunde zwischen „unternehmerischen Entscheidungen" im Sinne von § 93 Abs. 1 S. 2 AktG auf der einen und etwa den oben erwähnten vergleichsweise sicheren Verwaltungsentscheidungen auf der anderen Seite anzusiedeln sind, so legt dieser Befund nur nahe, für besagte Entscheidungen schließlich auch einen dementsprechenden „mittleren" Überprüfungsmaßstab anzulegen. Mithin lässt sich schon einmal als (vorläufiges) Fazit festhalten, dass es auch bereits bezogen auf das Verfahrenserfordernis in gewissen Grenzen einer Absenkung des Überprüfungsmaßstabs bedarf.

bb. Gesetzgeberischer Wille

Besagtes Fazit lässt sich darüber hinaus schließlich auch noch auf verschiedene weitere Gesichtspunkte stützen:

Der erste betrifft dabei zunächst den Willen des Gesetzgebers. Genauer wird insofern die – anhand des Wortlautes sowie sonstiger gesetzgeberischer Äußerungen – leicht zu untermauernde These vertreten, dass sich dieser im Rahmen der Kodifikation des Geschäftsleiterermessens ganz bewusst für die Zuerkennung eines auch bereits verfahrensbezogenen Handlungsspielraums entschieden hat:

Was den Wortlaut der Neuregelung selbst anbelangt, so bezieht sich der einen Handlungsspielraum ausdrückende Terminus „vernünftigerweise annehmen durfte"

dungsvorbereitung genauso vom unternehmerischen Ermessen geschützt sein sollten, wie jede andere Investitionsentscheidung auch. [...] Daraus folgt, daß die Gerichte keine genaue Überprüfung der Entscheidungsvorbereitung durchführen können, sondern das Verfahren ebenso wie das Ergebnis der Entscheidung dem Ermessen des Vorstandes überlassen müssen. Nur in extremen Fällen, in denen der Vorstand die Ermessensgrenzen überschritten und völlig uninformiert gehandelt hat, obwohl offenkundig keine Zeitnot bestand, oder das Entscheidungsverfahren in anderer Weise ohne nachvollziehbare Gründe oberflächlich und unzureichend war, sind die Grenzen des Ermessens bei der Gestaltung des Entscheidungsverfahrens überschritten. [...] Nicht das Entscheidungsverfahren sollte gerichtlich überprüft werden, sondern die Interessenbindung der Vorstandsmitglieder." So aus dem US-amerikanischen Recht auch *ALI*, Principles of Corporate Governance: Analysis and Recommendations, 1994, § 4.01(c), Comment b.; *Block/Barton/Radin*, The Business Judgment Rule, 1998, S. 80 sowie *Branson*, 36 Val. U. L. Rev. (2002) 631, 640. Verfahrensentscheidungen ebenfalls als „unternehmerische Entscheidungen" bezeichnend, insofern aber wohl letztlich mehr die Anerkennung überhaupt eines mehr oder weniger begrenzten diesbezüglichen Handlungsspielraums zum Ausdruck bringend: *Hommelhoff*, Die Konzernleitungspflicht, 1982, S. 174, Fn. 39; *Kinzl*, AG 2004, R3; *Spindler*, NZG 2005, 865 (872). Ebenso bezeichnet zunächst auch *Hemeling* in ZHR 169 (2005), 274 (276) Entscheidungen – hier speziell zur Vorbereitung eines Unternehmenskaufs – als „unternehmerische Entscheidungen mit den entsprechenden Spielräumen eines Business Judgement", erklärt die Ermittlung einer ausreichenden Entscheidungsgrundlage sodann aber schließlich wieder zur bloß „notwendigen Voraussetzung für die unternehmerische Entscheidung".

syntaktisch nämlich nicht nur auf das Merkmal „zum Wohle der Gesellschaft", sondern zugleich auch schon auf den vorangehenden Satzteil „auf der Grundlage angemessener Information". Der damit erweckte erste Eindruck eines bereits verfahrensbezogenen Handlungsspielraums findet in den verschiedenen Gesetzesmaterialien gleichsam seine Bestätigung.[753] Besonders deutlich tritt der gesetzgeberische Wille aber in der Gegenäußerung der Bundesregierung zur Stellungnahme des Bundesrates zu Tage, nach der es zum Kernbestandteil der neuen *Business Judgment Rule* gehöre, „dass nicht nur die unternehmerische Entscheidung selbst, sondern auch die Planungs- und Informationsphase der gerichtlichen Überprüfung teilweise entzogen sind".[754]

cc. Gefahr einer bloßen Verlagerung des Ausgangsproblems

Des Weiteren ist bereits dargelegt worden,[755] dass der Vorstand unter Anwendung des strengen an § 93 Abs. 1 S. 1 AktG orientierten Standards nicht nur im Zusammenhang mit Inhaltsfragen, sondern in gewissem Maße auch schon im Zusammenhang mit Verfahrensfragen Gefahr läuft, im Nachhinein von „fachfremden" Richtern für die Realisation eines bereits ex ante jedenfalls nicht gänzlich ausschließbaren Risikos verantwortlich gemacht zu werden. Die zweite das gefundene Ergebnis ebenfalls stützende Erwägung lässt sich demnach mit dem Begriff der „Gefahr einer bloßen Verlagerung des Ausgangsproblems" schlagwortartig zusammenfassen.[756] Mit anderen Worten macht die Begrenzung der inhaltlichen Kontrolle unternehmerischer Entscheidungen nur dann Sinn, wenn man dem zur Überprüfung Berufenen nicht andererseits die Möglichkeit belässt, die von ihm – unter dem Eindruck des ruinösen Ausgangs – für richtig empfundene Bewertung der Vorstandsmaßnahme notfalls über das ohnehin mit der Inhaltskontrolle eng verwobene Verfahrenserfordernis durchzusetzen.[757]

753 S. nur zuletzt die Begr. zum UMAG-GesetzesE, BT-Drs. 15/5092 v. 14.3.2005, S. 12: „Es wird dem Vorstand also […] ein erheblicher Spielraum eingeräumt, den Informationsbedarf abzuwägen […].".

754 Gegenäußerung der Bundesregierung zur Stellungnahme des Bundesrates, Anlage 3 der BT-Drs. 15/5092 v. 14.3.2005, S. 41.

755 S. oben unter § 8 I. 1. b. aa. (1) (S. 207).

756 Vgl. auch *Oltmanns*, Geschäftsleiterhaftung, 2001, S. 280; Spindler/Stilz/*Fleischer*, AktG, 2007, § 93, Rn. 70; *Fleischer*, in: FS Wiedemann, 2002, S. 827 (841); *ders.*, ZIP 2004, 685 (691); *Paefgen*, AG 2004, 245 (254). In diesem Sinne auch *Seibert/Schütz*, ZIP 2004, 252 (254): „Würde man den Ermessensspielraum nur auf die unternehmerische Entscheidung selbst beziehen, die äußeren Voraussetzungen „Gesellschaftswohl" und „angemessene Information" hingegen objektiv fassen, so unterlägen diese objektiven Merkmale der vollen ex post-Überprüfung durch die Gerichte und es könnte leicht eine Reduzierung des Freiraums auf einen Punkt, des Ermessens auf Null angenommen werden.".

757 Sogar davon ausgehend, dass sich Verfahren und Inhalt meist gar nicht voneinander trennen lassen: *Oltmanns*, Geschäftsleiterhaftung, 2001, S. 282; *Gehb/Heckelmann*, ZRP 2005, 145 (146). Dem ist zwar zuzugeben, dass sich Verfahrensentscheidungen und bereits den Inhalt

dd. Verweis auf die volle Überprüfbarkeit des Loyalitätserfordernisses

Darüber hinaus vermag etwaigen Einwänden, die die Rolle des Verfahrenserfordernisses als „Richtigkeitsgewähr“ betonen und aufgrund dessen eine möglichst umfassende Verfahrenskontrolle fordern, jedenfalls die volle Überprüfbarkeit des Loyalitätserfordernisses entgegengehalten zu werden.[758] Kann die Existenz von gesellschaftsfremden Interessen ausgeschlossen oder zumindest für nicht ausschlaggebend erklärt und darüber hinaus noch auf eine in nicht unbeträchtlichem Umfang überprüfte Entscheidungsgrundlage verwiesen werden, so wird dies bezogen auf den Entscheidungsinhalt eine ausreichende „Richtigkeitsgewähr“ bieten.

ee. Kein betriebswirtschaftlich voll abgesicherter Zusammenhang zwischen Information und Qualität der Entscheidung

Mehr am Rande sei zudem noch darauf hingewiesen, dass eine volle Verfahrenskontrolle ohnehin schon deshalb als nicht unproblematisch zu erachten wäre, weil der Zusammenhang zwischen Umfang bzw. Qualität der Entscheidungsgrundlage auf der einen Seite und der Qualität der Entscheidung selbst auf der anderen Seite nach wie vor einer vollen betriebswirtschaftlichen Absicherung entbehrt.[759]

des späteren Beschlusses betreffende Entscheidungen in zeitlicher Hinsicht oft unmittelbar aneinander anschließen und – wie bereits gesagt – von der Natur der Sache her auch thematisch eng miteinander verwoben sind. Nichtsdestotrotz lassen sich bei genauerer Betrachtung Verfahren und Inhalt stets voneinander unterscheiden. Insbesondere ist nicht jede „Entscheidung“ schon dem Inhalt der später zu treffenden Sachentscheidung zuzurechnen. Vielmehr wird man auch bereits im Rahmen des Entscheidungsverfahrens eine Vielzahl von Entscheidungen antreffen, die aber, nicht nur weil sie „Entscheidungen“ sind, bereits unmittelbar dem Inhalt, sondern, indem sie zumeist erst die Einholung weiterer Informationen und nicht bereits daraus zu ziehende Schlüsse betreffen, stattdessen noch dem Verfahren zuzurechnen sind. Dies scheinbar verwechselnd *Oltmanns*, a.a.O., S. 282 f.: „Man kann einerseits sagen, der Vorstand entscheide über eine bestimmte Transaktion. Die dafür eingeholten Gutachten gehören dann zur Entscheidungsvorbereitung. Genauso gut kann man aber auch der Ansicht sein, der Vorstand entscheide darüber, ob und welche Gutachten einzuholen sind. Die Einholung der Gutachten ist dann Teil des Entscheidungsergebnisses.“ S. zu der Abgrenzung zwischen Entscheidungsverfahren und Entscheidungsinhalt noch genauer weiter unten unter § 8 I. 3. a. (S. 215 f.).

758 Vgl. *Oltmanns*, Geschäftsleiterhaftung, 2001, S. 284. Selbst wenn das Loyalitätserfordernis aufgrund seiner starken subjektiven Färbung der Natur der Sache nach zwar keine volle *direkte* Überprüfung zulässt, so ist aber jedenfalls die infolgedessen später noch zu entwickelnde „verobjektivierte“ Fragestellung einer vollen Überprüfung zugänglich (s. dazu noch weiter unten unter § 9 I. 1. a. (S. 294 f.)).

759 Vgl. *Hauschildt*, in: Entscheidungen der Geschäftsführung, 1983, S. 225; *Mutter*, Unternehmerische Entscheidungen und Haftung, 1994, S. 222 ff. m.w.N.; *M. Roth*, Unternehmerisches Ermessen, 2001, S. 81; *Kinzl*, AG 2004, R3. Vgl. darüber hinaus auch noch einmal die Aussage von *v. Werder* in ZfbF, SoHeft 36/1996, 27 (53) oben unter § 8 I. 1. a. (S. 205, Fn. 736).

ff. Rechtstradition und Rechtsvergleich

Gleichsam zur Abrundung der vorstehenden Ausführungen soll das Augenmerk schließlich noch darauf gerichtet werden, inwieweit das gefundene Ergebnis unter Umständen zugleich auch der bisherigen deutschen Rechtstradition entspricht bzw. sich auf der anderen Seite in den rechtsvergleichenden Kontext einfügt.

Wenn man sich nun zunächst einmal die bisherige Rechtstradition im Hinblick auf die verfahrensbezogene Sorgfaltspflicht vergegenwärtigt, so wird man sehr schnell auf einen, obwohl bereits im Vorfeld der *ARAG/Garmenbeck*-Entscheidung[760] aufgestellten, auch heute noch viel zitierten Grundsatz aufmerksam, nach dem der Vorstand alle ihm zur Verfügung stehenden Erkenntnisquellen auszuschöpfen und sachverständigen Rat einzuholen habe, wenn ihm selbst die Sachkunde fehle.[761] Dieser auf den ersten Blick streng anmutende Grundsatz ist in der Folgezeit allerdings zunehmend einschränkend interpretiert worden. So ergänzte bereits *Bastuck*[762] im Jahr 1986, dass zumindest dann, wenn die Maßnahme eilbedürftig sei, hieran jedoch keine überspannten Anforderungen gestellt werden dürften. Selbst wenn sodann die Aussagen der *ARAG/Garmenbeck*-Entscheidung aus dem Jahr 1997 aus semantischer Sicht noch keine vollends eindeutigen Rückschlüsse auf die Zuerkennung eines auch bereits verfahrensbezogenen Handlungsspielraums zulassen,[763] so sind aber spätestens die monographischen Darstellungen der letzten Jahre

760 *BGH*, Urt. v. 21.4.1997 – II ZR 175/95 („*ARAG/Garmenbeck*") –, BGHZ 135, 244 = NJW 1997, 1926 = ZIP 1997, 883.

761 *BGH*, Urt. v. 14.2.1985 – IX ZR 145/83 –, DB 1985, 1173 (1174) (Geschäftsführer einer Innungskrankenkasse – hier allerdings noch i.R.d. Verschuldens); MünchKommAktG/*Hefermehl/Spindler*, 2004, § 93, Rn. 25; *Hopt* in Großkomm. AktG, 1999, § 93, Rn. 84; *Landwehrmann*, in: Heidel, Aktienrecht, 2007, § 93, Rn. 62; *Mertens* in Kölner Kommentar zum AktG, 2. Auflage, 1996, § 93, Rn. 29; *Bastuck*, Enthaftung des Managements, 1986, S. 69; *Thümmel*, Persönliche Haftung, 2003, Rn. 172. S. auch bereits oben unter § 4 II. 1. b. (S. 110).

762 *Bastuck*, Enthaftung des Managements, 1986, S. 69 f.

763 Der *BGH* hatte insofern ausgesprochen, dass eine Schadensersatzhaftung des Vorstands u.a. erst dann in Betracht komme, „wenn die Grenzen, in denen sich ein von Verantwortungsbewusstsein getragenes, ausschließlich am Unternehmenswohl orientiertes, auf sorgfältiger Ermittlung der Entscheidungsgrundlagen beruhendes unternehmerisches Handeln bewegen muss, deutlich überschritten sind" (*BGH*, Urt. v. 21.4.1997 – II ZR 175/95 („*ARAG/Garmenbeck*") –, BGHZ 135, 244 (253)). Obgleich sich der mit der Formulierung „deutlich überschritten" ausgedrückte Handlungsspielraum m.E. ohne weiteres auch auf die „Ermittlung der Entscheidungsgrundlagen" bezieht (so etwa auch *M. Roth*, Unternehmerisches Ermessen, 2001, S. 83), ist eine solche Sichtweise in der Literatur jedoch nicht ohne Widerspruch geblieben: So hat jüngst erst *Ulmer* in DB 2004, 859 (861) die These aufgestellt, dass ein solcher Handlungsspielraum, wenn schon nicht auf der Grundlage der zitierten Formulierung, dann aber jedenfalls in Anbetracht des zweiten amtlichen Leitsatzes der Entscheidung zu verneinen sei. Danach habe der Aufsichtsrat zu berücksichtigen, „dass dem Vorstand für die Leitung der Geschäfte der AG ein weiter Handlungsspielraum zugebilligt werden muss, ohne den unternehmerisches Handeln schlechterdings nicht denkbar ist" (*BGH*, Urt. v. 21.4.1997 – II ZR 175/95 („*ARAG/Garmenbeck*") –, BGHZ 135, 244 (244)). Eine Absage an einen schon verfahrensbezogenen Handlungsspielraum ergebe sich nach *Ulmer* daraus nun insofern, als

in diesem Sinne aufzufassen.[764] Auch in der heutigen Kommentarliteratur finden sich schließlich zahlreiche Ergänzungen, die den erwähnten – eher streng anmutenden – Grundsatz wieder aufweichen.[765]

Insgesamt lässt sich also trotz der im Zuge des Kodifikationsprozesses geäußerten Kritik gegenüber einer Begrenzung der Verfahrenskontrolle urteilen, dass die Zuerkennung eines bereits verfahrensbezogenen Handlungsspielraums für die deutsche Rechtstradition keineswegs ein juristisches Novum darstellt, sondern – insbesondere mit Blick auf die monographischen Abhandlungen von *Oltmanns* und *M. Roth* – vielmehr als hinreichend vorbereitet erachtet werden kann.

Was nun den rechtsvergleichenden Kontext anbelangt, so lässt sich unter Verweis auf die obigen Ausführungen zum US-amerikanischen Recht[766] feststellen, dass sich das gefundene Ergebnis schlussendlich auch auf einer Linie mit dem dort geltenden und vom Gesetzgeber erklärtermaßen zum Vorbild für die Neuregelung erhobenen[767] Institut der *BJR* befindet: Auch dort findet letztlich eine gegenüber der Inhaltskontrolle zwar sehr weitgehende, insgesamt betrachtet aber jedenfalls nicht volle Überprüfung des Verfahrens statt.

gg. Ergebnis

Damit gilt es im Ergebnis, auch bereits für das Verfahrenserfordernis einen in gewissen Maßen abgemilderten Überprüfungsmaßstab zu Grunde zu legen. Wie sich dieser zunächst abstrakt verbalisieren und sodann vermittels der Entwicklung näherer Kriterien und Leitlinien für die Praxis handhabbar machen lässt, soll schließlich im Folgenden erörtert werden.

dass der *BGH* hier den Zusammenhang zwischen Handlungsspielraum und unternehmerischem Handeln betone – wohlgemerkt ohne insofern auch die Informationsgrundlage zu erwähnen. Ob sich daraus nun aber tatsächlich ein tragfähiger Hinweis auf eine derartige Position des *BGH* ergibt, ist m.E. eher zweifelhaft – zumal auch bereits die Informationsbeschaffung – wie gezeigt – in erheblichem Umfang „unternehmerische Züge“ aufweist und schon von daher wiederum nicht sicher behauptet werden kann, dass der *BHG* sie hier nicht auch schlicht vom Begriff des „unternehmerischen Handelns“ mitumfasst sehen wollte.

764 S. vor allem *Oltmanns*, Geschäftsleiterhaftung, 2001, S. 282 f., 326, 375 f. sowie *M. Roth*, Unternehmerisches Ermessen, 2001, S. 85.

765 S. etwa MünchKommAktG/*Hefermehl/Spindler*, 2004, § 93, Rn. 25: „allerdings muss auch hier der Vorstand zwischen Kosten und Nutzen einer ausgiebigen Tatsachenermittlung abwägen, wobei vor allem die Eilbedürftigkeit einer Entscheidung eine erhebliche Rolle spielen kann, so dass sich der Vorstand unter Umständen auf eine summarische Prüfung beschränken kann“ sowie *Hopt* in Großkomm. AktG, 1999, § 93, Rn. 84: „Umfang und Art der zu Grunde zu legenden Information kann abhängig sein von der Dringlichkeit der Entscheidung: Je eiliger die Entscheidung ist, desto eher kann und muss auf die Einholung zusätzlichen Rates oder eine sonstige Vorbereitung verzichtet werden.“.

766 S. § 3 III. 3. (S. 80 ff.).

767 S. Begr. UMAG-GesetzesE, BT-Drs. 15/5092 v. 14.3.2005, S. 11.

2. *Abstrakter Überprüfungsmaßstab*

Das Ziel einer abstrakten Formulierung des verfahrensbezogenen Überprüfungsmaßstabs sollte in erster Linie darin bestehen, die soeben anhand der Teleologie des Geschäftsleiterermessens bemessene Reichweite desselben zum Ausdruck zu bringen. Darüber hinaus wäre es wünschenswert, wenn sie sich zudem auch in die bisher hier zu Lande bzw. im US-amerikanischen Rechtskreis üblicherweise verwendete Terminologie einfügen und möglicherweise darüber hinaus auch noch die vom Gesetzgeber in § 93 Abs. 1 S. 2 AktG zu Grunde gelegte Wortwahl aufgreifen würde.

Dies beherzigend, spricht sich die vorliegende Darstellung schließlich dafür aus, den verfahrensbezogenen Überprüfungsmaßstab abstrakt mit dem Terminus der „Rückführbarkeit des Entscheidungsverfahrens auf vernünftige unternehmerische Erwägungen" wiederzugeben.

Der zentrale Begriff „vernünftig" entspricht dabei zum einen der vom *American Law Institute* im Kontext des Verfahrenserfordernisses verwendeten Formulierung *„reasonably"*[768] und knüpft zum anderen nahtlos an die vom Gesetzgeber – in Anlehnung daran – getroffene Wortwahl an. Vor allem empfiehlt sich besagter Ausdruck aber deshalb, weil er die von der Teleologie des Geschäftsleiterermessens für das Verfahrenserfordernis vorgegebene „mittlere Überprüfungsdichte" wiederzugeben imstande ist. Die Verwendung etwa des der Neuregelung ebenfalls zu Grunde gelegten Begriffs der „Angemessenheit"[769] könnte in Verkennung der nicht unerheblichen verfahrensbezogenen Unsicherheit demgegenüber zu einer allzu weit reichenden Überprüfung des Entscheidungsverfahrens verleiten. Der Gebrauch der Begriffe „rational", „vertretbar" oder „unverantwortlich"[770] führte dagegen unter Umständen wiederum in Richtung des anderen Extrems einer allzu nachgiebigen Verfahrenskontrolle.

3. *Konkretisierung*

Nachdem dem verfahrensbezogenen Überprüfungsmaßstab vermittels der abstrakten Formel der „Rückführbarkeit des Entscheidungsverfahrens auf vernünftige unternehmerische Erwägungen" zumindest schon einmal erste Konturen verliehen wor-

768 S. für die vollständige Formulierung der *BJR* durch das *ALI* oben unter § 3 I. 3. (S. 63 f., Fn. 172).

769 Auf diesen Begriff abstellend auch schon *Ulmer*, ZHR 163 (1999), 290 (299).

770 Vor allem auf den Begriff der „Rationalität" gleichermaßen im Zusammenhang mit dem Verfahrenserfordernis wie auch im Kontext der Inhaltskontrolle zurückgreifend: *Oltmanns*, Geschäftsleiterhaftung, 2001, S. 326. Im Rahmen der Verfahrenskontrolle auch auf den Be griff der „Vertretbarkeit" abstellend: *ders.*, a.a.O., S. 376 sowie *M. Roth*, BB 2004, 1066 (1068 f.). Den Begriff der „Unverantwortlichkeit" sowohl für die Inhalts- als auch für die Verfahrenskontrolle als angemessen befürwortend: *M. Roth*, BB 2004, 1066 (1068 f.) und zuletzt auch *Hopt/M. Roth* in Großkomm. AktG, 2006, § 93 I 2, 4 nF, Rn. 32 ff. (allerdings mit Ausnahme für besondere Entscheidungen; dann „Vertretbarkeit").

den sind, gilt es nun im Folgenden, besagte Formel durch die Etablierung von Kriterien und Leitlinien in für die Praxis handhabbarer Weise mit Leben zu füllen.

Da die deutsche Judikatur die Ausformung eines allgemeinen verfahrensbezogenen Anforderungsprofils zu Gunsten mehr punktueller Äußerungen in ohnehin meist evidenten Fällen[771] bisher hat vermissen lassen[772] und auch das deutsche Schrifttum dem Bereich der Verfahrensanforderungen insgesamt noch verhältnismäßig wenig Aufmerksamkeit hat zukommen lassen,[773] empfiehlt es sich, neben den vom Gesetzgeber selbst dargebotenen Anhaltspunkten hierfür nun vor allem auch das oben zusammengestellte US-amerikanische Fallmaterial fruchtbar zu machen.[774]

a. Der Verfahrensbegriff

Bevor jedoch unmittelbar in eine solche nähere Konkretisierung eingestiegen wird, erscheint es zweckmäßig, erst noch einmal eine präzisere Erläuterung dessen vorzunehmen, was hier überhaupt unter dem Begriff des „Verfahrens" zu verstehen ist bzw. was es im Rahmen des Verfahrenserfordernisses nun im Einzelnen zu überprüfen gilt:[775]

Im Grunde können im Zusammenhang mit der Entscheidungsfindung zwei Phasen unterschieden werden, die sich mit den Begriffen der „Informationsbeschaffung" auf der einen und der „Informationsabwägung" auf der anderen Seite schlagwortartig zusammenfassen lassen.[776] Während Entscheidungen betreffend die Informationsbeschaffung schließlich generell dem Entscheidungsverfahren und damit auch der Verfahrenskontrolle zuzuordnen sind, ist bezogen auf die Informationsabwägung

771 S. insofern vor allem *BGH*, Urt. v. 16.2.1981 – II ZR 49/80 –, WM 1981, 440 (441) zur Vergabe von Waren auf Kredit. S. des Weiteren aber auch etwa *BGH*, Urt. v. 14.2.1985 – IX ZR 145/83 –, AG 1985, 165 (165) und *LG Hannover*, Urt. v. 23.2.1977 – 1 0.123/75 –, AG 1977, 198 (200), wo Informationserfordernisse demgegenüber überhaupt nur am Rande behandelt wurden: So begnügte sich der *BGH* – allerdings erst im Rahmen des Verschuldens – mit dem schlichten Hinweis, dass Rechtsrat hätte eingeholt werden müssen, während das *LG Hannover* im Zusammenhang mit dem Erwerb der Mehrheit an einer anderen Gesellschaft darauf hinwies, dass insofern die „wirtschaftlichen Verhältnisse" hätten geprüft werden müssen.

772 Vgl. die ähnliche Einschätzung von *M. Roth*, Unternehmerisches Ermessen, 2001, S. 83.

773 Vgl. hierzu die entsprechende Einschätzung von *v. Werder*, DB 1987, 2265 (2269 f.), an deren Berechtigung sich bis heute kaum etwas geändert hat.

774 Für eine Heranziehung der Spruchpraxis der US-amerikanischen Gerichte auch MünchKommAktG/*Hefermehl/Spindler*, 2004, § 93, Rn. 33 sowie *M. Roth*, BB 2004, 1066 (1067) sowie *Abeltshauser*, Leitungshaftung, 1998, S.173, 194.

775 S. hierzu bereits andeutungsweise oben unter § 8 I. 1. b. aa. (1) (S. 207) und (2) (S. 208) sowie unter § 8 I. 1. b. cc. (S. 210, Fn. 757).

776 Ebenfalls zwischen einer Informationsbeschaffung und einem Abwägungsprozess differenzierend: *Thümmel*, Persönliche Haftung, 2003, Rn. 172. Vgl. auch *Großmann*, Unternehmensziele im Aktienrecht, 1980, S. 168, 169 (sorgfältige Vorbereitung v. sorgfältiges Vorgehen bei der Entscheidung); *Kindler*, ZHR 162 (1998), 101 (106) (Zusammenstellung und Auswertung der Entscheidungsgrundlagen).

eine Differenzierung angezeigt: Da Entscheidungen im Rahmen der Informationsabwägung typischerweise schon den Entscheidungsinhalt formen und damit auch bereits die beschriebene hohe Unsicherheit aufweisen,[777] sind sie, was die Entscheidungen als solche anbelangt, nicht mehr der Verfahrens-, sondern vielmehr schon der – im Vergleich dazu noch weiter eingeschränkten[778] – Inhaltskontrolle zuzuweisen. Anders als der Inhalt – mit anderen Worten das „Was" dieser Entscheidungen – lässt sich ihr äußeres Zustandekommen (Länge der Diskussion, Art und Umfang der Beteiligung Einzelner etc.) – mit anderen Worten das „Wie" – demgegenüber aber wiederum vergleichsweise leicht steuern und überprüfen.[779] Daher ist dieser Aspekt der Informationsabwägung noch der Verfahrenskontrolle zu unterwerfen.

Zusammenfassend lässt sich also festhalten, dass bezogen auf die Informationsbeschaffung sowohl das „Was" als auch das „Wie" der Verfahrenskontrolle zuzuordnen ist, während bezüglich der Informationsabwägung allein das „Wie" dieser Kontrolle unterliegt.

Davon ausgehend, dass die konkrete Ausgestaltung dieser Phasen in entscheidendem Maße auch davon abhängen wird, ob es sich bei der infrage stehenden Entscheidung um die eines einzelnen Vorstandsmitgliedes oder aber um eine Kollektiventscheidung handelt, werden im Folgenden nun auch zunächst Einzel- und sodann Kollektiventscheidungen der angekündigten Konkretisierung unterzogen.

b. Einzelentscheidungen

Unter Einzelentscheidungen sind hier solche Entscheidungen zu verstehen, die ein einzelnes Vorstandsmitglied alleine bzw. allenfalls noch in Absprache mit dem höheren Management des ihm zugewiesenen Teilbereichs[780] trifft.

aa. Gesamtgeschäftsführung versus Einzelgeschäftsführung

Die Tatsache, dass es unter dem geltenden Aktienrecht überhaupt zu solchen Einzelentscheidungen kommen kann, geht dabei schließlich auf die mit § 77 Abs. 1 S. 2, 1. Hs. AktG zum Ausdruck gebrachte Disponibilität des in § 77 Abs. 1 S. 1 AktG enthaltenen gesetzlichen Modells der Gesamtgeschäftsführung mit Einstimmigkeitserfordernis zurück. Da die Zugrundelegung besagten Modells gerade in größeren Aktiengesellschaften mit vielköpfigen Vorständen zu einer Schwerfälligkeit des

777 S. oben unter § 8 I. 1. b. aa. (2) (S. 208 f.: „Unsicherheitsgefälle").

778 S. zum inhaltsbezogenen Überprüfungsmaßstab selbst unten unter § 9 II. 2. (S. 326 ff.).

779 Vgl. auch *Großmann*, Personalentscheidungen im Aktienrecht, 1980, S. 169: „Die inhaltliche Freiheit bei dieser Entscheidung bedeutet nicht, daß die Art und Weise ihres Zustandekommens und ihrer Begründung nicht einer Überprüfung unterliegen können.".

780 S. zur funktionalen bzw. divisionalen Organisation der Aktiengesellschaft sogleich im folgenden Absatz.

Entscheidungsprozesses führen würde,[781] wird vor allem dort zumeist auf die weitaus flexibleren Gestaltungsformen der Einzelgeschäftsführung mit funktions- oder spartenbezogener Beschränkung der Geschäftsführungsbefugnis zurückgegriffen. Während einer funktionalen Organisation dabei eine Arbeitsteilung nach einzelnen Ressorts wie etwa Finanzen, Recht, Personal, Marketing, Forschung, Einkauf, Produktion und Vertrieb zu Grunde liegt,[782] weist eine divisionale oder auch Spartenorganisation den einzelnen Vorstandsmitgliedern demgegenüber jeweils bestimmte sachlich (Pharma, Kfz, Multimedia) und/oder örtlich (Norddeutschland, Naher/Mittlerer Osten, Asien) begrenzte Tätigkeitsbereiche der Aktiengesellschaft zu.[783] Letzten Endes sind die genannten Organisationsformen auch miteinander kombinierbar.[784]

bb. Grenzen der Einzelgeschäftsführung

Andererseits unterliegen solche vom Prinzip der Gesamtgeschäftsführung abweichenden Gestaltungen aber auch gewissen Schranken: So erfordert insbesondere der aus § 76 Abs. 1 AktG ableitbare „Grundsatz der Gesamtverantwortung" in seiner Ausprägung als „Prinzip der Gesamtleitung"[785], dass zumindest so genannte „Lei-

781 MünchKommAktG/*Hefermehl/Spindler*, 2004, § 77, Rn. 12; *Kort* in Großkomm. AktG, 2003, § 77, Rn. 20; *Turiaux/Knigge*, DB 2004, 2199 (2202).

782 Vgl. MünchKommAktG/*Hefermehl/Spindler*, 2004, § 77, Rn. 33; *Hüffer*, AktG, 2008, § 77, Rn. 10; *Kort* in Großkomm. AktG, 2003, § 77, Rn. 23; *ders.*, in: Handbuch des Vorstandsrechts, 2006, § 3, Rn. 1; *Fleischer*, NZG 2003, 449 (451); *Turiaux/Knigge*, DB 2004, 2199 (2202).

783 Vgl. *Hüffer*, AktG, 2008, § 77, Rn. 10; *Kort* in Großkomm. AktG, 2003, § 77, Rn 23; *ders.*, in: Handbuch des Vorstandsrechts, 2006, § 3, Rn. 1.

784 *Hüffer*, AktG, 2008, § 77, Rn. 10; *Kort* in Großkomm. AktG, 2003, § 77, Rn. 24; *ders.*, in: Handbuch des Vorstandsrechts, 2006, § 3, Rn. 3; *Habersack*, WM 2005, 2360 (2361); *Turiaux/Knigge*, DB 2004, 2199 (2202).

785 Der „Grundsatz der Gesamtverantwortung" untergliedert sich einerseits in das „Prinzip der Gesamtleitung" und andererseits in das „Prinzip gegenseitiger Überwachung" (so ausdrücklich *Fleischer*, in: Handbuch des Vorstandsrechts, 2006, § 8, Rn. 5 bzw. in NZG 2003, 449 (450) sowie weniger ausdrücklich *Hoffmann-Becking*, ZGR 1998, 497 (507 ff., 512 f.) und *Martens*, in: FS Fleck, 1988, S. 191 (194)). S. zur Ableitung des „Grundsatzes der Gesamtverantwortung" wiederum vor allem *Fleischer*, in: Handbuch des Vorstandsrechts, 2006, § 8, Rn. 6; *ders.*, NZG 2003, 450 (lediglich Ableitung des dem „Grundsatz der Gesamtverantwortung" unterfallenden „Prinzips der Gesamtleitung" aus § 76 I AktG); *Hoffmann-Becking*, ZGR 1998, 497 (506 f.) (der den „Grundsatz der Gesamtverantwortung" demgegenüber insgesamt nicht in § 76 I AktG verankert sieht, sondern darin vielmehr einen „ganz generell für Kollegialorgane mit gleichberechtigten Mitgliedern geltenden Grundsatz" erblickt); *Martens*, in: FS Fleck, 1988, S. 191 (194) (Ableitung des „Grundsatzes der Gesamtverantwortung" insgesamt aus § 76 I AktG); *Schiessl*, ZGR 1992, 64 (67) (ebenfalls Ableitung besagten Grundsatzes aus § 76 I AktG). M.E. leitet sich der „Grundsatz der Gesamtverantwortung" ebenfalls insgesamt aus § 76 I AktG ab. S. dazu sowie auch zum „Prinzip gegenseitiger Überwachung" noch eingehender im Zusammenhang mit der Heilung von Informationsdefiziten weiter unten unter § 8 II. 1. a. (S. 253 ff., Fn. 953).

tungsmaßnahmen"[786] als unveräußerlicher Kernbereich der Vorstandsaufgabe[787] beim Gesamtvorstand verbleiben müssen[788] und demnach auch nicht im Wege einer Einzelentscheidung beschlossen werden können. Dass der (ungeschriebene) Bereich der „Leitung" überwiegend mit den Begriffen der „Unternehmensplanung, -koordination und -kontrolle sowie der Besetzung von Führungsstellen" schlagwortartig umrissen und zudem gemeinhin auch mit einer gewissen gesteigerten Bedeutung für das Unternehmen in Verbindung gebracht wird, ist weiter oben schon einmal angesprochen worden.[789] Etwas plastischer bedeutet dies für die Unterscheidung von Einzel- und Kollektiventscheidungen schließlich beispielsweise das Folgende:

> Aufgrund der Bilanz eines schwachen Geschäftsjahres (erhebliche Gewinneinbußen vor allem durch Absatzrückgänge in den bisherigen Kernkompetenzen des Klein- und Mittelklassebereichs sowie durch höhere Forschungs- und Entwicklungsausgaben; insgesamt sinkende Werksauslastungen) sieht sich der Vorstand eines Automobilherstellers zu diesbezüglichen Reaktionen veranlasst. Dazu beschließt der Gesamtvorstand nach eingehenden Studien im Rahmen eines einheitlichen über mehrere Jahre angelegten „Planes" im Einzelnen vor allem die folgenden Maßnahmen: Erweiterung der Modellpalette in Richtung Oberklasse (acht neue Fahrzeuge im Preissegment über 27 000 Euro); Einführung fünf völlig neuer Mischkonzepte; „Neuauflage" dreier bereits vorhandener Modelle aus dem oberen Mittelklassebereich; gesteigerte Produktion zweier erfolgreicher Billigmodelle sowie Einstellung 3 000 neuer Mitarbeiter weltweit. Die dabei anfallenden Einkaufs-, Herstellungs- sowie Forschungs- und Entwicklungskosten sollen letztlich durch eine bessere Ausnutzung von Synergien mit an der Aktiengesellschaft beteiligten anderen Herstellern um eine jeweils konkrete Prozentzahl gesenkt werden. Als neues Gewinnziel proklamiert der Gesamtvorstand schließlich eine auf das Betriebsergebnis bezogene Umsatzrendite von sechs Prozent. Was nun die übrigen drei Bereiche der „Leitung" anbelangt, so weist er nicht nur die verschiedenen neuen Modelle den entsprechenden Ressorts zu und sorgt innerhalb etwa des Ressorts „Oberklassenmodelle" für die Bildung neuer Forschungs- und Entwicklungsabteilungen unter der Leitung konkret bezeichneter Persönlichkeiten. Vielmehr gibt er darüber hinaus auch vor, welche Abteilungen sich in welcher Art mit den entsprechenden Abteilungen der bezeichneten anderen Hersteller austauschen

786 Teilweise wird insofern auch von sog. „Führungsmaßnahmen" bzw. „Führungsentscheidungen" gesprochen – so etwa *Semler*, Leitung und Überwachung der Aktiengesellschaft, 1996, Rn. 13, der die Begriffe „Leitung" und „Geschäftsführung" synonym versteht und den Kernbereich der Vorstandsaufgabe dementsprechend anstatt mit dem Begriff der „Leitung" mit dem der „Führung" zu umschreiben sucht. Inhaltlich ist mit besagten Begrifflichkeiten jedoch dasselbe angesprochen. Ähnlich auch *Mertens* in Kölner Kommentar zum AktG, 2. Auflage, 1996, § 76, Rn. 4 f., der zwar „Leitung" und „Geschäftsführung" nicht synonym versteht, im Zusammenhang mit der Leitung – in Anlehnung an *Semler*, a.a.O. – aber ebenfalls von „Führungsentscheidungen" spricht.

787 Vgl. *Hüffer*, AktG, 2008, § 76, Rn. 8; *Fleischer*, ZIP 2003, 1 (2); *Martens*, in: FS Fleck, 1988, S. 191 (194); *Turiaux/Knigge*, DB 2004, 2199 (2200 f.). Vgl. zur Eigenschaft der Leitung als herausgehobener Teilbereich der Geschäftsführung bereits oben unter § 4 I. 1. (S. 94).

788 S. zu dieser inhaltlichen Beschreibung des „Prinzips der Gesamtleitung" *Hüffer*, AktG, 2008, § 77, Rn. 18; *Mertens* in Kölner Kommentar zum AktG, 2. Auflage, 1996, § 77, Rn. 18; *Fleischer*, ZIP 2003, 1 (2, 7); *ders.*, NZG 2003, 449 (450).

789 S. wiederum § 4 I. 1. (S. 94, Fn. 310).

sollen sowie welchen Weg der vor allem zu ihm selbst zurückführende Informationsfluss künftig nehmen soll.

Derart instruiert und auf die beschriebene Planung bzw. die verlautbarten Ziele eingeschworen, machen sich nun die jeweiligen einzelnen Vorstandsmitglieder zusammen mit den Mitarbeitern der ihnen nachgeordneten Bereiche daran, der vom Gesamtvorstand vorgegebenen Planung bezogen auf ihren Bereich jeweils konkrete Konturen zu verleihen. Dazu werden sich etwa die Forschungs- und Entwicklungsabteilungen des Ressorts „Oberklassenmodelle" damit auseinandersetzen müssen, welches ganz konkrete Design oder welche konkreten Ausstattungsmerkmale in welchen Käuferschichten momentan bzw. künftig präferiert werden und ob sie sich in dem vom Gesamtvorstand abgesteckten finanziellen Rahmen realisieren lassen.

Nachdem damit illustriert worden ist, was bisweilen überwiegend unter weder an einzelne Vorstandsmitglieder noch an Mitarbeiter delegierbaren „Leitungsmaßnahmen" in Abgrenzung zu demgegenüber delegierbaren „sonstigen Geschäftsführungsmaßnahmen" verstanden wird, und damit zugleich auch ein Eindruck dessen vermittelt worden ist, was man sich unter den hier in Rede stehenden Einzelentscheidungen überhaupt inhaltlich vorstellen kann, soll im Folgenden nun in Augenschein genommen werden, welche konkreteren Konturen dem Verfahrenserfordernis im Zusammenhang mit solchen Einzelentscheidungen gegeben werden können.

cc. Konkretisierung in Bezug auf die Informationsbeschaffung

Dabei gilt es, das Augenmerk zunächst auf die Informationsbeschaffung zu richten, in deren Rahmen sowohl der Inhalt diesbezüglicher Entscheidungen („Was") als auch die Art und Weise deren Zustandekommens („Wie") der Verfahrenskontrolle zuzuordnen sind.[790] Entschließt sich das dem Ressort „Oberklassenmodelle" vorstehende Vorstandsmitglied also in Absprache mit dem ihm unterstellten Mitarbeiterstab dafür, eines der vom Gesamtvorstand grob umrissenen Luxusmodelle mit einer ganz bestimmten Ausstattung zu produzieren, so ist im Rahmen der Verfahrenskontrolle zunächst in Blick zu nehmen, für bzw. gegen die Einholung welcher Informationen („Was") sich das Vorstandsmitglied etwa in welchem zeitlichen Rahmen und gegebenenfalls nach Diskussion mit welchen Mitarbeitern bzw. Vorstandskollegen („Wie") entschieden hat.

(1) Kriterien und Leitlinien zur Ermittlung der erforderlichen „Informationsdichte"

Das „Was" der Informationsbeschaffung spricht insofern vor allem die erforderliche „Informationsdichte" bzw. den „Umfang des Informationsbedarfs" an.

Dass Information nicht allumfassend sein kann und dass dementsprechend auch keine Pflicht zur Beschaffung aller nur denkbaren Informationen bestehen kann,

790 S. oben unter § 8 I. 3. a. (S. 215).

wurde bereits festgestellt.[791] Stattdessen wird gemeinhin eine – vornehmlich betriebswirtschaftliche Verhaltensmaßstäbe berücksichtigende[792] – abwägende Einschätzung des Informationsbedarfs anhand der Umstände des konkreten Einzelfalls für maßgeblich erachtet.[793]

Für diese Abwägung gilt es nun schließlich die angekündigten Kriterien und Leitlinien zu entwickeln, die vor dem Hintergrund der teilweisen Absenkung des verfahrensbezogenen Überprüfungsmaßstabs insofern allerdings stets nur als ein gewisser

791 S. zuletzt oben unter § 8 I. 1. b. aa. (1) (S. 206 f.).Vgl. dazu aber auch die insofern übereinstimmende und oben unter § 3 III. 3. a. (S. 81) dargestellte Rechtslage in den USA.

792 Diesbezüglich erscheint es angebracht, kurz auf die insofern kritischen Bemerkungen von *Weiss/Buchner*, WM 2004, 162 (164) einzugehen, wonach die von der Betriebswirtschaft verwendeten – und auch hier noch aufzugreifenden – Begriffe wie „Zeitvorlauf" oder „Gewicht und Art der zu treffenden Entscheidung" einerseits infolge ihrer Konturlosigkeit für den Normadressaten zu erheblichen Unsicherheiten führten, eine solchermaßen an betriebswirtschaftlichen Verhaltensmaßstäben orientierte Auslegung rechtlicher Merkmale dem „fachfremden" Richter aber andererseits zugleich kaum mehr zuzumuten sei. Letzten Endes könne es vor allem nicht angehen, Rechtspflichten aus der Betriebswirtschaft abzuleiten. Was diese letzte Befürchtung anbelangt, so kann getrost darauf vertraut werden, dass die nachfolgenden, teilweise so auch vom Gesetzgeber selbst vorgegebenen (Begr. UMAG-GesetzesE, BT-Drs. 15/5092 v. 14.3.2005, S. 12), Kriterien und Leitlinien es weder beabsichtigen, noch überhaupt dazu geeignet sind, dem Richter die abschließende rechtliche Bewertung abzunehmen (vgl. dazu, dass die rechtliche Bewertung stets dem Richter vorbehalten bleiben muss, *Hommelhoff/Schwab*, ZfbF, SoHeft 36/1996, 149 (169 ff.)). Auch wenn sie der Konkretisierung des eben aufgestellten abstrakten Überprüfungsmaßstabs dienen, so weisen sie gleichwohl noch eine erhebliche Flexibilität auf – zumal, wie noch zu betonen sein wird, sie einer jeweils im Einzelfall vorzunehmenden Austarierung nicht nur zugänglich sind, sondern eine solche sogar gerade erfordern. Desgleichen erfordern die nachfolgenden Kriterien und Leitlinien für den „fachfremden" Richter aber auch keine unzumutbaren ökonomischen Schlussfolgerungen. Vielmehr handelt es sich dabei oftmals um auch für den ökonomischen Laien unmittelbar verständliche, da zugleich dem alltäglichen Sprachgebrauch entlehnte, Begrifflichkeiten („Dringlichkeit", „Kosten", „Nutzen" usw.). Zuletzt legt schließlich die Tatsache, dass *Weiss/Buchner* selbst die genannten Begriffe einmal als für den Normadressaten zu „konturlos" bezeichnen, auf der anderen Seite aber sogar die Etablierung konkreter Rechtspflichten aus der Betriebswirtschaft befürchten, den Schluss nahe, dass es sich bei einer an ökonomischen Kriterien und Leitlinien der beschriebenen Art orientierten Auslegung des Verfahrenserfordernisses möglicherweise sogar gerade um einen gelungenen Mittelweg handeln könnte: Sicherlich sollte der Betriebswirtschaft nicht ohne ausdrückliche Ermächtigung von Seiten des Gesetzgebers die verbindliche Ausformung von Rechtspflichten anheim gegeben werden. Auf der anderen Seite ergibt sich eine Orientierung an betriebswirtschaftlichen Parametern aber letztlich schon zwingend aus der Natur des zu überprüfenden Handelns. Schließlich entspricht es doch gerade der Pflicht des Vorstands, die Gesellschaft nach anerkannten betriebswirtschaftlichen Grundsätzen zu leiten (s. nur *Hopt* in Großkomm. AktG, 1999, § 93, Rn. 88; *Mertens* in Kölner Kommentar zum AktG, 2. Auflage, 1996, § 93, Rn. 45; *Wiesner*, in: Münchener Handbuch des Gesellschaftsrechts, Bd. 4, 2007, § 25, Rn. 7). Damit sind die von *Weiss/Buchner* geäußerten Bedenken zurückzuweisen.

793 S. *Paefgen*, Unternehmerische Entscheidungen und Rechtsbindung, 2002, S. 225 und *M. Roth*, Unternehmerisches Ermessen, 2001, S. 84.

„Rahmen“ bzw. im Sinne von „Mindestanforderungen“[794] zu verstehen sind. Die Durchsetzung konkreter eigener und innerhalb dieses „Rahmens“ bloß für treffender empfundener Verfahrensvorstellungen ist dem Richter dagegen verwehrt.

Im Einzelnen lassen sich besagte Kriterien und Leitlinien nun wie folgt zusammenstellen:

(1) *Art* und *Bedeutung* der zu treffenden unternehmerischen Entscheidung[795] (Unternehmenskauf bzw. Einführung einer neuen Produktlinie sowie damit verbundene Chancen und Risiken);

(2) *Dringlichkeit* der Entscheidung[796] (unmittelbar bevorstehende Anmeldung eines vergleichbaren Patentes durch die Konkurrenz);

(3) *Kosten* der Informationsbeschaffung[797] („direkte“ Auslagen etwa für Gutachten, Produkt-, Laden- und Markttests, aber auch „indirekte“ – etwa aus der dementsprechend verzögerten Produkteinführung resultierende – Kosten);

794 Vgl. hierzu auch *Fleischer*, in: FS Wiedemann, 2002, S. 827 (841), der im Zusammenhang mit dem Verfahrenserfordernis ebenfalls von „prozeduralen Mindeststandards“ spricht.

795 Vgl. Begr. UMAG-GesetzesE, BT-Drs. 15/5092 v. 14.3.2005, S. 12; *Bürgers/Israel*, in: Bürgers/Körber, AktG, 2008, § 93, Rn. 13; *Hüffer*, AktG, 2008, § 93, Rn. 4g; Spindler/Stilz/*Fleischer*, AktG, 2007, § 93, Rn. 69; *Fleischer*, in: Handbuch des Vorstandsrechts, § 7, Rn. 58; *Oltmanns*, Geschäftsleiterhaftung, 2001, S. 282; *Raiser/Veil*, Recht der Kapitalgesellschaften, 2006, § 14, Rn. 78; *Böttcher*, NZG 2005, 49 (52); *Brömmelmeyer*, WM 2005, 2065 (2067); *Kock/Dinkel*, NZG 2004, 441 (444); *Spindler*, NZG 2005, 865 (872); *Weiss/Buchner*, WM 2005, 162 (164). Vgl. dafür, dass auch im US-amerikanischen Recht auf dieses Kriterium abgestellt wird, bereits oben unter § 3 III. 3. a. (S. 82, Fn. 260).

796 Vgl. zum Zeitaspekt Begr. UMAG-GesetzesE, BT-Drs. 15/5092 v. 14.3.2005, S. 12; *Bürgers/Israel*, in: Bürgers/Körber, AktG, 2008, § 93, Rn. 13; Spindler/Stilz/*Fleischer*, AktG, 2007, § 93, Rn. 69; MünchKommAktG/*Hefermehl/Spindler*, 2004, § 93, Rn. 25; *Hopt* in Großkomm. AktG, 1999, § 93, Rn. 84; *Krieger/Sailer*, in: K. Schmidt/Lutter, AktG, 2008, § 93, Rn. 13; *Bastuck*, Enthaftung des Managements, 1986, S. 69; *Fleischer*, in: Handbuch des Vorstandsrechts, 2006, § 7, Rn. 58; *Hommelhoff*, Die Konzernleitungspflicht, 1982, S. 174; *Oltmanns*, Geschäftsleiterhaftung, 2001, S. 280 ff.; *Raiser/Veil*, Recht der Kapitalgesellschaften, 2006, § 14, Rn. 78; *M. Roth*, Unternehmerisches Ermessen, 2001, S. 84, 86; *Böttcher*, NZG 2005, 49 (52); *Fleischer*, ZGR 2001, 1 (24 f.); *ders.*, in: FS Wiedemann, 2002, S. 827 (841); *ders.*, ZIP 2004, 685 (691); *Göz/Holzborn*, WM 2006, 157 (157); *Kock/Dinkel*, NZG 2004, 441 (444); *Linnerz*, NZG 2004, 307 (312); *Maly*, ZfbF, SoHeft 36/1996, 179 (186); *Weiss/Buchner*, WM 2005, 162 (164); *Werner*, ZIP 2000, 989 (994). Vgl. zur insofern parallelen Einschätzung im US-amerikanischen Rechtskreis wiederum oben unter § 3 III. 3. a. (S. 82, Fn. 260).

797 Diesen Aspekt ebenfalls aufgreifend: MünchKommAktG/*Hefermehl/Spindler*, 2004, § 93, Rn. 25; Spindler/Stilz/*Fleischer*, AktG, 2007, § 93, Rn. 69; *Krieger/Sailer*, in: K. Schmidt/Lutter, AktG, 2008, § 93, Rn. 13; *Fleischer*, in: Handbuch des Vorstandsrechts, § 7, Rn. 58; *Oltmanns*, Geschäftsleiterhaftung, 2001, S. 280 ff.; *Böttcher*, NZG 2005, 49 (54); *Brömmelmeyer*, WM 2005, 2065 (2067); *Fleischer*, ZGR 2001, 1 (25); *ders.*, in: FS Wiedemann, 2002, S. 827 (841); *ders.*, ZIP 2004, 685 (691); *Kock/Dinkel*, NZG 2004, 441 (444); *Maly*, ZfbF, SoHeft 36/1996, 179 (186); *Spindler*, NZG 2005, 865 (872). Auch dieses Kriterium ist laut *ALI* in der US-amerikanischen Praxis von Bedeutung (§ 3 III. 3. a. (S. 82, Fn. 260)).

(4) erwarteter *Nutzen* der Information[798] (Relevanz der Information überhaupt; konkrete Aussagekraft bestimmter Konsumentenurteile, Produkt-, Laden- und Markttests bzw. Verlässlichkeit etwaiger Absatzprognosen) sowie

(5) *Art*, *Größe*[799] und *wirtschaftliche Lage*[800] des jeweiligen Unternehmens[801] (weltweit tätige florierende Großunternehmung oder vergleichsweise kleines zudem von einer Krise betroffenes Unternehmen).[802]

798 Vgl. MünchKommAktG/*Hefermehl/Spindler*, 2004, § 93, Rn. 25; Spindler/Stilz/*Fleischer*, AktG, 2007, § 93, Rn. 69; *Krieger/Sailer*, in: K. Schmidt/Lutter, AktG, 2008, § 93, Rn. 13; *Fleischer*, in: Handbuch des Vorstandsrechts, 2006, § 7, Rn. 58; *Oltmanns*, Geschäftsleiterhaftung, 2001, S. 281 f.; *Böttcher*, NZG 2005, 49 (54); *Kock/Dinkel*, NZG 2004, 441 (444); *Spindler*, NZG 2005, 865 (872).

799 Vgl. hierzu *Mertens* in Kölner Kommentar zum AktG, 2. Auflage, 1996, § 93, Rn. 29; *Paefgen*, Unternehmerische Entscheidungen und Rechtsbindung, 2002, S. 225.

800 Dieses Kriterium ist in erster Linie der US-amerikanischen Praxis entlehnt (s. § 3 III. 3. a. (S. 82, Fn. 260)). Vgl. aus dem deutschen Schrifttum insofern nämlich allenfalls die sehr allgemeinen Aussagen bei MünchKommAktG/*Hefermehl/Spindler*, 2004, § 93, Rn. 24 („Marktlage des Unternehmens"); *Hopt* in Großkomm. AktG, 1999, § 93, Rn. 109 („vorhandene Kapazitäten des Unternehmens") und *Mertens* in Kölner Kommentar zum AktG, 2. Auflage, 1996, § 93, Rn. 29 („Situation des Unternehmens").

801 Vgl. insgesamt auch Begr. UMAG-GesetzesE, BT-Drs. 15/5092 v. 14.3.2005, S. 12: „Die Frage, ob und in welchem Umfang externe Gutachten eingeholt werden, ist nach […] den eigenen Möglichkeiten der Gesellschaft zu beantworten […].".

802 Eine Orientierung an den unter (1) bis (5) genannten Kriterien im Grundsatz ebenfalls befürwortend *Lohse*, Unternehmerisches Ermessen, 2005, S. 322 f., 325, die – auch im Vergleich zu den hier noch folgenden Ausführungen – im Ergebnis allerdings eine sowohl bezogen auf die Anzahl der Kriterien als auch auf den Grad ihrer Verbindlichkeit noch sehr viel weiter gehende Konkretisierung der Verfahrensanforderungen – vor allem „anhand der informationellen Instrumentarien" – betreibt. Etwas konkreter fordert *Lohse* von Vorstand und Aufsichtsrat damit vor allem, sich die „Informationspotentiale der Unternehmensberichterstattung und ihrer externen Prüfung" umfassend zu Nutze zu machen, d.h. ewa sämtliche der in den Deutschen Rechnungslegungsstandards (DRS) enthaltenen und auf wichtige Informationen zu abwägungsrelevanten Gesichtspunkten zielende Empfehlungen zu befolgen (a.a.O., S. 365 f.). Des Weiteren gießt sie aber auch noch einige der von *v. Werder* ins Leben gerufenen Grundsätze ordnungsmäßiger Unternehmensleitung (GoU) in die Form solchermaßen starrer und voll nachprüfbarer (a.a.O., S. 495) Pflichten (a.a.O., S. 319: „Rationalgebot"), deren Nichtbefolgung bei ihr – wie schon oben unter § 5 II. 1. b. bb. (S. 127, Fn. 463) erwähnt – darüber hinaus sogleich auch noch zur endgültigen Annahme einer Sorgfaltspflichtverletzung führt. Unabhängig davon, dass sich die Begründung solcher strengen und unnachgiebigen Pflichten kaum mehr mit dem auch von *Lohse* selbst im Grundsatz noch anerkannten Kosten- und Zeitbezug der Informationsbeschaffung in Einklang bringen lässt und demgemäß wohl auch nicht mehr dem hier festgestellten Bedürfnis nach einer zumindest begrenzten Abmilderung auch schon des verfahrensbezogenen Überprüfungsmaßstabs gerecht zu werden vermag, erscheint mir ein solches Vorgehen aber auch bereits von seiner Methode her als nicht unproblematisch: Zum einen sind die erwähnten Empfehlungen vom Gesetzgeber zunächst einmal allein dazu gedacht, bei deren Befolgung positiv eine Vermutung der Beachtung der die Konzernrechnungslegung betreffenden Grundsätze ordnungsmäßiger Buchführung zu begründen (§ 342 II HGB). Die Annahme sogleich einer Sorgfaltspflichtverletzung bei deren Nichtbeachtung geht darüber aber (zu) weit hinaus. Ähnliches gilt auch für die Ableitung von Rechtspflichten aus den GoU, die – vor dem Hintergrund, dass ihre Entwicklung insgesamt noch nicht sehr weit vorangeschritten ist – selbst nach Aussagen ihres Be-

Bezogen auf die dargelegten Kriterien ist des Weiteren herauszustellen, dass sie stets in Wechselwirkung zueinander stehen und ihr gegenseitiges Verhältnis bei jeder unternehmerischen Entscheidung einer erneuten Austarierung bedarf. Im Wesentlichen werden sich die jeweiligen Wirkungen und Wechselwirkungen aber anhand der folgenden ebenfalls zu beachtenden Leitlinien abbilden lassen:

Im Zusammenhang mit dem Kriterium der *Art* und *Bedeutung* der anstehenden unternehmerischen Entscheidung lässt sich insofern zunächst der allgemeine Grundsatz aufstellen, dass der Informationsbedarf umso höher einzuschätzen ist, desto komplexer das Entscheidungsumfeld[803] und desto bedeutender der Ausgang der Entscheidung für die Vermögens- bzw. Ertragslage und damit für den Bestand des Unternehmens ist.[804] Mit anderen Worten: Je riskanter eine Maßnahme, desto höher gestalten sich die Anforderungen an die Informationsbeschaffung.[805]

Andererseits kann der vor diesem Hintergrund möglicherweise zunächst für sehr hoch erachtete Informationsbedarf unter Hinzuziehung des zweiten Kriteriums der *Dringlichkeit* der Entscheidung aber auch sogleich wieder eine Relativierung erfahren. So trifft man in diesem Zusammenhang nämlich vielfach zugleich auf die ohne weiteres übernehmbare Leitlinie, nach der umso eher auf die Einholung zusätzlichen Rates oder eine sonstige Vorbereitung verzichtet werden kann und muss, desto höher ein nicht selbst erzeugter, sondern vielmehr von außen auferlegter Zeitdruck ausfällt.[806] Eine Begrenzung erfährt diese die Wechselwirkung zwischen Bedeutung und Dringlichkeit der Entscheidung betreffende Leitlinie allerdings sodann wieder durch den Grundsatz, nach dem bei besonders riskanten Geschäften dem Vorwurf der mangelnden Informationsbeschaffung nicht mehr damit begegnet werden kann,

gründers stets nur mit der gebotenen Zurückhaltung behandelt und lediglich als Empfehlungen formuliert werden sollten (*v. Werder/Maly/Pohle/Wolff*, DB 1998, 1193 (1193); vgl. zu der Einschätzung, dass sich GoU derzeit noch nicht zur Auslegung und Anwendung von § 93 AktG eignen, auch *Hommelhoff/Schwab*, ZfbF, SoHeft 36/1996, 149 (175)). Zum anderen sollte sodann nicht außer Acht gelassen werden, dass man im Laufe der letzten Jahre in vielen Bereichen zur Verbesserung der *Corporate Governance* ganz bewusst zur Etablierung solcher bloß nachgiebigen Verhaltensstandards wie auch dem Corporate Governance Kodex übergegangen ist. Mit anderen Worten verspricht man sich im Hinblick auf eine verbesserte Verhaltenssteuerung von der Etablierung eines solchen *soft law* offenbar vielfach gerade mehr als von der Aufstellung starrer – und dem Wirtschaftsalltag vielfach nicht gerecht werdender – Rechtspflichten.

803 Vgl. *Hauschildt*, in: Entscheidungen der Geschäftsführung, 1983, S. 225.

804 S. vor allem *Thümmel*, Persönliche Haftung, 2003, Rn. 172. Vgl. darüber hinaus aber auch *Brömmelmeyer*, WM 2005, 2065 (2067): „je stärker „Bestand und Erfolg des Unternehmens" von der Entscheidung abhängen, desto [...] höher ist die gebotene Informationsdichte".

805 So auch *Kock/Dinkel*, NZG 2004, 441 (444). Vgl. zu den dabei zumeist mit ausgesprochenen Grundsätzen, dass Risiken generell zu minimieren seien sowie dass existenzgefährdende Maßnahmen letzten Endes zu unterbleiben hätten, erst weiter unten im Zusammenhang mit der Inhaltskontrolle (§ 9 II. 3. (S. 328 f.)).

806 S. *Hopt* in Großkomm. AktG, 1999, § 93, Rn. 84; *M. Roth*, Unternehmerisches Ermessen, 2001, S. 84; *Holzborn/Bunnemann*, BKR 2005, 51(52). Ähnlich *Göz/Holzborn*, WM 2006, 157 (157).

dass die Eile eine gründlichere Prüfung nicht erlaubte.[807] Mit anderen Worten lässt sich als weitere Richtschnur formulieren: Je riskanter die Maßnahme, desto eher muss sich bezogen auf die Informationsdichte die Bedeutung gegenüber der Dringlichkeit der Entscheidung durchsetzen. Die dem Aspekt der Dringlichkeit Rechnung tragende Leitlinie muss also zugleich auch wieder „im Lichte" des zuerst genannten die Bedeutung der Entscheidung betreffenden Grundsatzes angewendet werden.

Ähnliches gilt letztendlich auch in Bezug auf das *Kostenkriterium*: Je kostenintensiver sich die verschiedenen Informationsmöglichkeiten darstellen, desto eher wird man auch einmal auf eine zusätzliche Information verzichten dürfen[808] – insbesondere dann, wenn die prognostizierte Rentabilität der späteren Maßnahme dazu in keinem angemessenen Verhältnis mehr steht. Andererseits muss sich mit wachsendem Risiko aber auch hier letztlich wieder das Kriterium der Bedeutung der Entscheidung gegenüber dem der Kostenintensität durchsetzen.[809]

Des Weiteren steht das Kostenkriterium mit dem *Nutzenaspekt* in engem Zusammenhang:[810] Je höher der prognostizierte Zuwachs an Planungssicherheit, desto eher kann erwartet werden, dass das Vorstandsmitglied dafür auch entsprechend kostenintensive Informationen einholt.

Zuletzt sind die Informationskosten schließlich noch mit dem Kriterium betreffend *Art*, *Größe* und *wirtschaftliche Lage* des Unternehmens in Bezug zueinander zu setzen. Hierzu erscheint die Etablierung einer etwa wie folgt zu formulierenden Leitlinie plausibel: Je größer und finanzkräftiger ein Unternehmen ist, desto mehr wird es im Grundsatz auch für eine Informationsbeschaffung aufwenden können bzw. – unter gleichzeitiger Beachtung der übrigen Kriterien und Leitlinien – gegebenenfalls auch müssen. Dem Aspekt der wirtschaftlichen Lage vermag demgegenüber mehr eine Art „Hilfsfunktion" zuzukommen: Zwar lässt sich nicht pauschalisieren, ob der Vorstand in der Krise weniger oder vielleicht sogar gerade mehr finanzielle Mittel für Informationen aufwenden darf bzw. muss. Genauso wie es dem kleinen und damit in aller Regel auch finanzschwächeren Unternehmen erlaubt sein muss, etwa eine Marktstudie auf die wichtigsten Aspekte zu beschränken, so muss sich aber auch ein finanziell angeschlagenes Unternehmen jedenfalls auf seine angespannte Finanzlage berufen dürfen.

Nachdem mit dem vorstehend Gesagten also erst einmal ganz grundsätzlich eine Reihe von Kriterien und Leitlinien zur Präzisierung des Informationsbedarfs bezogen auf dessen generellen „Umfang" aufgestellt und dabei auch bereits der insofern gegebene Zusammenhang zur jeweiligen „Art der Entscheidung" offenbar worden ist, soll nun als nächstes der Zusammenhang zwischen besagter „Art der Entschei-

807 S. *Kock/Dinkel*, NZG 2004, 441 (444).

808 So auch *Brömmelmeyer*, WM 2005, 2065 (2067).

809 Den Aspekt der Bedeutung der Entscheidung ebenfalls dazu in Relation setzend: *Brömmelmeyer*, WM 2005, 2065 (2067).

810 Kosten und Nutzen gleichsam „in einem Atemzug" ansprechend bzw. gar von einer Kosten-Nutzen-Abwägung/Analyse sprechend: MünchKommAktG/*Hefermehl/Spindler*, 2004, § 93, Rn. 25; *Oltmanns*, Geschäftsleiterhaftung, 2001, S. 281 f.; *Böttcher*, NZG 2005, 49 (54); *Kock/Dinkel*, NZG 2004, 441 (444); *Spindler*, NZG 2005, 865 (872).

dung" einerseits und der jeweils erforderlichen „Informationsart" andererseits angesprochen werden.

(2) Präzisierung der erforderlichen „Informationsart" für bestimmte Standardentscheidungen

Mit anderen Worten gilt es, für ganz bestimmte (haftungsanfällige) Standardentscheidungen die gerade hierfür typischerweise relevanten und damit auch erforderlichen Informationen bzw. Informationsbeschaffungsmethoden festzulegen. Indem hiermit – wie gesagt – letztlich die „Relevanz" bestimmter Informationen angesprochen ist, geht es dabei im Kern um nichts anderes als um eine Weiterentwicklung des Informationsnutzenkriteriums. Mit Blick auf den Gesamtzusammenhang steht dagegen nach wie vor das „Was" der Informationsbeschaffung zur Debatte.[811]

Allerdings ist für diese Phase der Darstellung auch sogleich einschränkend zu bemerken, dass die meisten der damit angesprochenen Standardentscheidungen letztlich typischerweise schon in die Kompetenz des Gesamtvorstandes fallen und damit erst im folgenden, den Kollektiventscheidungen gewidmeten, Abschnitt einer genaueren Erörterung unterzogen werden.[812]

Die einzige Entscheidung, die insofern nicht schon zwingend vom Gesamtvorstand, sondern auch noch von einzelnen Vorstandsmitgliedern getroffen und daher bereits an dieser Stelle erörtert werden kann, bezieht sich schließlich auf die kaufvertragliche Vereinbarung einer Vorleistungspflicht der Aktiengesellschaft:

Verpflichtet ein Vorstandsmitglied die Aktiengesellschaft zur Vorleistung von Waren, so lässt sich mit der Entscheidung des *BGH* vom 16.2.1981 – II ZR 49/80 –[813] zunächst feststellen, dass einer solchen Verpflichtung grundsätzlich die eingehende Prüfung der „Verhältnisse" und „geschäftlichen Möglichkeiten" des Käufers voranzugehen hat.[814] Während der *BGH* mit dem Begriff der „Verhältnisse" in diesem Fall vor allem die Existenz eines „wenigstens nach außen hin vertrauenserweckenden Geschäftsbetriebs" meinte, zielte die Formulierung der „geschäftlichen Möglichkeiten" dagegen auf die Überprüfung der konkreten Absatzaussichten des Käufers ab.[815, 816]

811 S. zu den verschiedenen Aspekten der Informationsbeschaffung – bzw. auch zu den verschiedenen Phasen der Entscheidungsvorbereitung überhaupt – nochmals oben unter § 8 I 3. a. (S. 215 f.).

812 S. weiter unten unter § 8 I. 3. c. aa. (2) (S. 233 ff.).

813 Abgedruckt in WM 1981, 440 ff. und GmbHR 1981, 191 ff. (GmbH & Co. KG).

814 *BGH*, Urt. v. 16.2.1981 – II ZR 49/80 –, WM 1981, 440 (441).

815 *BGH*, Urt. v. 16.2.1981 – II ZR 49/80 –, WM 1981, 440 (441).

816 Zusammenfassend wurde mit besagtem Urteil schließlich der Geschäftsführer einer Komplementär-GmbH zum Schadensersatz verurteilt, nachdem er auf einer Messe mit einem ihm bis dato unbekannten „Schwindelunternehmen" „ins Blaue hinein" einen Kaufvertrag über die Lieferung von Whisky und Orangensaft zu einem Preis von 127.672, 20 DM – zahlbar 6 Wochen nach Lieferung – abgeschlossen hatte, ohne zu wissen, ob insofern zumindest „ein nach

Unter Zugrundelegung dieser höchstrichterlichen Wertung einerseits sowie der im weiteren Verlauf der Arbeit noch darzustellenden die Vergabe von Großkrediten betreffenden Leitlinien andererseits[817] lässt sich insofern allerdings auch noch der folgende – mehr allgemeingültige – verfahrensbezogene Grundsatz aufstellen: Danach darf ein Vorstandsmitglied nur dann eine Vorleistungspflicht der Aktiengesellschaft vereinbaren, wenn es insofern nicht nur die Bonität und Integrität des Käufers belegende Informationen gesammelt, sondern zudem auch die Vertrauenswürdigkeit der vom Käufer geplanten Warenverwendung überprüft hat.

Nachdem damit zumindest schon für eine Standardsituation – über die nähere Eingrenzung der generell erforderlichen „Informationsdichte" hinaus – nun auch noch die insofern konkret erforderliche „Informationsart" grundsatzmäßig festgelegt worden ist, kann das „Was" der Informationsbeschaffung insgesamt als hinlänglich beleuchtet angesehen werden. Bleibt im Folgenden also noch das „Wie" der Informationsbeschaffung und -abwägung in Augenschein zu nehmen.

(3) Das „Wie" der Informationsbeschaffung

Das „Wie" der Informationsbeschaffung betrifft – nochmals zur Veranschaulichung – etwa die Frage, wie lange sich das Vorstandsmitglied für seine Entscheidung in Bezug auf die Einholung einer bestimmten Information Zeit genommen hat bzw. wie ausführlich und in welchem Rahmen es diese Entscheidung gegebenenfalls auch noch mit untergeordneten Mitarbeitern bzw. anderen Vorstandsmitgliedern diskutiert hat.[818] Mit anderen Worten gilt es zu überprüfen, auf welche Weise die konkret getroffenen Informationsbeschaffungsentscheidungen letztendlich zustande gekommen sind.

Die Krux liegt in diesem Zusammenhang nun aber darin, dass es bei Einzelentscheidungen auch durchaus legitim ist, auf eine Diskussion wie die angesprochene gerade zu verzichten: Unterfällt die spätere Sachentscheidung und damit notwendigerweise auch schon die ihr zu Grunde liegende Informationsbeschaffungsentscheidung der Einzelgeschäftsführungsbefugnis des jeweiligen Vorstandsmitglieds, so

außen hin vertrauenserweckender Geschäftsbetrieb" existierte. Bereits darin sah der *BHG* eine „groben Verstoß" gegen die Pflicht, die Sorgfalt eines ordentlichen Geschäftsmannes anzuwenden. Aber auch als ihm nach Abschluss dieses Vertrages offenbar Bedenken hinsichtlich der „geschäftlichen Möglichkeiten", sprich der Absatzmöglichkeiten, des Käufers kamen, ließ er sich im Rahmen der von ihm daraufhin unternommenen Reise zu einem angeblichen Abnehmer des Käufers wiederum nur mit bloßen Behauptungen des Käufers abspeisen, ohne selbst mit dem vorgegebenen Abnehmer gesprochen zu haben. Auch damit, so konstatierte der *BGH*, habe der Geschäftsführer die einfachsten Regeln kaufmännischer Sorgfalt missachtet. Diese Grundsätze des *BGH* in ihrer Allgemeinheit aufgreifend: *Landwehrmann*, in: Heidel, Aktienrecht, 2007, § 93, Rn. 63.

817 S. wiederum erst unten im Zusammenhang mit Kollektiventscheidungen (§ 8 I. 3. c. aa. (2) (c) (S. 241)).

818 S. bereits oben unter § 8 I. 3. b. cc. (S. 219).

verfügt dieses insofern nicht nur über die diesbezügliche Letztentscheidungskompetenz. Vielmehr ist es auch schon dazu berechtigt, die Informationsgrundlage betreffende Abwägungen von vornherein gänzlich für sich allein im Wege eines rein inneren Entscheidungsprozesses zu vollziehen. Selbst wenn ein Blick in die Unternehmenspraxis den Betrachter oftmals eines Anderen belehren wird, so kann bei Einzelentscheidungen – anders als bei Kollektiventscheidungen, die gerade davon leben, dass aus mehreren Meinungen und Überzeugungen ein gemeinsamer Wille gebildet wird – also gar nicht stets vom Vorhandensein eines von außen beobachtbaren und insofern überhaupt erst überprüfbaren Verfahrens betreffend die Informationsbeschaffung ausgegangen werden. Begnügt sich das einzelne Vorstandsmitglied dementsprechend tatsächlich einmal damit, allein auf einen solchen rein innerlichen Prozess ordnungsgemäß vollzogener Informationsentscheidungen zu verweisen, so wird man dem praktisch nichts entgegenhalten, sprich den Schutz des Geschäftsleiterermessens nicht deswegen versagen können.

Allerdings muss ein solches Vorgehen für das Vorstandsmitglied nun nicht unbedingt auch von Vorteil sein: Mutet dem Überprüfenden die Entscheidung für bzw. gegen die Einholung einer bestimmten Information eher fragwürdig an und ist ihm gleichzeitig über die Art und Weise deren Zustandekommens nichts bekannt, so wird er im Zweifel eher geneigt sein, die Informationsgrundlage – und damit letztlich auch das Entscheidungsverfahren insgesamt – für unzulänglich zu bewerten, als wenn ihn der entsprechende Ressortverantwortliche jedenfalls über die Ordnungsgemäßheit des Informationsbeschaffungsverfahrens zu überzeugen imstande ist. Hinter dieser Überlegung verbirgt sich letzten Endes wiederum nichts anderes als die schon zu Beginn des vorliegenden Paragrafen angesprochene[819] und als solche verallgemeinerungsfähige inhaltsbezogene „Richtigkeitsgewähr" des jeweils zu Grunde liegenden Verfahrens.

Als der langen Rede kurzer Sinn vermag also auch zu dieser Phase der Entscheidungsvorbereitung letztendlich wieder eine Leitlinie formuliert zu werden. Anders als die zuvor Aufgestellten ist diese nun allerdings nicht gleichfalls im Sinne einer weiteren verfahrensmäßigen „Mindestanforderung", sondern lediglich als praxisorientierte Empfehlung aufzufassen: Vollzieht sich der die Informationsgrundlage betreffende Entscheidungsprozess in einem Unternehmen auch bei Einzelentscheidungen ohnehin in aller Regel im Wege einer mehr oder weniger „gemeinsamen Willensbildung", so sollte dies auch hinlänglich dokumentiert werden.[820] Das bedeutet, dass der jeweilige Ressortverantwortliche immer dann, wenn er sich mit seinen engsten Mitarbeitern oder auch mit anderen Vorstandskollegen über die einzuholenden Informationen austauscht bzw. bespricht, gut beraten ist, insofern zumindest die

819 S. oben unter § 8 (S. 202).

820 Allgemein zu einer umfassenden Dokumentation ratend auch *Hauschka*, AG 2004, 461 (463, 464 f.): „"Wer schreibt, der bleibt". Jede Information ist langfristig nur so gut wie die Dokumentation, die sie bewahrt. Delegationen, Risikomanagementsysteme, Qualitätssicherungsmaßnahmen und alle anderen möglicherweise haftungsrelevanten Vorgänge sind zu dokumentieren. […] Der Vorteil, einem Gericht den Nachweis über getroffene Vorsichtsmaßnahmen vorlegen zu können, überwiegt die Lästigkeit der Pflichterfüllung.".

Eckdaten der jeweiligen Zusammenkünfte festzuhalten. Unter Zuhilfenahme solcher Aufzeichnungen wird es ihm später vielleicht einmal gelingen, auch mit Blick auf den Inhalt seiner Informationsentscheidung Überzeugungsarbeit zu leisten.

Nach diesem die Art und Weise des Zustandekommens von Informationsbeschaffungsentscheidungen betreffenden Aspekt soll im Folgenden noch einmal kurz auf einen anderen ebenfalls noch das „Wie" der Informationsbeschaffung betreffenden Gesichtspunkt eingegangen werden. Dieser lässt sich schlagwortartig mit den Begriffen der „Delegation der Informationsbeschaffung an nachgeordnete Mitarbeiter bzw. außenstehende Dritte"[821] umreißen und betrifft letztendlich die Situation, in der der Ressortverantwortliche seine spätere Sachentscheidung auf von anderen eingeholte Informationen zu stützen beabsichtigt. Im Kern interessiert hier vor allem die Frage, unter welchen Voraussetzungen ein solches Vorgehen gegebenenfalls auch dann noch dem Erfordernis einer angemessenen Informationsgrundlage genügt, wenn sich die von anderer Seite eingeholte Information im Nachhinein als schlecht recherchiert erweist. Zur Beantwortung dieser Frage vermag schließlich die folgende – nicht nur den deutschen Grundsätzen zur Delegation, sondern darüber hinaus auch dem US-amerikanischen Recht[822] entsprechende – Leitlinie aufgestellt zu werden: Danach ist dem Verfahrenserfordernis in einer solchen Situation auch dann noch Genüge getan, wenn das Vorstandsmitglied nicht nur auf den Inhalt der Aussage und die diesbezügliche Tatsachengrundlage, sondern zugleich auch auf die Sachkunde des die Information Beschaffenden berechtigterweise vertrauen durfte. Der letzte Aspekt setzt vor allem dessen sorgfältige Auswahl bzw. bei Mitarbeitern auch deren sorgfältige Instruktion und Überwachung voraus.[823]

dd. Konkretisierung in Bezug auf die Informationsabwägung

Dass die zur späteren Sachentscheidung führende Abwägung der bereits eingeholten Informationen im Rahmen der Verfahrenskontrolle von vornherein nur auf ihr äußeres Erscheinungsbild bzw. auf die Art und Weise ihrer Vornahme („Wie") nicht aber auch auf das Abwägungsergebnis hin überprüfbar ist, wurde bereits erläutert.[824]

Desgleichen ist soeben aber auch schon angedeutet worden, dass bei einer Einzelgeschäftsführung unterfallenden Sachentscheidungen das jeweilige Vorstandsmitglied sowohl bezogen auf die spätere Sachentscheidung selbst als auch auf die ihr zu Grunde liegende Informationsbeschaffung ebenso alleine und damit im Wege

821 Vgl. dazu, dass im Kontext von Einzelentscheidungen sowohl deren Vorbereitung und Ausführung als auch die eigentliche Entscheidung selbst ohne weiteres auch auf nachgeordnete Mitarbeiter übertragen werden kann, vor allem *Semler*, Leitung und Überwachung der Aktiengesellschaft, 1996, Rn. 24 und *Turiaux/Knigge*, DB 2004, 2199 (2204 ff.).

822 S. insofern noch einmal oben unter § 3 III. 3. a. (S. 82).

823 Vgl. hierzu MünchKommAktG/*Hefermehl/Spindler*, 2004, § 93, Rn. 85; *Hüffer*, AktG, 2008, § 93, Rn. 14 sowie vor allem *Fleischer*, in: Handbuch des Vorstandsrechts, 2006, § 8, Rn. 29 ff. bzw. in AG 2003, 291 (293 ff.) m.w.N.

824 S. oben unter § 8 I. 3. a. (S. 215).

eines rein inneren für Außenstehende nicht beobachtbaren und insofern auch nicht überprüfbaren Vorgangs zu entscheiden befugt ist. Mithin kann zum Bereich der Informationsabwägung auch nur die eben schon in Bezug auf das „Wie" der Informationsbeschaffung geäußerte Empfehlung zur Dokumentation etwaiger – nun den Inhalt der späteren Sachentscheidung selbst betreffender – Beratungen wiederholt werden. Eine weitergehende Konkretisierung im Sinne der Umreißung verfahrensmäßiger „Mindestanforderungen" ist bei Einzelentscheidungen auch in diesem Bereich nicht möglich.[825]

ee. Zusammenfassung

In Bezug auf Einzelentscheidungen lässt sich der abstrakte Überprüfungsmaßstab der „Rückführbarkeit des Entscheidungsverfahrens auf vernünftige unternehmerische Erwägungen" zusammenfassend also wie folgt konkretisieren:

Die erforderliche „Mindestinformationsdichte" bemisst sich maßgeblich nach *Art* und *Bedeutung* der zu treffenden unternehmerischen Entscheidung, nach deren *Dringlichkeit*, den voraussichtlichen *Kosten* und dem erwarteten *Nutzen* der Information sowie nach *Art*, *Größe* und *wirtschaftlicher Lage* des jeweiligen Unternehmens.[826] Unter Berücksichtigung der die einzelnen Kriterien vernetzenden Wechselwirkungen ergeben sich daraus wiederum die folgenden wesentlichen Leitlinien:[827] Zunächst gestalten sich die Anforderungen an die Informationsbeschaffung umso höher, desto riskanter sich die Maßnahme darstellt. Unter Hinzuziehung des Dringlichkeitsaspektes kann allerdings grundsätzlich umso eher auf die Einholung zusätzlichen Rates oder eine sonstige Vorbereitung verzichtet werden, desto eiliger die Maßnahme erscheint. Andererseits muss der Dringlichkeitsaspekt wiederum umso eher hintanstehen, desto riskanter die Maßnahme letztendlich ausfällt. Desgleichen reduzieren sich grundsätzlich auch mit steigenden Informationsbeschaffungskosten die Anforderungen an die Informationsdichte, wobei sich bei besonders riskanten Maßnahmen im Zweifel auch hier wieder das Kriterium der Art und Bedeutung der Entscheidung durchsetzen muss. Kosten- und Nutzenaspekte bedingen einander dagegen wie folgt: Je höher der prognostizierte Zuwachs an Planungssicherheit, desto eher kann erwartet werden, dass dafür auch sehr kostenintensive Informationen eingeholt werden. Ebenso wird ein Unternehmen umso mehr für

825 Da die Informationsabwägung bereits der eigentlichen Sachentscheidung zuzuordnen ist, bedeutet eine diesbezügliche Delegation an nachgeordnete Mitarbeiter im Grunde schon eine Übertragung der Sachentscheidung selbst. Bei von nachgeordneten Mitarbeitern ausgeführten unternehmerischen Entscheidungen ist der Anwendungsbereich des Geschäftsleiterermessens aber letztlich ebenso wenig eröffnet wie in Bezug auf eine diesbezügliche Überwachung durch den zuständigen Ressortleiter (s. zum letzten Aspekt schon oben unter § 7 III. 2. a. (S. 194 f.)). Anders als eben im Zusammenhang mit dem „Wie" der Informationsbeschaffung – ist der Gesichtspunkt der Delegation daher an dieser Stelle letztlich auch nicht von Belang.

826 S. § 8 I. 3. b. cc. (1) (S. 221 f.).

827 S. § 8 I. 3. b. cc. (1) (S. 223 ff.).

die Informationsbeschaffung aufwenden können, desto größer und finanzkräftiger es ist. Umgekehrt – und mehr „hilfsweise" – muss sich dann aber auch ein finanziell angeschlagenes Unternehmen auf seine angespannte Finanzlage berufen dürfen.

Des Weiteren konnte zumindest für eine „Standardsituation" darüber hinaus auch noch die konkret erforderliche „Informationsart" festgelegt werden:[828] So darf ein Vorstandsmitglied nur dann eine Vorleistungspflicht der Aktiengesellschaft vereinbaren, wenn es insofern nicht nur die Bonität und Integrität des Käufers belegende Informationen gesammelt, sondern zudem auch die Vertrauenswürdigkeit der vom Käufer geplanten Warenverwendung überprüft hat.

Was das „Wie" der Informationsbeschaffung und –abwägung anbelangt, so sollte das jeweilige Vorstandsmitglied – nicht im Sinne einer weiteren „Mindestanforderung", sondern lediglich als praxisorientierte Empfehlung – nicht darauf verzichten, etwaige Beratungen mit seinen engsten Mitarbeitern oder auch mit anderen Vorstandskollegen hinreichend zu dokumentieren.[829] Will der Ressortverantwortliche seine spätere Sachentscheidung dagegen auf von nachgeordneten Mitarbeitern oder sonst von dritter Seite beschaffte Informationen stützen, so genügt ein solches Vorgehen allein dann dem Erfordernis einer angemessenen Informationsgrundlage, wenn das Vorstandsmitglied nicht nur auf den Inhalt der Aussage selbst sowie die diesbezügliche Tatsachengrundlage, sondern zugleich auch auf die Sachkunde des die Information Beschaffenden berechtigterweise vertrauen durfte.[830]

Bleibt im Folgenden nun so genannte Kollektiventscheidungen näher in Augenschein zu nehmen:

c. Kollektiventscheidungen

Unter Kollektiventscheidungen sind hier zum einen die vom Gesamtvorstand getroffenen Entscheidungen, zum anderen aber auch all diejenigen Maßnahmen zu verstehen, die sonst von mehreren Vorstandsmitgliedern, wie etwa den Mitgliedern eines bestimmten Ausschusses[831], beschlossen werden.

828 S. § 8 I. 3. cc. (2) (S. 225 f.).
829 S. § 8 I. 3. cc. (3) (S. 227) und dd. (S. 229).
830 S. § 8 I. 3. cc. (3) (S. 228).
831 Genauso wie unterhalb der Schwelle der Leitungsentscheidungen anzusiedelnde Geschäftsführungsmaßnahmen auf einzelne Vorstandsmitglieder übertragen werden können, ist insofern grundsätzlich auch eine Delegation an einen aus mehreren Vorstandsmitgliedern bestehenden Ausschuss möglich. In diesem Zusammenhang ist mit Blick auf den Grundsatz der Gleichberechtigung aller Vorstandsmitglieder lediglich darauf zu achten, dass es dadurch nicht faktisch zu einer deutlichen Vorrangstellung von Mitgliedern eines besonders wichtigen Ausschusses (etwa „Koordinations"-, „Lenkungs"- oder „Synergieausschuss") gegenüber ihren Vorstandskollegen und damit zur Etablierung eines „Zwei- oder Mehr-Klassen-Systems" unter den einzelnen Organmitgliedern kommt (vgl. zum Ganzen MünchKommAktG/*Hefermehl/Spindler*, 2004, § 77, Rn. 37; *Hüffer*, AktG, 2008, § 77, Rn. 10, 18; *Kort* in Großkomm. AktG, 2003, § 77, Rn. 43 ff.; *Mertens* in Kölner Kommentar zum AktG, 2. Auflage,

aa. Konkretisierung in Bezug auf die Informationsbeschaffung

(1) Die „Informationsdichte" in Gremien

Zur Konkretisierung dessen, was mit „Rückführbarkeit des Entscheidungsverfahrens auf vernünftige unternehmerische Erwägungen" in Bezug auf die Informationsbeschaffung gemeint ist, kann auch im Kontext von Kollektiventscheidungen zunächst wieder bei der erforderlichen „Mindestinformationsdichte" („Was" der Informationsbeschaffung) angesetzt werden.

Dabei dürfte allerdings auch sogleich einleuchten, dass zu deren Ermittlung im Grundsatz nichts anderes gelten kann als das bereits zuvor im Zusammenhang mit Einzelentscheidungen Ausgeführte. Das bedeutet, dass die dort aufgestellten Kriterien und Leitlinien zur Bestimmung des erforderlichen Mindestinformationsniveaus zunächst gleichermaßen auch im Kontext von Kollektiventscheidungen zur Anwendung gelangen.[832]

Dennoch gilt es hier einige Besonderheiten herauszustellen: So kann zunächst davon ausgegangen werden, dass dem Kriterium der *Art* und *Bedeutung* der unternehmerischen Entscheidung im Zusammenhang mit Kollektiventscheidungen zumeist besonderes Gewicht zukommen wird. So handelt es sich bei Entscheidungen des Gesamtvorstandes nämlich vielfach sogar schon um nicht delegierbare Leitungsentscheidungen[833] und damit um die bedeutsamsten Entscheidungen überhaupt – mit der Folge, dass die beschriebenen Dringlichkeits- und Kostenaspekte in diesem Kontext tendenziell eher hintan zu stellen sind[834] bzw. im Zweifel sogar auf das Vorhaben zu verzichten ist.

Neben dieser die „Informationsdichte" an sich betreffenden Besonderheit besteht eine weitere Eigenart von Kollektiventscheidungen schließlich darin, dass die einzelnen Vorstandsmitglieder – zumindest in sehr großköpfigen Gremien – typischerweise nie das gleiche Informationsniveau erreichen. Unter teilweisem Vorgriff auf das „Wie" der Informationsbeschaffung erklärt sich dies letztendlich daraus, dass jedenfalls in weltweit operierenden Großunternehmungen mit weit über ein Dutzend Vorstandsmitgliedern eine effektive Vorstandsarbeit keine komplett gemeinsame Vorbereitung der vom Gesamtvorstand zu treffenden Entscheidungen zulässt, sondern – selbst in Bezug auf Leitungsentscheidungen – vielmehr nach einer Delegation

1996, § 77, Rn. 12 (restriktive Sichtweise); *Hoffmann-Becking*, ZGR 1998, 497 (509 ff., 514 ff.); *Martens*, in: FS Fleck, 1988, S. 191 (205 ff.) (weniger streng); *Schiessl*, ZGR 1992, 64 (77 ff.)). Vor dem Hintergrund des zuletzt Gesagten ist m.E. vor allem der „Zentralvorstand" der SIEMENS AG eher kritisch zu betrachten (s. zur Leitungsorganisation der *SIEMENS AG* die schematische Darstellung bei *Maly*, ZfbF, SoHeft 36/1996, 179 (182)).

832 S. hierzu bereits oben unter § 8 I. 3. b. cc. (1) (S. 221 ff.).

833 S. zu Leitungsentscheidungen bereits oben unter § 4 I. 1. (S. 94, Fn. 310) sowie unter § 8 I. 3. b. bb. (S. 217 ff.).

834 S. zu den betreffenden Leitlinien ausführlicher oben unter § 8 I. 3. b. cc. (1) (S. 223 f.).

an das jeweils sachnahe Ressorts verlangt.[835] Ausgehend von diesem Ressort findet sodann eine Information des Gesamtvorstandes statt, bevor dieser die in seinen Zuständigkeitsbereich fallende Entscheidung trifft. Diese arbeitsteilige Entscheidungsvorbereitung sowie das damit zwingend einhergehende ressortabhängige Informationsgefälle[836] sollen nun allerdings nicht etwa zu dem Schluss verleiten, dass die anhand der beschriebenen Kriterien und Leitlinien zu vermessende „Mindestinformationsdichte" allein von dem die Entscheidung vorbereitenden Ressortverantwortlichen erreicht werden muss. Selbst wenn es sich bei den die übrigen Vorstandsmitglieder erreichenden Informationen schon mehr um bereits analysierte und kommentierte Informationsergebnisse handelt, die auf einer wesentlich breiter angelegten Informationsgrundlage fußen, so muss besagtes Mindestinformationsniveau dennoch stets von sämtlichen Vorstandsmitgliedern erreicht werden.

Eine solchermaßen arbeitsteilige Entscheidungsvorbereitung kann – gleichsam als dritte Besonderheit – nun allerdings auch sogleich zum Anlass für eine weitere Empfehlung genommen werden: Zur Erreichung einer ausgewogeneren, da von vornherein mehrere Perspektiven berücksichtigenden Entscheidungsvorbereitung[837] empfiehlt es sich, – zumindest im Fall großköpfiger Gremien und auf der Schnittfläche gleich mehrerer Ressorts angesiedelter Maßnahmen – dann auch zugleich zwei Ressorts mit deren Vorbereitung zu betrauen („Vier-Augen-Prinzip"[838]).[839]

835 S. zur Zulässigkeit einer solchen Delegation vor allem *Semler*, Leitung und Überwachung der Aktiengesellschaft, 1996, Rn. 24: „Die Unzulässigkeit einer Delegation der Führungsaufgabe bedeutet allerdings nicht, daß vorbereitende oder ausführende Aufgaben im Rahmen der originären unternehmerischen Führungsaufgaben vom Gesamtvorstand zu leisten sind; sie können sowohl einzelnen Vorstandsmitgliedern als Ressortzuständigkeit als auch auf Personen unterhalb des Vorstands delegiert werden." Ebenso *Hoffmann-Becking*, ZGR 1998, 497 (508). S. dazu, dass viele Gesamtvorstandsentscheidungen gerade im Ressort auch ihren Ursprung zu nehmen pflegen: *Maly*, ZfbF, SoHeft 36/1996, 179 (183) (aus der Praxis der *SIEMENS AG*).

836 Im Sinne eines ressortabhängigen Informationsgefälles unter den einzelnen Vorstandsmitgliedern auch UMAG-GesetzesE, BT-Drs. 15/5092 v. 14.3.2005, S. 12; *Brömmelmeyer*, WM 2005, 2065 (2067, Fn. 44); *Weiss/Buchner*, WM 2005, 162 (164) sowie die Gem. Stellungnahme v. *BDI*, *BDA*, *DIHK*, *GDV* und *BdB* zum UMAG-RefE v. 2.4.2004, http://www.dihk.de/index.html?/inhalt/themen/rechtundfairplay/stellungnahmen/index.html, S. 7 (zul. abgerufen am 1.5.2008): „Es sollte ferner klargestellt werden, dass nicht jedes Vorstandsmitglied einer Gesellschaft denselben Informationsstand haben muss. Dies ergibt sich schon aus der Arbeitsteilung des Vorstands.".

837 Vgl. hierzu *Maly*, ZfbF, SoHeft 36/1996, 179 (185).

838 S. zum „Vier-Augen-Prinzip" allgemein *Hauschka*, AG 2004, 461 (467).

839 Dieser zwar einerseits auch noch die unterschiedliche „Informationsdichte" betreffende Aspekt könnte andererseits aber ebenso gut auch erst dem Verfahren der Informationsbeschaffung (s. unten unter § 8 I 3. c. aa. (3) (S. 243 ff.)) zugeordnet werden.

(2) Präzisierung der erforderlichen „Informationsart" für bestimmte Standardentscheidungen

Ebenfalls noch zum „Was" der Informationsbeschaffung zählen die bereits oben im Zusammenhang mit Einzelentscheidungen begonnenen[840] und nun für Kollektiventscheidungen fortzusetzenden Ausführungen zur Präzisierung der für bestimmte Standardentscheidungen jeweils erforderlichen „Informationsart".

Nachdem zuvor schon die vertragliche Vereinbarung einer Vorleistungspflicht der Aktiengesellschaft als nicht zwingend der Kompetenz des Gesamtvorstandes zu unterstellende Maßnahme behandelt worden ist, wird es im weiteren Verlauf der Arbeit nun um die folgenden, allesamt typischerweise vom Gesamtvorstand zu treffenden, Entscheidungen gehen: Maßnahmen aus dem M&A-Bereich, die Einführung einer neuen Produktlinie sowie die Vergabe eines Großkredits.

(a) Maßnahmen aus dem M&A-Bereich

Zu den wirtschaftlich äußerst bedeutsamen – zugleich aber auch äußerst risikoreichen[841] – Maßnahmen aus dem M&A-Bereich gehören, wie der Name schon sagt, einerseits Fusionen und andererseits Unternehmenskäufe, das heißt Käufe von Unternehmenseinheiten oder ganzen Unternehmen.

Da Fusionen häufig auf einer Initiative von Seiten der Aktionäre beruhen, der Vorstand die Entscheidungsverantwortung mithin nur vordergründig trägt, und da dererlei Maßnahmen zudem noch stärker als Akquisitionen gesetzlich reglementiert sind (§§ 8, 9 UmwG),[842] sollen hier ausschließlich Entscheidungen des Gesamtvorstandes zum Erwerb eines Unternehmens oder eines Unternehmensteils bzw. vor allem deren Vorbereitung ins Blickfeld gerückt werden.

Im Kontext der Vorbereitung eines Unternehmenskaufs erfreut sich als Maßnahme der Informationsbeschaffung und –verifizierung[843] vor allem jene vorausgehende Überprüfung des Kaufobjekts[844] nicht nur gesteigerter praktischer Bedeutung,[845]

840 S. § 8 I. 3. b. cc. (2) (S. 225 ff.).

841 S. ausführlicher *Eschenbruch*, Konzernhaftung, 1996, Rn. 4070.

842 S. *Mutschler/Mersmann*, DB 2003, 79 (82).

843 S. *Berens/Brauner/Strauch*, Due Diligence bei Unternehmensakquisitionen, 2005, S. 13, 77; *Bihr*, BB 1998, 1198 (1198); *Böttcher*, NZG 2005, 49 (52); *Harrer*, DStR 1993, 1673 (1673); *Kiethe*, NZG 1999, 976 (977); *Merkt*, WiB 1996, 145 (147); *Schroeder*, DB 1997, 2161 (2161).

844 Eine solche oder so ähnliche Definition der *Due Diligence* vornehmend: *Holzapfel/Pöllath*, Unternehmenskauf in Recht und Praxis, 2005, Rn. 12; *Böttcher*, NZG 2005, 49 (49); *Kiethe*, NZG 1999, 976 (976, 977); *Krüger/Kalbfleisch*, DStR 1999, 174 (174); *Loges*, DB 1997, 965 (965); *Merkt*, BB 1995, 1041 (1041); *ders.*, WiB 1996, 145 (145); *Werner*, ZIP 2000, 989 (989).

845 Vgl. *Bihr*, BB 1998, 1198 (1198); *Böttcher*, NZG 2005, 49 (49): „Die Due Diligence ist mittlerweile Standard im Rahmen von Unternehmenstransaktionen."; *Kiethe*, NZG 1999, 976

sondern zugleich auch zunehmender juristischer Aufmerksamkeit,[846] die sich mit dem Begriff der *Due Diligence*[847] schlagwortartig benennen lässt.[848] Im Rahmen dieser durch die Etablierung von Check-listen[849] mehr und mehr standardisierten[850] Überprüfung wird der Erwerber durch Zusendung ausdrücklich angeforderter Unterlagen[851] bzw. durch Bereitstellen der gewünschten Dokumente in so genannten *data rooms*[852] in die Lage versetzt, sich sehr weitgehende Einblicke zu verschaffen, die

(976): „Als Ergebnis dieser Entwicklung läßt sich festhalten, daß ein mittlerer oder größerer Unternehmenskauf ohne die Durchführung einer Due Diligence praktisch nicht mehr vorkommt."; *Merkt*, WiB 1996, 145 (148); *Treeck*, in: FS Fikentscher, 1998, S. 434 (434); *Werner*, ZIP 2000, 989 (989). Bereits *Harrer*, DStR 1993, 1673 (1673) weist auf ihre zunehmende praktische Bedeutung hin.

846 Vgl. nur die Zusammenstellung diesbezüglicher juristischer Beiträge seit Mitte der 90er Jahre bei *Holz-apfel/Pöllath*, Unternehmenskauf in Recht und Praxis, 2005, Rn. 12. Vgl. aus der Rechtsprechung vor allem die kürzlich ergangene Entscheidung des *OLG Oldenburg*, Urt. v. 22.6.2006 – 1 U 34/03, DB 2006, 2511 ff.

847 Der aus dem angloamerikanischen Rechtskreis stammende Begriff der *Due Diligence* weist in seinem Ursprung gleich mehrere Bedeutungen auf: Zum einen beschreibt er einen in sehr unterschiedlichen Zusammenhängen heranziehbaren Verhaltensmaßstab. Zum anderen kommt ihm im Kontext des allgemeinen kaufrechtlichen und damit letztlich auch unternehmenskaufrechtlichen Instituts des *caveat emptor* ein besonderer Bedeutungsinhalt zu: Nach besagtem Institut hängt der Umfang der Gewährleistung entscheidend vom Umfang der vor Vertragsschluss in Eigeninitiative des Käufers durchzuführenden Überprüfung des Kaufobjektes ab, für die sich schließlich ebenfalls der Begriff der *Due Diligence* eingebürgert hat. In dieser für den M&A-Bereich maßgeblichen Wortbedeutung hat er auch in den deutschen Sprachgebrauch Eingang gefunden. Vgl. zum Ganzen vor allem *Krüger/Kalbfleisch*, DStR 1999, 174 (174 f.); *Merkt*, WiB 1996, 145 (145 f.) sowie *Werner*, ZIP 2000, 989 (989 f.). Vereinzelt wird der Begriff der *Due Diligence* wohl auch als Sammelbegriff für sämtliche im Rahmen der Vorbereitung eines Unternehmenskaufs anfallenden Aufgaben verwendet (vgl. den Hinweis von *Merkt* in BB 1995, 1041 (1041)). S. für die Unterscheidung etwa zwischen *Financial, Legal, Management* bzw. *Human Resources, Market, Environmental* und *Insurance Due Diligence Berens/Brauner/Strauch*, Due Diligence bei Unternehmensakquisitionen, 2005, S. 13. Ähnlich und jeweils mit näheren Erläuterungen: Beck AG-HB/*Göckeler*, 2004, § 22, Rn. 163 ff.; *Holzapfel/Pöllath*, Unternehmenskauf in Recht und Praxis, 2005, Rn. 13 sowie *Krüger/Kalbfleisch*, DStR 1999, 174 (175 f.).

848 S. zu den weiteren verfahrensmäßigen Anforderungen, die die Entscheidung zum Erwerb eines Unternehmens bzw. eines Unternehmensteils mit sich bringt, *Mutschler/Mersmann*, DB 2003, 79 (80 ff.). Zu weiteren Anlässen einer *Due Diligence* dagegen *Berens/Brauner/Strauch*, Due Diligence bei Unternehmensakquisitionen, 2005, S. 13.

849 S. etwa die *Due Diligence*-Listen bei *Eschenbruch*, Konzernhaftung, 1996, Rn. 4074 ff.; *Harrer*, DStR 1993, 1673 (1673 f.) und *Wegen*, WiB 1994, 291 (292 ff.) sowie den Praxisvorschlag einer Frageliste für die Maschinenbau-Branche bei *Klindt/Swoboda*, DB 2005, 1203 (1205 f.). S. darüber hinaus die weiteren Nachweise bei *Holzapfel/Pöllath*, Unternehmenskauf in Recht und Praxis, 2005, Rn. 12 sowie deren Fragenkataloge unter Rn. 503 ff.

850 Vgl. *Holzapfel/Pöllath*, Unternehmenskauf in Recht und Praxis, 2005, Rn. 12; *Schroeder*, DB 1997, 2161 (2161).

851 *Harrer*, DStR 1993, 1673 (1674); *Loges*, DB 1997, 965 (965).

852 Vgl. *Holzapfel/Pöllath*, Unternehmenskauf in Recht und Praxis, 2005, Rn. 14; *Harrer*, DStR 1993, 1673 (1674); *Hemeling*, ZHR (169) 2005, 274 (282); *Loges*, DB 1997, 965 (965).

sich unter Zuhilfenahme verschiedener[853] Unternehmensbewertungsverfahren im Idealfall sogar zu einer tatsächlichen Momentaufnahme[854] des Unternehmens verdichten lassen.[855] Derart ins Bild gesetzt, vermag der Erwerber die mit der Akquisition verbundenen Risiken erheblich zu minimieren:[856] So hat eine im Jahr 2001 durchgeführte Studie ergeben, dass die *Due Diligence* in 51,3 % der Fälle von großem Einfluss auf das spätere Vertragswerk war. Im Einzelnen hat etwa bei 67,4 % der Akquisitionen eine Verringerung des Kaufpreises stattgefunden.[857] Darüber hinaus ermöglichen die auf diese Weise gewonnenen Kenntnisse aber vor allem auch eine konkret darauf abgestimmte Ausgestaltung der Gewährleistung bei gleichzeitiger Sicherung der gegebenenfalls später einmal benötigten Beweise.[858]

Der damit angedeutete potentiell hohe Nutzen einer *Due Diligence* und die wohl auch darauf zurückgehende allgemeine Praktizierung besagten Informationsbeschaffungsverfahrens[859] bilden schließlich die Grundlage für die folgende sich speziell auf Akquisitionen beziehende Leitlinie: Im Zusammenhang mit Entscheidungen betreffend die Durchführung eines Unternehmenskaufs hat der Vorstand der erwerbenden Gesellschaft in der Regel eine *due diligence* durchzuführen.[860]

853 S. dazu, dass in der Praxis i.d.R. mehrere Bewertungsverfahren kombiniert werden, um die Ergebnisse gegeneinander abzusichern bzw. Unstimmigkeiten aufzudecken, *Berens/Brauner/Strauch*, Due Diligence bei Unternehmensakquisitionen, 2005, S. 87.

854 *Holzapfel/Pöllath*, Unternehmenskauf in Recht und Praxis, 2005, Rn. 12; *Schroeder*, DB 1997, 2161 (2161).

855 Darauf hinweisend, dass sich die *Due Diligence* häufig in drei Phasen vollzieht, die sich durch einen immer weiter reichenden Zugang zu den vom Käufer benötigten Informationen auszeichnen, etwa *Treeck*, in: FS Fikentscher, 1998, S. 434 (436).

856 S. *Böttcher*, NZG 2005, 40 (49).

857 *Berens/Strauch*, WPg 2002, 511 (522 f.).

858 Vgl. zu den einzelnen Funktionen der *Due Diligence* vor allem *Hemeling*, ZHR 169 (2005), 274 (274 f.); *Kiethe*, NZG 1999, 976 (977); *Krüger/Kalbfleisch*, DStR 1999, 174 (175); *Merkt*, WiB 1996, 145 (147); *Mutschler/Mersmann*, DB 2003, 79 (80); *Werner*, ZIP 2000, 989 (989) sowie *Ziegler*, DStR 2000, 249 (249).

859 S. eben schon Fn. 845.

860 In diese Richtung weisend auch *Hüffer*, AktG, 2008, § 93, Rn. 4b; *Fleischer*, in: Handbuch des Vorstandsrechts, 2006, § 7, Rn. 68; *Böttcher*, NZG 2007, 481 (484 f.); *ders.*, NZG 2005, 49 (50, 54); *Brömmelmeyer*, WM 2005, 2065 (2067); *Liese/Theusinger*, BB 2007, 71 (72); *Hemeling*, ZHR 169 (2005), 274 (277); *Himmelsbach/Krüger*, NZI 2007, 309 (309) und *Ulmer*, DB 2004, 859 (860); *Werner*, ZIP 2000, 989 (994, 996).Sogar im Sinne einer starren Pflicht des Vorstands zur Durchführung einer *Due Diligence* vor allem: *Eschenbruch*, Konzernhaftung, 1996, Rn. 4073 und *Kiethe*, NZG 1999, 976 (982). Eine solche starre Pflicht ausdrücklich offen lassend *OLG Oldenburg*, Urt. v. 22.6.2006 – 1 U 34/03, DB 2006, 2511 (2513). Lediglich wenig präzise darauf hinweisend, dass der Erwerb einer umfangreichen Beteiligung an einer anderen Gesellschaft eine genaue Prüfung der finanziellen und wirtschaftlichen Verhältnisse des Zielunternehmens erfordere, *LG Hannover*, Urt. v. 23.2.1977 – 1 0.123/75 –, AG 1977, 198 (200); *Hopt* in Großkomm. AktG, 1999, § 93, Rn. 111; *Landwehrmann*, in: Heidel, Aktienrecht, 2007, § 93, Rn. 64 (etwas ausführlicher); *Mertens* in Kölner Kommentar zum AktG, 2. Auflage, 1996, § 93, Rn. 53; *Wiesner*, in: Münchener Handbuch des Gesellschaftsrechts, Bd. 4, 2007, § 25, Rn. 8. S. dazu, dass besagtem Grundsatz auch die Vorschrift des § 14 I Nr. 1 WpHG nicht entgegesteht, wiederum etwa *Hemeling*, ZHR 169 (2005), 274 (284 f.) m.w.N. auch zu abweichenden Ansichten. S. zur besonderen

Die mit dem Begriff „grundsätzlich“ zum Ausdruck gebrachte Einschränkung soll dabei dem Umstand Rechnung tragen, dass es auch Fälle geben kann, in denen infolge von Zeitzwängen (Erwerb im Rahmen einer Auktion; „feindliche Übernahme“)[861] oder aber aufgrund der Weigerung des Vorstands des Zielunternehmens[862] die Durchführung einer *Due Diligence* tatsächlich nicht möglich ist. Den Vorstand in solchen Fällen pauschal der Gefahr der Haftung auszusetzen bzw. ihm alternativ dazu zwingend die Abstandnahme vom anvisierten Projekt aufzugeben,[863] würde demgemäß den Bedürfnissen des Wirtschaftslebens und damit auch den Interessen der erwerbenden Gesellschaft nicht gerecht werden.

Was nun die Durchführung der *Due Diligence* anbelangt, so erscheint schließlich die Beachtung der folgenden weiteren Leitlinien angezeigt:

(1) Die der *Due Diligence* zu Grunde zu legende Checkliste sollte sich zunächst an den bereits existierenden Checklisten orientieren, in einem zweiten Schritt jedoch auch auf die konkreten Bedürfnisse des Einzelfalls abgestimmt werden.[864] Insgesamt sollte sie möglichst umfangreich sein.[865]

(2) Zwingt der zeitliche Rahmen einer Akquisition einmal zu Abstrichen bezüglich des Umfangs einer *Due Diligence*, so ist die Auswahl der gleichwohl noch zu überprüfenden Aspekte vor allem daran zu orientieren, welche Bedeutung das jeweilige Prüfungsgebiet

Bedeutung der *Due Diligence* bei nicht börsennotierten Zielgesellschaften, d.h. bei solchen, bei denen nicht schon der Börsenpreis Aufschluss über die Werthaltigkeit geben kann, *Böttcher*, NZG 2007, 481 (483).

861 Vgl. *Hüffer*, AktG, 2008, § 93, Rn. 4b; *Mutschler/Mersmann*, DB 2003, 79 (81); *Werner*, ZIP 2000, 989 (994).

862 Ausdrücklich darauf hinweisend, dass die Verweigerung der Einsichtnahme durch den Vorstand des Zielunternehmens durchaus legitime Gründe haben kann, *Böttcher*, NZG 2005, 49 (50) sowie *Werner*, ZIP 2000, 989 (993). Dieser Hinweis leuchtet bereits deshalb unmittelbar ein, weil der Vorstand des Zielunternehmens aufgrund seiner in § 93 I 3 AktG geregelten Verschwiegenheitspflicht immer nur dann zur Weitergabe von Informationen überhaupt berechtigt ist, wenn insofern ein zumindest gleichwertiges Unternehmensinteresse besteht (vgl. zu den Rechten und Pflichten des Vorstands der Zielgesellschaft ausführlich *Holzapfel/Pöllath*, Unternehmenskauf in Recht und Praxis, 2005, Rn. 17a und *Hemeling*, ZHR 169 (2005), 274 (279 ff.) (mit zahlreichen Leitlinien und Empfehlungen etwa bzgl. einer Vertraulichkeitsvereinbarung sowie eines *Letter of Intent*) sowie *Schroeder*, DB 1997, 2161 (2161 ff.) und *Treeck*, in: FS Fikentscher, 1998, S. 434 (444 ff.)). Nach der – letzten Endes ebenso wenig mit den Bedürfnissen der Praxis zu vereinbarenden – Meinung von *Lutter* (ZIP 1997, 613 (617)) soll eine solche Informationsweitergabe infolge der „gesetzlichen Grundanweisung des § 93 AktG“ sogar in aller Regel unzulässig sein. S. dazu, dass auch die Zielgesellschaft jedenfalls aus kapitalmarktrechtlicher Sicht (§ 14 I Nr. 2 WpHG) nichts zu befürchten hat, wiederum vor allem *Hemeling*, ZHR 169 (2005), 274 (283 f.); a.A. *Ziemons*, NZG 2004, 537 (539 f.) (befugte Weitergabe nur im Vorfeld eines öffentlichen Übernahmeangebots).

863 So *Kiethe*, NZG 1999 976 (983).

864 Vgl. Beck AG-HB/*Göckeler*, 2004, § 22, Rn. 162 (allerdings im Zusammenhang mit Börsengängen); *Harrer*, DStR 1993, 1673 (1673); *Wegen*, WiB 1994, 291 (292); *Werner*, ZIP 2000, 989 (995).

865 S. *Harrer*, DStR 1993, 1673 (1673).

für die Erreichung des Akquisitionsziels hat sowie für wie hoch die mit dem jeweiligen Prüfungsgebiet verbundenen Risiken einzuschätzen sind.[866]

(3) Geben die Ergebnisse der *Due Diligence* in bestimmten Punkten keine hinreichende Klarheit, so sollte der Vorstand der erwerbenden Gesellschaft auf die Vereinbarung entsprechender Garantien dringen – insbesondere dann, wenn der Vorstand der Zielgesellschaft die Beantwortung ganz konkreter Fragen aus unersichtlichen Gründen schlicht verweigert.[867] Erst wenn Letzterer auch die Aufnahme entsprechender Gewährleistungsklauseln zurückweist, die infrage stehenden, zudem nicht anderweitig beschaffbaren, Informationen aber von entscheidender Bedeutung für die Erreichung des Akquisitionsziels sind bzw. das betreffende Prüfungsgebiet ein hohes Risikopotential aufweist, sollte von der Akquisition Abstand genommen werden.[868]

(4) Bezüglich der erhaltenen Informationen sollte der Vorstand auf eine möglichst weitgehende Vollständigkeitserklärung von Seiten des Vorstands der Zielgesellschaft drängen.[869]

Dass die Entscheidungsvorbereitung und damit auch die Vorbereitung, Durchführung und Auswertung[870] dieses speziellen Informationsbeschaffungsverfahrens in aller Regel nicht von sämtlichen Vorstandsmitgliedern gemeinschaftlich vorgenommen, sondern vielmehr überwiegend an die jeweils zuständigen Ressorts delegiert wird, wurde bereits erwähnt.[871] Aber auch innerhalb des damit betrauten Ressorts wird der jeweilige Ressortverantwortliche für gewöhnlich immer noch eine Fülle von Einzelaspekten der *Due Diligence* weiterdelegieren.[872] Unter diesen Umständen obliegt ihm dann allerdings jedenfalls noch die Überwachung der Befolgung der eben dargestellten Grundsätze. Im Einzelnen bedeutet das, dass er etwa nachprüfen sollte, ob die Checklisten ordnungsgemäß abgearbeitet worden sind.[873] Ebenso

866 S. *Werner*, ZIP 2000, 989 (994). S. zu Besonderheiten beim Erwerb eines Unternehmens aus der Krise und Insolvenz *Himmelsbach/Krüger*, NZI 2007, 309 (310).

867 Vgl. *Loges*, DB 1997, 965 (969) und *Werner*, ZIP 2000, 989 (993).

868 In diese Richtung weisend Spindler/Stilz/*Fleischer*, AktG, 2007, § 93, Rn. 79; *Fleischer*, in: Handbuch des Vorstandsrechts, 2006, § 7, Rn. 68 sowie *Werner*, ZIP 2000, 989 (996). Etwas pauschaler für Investitionsentscheidungen im Allgemeinen *M. Schmidt*, ZBB 2006, 31 (37): „Sollte sich die Informationsbeschaffung im Einzelfall als ganz unmöglich erweisen oder wegen besonderer Umstände gänzlich unzulänglich ausfallen, so spricht das im Zweifel gegen die Investition." Vgl. schließlich dazu, dass infolge der großen Risikoträchtigkeit von Akquisitionen einer umfassenden Vorbereitung entscheidende Bedeutung für deren Gelingen zukommt, *Mutschler/Mersmann*, DB 2003, 79 (79).

869 S. *Mutschler/Mersmann*, DB 2003, 79 (81).

870 S. zu den einzelnen Phasen der *Due Diligence* vor allem Beck AG-HB/*Göckeler*, 2004, § 22, Rn. 196 ff.

871 S. allgemein oben unter § 8 I. 3. c. aa. (1) (S. 231 f.).

872 Eine *Due Diligence* wird nicht selten durch ein professionelles Team bestehend aus Juristen, Wirtschaftsprüfern, Steuerberatern, Unternehmensberatern und anderen Spezialisten, wie z.B. Ingenieuren, durchgeführt (*Holzapfel/Pöllath*, Unternehmenskauf in Recht und Praxis, 2005, Rn. 12; *Harrer*, DStR 1993, 1673 (1674)).

873 Vgl. *Eschenbruch*, Konzernhaftung, 1996, Rn. 4072; *Kiethe*, NZG 1999, 976 (983); *Wegen*, ZIP 2000, 989 (995).

sollte er die angeforderten Unterlagen des Zielunternehmens stichprobenartig einsehen.[874] Mit Blick auf die später vom Gesamtvorstand zu treffende Entscheidung über die Durchführung der Akquisition wird man darüber hinaus auch grundsätzlich – im Sinne eines Mindestmaßes an Selbstinformation – von ihm erwarten dürfen, dass er sich jedenfalls mit dem im Anschluss an die Auswertung zu verfassenden *Due Diligence Report*[875] auseinandersetzt, in dem die gewonnenen Informationen in übersichtlich aufbereiteter und detaillierter Form dargestellt, die besonderen Problempunkte hervorgehoben und die wichtigsten Dokumente als Anlage beigefügt werden.[876] Auf dieser Grundlage wird er dann auch die dem Gesamtvorstand zuzuleitende *Executive Summary*[877] erläutern können, die eine nochmals komprimierte Fassung des teilweise mehrere hundert Seiten umfassenden *Due Diligence Report* darstellt und mit der sich schließlich jedes Vorstandsmitglied – bei immer noch sehr umfangreichen Dokumenten zumindest auszugsweise – auseinandersetzen sollte.

(b) Die Einführung einer neuen Produktlinie

Im Vergleich zur Konkretisierung in Bezug auf Akquisitionsentscheidungen fallen die präzisierenden Hinweise bezüglich Entscheidungen für oder gegen die Einführung einer neuen Produktlinie insgesamt knapp aus. Dies liegt daran, dass sich sowohl im juristischen Schrifttum als auch in der Judikatur diesbezüglich so gut wie keine Stellungnahmen finden lassen. Unter Hinzuziehung des betriebswirtschaftlichen Erfahrungsschatzes lässt sich aber zumindest die folgende Leitlinie aufstellen: Vor der Markteinführung hat der Vorstand die Erfolgsträchtigkeit der neuen Produktlinie zu prognostizieren. Unter Beachtung der oben dargestellten Kriterien zur Bemessung der erforderlichen Informationsdichte wird man dazu im Grundsatz von

874 Vgl. *Eschenbruch*, Konzernhaftung, 1996, Rn. 4072.

875 S. zu diesem Begriff *Eschenbruch*, Konzernhaftung, 1996, Rn. 4073; Beck AG-HB/*Göckeler*, 2004, § 22, Rn. 203 („*Due Diligence*-Bericht"); *Holzapfel/Pöllath*, Unternehmenskauf in Recht und Praxis, 2005, Rn. 12; *Harrer*, DStR 1993, 1673 (1675) („*Due Diligence* Memorandum"); *Wegen*, WiB 1994, 291 (291).

876 Nach *Mutschler/Mersmann*, DB 2003, 79 (81) muss „der Vorstand" den *Due Diligence Report* – zumindest bei einer weitgehenden Vollständigkeitserklärung von Seiten der Zielgesellschaft – nicht selbst lesen, sondern kann sich die wesentlichen Befunde auch vortragen lassen. Ob mit „dem Vorstand" in diesem Zusammenhang der Gesamtvorstand oder aber auch der einzelne Ressortverantwortliche gemeint ist, wird insofern nicht deutlich. M.E. wird man jedenfalls vom jeweiligen mit der Informationsbeschaffung betrauten Ressortverantwortlichen erwarten dürfen, dass er besagten Bericht vollumfänglich selbst liest.

877 S. hierzu Beck AG-HB/*Göckeler*, 2004, § 22, Rn. 203; *Harrer*, DStR 1993, 1673 (1675, Fn. 9).

ihm erwarten können, dass er Absatzprognosen erstellt, Konsumentenurteile einholt und Kaufverhaltensdaten durch Produkt-, Laden- und Markttests erhebt.[878]

(c) Die Vergabe eines Großkredits

Der letzte noch anzusprechende Kreis von Standardentscheidungen betrifft schließlich die Vergabe von Großkrediten[879] bzw. aus Sicht des haftungsrechtlichen Anknüpfungspunktes an sich genauer die Eingehung einer darauf gerichteten Verpflichtung, die im Wirtschaftsalltag nicht nur für Kreditinstitute im Sinne der Legaldefinition des § 1 Abs. 1 S. 1 KWG, sondern zuweilen auch für in anderen Branchen tätige Gesellschaften virulent sein kann.

Entscheidet sich demgemäß der Vorstand einer Aktiengesellschaft für die Vergabe eines Großkredites, so ist man in juristischen Fachkreisen schnell mit dem zwar ohne weiteres einleuchtenden, für sich betrachtet aber noch recht unpräzisen, Grundsatz betreffend die Notwendigkeit einer ausreichenden Bonitätsprüfung zur Stelle.[880] Eine nähere Präzisierung dahingehend, welche Informationen im Rahmen einer solchen Bonitätsprüfung einzuholen sind, bleiben die meisten Beiträge im Ergebnis jedoch schuldig.[881]

Für eine solche nähere Präzisierung bietet sich schließlich eine Heranziehung des Kreditwesengesetzes, genauer zunächst eine solche der Vorschrift des § 18 Abs. 1 S. 1 KWG, an.[882] Danach darf ein Kreditinstitut einen Kredit, der insgesamt

878 *Fleischer*, in: FS Wiedemann, 2002, S. 827 (840). S. zu besagten Informationsbeschaffungsmaßnahmen aus betriebswirtschaftlicher Sicht ausführlich *Nieschlag/Dichtl/Hörschgen*, Marketing, 2002, S. 377 ff.

879 Was hier unter dem Begriff des „Großkredits" zu verstehen ist, wird sogleich im weiteren Verlauf des Abschnitts klar.

880 S. etwa *BGH*, Urt. v. 3.12.2001 – II ZR 308/99 –, ZIP 2002, 213 (314); *Hopt* in Großkomm. AktG, 1999, § 93, Rn. 113; *Mertens* in Kölner Kommentar zum AktG, 2. Auflage, 1996, § 93, Rn. 48; *Ulmer*, DB 2004, 859 (860). Vgl. des Weiteren *Hommelhoff/Kleindiek* in Lutter/Hommelhoff, GmbHG, 16. Aufl., 2004, § 43, Rn. 16.

881 Vgl. insofern vor allem zuletzt *KG*, Urt. v. 22.3.2005 – 14 U 248/03 –, ZIP 2005, 1866 ff., wo es um das auf eine Kreditbewilligung gestützte und letzten Endes zurückgewiesene Schadensersatzbegehren einer Bank von ihren – inzwischen ausgeschiedenen – Vorstandsmitgliedern ging. In diesem Urteil findet sich zwar ganz vereinzelt zugleich auch die schlagwortartige Nennung einiger weniger Kriterien (mangelnde Erfahrung der Initiatoren, generelle Lage auf dem Wohnungsmarkt, *KG*, a.a.O., (1868)). Eine weitere Prüfung dieser Kriterien unterbleibt aber letzten Endes mit dem Hinweis mangelnder Maßgeblichkeit im vorliegenden Fall. Vgl. zu dieser insgesamt äußerst zweifelhaften Entscheidung ebenfalls kritisch *M. Schmidt*, ZBB 2006, 31 ff. Fragwürdig erscheint insbesondere das beinahe alleinige Abstellen auf zwei interne Berichte, von denen einer das Engagement als kritisch, der andere es dagegen als noch vertretbar beurteilte, sowie die Überprüfung des (hier unmittelbar einschlägigen) § 18 KWG.

882 Vgl. dazu den Vorschlag von *M. Schmidt*, ZBB 2006, 31 (37 f.), der § 18 KWG – allerdings im Rahmen eines eigenen aus der Struktur von Prognoseentscheidungen abgeleiteten Ansatzes – zur Überprüfung der Einhaltung der allgemeinen Sorgfaltspflicht i.S.v. § 93 I 1 AktG heranziehen will. Diese Herangehensweise unterscheidet sich von dem hier unterbreiteten

750.000,- Euro oder 10 vom Hundert des haftenden Eigenkapitals des Instituts überschreitet, nur gewähren, wenn es sich von dem Kreditnehmer die wirtschaftlichen Verhältnisse, insbesondere durch Vorlage der Jahresabschlüsse, offen legen lässt.

Sicherlich gehören zum unmittelbaren Normadressatenkreis insofern allein die dort bezeichneten Kreditinstitute im Sinne von § 1 Abs. 1 S. 1 KWG. Andererseits geht es vorliegend aber auch lediglich um die Formulierung von Leitlinien, die, anstatt den Vorstand unmittelbar zu binden, diesem genauso wie den zur Überprüfung berufenen Personen nichts weiter als eine Richtschnur für die Ausgestaltung bzw. nachträgliche Beurteilung der Entscheidungsvorbereitung an die Hand geben sollen. In dieser begrenzten Funktion ist gegen eine Heranziehung von § 18 Abs. 1 S. 1 KWG nichts einzuwenden. Schließlich weisen besagte Vorschrift und § 93 Abs. 1 S. 1 AktG letzten Endes auch eine parallele Schutzrichtung auf: Beide Normen sind auf den Schutz der Gesellschaft bzw. die Sicherung der ihr anvertrauten Vermögenswerte gerichtet.[883] Auch die Tatsache, dass ein Kreditinstitut im Ergebnis stärker der Einlagensicherung verpflichtet ist als eine in anderen Branchen tätige Aktiengesellschaft, steht dem nicht entgegen. Gibt Letztere – nach Art eines Kreditinstitutes – einen Kredit erheblichen Umfangs aus, so erscheint es vielmehr als angemessen, dass sie sich in dieser Situation dann auch einmal dementsprechend verhält, das heißt entsprechende Informationen einholt.

Solchermaßen als für eine nähere Präzisierung des Verfahrenserfordernisses geeignet befunden, sagt § 18 Abs. 1 S. 1 AktG für sich alleine betrachtet allerdings ebenfalls noch recht wenig über die anzustellende Bonitätsprüfung aus. Ein anderer Blickwinkel erschließt sich dem Betrachter erst dann, wenn er die zahlreichen im Laufe der letzten Jahre und Jahrzehnte dazu veröffentlichten Stellungnahmen des *Bundesaufsichtsamtes für das Kreditwesen (BaKred)* bzw. jetzt der *Bundesanstalt für Finanzdienstleistungsaufsicht (BaFin)* in die Betrachtung miteinbezieht.[884] In

Ansatz darin, dass *M. Schmidt* sogleich am eigentlichen Sorgfaltspflichtenstandard des § 93 I 1 AktG ansetzt, die Verletzung von § 18 KWG sich mithin unmittelbar haftungsbegründend auswirkt, während besagte Vorschrift nach dem hier unterbreiteten Vorschlag zunächst allein als Richtschnur für die Beurteilung fungiert, ob der Vorstand einer AG (u.a.) infolge einer angemessenen Informationsgrundlage den abgemilderten Überprüfungsmaßstab des § 93 I 2 AktG für sich in Anspruch nehmen kann. (Selbst wenn sich die Äußerung von *M. Schmidt*, a.a.O., (36), nach der sich auch vor dem Hintergrund der Änderungen durch das UMAG ähnlicher (neuer) Auslegungsbedarf ergebe, zugleich in letzterem Sinne auffassen ließe, so wird ein solcher Ansatz dort jedenfalls nicht weiterverfolgt.) Zuletzt soll schließlich noch der klarstellende Hinweis gegeben werden, dass solcherlei Ansätze selbstverständlich nur bei nicht schon direkt unter § 18 KWG fallenden AGs virulent werden können. Ist § 18 KWG dagegen unmittelbar anwendbar, so führt dessen Verletzung unter dem Stichwort der „Gesetzesverletzung" ohne weiteres nicht nur zum Ausschluss von § 93 I 2 AktG, sondern – aufgrund zu bejahender Pflichtverletzung – zudem auch unmittelbar zur Haftungsnorm des § 93 II 1 AktG. Insofern unklar: *M. Schmidt*, a.a.O., (38) m.w.N.

883 S. für § 93 I 1 AktG insofern bereits oben unter § 2 (S. 35, Fn. 26). Den Schutz des Gesellschaftsvermögens ansprechend vor allem MünchKommAktG/*Hefermehl/Spindler*, 2004, § 93, Rn. 1 sowie *Hüffer*, AktG, 2008, § 93, Rn. 1. Vgl. für § 18 KWG dagegen *Bock*, in: Boos/Fischer/Schulte-Mattler, KWG, 2004, § 18, Rn. 3.

884 So auch *M. Schmidt*, ZBB 2006, 31 (37).

diesem Zusammenhang hat insbesondere das Rundschreiben 9/98[885] eine äußerst detailreiche Konkretisierung von Art, Alter und Authentizität der anzufordernden Dokumente hervorgebracht.

Die Krux liegt nun allerdings darin, dass die *BaFin* mit Schreiben vom 9.5.2005[886] sämtliche der bisher zu § 18 KWG veröffentlichten Auslegungsregeln zu Gunsten von letzten Endes am 20.12.2005 veröffentlichten „Mindestanforderungen an das Risikomanagement" (MaRisk)[887] außer Kraft gesetzt hat. Mit diesen MaRisk beschränkt sich die *BaFin* demgegenüber gerade wieder auf die – die Eigenverantwortlichkeit der Kreditinstitute in den Vordergrund stellende – Formulierung grundlegender Prinzipien. Nichtsdestotrotz lassen sich aber auch hieraus – wie sogleich zu zeigen sein wird – noch einige Leitlinien entwickeln.

Darüber hinaus erscheint es allerdings auch nicht als illegitim, vorerst zugleich noch die bislang geltenden Grundsätze „hilfsweise" mitheranzuziehen, die immerhin als von der *BaFin* zu einer angemessenen Information führend „abgesegnet" worden sind.[888] Wenn – wie zu erwarten ist[889] – sich dann später erst einmal *Best Practices* zur Ausfüllung des neu entstandenen Gestaltungsspielraums herauskristallisiert haben, empfiehlt es sich selbstverständlich, besagte Leitlinien (auch) daran zu orientieren.

Insgesamt spricht sich die vorliegende Darstellung im Zusammenhang mit der Vergabe von Großkrediten im Sinne von § 18 KWG – bis auf weiteres – schließlich für die Beachtung der folgenden, vorwiegend aus den neuen MaRisk gewonnenen,[890] Leitlinien aus:

(1) Die Entscheidung für eine Projektfinanzierung erfordert zum einen Informationen in Bezug auf die Person des Kreditnehmers und zum anderen solche in Bezug auf das zu finanzierende Projekt.[891] Konkreter sollten diese mit Blick auf die Person des Kreditneh-

885 *BaKred*, Rundschreiben 9/98 v. 7.7.1998 – I 3 – 237 – 2/94 –.

886 *BaFin*, Schreiben an den Zentralen Kreditausschuss zu § 18 KWG v. 9.5.2005 – BA 13 – GS 3350 – 1/2005 –, http://www.bafin.de/schreiben/89_2005/050509.htm (zul. abgerufen am 3.9.2006).

887 *BaFin*, Rundschreiben 18/2005 v. 20.12.2005 – MaRisk –, http://www.bafin.de/rundschreiben/89_2005/051220.htm (zul. abgerufen am 3.9.2006). Die MaRisk beziehen sich auf die – ggü. § 18 KWG allgemeinere – Vorschrift des § 25a I KWG.

888 Vgl. *Fischer/Koch*, Neue Gestaltungsspielräume bei § 18 Kreditwesengesetz ausschöpfen, http://www.pwc.com/extweb/pwcpublications.nsf/docid/D1CD04707081307380257023002EE20F (zul. abgerufen am 3.9.2006).

889 S. *Fischer/Koch*, Neue Gestaltungsspielräume bei § 18 Kreditwesengesetz ausschöpfen, http://www.pwc.com/extweb/pwcpublications.nsf/docid/D1CD04707081307380257023002EE20F (zul. abgerufen am 3.9.2006).

890 Vgl. zur grundsätzlichen Möglichkeit der Konkretisierung des Ermessensspielraums im Bankengeschäft anhand der MaRisk auch kürzlich die Anmerkung von *Geschwandtner* zu *BGH*, Beschl. v. 8.1.2007 – II ZR 304/04 –, WuB II D. § 34 GenG 1.07, 346 (346 f.), der dabei auch grundsätzliche organisatorische Hinweise („Vier-Augen-Prinzip") gibt, sowie den Kurzkommentar von *Drescher* zu *KG*, Urt. v. 22.3.2005 – 14 U 248/03 –, EWiR 2006, 97 (98).

891 Vgl. *BaFin*, Rundschreiben 18/2005 v. 20.12.2005 – MaRisk –, BTO 1.2.1 Abs. 1, http://www.bafin.de/rundschreiben/89_2005/051220.htm, (zul. abgerufen am 3.9.2006). Vgl.

mers nicht nur über dessen finanzielle Lage, sondern darüber hinaus auch über dessen unternehmerische Fähigkeiten sowie dessen Integrität Auskunft geben können.[892] Was dagegen das zu finanzierende Projekt anbelangt, so gilt es einerseits Informationen über dessen wirtschaftliche Realisierbarkeit (erwartete Rentabilität, Investitionsvolumen, Gesamtfinanzierung) einzuholen, andererseits aber auch dessen technische und rechtliche Durchführbarkeit in Augenschein zu nehmen.[893]

(2) Bei besonders großen Engagements sollte eine Informationsbeschaffung in Form einer *Due Diligence* stattfinden.[894]

(3) Des Weiteren sind vor der Kreditvergabe sowohl die Werthaltigkeit als auch der Bestand der Sicherheiten zu überprüfen. Hängt der Sicherheitenwert maßgeblich von den Verhältnissen eines Dritten ab (Bürgschaft), so ist eine angemessene Überprüfung der finanziellen Lage des Dritten vorzunehmen.[895]

(4) Im Rahmen einer laufenden Kreditbeziehung sind die unter (1) genannten Aspekte in – mit Blick auf den Risikogehalt des Engagements und die Gesamtlaufzeit – angemessenen Abständen, das heißt grundsätzlich jährlich, einer erneuten Beurteilung zu unterziehen. Gleiches gilt in Bezug auf die Werthaltigkeit und den rechtlichen Bestand der Sicherheiten. Außerordentliche Überprüfungen von Engagements einschließlich der Sicherheiten sind zumindest dann unverzüglich durchzuführen, wenn dem Vorstand aus externen oder internen Quellen Informationen bekannt werden, die auf eine wesentliche negative Änderung der Risikoeinschätzung des Engagements oder der Sicherheiten hindeuten.[896]

darüber hinaus aber auch *BGH*, Urt. v. 6.4.2000 – 1 StR 280/99 –, ZIP 2000, 1210 (1211): „Der Schluss, eine Kreditbewilligung sei pflichtwidrig gewesen, setzt aber voraus, dass sich das Tatgericht eingehend mit allen dafür maßgeblichen Umständen, insbesondere den Vermögensverhältnissen des Kreditnehmers, der beabsichtigten Verwendung des Kredits und den Aussichten des geplanten Geschäftes, auseinandersetzt." sowie *M. Schmidt*, ZBB 2006, 31 (38): „Da bekannt war, dass die persönliche Bonität der Initiatoren für die Kreditvergabe keinesfalls ausgereicht hatte, um einen Kredit dieser Größenordnung zu gewähren, kann für die Beurteilung der Kapitaldienstfähigkeit ausschließlich auf das Kreditvorhaben selbst abgestellt werden.".

892 Vgl. *BGH*, Urt. v. 15.11.2001 – 1 StR 185/01 –, ZIP 2002, 346 (351); *M. Schmidt*, ZBB 2006, 31 (38). Vgl. auch *OLG Düsseldorf*, Urt. v. 28.11.1996 – 6 U 11/95 (*„ARAG/Garmenbeck"*) –, ZIP 1997, 27 (30 f.) („personen- und unternehmensbezogene Eigenschaften des Geschäftspartners").

893 Vgl. *BaFin*, Rundschreiben 18/2005 v. 20.12.2005 – MaRisk –, BTO 1.2 Abs. 4, http://www.bafin.de/rundschreiben/89_2005/051220.htm, (zul. abgerufen am 3.9.2006). Vgl. des Weiteren *OLG Düsseldorf*, Urt. v. 28.11.1996 – 6 U 11/95 (*„ARAG/Garmenbeck"*) –, ZIP 1997, 27 (31) („Geschäftsmodell").

894 *Berens/Brauner/Strauch*, Due Diligence bei Unternehmensakquisitionen, 2005, S. 13; *Treeck*, in: FS Fikentscher, 1998, S. 434 (434).

895 S. zum Ganzen *BaFin*, Rundschreiben 18/2005 v. 20.12.2005 – MaRisk –, BTO 1.2.1 Abs. 2 u. 3, http://www.bafin.de/rundschreiben/89_2005/051220.htm, (zul. abgerufen am 3.9.2006).

896 S. zum Ganzen *BaFin*, Rundschreiben 18/2005 v. 20.12.2005 – MaRisk –, BTO 1.2.2 Abs. 2, 3 u. 4, http://www.bafin.de/rundschreiben/89_2005/051220.htm, (zul. abgerufen am 3.9.2006). Diese letzte Leitlinie könnte auch bereits dem Verfahren („Wie") der Informationsbeschaffung zugeordnet werden. Aus Gründen der Übersichtlichkeit habe ich mich jedoch auch hier wieder für eine zusammenhängende Darstellung entschieden.

Mit der näheren Präzisierung dieser letzten Standardentscheidung soll nun schließlich auch im Kontext von Kollektiventscheidungen das „Was" der Informationsbeschaffung verlassen und stattdessen eine weitergehende Konkretisierung des oben[897] schon einmal umrisshaft skizzierten Verfahrens („Wie") der Informationsbeschaffung angegangen werden:

(3) Das „Wie" der Informationsbeschaffung in Gremien

Während im Zusammenhang mit Einzelentscheidungen das der Informationsbeschaffung selbst zu Grunde liegende Verfahren als nicht zwingend auch beobachtbar dargestellt und von daher – abgesehen vom Fall der Delegation – auch lediglich eine diesbezügliche Empfehlung ausgesprochen worden ist,[898] ist besagter Vorgang im Kontext von Kollektiventscheidungen demgegenüber wieder sehr wohl einer weitergehenden Konkretisierung zugänglich:

Wie schon erwähnt,[899] findet ein Großteil der Vorbereitung von Kollektiventscheidungen typischerweise außerhalb dieses Gremiums statt, mit der Folge, dass sich die Information des Gesamtorgans dann insgesamt als „zweistufig" darstellt: zunächst Selbstinformation des Ressortverantwortlichen, sodann (selektive) Informationsweitergabe an das Kollektiv. Spätestens diese zweite Phase ist aber wieder ohne weiteres beobacht- und damit auch konkretisierbar.

In den Dienst einer diesbezüglichen Konkretisierung sollen daher nun auch die folgenden Leitlinien gestellt werden:[900]

897 S. § 8 I. 3. c. aa. (1) (S. 231 f.).
898 S. oben unter § 8 I. 3. b. cc. (3) (S. 227).
899 S. oben unter § 8 I. 3. c. aa. (1) (S. 231 f.).
900 Für den atypischen Fall einer gemeinsamen Informationsbeschaffung durch das Kollektiv begnügt sich die vorliegende Darstellung demgegenüber mit einem Verweis auf die zum „Wie" der Informationsabwägung noch aufzustellenden Grundsätze (s. unten unter § 8 I. 3. c. bb. (S. 246 f.)). Haben sich die Vorstandsmitglieder nämlich für eine gemeinschaftliche Entscheidungsvorbereitung im Kollektiv selbst entschieden, so müssen sie auch als solches handeln, das heißt sich – ganz nach den mit dem Kollegialprinzip verbundenen Vorstellungen über eine erhöhte „Ausgewogenheit" bzw. „Richtigkeitsgewähr" – im Wege eines nach außen hin sichtbaren kommunikativen Kontaktes mit ihren verschiedenen Kenntnissen und Ansichten zur Informationsbeschaffung einbringen (vgl. zum Aspekt erhöhter „Ausgewogenheit" sowie zu den Vorteilen des Kollegialprinzips allgemein *Seibt*, in: K. Schmidt/Lutter, AktG, 2008, § 77, Rn. 2 und *Fleischer*, NZG 2003, 449 (458) m.w.N.; den Aspekt erhöhter „Richtigkeitsgewähr" aufgreifend dagegen *v. Werder*, DB 1987, 2265 (2270); vgl. zum „Kommunikationsgesichtspunkt" schließlich *Dose*, Die Rechtsstellung der Vorstandsmitglieder einer Aktiengesellschaft, 1975, S. 116). Unter diesen Umständen weicht das der Informationsbeschaffung dienende Verfahren dann aber auch kaum mehr vom später noch zu erörternden Verfahren der Informationsabwägung ab.

(a) Die „Form“ der Informationsmitteilung an die übrigen Vorstandsmitglieder

Dass es sich bei den den Gesamtvorstand erreichenden Informationen typischerweise allein um die für endscheidungsrelevant befundenen Fakten und damit um bereits analysierte und kommentierte Informationsergebnisse handelt, ist weiter oben schon erwähnt worden.[901] Die Frage ist nun aber, in welcher konkreten „Gestalt“ der zuständige Ressortverantwortliche diese in das Kollektiv einzubringen hat. Zur Beantwortung dieser Frage sei schließlich auf die folgenden allesamt die „Form“ der Informationsmitteilung betreffenden Leitlinien verwiesen:

(1) Grundsätzlich sind den an der Entscheidungsvorbereitung unbeteiligten Vorstandsmitgliedern die entscheidungserheblichen Fakten in Form schriftlicher Sitzungsunterlagen zu kommunizieren.[902]

(2) Umfasste die Entscheidungsvorbereitung die Durchführung einer *Due Diligence*, so ist den einzelnen Organmitgliedern jeweils eine Ausführung der *Executive Summary* zuzuleiten.[903]

(3) Steht die Entscheidung über die Zustimmung zu einem Vertrag an, so sollten die übrigen Vorstandsmitglieder jedenfalls die wichtigsten Bestimmungen und ansonsten eine Zusammenfassung des gesamten Vertragswerkes erhalten.[904]

(4) Darüber hinaus bietet es sich in Bezug auf Spezialfragen bisweilen an, dass der mit der Informationsvorbereitung betraute Ressortverantwortliche während der Sitzung des Kollektivs entweder selbst referiert oder aber gezielt aus den Reihen seiner Mitarbeiterstäbe bzw. auch von professionellen Beratern vortragen lässt.[905]

Die Versorgung der übrigen Vorstandsmitglieder mit schriftlich fixierten Informationen ist bereits aus Beweissicherungsgründen zu empfehlen. Darüber hinaus gewährleisten schriftliche Mitteilungen im Allgemeinen aber auch eine bessere Informationsaufnahme, indem sie deren Adressaten die Möglichkeit eröffnen, die entsprechenden Fakten in der jeweils individuell bevorzugten Art und Weise – vor allem in dem konkret bevorzugten Tempo – aufzunehmen und zu verarbeiten. Nicht zuletzt bieten schriftliche Darstellungen auch in verstärktem Maße Gelegenheit zur Selbstkontrolle für den mit der Entscheidungsvorbereitung betrauten Ressortverantwortlichen.

901 S. § 8 I. 3. c. aa. (1) (S. 232).

902 So auch *Mutschler/Mersmann*, DB 2003, 79 (82) im Kontext von Unternehmenskäufen. Vgl. darüber hinaus *Hauschka*, AG 2004, 461 (476).

903 S. bereits oben unter § 8 I. 3. c. aa. (2) (a) (S. 238).

904 S. insofern vor allem den entsprechenden US-amerikanischen Grundsatz oben unter § 3 III. 3. b. (S. 84). Vgl. darüber hinaus aber auch *Eschenbruch*, Konzernhaftung, 1996, Rn. 4072; *Kiethe*, NZG 1999, 976 (983) sowie *Werner*, ZIP 2000, 989 (995) (jeweils im Zusammenhang mit Akquisitionsentscheidungen).

905 Vgl. auch hierzu wieder die US-amerikanische Rechtslage oben unter § 3 III. 3. b. (S. 84) sowie *Mutschler/Mersmann*, DB 2003, 79 (82) (im Kontext von Unternehmenskäufen).

(b) Der Zeitpunkt der Informationsmitteilung an die übrigen Vorstandsmitglieder

Bleibt als letzter Aspekt der Informationsmitteilung an die übrigen Vorstandsmitglieder noch der insofern relevante Zeitpunkt anzusprechen.

Diesbezüglich gilt, dass die übrigen Vorstandsmitglieder nicht nur bereits bei Einberufung der Vorstandssitzung – etwa durch gleichzeitige Übermittlung einer Tagesordnung[906] – über die jeweiligen Abstimmungsgegenstände zu informieren sind.[907] Vielmehr sind ihnen auch die die entscheidungserheblichen Fakten enthaltenden schriftlichen Sitzungsunterlagen, insbesondere etwaige Vertragsauszüge bzw. –zusammenfassungen, mit einem angemessenen Vorlauf von etwa einer Woche zuzuleiten.[908] Eine Ausnahme von diesen Grundsätzen kommt allein für den Fall von Krisensitzungen in Betracht,[909] die unter hohem nicht selbst erzeugtem Zeitdruck einberufen worden sind.

Eine solchermaßen frühzeitige Informationsversorgung eröffnet den einzelnen Vorstandsmitgliedern schließlich die Möglichkeit, sich zunächst alleine – das heißt vor allem noch ohne unmittelbare Einflussnahme von Seiten ihrer Kollegen – kritisch mit den entscheidungsrelevanten Fakten auseinander zu setzten[910] und gegebenenfalls bereits im Vorhinein diesbezügliche Fragen zu klären.[911] Damit einhergehend ist zudem auch die Gefahr einer „Überrumpelung" durch den Initiator[912] der unternehmerischen Entscheidung gebannt.

Nachdem mit dem vorstehend Gesagten der Prozess der Informationsbeschaffung im Kollektiv einer näheren Konkretisierung unterzogen worden ist, soll es im Folgenden noch kurz um den sich daran anschließenden Vorgang der Informationsabwägung gehen.

906 Die Aufstellung einer aussagekräftigen Tagesordnung fordernd auch *Hauschka*, AG 2004, 461 (476).

907 S. hierzu wieder den entsprechenden US-amerikanischen Grundsatz oben unter § 3 III. 3. b. (S. 84). Für das deutsche Recht so auch *Kort* in Großkomm. AktG, 2003, § 77, Rn. 9.

908 Vgl. auch insofern die US-amerikanische Rechtslage (§ 3 III. 3. b. (S. 84)). Vgl. darüber hinaus *Hauschka*, AG 2004, 461 (476).

909 Vgl. *Hauschka*, AG 2004, 461 (476).

910 S. sogar zur „Pflicht persönlicher Urteilsbildung" im Sitzungsvorfeld – wenn auch bezogen auf Aufsichtsratsmitglieder – *Vetter*, DB 2004, 2623 (2624). Vgl. des Weiteren *Krieger*, Personalentscheidungen des Aufsichtsrats, 1981, S. 31 und *v. Werder*, DB 1987, 2265 (2270).

911 Vgl. *Hauschka*, AG 2004, 461 (476).

912 S. dazu, dass Gesamtvorstandsentscheidungen nicht nur im jeweils sachnahen Ressort vorbereitet zu werden pflegen, sondern vielfach zugleich auch dort ihren Ursprung nehmen, bereits oben unter § 8 I. 3. c. aa. (1) (S. 231, Fn. 835).

bb. Konkretisierung in Bezug auf die Informationsabwägung

Genauso wie die Leitlinien bereits im Zusammenhang mit dem „Wie" der Informationsbeschaffung daran orientiert waren, die Voraussetzungen für einen jeweils eigenständigen Bewertungsvorgang zu schaffen, gilt es auch im Kontext der auf die eigentliche Beschlussfassung hinauslaufenden Informationsabwägung zu gewährleisten, dass sich diese letztlich nicht in einem bloß formalen Akt der billigenden Übernahme von Vorschlägen Einzelner erschöpft, sondern vielmehr den mit dem Kollegialprinzip verbundenen Vorstellungen bezüglich einer erhöhten „Ausgewogenheit" und „Richtigkeitsgewähr" von unter Mitwirkung mehrerer getroffenen Entscheidungen gerecht wird.[913]

Daher vermag gleichsam als zentrale Leitlinie für das – im Rahmen der Verfahrenskontrolle einzig zu überprüfende[914] – „Verfahren" der Informationsabwägung im Kollektiv festgestellt zu werden, dass sich die einzelnen Vorstandsmitglieder während der Beratung allesamt möglichst aktiv einzubringen und sachkundig die bestehenden Handlungsalternativen zu erwägen haben.[915] Eine Einschränkung von diesem Grundsatz vermag auch hier wieder allein für den Fall von unter hohem nicht selbst erzeugtem Zeitdruck einberufenen Krisensitzungen in Betracht zu kommen.[916] Grundlos überstürzte Entscheidungen gilt es demgegenüber unbedingt zu vermeiden.[917]

cc. Zusammenfassung

Zusammenfassend lässt sich der abstrakte Überprüfungsmaßstab der „Rückführbarkeit des Entscheidungsverfahrens auf vernünftige unternehmerische Erwägungen" in Bezug auf Kollektiventscheidungen also wie folgt konkretisieren:

Mit Blick auf die „Informationsdichte" kann als Ausgangspunkt festgehalten werden, dass die bereits im Zusammenhang mit Einzelentscheidungen aufgestellten Kriterien und Leitlinien im Grundsatz auch hier zur Anwendung gelangen. Die wenigen Besonderheiten betreffen insofern zum einen das Kriterium der *Art* und *Bedeutung* der unternehmerischen Entscheidung, dem im Kontext von Kollektiventscheidungen in aller Regel besonderes Gewicht beizukommen pflegt, und zum anderen das jeweils unterschiedliche Informationsniveau der einzelnen Vorstandsmitglieder im praktisch relevanten und daher auch hier in den Vordergrund gestellten

913 S. dazu bereits oben unter § 8 I. 3. c. aa. (3) (S. 243, Fn. 900).

914 S. oben unter § 8 I. 3. a. (S. 216).

915 S. hierzu wiederum den entsprechenden US-amerikanischen Grundsatz oben unter § 3 III. 3. b. (S. 84). Vgl. des Weiteren *Dose*, Die Rechtsstellung der Vorstandsmitglieder einer Aktiengesellschaft, 1975, S. 119; *Großmann*, Unternehmensziele im Aktienrecht, 1980, S. 168; *Hauschka*, AG 2004, 461 (476) sowie *v. Werder*, DB 1987, 2265 (2270).

916 Vgl. *Hauschka*, AG 2004, 461 (476).

917 S. auch hierzu die vergleichbare Rechtslage in den USA oben unter § 3 III. 3. b. (S. 84).

Fall der Entscheidungsvorbereitung unter teilweiser Delegation an das sachlich zuständige Ressort. Dieser letzte Aspekt ist dabei auch sogleich zum Anlass für eine weitere Empfehlung betreffend die Einführung eines „Vier-Augen-Prinzips" genommen worden.[918]

Im Rahmen der Präzisierung der erforderlichen „Informationsart" für bestimmte Standardentscheidungen ist zunächst für Maßnahmen aus dem M&A-Bereich, genauer für Entscheidungen zur Durchführung eines Unternehmenskaufs, festgestellt worden, dass der Vorstand der erwerbenden Gesellschaft insofern grundsätzlich eine *Due Diligence* vorzunehmen hat.[919] Im Einzelnen spielen dabei vor allem die in der Praxis entwickelten und stets auf den konkreten Fall anzupassenden Checklisten sowie die Reichweite der vom Vorstand der Zielgesellschaft abzugebenden Vollständigkeitserklärung eine wichtige Rolle. Zwingt entweder der zeitliche Rahmen der Akquisition oder auch die ablehnende Haltung des Vorstands der Zielgesellschaft zu Abstrichen bezüglich des Umfangs der *Due Diligence*, so ist zumindest auf die Vereinbarung entsprechender Garantien hinzuwirken. Erst wenn dem Vorstand der erwerbenden Gesellschaft auch dies nicht gelingt, die infrage stehenden und zudem nicht anderweitig beschaffbaren Informationen aber von entscheidender Bedeutung für die Erreichung des Akquisitionsziels sind bzw. das betreffende Prüfungsgebiet ein hohes Risikopotential aufweist, sollte von der Akquisition Abstand genommen werden.[920] Im Fall (nahezu) vollständiger Delegation der *Due Diligence* an nachgeordnete Mitarbeiter hat der mit der Entscheidungsvorbereitung betraute Ressortverantwortliche diese jedenfalls noch zu überwachen sowie den *Due Diligence Report* zu lesen. An die übrigen Vorstandsmitglieder ist dagegen lediglich die vergleichsweise knappere *Executive Summary* weiterzuleiten.[921]

Vor der Einführung einer neuen Produktlinie, als zweite der näher betrachteten Standardentscheidungen, ist dem Vorstand demgegenüber aufzugeben, anhand von Absatzprognosen, Konsumentenurteilen und – vermittels Produkt-, Laden- und Markttests erhobenen – Kaufverhaltensdaten eine möglichst genaue Einschätzung der künftigen Erfolgsträchtigkeit der Produktlinie vorzunehmen.[922]

Zur näheren Präzisierung von Kreditbewilligungen erheblichen Umfangs empfiehlt es sich, diesbezügliche Leitlinien aus dem Kreditwesengesetz bzw. genauer aus den erst kürzlich von der *BaFin* veröffentlichten MaRisk abzuleiten.[923] Für Projektfinanzierungen bedeutet dies, dass der Vorstand zum einen in Bezug auf die Person des Kreditnehmers dessen finanzielle Lage, unternehmerischen Fähigkeiten sowie dessen Integrität zu überprüfen und zum anderen in Bezug auf das zu finanzierende Projekt Informationen über die wirtschaftliche, technische und rechtliche

918 Der Aspekt der „Informationsdichte" wird oben unter § 8 I. 3. c. aa. (1) (S. 231 f.) dargestellt. S. zu den beiden Varianten der Entscheidungsvorbereitung im Zusammenhang mit Kollektiventscheidungen dagegen vor allem § 8 I. 3. c. aa. (3) (S. 243 f., Fn. 900).

919 S. § 8 I. 3. c. aa. (2) (a) (S. 235).

920 S. die Zusammenstellung von Leitlinien oben unter § 8 I. 3. c. aa. (2) (a) (S. 236 f.).

921 S. § 8 I. 3. c. aa. (2) (a) (S. 238 f.).

922 S. § 8 I. 3. c. aa. (2) (b) (S. 238).

923 S. § 8 I. 3. c. aa. (2) (c) (S. 239 ff.).

Durchführbarkeit einzuholen hat. Bei besonders großen Engagements kann dies sogar die Durchführung einer *Due Diligence* erfordern. Darüber hinaus gilt es nicht nur die Werthaltigkeit, sondern auch den Bestand der vereinbarten Sicherheiten zu überprüfen. All diese Aspekte sind im Rahmen einer laufenden Kreditbeziehung grundsätzlich einmal pro Jahr einer erneuten Beurteilung zu unterziehen, es sei denn dem Vorstand werden bereits früher Informationen bekannt, die auf eine wesentliche negative Änderung der Risikoeinschätzung des Engagements oder der Sicherheiten hindeuten.[924]

Nicht mehr bezogen auf das „Was", sondern vielmehr schon auf das „Wie" der Informationsbeschaffung galt es schließlich noch, die „Form" und den Zeitpunkt der Informationsmitteilung an die übrigen Vorstandsmitglieder zu konkretisieren:[925] Insofern verdient vor allem festgehalten werden, dass die übrigen Organmitglieder nicht nur bereits bei Einberufung der Vorstandssitzung – etwa durch Zusendung einer Tagesordnung – über die jeweiligen Abstimmungsgegenstände zu informieren sind, sondern dass ihnen auch die vom zuständigen Ressort zusammenzustellenden schriftlichen Sitzungsunterlagen[926] stets mit einem angemessenen Vorlauf von etwa einer Woche zuzuleiten sind – es sei denn die äußeren Umstände zwingen zur kurzfristigen Einberufung einer Krisensitzung.

Was schließlich den Vorgang der Informationsabwägung anbelangt, so kann als essentiell befunden werden, dass sich auch die übrigen Vorstandsmitglieder allesamt möglichst aktiv in die Beratung einbringen und sachkundig die bestehenden Handlungsalternativen erwägen. Grundlos überstürzte Entscheidungen sind unbedingt zu vermeiden.[927]

Abschließend gilt es schließlich noch einmal zu betonen, dass die sowohl zu Einzel- als auch zu Kollektiventscheidungen entwickelten Kriterien und Leitlinien stets nur eine Richtschnur vorgeben können und darüber hinaus auch nur in ihrer Gesamtschau zu Grunde gelegt werden sollten. Mit anderen Worten folgt aus der Nichtbeachtung einer einzigen Leitlinie nicht sogleich auch zwingend die Annahme eines Verfahrensdefizites.

d. Fazit

Bevor es sogleich um Fragen zu Auswirkung und Heilung von Verfahrensdefiziten gehen wird, verdienen zuvor noch kurz zwei miteinander stark verwobene Aspekte zum Verfahrenserfordernis insgesamt angesprochen zu werden:

Der erste betrifft dabei zunächst den im Kontext der Darlegungs- und Beweislast[928] sowie des Merkmals der „unternehmerischen Entscheidung"[929] schon einmal

924 S. die Zusammenstellung von Leitlinien oben unter § 8 I. 3. c. aa. (2) (c) (S. 241 f.).
925 S. § 8 I. 3. c. aa. (3) (a) und (b) (S. 244 ff.).
926 S. zu deren Inhalt oben unter § 8 I. 3. c. aa. (3) (a) (S. 244 f.).
927 S. § 8 I. 3. c. bb. (S. 246 f.).
928 S. oben unter § 6 IV. 2. (S. 169).

angesprochenen, in der Praxis aber vor allem im Zusammenhang mit dem Verfahrenserfordernis beklagten, Anstieg des Dokumentationsaufwandes:[930]

Dass der Dokumentationsaufwand mit der Kodifikation des Geschäftsleiterermessens nicht nur in Bezug auf das Merkmal der „unternehmerischen Entscheidung" bzw. dort mit Blick auf den Nachweis einer „bewussten" Entscheidung, sondern vor allem auch in Bezug auf die verfahrensmäßigen Anforderungen insgesamt forciert worden ist, kann wohl kaum bestritten werden.[931] Andererseits darf aber auch nicht außer Acht gelassen werden, dass es sich hierbei dem Grunde nach allein um einen faktischen, nicht aber zugleich auch um einen rechtlich bedingten Anstieg handelt: Die verfahrensbezogene Sorgfaltspflicht stellt schließlich kein mit dem UMAG erst ins Leben gerufenes juristisches Novum dar. Vielmehr ist seit jeher anerkannt, dass der Vorstand nicht nur in Bezug auf den Entscheidungsinhalt, sondern auch schon im Hinblick auf das insofern zu Grunde liegende Verfahren zur Sorgfalt verpflichtet ist.[932] Vor allem mit Blick auf die Verteilung der Darlegungs- und Beweislast trifft den Vorstand daher also auch schon seit jeher eine diesbezügliche Dokumentationsobliegenheit.[933] Dass der Vorstand dieser althergebrachten Obliegenheit künftig voraussichtlich mehr Aufmerksamkeit schenken wird, ist folglich allein auf die mit dem UMAG einhergehende Aktualisierung der aktienrechtlichen Organhaftung an sich zurückzuführen.

Darüber hinaus verdient in diesem Zusammenhang aber auch zugleich noch herausgestellt zu werden, dass der Vorstand diesem Dokumentationsaufwand nunmehr praktisch auch gerecht zu werden imstande ist. Schließlich ist mit dem UMAG nicht nur eine Aktualisierung, sondern zugleich auch eine – hoffentlich fortschreitende – Konkretisierung der Haftung in Gang gesetzt worden. Sieht sich der Vorstand folglich nunmehr zunehmend konkreteren Anforderungen gegenüber, dann kann aber auch von ihm erwartet werden, dass er diesen Anforderungen einschließlich des damit einhergehenden Dokumentationsaufwandes auch Genüge tut.

Mit dem vorangehenden Absatz ist schließlich zugleich auch schon der zweite der noch zu erwähnenden Aspekte angesprochen worden – und zwar die mit der Etablierung von Kriterien und Leitlinien zwangsläufig verbundene teilweise Formalisierung der Verfahrensanforderungen. Auch wenn besagte Kriterien und Leitlinien gerade keine starren Pflichten aufstellen, so fügen sie sich aber gleichwohl in gewisser Weise zu einem formalisierten Verfahren zusammen, dem der Vorstand zur Haf-

929 S. oben unter § 7 I. 2. d. (S. 179 f.).

930 S. etwa die *DSW* in ihrer Stellungnahme zum UMAG-RefE, http://www.dsw-info.de/uploads/media/DSW-Stellungnahme-UMAG.pdf, S. 2 (zul. abgerufen am 1.5.2008).

931 So auch *Brömmelmeyer*, WM 2005, 2065 (2067); *Göz/Holzborn*, WM 2006, 157 (158); *Weiss/Buchner*, WM 2005, 162 (165). Eine Dokumentation in Bezug auf das Entscheidungsverfahren empfehlend auch *Hüffer*, AktG, 2008, § 93, Rn. 4g.

932 S. bereits oben unter § 8 (S. 202, Fn. 728).

933 S. *Thümmel*, Persönliche Haftung, 2003, Rn. 172. Vgl. des Weiteren die aus der Praxis der Unternehmen stammende Anregung eines diesbezüglichen ergänzenden Grundsatzes ordnungsmäßiger Unternehmensleitung (GoU) in *v. Werder/Maly/Pohle/Wolff*, DB 1998, 1193 (1198).

tungsvermeidung teilweise vielleicht auch allzu pauschal Folge zu leisten bereit sein wird. Schließlich ist zu erwarten, dass sich der in den USA heute schon geltende Grundsatz „je fundierter der Entscheidungsprozess, desto geringer die sachliche Prüfung der Entscheidungsgrundlagen[934] und erst recht des Entscheidungsinhaltes" auch in Deutschland schnell etablieren wird.[935] Auch wenn die Begründung zum UMAG-Gesetzesentwurf Tendenzen zu einer „Verrechtlichung unternehmerischer Entscheidungen", insbesondere eine „rein formale Absicherung" durch routinemäßiges Einholen von Sachverständigengutachten, Beratervoten oder externen Marktanalysen beständig von sich zu weisen bemüht ist,[936] wird ein gewisser Grad an Formalismus in der Praxis also nicht zu verhindern sein.[937]

Andererseits stehen dem an sich aber auch gar keine grundlegenden Bedenken gegenüber: Genauso wie mit einem gesteigerten Dokumentationsaufwand für den Vorstand selbst der ihn vor einer Haftung bewahrende Aspekt der Beweissicherung und für die Gesellschaft zudem die Vorteile einer „erhöhten Bewusstseinsbildung" und damit einer „gesteigerten Richtigkeitsgewähr" verbunden sind,[938] so weist auch ein gewisser Grad an Formalismus durchaus nicht zu unterschätzende Vorzüge auf, die das Schreckgespenst der „Verrechtlichung unternehmerischer Entscheidungen" in seine Schranken zu weisen imstande sind:

Einer davon lässt sich schließlich mit dem aus dem US-amerikanischen Erfahrungsschatz stammenden Begriff des *sugarcoating*[939] schlagwortartig zusammenfassen: Fordern Vorstandsmitglieder von Kollegen oder nachgeordneten Mitarbeitern bestimmte Informationen ein, so können sie dies nun unter Berufung auf ihr anderenfalls drohendes Haftungsrisiko tun. Die solchermaßen angerufenen Kollegen bzw. Mitarbeiter werden dann wesentlich eher geneigt sein, die angeforderten Informationen vollumfänglich zu gewähren, als wenn die Nachfrage zwangsläufig nur den Eindruck von Misstrauen erwecken muss.[940]

934 Vgl. *Kock/Dinkel*, NZG 2004, 441 (448).

935 Vgl. hierzu bereits jetzt die folgende Aussage *Hauschkas*` in AG 2004, 461 (465): „Wer auf der Basis umfassend recherchierter, als gesichert angesehener und dokumentierter Grundlage dann aus rückwirkender Betrachtung unverschuldet falsch entscheidet, wird dem Privileg des „management is allowed to fail" unterfallen, ohne dass jede leitende Tätigkeit unmöglich wäre. Wer seine ursprünglichen Überlegungen nach Schadenseintritt nicht belegbar und nachvollziehbar darlegen kann, den trifft die volle Härte der eingangs erwähnten Beweislast.".

936 Begr. UMAG-GesetzesE, BT-Drs. 15/5092 v. 14.3.2005, S. 11, 12.

937 Vgl. auch hierzu schon jetzt die weitere Aussage *Hauschkas*` in AG 2004, 461 (466): „An die Qualität zu treffender Entscheidungen werden zutreffend mehr oder weniger formale Anforderungen gestellt.".

938 S. schon oben unter § 6 IV. 2. (S. 169) sowie unter § 7 I. 2. d. (S. 179).

939 *Stout*, 96 Nw. U. L. Rev. (2002) 675, 690.

940 *Stout*, 96 Nw. U. L. Rev. (2002) 675, 690: "The rule does this by giving a director an independent reason for asking questions and demanding further information – in other words, a reason other than pure distrust. In effect, it allows a director to say to the CEO: "It`s not that I doubt your judgment. It`s just that to protect myself, I must know all the facts." […] allowing directors to "sugarcoat" their demands […]". S. auch *Brömmelmeyer*, WM 2005, 2065 (2070).

Vor allem geht von einem in gewissem Maße formalisierten Verfahren aber eine nicht unbeträchtliche Transparenz bzw. Rechtssicherheit sowohl für den Handelnden als auch für den Überprüfenden aus – womit wir auch gleichsam am „springenden Punkt" angelangt wären: Ein gewisser Grad an Formalisierung schafft gerade die Voraussetzungen dafür, der aktienrechtlichen Organhaftung – wie als Ziel der vorliegenden Arbeit proklamiert – ein Mehr an operationalem Gehalt zu verleihen.[941]

Vor diesem Hintergrund bleibt als Fazit festzuhalten, dass weder eine Erhöhung des Dokumentationsaufwandes noch eine sich in gewissen Maßen einstellende Formalisierung dazu geeignet sind, die entwickelten Kriterien und Leitlinien infrage zu stellen. Stattdessen sind sie die durch das UMAG aktualisierte aktienrechtliche Organhaftung gerade zu operationalisieren bzw. insgesamt zu einer guten *Corporate Governance* beizutragen imstande.

II. Auswirkung und Heilung von Verfahrensdefiziten

Wie bereits angekündigt, soll es nun im Folgenden um – in deutschen Fachkreisen so bisher noch nicht behandelte – Fragen bezüglich Auswirkung und Heilung von Verfahrensdefiziten gehen.

Was dabei den Aspekt der „Auswirkung" anbelangt, so wird dieser allerdings erst im Zusammenhang mit Kollektiventscheidungen virulent,[942] denn nur dort ist nicht von vornherein ersichtlich, ob sich das Verfahrensdefizit eines Einzelnen zugleich auch maßgeblich auf die Entscheidung des gesamten Kollektivs ausgewirkt hat. Den

941 Dennoch gegen eine solche „formale Betrachtung" *Kinzl,* DB 2004, 1653 (1654), der insofern vor allem auf den fehlenden unmittelbaren Zusammenhang zwischen effizienter unternehmerischer Entscheidung und zur Verfügung stehender Information hinweist. Vor dem Hintergrund, dass diesem Einwand – wie auch schon oben unter § 8 I. 1. b. ee. (S. 211) erwähnt – letzten Endes nicht vollends die Berechtigung abgesprochen werden kann, wäre der von *Kinzl* selbst stattdessen präferierte materielle Ansatz m.E. aber erst recht verfehlt, indem dieser letztlich sogar die Zugrundelegung aller oder zumindest nahezu aller wesentlichen Informationen erfordert. Zudem bleibt *Kinzl* eine Antwort auf die Frage schuldig, wie insofern bestimmt werden soll, welche Informationen wesentlich und daher unbedingt herbeizuschaffen sind und welche nicht. Den schlagenden Einwand gegen seine Ansicht liefert *Kinzl* aber schließlich zuletzt noch selbst, indem er – wie die vorliegende Darstellung auch – in Aussicht stellt, die Vorstandsmitglieder würden sich in der Praxis allerdings ohnehin eher um eine formale Absicherung als den potenziell sichereren Weg bemühen, und damit die von ihm kritisierte „formale Betrachtung" im Grunde selbst als der von ihm präferierten Methode praktisch überlegen entlarvt.

942 S. insofern unten unter § 8 II. 2. a. (S. 279 ff.).

Aspekt der Heilung durch „Genehmigung" gilt es dagegen auch bereits im Kontext von Einzelentscheidungen zu beachten.

Bevor es jedoch hier wie dort vor allem um Fragen zur Rechtsnatur einer solchen „Genehmigung" bzw. zum „genehmigungsfähigen Organ" geht, soll zunächst einmal die generelle Überlegung angestellt werden, warum es überhaupt als angemessen zu beurteilen ist, bezogen auf das Verfahrenserfordernis eine Art „Nachbesserungsmöglichkeit" zu eröffnen:

Als maßgeblich kann insofern vor allem die den Aspekt der „Richtigkeitsgewähr" betreffende Funktion des Verfahrenserfordernisses erachtet werden: Wie bereits angesprochen,[943] offeriert das Verfahrenserfordernis bezogen auf den Inhalt einer unternehmerischen Entscheidung eine Art „Beurteilungshilfe" dergestalt, dass eine ordnungsgemäß durchgeführte Entscheidungsvorbereitung – zusammen mit der Loyalität des Entscheidungsträgers – zugleich auch die Gewähr dafür bietet, dass der Inhalt der auf dieser Grundlage gefällten Entscheidung der „Sorgfalt eines ordentlichen und gewissenhaften Geschäftsleiters" entspricht. Auf eine – wie bereits ausgeführt[944] – praktisch kaum zu bewältigende Eigenbeurteilung des Entscheidungsinhaltes anhand des Maßstabs von § 93 Abs. 1 S. 1 AktG kann dann zu Gunsten einer Beurteilung lediglich der „Rückführbarkeit des Entscheidungsinhaltes auf rationale unternehmerische Erwägungen"[945] verzichtet werden.

Was nun die Berechtigung einer Heilung von Verfahrensdefiziten anbelangt, so kann es für die eben beschriebene Schlussfolgerung im Grunde keinen Unterschied machen, ob sich der Entscheidungsinhalt von Anfang an auf ein den Anforderungen von § 93 Abs. 1 S. 2 AktG genügendes Verfahren stützen lässt oder ob die Entscheidung auf der Grundlage eines denselben Anforderungen gerecht werdenden nachgeholten Verfahrens bestätigt worden ist. Vielmehr kann – nicht zuletzt mit Blick auf die eigenen Haftungsrisiken des „genehmigenden" Organs[946] – in beiden Fällen gleichermaßen auf die dem Verfahrenserfordernis immanente „Richtigkeitsgewähr" vertraut werden. Wenn nun aber in beiden Fällen ein gleichermaßen berechtigtes Vertrauen auf die Entscheidungsgrundlage besteht, dann erscheint es vor dem Hintergrund der mangelnden praktischen Handhabbarkeit des strengen an § 93 Abs. 1 S. 1 AktG orientierten Überprüfungsmaßstabs nun aber geradezu geboten, zu Gunsten einer Anwendbarkeit des abgemilderten Überprüfungsmaßstabs des § 93 Abs. 1 S. 2 AktG die Heilung von Verfahrensdefiziten grundsätzlich zuzulassen.

Die Möglichkeit einer Heilung von Verfahrensdefiziten erweist sich im Ergebnis also nicht nur als angemessen, sondern darüber hinaus sogar als aus teleologischer Sicht geradezu geboten. Der Vollständigkeit halber sei zudem darauf verwiesen,

943 S. oben unter § 8 (S. 202).

944 Vgl. hierzu vor allem oben unter § 4 I. 2. c. (S. 103 f.) und d. (S. 105).

945 S. zum abstrakten inhaltsbezogenen Überprüfungsmaßstab noch eingehend unten unter § 9 II. 2. (S. 326 ff.).

946 Vgl. dazu, dass das die Entscheidung nachträglich „absegnende" Organ vor dem Hintergrund eigener Haftungsrisiken insofern auch nicht etwa allzu leichtfertig von der Möglichkeit der „Genehmigung" Gebrauch machen wird, weiter unten unter § 8 II. 1. b. cc. (1) (S. 266 f.) sowie (3) (c) und (d) (S. 270 ff.).

dass eine solche Heilungsmöglichkeit rechtsvergleichend gleichsam ihre Bestätigung erfährt.[947]

1. *Einzelentscheidungen*

Nachdem mit dem vorstehend Gesagten also erst einmal generell ein Bedürfnis für die hier zu behandelnden Heilungsmöglichkeiten aufgezeigt worden ist, soll nun im Folgenden – zunächst für Einzelentscheidungen[948] – geklärt werden, ob bzw. wie sich das Institut der Heilung von Verfahrensdefiziten in die Dogmatik des aktienrechtlichen Regelwerks einpassen bzw. sodann gegebenenfalls auch ausformen lässt. Als Anknüpfungspunkt für eine solche dogmatische Einpassung soll hier das „Prinzip gegenseitiger Überwachung" als eine der beiden Ausprägungen des insofern übergeordneten „Grundsatzes der Gesamtverantwortung" dienen.[949]

a. Das „Prinzip gegenseitiger Überwachung"

Während dem „Grundsatz der Gesamtverantwortung" ganz generell der aus § 76 Abs. 1 AktG herauslesbare Gedanke zu Grunde liegt, dass zumindest ein gewisser „Kernbereich" der Geschäftsführung der Gesamtverantwortung des Kollektivs überantwortet bleiben muss,[950] sucht das – in seinen konkreten Anforderungen und Konsequenzen allerdings noch nicht vollends ausgeleuchtete[951] – „Prinzip gegenseitiger Überwachung" diesen Grundgedanken nun für den Fall erfolgter vorstandsinterner Delegation[952] zu präzisieren:[953] Im Einzelnen soll dem „Kernbereichsgedanken" hier

947 S. insofern zur US-amerikanischen Rechtslage bereits oben unter § 3 III. 3. c. (S. 85 f.).

948 S. zum Begriff der „Einzelentscheidung" bereits oben unter § 8 I. 3. b. (S. 216).

949 S. hierzu bereits oben unter § 8 I. 3. b. bb. (S. 217, Fn. 785).

950 Ähnlich *Martens*, in: FS Fleck, 1988, S. 191 (194). S. hierzu auch noch einmal weiter unten unter § 8 II. 1. b. cc. (3) (c) (cc) (S. 275 f.).

951 Diesen Eindruck bestätigend: *Heimbach/Boll*, VersR 2001, 801 (801). S. darüber hinaus auch *Hoffmann-Becking*, ZGR 1998, 497 (512 f.), nach dem die Probleme dieses allgemein anerkannten und „unbestreitbar richtigen" Grundsatzes in seiner konkreten Anwendung lägen. Vgl. ebenso *Fleischer*, in: Handbuch des Vorstandsrechts, 2006, § 8, Rn. 1, wonach die dogmatische Durchdringung der organschaftlichen Überwachungspflichten insgesamt noch wenig entwickelt sei.

952 S. zu den verschiedenen Ausformungen einer solchen Delegation bereits oben unter § 8 I. 3. b. aa. (S. 216).

953 Im Gegensatz dazu betrifft das „Prinzip der Gesamtleitung" – wie bereits ausgeführt – die vorgelagerte Frage, welche der Geschäftsführungsaufgaben überhaupt delegiert werden dürfen. S. zu der – im Detail nicht unumstrittenen – Ableitung des „Grundsatzes der Gesamtverantwortung" aus § 76 I AktG bereits oben unter § 8 I. 3. b. bb. (S. 217, Fn. 785). In diesem Zusammenhang ist insbesondere schon angedeutet worden, dass *Fleischer* (Handbuch des Vorstandsrechts, 2006, § 8, Rn. 6 bzw. NZG 2003, 449 (449 f.)) allein das dem „Grundsatz der Gesamtverantwortung" unterfallende „Prinzip der Gesamtleitung" in dieser Vorschrift

dadurch Rechnung getragen werden, dass selbst zulässigerweise an einzelne Vorstandsmitglieder delegierte Geschäftsführungsaufgaben nie vollends der Gesamtverantwortung des Kollektivs entzogen werden können. Vielmehr „verjüngt" sich die Gesamtverantwortung hier zu einer Pflicht, die Geschäftsführung der Vorstandskollegen im Sinne einer „organinternen Selbstkontrolle"[954] fortlaufend zu beobachten.[955] Um dieser Überwachungsaufgabe praktisch gerecht werden zu können, steht den einzelnen Vorstandsmitgliedern ein Informationsanspruch betreffend die Geschäftsführung der jeweils anderen Ressorts zu.[956] Gleichsam als Kehrseite dieses Anspruchs trifft jedes Vorstandsmitglied eine auf die Vorgänge in seinem eigenen Ressort bezogene Berichtspflicht.[957]

verankert wissen will. Das „Prinzip gegenseitiger Überwachung" leite sich nach *Fleischer* demgegenüber aus der Organstellung der Vorstandsmitglieder ab. Aufgrund des bezeichneten gemeinsamen Grundgedankens spricht m.E. im Ergebnis allerdings mehr für eine einheitliche Ableitung aus § 76 I AktG. Schließlich wird auch die Ansicht, nach der § 76 AktG historisch bedingt von vornherein nur das Verhältnis des Vorstands ggü. den beiden anderen Organen Aufsichtsrat und Hauptversammlung, nicht aber zugleich auch die organinterne Verteilung von Einfluss und Verantwortung zu regeln bestimmt sei, heute kaum noch vertreten (so wohl im Wesentlichen nur noch *Hoffmann-Becking* in ZGR 1998, 497 (506 f.) sowie in NZG 2003, 745 (747)).

954 Spindler/Stilz/*Fleischer*, AktG, 2007, § 77, Rn. 48; MünchKommAktG/*Hefermehl/Spindler*, 2004, § 77, Rn. 28; *Fleischer*, NZG 2003, 449 (452). Vgl. auch *Hüffer*, AktG, 2008, § 77, Rn. 15 („Pflicht des Kollegialorgans zur Selbstkontrolle"); *Kort* in Großkomm. AktG, 2003, § 77, Rn. 30 („Pflicht des Kollegialorgans „Vorstand" zur Selbstkontrolle"); *Oltmanns*, in: Heidel, Aktienrecht, 2007, § 77, Rn. 9 („Pflicht des Gesamtvorstandes zur Selbstkontrolle"). Gleichbedeutend wird insofern teilweise auch etwa von einer „allgemeinen Aufsichtspflicht" bzw. „allgemeinen Überwachungspflicht" gesprochen: *BGH*, Urt. v. 15.10.1996 – VI ZR 319/95 –, BGHZ 133, 370 (378) = NJW 1997, 130 (132) („gewisse Überwachungspflichten" – allerdings zur vergleichbaren Lage in der GmbH); *OLG Hamburg*, Urt. v. 18.2.2000 – 11 U 213/98 –, AG 2001, 141 (144) („allgemeine Aufsichts- und Überwachungspflicht"); *LG Berlin*, Urt. v. 3.7.2002 – 2 O 358/01 –, AG 2002, 682 (684) („Überwachungspflichten").

955 Vgl. Spindler/Stilz/*Fleischer*, AktG, 2007, § 77, Rn. 48; MünchKommAktG/*Hefermehl/Spindler*, 2004, § 77, Rn. 28, § 93, Rn. 71; *Kort* in Großkomm. AktG, 2003, § 77, Rn. 37; *Oltmanns*, in: Heidel, Aktienrecht, 2007, § 77, Rn. 9; *Fleischer*, in: Handbuch des Vorstandsrechts, 2006, § 8, Rn. 3, 10; *Wiesner*, in: Münchener Handbuch des Gesellschaftsrechts, Bd. 4, 2007, § 22, Rn. 15; *Bezzenberger*, ZGR 1996, 661 (671); *Fleischer*, NZG 2003, 449 (452); *Hoffmann-Becking*, NZG 2003, 745 (747); *U.H. Schneider*, DB 1993, 1909 (1912).

956 Spindler/Stilz/*Fleischer*, AktG, 2007, § 77, Rn. 48; *Kort* in Großkomm. AktG, 2003, § 77, Rn. 35, 37; *Fleischer*, in: Handbuch des Vorstandsrechts, 2006, § 8, Rn. 3, 10; *Wiesner*, in: Münchener Handbuch des Gesellschaftsrechts, Bd. 4, 2007, § 22, Rn. 16; *Fleischer*, NZG 2003, 449 (452); *Hoffmann-Becking*, ZGR 1998, 497 (512); *Martens*, in: FS Fleck, 1988, S. 191 (196 f.); *Turiaux/Knigge*, DB 2004, 2199 (2203).

957 Spindler/Stilz/*Fleischer*, AktG, 2007, § 77, Rn. 48; *Kort* in Großkomm. AktG, 2003, § 77, Rn. 35, 37; *Oltmanns*, in: Heidel, Aktienrecht, 2007, § 77, Rn. 9; *Fleischer*, in: Handbuch des Vorstandsrechts, 2006, § 8, Rn. 3, 10; *Wiesner*, in: Münchener Handbuch des Gesellschaftsrechts, Bd. 4, 2007, § 22, Rn. 16; *Fleischer*, NZG 2003, 449 (452); *Hoffmann-Becking*, ZGR 1998, 497 (512); *Martens*, in: FS Fleck, 1988, S. 191 (196 f.); *Schiessl*, ZGR 1992, 64 (69); *Turiaux/Knigge*, DB 2004, 2199 (2203). Für eine nähere Konturierung der generell erforderlichen Überwachungsintensität sei schließlich auf *Fleischer*, in: Handbuch des Vorstands-

Die über das eben skizzierte Grundkonzept hinausgehenden Anforderungen bezüglich einer solchen „laufenden Überwachung“ haben demgegenüber bislang noch keine abschließende Klärung erfahren.[958] Genauer ist man sich in juristischen Fachkreisen insbesondere darüber uneinig, ob sich die Überwachung – zumindest im Grundsatz – auch allein auf die Vorstandssitzungen erstrecken darf[959] oder ob sie nicht vielmehr grundsätzlich sogar die Etablierung eines permanenten vorstandsinternen Berichts- und Informationssystems („Managementinformationssystem“) erfordert.[960] Meines Erachtens ist die Etablierung eines permanenten vorstandsinternen Informationssystems erst dann zwingend vorauszusetzen, wenn die Organgröße bzw. die übliche Sitzungsfrequenz eine hinreichende Informationsversorgung im Wege sitzungsgebundener Berichterstattung nicht mehr zu gewährleisten imstande ist.

Erwachsen nun einem Vorstandsmitglied – infolge konkreter Anhaltspunkte[961] – begründete Zweifel an der Gesetzes- bzw. Satzungsmäßigkeit oder auch nur an der Zweckmäßigkeit[962] der Ressortgeschäftsführung eines Kollegen, so ist es gehalten, diese Bedenken gegebenenfalls zunächst dem betreffenden Ressortverantwortlichen selbst[963] und, sollten sich seine Zweifel im Wege einer solchen Aussprache nicht

rechts, 2006, § 8, Rn. 17, 20 verwiesen, wo insofern maßgeblich auf die folgenden Kriterien abgestellt wird: „Art, Größe und Organisation des Unternehmens“, Bedeutung der übertragenen Aufgabe“, „Person des jeweiligen Vorstandskollegen“ sowie besondere Umstände wie „finanzielle Krisenzeit“, „Nichtabführung von Sozialversicherungsbeiträgen“ und „Gefahr von Interessenkollisionen“.

958 Vgl. etwa den Meinungsstand bei Spindler/Stilz/*Fleischer*, AktG, 2007, § 77, Rn. 49 ff.; *Fleischer*, in: Handbuch des Vorstandsrechts, 2006, § 8, Rn. 22; *ders.*, NZG 2003, 449 (455) jeweils m.w.N.

959 Eher im Sinne einer grundsätzlich auf die jeweiligen Vorstandssitzungen beschränkten Überwachungs- und Berichtspflicht: MünchKommAktG/*Hefermehl/Spindler*, 2004, § 77, Rn. 28, § 93, Rn. 71; *Hopt* in Großkomm. AktG, 1999, § 93, Rn. 62; *Kort* in Großkomm. AktG, 2003, § 77, Rn. 40; *Landwehrmann*, in: Heidel, Aktienrecht, 2007, § 93, Rn. 123; *Oltmanns*, in: Heidel, Aktienrecht, 2007, § 77, Rn. 9; *Turiaux/Knigge*, DB 2004, 2199 (2203). Strenger dagegen *Mertens* in Kölner Kommentar zum AktG, 2. Auflage, 1996, § 93, Rn. 54.

960 So *Götz*, AG 1995, 337 (338); *Hoffmann-Becking*, ZGR 1998, 497 (513); *Schiessl*, ZGR 1992, 64 (69); *Schwark*, ZHR 142 (1978), 203 (216 f.).

961 Das Vorliegen konkreter Anhaltspunkte bzw. Verdachtsmomente als für das Interventionsrecht bzw. die -pflicht maßgeblich erachtend: *BGH*, Urt. v. 15.10.1996 – VI ZR 319/95 –, BGHZ 133, 370 (378) = NJW 1997, 130 (132) (GmbH); *OLG Köln*, Urt. v. 31.8.2000 – 18 U 42/00 –, NZG 2001, 135 (136); MünchKommAktG/*Hefermehl/Spindler*, 2004, § 77, Rn. 28; *Kort* in Großkomm. AktG, 2003, § 77, Rn. 38; *Wiesner*, in: Münchener Handbuch des Gesellschaftsrechts, Bd. 4, 2007, § 22, Rn. 15; *Bezzenberger*, ZGR 1996, 661 (671); *Fleischer*, NZG 2003, 449 (454); *Götz*, AG 1995, 337 (339); *Habersack*, WM 2005, 2360 (2362); *Schiessl*, ZGR 1992, 64 (68); *U.H. Schneider*, DB 1993, 1909 (1912); *Turiaux/Knigge*, DB 2004, 2199 (2203).

962 S. *Fleischer*, in: Handbuch des Vorstandsrechts, 2006, § 8, Rn. 24; *ders.*, NZG 2003, 449 (456 f.); *Hoffmann-Becking*, ZGR 1998, 497 (512). Vgl. darüber hinaus auch *Mertens* in Kölner Kommentar zum AktG, 2. Auflage, 1996, § 93, Rn. 54 sowie *U.H. Schneider*, DB 1993, 1909 (1911).

963 Vgl. MünchKommAktG/*Hefermehl/Spindler*, 2004, § 77, Rn. 29; *Götz*, AG 1995, 337 (339); *Hoffmann-Becking*, ZGR 1998, 497 (512).

zerstreuen lassen, sodann jedenfalls dem Gesamtvorstand vorzutragen („Interventionsrecht“[964] bzw. „–pflicht“[965]).[966] Letzterer muss die infrage stehende Maßnahme dann einer erneuten diesmal eigenen Beschlussfassung unter Ausschluss des ursprünglich Handelnden zuführen.[967] Bis dahin haben den Beschlussgegenstand betreffende Maßnahmen von Seiten des Ressortverantwortlichen zu unterbleiben.[968] Erfolgt schließlich der Beschluss des Gesamtvorstandes, so ist daran grundsätzlich jedes Vorstandsmitglied gleichermaßen gebunden.[969] Notfalls besteht höchstens noch die Möglichkeit einer Anrufung des Aufsichtsrates.[970]

Zusammenfassend vermögen die einzelnen Vorstandsmitglieder die an die verschiedenen Ressorts delegierten Aufgaben also notfalls auch wieder an das Kollektiv zurückzuziehen bzw. wieder dessen Entscheidungsgewalt zu unterwerfen. Welche Konsequenzen dies genau für die ursprüngliche Entscheidung des Ressortverantwortlichen hat, wird von der Literatur weitestgehend im Dunkeln gelassen. Im Ergebnis kann insofern aber nichts anderes gelten, als dass die ursprüngliche Entscheidung nicht etwa unwirksam, sondern – soweit dies mit Blick auf eine etwaige „Außenwirkung“ noch möglich ist – lediglich „überholt“ wird. Mit anderen Worten verliert sie für die Zukunft ihre bindende Kraft.[971] Damit ähnelt das Verhältnis der beiden Entscheidungen zueinander in etwa der Situation eines Meinungsumschwungs bei einer natürlichen Person. Erst dort, wo der Wille bereits in rechtlich verbindlicher Weise Dritten gegenüber geäußert worden ist, lässt sich die ursprüngliche Entscheidung nicht mehr so ohne weiteres abändern.[972]

964 *Kort* in Großkomm. AktG, 2003, § 77, Rn. 38; *Mertens* in Kölner Kommentar zum AktG, 2. Auflage, 1996, § 77, Rn. 22; *Fleischer*, in: Handbuch des Vorstandsrechts, 2006, § 8, Rn. 24; *ders.*, NZG 2003, 449 (456); *Martens*, in: FS Fleck, 1988, S. 191 (196); *Turiaux/Knigge*, DB 2004, 2199 (2203).

965 *Fleischer*, in: Handbuch des Vorstandsrechts, 2006, § 8, Rn. 24; *ders.*, NZG 2003, 449 (456); *Hoffmann-Becking*, ZGR 1998, 497 (512); *Schiessl*, ZGR 1992, 64 (68); *Turiaux/Knigge*, DB 2004, 2199 (2203).

966 MünchKommAktG/*Hefermehl/Spindler*, 2004, § 77, Rn. 23, 28 f.; *Kort* in Großkomm. AktG, 2003, § 77, Rn. 38; *Mertens* in Kölner Kommentar zum AktG, 2. Auflage, 1996, § 77, Rn. 22; *Fleischer*, in: Handbuch des Vorstandsrechts, 2006, § 8, Rn. 24; *Götz*, AG 1995, 337 (339); *Hoffmann-Becking*, ZGR 1998, 497 (512).

967 *Mertens* in Kölner Kommentar zum AktG, 2. Auflage, 1996, § 77, Rn. 22; *Turiaux/Knigge*, DB 2004, 2199 (2203).

968 *Martens*, in: FS Fleck, 1988, S. 191 (196).

969 S. zur bindenden Wirkung dieses Gesamtvorstandsbeschlusses MünchKommAktG/*Hefermehl/Spindler*, 2004, § 77, Rn. 23, 29; *Mertens* in Kölner Kommentar zum AktG, 2. Auflage, 1996, § 77, Rn. 22; *Martens*, in: FS Fleck, 1988, S. 191 (196); *Turiaux/Knigge*, DB 2004, 2199 (2203). Generell zur Bindung auch unterlegener Vorstandsmitglieder an einmal getroffene Mehrheitsentscheidungen: *Hopt* in Großkomm. AktG, 1999, § 93, Rn. 53 und *Fleischer*, BB 2004, 2645 (2648) jeweils m.w.N.

970 Vgl. *Fleischer*, in: Handbuch des Vorstandsrechts, 2006, § 8, Rn. 24; *ders.*, BB 2004, 2645 (2649); *ders.*, NZG 2003, 449 (456); *Götz*, AG 1995, 337 (339).

971 So zumindest für das Verhältnis „Vorstandsausschuss zu Gesamtvorstand“: *Mertens* in Kölner Kommentar zum AktG, 2. Auflage, 1996, § 77, Rn. 14.

972 In diesem Sinne – allerdings im Kontext der Abänderung bzw. Aufhebung von Beschlüssen des Gesamtvorstandes wiederum durch selbigen – *Baltzer*, Der Beschluß, 1965, 182 f. Vgl. zu

Nachdem mit den vorstehenden Ausführungen zunächst einmal ein Überblick über das eine „organinterne Selbstkontrolle“ bedingende „Prinzip gegenseitiger Überwachung“ gegeben worden ist, soll nun im Folgenden dargelegt werden, wie sich die hier in Rede stehende zur Heilung von Verfahrensdefiziten führende „Genehmigung“ in genau dieses dogmatische Konzept einfügen lässt.

b. Die Einpassung der „Genehmigung“ von Verfahrensdefiziten in dieses Prinzip

aa. Rechtsnatur der „Genehmigung“, „genehmigungsfähiges“ Organ und grundsätzliche Wirkung

Der Anschaulichkeit halber soll besagtes Unterfangen in den folgenden, die kaufvertragliche Vereinbarung einer Vorleistungspflicht der Aktiengesellschaft betreffenden, Beispielsfall[973] eingebettet werden:

Das dem Ressort „Export“ vorstehende Vorstandsmitglied knüpft im Rahmen eines Messebesuches Kontakt zu einem ausländischen Automobilhändler, der ihm die Abnahme mehrerer Fahrzeuge anbietet. Von der Aussicht beflügelt, gegebenenfalls eine neue Geschäftsverbindung aufgetan zu haben, begibt sich der Ressortverantwortliche an die Vorbereitung des anvisierten Verkaufs. Seine auf die Einschätzung der Bonität des potentiellen Vertragspartners gerichteten Maßnahmen erschöpfen sich dabei allerdings im Wesentlichen in der Einholung einer Bankauskunft, die besagt, dass der Kunde bisher keinen Kredit erhalten und es mit ihm auch sonst keine Probleme gegeben habe. Die Integrität des Automobilhändlers betreffende Informationen werden demgegenüber ebenso wenig eingeholt wie die geplante Verwendung (Weiterveräußerungschancen) anbelangende Auskünfte. Auf dieser – mit Blick auf das Verfahrenserfordernis insgesamt als unzureichend zu bewertenden[974] – Basis schließt er sodann kurzerhand den sogar eine Vorleistungspflicht der Aktiengesellschaft begründenden Kaufvertrag und bestellt anschließend die zur Vertragserfüllung benötigten Kraftfahrzeuge. Nach deren Auslieferung stellt sich

dieser Sichtweise auch *Dose*, Die Rechtsstellung der Vorstandsmitglieder einer Aktiengesellschaft, 1975, S. 78 ff.

973 Teilweise angelehnt an *OLG Jena*, Urt. v. 8.8.2000 – 8 U 1387/98 –, NZG 2001, 86 ff.

974 S. zu den verfahrensbezogenen Voraussetzungen bzw. Überprüfungskriterien in Bezug auf die Vereinbarung einer Vorleistungspflicht der Gesellschaft bereits oben unter § 8 I. 3. b. cc. (2) (S. 225 f.).Vgl. darüber hinaus aber auch die folgenden Aussagen des *OLG Jena*, Urt. v. 8.8.2000 – 8 U 1387/98 –, NZG 2001, 86 (88): „Hinsichtlich der Nachforschung nach der Bonität des tschechischen Vertragspartners ist die vom Bekl. eingeholte Bankauskunft nicht ausreichend. Denn diese ist nicht aussagekräftig. Die Auskunft besagt, dass der Kunde bisher keinen Kredit erhalten habe und es mit ihm auch sonst keine Probleme gegeben habe. Daraus lässt sich nicht entnehmen, ob der tschechische Vertragspartner seinen Zahlungsverpflichtungen zuverlässig nachgekommen war. Auf einen unbekannten Kunden, der sich nicht durch entsprechende Bonitätsreferenzen auswies, durfte sich der Bekl. nicht einlassen.“.

schließlich heraus, dass der ausländische Automobilhändler aufgrund finanzieller Schwierigkeiten den Kaufpreis dafür nicht zu zahlen imstande ist und alsbald Insolvenz anmeldet. Der Gesellschaft entsteht dadurch ein Schaden in Höhe der gesamten Kaufpreisforderung.

Zur Einpassung der zur Heilung von Verfahrensdefiziten führenden „Genehmigung" in das dogmatische Konzept der „organinternen Selbstkontrolle" stelle man sich nun weiter vor, der das Geschäft für die Gesellschaft tätigende Ressortverantwortliche hätte unmittelbar nach dem Kaufvertragsschluss entsprechend seiner oben geschilderten Berichtspflicht besagte Vorgänge in ein vorstandsinternes Informationssystem eingestellt,[975] woraufhin eines der übrigen Vorstandsmitglieder zunächst bei dem Ressortverantwortlichen selbst erhebliche Zweifel an der Ordnungsgemäßheit dieser Entscheidung angemeldet und letzten Endes bei dem Vorstandsvorsitzenden eine erneute Beschlussfassung des Gesamtvorstandes erwirkt hätte.[976] Wäre der bereits getätigte Kaufvertragsschluss auf diesem Wege vom Gesamtvorstand bestätigt und der geplanten Bestellung demzufolge „grünes Licht" erteilt worden, so könnte man – unter bestimmten sogleich noch näher zu erläuternden Voraussetzungen – in diesem Beschluss des Gesamtvorstandes nun schließlich eine das ursprüngliche Verfahrensdefizit heilende „Genehmigung" erblicken.

Dogmatisch lässt sich die gesuchte „Genehmigung" also als ein Akt „organinterner Selbstkontrolle" begründen, für den gleichsam als „genehmigungsfähiges" Organ der Gesamtvorstand zuständig ist und dessen Wirkung jedenfalls in der Heilung bestimmter Verfahrensdefizite besteht (zu Interessenkonflikten später[977]). Mit anderen Worten vermag die „Genehmigung" bezogen auf das Verfahrenserfordernis den Schutz des Geschäftsleiterermessens wiederherzustellen.

Ausgehend von einer solchen dogmatischen Begründung wird auch sogleich erkennbar, warum sich der Begriff der „Genehmigung" hier nicht in seinem eigentlichen rechtstechnischen Sinne zu Grunde legen lässt: Ihrer eigentlichen Bedeutung

975 Wobei davon auszugehen ist, dass er seiner Berichtspflicht damit auch hinlänglich nachgekommen ist. Zwar können besonders bedeutsame Entscheidungen zugleich auch schon einmal eine Kontrolle und damit eine Einstellung ex ante erfordern (vgl. *Schwark*, ZHR 142 (1978), 203 (216 f.)). Dies vorschnell anzunehmen, würde sich jedoch nicht nur auf die Tätigkeit des jeweils „einstellungspflichtigen" Ressortverantwortlichen selbst lähmend auswirken, sondern zudem auch die Arbeitsbelastung der übrigen Vorstandsmitglieder, die sich letztlich mit den eingestellten Informationen auseinander zu setzen haben, nicht unerheblich erhöhen. Müsste jeder Geschäftsvorgang auch schon ex ante und damit gleich mehrfach eingestellt werden, so drohte also die mit der Arbeitsteilung bezweckte Arbeitsentlastung in erheblichem Umfang wieder aufgehoben zu werden (vgl. hierzu *Dose*, Die Rechtsstellung der Vorstandsmitglieder einer Aktiengesellschaft, 1975, S. 121 f.). Insgesamt in die gleiche Richtung weisend: *U.H. Schneider*, DB 1993, 1909 (1912): „Kein Organmitglied muß ständig argwöhnen, daß die anderen Organmitglieder pflichtvergessen sind.".

976 Selbstverständlich kann der ursprünglich handelnde Ressortverantwortliche auch von sich aus den „Gang nach Kanossa" antreten, sofern ihm Zweifel bzgl. der Ordnungsgemäßheit seiner Entscheidungsvorbereitung kommen, er von der Richtigkeit seiner Entscheidung aber nach wie vor überzeugt ist.

977 S. hierzu unten unter § 9 I. 2. a. bb. (S. 316) (Einzelentscheidungen) sowie unter § 9 I. 2. b. bb. (3) (S. 323) (Kollektiventscheidungen).

nach setzt eine „Genehmigung“ nämlich die vorherige Unwirksamkeit des zu „genehmigenden“ Rechtsgeschäftes voraus.[978] Eine unzureichende Entscheidungsvorbereitung macht die darauf gestützte Entscheidung eines Vorstandsmitgliedes aber nicht unwirksam, sondern führt zunächst allein dazu, dass der Entscheidungsträger insofern nicht den Schutz des Geschäftsleiterermessens zu beanspruchen berechtigt ist. Da wegen seiner Plastizität aber andererseits auch nicht vollends auf den Begriff der „Genehmigung“ verzichtet werden soll, erscheint eine Verwendung unter – auf den veränderten Bedeutungsgehalt hinweisenden – Anführungszeichen als angemessen.

bb. Anforderungen an die „Genehmigung“

Dass eine solche „Genehmigung“ überhaupt gewissen – über den bloßen Beschluss des Gesamtorgans hinausgehenden – Anforderungen unterliegt, erschließt sich vor dem Hintergrund des oben[979] zur Rechtfertigung einer Heilungsmöglichkeit Gesagten sowie mit Blick auf die eben vollzogene dogmatische Einpassung der „Genehmigung“ im Grunde ebenso schnell wie die Antwort auf die sich daran anschließende Frage, welche Anforderungen dies nun im Grundsatz sind:

Zum einen war Quintessenz der zur Rechtfertigung der Heilungsmöglichkeit angestellten Überlegungen, dass immer dann, wenn die verfahrensbezogenen Voraussetzungen von § 93 Abs. 1 S. 2 AktG überhaupt – das heißt ungeachtet des diesbezüglichen Zeitpunktes – vorliegen, man auch stets anstelle des kaum handhabbaren, da an § 93 Abs. 1 S. 1 AktG orientierten, Standards vielmehr auf diesen abgemilderten Überprüfungsmaßstab zurückgreifen und damit im Ergebnis eine Heilung zulassen sollte. Dies vor Augen setzt eine zur Heilung führende „Genehmigung“ also zumindest schon einmal die Durchführung eines § 93 Abs. 1 S. 2 AktG entsprechenden Verfahrens voraus.

Zum anderen ist die „Genehmigung“ aber auch bereits als ein „Akt organinterner Selbstkontrolle“ qualifiziert worden, innerhalb derer der Gesamtvorstand den Beschlussgegenstand wieder seiner „ursprünglichen“ Entscheidungsgewalt unterstellt und – ähnlich einem „Meinungsumschwung“ bei einer natürlichen Person – gleichsam „neu“ entscheidet. Dies beherzigend, müssen an diese „neue“ Entscheidung dann aber auch dieselben Anforderungen gestellt werden, die bestünden, hätte der Gesamtvorstand von vornherein selbst entschieden.

Spätestens an dieser Stelle tritt nun offen zu Tage, dass die „Genehmigung“ im Grunde nichts anderes als eine erneute „unternehmerische Entscheidung“ darstellt und als solche auch (mindestens) wieder den in § 93 Abs. 1 S. 2 AktG verankerten Anforderungen gerecht zu werden hat.

978 Bamberger/Roth-*Bub*, BGB, 2007, § 184, Rn. 8; Palandt/*Heinrichs*, BGB, 2008, Einf v § 182, Rn. 4, § 184, Rn. 1; Erman/*H. Palm*, BGB, 12. Aufl., 2008, § 184, Rn. 7; MünchKommBGB/*Schramm*, 2006, § 184, Rn. 3.

979 S. § 8 II. (S. 252 f.).

Nichtsdestotrotz gilt es in diesem Zusammenhang, zwei der damit angesprochenen Merkmale von § 93 Abs. 1 S. 2 AktG noch einmal einer gesonderten Würdigung zu unterziehen:

(1) Das Verfahrenserfordernis betreffende Besonderheiten

Bei dem ersten Merkmal handelt es sich dabei schließlich um das eben schon aufgegriffene und im Übrigen auch im US-amerikanischen Rechtskreis insofern für maßgeblich erachtete[980] Verfahrenserfordernis. Danach muss der die ursprüngliche Entscheidung betreffende Beschluss des Gesamtvorstandes, will er das infrage stehende Informationsdefizit ausmerzen, nun also jedenfalls seinerseits „auf der Grundlage angemessener Information“ im Sinne von § 93 Abs. 1 S. 2 AktG getroffen worden sein.[981]

Die in diesem Zusammenhang noch einmal gesondert anzugehenden Aspekte betreffen schließlich zum einen den für die Informationsgrundlage maßgeblichen Zeitpunkt und zum anderen die mit der „Genehmigungsvorbereitung“ zu betrauende Person.

(a) Der für die Informationsgrundlage maßgebliche Zeitpunkt

Was den für die Informationsgrundlage maßgeblichen Zeitpunkt anbelangt, so sei bereits vorweggenommen, dass insofern im Ergebnis kein anderer als der der „Genehmigung“ selbst in Betracht kommen kann. Mit anderen Worten können sich die übrigen Vorstandsmitglieder nicht darauf beschränken, für die erneute Beschlussfassung allein die zum Zeitpunkt der ursprünglichen Entscheidung beschaffbaren Informationen zu Grunde zu legen.

Für die Richtigkeit dieses Standpunktes spricht nun zunächst bereits der Umstand, dass es sich bei der „Genehmigung“ – nach dem hier entwickelten Ansatz – um eine erneute „unternehmerische Entscheidung“ im Sinne von § 93 Abs. 1 S. 2 AktG handelt. Im Zusammenhang mit einer solchen „unternehmerischen Entscheidung“ ist bezogen auf die zu Grunde liegenden Informationen aber stets auf den Zeitpunkt der Entscheidung selbst abzustellen.

Eine weitere Begründungslinie betrifft schließlich den Aspekt eines anderenfalls möglicherweise zu weit gehenden Anreizverlustes auf Seiten des die ursprüngliche

980 In den USA lautet die entscheidende Frage schließlich, ob die *directors* in voller Aufrichtigkeit all diejenigen Informationen offen gelegt haben, die ein vernünftiger Aktionär – hier ist die Aktionärsversammlung das „genehmigungsfähige“ Organ – für die Billigung der unternehmerischen Entscheidung für wichtig erachten würde (s. oben unter § 3 III. 3. c. (S. 85)).

981 S. zu der Frage, wann im Zusammenhang mit Kollektiventscheidungen überhaupt von einer insgesamt „informierten“ Entscheidung gesprochen werden kann, weiter unten unter § 8 II. 2. a. (S. 279 ff.).

Entscheidung treffenden Ressortverantwortlichen. Der angesprochene Anreizverlust rührt letztlich daher, dass der Ressortverantwortliche, die Heilungsmöglichkeit vor Augen, unter Umständen eher dazu geneigt sein könnte, die im Rahmen der jeweiligen Entscheidungsvorbereitung anzuwendende Sorgfalt zu vernachlässigen, als wenn es eine solche Heilungsmöglichkeit nicht gäbe. Zwar wird diesem Anreizverlust auch schon dadurch in gewisser Weise wieder entgegengewirkt, dass der Gesamtvorstand die „Genehmigung" auf der Grundlage umfangreicherer Informationen ohnehin zu verweigern geneigt sein könnte. Ein für die Informationsgrundlage maßgebliches Abstellen auf den Zeitpunkt der „Genehmigung" stellt sich demgegenüber aber als noch effektiver dar. Schließlich lässt sich die Erfolgsträchtigkeit einer Maßnahme zu diesem Zeitpunkt vielfach schon weitaus zuverlässiger abschätzen – mit der Folge, dass sich das Risiko einer „Genehmigungsverweigerung" insofern nochmals erhöht und der mit einer Heilungsmöglichkeit einhergehende Anreizverlust dementsprechend weiter an Gewicht verliert.

Insgesamt erscheint ein Abstellen auf den Zeitpunkt der „Genehmigung" als den für die diesbezügliche Informationsgrundlage maßgeblichen Zeitpunkt damit als in mehrerlei Hinsicht folgerichtig.

(b) Die mit der „Genehmigungsvorbereitung" zu betrauende Person

Der zweite der eingangs erwähnten Aspekte betrifft nun die Frage, wer in Bezug auf den „Genehmigungsbeschluss" eigentlich mit der Vorbereitung der Beschlussfassung, das heißt mit der Versorgung des Kollektivs mit den für die Entscheidung benötigten Informationen zu betrauen ist:

Einerseits tangiert der zu fassende Beschluss immer noch den Zuständigkeitsbereich des die ursprüngliche Entscheidung treffenden und insofern auch mit dem erforderlichen Sachverstand ausgestatteten Ressortverantwortlichen. Andererseits könnte eine darauf Rücksicht nehmende Zuweisung der Entscheidungsvorbereitung dafür aber auch mit dem üblen Beigeschmack möglicher Manipulation[982] behaftet sein. Immerhin entscheidet der Beschluss des Gesamtvorstandes über die Heilung des von ihm zu verantwortenden Informationsdefizits und damit letztendlich über dessen Haftung gegenüber der Gesellschaft.

Im Grunde gilt es also zu klären, ob der Ressortverantwortliche infolge seines zweifelsohne bestehenden Interessenkonfliktes nicht nur von der eigentlichen Beschlussfassung,[983] sondern auch bereits von der „Genehmigungsvorbereitung" suspendiert werden sollte.

982 Das obige Beispiel aufgreifend wäre insofern etwa an die Unterdrückung einer von mehreren Bankauskünften zu denken, der zufolge der ausländische Automobilhändler einen laufenden Kredit momentan gerade nicht mehr zu bedienen imstande ist, oder etwa an die Vorenthaltung wichtiger aus den Kreisen anderer Lieferanten stammender negativer Informationen.

983 S. insofern bereits oben unter § 8 II. 1. a. (S. 256).

Zur Erhellung dieser Fragestellung erscheint es mir sinnvoll, sich zunächst noch einmal den Unterschied zwischen der Entscheidungsvorbereitung und der Entscheidung selbst zu vergegenwärtigen. Dazu hat sich im Rahmen der vorliegenden Arbeit schließlich die folgende Sichtweise herausgebildet: Als „unternehmerische Entscheidung" im Sinne von § 93 Abs. 1 S. 2 AktG ist allein die eigentliche Sachentscheidung anzusehen.[984] Die von ihrer Komplexität bzw. Unstrukturiertheit und damit von der ihr anhaftenden Unsicherheit her noch eine Stufe davor anzusiedelnde Entscheidungsvorbereitung ist dagegen einer wenn auch nicht vollumfänglichen so aber zumindest sehr viel weiter gehenden Überprüfung zugänglich, als dies bezogen auf den Entscheidungsinhalt der Fall ist.[985] Nicht zuletzt deshalb eignet sie sich zusammen mit dem Loyalitätserfordernis auch gleichsam als Legitimationsgrundlage für die nur sehr eingeschränkte Überprüfung des Entscheidungsinhaltes.[986]

Dies vor Augen, könnte man sich nun auf den Standpunkt stellen, dass es allein für die Entscheidungsvorbereitung dann aber auch noch nicht gleichermaßen auf die Loyalität des damit betrauten Vorstandsmitgliedes ankommen kann. Schließlich vermag die Entscheidungsvorbereitung anhand der oben entwickelten Kriterien und Leitlinien einer vergleichsweise weitgehenden direkten Überprüfung unterzogen zu werden.

Andererseits könnte eine solche Sichtweise aber auch nicht verhehlen, dass jedenfalls jenseits besagter Kriterien und Leitlinien die Gefahr der Manipulation bestehen bliebe. Damit läuft im Ergebnis alles auf die Frage hinaus, ob im Bereich geringfügiger, da anhand der oben entwickelten Kriterien und Leitlinien nicht mehr feststellbarer, Manipulationen diese zu Gunsten der mit einer Entscheidungsvorbereitung durch das sachnahe Ressort verbundenen Vorteile im Zweifel hingenommen werden können oder ob es auch solche leicht zu verbergenden Manipulationen in jedem Fall zu verhindern gilt.

Wie eingangs bereits angedeutet, ist mit besagten Vorteilen zum einen der dem Ressortverantwortlichen zukommende Sachverstand angesprochen. Insbesondere bei Vorständen mit nur wenigen Mitgliedern kommt darüber hinaus aber auch dem Aspekt möglicherweise geringer „Kapazitäten" eine zumindest nicht gänzlich zu vernachlässigende Bedeutung zu. Mit anderen Worten kann es besonders in kleinen Gremien teilweise durchaus schwierig sein, noch ein weiteres Vorstandsmitglied mit einem bestimmten Beschlussgegenstand zu betrauen.

Dafür, dass es aber auch bereits leichteste Manipulationen im Vorfeld des „Genehmigungsbeschlusses" zu verhindern gilt, mögen dagegen die folgenden Erwägungen sprechen:

Als erstes gilt es insofern die Bedeutung der Loyalität bereits für die Entscheidungsvorbereitung näher auszuleuchten: Bisher ist das Loyalitätserfordernis im Zusammenhang mit dem Geschäftsleiterermessen vorwiegend als eine Säule der andererseits auf das Verfahrenserfordernis gestützten Legitimationsgrundlage für die

984 S. oben unter § 8 I. 1. b. aa. (3) (S. 208).

985 S. oben unter § 8 I. 1. b. aa. (2) (S. 208 f.).

986 Vgl. oben unter § 8 (S. 202).

sehr eingeschränkte Inhaltskontrolle dargestellt worden.[987] Seine Eignung als Legitimationsgrundlage schuldet das Loyalitätserfordernis dabei schließlich dem Umstand, dass bei Abwesenheit gesellschaftsfremder Interessen zugleich viel dafür spricht, dass der Vorstand seine Fähigkeiten und Kenntnisse demzufolge auch bestmöglich eingesetzt hat. Dies vor Augen, erscheint es dann aber nur als konsequent, wenn man diesen Gedanken auch schon „vorgelagert" im Kontext des Verfahrenserfordernisses selbst fruchtbar machte, indem man das Loyalitätserfordernis gleichfalls bereits zur Legitimation der die Verfahrenskontrolle selbst betreffenden Begrenzung anführte.[988] Eine solchermaßen „erweiterte" Funktion des Loyalitätserfordernisses würde dann schließlich dafür sprechen, von einem Interessenkonflikt betroffene Personen auch schon von der Entscheidungsvorbereitung auszuschließen.

Die eben angestellte Erwägung wiegt letztlich umso schwerer, je mehr man dazu noch zwei weitere Aspekte mit ins Blickfeld rückt, die nun nicht mehr allein die Verfahrenskontrolle selbst, sondern vielmehr diese in ihrem Verhältnis zur Inhaltskontrolle betreffen: Der erste spricht dabei die eben schon erwähnte Funktion des Verfahrenserfordernisses als Legitimationsgrundlage für die stark eingeschränkte Überprüfung des Entscheidungsinhalts an, der zweite dagegen die damit teilweise auch schon mit zum Ausdruck gebrachte, hier aber gleichwohl noch einmal gesondert zu betonende, „Präjudizwirkung" der Entscheidungsvorbereitung auf die Entscheidung selbst. Mit anderen Worten erscheint eine von Interessenkonflikten unbelastete Entscheidungsvorbereitung nicht nur deshalb für geboten, weil sie selbst keiner vollumfänglichen Überprüfung zugänglich ist. Vielmehr ist ihr auch deswegen nochmals besonderes Gewicht beizumessen, weil sie – einerseits aufgrund ihrer weit gehenden Überprüfbarkeit, vor allem aber aufgrund der zugleich auch von ihr ausgehenden inhaltsbezogenen „Richtigkeitsgewähr" – selbst wiederum Voraussetzung für die starke Einschränkung der Inhaltskontrolle ist und mit ihr vielfach schon eine teilweise Vorwegnahme des Entscheidungsergebnisses einhergeht.

Nicht zuletzt würde eine vom Ressortverantwortlichen selbst vorgenommene Entscheidungsvorbereitung aber auch dem oben von der „organinternen Selbstkontrolle" gezeichneten Bild widersprechen bzw. diese gar zu einer Farce herabwürdigen. Kommen der an sich zu überwachenden Person im Rahmen ihrer eigenen Überwachung derart gewichtige Aufgaben zu, so kann schwerlich noch von einer in Gesamtverantwortung wahrgenommenen Überwachung durch das Kollektiv gesprochen werden.

Für die Frage nach der mit der „Genehmigungsvorbereitung" zu betrauenden Person folgt daraus nach der hier vertretenen Ansicht nun konkret, dass – gegebenenfalls neben dem Ressortverantwortlichen – jedenfalls auch ein weiteres unabhängig von diesem handelndes Vorstandsmitglied die für den Beschluss des Gesamtvor-

987 S. wiederum oben unter § 8 (S. 202).

988 S. zur Begründung dafür, dass auch im Rahmen der Verfahrenskontrolle schon ein in gewissen Maßen abgemilderter Überprüfungsmaßstab heranzuziehen ist, nochmals oben unter § 8 I. 1. b. (S. 205 ff.).

standes erforderlichen Informationen beschaffen sollte.[989] Eine solchermaßen „zweispurige“ Beschlussvorbereitung eröffnet dann nicht nur aus Sicht des Ressortverantwortlichen die Möglichkeit zur „Gegendarstellung“, sondern schafft zudem auch die für eine dogmatisch legitimierte Heilung erforderlichen Voraussetzungen.

(2) Das Loyalitätserfordernis betreffende Besonderheiten

Das zweite der im Zusammenhang mit „Genehmigungsbeschlüssen“ gesondert anzusprechenden Merkmale betrifft schließlich das im weiteren Fortgang der Arbeit[990] noch eingehender zu erläuternde Loyalitätserfordernis selbst. Das heißt, an dieser Stelle geht es nun nicht mehr um die Auswirkung von in der Person des Ressortverantwortlichen bestehenden Interessenkonflikten auf die im Zusammenhang mit der Verfahrenskontrolle aufzustellenden Anforderungen. Vielmehr soll nun stattdessen ein Blick auf die Interessenlage auf Seiten der übrigen für die „Genehmigung“ besagter Entscheidung zuständigen Vorstandsmitglieder geworfen werden. Genauer stellt sich die Frage, ob Letztere gemäß der Redensart „eine Krähe hackt der anderen kein Auge aus“ nicht vielleicht stets aus Verbundenheit zu ihrem Kollegen dessen Entscheidung schlicht „abzusegnen“ geneigt und von daher als „befangen“ einzustufen sein könnten. Träfe dies zu, so bestünde die Konsequenz letzten Endes sogar darin, dass der Gesamtvorstand doch nicht als das „genehmigungsfähige“ Organ angesehen und damit eine Heilung auch nicht anhand des „Prinzips gegenseitiger Überwachung“ konstruiert werden könnte.

Dass diese Konsequenz im Ergebnis aber schließlich doch nicht zu befürchten steht, folgt wiederum gerade aus der dogmatischen „Einbettung“ der zur Heilung führenden „Genehmigung“ in das „Prinzip gegenseitiger Überwachung“: Begnügen sich die übrigen Vorstandsmitglieder nämlich tatsächlich mit einer bloßen „Absegnung“ der infrage stehenden Entscheidung ihres Kollegen, so werden sie damit kaum ihrer – wenn auch (zunächst) wieder nur anhand des abgemilderten Standards von § 93 Abs. 1 S. 2 AktG zu überprüfenden – Überwachungspflicht gerecht werden können und demgemäß Gefahr laufen, am Ende selbst zu haften.[991] In Zusammenschau dieser gegenläufigen Interessen kann schließlich davon ausgegangen werden, dass das Interesse an der Vermeidung einer eigenen Haftung letzten Endes das Interesse am Schutz eines Kollegen überwiegen wird.

Zusammenfassend lässt sich damit also festhalten, dass sich im Zusammenhang mit dem Loyalitätserfordernis weder ein Korrekturbedarf bezüglich der dogmatischen „Einbettung“ der zur Heilung führenden „Genehmigung“ offenbart, noch

989 Dieser kann dann ggf. seinerseits einen außenstehenden Dritten (Rechtsanwalt etc.) mit der Informationsbeschaffung beauftragen.

990 S. unten unter § 9 I. (S. 292 ff.).

991 S. hierzu noch eingehender sogleich unter § 8 II. 1. b. cc. (1) (S. 265 f.) sowie (3) (c) und (d) (S. 270 ff.).

etwaige von der Praxis speziell zu berücksichtigende Anforderungen ersichtlich sind.

Nachdem mit dem vorstehend Gesagten also auch die an eine „Genehmigung" von Seiten des Gesamtvorstandes zu stellenden Anforderungen näher beleuchtet worden sind, soll es im Folgenden schließlich noch um einige sich in diesem Zusammenhang unweigerlich aufdrängende und teilweise auch bereits angedeutete haftungsrechtliche Anschlussfragen gehen.

cc. Haftungsrechtliche Anschlussfragen

Vor dem Hintergrund, dass mit dem Beschluss des Gesamtvorstandes über die „Genehmigung" bei genauer Betrachtung noch eine zweite den ursprünglichen Beschlussgegenstand betreffende und dem Grunde nach ebenfalls haftungsbewehrte „unternehmerische Entscheidung" im Sinne von § 93 Abs. 1 S. 2 AktG ins Leben gerufen wird, beziehen sich die nachstehend zu erörternden haftungsrechtlichen Anschlussfragen im Wesentlichen darauf, welche Bedeutung diesen beiden Anknüpfungspunkten im Rahmen der aktienrechtlichen Organhaftung zukommt bzw. in welchem Verhältnis sie zueinander stehen.

Gleichsam als Basis seien dafür jedoch zunächst einige grundsätzliche Aspekte betreffend die aktienrechtliche Organhaftung zusammengestellt sowie der eingangs skizzierte Beispielsfall entsprechend den Bedürfnissen der zu erörternden Problematik weitergesponnen:

(1) Grundsätzliche Aspekte betreffend die aktienrechtliche Organhaftung

Die zentrale Haftungsnorm aus dem Bereich der aktienrechtlichen Organhaftung findet sich in § 93 Abs. 2 S. 1 AktG. Danach haftet zunächst jedes einzelne Vorstandsmitglied für den aus einer zugleich schuldhaft begangenen Pflichtverletzung entstandenen Schaden der Gesellschaft. Beruht der Schaden schließlich auf den Pflichtverletzungen gleich mehrerer Vorstandsmitglieder, so ordnet § 93 Abs. 2 S. 1 AktG deren gesamtschuldnerische Haftung an. Voraussetzung dafür ist allerdings, dass insofern auch jedem einzelnen Vorstandsmitglied eine zumindest mitursächliche und schuldhaft realisierte Pflichtverletzung zur Last gelegt werden kann.[992] Eine Zurechnung gemäß § 278 S. 1 BGB kommt insofern gerade nicht in Betracht:

992 MünchKommAktG/*Hefermehl/Spindler*, 2004, § 93, 67; *Landwehrmann*, in: Heidel, Aktienrecht, 2007, § 93, Rn. 119; *Fleischer*, in: Handbuch des Vorstandsrechts, 2006, § 11, Rn. 81; *Wiesner*, in: Münchener Handbuch des Gesellschaftsrechts, Bd. 4, 2007, § 26, Rn. 13; *Habersack*, WM 2005, 2360 (2362); *Heimbach/Boll*, VersR 2001, 801 (806).

Schließlich erfüllt jedes einzelne Vorstandsmitglied seine eigenen Pflichten gegenüber der Gesellschaft, anstatt Erfüllungsgehilfe seiner Kollegen zu sein.[993]

Dies berücksichtigend, kann sich die Gesellschaft für die Realisation ihres Schadensersatzanspruchs also wahlweise an jedes der involvierten Vorstandsmitglieder wenden. Insbesondere haften in diesem Verhältnis diejenigen Vorstandsmitglieder, die ihrer ressortübergreifenden Überwachungspflicht nicht sorgfältig nachgekommen sind, ebenso wie der die gesamte Angelegenheit initiierende Ressortverantwortliche.[994] Der Haftungsquotenausgleich gemäß § 426 BGB erfolgt dann erst im Verhältnis der einzelnen Organmitglieder untereinander.

(2) Erweiterung des zu Grunde zu legenden Fallmaterials

Um die haftungsrechtlichen Anschlussfragen aus verschiedenen Blickwinkeln erörtern zu können, sei der obige Beispielsfall[995] schließlich um die folgenden Varianten erweitert:

a) Sowohl im Zuge der von Seiten des Finanzvorstandes vorgenommenen „Genehmigungsvorbereitung" als auch im Laufe der unabhängig davon vom Ressortverantwortlichen nachträglich durchgeführten Recherchen lassen sich zahlreiche die Bonität und Integrität des ausländischen Automobilhändlers stützende Informationen gewinnen. Auch die Auskünfte betreffend die geplante Verwendung – hier der Weiterverkauf an private Endabnehmer – erscheinen vor dem Hintergrund einer die Einschätzung des Abnehmers stützenden Marktanalyse als plausibel. Daraufhin bestätigt der Gesamtvorstand die den Abschluss des Kaufvertrags betreffende Entscheidung des Ressortverantwortlichen vollumfänglich und gibt für die geplante Bestellung „grünes Licht". Nichtsdestotrotz fällt die Gesellschaft am Ende mit der gesamten Kaufpreisforderung aus. Des Weiteren stellt sich im Nachhinein heraus, dass der Vorstand auf die momentane Finanzschieflage des ausländischen Automobilhändlers hätte aufmerksam werden können, wenn über die verschiedenen eingeholten Bankauskünfte und Lieferantenurteile hinaus auch noch die Auskunft einer weiteren Bank eingeholt worden wäre, die ergeben hätte, dass Letzterer einen laufenden Kredit seit kurzem gerade nicht mehr zu bedienen imstande ist.

b) In Variante b) wird die in Variante a) erst im Nachhinein registrierte negative Bankauskunft bereits im Zuge der Vorbereitung des Beschlusses des Gesamtvorstandes eingeholt. Darüber hinaus erweisen sich hier aber auch die übrigen eingeholten Informationen betreffend die Bonität des ausländischen Automobilhändlers als weitaus weniger aussagekräftig. Auf dieser

993 Vgl. zur Nichtanwendbarkeit von §§ 278, 831 BGB vor allem MünchKommAktG/*Hefermehl/Spindler*, 2004, § 93, Rn 85; *Fleischer*, in: Handbuch des Vorstandsrechts, 2006, § 8, Rn. 14; *ders.*, NZG 2003, 449 (453).

994 MünchKommAktG/*Hefermehl/Spindler*, 2004, § 93, Rn. 67; *Hopt* in Großkomm. AktG, 1999, § 93, Rn. 299; *Mertens* in Kölner Kommentar zum AktG, 2. Auflage, 1996, § 93, Rn. 21; *Fleischer*, in: Handbuch des Vorstandsrechts, 2006, § 11, Rn. 81; *Wiesner*, in: Münchener Handbuch des Gesellschaftsrechts, Bd. 4, 2007, § 26, Rn. 13. S. auch die auf die AG übertragbare Aussage von Michalski-*Haas*, GmbHG, 2002, § 43, Rn. 226.

995 S. oben unter § 8 II. 1. b. aa. (S. 257 f.).

Grundlage verweigert der Gesamtvorstand schließlich die „Genehmigung" der infrage stehenden Entscheidung des Ressortverantwortlichen. Da der ausländische Automobilhändler die georderten Fahrzeuge aller Wahrscheinlichkeit nach nicht werde finanzieren können, wird dem Ressortverantwortlichen aufgegeben, in erster Linie auf die Vertragsauflösung hinzuwirken, jedenfalls aber die anvisierte Bestellung und Auslieferung der Fahrzeuge gänzlich zu unterlassen. Im weiteren Verlauf der Dinge entsteht der Gesellschaft nun dadurch ein Schaden, dass der ausländische Automobilhändler, der sich entgegen dem oben geschilderten Anschein nur kurzfristig in Liquiditätsschwierigkeiten befunden und sich auf eine Vertragsauflösung demgemäß nicht eingelassen hat, letzten Endes seinen durch die Nichterfüllung entstandenen Schaden ersetzt verlangt.

c) In Variante c) erschöpft sich die Vorbereitung des Beschlusses des Gesamtvorstandes darin, dass der neben dem ursprünglich handelnden Ressortverantwortlichen damit betraute Finanzvorstand lediglich wenige zusätzliche und zudem ähnlich aussageschwache Informationen betreffend die Bonität des ausländischen Automobilhändlers einholt. Dennoch erachtet das Kollektiv diese Entscheidungsgrundlage für ausreichend, um den Kaufvertragsabschluss zu „genehmigen". Am Ende entsteht der Gesellschaft der gleiche Schaden wie in Variante a). Des Weiteren stellt sich im Nachhinein heraus, dass der Finanzvorstand im Rahmen der Entscheidungsvorbereitung die Mehrzahl der auch ex ante schon ohne weiteres erkennbaren Informationsmöglichkeiten ungenutzt gelassen hat.

d) Die letzte Variante stimmt schließlich bezogen auf die Vorbereitung des Beschlusses des Gesamtvorstandes zunächst noch mit Variante c) überein. Anders als dort lautet der darauf basierende Vorstandsbeschluss hier aber nun auf die Versagung der „Genehmigung". Stattdessen gibt der Gesamtvorstand dem Ressortverantwortlichen – wie in Variante b) – auf, in erster Linie auf die Vertragsauflösung hinzuwirken, jedenfalls aber die anvisierte Bestellung gänzlich zu unterlassen. Am Ende entsteht der Gesellschaft schließlich der in Variante b) beschriebene Schaden.

(3) Erörterung der in den Beispielsfällen angelegten Fragestellungen

(a) Der klassische Fall erfolgreicher Heilung

Der als Variante a) konstruierte Beispielsfall illustriert zunächst den klassischen Fall einer erfolgreichen Heilung von Verfahrensdefiziten. „Aufbautechnisch" lässt sich ein solcher Fall – wie im Übrigen sämtliche Fälle der hier geschilderten Art – schließlich wie folgt bewältigen:

Insgesamt betrachtet empfiehlt es sich, insofern zunächst bei der Person des Ressortverantwortlichen anzusetzen. Schließlich hat Letzterer, indem er den Kaufvertrag mit der darin niedergelegten Vorleistungspflicht der Gesellschaft abschloss, die erste haftungsrechtlich relevante Ursache für den später eingetretenen Schaden der Gesellschaft gesetzt. Da dies gleichsam eine „unternehmerische Entscheidung" im Sinne von § 93 Abs. 1 S. 2 AktG darstellt, gilt es sodann, bezogen hierauf die einzelnen Elemente dieses Überprüfungsmaßstabs „abzuklopfen". Im Rahmen des Verfahrenserfordernisses wird sich der Überprüfende dabei schließlich mit dem der Entscheidung des Ressortverantwortlichen anhaftenden Verfahrensdefizit auseinandersetzen und letzten Endes eine Heilung erwägen müssen, wofür nun inzident der Beschluss des Gesamtvorstandes zu kontrollieren ist:

Da es sich bei „Genehmigungsentscheidungen" – wie schon ausgeführt – grundsätzlich um erneute „unternehmerische Entscheidungen" vergleichbar den ursprünglich vom jeweiligen Ressortverantwortlichen getroffenen Entscheidungen handelt, ist letztlich auch insofern wieder der abgemilderte Überprüfungsmaßstab des § 93 Abs. 1 S. 2 AktG – und zwar unter erneuter besonderer Berücksichtigung des Verfahrenserfordernisses – heranzuziehen. Da das Verfahren allerdings trotz der im Nachhinein bekannt gewordenen Möglichkeit weiterer Informationen insgesamt als angemessen im Sinne der entwickelten Kriterien und Leitlinien beurteil werden muss und auch sonst keine anderweitigen Unzulänglichkeiten ersichtlich sind, ist die „Genehmigung" des Gesamtvorstandes schließlich als dem abgemilderten Überprüfungsmaßstab des § 93 Abs. 1 S. 2 AktG entsprechend und damit im Ergebnis auch als sorgfaltsgemäß zu bewerten.

Für das der ursprünglichen Entscheidung des Ressortverantwortlichen anhaftende Verfahrensdefizit bedeutet dies nun, dass es letztendlich als geheilt anzusehen ist. Nachdem auch bezogen auf die ursprüngliche Entscheidung schließlich noch die weiteren Anforderungen von § 93 Abs. 1 S. 2 AktG überprüft worden sind, kann am Ende auch die kaufvertragliche Vereinbarung einer Vorleistungspflicht der Gesellschaft insgesamt als noch dem abgemilderten Überprüfungsmaßstab entsprechend beurteilt und eine Haftung des Ressortverantwortlichen infolgedessen verneint werden.

Ist damit der erste haftungsrechtlich relevante Anknüpfungspunkt „abgearbeitet" worden, gilt es sodann grundsätzlich noch einmal gesondert an der Überwachung der übrigen Vorstandsmitglieder als potentiellen zweiten Anknüpfungspunkt anzusetzen.[996] Ist die Überwachungsentscheidung des Gesamtvorstandes allerdings – wie in dieser Variante – bereits im Rahmen des ersten Anspruchs vollumfänglich überprüft worden, so steht das Ergebnis insofern schon fest. Hier kann es nicht anders lauten als auf den Ausschluss der Haftung auch der übrigen Vorstandsmitglieder.

Zusammenfassend lässt sich damit festhalten, dass in *Variante a)* weder der ursprünglich handelnde Ressortverantwortliche noch die übrigen Vorstandsmitglieder für den Schaden der Gesellschaft haftungsrechtlich einzustehen haben.

(b) Der Fall ordnungsgemäßer „Genehmigungsverweigerung"

Variante b) betrifft demgegenüber nun den Fall ordnungsgemäßer „Genehmigungsverweigerung" von Seiten des Gesamtvorstandes. Für den Ressortverantwortlichen stellt sich die haftungsrechtliche Situation dabei vergleichsweise unkompliziert dar:

996 S. nochmals dazu, dass auch eine unzureichende Überwachung bei grundsätzlich mangelfreier Delegation eine Pflichtverletzung begründen kann, etwa *Fleischer*, in: Handbuch des Vorstandsrechts, 2006, § 8, Rn. 16; *ders.*, NZG 2003, 449 (453); *Habersack*, WM 2005, 2360 (2362) sowie *Turiaux/Knigge*, DB 2004, 2199 (2203).

Da sich infolge der „Genehmigungsverweigerung" auch keine Heilung des der ursprünglichen Entscheidung anhaftenden Verfahrensdefizits einstellen kann, lässt sich dessen Haftung im Ergebnis weder unter Zugrundelegung des abgemilderten Überprüfungsmaßstabs von § 93 Abs. 1 S. 2 AktG und erst recht nicht im Zuge der daraufhin stattfindenden Kontrolle anhand des strengen, da an § 93 Abs. 1 S. 1 AktG orientierten, Überprüfungsmaßstabs abwenden.

Bleibt also allein noch die haftungsrechtliche Situation der übrigen Vorstandsmitglieder in Augenschein zu nehmen. Eine Besonderheit besteht hier allerdings schon im Zusammenhang mit dem insofern anwendbaren Überprüfungsmaßstab:

Bezogen auf die bloße Entscheidung betreffend die Erteilung bzw. Verweigerung der „Genehmigung" gelangt nach dem oben Gesagten ohne weiteres noch der abgemilderte Überprüfungsmaßstab des § 93 Abs. 1 S. 2 AktG zur Anwendung. Etwas anderes gilt demgegenüber jedoch in Bezug auf die damit zwar noch verwobene im Ergebnis aber jedenfalls darüber hinaus gehende Entscheidung, sich notfalls auch vertragsbrüchig zu verhalten. Wie schon oben[997] im Zusammenhang mit dem Merkmal der „unternehmerischen Entscheidung" ausgeführt, ist demjenigen, der sich außerhalb des geltenden Rechts stellt, nämlich auch zuzumuten, sein Handeln sogleich anhand des strengen, da an § 93 Abs. 1 S. 1 AktG orientierten, Maßstabs überprüfen zu lassen.

Ausgehend von einem solchermaßen differenzierten Überprüfungsmaßstab, gilt es sodann, die beiden Entscheidungen – oder auch „Entscheidungsteile" – dem damit abgesteckten Überprüfungsprogramm zu unterziehen: Bezogen auf die bloße Verweigerung der „Genehmigung" wird man dabei schließlich ohne weiteres zu dem Ergebnis gelangen, dass die übrigen Vorstandsmitglieder eine § 93 Abs. 1 S. 2 AktG in jeder Hinsicht entsprechende Überwachungsentscheidung getroffen haben. Etwas problematischer gestaltet sich demgegenüber erst die den Vertragsbruch betreffende Entscheidung des Gesamtvorstandes, die anhand des strengen an § 93 Abs. 1 S. 1 AktG zu orientierenden Überprüfungsmaßstabs zu kontrollieren ist. Da hier allerdings gute und leicht nachvollziehbare Gründe für den Vertragsbruch bestehen, wird man auch insofern noch zur Annahme eines letztendlich gerechtfertigten Sorgfaltspflichtverstoßes gelangen können.

Insgesamt lässt sich damit also feststellen, dass in Variante b) allein der die ursprüngliche Entscheidung initiierende Ressortverantwortliche haftet.

Auch wenn dieses Ergebnis vor dem Hintergrund, dass der Schaden ohne die „Einmischung" des Kollektivs hier rein faktisch gar nicht entstanden wäre, auf den ersten Blick möglicherweise etwas befremden könnte, so erweist es sich aber jedenfalls bei näherer Betrachtung nicht nur als dogmatisch korrekt, sondern auch als wertungsmäßig angemessen: Die Ursache für den Schaden der Gesellschaft wird bereits mit der sorgfaltswidrigen Entscheidung zum Kaufvertragsschluss von Seiten des Ressortverantwortlichen gesetzt. Die Überwachungsentscheidung(en) des Gesamtvorstandes war(en) dagegen aus allein maßgeblicher ex ante-Sicht angemessen und damit sorgfaltsgemäß. Dass sich die Dinge hier zufällig anders ent-

997 S. § 7 II. 1. c. (S. 186 f.).

wickelt haben, als zu erwarten war, kann dem Ressortverantwortlichen nicht mehr zum Vorteil gereichen.

(c) Der Fall sorgfaltswidriger „Genehmigungserteilung"

Variante c) veranschaulicht nun den Fall sorgfaltswidriger „Genehmigungserteilung" von Seiten des Gesamtvorstandes. Da auch eine zwar erteilte im Ergebnis aber weder dem abgemilderten und erst recht nicht dem strengen Überprüfungsmaßstab entsprechende „Genehmigung" in Bezug auf das ursprüngliche Verfahrensdefizit letzten Endes keine heilende Wirkung entfalten kann, ergibt sich für einen Schadensersatzanspruch der Gesellschaft gegen den Ressortverantwortlichen zunächst das gleiche – eine Haftung bejahende – Bild wie in der vorherigen Variante b).

Anders als dort treten infolge des der Überwachungsentscheidung auch selbst wieder anhaftenden Verfahrensdefizits hier nun aber zugleich auch die übrigen Vorstandsmitglieder als weitere Haftungsschuldner auf den Plan. Folglich sind mit dieser Variante zugleich auch Fragen betreffend die von § 93 Abs. 2 S. 1 AktG angeordnete gesamtschuldnerische Haftung angesprochen:

Das haftungsrechtliche Verhältnis der Gesellschaft zu ihren Vorstandsmitgliedern stellt sich insofern noch vergleichsweise unkompliziert dar: Hier gehört es gerade zum Wesen der Gesamtschuld, dass die Gesellschaft nicht nur etwa den ursprünglich handelnden Ressortverantwortlichen selbst, sondern wahlweise auch jedes andere involvierte Vorstandsmitglied als Gesamtschuldner in Höhe des vollen Schadens in Anspruch nehmen kann.[998]

Ungleich mehr – vom Schrifttum bisher allerdings stark vernachlässigte[999] – Fragen wirft dagegen der im Anschluss daran stattfindende interne Haftungsquotenausgleich gemäß § 426 BGB auf. Entgegen dem bisherigen Usus juristischer Fachkreise, nach dem man sich diesbezüglich weitestgehend mit dem Hinweis auf eine im Ergebnis wohl stärkere Belastung des unmittelbar verantwortlichen Ressortleiters begnügt,[1000] soll genau diesen Fragen nun einmal etwas genauer nachgegangen werden.

Die diesbezügliche Grundlage liefern insofern die allgemeinen zivilrechtlichen Grundsätze betreffend den Gesamtschuldnerausgleich. Danach, so ordnet § 426 Abs. 1 S. 1 BGB an, sind die Gesamtschuldner zunächst einmal zu gleichen Anteilen verpflichtet sind. Gemäß § 426 Abs. 1 S. 1 a.E. BGB gilt dies allerdings nur, soweit nicht ein anderes bestimmt ist. Darüber hinaus richtet sich die interne Schadensver-

998 S. insofern bereits oben unter § 8 II. 1. b. cc. (1) (S. 266 f., Fn. 994).

999 Vgl. dazu auch die Einschätzung *Fleischer's* in BB 2004, 2645 (2645), wonach die Frage nach der Verantwortlichkeit einzelner Organmitglieder bei Kollegialentscheidungen im gesellschaftsrechtlichen Schrifttum insgesamt noch wenig Aufbereitung erfahren habe.

1000 S. *Hopt* in Großkomm. AktG, 1999, § 93, Rn. 301; *Mertens* in Kölner Kommentar zum AktG, 2. Auflage, 1996, § 93, Rn. 21. Lediglich überhaupt auf die Möglichkeit einer gestuften Ausgleichspflicht hinweisend: MünchKommAktG/*Hefermehl/Spindler*, 2004, § 93, Rn. 67; *Landwehrmann*, in: Heidel, Aktienrecht, § 93, Rn. 125.

teilung speziell bei Schadensersatzansprüchen – entsprechend § 254 BGB[1001] – in erster Linie nach dem „Maß der Verursachung" und danach nach der „Höhe des Verschuldens".[1002]

(aa) § 840 Abs. 2 BGB als „anderweitige Bestimmung" im Sinne von § 426 Abs. 1 S. 1 a.E. BGB?

Zur Ermittlung der Einzelquoten könnte man nun zunächst erwägen, die Vorschrift des § 840 Abs. 2 BGB oder zumindest die ihr zu Grunde liegende Wertung als „anderweitige Bestimmung" im Sinne von § 426 Abs. 1 S. 1 a.E. BGB heranzuziehen.[1003] Danach könnte der die ursprüngliche Entscheidung initiierende Ressortleiter im Verhältnis zu seinen Kollegen sogar den gesamten Schaden alleine zu tragen haben.[1004]

Gegen eine solche Sichtweise spricht meines Erachtens aber schon der Umstand, dass besagte Vorschrift bereits nicht so ohne weiteres auf ähnlich gelagerte Fälle von Haftungsunterschieden betreffend die Kategorien „erwiesenes" und „vermutetes Verschulden" anwendbar bzw. übertragbar ist.[1005] Eine noch weitergehende Verallgemeinerung dieses Rechtsgedankens, wie sie eine Anwendung im vorliegenden Fall mit sich brächte, ist deshalb abzulehnen.

Davon abgesehen würde eine alleinige Haftung des Ressortverantwortlichen aber jedenfalls auch die von einer haftungsbewehrten Überwachungspflicht ausgehende Anreizwirkung aushebeln[1006] und damit den „Grundsatz der Gesamtverantwortung" de facto leer laufen lassen. Daher ist eine Heranziehung von § 840 Abs. 2 BGB bzw. der ihr zu Grunde liegenden Wertung zur Bestimmung der internen Haftungsquoten im Ergebnis abzulehnen.

1001 *BGH*, Urt. v. 13.5.1955 – I ZR 137/53 –, BGHZ 17, 214 (222); *BGH*, Urt. v. 8.1.1958 – IV ZR 173/57 –, BGHZ 26, 217 (222); *BGH*, Urt. v. 19.12.1968 – VII ZR 23/66 –, BGHZ 51, 275 (279).

1002 MünchKommBGB/*Bydlinski*, 2007, § 426, Rn. 21; Erman/*H. Ehmann*, BGB, 12. Aufl., 2008, § 426, Rn. 54; Bamberger/Roth-*Gehrlein*, BGB, 2007, § 426, Rn. 9; Palandt/*Grüneberg*, BGB, 2008, § 426, Rn. 10; Jauernig/*Stürner*, BGB, 2007, § 426, Rn. 9.

1003 So *Bürgers/Israel*, in: Bürgers/Körber, AktG, 2008, § 93, Rn. 31 und *Fleischer*, in: Handbuch des Vorstandsrechts, 2006, § 11, Rn. 82. S. zum GmbH-Recht auch Michalski-*Haas*, GmbHG, 2002, § 43, Rn. 228; *Zöllner/Noack* in Baumbach/Hueck, GmbHG, 2006, § 43, Rn. 29, Fn. 139.

1004 Neben den in der vorangehenden Fn. Genannten so auch Scholz/*U.H. Schneider*, GmbHG, 10. Aufl., 2007, § 43, Rn. 252 (allerdings ohne Verweis auf § 840 II BGB).

1005 Vgl. schon *RG*, Urt. v. 24.4.1952 – III ZR 78, 79/51 –, RGZ 6, 3 (28) und *RG*, Urt. v. 23.6.1952 – III ZR 297/51 –, RGZ 6, 319 (321 f.) sowie aus neuerer Zeit vor allem Soergel/*Krause*, BGB, 2005, § 840, Rn. 13; Erman/*G. Schiemann*, BGB, 12. Aufl., 2008, § 840, Rn. 11; Palandt/*Sprau*, BGB, 2008, § 840, Rn. 10; Hk-BGB/*Staudinger*, 2005, § 840, Rn. 14.

1006 Ähnlich *Hopt* in Großkomm. AktG, 1999, § 93, Rn. 301.

(bb) Das „Maß der Verursachung"

In Ermangelung einer „anderweitigen Bestimmung" im Sinne von § 426 Abs. 1 S. 1 a.E. BGB wird man sich zur näheren Vermessung der einzelnen Haftungsquoten also als nächstes mit dem „Maß der Verursachung" auseinandersetzen müssen.

Diesbezüglich verfängt schließlich zunächst der Umstand, dass die übrigen Vorstandsmitglieder den später entstandenen Schaden der Gesellschaft selbst bei pflichtgemäßem Verhalten nicht mehr unbedingt gänzlich hätten verhindern, sondern allenfalls noch „schadensmindernd" hätten intervenieren können.[1007] So hätte zwar eine – wie in Variante b) erfolgte – Verweigerung der „Genehmigung" in Verbindung mit einem auf die Nichterfüllung des Vertrages lautenden Beschluss – als die „einschneidendste" Überwachungsentscheidung – zwar den eingetretenen hohen, da die gesamte Kaufpreisforderung umfassenden, Schaden abwenden können. Infolge des nach außen hin bereits verbindlichen Kaufvertrages wäre aber auch damit eine etwaige Inanspruchnahme der Gesellschaft auf Ersatz des wegen der Nichterfüllung entstandenen Schadens (in Form von entgangenem Gewinn) nicht mehr zu verhindern gewesen. Mit anderen Worten war mit Abschluss des Kaufvertrages „das Kind bereits in den Brunnen gefallen". Dass die Aktiengesellschaft aus dieser Situation am Ende gleichwohl noch schadensfrei hervorgehen würde, konnte nur noch erhofft, aber nicht mehr bewusst positiv herbeigeführt werden.

Dies vor Augen erscheint es schließlich als angemessen, in Konstellationen, wie sie der vorliegenden Variante c) entsprechen, diese Art von „Mindestschaden" dem Ressortverantwortlichen alleine zuzurechnen und dessen Haftungsquote gegenüber der der übrigen Vorstandsmitglieder demzufolge zu erhöhen – und zwar um einen Betrag, wie er dem nicht mehr positiv verhinderbaren „Mindestschaden" der Gesellschaft entsprechen würde.

Des Weiteren könnte – nun mit Blick allein auf die Kollektiventscheidung – noch zu erwägen sein, auch dem dort mit der Entscheidungsvorbereitung betrauten Vorstandsmitglied unter dem Aspekt „primärer Verursachung" eine gegenüber seinen Kollegen erhöhte Haftungsquote aufzuerlegen. Schließlich stammt das die Haftung der übrigen Vorstandsmitglieder auslösende Defizit ursprünglich aus dem ihm übertragenen Verantwortungsbereich.

Andererseits ist aber auch nicht zu vernachlässigen, dass sich die übrigen Vorstandsmitglieder besagtes Defizit im weiteren Verlauf der „organinternen Selbstkontrolle" gleichsam „zu Eigen" gemacht haben. Anstatt es entsprechend ihrer auch darauf bezogenen Überwachungspflicht aufzuspüren und – wie hier noch möglich – „auszumerzen", haben sie es zur Grundlage ihrer eigenen Entscheidung und damit zu ihrem eigenen Defizit erstarken lassen. Eine Differenzierung unter dem Aspekt

1007 Vgl. zu der insofern notwendigen Prämisse, dass hier nicht auch schon im Vorfeld des Kaufvertragsschlusses eine Überwachungspflicht der übrigen Vorstandsmitglieder bestanden hat, oben unter § 8 II. 1. b. aa. (S. 258, Fn. 975).

des „Maßes der Verursachung“ erscheint vor diesem Hintergrund als nicht angemessen.[1008]

Mit Blick auf die Abstimmung ließen sich darüber hinaus schließlich auch noch das Kriterium einer „faktischen Dominanz“ – etwa des Vorstandsvorsitzenden – sowie die Gesichtspunkte der „Enthaltung“, des „Überstimmtwordenseins“ sowie der „Verhinderung“ anführen. Da allen Vorstandsmitgliedern aber jedenfalls eine Pflicht zum Einschreiten gegen die Ausführung rechtswidriger Beschlüsse obliegt, vermögen auch diese Aspekte – für sich alleine betrachtet – im Ergebnis nicht durchzugreifen.[1009]

Als Zwischenergebnis kann damit festgehalten werden, dass bis hierhin allein dem ursprünglich handelnden Ressortverantwortlichen eine um den beschriebenen „Mindestschaden“ erhöhte Haftungsquote aufzubürden ist.

(cc) Die „Schwere der Pflichtverletzung“

Bleibt zur endgültigen Vermessung der Einzelquoten allerdings noch der zweite speziell im Zusammenhang mit Schadensersatzansprüchen zu berücksichtigende Aspekt zu würdigen. Dieser lässt sich, wie bereits erwähnt, mit dem Begriff der „Schwere der Pflichtverletzung“ schlagwortartig zusammenfassen.

Unter diesem Oberbegriff könnte nun zunächst ganz generell zu erwägen sein, ob nicht vielleicht eine Verletzung der die eigene Ressortverwaltung betreffenden Pflichten prinzipiell schwerer wiegt als die Missachtung der ressortübergreifenden Überwachungspflicht.

Gegen eine solche Sichtweise spräche allerdings schon der „Grundsatz der Gesamtverantwortung“ bzw. das aus ihm ableitbare „Prinzip gegenseitiger Überwachung“ selbst: Schließlich will dieses Prinzip dem weiter oben bereits ausgeführten „Kernbereichsgedanken“[1010] bezogen auf zulässigerweise delegierte Geschäftsführungsaufgaben gerade dadurch Rechnung tragen, dass dem Kollektiv insofern zumindest noch die Überwachungsverantwortung aufgebürdet wird. Wollte man nun diese – bereits als Ausgleich für die Delegationsbefugnis auffassbare – Überwachungsverantwortung zugleich auch noch zu einer Pflicht „zweiter Klasse“ herabwürdigen, so drohte der „Grundsatz der Gesamtverantwortung“ – zumindest unter diesem Aspekt – letztlich erheblich entwertet zu werden.

Abgesehen davon stellt sich das jeweils vorwerfbare Verhalten gerade in Konstellationen wie der vorliegenden, in der der Gesamtvorstand positiv einen „Genehmi-

1008 Aber auch ungeachtet dessen würde sich eine höhere Haftungsquote des mit der „Genehmigungsvorbereitung“ betrauten Vorstandsmitgliedes im Ergebnis als unbillig darstellen: Schließlich ist diesem schon der im Vergleich zu seinen Kollegen größere Arbeitsaufwand zugemutet worden.

1009 Vgl. hierzu insgesamt auch *Fleischer*, in: Handbuch des Vorstandsrechts, 2006, § 11, Rn. 40, 41 ff. (insb. 43 ff.), 53 und 54.

1010 S. oben unter § 8 II. 1. a. (S. 253). Vgl. hierzu aber auch sogleich noch im weiteren Verlauf des vorliegenden Abschnitts.

gungsbeschluss“ fasst,[1011] anstatt etwa seinen aus der Überwachungsverantwortung resultierenden Handlungsbedarf schlicht zu übersehen, aber auch rechtlich wie faktisch als nahezu identisch dar. Im Ergebnis haben nämlich sowohl die übrigen Vorstandsmitglieder als auch der ursprünglich handelnde Ressortverantwortliche eine unternehmerische Entscheidung getroffen, die bereits unter Anlegung des abgemilderten Überprüfungsmaßstabs des § 93 Abs. 1 S. 2 AktG Defizite aufweist und erst recht nicht mehr dem strengen an § 93 Abs. 1 S. 1 AktG orientierten Standard gerecht zu werden vermag. Dafür, dass die zweite durch die übrigen Vorstandsmitglieder begangene Pflichtverletzung gegenüber der zuerst vom Ressortverantwortlichen alleine begangenen dennoch im Grundsatz weniger schwer wiegen soll, ist nichts ersichtlich. Folglich lässt sich hier aus der Art der Pflicht allein noch kein Unterschied bezüglich der Schwere ihrer Verletzung ableiten.

Bleibt also nichts anderes, als nun für die einzelnen Vorstandsmitglieder getrennt die jeweils konkreten Umstände ihrer eigenen Pflichtverletzung genauer in Augenschein zu nehmen:

Derart vorgehend offenbart sich dem Betrachter schließlich zunächst der Aspekt der „Sachnähe“ als möglicherweise taugliches Differenzierungskriterium.[1012] Der hinter diesem Schlagwort stehende Gedanke ließe sich etwa derart formulieren, dass den Vorstandsmitgliedern die Beurteilung von mit ihrem eigenen Aufgabenbereich eng verwobenen Fragestellungen stets leichter fallen wird als die Bewertung von Geschäftsführungsentscheidungen, die ihnen aufgrund ihrer fachlichen Ausrichtung weitaus weniger zugänglich sind. Weiter dürften ihnen dann aber auch diesbezügliche Defizite eher ins Auge fallen, als dies bei ihren auf gänzlich andere Gebiete spezialisierten Kollegen der Fall ist. Diesen Grundgedanken aufgreifend, könnte man die Haftungsquoten der einzelnen Vorstandsmitglieder nun also auch daran bemessen, was Letztere aufgrund ihrer fachlichen Ausrichtung im Rahmen der jeweiligen Überwachungssituation zu leisten imstande sind.

Für den Vorstandsvorsitzenden, den heutige Satzungen bzw. Geschäftsordnungen vielfach mit besonderen die Vorstandsarbeit insgesamt koordinierenden Funktionen ausstatten,[1013] würde dies nun bedeuten, dass er nicht nur faktisch, sondern auch

1011 Selbstverständlich gilt das Gleiche auch für die „Genehmigung“ verweigernde Beschlüsse des Gesamtvorstandes.

1012 Für eine Stufung der Überwachungsverantwortlichkeit nach dem Kriterium der „Sachnähe“: *VG Frankfurt a.M.*, Urt. v. 8.7.2004 – 1 E 7363/03[1] –, WM 2004, 2157 (2161).

1013 Ob dem Vorstandsvorsitzenden über bestimmte repräsentative und administrative Funktionen hinaus (Einberufung und Leitung der Vorstandssitzungen, Festlegung der Tagesordnung, vorrangiger Gesprächspartner für wichtige Kunden, Aktionärsgruppen und die Öffentlichkeit) *kraft Amtes* auch noch gewisse übergeordnete Koordinationsaufgaben zukommen, ist umstritten (vgl. zum Streitstand etwa *Bezzenberger*, ZGR 1996, 661 (662 ff.) sowie *Heimbach/Boll*, VersR 2001, 801 (804) jeweils m.w.N.). Vielfach braucht diese Frage aber auch gar nicht abschließend entschieden zu werden. Im heutigen Wirtschaftsalltag erfolgt eine solche Aufgabenzuweisung nämlich in aller Regel ohnehin spätestens qua Satzung bzw. Geschäftsordnung. Im Einklang damit sind dem Vorstandsvorsitzenden heute auch häufig die „klassischen Querschnittsressorts“ „Öffentlichkeitsarbeit“, „Unternehmensentwicklung“ und „Controlling“

haftungsrechtlich mehr denn je vor allem als „primus“ und nicht mehr so sehr als der sprichwörtliche „primus inter pares“ zu behandeln wäre. Schließlich würde ihn der mit seiner Funktion verbundene „Überblick“ nach dieser Sichtweise in jeder Überwachungssituation zum Primaten für die Erkennung von Pflichtverletzungen und damit auch zum „Haftungsprimaten“ avancieren lassen.[1014] Ähnliches würde schließlich auch für andere Vorstandsmitglieder mit klassischen „Querschnittsbereichen“, wie etwa „Controlling“,[1015] gelten. Nicht zuletzt müsste unter diesem Aspekt auch wieder eine Erhöhung der Haftungsquote des mit der Vorbereitung der Überwachungsentscheidung Betrauten erwogen werden.

Im Ergebnis vermag mich das Kriterium der „Sachnähe“ im Kontext des internen Haftungsquotenausgleichs allerdings ebenfalls nicht als taugliches Differenzierungskriterium zu überzeugen:

So wie der Gesetzgeber als Grundmodell der Vorstandsorganisation an sich die Gesamtgeschäftsführung sowie die Gesamtvertretung in Bezug auf sämtliche Angelegenheiten der Gesellschaft vor Augen hatte, so ging er – gleichsam als „Kehrseite“ dieser gemeinsam wahrzunehmenden „Allzuständigkeit“ – auch von einer umfassenden und von seinem konkreten Ausbildungs- und Kenntnisstand unabhängigen Verantwortung jedes einzelnen Vorstandsmitgliedes für die Belange der Gesellschaft insgesamt aus.[1016]

Nachdem die Bedürfnisse des modernen Wirtschaftsalltags allerdings zunehmend zu einer faktischen Umkehrung des vom Gesetzgeber begründeten Regel-Ausnahme-Verhältnisses geführt hatten und damit die Einzel-, sprich die Ressort- bzw. Spartengeschäftsführung, faktisch zur Regel avanciert war,[1017] bedurfte es auch gleichzeitig einer darauf Rücksicht nehmenden „Neuauslotung“ der die Pflichten und die Verantwortung der einzelnen Vorstandsmitglieder betreffenden Grundsätze. Unter Berücksichtigung der Tatsache, dass die eben beschriebenen und mit der bewussten Ausgestaltung des Vorstands als Kollegialorgan zusammenhängenden Grundvorstellungen des Gesetzgebers selbst bei einer sehr weit reichenden Arbeits-

zugewiesen (s. *Kort* in Großkomm. AktG, 2003, § 77, Rn. 51; *ders.*, in: Handbuch des Vorstandsrechts, 2006, § 3, Rn. 9).

1014 Generell von einer stärkeren Überwachungsverantwortlichkeit des Vorstandsvorsitzenden ausgehend – allerdings auch mit der Prämisse einer kraft Amtes bestehenden übergeordneten Koordinations- und Kontrollaufgabe – *Bezzenberger*, ZGR 1996, 661 (670 ff.); *Heimbach/Boll*, VersR 2001, 801 (804 f.); *Hoffmann-Becking*, ZGR 1998, 497 (517). Zumindest für den Fall der Koordinierung der einzelnen Geschäftsführungsakte durch den Vorstandsvorsitzenden ebenfalls eine gesteigerte Überwachungspflicht desselben unterstellend: *Dose*, Die Rechtsstellung der Vorstandsmitglieder einer Aktiengesellschaft, 1975, S. 122. Gegen eine derartige die Überwachungsverantwortung betreffende Sonderstellung des Vorstandsvorsitzenden: *Fleischer*, in: Handbuch des Vorstandsrechts, 2006, § 8, Rn. 23.

1015 Vgl. zu diesen Bereichen bereits Fn. 1013.

1016 Vgl. dazu auch heute noch *BGH*, Urt. v. 15.10.1996 – VI ZR 319/95 –, BGHZ 133, 370 (376 f.) = NJW 1997, 130 (131 f.); *OLG Hamburg*, Urt. v. 18.2.2000 – 11 U 213/98 –, AG 2001, 141 (144); *Fleischer*, in: Handbuch des Vorstandsrechts, 2006, § 8, Rn. 5; *ders.*, NZG 2003, 449 (449).

1017 Vgl. auch schon oben unter § 8 I. 3. b. aa. (S. 216).

teilung dennoch nie gänzlich außer Acht gelassen werden dürfen,[1018] lässt sich der „Grundsatz der Gesamtverantwortung" demnach heute im Wesentlichen auf den schon beschriebenen „Kernbereichsgedanken" „zurückschrauben". Danach muss ein Teil der Vorstandsaufgabe gänzlich der Gesamtzuständigkeit und damit auch der Gesamtverantwortung des Kollektivs unterstellt bleiben („Prinzip der Gesamtleitung"), während die Gesamtverantwortung bezogen auf den delegierbaren „Rest" zu einer die diesbezügliche Überwachungspflicht betreffenden „Mindestverantwortung" abgeschmolzen ist („Prinzip gegenseitiger Kontrolle").[1019]

Der langen Rede kurzer Sinn liegt nun darin, aufzuzeigen, dass die allgemeine Überwachungspflicht im Grunde nichts anderes darstellt als einen „Splitter" der vom Gesetzgeber ursprünglich intendierten „Allzuständigkeit" eines jeden Organmitgliedes, während die diesbezügliche Verantwortung noch einen „Bruchteil" der ursprünglich umfassenden und vom konkreten Ausbildungs- und Kenntnisstand des einzelnen Vorstandsmitgliedes unabhängigen Gesamtverantwortung verkörpert. Dies muss in der allgemeinen Überwachungspflicht bzw. der diesbezüglichen Verantwortung nun aber auch noch zum Ausdruck kommen – und zwar derart, dass besagte Pflicht bzw. Verantwortung jedem Vorstandsmitglied gleichermaßen obliegt. Eine nach „Sachnähe" bzw. „Sachverstand" abgestufte Überwachungspflicht bzw. -verantwortung wäre damit kaum zu vereinbaren.

Damit kann schon einmal festgehalten werden, dass ein das Kriterium der „Sachnähe" berücksichtigender Haftungsquotenausgleich jedenfalls dem Wesen der allgemeinen Überwachungspflicht bzw. der mit ihr einhergehenden Verantwortung widersprechen würde.

Ein noch tiefer gehendes Verständnis erschließt sich einem allerdings erst dann, wenn man den Blick über die vorangehenden Ausführungen hinaus auch noch auf die letztlich dahinter stehenden Vorstellungen betreffend das so genannte „Kollegialprinzip" richtet: Diese lassen sich im Wesentlichen dahingehend zusammenfassen, dass man sich aus dem „interaktiven" Zusammenwirken mehrerer insgesamt ausgewogenere und damit sachgerechtere Entscheidungsergebnisse erhofft.[1020] Kann sich das einzelne Vorstandsmitglied infolge einer nach „Sachnähe" abgestuften Überwachungspflicht und -verantwortung nun aber hinter dem höheren Sachverstand bestimmter Kollegen verstecken, so besteht für ihn letzten Endes auch kein nennenswerter Anreiz mehr, sich „interaktiv" in die Vorstandsdiskussion einzubringen.[1021]

Dem vermag letzten Endes auch nicht der Einwand „faktischer Unmöglichkeit" entgegengehalten zu werden. Selbst wenn sich einzelne Vorstandsmitglieder bedingt durch die vorstandsinterne Arbeitsaufteilung für gewöhnlich mit gänzlich anderen

1018 Vgl. *Turiaux/Knigge*, DB 2004, 2199 (2203).

1019 S. wiederum bereits oben unter § 8 II. 1. a. (S. 253 f.).

1020 S. hierzu bereits oben unter § 8 I. 3. c. aa. (3) (S. 243, Fn. 900). Vor allem zum Aspekt des „interaktiven Zusammenwirkens" *Dose*, Die Rechtsstellung der Vorstandsmitglieder einer Aktiengesellschaft, 1975, S. 116.

1021 S. zu dem ähnlichen Gedanken, dass eine gegenseitige Schuldzuweisung und dadurch bedingte Schuldabwälzung zum Schutz der Gesellschaft vermieden werden soll, *Martens*, in: FS Fleck, 1988, S. 191 (195).

Fragestellungen beschäftigen als mit der, die im Rahmen „organinterner Selbstkontrolle“ an das Plenum zurückbeordert worden ist, so wird man dennoch von ihm erwarten können, dass er die von dem dafür abgestellten Vorstandsmitglied eingeholten Informationen einer kritischen Würdigung unterzieht und sich spätestens im Rahmen der vorstandsinternen Diskussion diesbezüglich Klarheit verschafft.[1022] Schließlich müssen sich auch zur Bewältigung so genannter Leitungsaufgaben alle Vorstandsmitglieder gleichermaßen einbringen, obwohl auch in diesem Kontext etwa das dem Ressort „Forschung und Technik“ vorstehende Vorstandsmitglied vielfach tendenziell weniger Sachverstand aufzubringen imstande sein wird, als dies etwa bezogen auf den Vorstandsvorsitzenden der Fall sein mag.

Auch dieser tiefere Einstieg in die Materie verdeutlicht also, dass eine Stufung der einzelnen Haftungsquoten nach dem Kriterium der „Sachnähe“ bzw. des „Sachverstandes“ bei genauerem Hinsehen nicht angezeigt ist.[1023]

Zu einer höhenmäßigen Verschiebung einzelner Quoten kann es im Zusammenhang mit dem Aspekt der „Schwere der Pflichtverletzung“ meines Erachtens allenfalls dann kommen, wenn die Verletzung der Überwachungspflicht zugleich auch eine Missachtung der dem eigenen Ressort zugewiesenen Aufgaben darstellt. Allein hier ließe sich von einer im Vergleich zu den anderen Vorstandsmitgliedern insgesamt „schwereren“ – da an sich „doppelten“ – Pflichtverletzung“ sprechen.

Zusammenfassend lässt sich damit festhalten, dass sich die auf den Ressortverantwortlichen ausfallende Quote im vorliegenden Fall zum einen aus dem dem Nichterfüllungsschaden des ausländischen Automobilhändlers entsprechenden Schaden und zum anderen aus dem (grundsätzlich[1024]) durch die Zahl sämtlicher Vorstandsmitglieder zu dividierenden „Restschaden“ zusammensetzt. Für die Haf-

1022 Notfalls muss er extern sachverständigen Rat einholen.

1023 Ebenfalls gegen eine Stufung der Überwachungsverantwortlichkeit nach dem Kriterium der „Sachnähe“ – vor allem aber gegen die vom *VG Frankfurt a.M.* (Urt. v. 8.7.2004 – 1 E 7363/03[1] –, WM 2004, 2157 (2161)) aufgestellte umfassende Überwachungspflicht bzw. -verantwortung des „sachnahen“ Ressortleiters – *Habersack*, WM 2005, 2360 (2363 f.). S. zu diesem Themenkreis auch die jüngst in den USA ergangene Entscheidung *Emerging Communications, Inc. Shareholder Litigation*, No. Cic. A. 16415, 2004 WL 1305745, 30-40 (Del. Ch. 2004), wo für die Bestimmung der Pflichten bzw. der Verantwortlichkeit der *directors* teilweise ebenfalls nach dem Kriterium des “Sachverstandes” differenziert wurde. Auch in den USA ist eine solche Sichtweise aber bereits auf Kritik gestoßen. Neben den beiden dissentierenden Richtern *Strine* und *Steele* hat sich etwa auch *Atkins*, 60 Bus. Law. (2005) 1455, 1461 insofern klar ablehnend geäußert: „Treating the directors differently with respect to their duties (and potentially their personal liability) based solely on differential expertise seems a dramatic and unnecessary change in a long standing and important element of director`s duties. It also seems counterproductive to the loud call today for more good directors (including “financial experts” on audit committees) who are willing to serve on public company boards.”.

1024 Die Einschränkung bezieht sich auf den eben erwähnten Aspekt einer möglicherweise „doppelten“ Pflichtverletzung.

tungsquote der übrigen Vorstandsmitglieder ist demgegenüber allein der zuletzt genannte Schadensbestandteil maßgeblich.[1025]

(d) Der Fall sorgfaltswidriger „Genehmigungsverweigerung"

Im letzten die sorgfaltswidrige „Genehmigungsverweigerung" betreffenden Fall ist der interne Haftungsquotenausgleich – entsprechend dem eben Ausgeführten – schließlich derart vorzunehmen, dass die übrigen Vorstandsmitglieder trotz ihres Pflichtverstoßes im Innenverhältnis letztlich vollen Regress verlangen können und der Ressortverantwortliche für den infolge der Nichterfüllung entstandenen Schaden der Gesellschaft am Ende alleine aufzukommen hat.

Was nun die Anreizwirkung für eine sorgfältige „organinterne Selbstkontrolle" anbelangt, so wird man sich hier einmal mit der für die übrigen Vorstandsmitglieder bestehenden Gefahr begnügen müssen, unter Umständen primär in Anspruch genommen zu werden, den geleisteten Ersatz sodann auf dem Wege des Innenregresses aber nicht mehr erstattet zu bekommen.

c. Zusammenfassung

Im Zusammenhang mit Einzelentscheidungen lässt sich das zur Heilung von Verfahrensdefiziten Ausgeführte schließlich wie folgt zusammenfassen:

Dogmatisch ist die zur Heilung führende „Genehmigung" als ein Akt „organinterner Selbstkontrolle" aufzufassen, für den gleichsam als „genehmigungsfähiges" Organ der Gesamtvorstand zuständig ist. Durch ihn vermag bezogen auf das Verfahrenserfordernis der Schutz des § 93 Abs. 1 S. 2 AktG wiederhergestellt zu werden.[1026]

Dafür muss die „Genehmigung" jedoch auch ihrerseits wieder sorgfaltsgemäß zustande gekommen sein. Das bedeutet, dass sie – gleichsam als erneute „unternehmerische Entscheidung" – (mindestens) den in § 93 Abs. 1 S. 2 AktG verankerten Anforderungen gerecht zu werden hat.[1027] Die diesbezüglich noch einmal gesondert zu erwähnenden Aspekte betreffen wiederum vor allem das Verfahrenserfordernis: So gilt es, als für die Informationsgrundlage maßgeblichen Zeitpunkt schließlich auf den der „Genehmigung" selbst abzustellen.[1028] In Bezug auf die Frage nach der mit der „Genehmigungsvorbereitung" zu betrauenden Person ist dagegen zu fordern,

1025 Beliefe sich der gedachte Nichterfüllungsschaden also etwa auf ein Siebtel des tatsächlich eingetretenen Schadens, so würde der Ressortverantwortliche bei einem insgesamt sechsköpfigen Vorstand letzten Endes in Höhe von 2/7 haften, die übrigen Vorstandsmitglieder dagegen nur jeweils in Höhe von 1/7.

1026 § 8 II. 1. b. aa. (S. 258).

1027 § 8 II. 1. b. bb. (S. 259).

1028 § 8 II. 1. b. bb. (1) (a) (S. 260).

dass – gegebenenfalls neben dem Ressortverantwortlichen – jedenfalls auch ein weiteres unabhängig von diesem handelndes Vorstandsmitglied die für den Beschluss des Gesamtvorstandes erforderlichen Informationen beschaffen sollte.[1029]

Zum Schluss ist anhand von vier Beispielsfällen schließlich noch eine Auswahl haftungsrechtlicher Anschlussfragen erörtert worden.[1030] Zu dieser Auswahl gilt es letztlich noch anzumerken, dass sie in erster Linie einen diesbezüglichen Grundstock aufzustellen gedacht ist und nicht darüber hinweg täuschen soll, dass sich bei jeweils leichten Modifikationen noch eine ganze Fülle weiterer ebenfalls interessanter – den Rahmen der vorliegenden Arbeit jedoch sprengender – Abwandlungen finden lässt. Diesen Grundstock auszubauen, wird – so ist zu hoffen – letztlich Aufgabe der künftigen Praxis sein.

2. *Kollektiventscheidungen*

Nachdem das Institut der Heilung von Verfahrensdefiziten damit jedenfalls schon einmal im Zusammenhang mit Einzelentscheidungen dem deutschen Aktienrecht zugänglich gemacht worden ist, soll es im Folgenden nun noch einmal um Fragen betreffend die Rechtsfolgen von Verfahrensdefiziten im Kontext von Kollektiventscheidungen[1031] gehen.

a. Auswirkung von Verfahrensdefiziten Einzelner auf das Kollektiv

Die erste betrifft insofern zunächst den im Zusammenhang mit Einzelentscheidungen der Natur der Sache nach noch gänzlich zu vernachlässigenden Aspekt der „Auswirkung“ von Verfahrensdefiziten. Dabei geht es im Kern um die Frage, unter welchen Umständen sich das Verfahrensdefizit Einzelner zugleich auch maßgeblich auf die Entscheidung des gesamten Kollektivs auswirkt – mit anderen Worten also, ab wann überhaupt von einer insgesamt uninformiert[1032] getroffenen Kollektiventscheidung gesprochen werden kann.

1029 § 8 II. 1. b. bb. (1) (b) (S. 263).
1030 § 8 II. 1. b. cc. (S. 265 ff.).
1031 S. zum Begriff der „Kollektiventscheidung" oben unter § 8 I. 3. c. (S. 230).
1032 Der Einfachheit bzw. Übersichtlichkeit halber wird im Rahmen der vorliegenden Arbeit auch im Zusammenhang mit Kollektiventscheidungen stets auf eine unzureichende „Informationsdichte“ als Verfahrensdefizit abgestellt. Neben einem solchen das „Was“ der Informationsbeschaffung betreffenden Defizit können im Kontext von Kollektiventscheidungen aber genauso gut auch einmal auf das „Wie“ der Informationsbeschaffung und –abwägung bezogene Defizite auftreten. Anders als im Zusammenhang mit Einzelentscheidungen, wo überhaupt nur eine einzige – und insofern wohl auch noch eher unterzugewichtende – verfahrensbezogene Leitlinie aufgestellt worden ist (s. § 8 I. 3. b. cc. (3) (S. 228)), sind für Kollektiventscheidungen nämlich auch in diesem Bereich zahlreiche Kriterien und Leitlinien entwickelt worden (s. § 8 I. 3. c. aa. (3) (S. 243 ff.) und bb. (S. 246 f.)). Diesbezügliche Unzulänglichkeiten wären

Die insofern in Betracht kommenden Quoren lassen sich schließlich wie folgt skizzieren:

Zunächst könnte allein auf die Mehrheit der die Entscheidung tragenden Vorstandsmitglieder abgestellt werden. In diesem Sinne ließe sich etwa die Aussage der namhaften US-amerikanischen Autoren *Block/Barton/Radin* verstehen, in der von der *„majority of the directors who made the challenged decision"* die Rede ist.[1033] Anhand eines Beispiels ließe sich eine solche Sichtweise wie folgt illustrieren: Trifft ein siebenköpfiger Vorstand mit vier seiner Mitglieder eine Entscheidung, so müssten zur Annahme einer insgesamt noch informiert getroffenen Entscheidung mindestens drei der vier zustimmenden Organmitglieder über eine ausreichende Informationsgrundlage verfügen.

Alternativ dazu ließe sich aber auch allgemein auf die Mehrheit des gesamten Kollektivs abstellen. Dann müssten unter Zugrundelegung des eben skizzierten Beispiels insgesamt bereits vier der sieben Organmitglieder angemessen informiert sein. Auf die Frage, ob dies zugleich auch der die Entscheidung tragenden Mehrheit entspricht, käme es dabei nicht an.

In Anknüpfung an diese letzte Anmerkung, könnte man die das Quorum betreffenden Anforderungen nun auch noch dadurch erhöhen, dass die informierte Organmehrheit zugleich auch in der die Entscheidung tragenden Mehrheit enthalten sein muss.[1034] Mit anderen Worten würde man unter Zugrundelegung einer solchen Sichtweise letztlich an keinem geringeren Aspekt anknüpfen als an dem der „Entscheidungserheblichkeit". Übertragen auf das gebildete Beispiel müssten unter den zustimmenden Mitgliedern dann auch mindestens vier ausreichend informierte Organmitglieder zu finden sein.

Nach dem zweifelsohne stärksten Quorum käme es letztlich auf die Gesamtheit der Vorstandsmitglieder an.

Dieses letzte eine ausreichende Informationsgrundlage in der Person eines jeden Vorstandsmitglieds fordernde Quorum erscheint mir nun auch – auf den ersten Blick – als das in der Sache überzeugendste: Wie oben[1035] festgestellt, hat der verfahrensbezogene Überprüfungsmaßstab bereits an sich eine gewisse Absenkung erfahren. Eines noch weiteren „Entgegenkommens" bedarf es weder der Ratio des Geschäfts-

dann im Ergebnis ebenso einer Heilung zugänglich wie die hier in den Vordergrund gestellten die „Informationsdichte" betreffenden Defizite.

1033 *Block/Barton/Radin*, The Business Judgment Rule, 1998, S. 75. Bei der eben zitierten Aussage handelt es sich schließlich um eine der wenigen überhaupt zu diesem Themenkomplex auffindbaren und überdies auch noch einigermaßen eindeutigen Äußerungen.

1034 In diesem Sinne wird man wohl auch *Paefgen*, AG 2004, 245 (254) verstehen müssen, selbst wenn er sich insofern auf das – m.E. so ohnehin nicht ausfindig zu machende (vgl. Fn. 1033) – „amerikanische Vorbild" beruft: „Bei Kollektiventscheidungen mehrerer directors kommt es hinsichtlich der angemessenen Information und Sachprüfung darauf an, ob die entscheidungstragende Mehrheit diese Voraussetzungen erfüllt. Der UMAG-RefE geht auf den Fall der Kollektiventscheidung nicht ein. Dagegen erscheint es richtig, wie schon beim Loyalitätsprinzip auch insoweit dem amerikanischen Vorbild zu folgen.".

1035 S. § 8 I. 1. b. gg. (S. 213).

leiterermessens nach,[1036] noch wäre ein solches dem erklärten Ziel der Bundesregierung, die Unternehmensintegrität zu stärken,[1037] förderlich.

Andererseits wird es in der Praxis aber auch nicht selten vorkommen, dass einzelne Vorstandsmitglieder im Ergebnis gleichwohl nicht über die an sich geforderte Entscheidungsgrundlage verfügen bzw. ihnen zumindest der diesbezügliche Nachweis misslingt.[1038] In solchen Fällen dennoch stets den Schutz des Geschäftsleiterermessens zu versagen, bedeutete de facto, ein Leerlaufen der Neuregelung zu riskieren.

Dies berücksichtigend, erscheint auf den zweiten Blick also doch das demgegenüber etwas weniger strenge dritte Quorum, wonach die informierte Organmehrheit zugleich auch in der die Entscheidung tragenden Mehrheit enthalten sein muss, als das vorzugswürdigere – zumal unter Zugrundelegung eines solchen Quorums auch tatsächlich noch von einer im Ergebnis „informierten Entscheidung“ gesprochen werden kann: Selbst wenn ein siebenköpfiger Vorstand mit vier ausreichend und etwa einem von insgesamt drei nur unzulänglich informierten Organmitgliedern eine Entscheidung trifft, so wäre diese Entscheidung letztendlich auch dann noch wirksam zustande gekommen, wenn man die Stimmen der drei unzureichend informierten Vorstandsmitglieder gänzlich außen vor ließe. Damit kann das Verfahrensdefizit dieser drei Organmitglieder aber auch getrost vernachlässigt und bezogen auf deren „Anreiz“, sich sorgfältig zu informieren, mit *Paefgen*[1039] auf die jedenfalls verbleibende Gefahr verwiesen werden, als „Mitläufer“ einer schlecht informierten Organmehrheit den Schutz des Geschäftsleiterermessen zu verlieren. Des Weiteren findet eine solche Sichtweise nicht zuletzt auch aktienrechtsübergreifend Bestätigung: So stellt etwa auch das nordrhein-westfälische Kommunalrecht in § 31 Abs. 6 GO NW für die Möglichkeit der Geltendmachung der Befangenheit eines zu ehrenamtlicher Tätigkeit oder in ein Ehrenamt Berufenen – und damit vor allem für Ratsmitglieder

1036 Wie oben unter § 4 I. 2. d. (S. 105 f.) bereits ausführlicher erläutert, besteht die Ratio des Geschäftsleiterermessens darin, die auf die vorstandseigene Sorgfaltspflicht bezogene Überprüfungssituation handhabbarer und damit auch vorhersehbarer zu gestalten, um auf diese Weise zu verhindern, dass der Vorstand stets Gefahr läuft, ex post von „fachfremden“ und in Kenntnis der ruinösen Folgen urteilenden Richtern für die Realisation eines bereits ex ante ökonomisch kaum abschätzbaren Risikos verantwortlich gemacht zu werden, und sich dementsprechend risikoavers verhält. Die völlige Freistellung einzelner Vorstandsmitglieder von ihren verfahrensbezogenen Sorgfaltspflichten ist dafür nicht erforderlich.

1037 S. nicht nur den Titel des die Neuregelung einführenden „Gesetzes zur Unternehmensintegrität und Modernisierung des Anfechtungsrechts“ (UMAG v. 22.9.2005, BGBl. I, S. 2802), sondern darüber hinaus auch etwa den des sog. „Maßnahmenkatalogs der Bundesregierung zur Stärkung der Unternehmensintegrität und des Anlegerschutzes“ v. 25.2.2003 (http://www.bmj.bund.de/enid/Corporate_Governance/Bundesregierung_staerkt_Anlegerschutz_und_Unternehmensintegritaet_ai.html, zul. abgerufen am 3.9.2006).

1038 S. dazu, dass die Darlegungs- und Beweislast insofern auf Seiten der Vorstandsmitglieder liegt, bereits oben unter § 6 V. (S. 172).

1039 *Paefgen*, AG 2004, 245 (255).

– maßgeblich darauf ab, ob die Mitwirkung des Befangenen für das Abstimmungsergebnis entscheidend war.[1040]

Im Ergebnis ist für die Frage nach einer insgesamt als „informiert" zu erachtenden Kollektiventscheidung damit also weder auf die beiden zuerst genannten und im Ergebnis als zu schwach zu beurteilenden Quoren noch auf das zuletzt beschriebene strenge Quorum abzustellen. Vielmehr gilt es, im Sinne des dritten Quorum zunächst zu überprüfen, ob die Organmehrheit an sich als hinreichend informiert erachtet werden kann, bevor sodann danach zu fragen ist, ob Letztere zugleich auch in der die Entscheidung tragenden Mehrheit enthalten ist.

b. Heilung von Verfahrensdefiziten

Die zweite der im Zusammenhang mit Kollektiventscheidungen noch einmal aufzugreifenden Fragen betrifft schließlich wieder das im Kontext von Einzelentscheidungen schon behandelte Institut der Heilung bzw. genauer dessen Einpassung in die Dogmatik des aktienrechtlichen Regelwerks.

aa. Ausschussentscheidungen

Bezogen auf ebenfalls den Kollektiventscheidungen zugeordnete Ausschussentscheidungen[1041] kann insofern allerdings noch getrost auf das eben im Zusammenhang mit Einzelentscheidungen Ausgeführte verwiesen werden: Da es auch im Kontext von Ausschussentscheidungen letztlich um vom Gesamtorgan auf einzelne Vorstandsmitglieder delegierte Geschäftsführungsmaßnahmen geht, bestehen auch in Bezug hierauf letztlich die oben beschriebenen dem „Prinzip gegenseitiger Überwachung" entspringenden Rechte und Pflichten aller Vorstandsmitglieder.[1042] Damit lässt sich eine zur Heilung führende „Genehmigung" aber auch in diesem Zusam-

1040 Nach inzwischen – auch in NRW – allgemeiner Ansicht kommt es insofern auch wirklich allein auf die Mitwirkung im Rahmen der Abstimmung, nicht jedoch auch schon auf die bloße Teilnahme an der Beratung an. Die dahinter stehende zutreffende Überlegung lässt sich schließlich mit dem Begriff der „Rechtssicherheit" schlagwortartig zusammenfassen. Etwas ausführlicher ist damit die Tatsache angesprochen, dass sich allein die Auswirkung auf das Stimmergebnis rechtssicher feststellen lässt, während die Auswirkung der bloßen Beratungsteilnahme nicht eindeutig ermittelbar ist. S. nur *Geiger*, in: Articus/Schneider, Gemeindeordnung für das Land Nordrhein-Westfalen, Erl. § 31, S. 185 und *Rehn/Cronauge*, Gemeindeordnung für das Land Nordrhein-Westfalen, Loseblatt-Ausgabe, Bd. I, § 31, Anm. VII. 1. (Stand: 19. Erg., März 1997). S. für eine vergleichbare Regelung etwa auch § 26 VI 1 NGO.

1041 S. zu Ausschüssen bereits oben unter § 8 I. 3. c. (S. 230, Fn. 831).

1042 S. MünchKommAktG/*Hefermehl/Spindler*, 2004, § 77, Rn. 37; *Kort* in Großkomm. AktG, 2003, § 77, Rn. 44; *Mertens* in Kölner Kommentar zum AktG, 2. Auflage, 1996, § 77, Rn. 14; *Hoffmann-Becking*, ZGR 1998, 497 (510); *Martens*, in: FS Fleck, 1988, S. 191 (206 f.); *Schiessl*, ZGR 1992, 64 (78).

menhang wieder als Akt „organinterner Selbstkontrolle" konstruieren, für den gleichsam als „genehmigungsfähiges" Organ der Gesamtvorstand zuständig ist.

bb. Entscheidungen des Gesamtvorstands

Im Zusammenhang mit Entscheidungen des Gesamtvorstandes ist dagegen nicht um eine „Neuverortung" bezogen auf das „genehmigungsfähige" Organ und damit zugleich auch um einen anderen Ansatz zur Einpassung der „Genehmigung" in das aktienrechtliche Regelwerk umhinzukommen: Genauso wenig wie der einzelne Ressortverantwortliche infolge seiner beträchtlichen Eigeninteressen an dem „Genehmigungsbeschluss" teilzuhaben berechtigt ist,[1043] genauso wenig erschiene eine von dem „originären Missstandsverursacher Gesamtvorstand" herrührende Heilung sachlich wie dogmatisch angemessen.

(1) „Genehmigung" durch den Aufsichtsrat

Im Rahmen einer solchen „Neuverortung" ließe sich nun zunächst erwägen, das in Bezug auf Gesamtvorstandsentscheidungen „genehmigungsfähige" Organ im Aufsichtsrat zu erblicken.

Dann müsste es die Rolle des Aufsichtsrates aber auch zulassen, dass er – erstens – insbesondere unter „Nachholung" einer dem Verfahrenserfordernis von § 93 Abs. 1 S. 2 AktG entsprechenden Informationsbeschaffung die Geschäftsführungsentscheidung des Vorstands „genehmigt" und damit – zweitens – zugleich die Heilung des der ursprünglichen Vorstandsentscheidung anhaftenden Verfahrensdefizits bewirkt. Dies zu untersuchen, soll Gegenstand der nachfolgenden Ausführungen sein.

Zunächst zum ersten Teil des Untersuchungsprogramms: Innerhalb der aktienrechtlichen Kompetenzordnung ist der Vorstand für die Geschäftsführung (§ 76 Abs. 1 AktG), der Aufsichtsrat dagegen für die Überwachung der Geschäftsführung durch den Vorstand zuständig (§ 111 Abs. 1 AktG). Nach dieser – das deutsche Aktienrecht im Übrigen seit jeher kennzeichnenden[1044] – klar konturierten Trennung der Kompetenzen[1045] ist es dem Aufsichtsrat also grundsätzlich verwehrt, Geschäftsführungsmaßnahmen vorzunehmen. Selbst wenn man nun die „Genehmigung" als solche, sprich die Billigung als Akt der Stellungnahme, noch als „Überwachungshandlung" auffassen würde, so kommt man mit Blick auf eine „Nachholung" der

1043 Vgl. oben unter § 8 II. 1. a. (S. 256).

1044 *Hoffmann-Becking*, in: Münchener Handbuch des Gesellschaftsrechts, Bd. 4, 2007, § 29, Rn. 10.

1045 Sinn und Zweck dieser scharfen Funktionentrennung können schließlich wieder darin erblickt werden, den beiden Organen im Interesse der Gesellschaft die Möglichkeit wechselseitiger Schuldzuweisungen zu nehmen (MünchKommAktG/*Semler*, 2004, § 111, Rn. 371).

dem Verfahrenserfordernis von § 93 Abs. 1 S. 2 AktG entsprechenden Informationsbeschaffung aber gleichwohl nicht mehr umhin, zumindest insofern eine „Geschäftsführungsmaßnahme“ bzw. einen „Splitter“ einer solchen anzunehmen: Schließlich käme eine reine Überwachung mit einer die Feststellung des Defizits ermöglichenden Recherche aus. Die Vornahme einer kompletten – das heißt dem Standard des § 93 Abs. 1 S. 2 AktG gerecht werdenden und damit eine Heilung erst rechtfertigenden – Entscheidungsvorbereitung geht darüber aber weit hinaus.[1046]

Andererseits zwingt ein solcher Befund allein aber gleichwohl noch nicht dazu, sogleich die sprichwörtliche „Flinte ins Korn zu werfen“: Schließlich kennt das aktienrechtliche Regelwerk neben der beschriebenen strikten Kompetenztrennung zugleich auch diverse Durchbrechungen bzw. Relativierungen dieses Grundsatzes. Eine davon betrifft letztlich das in § 111 Abs. 4 S. 2 AktG verankerte Institut des Zustimmungsvorbehaltes.[1047] Danach kann qua Satzung bzw. auch qua Beschluss des Aufsichtsrates angeordnet werden, dass bestimmte Arten von Geschäften nur mit Zustimmung des Aufsichtsrates vorgenommen werden dürfen. Verweigert Letzterer seine Zustimmung, so führt dies zwar nicht zur Unwirksamkeit der Geschäftsführungsmaßnahme bzw. zur Unwirksamkeit des darauf basierenden gleichwohl vorgenommenen Geschäftes im Außenverhältnis. Der Vorstand hat sich im Verhältnis zur Gesellschaft dann aber jedenfalls einer Pflichtverletzung schuldig gemacht (§ 82 Abs. 2 AktG).[1048] Demgegenüber könnte man die positiv erteilte Zustimmung im Sinne von § 111 Abs. 4 S. 2 AktG vor diesem Hintergrund nun gleichsam als „Splitter“ einer Geschäftsführungsmaßnahme auffassen.[1049] Auf die zu erörternde

1046 Auch von konstruktiver Kritik bzw. Beratung, die verlangt, dass der Aufsichtsrat dem Vorstand auch mitteilt, was er stattdessen hätte tun müssen, kann insofern keine Rede mehr sein (vgl. zu dieser Pflicht des Aufsichtsrates MünchKommAktG/*Semler*, 2004, § 111, Rn. 150).

1047 Vgl. *Hüffer*, AktG, 2008, § 111, Rn. 16; *Pentz*, in: Handbuch des Vorstandsrechts, 2006, § 16, Rn. 5.

1048 MünchKommAktG/*Semler*, 2004, § 111, Rn. 9; Beck AG-HB/*Schiedermair/Kolb*, 2004, § 7, Rn. 85.

1049 Ob es sich bei Maßnahmen des Aufsichtsrates im Zusammenhang mit einem Zustimmungsvorbehalt tatsächlich um eigene Geschäftsführungsmaßnahmen handelt, wird vom Schrifttum bisweilen mehr im Bereich des Nebulösen belassen (vgl. etwa *Mertens* in Kölner Kommentar zum AktG, 2. Auflage, 1996, § 111, Rn. 28: „Geschäftsführungsmaßnahmen *des Vorstands* an seine Zustimmung zu binden“ (Hervorhebung durch Verfasserin) und Rn. 66: „Das Recht des AufsR, Geschäfte seiner Zustimmung zu unterwerfen, entspricht nicht einer freien Mitwirkungszuständigkeit in Bezug auf die Geschäftsführung, sondern ist eine Funktion seiner Kontrollaufgabe […].“; *Hoffmann-Becking*, in: Münchener Handbuch des Gesellschaftsrechts, Bd. 4, 2007, § 29, Rn. 39: „Das Wort „jedoch“ [in § 111 IV 2 AktG] macht deutlich, dass der Aufsichtsrat bei zustimmungspflichtigen Geschäften materiell an der Geschäftsführung mitwirkt.“; Beck AG-HB/*Schiedermair/Kolb*, 2004, § 7, Rn. 80: „der Aufsichtsrat gewinnt hier materiellen Einfluss auf die Geschäftsführung“ bzw. Rn. 83: „Der Zustimmungsvorbehalt hat den Charakter einer präventiven Überwachungsmaßnahme.“). Da der Aufsichtsrat in diesem Kontext aber letztlich auch eigene – im Übrigen sogar dem Schutz des Geschäftsleiterermessens zugängliche (vgl. auch *Mertens* in Kölner Kommentar zum AktG, 2. Auflage, 1996, § 111, Rn. 85; MünchKommAktG/*Semler*, 2004, § 111, Rn. 444; *Fleischer*, in: Handbuch des Vorstandsrechts, 2006, § 16, Rn. 46, 117; *Raiser/Veil*, Recht der Kapitalgesellschaften, 2006, § 15, Rn. 8) – unternehmerische Erwägungen anzustellen hat (vgl. *Mer-*

Fragestellung zurückkommend, läge es dann auch nicht mehr fern, die gewünschte „Genehmigungsmöglichkeit" – entsprechend gewohnt juristischer Manier – über eine analoge Anwendung von § 111 Abs. 4 S. 2 AktG zu etablieren zu suchen.[1050]

Abgesehen davon, dass sich eine solche Analogie allerdings bereits mit Blick auf den Ausnahmecharakter von § 111 Abs. 4 S. 2 AktG als auf „tönernen Füßen" stehend erweisen dürfte, müsste zudem auch spätestens der zweite Teil des oben aufgestellten Untersuchungsprogramms letzten Endes zu einer Ernüchterung führen: Selbst wenn man dem Aufsichtsrat unter Verweis auf § 111 Abs. 4 S. 2 AktG noch eine Kompetenz zur Durchführung einer § 93 Abs. 1 S. 2 AktG entsprechenden Entscheidungsvorbereitung als eine Art „Geschäftsführungssplitter" zugestehen wollte, so wäre nämlich jedenfalls eine davon ausgehende – das ursprüngliche Verfahrensdefizit betreffende – „heilende Wirkung" zu verneinen: Nach der Konzeption des Aktiengesetzes fungiert der Aufsichtsrat gerade als „Gegenspieler" des Vorstandes. Er soll die Tätigkeit des Vorstandes einer teils vergangenheits- teils zukunftgerichteten Überwachung unterziehen[1051] mit dem Ziel, unsorgfältigem Vorstandshandeln zum Schutze der Gesellschaft entgegenzuwirken.[1052] Dafür stehen ihm auch eine ganze Reihe von „Instrumenten" zu Verfügung, die ihm eine mal mehr mal weniger tief greifende Einflussnahme auf die Geschäftsführung des Vorstands ermöglichen.[1053] Im Ergebnis geht es dabei allerdings stets darum, den Vorstand in seine aktienrechtlichen Schranken zu weisen. Der Aufsichtsrat hat gegenüber dem Vorstand insgesamt eine begrenzende Rolle einzunehmen und rechtswidriges Verhalten notfalls haftungsrechtlich zu ahnden. Die Möglichkeit einer Entlastung[1054] des Vorstands, wie sie teilweise auch mit einer das ursprüngliche Verfahrensdefizit heilenden „Genehmigung" verbunden wäre,[1055] entspricht dagegen nicht der aktien-

tens in Kölner Kommentar zum AktG, 2. Auflage, 1996, § 111, Rn. 28), erachte ich es auch für durchaus sachgerecht, davon auszugehen, dass die spätere Entscheidung zumindest einen „Splitter" eigener Geschäftsführung des Aufsichtsrates enthält.

1050 Die „Genehmigungskompetenz" des Aufsichtsrates – etwa mit Blick auf die „Befangenheit" der Vorstandsmitglieder – aus § 112 AktG herzuleiten, würde demgegenüber von vornherein zu weit gehen. Der Regelungsgehalt dieser Vorschrift beschränkt sich nämlich auf die gesetzliche Vertretung der Gesellschaft bei Rechtsgeschäften zwischen ihr und ihren Vorstandsmitgliedern. Darum geht es hier aber nicht.

1051 *U. Eisenhardt*, Gesellschaftsrecht, 2007, Rn. 555; *Grunewald*, Gesellschaftsrecht, 2005, 2. Teil C. Fn. 69; *Hueck/Windbichler*, Gesellschaftsrecht, 2008, § 25 I. 3. b) (S. 271); Beck AG-HB/*Schiedermair/Kolb*, 2004, § 7, Rn. 73; *Dreher*, ZHR 158 (1994), 614 (618).

1052 Vgl. *Mertens* in Kölner Kommentar zum AktG, 2. Auflage, 1996, § 111, Rn. 25.

1053 Neben dem Institut des Zustimmungsvorbehaltes gem. § 111 IV 2 AktG zählen dazu etwa auch die Einflussnahmemöglichkeiten in Bezug auf Personalentscheidungen (§ 84 AktG) und die Vorstandsorganisation (§ 77 II AktG).

1054 Der Begriff wird hier mehr in seiner allgemeinen Bedeutung, nicht jedoch im Sinne von § 120 AktG zu Grunde gelegt.

1055 Wie oben unter § 5 I. 2. (S. 123) und § 5 II. 1. b. aa. (S. 126) dargelegt, führt das Vorliegen der Voraussetzungen von § 93 I 2 AktG zum endgültigen Ausschluss einer Sorgfaltspflichtverletzung und damit zugleich auch zur Verneinung einer Haftung nach § 93 II 1 AktG. Vermag die Entscheidung des Gesamtvorstandes also noch dem – recht großzügig bemessenen –

rechtlichen Rollenverteilung.[1056] Gleichsam als Bestätigung versagt § 93 Abs. 4 S. 2 AktG dem Aufsichtsrat auch ausdrücklich die Möglichkeit der Enthaftung von Vorstandsmitglieder. Pointiert ließe sich also formulieren, dass eine „Genehmigungsmöglichkeit" des Aufsichtsrats diesen letztlich entgegen der zwingenden aktienrechtlichen Rollenverteilung vom „Gegenspieler" zum „Zuspieler" des Vorstands avancieren lassen würde.[1057] Damit muss der Aufsichtsrat im Ergebnis als „genehmigungsfähiges" Organ ausscheiden.[1058]

(2) „Genehmigung" durch die Hauptversammlung

Bliebe also allenfalls noch die Hauptversammlung als möglicherweise „genehmigungsfähiges" Organ. Bezogen auf diese Alternative zeichnet sich aus kompetenzrechtlicher Sicht schließlich zunächst das folgende Bild:

Im Ausgangspunkt ist zwar auch die Hauptversammlung grundsätzlich von der Geschäftsführung ausgeschlossen (§§ 119, 76 AktG). Schließlich haben sich die Aktionäre der „Macht des Faktischen" gebeugt und die Geschäftsführung gerade der

inhaltsbezogenen Überprüfungsstandard (s. unten unter § 9 II. 2. (S. 326 ff.)) gerecht zu werden und liegen auch sonst keine weiteren Defizite vor, so käme eine „Genehmigung" faktisch gesehen einer Enthaftung gleich.

1056 Die Tatsache, dass i.R.d. internen Haftungsquotenausgleichs gem. § 426 BGB auch einmal eine Quote auf die Aufsichtsratsmitglieder entfallen kann (s. etwa *Hopt* in Großkomm. AktG, 1999, § 93, Rn. 298; *Mertens* in Kölner Kommentar zum AktG, 2. Auflage, 1996, § 93, Rn. 21; *Fleischer*, in: Handbuch des Vorstandsrechts, 2006, § 11, Rn. 81), rechtfertigt schließlich noch nicht, insofern auch bereits von einer „Entlastungsmöglichkeit" des Vorstandes durch den Aufsichtsrat zu sprechen. Schließlich geht die Minderung der Haftungsquote der Vorstandsmitglieder hierbei auf ein eigenes Fehlverhalten der Aufsichtsratsmitglieder nicht aber auf einen positiven „Entlastungsbeschluss" zurück. S. zur mangelnden „Entlastungskompetenz" des Aufsichtsrates speziell im Kontext des Zustimmungsvorbehaltes auch MünchKommAktG/*Hefermehl/Spindler*, 2004, § 93, Rn. 121 sowie *Mertens* in Kölner Kommentar zum AktG, 2. Auflage, 1996, § 111, Rn. 87: „Die Erteilung der Zustimmung durch den AufsR befreit den Vorstand nicht von dessen eigener Verantwortung für das betreffende Geschäft und schließt damit dessen Haftung nach § 93 nicht aus." Vgl. darüber hinaus auch die Aussage von *Kindler*, ZHR 162 (1998), 101 (114) im Zusammenhang mit der Geltendmachung von Schadensersatzansprüchen der Gesellschaft gegen Vorstandsmitglieder: „Zu einer solchen „Gnadenentscheidung" besitzt der Aufsichtsrat – als Sachwalter der Aktionärsinteressen [...] – kein Mandat. Dies folgt schon aus § 93 Abs. 4 Satz 2 und 3 AktG." Vgl. zuletzt noch *OLG Düsseldorf*, Urt. v. 28.11.1996 – 6 U 11/95 (*„ARAG/Garmenbeck"*) –, ZIP 1997, 27 (36).

1057 Als weiteres Argument gegen eine „Genehmigungskompetenz" des Aufsichtsrates ließe sich unter Umständen auch noch der Aspekt einer immer weiter reichenden „Kontrollbefangenheit" des Aufsichtsrates anführen.

1058 Vor diesem Hintergrund kann sich der Vorstand auch nicht etwa bei gleichwohl erfolgter Billigung einer Maßnahme durch den Aufsichtsrat darauf berufen, dass das Handeln des Aufsichtsrates der Gesellschaft zuzurechnen sei und sich diese durch die Geltendmachung von Schadensersatz nun zu ihrem eigenen Verhalten in einen unlösbaren Widerspruch (§ 242 BGB) setze.

juristischen Person „Aktiengesellschaft“ übertragen, das heißt damit letztendlich auch in eine Übertragung an den Vorstand als Agenten eingewilligt.[1059] Andererseits weist dieser Grundsatz aber auch hier wieder gewisse Durchbrechungen bzw. Relativierungen auf. Eine tatsächliche Durchbrechung findet sich insofern etwa in der Vorschrift des § 119 Abs. 2 AktG. Danach kann die Hauptversammlung – anders als der Aufsichtsrat – auf Verlangen des Vorstands sogar selbst in Fragen der Geschäftsführung entscheiden. Damit wäre die Möglichkeit der „Nachholung“ eines § 93 Abs. 1 S. 2 AktG entsprechenden Verfahrens hier sogar unmittelbar gegeben. In Anerkennung des eben noch einmal skizzierten Ursprungs der Vorstandskompetenzen –spricht das Aktienrecht der Hauptversammlung sodann auch noch eine auf den Vorstand bezogene „Entlastungskompetenz“ zu: Zwar ist die eigentliche „Entlastung“ im Sinne von § 120 AktG letztlich ohne Einfluss auf die haftungsrechtliche Verantwortlichkeit der Vorstandsmitglieder (§ 120 Abs. 2 S. 2 AktG). Dafür sieht aber die Vorschrift des § 93 Abs. 4 S. 3 AktG ausdrücklich die Möglichkeit sogar einer kompletten Enthaftung des Vorstands vor. Des Weiteren besteht auch im Zusammenhang mit dem eben angesprochenen Institut des Zustimmungsvorbehaltes das Recht zur Anrufung der Hauptversammlung (§ 111 Abs. 4 S. 3 AktG) gerade dazu, dem Vorstand eine ihn entlastende Einschaltung des Anteilseignerorgans zu ermöglichen.[1060]

Das eben gezeichnete Bild vor Augen, könnte man sich nun tatsächlich – vorschnell – zu der Einschätzung verleiten lassen, die Hauptversammlung besitze in Bezug auf vom Gesamtvorstand zu verantwortende Verfahrensdefizite eine „Genehmigungskompetenz“. Selbst wenn der Hauptversammlung nach der aktienrechtlichen Rollenverteilung eine solche Funktion sehr viel besser als dem Aufsichtsrat zu Gesicht stünde, so wirft die „Genehmigung“ von Verfahrensdefiziten des Gesamtvorstandes durch die Hauptversammlung dafür aber wiederum andere Probleme auf. Genauer zeigt sich der Pferdefuß hier gerade im Zusammenhang mit der eben noch zur Begründung einer „Genehmigungskompetenz“ angeführten Vorschrift des § 93 Abs. 4 S. 3 AktG:

Nach dieser Vorschrift kann die Gesellschaft erst drei Jahre *nach der Entstehung des Anspruchs* und nur dann auf Ersatzansprüche *verzichten* oder sich über sie vergleichen, wenn die Hauptversammlung zustimmt und nicht eine Minderheit, deren Anteile zusammen den zehnten Teil des Grundkapitals erreichen, zur Niederschrift Widerspruch erhebt.

Selbst wenn diese Regelung also letztendlich die Möglichkeit einer Enthaftung des Vorstands zum Ausdruck bringt, so ist ihr eigentliches Anliegen aber dennoch vielmehr in der Begrenzung einer solchen Enthaftungsmöglichkeit zu erblicken. Neben der Tatsache, dass es überhaupt erst eines formellen Hauptversammlungsbeschlusses bedarf, ist insofern vor allem auf die dort niedergelegte Drei-Jahres-Frist hinzuweisen, deren Sinn und Zweck vornehmlich darin bestehen, zu vermeiden, dass vorschnell über eine Enthaftung entschieden wird, ohne dass das Ausmaß von

1059 Vgl. hierzu schon oben unter § 2 I. 1. (S. 37).
1060 MünchKommAktG/*Semler*, 2004, § 111, Rn. 114.

Verfehlung und Schaden bereits abschließend überblickbar wäre.[1061] Diese vom Aktiengesetzgeber bewusst gezogene Grenze für eine Entlastung des Vorstands gilt es auch im Zusammenhang mit der vorliegend zu erörternden „Genehmigungskompetenz" der Hauptversammlung zu berücksichtigen.

Zwar ließe sich auch hier auf den ersten Blick noch einwenden, zum Zeitpunkt der „Genehmigung" von Verfahrensdefiziten müsse gar noch nicht zwingend überhaupt schon ein *entstandener Anspruch* der Gesellschaft vorliegen, über den disponiert werden könne, noch ginge es bei einer solchen „Genehmigung" direkt um einen *Verzicht* bzw. allgemeiner um einen Ausschluss der Vorstandshaftung.

Andererseits kann – bezogen auf den ersten Einwand – aber auch nicht verhehlt werden, dass dann, wenn der Vorstand in der Praxis tatsächlich einmal den sprichwörtlichen „Gang nach Kanossa" antritt, in aller Regel auch bereits ein sich – zumindest für die Vorstandsmitglieder – abzeichnender Schaden und damit zugleich auch schon ein Anspruch im Raume stehen dürfte. Jedenfalls wird man in einer noch nicht einmal den Anforderungen von § 93 Abs. 1 S. 2 AktG gerecht werdenden Entscheidungsvorbereitung aber in aller Regel bereits eine Sorgfaltspflichtverletzung der Vorstandsmitglieder gem. § 93 Abs. 1 S. 1 AktG erblicken müssen. Merzt die Hauptversammlung diese Sorgfaltspflichtverletzung vermittels eines „Genehmigungsbeschlusses" aus, so ist damit auch die Disposition zumindest über einen „potentiellen Anspruch" der Gesellschaft verbunden und folglich auch der Kerngedanke von § 93 Abs. 4 S. 3 AktG berührt.

Gleiches gilt letztlich auch bezogen auf den zweiten der hier noch einmal angedachten Einwände: Selbst wenn die „Genehmigung" bzw. die damit einhergehende Heilung eines Verfahrensdefizits für sich alleine betrachtet an sich noch nicht zugleich auch einen Ausschluss der Haftung der Vorstandsmitglieder bewirkt, so kann sie – faktisch gesehen – aber gleichwohl genau darauf hinauslaufen.[1062] Dieses Argument wiegt letztlich umso schwerer, wenn man den Umstand hinzunimmt, dass der Anwendungsbereich von § 93 Abs. 4 S. 3 AktG insofern ohnehin schon eher weit verstanden wird.[1063] So wird etwa teilweise schon eine Stundung als „wirtschaftlicher Teilverzicht" und damit als dem Anwendungsbereich des § 93 Abs. 4 S. 3 AktG unterfallend bezeichnet.[1064]

1061 MünchKommAktG/*Hefermehl/Spindler*, 2004, § 93, Rn. 125; *Hopt* in Großkomm. AktG, 1999, § 93, Rn. 366; *Hüffer*, AktG, 2008, § 93, Rn. 28; *Landwehrmann*, in: Heidel, Aktienrecht, 2007, § 93, Rn. 139; *Mertens* in Kölner Kommentar zum AktG, 2. Auflage, 1996, § 93, Rn. 127.

1062 S. hierzu schon oben unter § 8 II. 2. b. bb. (1) (S. 285, Fn. 1055).

1063 Vgl. Spindler/Stilz/*Fleischer*, AktG, 2007, § 93, Rn. 244; MünchKommAktG/*Hefermehl/Spindler*, 2004, § 93, Rn. 134 ff; *Hopt* in Großkomm. AktG, 1999, § 93, Rn. 375; *Krieger/Sailer*, in: K. Schmidt/Lutter, AktG, 2008, § 93, Rn. 53; *Landwehrmann*, in: Heidel, Aktienrecht, 2007, § 93, Rn. 143; *Mertens* in Kölner Kommentar zum AktG, 2. Auflage, 1996, § 93, Rn. 132 ff.

1064 MünchKommAktG/*Hefermehl/Spindler*, 2004, § 93, Rn. 135; *Hopt* in Großkomm. AktG, 1999, § 93, Rn. 375.

Selbst wenn eine „Genehmigungskompetenz“ der Hauptversammlung zwar noch der aktienrechtlichen Rollenverteilung entspräche, so würde sie vor diesem Hintergrund aber jedenfalls die vom Gesetzgeber bewusst gezogene Grenze für eine Enthaftung von Vorstandsmitgliedern sprengen. Damit muss auch sie als mit dem deutschen Aktienrecht im Ergebnis unvereinbar beurteilt werden.

(3) Ergebnis

Insgesamt betrachtet bedeutet dies nun zugleich auch, dass eine auf Verfahrensdefizite des Gesamtvorstands bezogene Heilung, im Gegensatz zum US-amerikanischen Recht,[1065] nach deutschem Aktienrecht generell nicht konstruierbar ist.

Damit ist auch an dieser Stelle wieder offenbar geworden, wie wichtig es ist, im Zusammenhang mit solchen *„legal transplants“* die Forderung *Fleischer`s* nach einem „enormen Feingefühl“ und einer „filigranen Abstimmung mit den Besonderheiten der aufnehmenden Rechtsordnung“ ernst und stets verbleibende Divergenzen im Detail in Kauf zu nehmen.[1066]

d. Zusammenfassung

Zusammenfassend lässt sich in Bezug auf die Auswirkung und Heilung von Verfahrensdefiziten eines Kollektivs schließlich das Folgende festhalten:

Für die Frage nach der Auswirkung von Verfahrensdefiziten einzelner Organmitglieder auf die Entscheidung des gesamten Kollektivs kommt es maßgeblich auf das Kriterium der „Entscheidungserheblichkeit“ an. Etwas ausführlicher bedeutet dies, dass es zur Feststellung eines insgesamt noch für „informiert“ zu erachtenden Kollektivs zunächst zu überprüfen gilt, ob die Organmehrheit an sich über eine ausreichende Informationsgrundlage verfügt, bevor sodann danach zu fragen ist, ob Letztere zugleich auch in der die Entscheidung tragenden Mehrheit enthalten ist.[1067]

Die zweite der im Zusammenhang mit Kollektiventscheidungen noch einmal gesondert anzugehenden Einzelfragen betraf schließlich wieder die Einpassung einer Heilung in die Dogmatik des aktienrechtlichen Regelwerks: Während sich im Zusammenhang mit Ausschussentscheidungen eine zur Heilung führende „Genehmigung“ wiederum als Akt „organinterner Selbstkontrolle“ konstruieren ließ, für den

1065 S. oben unter § 3 III. 3. c. (S. 85).

1066 S. *Fleischer*, NZG 2004, 1129 (1131, 1137). S. zum Aspekt einer genauen Einpassung aber auch bereits § 5 II. (S. 124 ff.) betreffend die Rechtsnatur des Geschäftsleiterermessens sowie § 6 (S. 158 ff.) betreffend die Verteilung von Darlegungs- und Beweislast. Auch was diesen letzten Kontext anbelangt, so bedurfte es bereits einer (teilweisen) Abweichung von den Grundannahmen des US-amerikanischen Rechts.

1067 S. § 8 II. 2. a. (S. 282).

gleichsam als „genehmigungsfähiges" Organ der Gesamtvorstand zuständig ist,[1068] sind vom Gesamtvorstand selbst zu verantwortende Verfahrensdefizite letztendlich keiner Heilung zugänglich.[1069]

III. Fazit

Der „angemessenen Informationsgrundlage" wird zuweilen nachgesagt, sie stelle zusammen mit dem sogleich im Anschluss noch zu erörternden „Handeln zum Wohle der Gesellschaft" letztendlich das wichtigste Element der Neuregelung dar.[1070] Dieser Einschätzung ist zuzustimmen – bilden diese Elemente doch gleichsam die beiden Säulen zur Rechtfertigung der starken Abmilderung des inhaltsbezogenen Überprüfungsmaßstabs.[1071]

Mit dieser dogmatischen Bedeutung geht allerdings zugleich auch eine herausragende praktische Relevanz einher: So haben die vorstehenden Ausführungen – zumindest schon einmal bezogen auf das Verfahrenserfordernis – gezeigt, dass es die dogmatische Bedeutung dieses Elementes nicht zulässt, Entscheidungen „aus dem Bauch heraus" zu treffen. Mit anderen Worten gilt es eine reflektierte, keine intuitive Entscheidung zu treffen[1072] – auch wenn sich der Gesetzgeber in seiner Gesetzesbegründung vielleicht allzu euphorisch „Instinkt, Erfahrung, Phantasie und Gespür für künftige Entwicklungen" auf seine Fahnen geschrieben hat.[1073] Vor diesem Hintergrund habe ich mich in der vorliegenden Arbeit schließlich auch für eine nur teilweise Abmilderung des verfahrensbezogenen Überprüfungsmaßstabs ausgesprochen.[1074] Dieser lässt sich schlagwortartig mit den Begriffen der „Rückführbarkeit des Entscheidungsverfahrens auf vernünftige unternehmerische Erwägungen" zusammenfassen[1075] und hat vermittels der Entwicklung zahlreicher Kriterien und Leitlinien eine – hoffentlich möglichst weitgehende – Konkretisierung erfahren.[1076] Solchermaßen konkrete Anforderungen bedingen auf der anderen Seite aber auch eine erhöhte „Fehleranfälligkeit". Unter Wiederaufnahme der obigen Aussage vermag damit thesenartig festgestellt zu werden, dass es sich bei dem Element der „an-

1068 S. § 8 II. 2. b. aa. (S. 282).
1069 S. § 8 II. 2. b. bb. (3) (S. 289).
1070 S. *M. Roth*, BB 2004, 1066 (1067).
1071 S. hierzu nochmals oben unter § 8 (S. 202), § 8 II. (S. 252 f.) sowie unter § 8 II. 1. b. bb. (1) (b) (S. 262).
1072 Vgl. *Brömmelmeyer*, WM 2005, 2065 (2067).
1073 Begr. UMAG-GesetzesE, BT-Drs. 15/5092 v. 14.3.2005, S. 11.
1074 S. oben unter § 8 I. 1. b. gg. (S. 213).
1075 S. oben unter § 8 I. 2. (S. 214).
1076 S. oben unter § 8 I. 3. (S. 214 ff.).

gemessenen Informationsgrundlage“ aus praktischer Sicht auch stets um ein Merkmal handeln wird, in dessen Rahmen zahlreiche unternehmerische Entscheidungen letztlich des Schutzes des Geschäftsleiterermessens verlustig gehen werden.

§ 9 Handeln zum Wohle der Gesellschaft

Hinter dem Merkmal des „Handelns zum Wohle der Gesellschaft" bzw. an sich genauer hinter dem des „annehmen Dürfens, zum Wohle der Gesellschaft zu handeln" verbirgt sich nun gleich Dreierlei: (1) eine Loyalitätskontrolle,[1077] (2) eine Inhaltskontrolle[1078] und (3) ein Gutgläubigkeitserfordernis[1079].

I. Loyalitätskontrolle

Anders als bei der zuvor behandelten Verfahrenskontrolle, die einerseits Voraussetzung für die starke Begrenzung der inhaltsbezogenen Sorgfaltskontrolle, andererseits aber zugleich auch schon selbst Überprüfung der – insofern verfahrensbezogenen – Sorgfalt ist,[1080] handelt es sich bei der Loyalitätskontrolle nun wieder um eine bloße Voraussetzung für die Zugrundelegung des – teils mehr, teils weniger – abgemilderten sorgfaltsbezogenen Überprüfungsmaßstabs des § 93 Abs. 1 S. 2 AktG.

Dass das Loyalitätserfordernis in dieser Eigenschaft auch nicht zu entbehren ist, ist schließlich vornehmlich dem schon angesprochenen[1081] Aspekt der „Richtigkeitsgewähr" geschuldet, die mit einer allein auf die Interessen der Gesellschaft gerichteten Motivation[1082] des Vorstands verbunden ist. Mit anderen Worten spricht bei Abwesenheit gesellschaftsfremder Interessen zugleich viel dafür, dass der Vorstand seine Fähigkeiten und Kenntnisse demzufolge auch bestmöglich eingesetzt hat.[1083]

1077 Begr. UMAG-GesetzesE, BT-Drs. 15/5092 v. 14.3.2005, S. 11: „Die Freiheit von sachfremden Einflüssen und Sonderinteressen bedarf keiner ausdrücklichen Erwähnung im Gesetzestext, da dies implizit formuliert ist: I.d.R. darf nur der annehmen, zum Wohle der Gesellschaft zu handeln, der sich bei seiner Entscheidung frei von solchen Einflüssen weiß.".

1078 Begr. UMAG-GesetzesE, BT-Drs. 15/5092 v. 14.3.2005, S. 11: „Ein Handeln zum Wohle der Gesellschaft liegt jedenfalls dann vor, wenn es der langfristigen Ertragsstärkung und Wettbewerbsfähigkeit des Unternehmens und seiner Produkte oder Dienstleistungen dient.".

1079 Begr. UMAG-GesetzesE, BT-Drs. 15/5092 v. 14.3.2005, S. 11: „Auch das Merkmal der Gutgläubigkeit ist Bestandteil des „annehmen Dürfens".".

1080 S. oben unter § 8 (S. 202).

1081 S. § 8 (S. 202) sowie § 8 II. 1. b. bb. (1) (b) (S. 263).

1082 S. zum Inhalt der Treuepflicht insofern bereits oben unter § 4 I. 2. c. (S. 99 f.).

1083 S. wiederum § 8 II. 1. b. bb. (1) (b) (S. 263).

Vor diesem Hintergrund war das Loyalitätserfordernis im Zusammenhang mit dem Geschäftsleiterermessen auch schon vor der Kodifikation desselben in § 93 Abs. 1 S. 2 AktG (nahezu) allgemein anerkannt.[1084]

1. Reichweite und Inhalt der Loyalitätskontrolle

Dies vor Augen, gilt es nun, die Reichweite bzw. den Inhalt besagter Loyalitätskontrolle abzustecken:

a. Das Abstellen auf Fremdinteressen

Was die der Loyalitätskontrolle zuzugestehende Reichweite anbelangt, so ist bereits oben[1085] im Kontext der dogmatischen Herleitung des Geschäftsleiterermessens dargelegt worden, dass zumindest nach der Ratio des Geschäftsleiterermessens die Zuerkennung eines die allgemeine Treuepflicht betreffenden Handlungsspielraums

1084 S. schon *BGH*, Urt. v. 21.4.1997 – II ZR 175/95 („*ARAG/Garmenbeck*") –, BGHZ 135, 244 (253) („ausschließlich am Unternehmenswohl orientiertes") (s. aber auch AnwK-AktienR/*Landwehrmann*, 2003, § 93, Rn. 90; *Henze*, BB 2000, 209 (215) sowie *Paefgen*, AG 2004, 245 (252), die das Loyalitätserfordernis im Zusammenhang mit der „*ARAG/Garmenbeck*"-Formulierung demgegenüber aus der Passage „von Verantwortungsbewusstsein getragenes" herauslasen; wie hier indessen *Kindler*, ZGR 162 (1998), 101 (106); *Kock/Dinkel*, NZG 2004, 441 (444) sowie *Ulmer*, ZHR 163 (1999), 290 (298)). Ebenfalls – auch schon vor der Kodifikation des Geschäftsleiterermessens – allesamt von einem Loyalitätserfordernis ausgehend: MünchKommAktG/*Hefermehl/Spindler*, 2004, § 93, Rn. 26; *Hopt* in Großkomm. AktG, 1999, § 93, Rn. 83, Fn. 251; *Oltmanns*, Geschäftsleiterhaftung, 2001, S. 325 f.; *Paefgen*, Unternehmerische Entscheidungen und Rechtsbindung, 2002, S. 179; *Raiser/Veil*, Recht der Kapitalgesellschaften, 2006, § 14, Rn. 77; *M. Roth*, Unternehmerisches Ermessen, 2001, S. 59; *Brömmelmeyer*, WM 2005, 2065 (2068); *Fleischer*, in: FS Wiedemann, 2002, S. 827 (841 ff.); *ders.*, ZIP 2004, 685 (690 f.); *Hauschka*, ZRP 2004, 65 (67); *Horn*, ZIP 1997, 1129 (1134); *Ihrig*, WM 2004, 2098 (2105) und *H. Schaefer/Missling*, NZG 1998, 441 (444). Gleichwohl findet sich diese Voraussetzung des Geschäftsleiterermessens nicht bei *Lohse*, Unternehmerisches Ermessen, 2005, die einen Ausschluss des Geschäftsleiterermessens im Fall von Interessenkonflikten deshalb nicht für geboten hält, weil das deutsche Recht typischen Interessenkonflikten ohnehin bereits hinreichend durch Zuständigkeitsregeln vorbeuge (a.a.O., S. 265). Mit Blick auf das eben Ausgeführte ist dem entschieden entgegen zu treten – zumal besagte Zuständigkeitsregeln im Ergebnis nicht mehr als einen lediglich punktuell wirkenden Schutz begründen (so auch *Oltmanns*, Geschäftsleiterhaftung, 2001, S. 313 sowie *Paefgen*, Unternehmerische Entscheidungen und Rechtsbindung, 2002, S. 196, 200, 205 f.). Das Geschäftsleiterermessen in den verbleibenden Fällen von Interessenkonflikten nichtsdestotrotz zur Anwendung gelangen zu lassen, entbehrt jeglicher dogmatischen und sachlichen Rechtfertigung. Der einzige Aspekt, der die Ansicht *Lohse`s* bezogen auf das ihrer Arbeit zu Grunde liegende Gesamtkonzept gewissermaßen noch zu rechtfertigen imstande ist, kann schließlich darin erblickt werden, dass der von *Lohse* gewährte Ermessensspielraum im Vergleich zum vorliegenden Konzept insgesamt ohnehin nur äußerst gering ausfällt.

1085 S. § 4 I. 2. d. (S. 104 f.).

nicht angezeigt ist. Allein unter diesem Aspekt wäre also vielmehr eine volle Überprüfung am Platze.

Andererseits darf aber auch nicht unbeachtet bleiben, dass es sich bei dem Merkmal loyalen Verhaltens um eine stark subjektiv gefärbte Voraussetzung handelt, die schon der Natur der Sache nach keiner vollen direkten Überprüfung zugänglich ist.[1086] Schließlich darf der Vorstand der allgemeinen Treuepflicht zufolge keine Maßnahmen treffen, die nicht aus der Motivation heraus geboren sind, die Interessen der Gesellschaft zu verwirklichen, sondern stattdessen etwa zuvörderst „gesellschaftsfremden", das heißt eigenen Belangen oder den Belangen Dritter zu dienen bestimmt sind. Diesem Umstand hat die Ausgestaltung der Loyalitätskontrolle ebenfalls Rechnung zu tragen.

Insgesamt betrachtet erscheint es damit als angemessen, der Loyalitätskontrolle zunächst nur die folgende „verobjektivierte", dafür aber voll überprüfbare und damit wesentliche, Fragestellung zu Grunde zu legen:[1087]

> Sind bezogen auf die einzelnen Vorstandsmitglieder etwaige „gesellschaftsfremde" Interessen ersichtlich, denen die infrage stehende unternehmerische Entscheidung auch zu dienen imstande ist?

Bejahendenfalls wäre der Erwartung einer lauteren Gesinnung auf Seiten der Vorstandsmitglieder und damit letztlich auch einer wiederum davon ausgehenden „Richtigkeitsgewähr" bezogen auf die der Entscheidung zu Grunde gelegte Sorgfalt der Boden entzogen.[1088]

b. Differenzierung zwischen relevanten und irrelevanten Fremdinteressen

Solchermaßen für ausschlaggebend befunden, ist es nun allerdings auch angezeigt, besagte „gesellschaftsfremde" Interessen näher zu präzisieren. Dies gilt umso mehr, als dass eine unternehmerische Entscheidung, die frei von jeglichen Interessenkonflikten ist, in der Praxis kaum denkbar[1089] und die Abgrenzung zwischen Einflüssen

1086 Vgl. *Oltmanns*, Geschäftsleiterhaftung, 2001, S. 307, 309, der darüber hinaus auch zutreffend darauf hinweist, dass sich die Befolgung gesellschaftsfremder Interessen bei unternehmerischen Entscheidungen nur selten so eindeutig feststellen lasse, wie dies etwa im Anwendungsbereich der „Geschäftschancenlehre" oder bei einem Verstoß gegen das Wettbewerbsverbot der Fall sei. Schließlich gestatte das unternehmerische Ermessen dem Vorstand doch gerade, aus einer Vielzahl von Optionen diejenige auszuwählen, die seiner Ansicht nach die Interessen der Gesellschaft am besten fördere.

1087 S. zum damit (vorerst) noch unbeachtet gelassenen Aspekt *subjektiv* bösen Glaubens, der sich demgegenüber nicht mehr so leicht vermittels der Etablierung einer verobjektivierten und zugleich standardisierten Fragestellung nachweisen lässt, noch weiter unten im Kontext des Gutgläubigkeitserfordernisses unter § 9 III. (S. 334 ff.).

1088 Vgl. zum ersten Aspekt *Brömmelmeyer*, WM 2005, 2065 (2068); *Fleischer*, in: Handbuch des Vorstandsrechts, 2006, § 7, Rn. 57; *ders.*, in: FS Wiedemann, 2002, S. 827 (842); *ders.*, ZIP 2004, 685 (691).

1089 S. *Weiss/Buchner*, WM 2005, 162 (164).

aus dem Randbereich der Interessen der Gesellschaft einerseits und den vom Gesetzgeber so bezeichneten „sachfremden Einflüssen“ bzw. „Sonderinteressen“[1090] andererseits infolge des „pluralistischen Begriffs des Unternehmensinteresses“ noch dazu nur schwer zu treffen ist.[1091]

aa. Abstrakte Grundsätze

In den Dienst einer solchen Präzisierung seien dabei vor allem die folgenden abstrakten Grundsätze betreffend „gesellschaftsfremde“ Interessen gestellt:

(1) Der Terminus „gesellschaftsfremd“

Der erste betrifft insofern nun zunächst ganz generell den Terminus „gesellschaftsfremd“. Wie schon zu Beginn der Arbeit angesprochen[1092] und eben nochmals angedeutet, ist die Abgrenzung zwischen „Interessen der Gesellschaft“ und „gesellschaftsfremden“ Interessen letztlich anhand der insofern herrschenden Maßstäbe zum „Unternehmensinteresse“ zu treffen.[1093] Das bedeutet, dass die Verfolgung von Aktionärs-, Arbeitnehmer- und gewissen Gemeinwohlbelangen[1094] insgesamt noch nicht zu einer Disqualifikation in Bezug auf den Schutz des Geschäftsleiterermessens führt.

Des Weiteren schaden aber selbst vor diesem Hintergrund an sich als „gesellschaftsfremd“ einzustufende Interessen – etwa des jeweiligen Vorstandsmitgliedes selbst – auch dann noch nicht, wenn sich diese gerade erst aus dem Wohl der Gesellschaft ableiten.[1095] In einem solchen Fall von „Interessenidentität“[1096] begründen die

1090 Begr. UMAG-GesetzesE, BT-Drs. 15/5092 v. 14.3.2005, S. 11.

1091 Vgl. *Gehb/Heckelmann*, ZRP 2005, 145 (147).

1092 S. oben unter § 2 I. 1. (S. 37).

1093 Vgl. insofern auch *Oltmanns*, Geschäftsleiterhaftung, 2001, S. 321; *Fleischer*, ZIP 2004, 685 (690) und *C. Schäfer*, ZIP 2005, 1253 (1257) sowie nicht zuletzt auch die Begr. zum UMAG-GesetzesE, BT-Drs. 15/5092 v. 14.3.2005, S. 11 selbst: „Sondereinflüsse *außerhalb des Unternehmensinteresses* dürfen die Entscheidung nicht beeinflusst haben, […].“ (Hervorhebung durch Verfasserin).

1094 S. nochmals *Hüffer*, AktG, 2008, § 76, Rn. 12; *Mertens* in Kölner Kommentar zum AktG, 2. Auflage, 1996, § 76, Rn. 16; *Grunewald*, Gesellschaftsrecht, 2005, 2. Teil C. Fn. 53; *K. Schmidt*, Gesellschaftsrecht, 2002, § 28 II. 1. a) (S. 804 ff.).

1095 Vgl. Begr. UMAG-GesetzesE, BT-Drs. 15/5092 v. 14.3.2005, S. 11; *Bürgers/Israel*, in: Bürgers/Körber, AktG, 2008, § 93, Rn. 14; Spindler/Stilz/*Fleischer*, AktG, 2007, § 93, Rn. 68; *Fleischer*, in: Handbuch des Vorstandsrechts, 2006, § 7, Rn. 57; *ders.*, ZIP 2004, 685 (691); *Gehb/Heckelmann*, ZRP 2005, 145 (147); *Spindler*, NZG 2005, 865 (872).

1096 *Gehb/Heckelmann*, ZRP 2005, 145 (147).

„gesellschaftsfremden" Interessen nämlich nicht sogleich auch den Verdacht, der Vorstand orientiere sich nicht am einzig maßgeblichen Unternehmensinteresse.[1097]

(2) Die grundsätzlich erforderliche „Intensität"

Der zweite der hier zu entwickelnden Grundsätze spricht demgegenüber die geforderte „Intensität" eines solchen Interesses an:

Pauschal lässt sich diese schließlich erst einmal dahingehend abstecken, dass besagtes Interesse den in Rede stehenden Entscheidungsprozess von seiner Bedeutung her überhaupt zu beeinflussen geeignet sein muss.[1098]

Damit das Geschäftsleiterermessen vor dem Hintergrund nahezu allgegenwärtiger Interessenkonflikte insofern aber nicht etwa leer zu laufen droht, wird man sich dabei – bereits ein wenig konkreter – in etwa an der Intensität von in Fällen eines Insichgeschäftes bestehenden Interessenkonflikten orientieren können.[1099]

Im Sinne einer weiteren Präzisierung gilt es sodann, den insofern ausschlaggebenden Vergleichsmaßstab festzulegen. Auch hierzu erweist sich letztendlich wieder ein Blick über den Atlantik als lohnenswert: Ausgehend von einem grundsätzlich denkbaren *objective reasonable person standard* einerseits und einem *subjective actual person standard* andererseits[1100] favorisiert die Rechtsprechung Delawares` im Ergebnis den zuletzt genannten konkret auf die infrage stehende Person abstellenden Maßstab.[1101] Begründet wird dies in zutreffender Weise schließlich damit, dass ein solcher Vergleichsmaßstab im Zweifel der gerechtere sei. Selbst wenn der zuerst genannte Maßstab den Richter von der Beurteilung etwaiger Exzentrizitäten frei zu stellen vermöge, so könne es aber im Ergebnis jedenfalls nicht angehen, einen *director* trotz eines ihn offensichtlich beeinflussenden Interessenkonfliktes nur deshalb für unbefangen zu erklären, weil der maßgebliche Umstand einen unter vergleichbaren Umständen handelnden vernünftigen *director* nicht in seiner Entscheidungsfindung beeinflusst hätte.[1102]

Etwas ausführlicher ist damit also auch im deutschen Recht sehr genau auf die jeweiligen Eigenschaften des einzelnen Vorstandsmitglieds zu achten, um einschätzen zu können, inwieweit ihn diese als besonders anfällig bzw. immun gegenüber etwaigen Selbstbereicherungsgelegenheiten erscheinen lassen. Auch dessen sonstiges Verhalten ist in Augenschein zu nehmen und mit dem einer vernünftigen Person unter gleichen Umständen zu vergleichen. Maßgeblich ist dabei stets der Gesamt-

1097 Vgl. *Gehb/Heckelmann*, ZRP 2005, 145 (147). Vgl. hierzu auch die US-amerikanische Rechtslage oben unter § 3 III. 2. a. bb. (S. 73 f.).

1098 In den USA hat sich in diesem Zusammenhang der Begriff *„material"* bzw. *„materiality"* etabliert (§ 3 III. 2. a. aa. (S. 73)).

1099 S. auch insofern wieder das US-amerikanische Recht oben unter § 3 III. 2. a. aa. (S. 73).

1100 S. nochmals vor allem *Cinerama, Inc. v. Technicolor, Inc.*, Del. Supr., 663 A.2d 1156, 1167-1168 (1995).

1101 S. wiederum § 3 III. 2. a. aa. (S. 73).

1102 *Cinerama, Inc. v. Technicolor*, Inc., Del. Supr., 663 A.2d 1156, 1168 n. 22 (1995).

kontext, das heißt bestimmte Eigenschaften bzw. besondere Umstände werden grundsätzlich in ihrer Gesamtheit anstatt isoliert voneinander gewürdigt.[1103]

(3) Die „Art" des „gesellschaftsfremden" Interesses

Als dritter der in diesem Zusammenhang näher zu erläuternden Aspekte sei schließlich die „Art" des „gesellschaftsfremden" Interesses angesprochen:

Geordnet nach tendenziell abnehmender Bedeutung lassen sich insofern vor allem die folgenden – teilweise wiederum dem US-amerikanischen Recht entlehnten[1104] – Stufen differenzieren: (1) Parteieigenschaft in Bezug auf das im Raume stehende Geschäft der Aktiengesellschaft;[1105] (2) „finanzielles" Interesse, ohne Partei zu sein, sowie (3) „ideelles" Interesse.[1106] Als vierte Stufe ließe sich schließlich noch die eines „strukturellen" Interesses bilden, das etwa aus der Bekleidung eines bestimmten Amtes in einer anderen Gesellschaft resultiert, aufgrund der Vielzahl insofern möglicher Konstellationen allerdings keiner konkreten Einordnung in die zuvor genannte Stufung zugänglich ist.

In Bezug auf die zuletzt genannte Kategorie ist damit nun zugleich auch schon festgestellt worden, dass es hier letztendlich einer Abwägung der konkreten Umstände des Einzelfalls bedarf, um Art und Schwere des Interessenkonfliktes mit Blick auf dessen Relevanz für die Anwendbarkeit des Geschäftsleiterermessens beurteilen zu können. Spätestens im Fall einer Mehrfachvertretung wird man hier aber jedenfalls zur Annahme eines relevanten Interessenkonfliktes gelangen müssen.[1107] Zur Relevanz der den übrigen Kategorien zugeordneten Interessen lässt sich demgegenüber schließlich der folgende Grundsatz aufstellen: Die Innehabung der Parteieigenschaft in Bezug auf das infrage stehende Geschäft der Aktiengesellschaft führt stets zur Annahme eines relevanten „gesellschaftsfremden" Interesses.[1108] Sonstige „finanzielle" Interessen können dagegen nur solange als relevant eingestuft werden, als nicht mit Blick auf die Höhe des in Rede stehenden Betrages – bzw. aus anderen Gründen – die Annahme, das Vorstandsmitglied könnte sich deswegen

1103 Vgl. § 3 III. 2. a. aa. (S. 73).

1104 Vgl. oben unter § 3 III. 2. a. aa. (S. 72).

1105 Ist das Vorstandsmitglied selbst Partei, so findet selbstverständlich schon die Vorschrift des § 112 AktG Anwendung, mit der Folge, dass dann bereits ein Kompetenzverstoß vorliegt und das Geschäftsleiterermessen bereits aus diesem Grunde unanwendbar ist. Die Parteieigenschaft vermag in diesem Zusammenhang aber gleichwohl noch eine Rolle zu spielen – und zwar in dem Fall, in dem das maßgebliche Interesse ursprünglich in der Person eines ihm nahe stehenden Dritten besteht. Dazu sogleich unter § 9 I. 1. b. aa. (4) (S. 298).

1106 Vgl. insofern auch die Ausführungen von *Paefgen*, Unternehmerische Entscheidungen und Rechtsbindung, 2002, S. 215, die ebenfalls dem US-amerikanischen Recht entlehnt sind.

1107 So auch die US-amerikanische Rechtsprechung oben unter § 3 III. 2. a. bb. (S. 74 f.).

1108 Da es insofern – wie schon angemerkt – letztlich allein um Fälle gehen kann, in denen nicht das Vorstandsmitglied selbst, sondern vielmehr ein ihm nahe stehender Dritter Partei ist, kommt es dann allerdings noch maßgeblich auf die sogleich unter § 9 I. 1. b. aa. (4) (S. 298) darzustellenden Anforderungen an.

nicht ausschließlich am Unternehmensinteresse orientiert haben, insgesamt als überzogen erscheint. In Bezug auf die Kategorie „ideeller Interessen" vermag schließlich wieder der schon zur vierten Kategorie aufgestellte Grundsatz entsprechend herangezogen zu werden.[1109]

(4) Der Ursprung des „gesellschaftsfremden" Interesses

Viertens und letztens soll nun noch auf den Ursprung und damit auf die Person, von der das entsprechende gesellschaftsfremde Interesse ursprünglich herrührt, näher eingegangen werden:

Umstände, die das jeweilige Vorstandsmitglied selbst unmittelbar tangieren, werfen in dieser Hinsicht keine Probleme auf. Etwas schwieriger wird es unter diesem Gesichtspunkt erst dann, wenn Umstände im Raume stehen, die das entsprechende Vorstandsmitglied lediglich mittelbar berühren, weil sie ursprünglich in der Person eines Dritten – oder auch einer anderen Gesellschaft – angelegt sind, über diese aber letztendlich auch auf die Entschlussfassung des Vorstandsmitgliedes Einfluss nehmen.[1110]

Für eine diesbezügliche Grenzziehung empfiehlt es sich nun zuerst, wiederum in teilweiser Anlehnung an die US-amerikanische Doktrin[1111] zwei verschiedene Kategorien voneinander zu trennen: Ähnlich der US-amerikanischen Unterscheidung zwischen *interestedness* und *lack of independence* lassen sich diese für das deutsche Recht mit dem Begriffspaar „freiwillige/unfreiwillige Befolgung" schlagwortartig zusammenfassen.[1112] Die Kategorie „freiwilliger Befolgung" umfasst dabei zunächst alle dem jeweiligen Vorstandsmitglied nahe stehenden Personen. Darunter wird man den Ehe- bzw. Lebenspartner, Kinder, weitere enge Familienangehörige sowie sonstige Personen, denen sich das Vorstandsmitglied stark emotional verbunden fühlt, fassen können. Die zweite Kategorie „unfreiwilliger Befolgung" betrifft demgegenüber diejenigen Fälle, in denen das entsprechende Vorstandsmitglied einer tatsächlichen Kontrolle bzw. Beherrschung durch einen Dritten wie etwa dem Mehrheitsaktionär unterliegt.

Während es im Kontext der ersten Kategorie sodann die besondere Verbundenheit bzw. das besondere Näheverhältnis nachzuweisen gilt, ist das Augenmerk im Zusammenhang mit der zweiten Kategorie demgegenüber auf den Nachweis einer tatsächlichen Kontrolle zu richten. Gelingt der entsprechende Nachweis, so vermö-

1109 Vgl. dazu insgesamt noch einmal die ähnliche Sichtweise von *Paefgen*, Unternehmerische Entscheidungen und Rechtsbindung, 2002, S. 215.

1110 Im Sinne einer grundsätzlichen Beachtung auch solcher mittelbaren Interessen: Begr. UMAG-GesetzesE, BT-Drs. 15/5092, S. 11; *Fleischer*, in: Handbuch des Vorstandsrechts, 2006, § 7, Rn. 57; *ders.*, ZIP 2004, 685 (691); *ders.*, in: FS Wiedemann, 2002, S. 827 (842).

1111 S. insofern noch einmal oben unter § 3 III. 2. a. aa. (S. 72).

1112 Diese Unterscheidung klingt in gewisser Weise auch in der Begr. zum UMAG-GesetzesE, BT-Drs. 15/5092 v. 14.3.2005, S. 11 an: „Der Geschäftsleiter muss also unbefangen und unabhängig sein.".

gen auch die ursprünglich in diesen Personen angelegten Interessen einen relevanten Interessenkonflikt im Sinne der Neuregelung zu begründen.

bb. Konkretisierung anhand von Beispielen

Selbst wenn aufgrund der Vielzahl möglicher Konfliktlagen wohl nie um eine – an den eben vorgestellten Grundsätzen orientierte – Einzelfallbeurteilung umhin zu kommen sein wird,[1113] erscheint es gleichwohl als erstrebenswert, im Bemühen um eine noch größere Rechtssicherheit bereits jetzt mit der Entwicklung einer Kasuistik ermessenshindernder Interessenkonflikte zu beginnen.[1114] In ihren Dienst soll auch die Zusammenstellung der folgenden Fallgruppen gestellt werden:

(1) Aktienkurs- bzw. erfolgsbezogene Vergütungsformen, *Management Buyout*, Prämien und Provisionen sowie Beteiligung am Vertragspartner der Gesellschaft

Die erste betrifft dabei nun zunächst den Aspekt aktienkurs- bzw. erfolgsbezogener Vergütungsformen wie die Gewährung von Aktienoptionen und Gewinntantiemen. Da es hierbei gerade um die Verknüpfung der Interessen der Vorstandsmitglieder mit denen der Gesellschaft geht, also ein Fall von „Interessenidentität" gegeben ist, stehen daraus resultierende Eigeninteressen der Vorstandsmitglieder einer Anwendung des Geschäftsleiterermessens grundsätzlich nicht entgegen.[1115] Etwas anderes vermag allenfalls dann zu gelten, wenn die Aktienoptionen auf andere Gesellschaften innerhalb eines Konzerns bezogen sind und das zulässige Maß der Orientierung an Konzerninteressen überschritten wird.[1116]

1113 Allein auf das Erfordernis einer „(schwer zu treffenden) Einzelfallentscheidung" verweisend: *Oltmanns*, Geschäftsleiterhaftung, 2001, S. 321; *Gehb/Heckelmann*, ZRP 2005, 145 (147); *Ihrig*, WM 2004, 2098 (2105).

1114 Demgegenüber zumindest auf die Notwendigkeit der sukzessiven Herausarbeitung typischer Fallkonstellationen hinweisend: *Paefgen*, Unternehmerische Entscheidungen und Rechtsbindung, 2002, S. 214, 217.

1115 Allgemein für aktienkurs- bzw. erfolgsbezogene Vergütungsformen: *Spindler*, NZG 2005, 865 (872). Für Aktienoptionen: MünchKommAktG/*Hefermehl/Spindler*, 2004, § 93, Rn. 26; *Gehb/Heckelmann*, ZRP 2005, 145 (147). Für Gewinntantiemen: Spindler/Stilz/*Fleischer*, AktG, 2007, § 93, Rn. 68; *Fleischer*, in: Handbuch des Vorstandsrechts, 2006, § 7, Rn. 57; *ders.*, ZIP 2004, 685 (691); *Gehb/Heckelmann*, ZRP 2005, 145 (147). S. dazu, dass eine gleichzeitig bestehende Aktionärseigenschaft auch im US-amerikanischen Recht kein relevantes Eigeninteresse begründet, nochmals oben unter § 3 III. 2. a. bb. (S. 73 f.).

1116 S. MünchKommAktG/*Hefermehl/Spindler*, 2004, § 93, Rn. 26.

Ebenfalls als in Bezug auf das Geschäftsleiterermessen irrelevant kann damit auch die Kapitalbeteiligung der Geschäftsleitung nach einem *Management Buyout* angesehen werden.[1117]

Nicht mehr um einen Fall von „Interessenidentität" handelt es sich demgegenüber aber im Zusammenhang mit dem *Management Buyout* selbst. Für diesbezügliche Vorstandsentscheidungen muss schließlich von der Existenz relevanter „finanzieller" Eigeninteressen und damit von der Nichtanwendbarkeit des Geschäftsleiterermessens ausgegangen werden.[1118]

Auch das Inaussichtstellen von Prämien und Provisionen von Seiten des (potentiellen) Geschäftspartners der Gesellschaft oder auch von sonst an der Transaktion interessierter Seite wird in aller Regel – insbesondere ab einer gewissen Höhe – ein relevantes „finanzielles" Eigeninteresse begründen[1119] – selbst wenn sie als Zahlungen für nicht näher spezifizierte „beratende" Tätigkeiten „getarnt" werden.[1120] Als Orientierungshilfe wird man insofern das Gehalt des Vorstandsmitgliedes heranziehen können. Für Vorteile, die den Vorstandsmitgliedern nahe stehenden Personen in Aussicht gestellt werden, kann selbstverständlich nichts anderes gelten.[1121]

Ebenfalls um ein relevantes – diesmal „strukturelles" – Interesse kann es sich dann handeln, wenn ein Vorstandsmitglied an einem Vertragspartner der Gesellschaft beteiligt ist. Steht dabei allerdings allein eine nicht mehrheitliche Beteiligung im Raume, so vermag auch das davon ausgehende „gesellschaftsfremde" Interesse grundsätzlich noch als in Bezug auf das Geschäftsleiterermessen irrelevant bezeichnet zu werden.[1122]

Vor dem Hintergrund, dass Interessenkonflikte stets aus ihrem Gesamtkontext heraus bzw. zugleich auch in Gesamtschau zu würdigen sind,[1123] sei nun noch angemerkt, dass sich ein relevanter Interessenkonflikt – nach hier vertretener Ansicht –

1117 *Gehb/Heckelmann*, ZRP 2005, 145 (147).

1118 So auch *Hopt* in Großkomm. AktG, 1999, § 93, Rn. 163; *Ebke*, ZHR 155 (1991), 132 (157) m.w.N. aus der US-amerikanischen Rechtsprechung; *Fleischer*, in: FS Wiedemann, 2002, S. 827 (842). Die für die Geschäftsleitung mit einem *Management Buyout* verbundenen Vorteile bestehen vor allem darin, dass sie zunächst mit verhältnismäßig geringem Eigenkapitaleinsatz zum „Unternehmer" avancieren, sodann – langfristig betrachtet – aber auch wieder Gewinnchancen aus der Veräußerung ihrer Anteile realisieren können (s. *Ebke*, ZHR 155 (1991), 132 (148)).

1119 Vgl. zur Unvereinbarkeit von Provisionen mit der Treuepflicht *Landwehrmann*, in: Heidel, Aktienrecht, 2007, § 93, Rn. 25. Nach *Gehb/Heckelmann*, ZRP 2005, 145 (147) soll das Inaussichtstellen einer Prämie bei einem „unternehmerisch sinnvollen Verkauf des Unternehmens" infolge von Interessenidentität demgegenüber unschädlich sein. Problematisch ist insofern allerdings, dass es zur Beurteilung der unternehmerischen Sinnhaftigkeit und damit des Inhalts der unternehmerischen Entscheidung nach § 93 I 2 AktG gerade der vorherigen Einschätzung der Loyalität bedarf.

1120 S. auch hierzu das US-amerikanische Recht oben unter § 3 III. 2. a. bb. (S. 74).

1121 Vgl. MünchKommAktG/*Hefermehl/Spindler*, 2004, § 93, Rn. 26.

1122 S. hierzu wiederum das oben unter § 3 III. 2. a. bb. (S. 74) zum US-amerikanischen Recht Gesagte.

1123 S. insofern schon oben unter § 9 I. 1. b. aa. (2) (S. 296).

auch einmal aus der Zusammenschau verschiedener, für sich alleine betrachtet noch nicht unbedingt als relevant zu beurteilender, Eigeninteressen ergeben kann.[1124]

(2) Feindliche Übernahmen

Darüber hinaus bietet es sich an, an dieser Stelle nun auch einmal solche Maßnahmen etwas genauer in Augenschein zu nehmen, die der Vorstand einer von einem „feindlichen" Übernahmeangebot[1125] betroffenen Aktiengesellschaft einzuleiten berechtigt ist.

Vor dem Hintergrund, dass viele Übernahmen gerade auf den Austausch des amtierenden Vorstands gerichtet sind[1126] bzw. zumindest in aller Regel letztendlich mit einem solchen einhergehen,[1127] ist in einer Übernahmesituation auch stets von einem ganz erheblichen Eigeninteresse des Vorstands am Erhalt seiner Stellung in der Gesellschaft und damit an der Abwehr der Übernahme auszugehen.[1128]

Infolge dieses handfesten Eigeninteresses des Vorstands einerseits und dem Anliegen, trotz der bei feindlichen Übernahmeangeboten aufbrechenden Interessengegensätze zwischen Aktionären, Arbeitnehmern und der Öffentlichkeit[1129] in letzter Konsequenz die Aktionäre über die Annahme des Übernahmeangebotes entscheiden zu lassen,[1130] andererseits hat sich der Gesetzgeber schließlich auch für die Etablie-

1124 S. auch insofern wieder das US-amerikanische Recht oben unter § 3 III. 2. a. bb. (S. 74).

1125 Unter Hinzuziehung der Legaldefinition des § 29 I WpÜG versteht man unter Übernahmeangeboten solche an die Aktionäre einer börsennotierten Aktiengesellschaft adressierten Angebote, die auf den Erwerb der Kontrolle durch den Bieter gerichtet sind. Erfolgt ein solches Angebot ohne oder gar gegen den Willen des Leitungsorgans direkt zwischen Anteilseignern und Bieter, so hat sich dafür der Begriff des „feindlichen" oder auch „unfreundlichen" Übernahmeangebots eingebürgert (vgl. etwa *Kirchner*, WM 2000, 1821 (1821)).

1126 So bei sog. „Sanierungs-Übernahmen", die der Sanierung der Zielgesellschaft dienen (vgl. *Schneider/Burgard*, DB 2001, 963 (963)).

1127 Vgl. *Krause/Pötzsch* in Assmann/Pötzsch/U.H. Schneider, WpÜG, 2005, § 33, Rn. 6, 161; *Steinmeyer*/Häger, WpÜG, 2007, § 33, Rn. 29; *Fuchs*, in: Handbuch des Vorstandsrechts, 2006, § 22, Rn. 34, Fn. 81.

1128 Vgl. *Krause/Pötzsch* in Assmann/Pötzsch/U.H. Schneider, WpÜG, 2005, § 33, Rn. 6; MünchKommAktG/*Schlitt*, WpÜG, 2004, § 33, Rn. 170: *Fuchs*, in: Handbuch des Vorstandsrechts, 2006, § 22, Rn. 109; *Wiese/Demisch*, DB 2001, 849 (849); *Winter/Harbarth*, ZIP 2002, 1 (7).

1129 Während zumindest ein Teil der Aktionäre bestrebt sein wird, den vom Bieter in Aussicht gestellten – um die Kontrollprämie erhöhten – Preis für ihre Anteile einzustreichen bzw. ihre Anteile gegen potentiell ertragreichere Anteile des Bieters einzutauschen (vgl. *Kirchner*, WM 2000, 1821 (1822); *Wiese/Demisch*, DB 2001, 849 (849)), werden die in dem von der Gesellschaft getragenen Unternehmen beschäftigten Arbeitnehmer dagegen typischerweise um ihre Arbeitsplätze fürchten und daher ein Interessen an der Abwehr der Übernahme haben. Handelt es sich dabei um ein großes Unternehmen, so kann sogleich ein ganzer Industriestandort und damit auch das Interesse der Allgemeinheit betroffen sein.

1130 S. dazu, dass der – auch in § 3 III WpÜG niedergelegte – Grundsatz, nach dem der Vorstand sein Handeln für gewöhnlich am „Unternehmensinteresse" auszurichten hat, im Falle von Übernahmeangeboten durch die speziellere Regelung des § 33 WpÜG überlagert wird, auch *Fuchs*, in: Handbuch des Vorstandsrechts, 2006, § 22, Rn. 35.

rung des in § 33 Abs. 1 S. 1 WpÜG enthaltenen „Erfolgsverhinderungsverbotes"[1131] entschieden.[1132] Danach darf der Vorstand der Zielgesellschaft in der Zeit nach Veröffentlichung der Entscheidung zur Abgabe eines Angebots bis zur Veröffentlichung des Ergebnisses keine Handlungen vornehmen, durch die der Erfolg des Angebots verhindert werden könnte.

Andererseits hat dieser Grundsatz aber zugleich auch zahlreiche Durchbrechungen erfahren, die dem Vorstand unter bestimmten Umständen gleichwohl die Vornahme solcher Handlungen gestatten und von denen teilweise behauptet wird, dass sie das gesetzliche Regel-Ausnahme-Verhältnis letzten Endes sogar auf den Kopf zu stellen imstande sind.[1133] Zu klären, inwieweit der Vorstand auch für diese Handlungen den Schutz des Geschäftsleiterermessens für sich in Anspruch zu nehmen berechtigt ist, soll schließlich Hauptanliegen der nachfolgenden Erörterungen sein.

Bevor es jedoch in diesem Sinne die einzelnen Durchbrechungen des Erfolgsverhinderungsverbotes gemäß § 33 Abs. 1 S. 1 WpÜG in Augenschein zu nehmen gilt, muss zunächst noch erwähnt werden, dass mit dem neuerlichen Inkrafttreten des Übernahmerichtlinien-Umsetzungsgesetzes[1134] zugleich auch noch ein zweites strengeres, da den Aufsichtsrat mit umfassendes, Erfolgsverhinderungsverbot Eingang in das WpÜG gefunden hat, dessen Anerkennung den einzelnen Gesellschaften letztendlich freigestellt ist (§ 33a Abs. 1 und 2 WpÜG – so genannte *opt in*-Regelung gemäß Art. 12 Abs. 2 der Richtlinie 2004/25/EG). Da die diesbezüglichen Durchbrechungen nun allerdings – wenn auch nicht bezogen auf ihre Reichweite insgesamt so doch zumindest ihrer Art nach – denen des in § 33 Abs. 1 S. 1 WpÜG

1131 Ebenfalls den an den Gesetzeswortlaut angelehnten und zudem auch den Kern der Sache treffenden Terminus des „Erfolgsverhinderungsverbotes" verwendend: *Röh* in Haarmann/Riehmer/Schüppen, WpÜG, 2002, § 33, Rn. 98, 120; *Fuchs*, in: Handbuch des Vorstandsrechts, 2006, § 22, Rn. 107. Dagegen verkürzend von einem „Verhinderungsverbot" sprechend: *Hirte* in KK-WpÜG, 2003, § 33, Rn. 26; *Krause/Pötzsch* in Assmann/Pötzsch/U.H. Schneider, WpÜG, 2005, § 33, Rn. 7 ff. und pass.; *Röh* in Haarmann/Riehmer/Schüppen, WpÜG, 2002, § 33, Rn. 20; *Berding*, WM 2002, 1149 (1157). Vgl. für den ganz ähnlichen Begriff des „Vereitelungsverbotes" *Ekkenga*, in: Ehricke/Ekkenga/Oechsler, WpÜG, 2003, § 33, Rn. 19; *Drygala*, ZIP 2001, 1861 (1863). Auf die früher vorherrschenden Termini der „Neutralitätspflicht" sowie des „Neutralitäts-" bzw. „Stillhaltegebotes" etc. wird demgegenüber immer seltener zurückgegriffen – suggerieren sie doch zu Unrecht, dass sich der Vorstand im Angesicht eines Übernahmeangebotes gleichsam wie das sprichwörtliche „Kaninchen vor der Schlange" zu verhalten habe (vgl. *Drygala*, ZIP 2001, 1861 (1863) sowie *Hirte*, ZGR 2002, 623 (625)).

1132 Begr. WpÜG-GesetzesE, BT-Drs. 14/7034 v. 5.10.2001, S. 57.

1133 Vgl. etwa *Ekkenga*, in: Ehricke/Ekkenga/Oechsler, WpÜG, 2003, § 33, Rn. 4; *Hirte* in KK-WpÜG, 2003, § 33, Rn. 79; *Fuchs*, in: Handbuch des Vorstandsrechts, 2006, § 22, Rn. 35 (Fn. 82), 112, 116, 132; *Ekkenga/Hofschroer*, DStR 2002, 724 (731) (die insofern von einer Ersetzung des Neutralitätsgrundsatzes durch den „Grundsatz der Abwehrbereitschaft" sprechen).

1134 Gesetz zur Umsetzung der Richtlinie 2004/25/EG des Europäischen Parlaments und des Rates vom 21. April 2004 betreffend Übernahmeangebote (Übernahmerichtlinien-Umsetzungsgesetz) v. 8.7.2006 (BGBl. I S. 1426).

enthaltenen Erfolgsverhinderungsverbotes entsprechen, werden vereinzelte diesbezügliche Hinweise als ausreichend empfunden.

(a) Entscheidungen betreffend das Tagesgeschäft sowie eine bereits eingeschlagene Unternehmensstrategie

Die erste der angesprochenen Durchbrechungen des in § 33 Abs. 1 S. 1 WpÜG niedergelegten Erfolgsverhinderungsverbots findet sich schließlich in § 33 Abs. 1 S. 2, 1. Var. WpÜG. Danach ist dem Vorstand die (Entscheidung zur) Vornahme solcher Handlungen gestattet, die auch ein ordentlicher und gewissenhafter Geschäftsleiter einer Gesellschaft, die nicht von einem Übernahmeangebot betroffen ist, vorgenommen hätte. Konkreter bedeutet dies, dass der Vorstand auch während der Angebotsphase jedenfalls das Tagesgeschäft sowie eine bereits eingeschlagene Unternehmensstrategie weiter zu verfolgen berechtigt ist[1135] – und zwar auch dann, wenn den darunter fallenden Maßnahmen im Einzelfall einmal ein abwehrwirksamer Charakter zukommen sollte.[1136]

Begründet wird diese – im Grunde § 33a Abs. 2 S. 2 Nr. 2 und 3 WpÜG entsprechende – Durchbrechung vor allem damit, dass es eine „Lähmung“ der Geschäftstätigkeit der Zielgesellschaft während der Angebotsphase im Interesse aller, das heißt der Aktionäre, der Arbeitnehmer und der Öffentlichkeit zu verhindern gelte.[1137]

Bei Lichte betrachtet vermögen die eingangs beschriebenen das Erfolgsverhinderungsverbot erst bedingenden Aspekte in diesem Fall aber teilweise auch gar nicht zu verfangen: Was zunächst die befürchteten Eigeninteressen des Vorstands anbelangt, so werden diese im Rahmen des Tagesgeschäftes insgesamt wenig auszurich-

1135 Begr. WpÜG-GesetzesE, BT-Drs. 14/7034 v. 5.10.2001, S. 58; *Ekkenga*, in: Ehricke/Ekkenga/Oechsler, WpÜG, 2003, § 33, Rn. 44; *Krause/Pötzsch* in Assmann/Pötzsch/U.H.Schneider, WpÜG, 2005, § 33, Rn. 145 (die insofern allerdings auch noch von „sonstigen Maßnahmen“ ausgehen, die der Vorstand ebenfalls unter Berufung auf § 33 I 2, 1. Var. WpÜG vorzunehmen berechtigt sein soll; a.a.O., Rn. 152); *Röh* in Haarmann/Riehmer/Schüppen, WpÜG, 2002, § 33, Rn. 114; MünchKommAktG/*Schlitt*, WpÜG, 2004, § 33, Rn. 131; *Schwennicke*, in: Geibel/Süßmann, WpÜG, 2002, § 33, Rn. 45; *Fuchs*, in: Handbuch des Vorstandsrechts, 2006, § 22, Rn. 118, 119; *Pötzsch*, Das neue Übernahmerecht, 2002, S. 40. S. zu den Voraussetzungen für die Annahme einer „bereits eingeschlagenen Unternehmensstrategie“ wiederum etwa *Krause/Pötzsch* in Assmann/Pötzsch/U.H. Schneider, WpÜG, 2005, § 33, Rn. 149 und MünchKommAktG/*Schlitt*, WpÜG, 2004, § 33, Rn. 136 f. Die von *Winter/Harbarth*, ZIP 2002, 1 (7) aufgestellten Anforderungen an die Dokumentation erscheinen demgegenüber als zu weit reichend.

1136 S. etwa *F. Schaefer/Eichner*, NZG 2003, 150 (153).

1137 Begr. WpÜG-GesetzesE, BT-Drs. 14/7034 v. 5.10.2001, S. 58; *Ekkenga*, in: Ehricke/Ekkenga/Oechsler, WpÜG, 2003, § 33, Rn. 44; *Krause/Pötzsch* in Assmann/Pötzsch/U.H.Schneider, WpÜG, 2005, § 33, Rn. 145; *Röh* in Haarmann/Riehmer/Schüppen, WpÜG, 2002, § 33, Rn. 114; MünchKommAktG/*Schlitt*, WpÜG, 2004, § 33, Rn. 131, 132; *Fuchs*, in: Handbuch des Vorstandsrechts, 2006, § 22, Rn. 118; *Pötzsch*, Das neue Übernahmerecht, 2002, S. 40; *Hirte*, ZGR 2002, 623 (634).

ten imstande sein und bezogen auf eine bereits eingeschlagene Unternehmensstrategie – konform zum insofern eindeutigen Gesetzeswortlaut – sogar gänzlich außer Acht gelassen werden können: Schließlich ist die insofern maßgebliche Entscheidung bereits zu einer Zeit getroffen worden, als sich derartige Eigeninteressen mangels drohender Übernahme noch gar nicht bilden konnten.[1138]

Was dagegen das Anliegen des Gesetzgebers anbelangt, die Aktionäre letztendlich selbst über die Annahme des Übernahmeangebotes entscheiden zu lassen, so hat dieser vermittels Gesetzeswortlaut und Begründung unmissverständlich zum Ausdruck gebracht, dass das Angebot und damit auch die hiermit zusammenhängenden Interessen der Anteilseigner bezogen auf die hier angesprochenen Maßnahmen gerade auszublenden und die Vorstandsmitglieder ihr Handeln stattdessen an den sonst auch zu berücksichtigen Interessen zu orientieren verpflichtet sind.[1139]

Dies vor Augen ist nun aber auch kein Grund mehr ersichtlich, nach dem dem Vorstand gleichwohl für Entscheidungen der bezeichneten Art der Schutz des Geschäftsleiterermessens zu versagen wäre.[1140]

(b) Entscheidungen im Rahmen der Suche nach einem konkurrierenden Angebot

Die zweite – gleichermaßen auch in § 33a Abs. 2 S. 2 Nr. 4 WpÜG enthaltene – Durchbrechung betrifft schließlich die Suche nach einem konkurrierenden Angebot

1138 Vgl. auch *Ekkenga*, in: Ehricke/Ekkenga/Oechsler, WpÜG, 2003, § 33, Rn. 49; *Hirte* in KK-WpÜG, 2003, § 33, Rn. 69; MünchKommAktG/*Schlitt*, WpÜG, 2004, § 33, Rn. 148; *Steinmeyer*/Häger, WpÜG, 2007, § 33, Rn. 22; *Fuchs*, in: Handbuch des Vorstandsrechts, 2006, § 22, Rn. 123. Dennoch auch insofern von einem Interessenkonflikt ausgehend: *Krause/Pötzsch* in Assmann/Pötzsch/U.H. Schneider, WpÜG, 2005, § 33, Rn. 161; *Hirte*, ZGR 2002, 623 (635 f.); *Winter/Harbarth*, ZIP 2002, 1 (7).

1139 Begr. WpÜG-GesetzesE, BT-Drs. 14/7034 v. 5.10.2001, S. 58. S. auch *Ekkenga*, in: Ehricke/Ekkenga/Oechsler, WpÜG, 2003, § 33, Rn. 47.

1140 Ebenfalls für eine Anwendbarkeit des Geschäftsleiterermessens auf derartige Maßnahmen: *Ekkenga*, in: Ehricke/Ekkenga/Oechsler, WpÜG, 2003, § 33, Rn. 47 ff.; *Röh* in Haarmann/Riehmer/Schüppen, WpÜG, 2002, § 33, Rn. 115; MünchKommAktG/*Schlitt*, WpÜG, 2004, § 33, Rn. 148; *Steinmeyer*/Häger, WpÜG, 2007, § 33, Rn. 22; *Fuchs*, in: Handbuch des Vorstandsrechts, 2006, § 22, Rn. 123; *Hirte*, ZGR 2002, 623 (635); *U.H. Schneider*, AG 2002, 125 (129); *Tröger*, DZWir 2002, 397 (403); *Winter/Harbarth*, ZIP 2002, 1 (6 f.). S. des Weiteren *Drygala*, ZIP 2001, 1861 (1867), der zwar ebenfalls von einer Anwendbarkeit des Geschäftsleiterermessens ausgeht, sie aufgrund des Interessenkonfliktes des Vorstands aber letztlich für dogmatisch wie rechtspolitisch verfehlt hält. Dementsprechend auch eine „Verengung" des Ermessensspielraums des Vorstands annehmend: *Krause/Pötzsch* in Assmann/Pötzsch/U.H. Schneider, WpÜG, 2005, § 33, Rn. 161 f. (eine Abwehrmaßnahme erfordere aufgrund des dem Vorstand immanenten Interessenkonfliktes ein „qualifiziertes Gesellschaftsinteresse"). Ebenfalls eher zu letzterer Ansicht hin tendierend: *Fleischer*, in: FS Wiedemann, 2002, S. 827 (842 f.). Für eine Anwendbarkeit des Geschäftsleiterermessens in diesem Zusammenhang wird bisweilen auch noch ein Vergleich zu den §§ 311, 317 II AktG ins Feld geführt, in deren Kontext ebenfalls für eine Anwendung des Geschäftsleiterermessens plädiert werde (s. MünchKommAktG/*Schlitt*, WpÜG, 2004, § 33, Rn. 148; *Winter/Harbarth*, ZIP 2002, 1 (6)).

(*„white knight“*[1141] – § 33 Abs. 1 S. 2, 2. Var. WpÜG). Das heißt, hier werden all jene Handlungen wieder aus dem Anwendungsbereich des Erfolgsverhinderungsverbotes herausgenommen, mit denen ein Zweitbieter angeworben werden soll (Kontaktaufnahme zu strategischen Investoren und Finanzinvestoren, Gestattung einer *Due Diligence* etc.[1142]).[1143]

Da solcherlei Maßnahmen aber in erster Linie sogar noch auf die Erweiterung des Interessentenkreises[1144] – einhergehend mit einer Verbesserung der Angebotskonditionen[1145] – gerichtet sind und die Aktionäre damit auch grundsätzlich nicht der Möglichkeit beraubt werden, sich für das ursprüngliche Angebot zu entscheiden,[1146] ist das verbleibende „Kollisionspotential“ bezogen auf die dem Erfolgsvereitelungsverbot zu Grunde liegenden Wertungen insgesamt gering und daher zu vernachlässigen.[1147] Aus den gleichen Gründen erübrigt sich dann aber auch eine grundsätzliche Versagung des Schutzes des § 93 Abs. 1 S. 2 AktG für solcherlei Maßnahmen.[1148]

1141 *Ekkenga*, in: Ehricke/Ekkenga/Oechsler, WpÜG, 2003, § 33, Rn. 53; *Steinmeyer*/Häger, WpÜG, 2007, § 33, Rn. 24 f.; *Pötzsch*, Das neue Übernahmerecht, 2002, S. 41; *Drygala*, ZIP 2001, 1861 (1864); *Hirte*, ZGR 2002, 623 (638); *F. Schaefer/Eichner*, NZG 2003, 150 (153).

1142 Vgl. etwa *Krause/Pötzsch* in Assmann/Pötzsch/U.H. Schneider, WpÜG, 2005, § 33, Rn. 169 f.; *Röh* in Haarmann/Riehmer/Schüppen, WpÜG, 2002, § 33, Rn. 118, 119; MünchKommAktG/*Schlitt*, WpÜG, 2004, § 33, Rn. 158.

1143 Vgl. *Ekkenga*, in: Ehricke/Ekkenga/Oechsler, WpÜG, 2003, § 33, Rn. 54; MünchKommAktG/*Schlitt*, WpÜG, 2004, § 33, Rn. 158.

1144 *Steinmeyer*/Häger, WpÜG, 2007, § 33, Rn. 24.

1145 Vgl. *Hirte* in KK-WpÜG, 2003, § 33, Rn. 75; *Krause/Pötzsch* in Assmann/Pötzsch/U.H. Schneider, WpÜG, 2005, § 33, Rn. 163; *Röh* in Haarmann/Riehmer/Schüppen, WpÜG, 2002, § 33, Rn. 117; MünchKommAktG/*Schlitt*, WpÜG, 2004, § 33, Rn. 150; *Schwennicke*, in: Geibel/Süßmann, WpÜG, 2002, § 33, Rn. 48; *Steinmeyer*/Häger, WpÜG, 2007, § 33, Rn. 24; *Pötzsch*, Das neue Übernahmerecht, 2002, S. 41; *Hirte*, ZGR 2002, 623 (639); *F. Schaefer/Eichner*, NZG 2003, 150 (153); *Winter/Harbarth*, ZIP 2002, 1 (4).

1146 Vgl. *Hirte* in KK-WpÜG, 2003, § 33, Rn. 75; *Krause/Pötzsch* in Assmann/Pötzsch/U.H. Schneider, WpÜG, 2005, § 33, Rn. 163; *Röh* in Haarmann/Riehmer/Schüppen, WpÜG, 2002, § 33, Rn. 117; MünchKommAktG/*Schlitt*, WpÜG, 2004, § 33, Rn. 151.

1147 Das verbleibende „Kollisionspotential“ ist hier mit *Fuchs* (Handbuch des Vorstandsrechts, 2006, § 22, Rn. 127) darin zu erblicken, dass bereits die Bemühung des Vorstands um einen konkurrierenden Bieter in Verbindung mit sich am Markt schnell bildenden Gerüchten betreffend mögliche Interessenten zu erheblichen Kursgewinnen und dies wiederum dazu führen kann, dass der „feindliche“ Bieter, anstatt sein Angebot nachzubessern, von diesem vielmehr wieder Abstand nimmt, ohne dass tatsächlich je ein verbindliches Konkurrenzangebot vorgelegen hätte. Aufgrund dieses nicht gänzlich von der Hand zu weisenden Abwehrcharakters (vgl. insofern auch *Röh* in Haarmann/Riehmer/Schüppen, WpÜG, 2002, § 33, Rn. 89, 117) erscheint die explizite Herausnahme besagter Maßnahmen aus dem Anwendungsbereich des Erfolgsverhinderungsverbotes letztendlich auch als gerechtfertigt. In derartigen Maßnahmen dagegen keinerlei „Kollisionspotential“ erblickend: *Krause/Pötzsch* in Assmann/Pötzsch/U.H. Schneider, WpÜG, 2005, § 33, Rn. 163; MünchKommAktG/*Schlitt*, WpÜG, 2004, § 33, Rn. 151; *Steinmeyer*/Häger, WpÜG, 2007, § 33, Rn. 24; *Hopt*, ZGR 1993, 534 (557); *Winter/Harbarth*, ZIP 2002, 1 (4).

1148 In diesem Sinne auch *Fuchs*, in: Handbuch des Vorstandsrechts, 2006, § 22, Rn. 128. Jedenfalls bzgl. des „Ob“ solcher Maßnahmen explizit von einem Ermessensspielraum des Vorstands sprechend: *Röh* in Haarmann/Riehmer/Schüppen, WpÜG, 2002, § 33, Rn. 117. Bezo-

(c) Entscheidungen mit Zustimmung des Aufsichtsrates

Etwas schwieriger gestaltet sich die Beurteilung des zu Grunde zu legenden Überprüfungsmaßstabs erst dann, wenn es um die von § 33 Abs. 1 S. 2, 3. Var. WpÜG erfassten Maßnahmen geht. Mit dieser Variante werden nämlich – anders als im Zusammenhang mit den zuvor behandelten Varianten – gerade „klassische Abwehrmaßnahmen", das heißt solche Handlungen des Vorstands der Zielgesellschaft wieder aus dem Anwendungsbereich des § 33 Abs. 1 S. 1 WpÜG herausgenommen, die unmittelbar auf die Abwehr der Übernahme gerichtet sind[1149] – vorausgesetzt sie haben die Zustimmung des Aufsichtsrates gefunden. Eine entsprechende Durchbrechung kennt das Erfolgsverhinderungsverbot des § 33a Abs. 2 WpÜG nicht.

Ob nun auch solche Abwehrmaßnahmen, die eigennützigen Vorstandsinteressen geradewegs zu dienen und die vom Gesetzgeber grundsätzlich respektierte Entscheidungsfreiheit der Aktionäre direkt zu konterkarieren imstande sind, dennoch dem Schutz des Geschäftsleiterermessens unterstellt werden können, gilt es im Folgenden zu klären.

Was nun zunächst die Gefahr der Durchsetzung etwaiger auf den Amtserhalt gerichteter Eigeninteressen des Vorstands anbelangt, so könnte möglicherweise die offensichtlich als Korrelat für die Durchbrechung des Erfolgsverhinderungsverbotes gedachte Einschaltung des Aufsichtsrates diese Gefahr zu bannen in der Lage sein.

Zwar ließe sich insofern einstweilen einwenden, dass der Aufsichtsrat letzten Endes das Eigeninteresse des Vorstands teile, indem seine Position in der Gesellschaft durch die Übernahme im Grunde gleichermaßen bedroht werde. Des Weiteren ist auch der Aspekt einer gewissen „Nähe" zwischen Aufsichtsrat und Vorstand[1150] nicht völlig von der Hand zu weisen.

Andererseits ist mit einem Aufsichtsratsmandat – anders als dies bezogen auf ein Vorstandsmandat der Fall ist – aber letztendlich nicht mehr als eine Nebentätigkeit verbunden,[1151] deren drohender Verlust dementsprechend auch nur ungleich schwächer auf die Interessenlage der Aufsichtsratsmitglieder einzuwirken imstande ist. Gleichermaßen vermag auch dem angesprochenen „Näheaspekt" hier letztendlich kein ausschlaggebendes Gewicht beigemessen zu werden. Schließlich drohte die

gen auf die Gestattung einer *Due Diligence* so wohl auch *Hirte* in KK-WpÜG, 2003, § 33, Rn. 77; *Krause/Pötzsch* in Assmann/Pötzsch/U.H. Schneider, WpÜG, 2005, § 33, Rn. 170; *Röh* in Haarmann/Riehmer/Schüppen, WpÜG, 2002, § 33, Rn. 119; MünchKommAktG/*Schlitt*, WpÜG, 2004, § 33, Rn. 158.

1149 S. *Fuchs*, in: Handbuch des Vorstandsrechts, 2006, § 22, Rn. 131.

1150 Vgl. hierzu etwa *Horn*, ZIP 1997, 1129 (1130).

1151 Vgl. – wenn auch in Zusammenhang mit der Frage, ob dem Aufsichtsrat in Bezug auf seine Zustimmung der Schutz des Geschäftsleiterermessens zur Verfügung steht – *Fuchs*, in: Handbuch des Vorstandsrechts, 2006, § 22, Rn. 135, Fn. 335. Vgl. des Weiteren *Semler/Stengel*, NZG 2003, 1 (1).

dem Aufsichtsrat qua Gesetz zugedachte Überwachungsfunktion anderenfalls im Grunde leer zu laufen.[1152]

Nachdem die aufgeworfenen Einwände damit also ausgeräumt worden sind, lässt sich nun aber auch noch positiv ins Feld führen, dass es sich bei dem Aufsichtsrat gerade um das Repräsentativorgan der Hauptversammlung bzw. der Aktionäre handelt,[1153] dem darüber hinaus vielfach auch noch eine entsprechend große Zahl von Arbeitnehmervertretern angehört. Mit anderen Worten bewirkt die Einschaltung des Aufsichtsrates bezogen auf das potentielle Eigeninteresse des Vorstands gerade die Etablierung eines das „Unternehmensinteresse" verkörpernden „Gegenpols".

Damit kann nun aber auch insgesamt geurteilt werden, dass der Gefahr, die von einer Durchsetzung der dem Vorstand möglicherweise innewohnenden Eigeninteressen ausgeht, durch die Einschaltung des Aufsichtsrates hinreichend entgegengewirkt wird, einer Anwendung des Geschäftsleiterermessens unter diesem Gesichtspunkt also letztendlich nichts entgegensteht.[1154]

Bleibt folglich, allein noch das mit dem Erfolgsverhinderungsverbot zum Ausdruck gebrachte Anliegen des Gesetzgebers, die Aktionäre möglichst selbst über die Annahme des Angebots entscheiden zu lassen, zu würdigen. Mit der Einschaltung des Aufsichtsrates, der oftmals gerade interessenpluralistisch ausgerichtet ist, lässt sich eine solche Bevorzugung der Aktionärsinteressen nun jedenfalls nicht mehr sicherstellen.

Der Klarheit halber vermag dieser Aspekt nun zwar nicht mehr im Rahmen des Loyalitätserfordernisses einer Anwendbarkeit des Geschäftsleiterermessens entgegen zu stehen. Stattdessen könnte insofern aber das Merkmal der „unternehmerischen Entscheidung" im Sinne von § 93 Abs. 1 S. 2 AktG betroffen sein. Im Einzelnen wäre es nämlich denkbar, besagtes Anliegen unter Umständen im Sinne einer allgemein verbindlichen und derart konkreten Richtschnur aufzufassen, dass es bereits an der erforderlichen rechtlichen Ungebundenheit fehlte.[1155] Andererseits könnte, die rechtliche Ungebundenheit noch angenommen, aber auch (erst später) die erforderliche Unsicherheit zu bezweifeln sein.[1156]

Bevor auf die damit aufgeworfenen Fragen näher einzugehen sein wird, gilt es vorab allerdings erst einmal zu klären, ob besagtem Anliegen überhaupt noch ein derart großes Gewicht beizumessen ist: Zwar hat der Gesetzgeber noch in der Begründung zum WpÜG-Gesetzesentwurf klar und unmissverständlich zum Ausdruck

1152 Vgl. zur hohen Toleranz des Aktiengesetzes gegenüber Interessenkonflikten des Aufsichtsrates im Allgemeinen *Semler/Stengel*, NZG 2003, 1 (1 f.).

1153 S. etwa Beck AG-HB/*Schiedermair/Kolb*, 2004, § 7, Rn. 2.

1154 A.A. vor allem *Ekkenga*, in: Ehricke/Ekkenga/Oechsler, WpÜG, 2003, § 33, Rn. 58 *Steinmeyer*/Häger, WpÜG, 2007, § 33, Rn. 29; *Winter/Harbarth*, ZIP 2002, 1 (9 f.). Daher machen zahlreiche Beiträge die Anwendbarkeit des Geschäftsleiterermessens (u.a.) auch davon abhängig, ob im konkreten Fall ein Interessenkonflikt auf Seiten des Vorstands gegeben ist oder nicht (s. nur *Winter/Harbarth*, ZIP 2002, 1 (10)). S. zu der in der Literatur insofern vorherrschenden Sichtweise aber vor allem sogleich im weiteren Verlauf dieses Abschnitt auf S. 308.

1155 S. hierzu nochmals oben unter § 7 II. (S. 181 ff.).

1156 S. hierzu schließlich nochmals oben unter § 7 III. (S. 190 ff.).

gebracht, dass die Entscheidungsfreiheit der Aktionäre grundsätzliche Priorität genießen soll[1157] – mit der Folge, dass klassische Abwehrmaßnahmen – wie nach dem neuen § 33a Abs. 2 WpÜG – bis dato auch nur mit Zustimmung der Hauptversammlung erfolgen durften. Gleichsam in „letzter Minute“ hat dann jedoch auch noch diese dritte Variante von § 33 Abs. 1 S. 2 WpÜG Eingang in das Gesetz gefunden, nach der Abwehrmaßnahmen nun auch gemeinsam von Vorstand und Aufsichtsrat und damit gerade über die Köpfe der Aktionäre hinweg beschlossen werden können. Genau dieser erheblichen Erweiterung des Erlaubnistatbestandes ist es letztlich auch geschuldet, dass teilweise gemutmaßt wird, das ursprünglich vom Gesetzgeber konzipierte Regel-Ausnahme-Verhältnis habe sich in sein Gegenteil verkehrt.[1158] Konsequent zu Ende gedacht, könnte damit dann auch das ursprüngliche Anliegen des Gesetzgebers, die Aktionäre möglichst selbst über die Annahme des Angebots entscheiden zu lassen, an Farbe verloren haben.

Andererseits darf aber auch nicht außer Acht gelassen werden, dass es sich bei den zuletzt angestellten Erwägungen mangels diesbezüglicher Äußerungen von Seiten des Gesetzgebers und angesichts der in systematischer Hinsicht nach wie vor eindeutigen Gesetzestextfassung letztlich mehr um vage Spekulationen handeln muss. Als solche eignen sie sich dann aber auch noch nicht dazu, das sogar an den Beginn der Begründung des Regierungsentwurfs gestellte Anliegen betreffend die Entscheidungsfreiheit der Aktionäre derart in Zweifel zu ziehen, dass es in Bezug auf Abwehrmaßnahmen des Vorstands nicht mehr zu berücksichtigen wäre.

Derart bestätigt, gilt es nun also die darauf bezogenen Fragen näher in Augenschein zu nehmen:

Für die Frage nach der erforderlichen rechtlichen Ungebundenheit ist dabei nun zunächst die vom Gesetzgeber in diesem Zusammenhang überhaupt zur Verfügung gestellte Wegleitung näher zu würdigen. Nach inzwischen nahezu allgemeiner Ansicht lässt sich diese letztlich auf die Frage reduzieren, ob ein das „Erstentscheidungsinteresse“ der Aktionäre überwiegendes „Unternehmensinteresse“ („qualifiziertes Unternehmensinteresse“[1159]) vorhanden ist.[1160] Zwar bewirkt diese Fragestel-

1157 S. Begr. WpÜG-GesetzesE, BT-Drs. 14/7034 v. 5.10.2001, S. 57.

1158 S. schon oben unter § 9 I. 1. b. bb. (2) (S. 302, Fn. 1133).

1159 *Krause/Pötzsch* in Assmann/Pötzsch/U.H. Schneider, WpÜG, 2005, § 33, Rn. 178, 162; *Röh* in Haarmann/Riehmer/Schüppen, WpÜG, 2002, § 33, Rn. 126; MünchKommAktG/*Schlitt*, WpÜG, 2004, § 33, Rn. 171; *Fuchs*, in: Handbuch des Vorstandsrechts, 2006, § 22, Rn. 134; *Winter/Harbarth*, ZIP 2002, 1 (10).

1160 S. *Hirte* in KK-WpÜG, 2003, § 33, Rn. 83; *Krause/Pötzsch* in Assmann/Pötzsch/U.H. Schneider, WpÜG, 2005, § 33, Rn. 178, 162; *Röh* in Haarmann/Riehmer/Schüppen, WpÜG, 2002, § 33, Rn. 126; MünchKommAktG/*Schlitt*, WpÜG, 2004, § 33, Rn. 171; *Steinmeyer*/Häger, WpÜG, 2007, § 33, Rn. 30; *Fuchs*, in: Handbuch des Vorstandsrechts, 2006, § 22, Rn. 134; *Hirte*, ZGR 2002, 623 (642); *Winter/Harbarth*, ZIP 2002, 1 (10); a.A. wohl nur *Tröger*, DZWir 2002, 397 (403). S. dazu, dass besagte Maßstäbe insofern zugleich auch überwiegend auf die Zustimmung durch den Aufsichtsrat angewendet werden, *Ekkenga*, in: Ehricke/Ekkenga/Oechsler, WpÜG, 2003, § 33, Rn. 62; *Krause/Pötzsch* in Assmann/Pötzsch/U. H. Schneider, WpÜG, 2005, § 33, Rn. 178, 185; *Röh* in Haarmann/Riehmer/Schüppen,

lung nun tatsächlich eine gewisse Verengung der Handlungsmöglichkeiten des Vorstands – vor allem, was die Entscheidung über das „Ob“ von Abwehrmaßnahmen anbelangt. Andererseits ist sie aber auch noch weit davon entfernt, dem Vorstand bereits eine derart klare Handlungsanweisung vorzugeben, dass ihm nur noch eine einzige rechtlich zulässige und zudem klar erkennbare Entscheidungsmöglichkeit verbliebe. Dies vor Augen, scheitert die Anwendbarkeit des Geschäftsleiterermessens vorliegend also jedenfalls nicht bereits am Merkmal der rechtlichen Ungebundenheit. Vielmehr könnte es sich hier um einen Fall „verbleibenden Ermessens“ handeln, in dem der Gesetzgeber ganz bewusst auf eine vollumfängliche Regelung verzichtet und sich stattdessen mit der Zurverfügungstellung eines gewissen Handlungsrahmens begnügt hat – mit der Besonderheit jedoch, dass hierfür kein unbestimmter Rechtsbegriff in den Gesetzestext aufgenommen worden ist.[1161]

Bleibt folglich, die von dem solchermaßen unkonkretisiert gebliebenen Bereich ausgehende Unsicherheit näher einzuschätzen: Insofern wird dem Vorstand für die Entscheidung überhaupt zur Vornahme von Abwehrmaßnahmen nun eine Abwägung etwa zwischen dem Interesse zahlreicher Aktionäre, die „Kontrollprämie“ einstreichen zu können, auf der einen und dem der Arbeitnehmer am Erhalt ihres Arbeitsplatzes auf der anderen Seite aufgegeben. Im Einzelnen setzt eine solche Abwägung zudem voraus, dass der Vorstand etwa das Schicksal besagter Arbeitsplätze zuvor erst einmal umfassend prognostiziert hat, indem er beispielsweise die verschiedensten zukünftigen Szenarien – mal unter Einbeziehung der Übernahme, mal unter deren Ausblendung – entworfen und ausgewertet hat. Schließlich werden nicht selten gerade „kränkelnde“ Unternehmen „Opfer“ einer „feindlichen Übernahme“, so dass die betroffenen Arbeitsplätze selbst bei erfolgreicher Abwehr der Übernahme oftmals nicht dauerhaft sicher sein werden. Dieses Entwerfen und Auswerten von „Was-wäre-wenn-Szenarien“ erfordert nun aber typischerweise wieder die Anwendung betriebswirtschaftlicher Entscheidungsgrundsätze und verleiht der zu treffenden Entscheidung daher letztendlich auch den erforderlichen „unternehmerischen“ Charakter im Sinne von § 93 Abs. 1 S. 2 AktG.

Im Ergebnis ist daher festzustellen, dass im Zusammenhang mit Entscheidungen gemäß § 33 Abs. 1 S. 2, 3. Var. WpÜG zur Feststellung eines „qualifizierten Unternehmensinteresses“ von einem „verbleibenden Ermessen“ auszugehen ist, so dass insofern auch die Vorschrift des § 93 Abs. 1 S. 2 AktG zur Anwendung gelangt.[1162]

WpÜG, 2002, § 33, Rn. 128; MünchKommAktG/*Schlitt*, WpÜG, 2004, § 33, Rn. 178; *Hirte*, ZGR 2002, 623 (642 f.); *Winter/Harbarth*, ZIP 2002, 1 (11).

1161 Vgl. hierzu nochmals oben unter § 7 II. 3. (S. 188 ff.).

1162 Im Sinne eines „verbleibenden Ermessens“ auch *Krause/Pötzsch* in Assmann/Pötzsch/U.H. Schneider, WpÜG, 2005, § 33, Rn. 178, 162 („Verengung des Ermessensspielraums“); MünchKommAktG/*Schlitt*, WpÜG, 2004, § 33, Rn. 171 („Modifizierung der ARAG-Grundsätze“); *Steinmeyer*/Häger, WpÜG, 2007, § 33, Rn. 29 („Modifizierung der ARAG-Maßstäbe“); *Fuchs*, in: Handbuch des Vorstandsrechts, 2006, § 22, Rn. 134 („teleologische Restriktion des Vorstandsermessens“). Gänzlich gegen ein Ermessen insofern wohl nur *Ekkenga*, in: Ehricke/Ekkenga/Oechsler, WpÜG, 2003, § 33, Rn. 58; *Hirte* in KK-WpÜG, 2003, § 33, Rn. 83, 88; *ders.*, ZGR 2002, 623 (642, 646).

(d) Maßnahmen auf der Grundlage von Hauptversammlungsbeschlüssen sowie Werbemaßnahmen

Zum Schluss soll nun noch kurz auf zwei weitere Kategorien eingegangen werden: Maßnahmen auf der Grundlage von Hauptversammlungsbeschlüssen und Werbemaßnahmen.

Was Maßnahmen auf der Grundlage von Hauptversammlungsbeschlüssen anbelangt, so wird man für die Frage nach der Anwendbarkeit des Geschäftsleiterermessens im Wesentlichen zwischen Ermächtigungs- und Durchführungsbeschlüssen unterscheiden müssen:[1163] Wiederum in so genannte „Vorratsbeschlüsse“[1164] gemäß § 33 Abs. 2 WpÜG einerseits und demgegenüber von § 33 WpÜG nicht – dafür aber von § 33a Abs. 2 S. 2 Nr. 1 WpÜG – explizit geregelte[1165] „Ad-hoc-Beschlüsse“[1166] andererseits aufteilbar, zeichnen sich besagte Ermächtigungsbeschlüsse dadurch aus, dass sie – wie der Name schon sagt – lediglich eine Ermächtigung zur Vornahme von Abwehrmaßnahmen durch den Vorstand enthalten, während Durchführungsbeschlüsse vielmehr eine konkrete Verpflichtung zum Handeln begründen (§ 83 Abs. 2 AktG).[1167] Da es demgemäß auch typischerweise der Bereich der Ermächtigungsbeschlüsse sein wird, innerhalb dessen dem Vorstand überhaupt erst ein Raum für eigeninitiatives Handeln zur Verfügung steht, wird sich für gewöhnlich auch allein hier die Frage nach einer Kollision des Geschäftsleiterermessens mit dem Erfolgsverhinderungsverbot des § 33 Abs. 1 S. 1 WpÜG stellen: Da sich die Aktionäre mit solcherlei Ermächtigungsbeschlüssen im Grunde aber schon freiwillig des ihnen vom Gesetzgeber zugedachten Schutzes begeben haben[1168] und jedenfalls für „Vorratsermächtigungen“ zudem noch durch das Zustimmungserfordernis von Seiten des

1163 S. *Ekkenga*, in: Ehricke/Ekkenga/Oechsler, WpÜG, 2003, § 33, Rn. 75.

1164 S. zum Begriff *Ekkenga*, in: Ehricke/Ekkenga/Oechsler, WpÜG, 2003, § 33, Rn. 75; *Krause/Pötzsch* in Assmann/Pötzsch/U.H. Schneider, WpÜG, 2005, § 33, Rn. 200; *Röh* in Haarmann/Riehmer/Schüppen, WpÜG, 2002, § 33, Rn. 98; MünchKommAktG/*Schlitt*, WpÜG, 2004, § 33, Rn. 198; *Steinmeyer*/Häger, WpÜG, 2007, § 33, Rn. 33; *Fuchs*, in: Handbuch des Vorstandsrechts, 2006, § 22, Rn. 136; *Pötzsch*, Das neue Übernahmerecht, 2002, S. 42; *Tröger*, DZWir 2002, 397 (403, 404).

1165 S. insofern aber die Begr. WpÜG-GesetzesE, BT-Drs. 14/7034 v. 5.10.2001, S. 58: „Beschlüsse, in denen die Hauptversammlung den Vorstand zu Abwehrmaßnahmen ermächtigt, können zum einen anlässlich eines aktuellen Angebots erfolgen.“. Deren Zulässigkeit ergibt sich nicht zuletzt aus § 16 III bzw. IV WpÜG (*Krause/Pötzsch* in Assmann/Pötzsch/U.H. Schneider, WpÜG, 2005, § 33, Rn. 188 (§ 16 IV WpÜG); MünchKommAktG/*Schlitt*, WpÜG, 2004, § 33, Rn. 190 (§ 16 IV WpÜG); *Fuchs*, in: Handbuch des Vorstandsrechts, 2006, § 22, Rn. 140 (§ 16 III WpÜG); *Tröger*, DZWir 2002, 397 (403) (§ 16 IV WpÜG)).

1166 S. zum Begriff *Ekkenga*, in: Ehricke/Ekkenga/Oechsler, WpÜG, 2003, § 33, Rn. 75; MünchKommAktG/*Schlitt*, WpÜG, 2004, § 33, Rn. 190; *Tröger*, DZWir 2002, 397 (404) („ad hoc-Ermächtigungsbeschluss“).

1167 Vgl. zu Durchführungsbeschlüssen auch *U.H. Schneider*, AG 2002, 125 (132).

1168 Ähnlich *Röh* in Haarmann/Riehmer/Schüppen, WpÜG, 2002, § 33, Rn. 98, nach dem die Aktionäre einer Beschränkung ihrer Entscheidungsmöglichkeiten im Falle eines Übernahmeangebotes zu Gunsten eines erweiterten Handlungsspielraums des Managements zugestimmt hätten.

Aufsichtsrates eine gewisse Kontrolle institutionalisiert worden ist,[1169] ist bezogen auf Abwehrentscheidungen auf der Grundlage einer Hauptversammlungsermächtigung wiederum nicht ersichtlich, warum dem Vorstand insofern der Schutz des Geschäftsleiterermessens versagt werden sollte.[1170]

Ebenso ist für die zuletzt noch anzusprechenden Werbemaßnahmen von einer grundsätzlichen Anwendbarkeit des Geschäftsleiterermessens auszugehen.[1171] Schließlich lässt sich der Vorschrift des § 28 WpÜG entnehmen, dass der Gesetzgeber solche Maßnahmen insgesamt noch gar nicht vom Anwendungsbereich des Erfolgsverhinderungsverbots umfasst wissen wollte[1172] und demgemäß mit ihnen auch noch nicht die eingangs erwähnten Probleme bezogen auf die Interessenlage des Vorstands sowie die Entscheidungsfreiheit der Aktionäre verbunden sah. Vor diesem Hintergrund steht einer grundsätzlichen Anwendbarkeit des Geschäftsleiterermessens auch hier nichts entgegen.

c. Zusammenfassung

Zusammenfassend lässt sich damit festhalten, dass im Rahmen der Loyalitätskontrolle zunächst ganz generell danach zu fragen ist, ob bezogen auf die einzelnen Vorstandsmitglieder etwaige „gesellschaftsfremde" Interessen ersichtlich sind, denen die infrage stehende unternehmerische Entscheidung auch zu dienen imstande ist.[1173]

Der Terminus „gesellschaftsfremd" bezieht sich dabei auf all jene Interessen, die weder von Seiten der Aktionäre oder Arbeitnehmer herrühren, noch auf Gemeinwohlbelange zurückgehen, sondern dementsprechend vielmehr in der Person der Vorstandsmitglieder selbst bzw. in der eines Dritten begründet sind. Aber selbst solchermaßen als „gesellschaftsfremd" einzustufende Interessen schaden dann nicht, wenn ein Fall von „Interessenidentität" gegeben ist.[1174]

Bezogen auf die – für die Annahme eines relevanten Fremdinteresses – grundsätzlich erforderliche „Intensität" ist schließlich zu fordern, dass besagtes Interesse den in Rede stehenden Entscheidungsprozess von seiner Bedeutung her überhaupt zu beeinflussen geeignet ist – was abstrakt gesprochen immer dann der Fall sein wird, wenn es sich um ein ähnlich starkes Eigeninteresse handelt, wie es in Fällen eines Insichgeschäfts angenommen wird. Konform zum *subjectiv actual person standard* sind dazu jeweils die konkreten Eigenschaften bzw. das Verhalten des

1169 Begr. WpÜG-GesetzesE, BT-Drs. 14/7034 v. 5.10.2001, S. 58 f.

1170 Im Sinne einer Anwendbarkeit des Geschäftsleiterermessens – zumindest auf „Vorratsbeschlüsse" – auch *Fuchs*, in: Handbuch des Vorstandsrechts, 2006, § 22, Rn. 137.

1171 In diesem Sinne auch *Fleischer*, in: Handbuch des Vorstandsrechts, 2006, § 22, Rn. 143 sowie *Winter/Harbarth*, ZIP 2002, 1 (16).

1172 So auch *Fuchs*, in: Handbuch des Vorstandsrechts, 2006, § 22, Rn. 144. A.A. *Röh* in Haarmann/Riehmer/Schüppen, WpÜG, 2002, § 33, Rn. 123.

1173 S. § 9 I. 1. a. (S. 294).

1174 S. § 9 I. 1. b. aa. (1) (S. 295).

einzelnen Vorstandsmitglieds sowie die sonstigen konkreten Umstände des Einzelfalls in ihrer Gesamtheit zu würdigen.[1175]

Was nun die „Art" des Fremdinteresses anbelangt, so kann grundsätzlich zwischen Interessen, die aus der Innehabung der Parteieigenschaft herrühren (1), „finanziellen" (2), „ideellen" (3) und „strukturellen" Interessen (4) unterschieden werden. In Bezug auf ihre Relevanz gelten schließlich die folgenden Grundsätze: Während Interessen der zuerst genannten Art stets relevante Fremdinteresse darstellen, gilt dies in Bezug auf „finanzielle" Interessen allein unter der Maßgabe, dass der in Rede stehende Betrag – oder andere Gründe – eine tatsächliche Beeinflussung des Vorstandsmitgliedes nicht höchst zweifelhaft erscheinen lassen. Bezüglich „ideeller" und „struktureller" Fremdinteressen bedarf es demgegenüber stets einer Abwägung der konkreten Umstände des Einzelfalls, um Art und Schwere des Interessenkonfliktes mit Blick auf dessen Relevanz für die Anwendbarkeit des Geschäftsleiterermessens beurteilen zu können.[1176]

Bezogen auf den Ursprung des „gesellschaftsfremden" Interesses ist im Zusammenhang mit von dritter Seite herrührenden Interessen schließlich maßgeblich auf die Unterscheidung „freiwillige/unfreiwillige Befolgung" abgestellt worden. Die Kategorie „freiwilliger Befolgung" umfasst dabei alle dem jeweiligen Vorstandsmitglied nahe stehenden Personen, während die Kategorie „unfreiwilliger Befolgung" demgegenüber diejenigen Fälle betrifft, in denen das entsprechende Vorstandsmitglied einer tatsächlichen Kontrolle bzw. Beherrschung durch einen Dritten unterliegt.[1177]

Im Rahmen der Konkretisierung dieser abstrakten Grundsätze anhand von Beispielen ist vor allem auf Maßnahmen des Vorstands einer von einem „feindlichen Übernahmeangebot" betroffenen Aktiengesellschaft eingegangen worden: Für Entscheidungen betreffend das Tagesgeschäft bzw. eine bereits eingeleitete Unternehmensstrategie (§ 33 Abs. 1 S. 2, 1. Var. WpÜG bzw. § 33a Abs. 2 S. 2 Nr. 2 und 3 WpÜG) sowie für Entscheidungen im Rahmen der Suche nach einem konkurrierenden Angebot (§ 33 Abs. 1 S. 2, 2. Var. WpÜG bzw. § 33a Abs. 2 S. 2 Nr. 4 WpÜG) konnte insofern festgestellt werden, dass dem Vorstand mangels (gravierender) Kollision mit dem in § 33 Abs. 1 S. 1 WpÜG (bzw. in § 33a Abs. 2 S. 1 WpÜG) niedergelegten Erfolgsverhinderungsverbot insofern grundsätzlich auch der Schutz des § 93 Abs. 1 S. 2 AktG zur Verfügung steht.[1178] Im Bereich „klassischer Abwehrmaßnahmen" im Sinne von § 33 Abs. 1 S. 2, 3. Var. WpÜG ist zur Feststellung eines „qualifizierten Unternehmensinteresses" schließlich ebenfalls noch von einem „verbleibenden Ermessen" auszugehen, so dass auch insofern die Vorschrift des § 93 Abs. 1 S. 2 AktG zur Anwendung gelangt.[1179] Bezogen auf Maßnahmen auf der Grundlage von Hauptversammlungsbeschlüssen (in der Form von Ermächtigungsbe-

1175 S. § 9 I. 1. b. aa. (2) (S. 296 f.).
1176 S. § 9 I. 1. b. aa. (3) (S. 297 f.).
1177 S. § 9 I. 1. b. aa. (4) (S. 298).
1178 S. § 9 I. 1. b. bb. (2) (a) und (b) (S. 303 ff.).
1179 S. § 9 I. 1. b. bb. (2) (c) (S. 309).

schlüssen) sowie Werbemaßnahmen vermochte dagegen wiederum erst gar keine das Geschäftsleiterermessen ausschließende Kollision mit dem Erfolgsverhinderungsverbot ausfindig gemacht zu werden.[1180]

2. *Auswirkung und Heilung von Interessenkonflikten*

Nachdem damit nun schon Reichweite und Inhalt der Loyalitätskontrolle abgesteckt worden sind, soll es im Folgenden schließlich noch um Fragen bezüglich Auswirkung und Heilung von Interessenkonflikten gehen. Dazu gilt es – wie im Kontext der Verfahrenskontrolle auch – wiederum zwischen Einzel- und Kollektiventscheidungen[1181] zu differenzieren.

a. Einzelentscheidungen

aa. Offenlegung und Übertragung der Entscheidung an den Gesamtvorstand

Da es sich bei der (potentiellen) Existenz von Fremdinteressen – im Gegensatz zu Verfahrensdefiziten – um ein bereits von vornherein erkennbares Manko handelt, das alleine den Vorstandsmitgliedern auch noch nicht vorgeworfen werden kann, ist es bezogen auf Interessenkonflikte angezeigt, auch im Rahmen der diesbezüglichen Folgenbetrachtung schon eher anzusetzen und zunächst einmal die Frage aufzuwerfen, wie trotz Interessenkonflikt möglicherweise gleichwohl noch erreicht werden kann, dass der Schutz des Geschäftsleiterermessens erst gar nicht gefährdet wird. Mit anderen Worten gilt es danach zu fragen, wie sich ein befangener Ressortverantwortlicher verhalten sollte.

Die Beantwortung dieser Frage würde verhältnismäßig leicht fallen, ginge man für den Fall eines Interessenkonfliktes schlicht von der Existenz eines allgemeinen Stimmverbotes etwa analog §§ 28 Abs. 1, 34 BGB aus.[1182] Dies wird jedoch von der herrschenden Meinung[1183] aus gutem Grund abgelehnt: Abgesehen vom ebenfalls

1180 S. § 9 I. 1. b. bb. (2) (d) (S. 310).

1181 S. zu diesen Begriffen schon oben unter § 8 I. 3. b. (S. 216) und c. (S. 230).

1182 In diesem Sinne *Oltmanns*, Geschäftsleiterhaftung, 2001, S. 321, 322 m.w.N. zur Herleitung eines solchen allgemeinen Stimmverbotes auf S. 316 f.: Ableitung aus der Treuepflicht sowie aus § 181 BGB analog. S. zur (möglichen) Herleitung auch *Dreher*, JZ 1990, 896 (900) (Aufsichtsratsmitglied); *Giesen*, Organhandeln und Interessenkonflikt, 1984, S. 103 ff.; *Hoffmann-Becking*, ZHR 150 (1986), 570 (579 ff.) (im Zusammenhang mit Vorstands-Doppelmandaten).

1183 *BGH*, Urt. v. 10.2.1977 – II ZR 81/76 –, BGHZ 68, 107 (109) (GmbH-Gesellschafter); *BGH*, Urt. v. 20.1.1986 – II ZR 73/85 –, BGHZ 97, 28 (33) (GmbH-Gesellschafter); *OLG Düsseldorf*, Urt. v. 14.3.1996 – 6 U 119/94 („*ARAG/Garmenbeck II*") –, ZIP 1996, 1083 (1086) (GmbH-Gesellschafter); Spindler/Stilz/*Fleischer*, AktG, 2007, § 77, Rn. 26; MünchKomm-AktG/*Hefermehl/Spindler*, 2004, § 77, Rn. 11; *Hüffer*, AktG, 2008, § 77, Rn. 8; *Kort* in

nicht unbedeutenden Aspekt der Rechtssicherheit[1184], dem im Zusammenhang mit Entscheidungsprozessen besondere Bedeutung zukommt,[1185] riskierte man bei Kollektiventscheidungen unter Annahme eines allgemeinen Stimmverbotes schließlich schlimmstenfalls sogar die Handlungsunfähigkeit der Gesellschaft.[1186]

Muss demgemäß also die Annahme eines allgemeinen Stimmverbotes ausscheiden, so könnte eine alternative Konsequenz – gleichsam als anderes Extrem – nun auch allein darin bestehen, dass das entsprechende Vorstandsmitglied im Falle eines Interessenkonfliktes zu nichts weiter als zu dessen Offenlegung verpflichtet wäre bzw. – eher im Sinne einer Obliegenheit – auf diese Weise von vornherein den Anschein einer Pflichtverletzung vermeiden könnte. Schließlich wird die Offenlegung des Interessenkonfliktes sogar in der Begründung zum UMAG-Gesetzesentwurf im Sinne eines entlastenden Umstandes angesprochen[1187] und auch im Deutschen Corporate Governance Kodex existiert zur Offenlegung von Interessenkonflikten eine diesbezügliche Soll-Vorschrift.[1188] Gegen eine solche Sichtweise spräche nun aber vor allem, dass die damit bewirkte erhöhte Transparenz allein letztlich noch nicht die Durchsetzung des entsprechenden Eigeninteresses zu verhindern und damit den Anschein einer Pflichtverletzung endgültig auszuräumen imstande wäre – zumal die Lebenserfahrung lehrt, dass sich Eigeninteressen im Zweifel eben doch gegenüber den Interessen anderer – zumindest teilweise – durchzusetzen pflegen.

Nachdem nun also auch eine solche Annahme nicht in Betracht kommt,[1189] bleibt nichts anderes übrig, als im Arsenal des aktienrechtlichen Instrumentariums nach einem teleologisch wie dogmatisch gangbaren Mittelweg zu suchen. Dabei wird man im Ergebnis schließlich auf die Obliegenheit zur Offenlegung des Interessen-

Großkomm. AktG, 2003, § 77, Rn. 14; *Mertens* in Kölner Kommentar zum AktG, 2. Auflage, 1996, § 77, Rn. 29; *Oltmanns*, in: Heidel, Aktienrecht, 2007, § 77, Rn. 6; *Ziemons*, in: K. Schmidt/Lutter, AktG, 2008, § 12, Rn. 18; *Dreher*, JZ 1990, 896 (901 f.) (Aufsichtsratsmitglied); *Paefgen*, AG 2004, 245 (253). Vgl. auch Palandt/*Heinrichs/Ellenberger*, 2008, § 34, Rn. 3.

1184 Vgl. *BGH*, Urt. v. 10.2.1977 – II ZR 81/76 –, BGHZ 68, 107 (109); *BGH*, Urt. v. 16.2.1981 – II ZR 168/79 –, BGHZ 80, 69 (71); *BGH*, Urt. v. 20.1.1986 – II ZR 73/85 –, BGHZ 97, 28 (33); *Oltmanns*, Geschäftsleiterhaftung, 2001, S. 317; *Dreher*, JZ 1990, 896 (901); *Paefgen*, AG 2004, 245 (253).

1185 Vgl. *BGH*, Urt. v. 10.2.1977 – II ZR 81/76 –, BGHZ 68, 107 (109); *BGH*, Urt. v. 20.1.1986 – II ZR 73/85 –, BGHZ 97, 28 (33); *Dreher*, JZ 1990, 896 (901); *Paefgen*, AG 2004, 245 (253).

1186 S. *Paefgen*, AG 2004, 245 (253).

1187 Begr. UMAG-GesetzesE, BT-Drs. 15/5092 v. 14.3.2005, S. 11: „Anders mag der Fall ausnahmsweise zu beurteilen sein, wenn das Organmitglied zuvor den Interessenkonflikt offen gelegt hat […] und unter diesen Umständen die Annahme gleichwohl zum Wohle der Gesellschaft zu handeln vernünftig und nachvollziehbar erscheint." Diese Formulierung könnte man sogar dahingehend auffassen, dass nach Ansicht des Gesetzgebers tatsächlich die bloße Offenlegung zum Erhalt des Schutzes des Geschäftsleiterermessens ausreicht.

1188 S. den Deutschen Corporate Governance Kodex i. d. F. v. 12.6.2006 unter 4.3.4., abgedruckt in NZG 2006, 614 (616). S. für eine jeweils aktuelle Fassung: http://www.corporate-governance-code.de.

1189 So auch *Gehb/Heckelmann*, ZRP 2005, 145 (147 f.) sowie *C. Schäfer*, ZIP 2005, 1253 (1257).

konfliktes verbunden mit der (Rück-)Übertragung der Entscheidungsgewalt an den Gesamtvorstand treffen. Aus teleologischer Sicht kann dieser Mittelweg deshalb als angemessen erachtet werden, weil die Möglichkeit der Durchsetzung des entsprechenden Fremdinteresses auf diesem Wege vollkommen abgeschnitten und der Anschein einer Pflichtverletzung damit von vornherein unterdrückt wird. Was dagegen den Aspekt der Vereinbarkeit einer solchen Sichtweise mit der Dogmatik des aktienrechtlichen Regelwerks anbelangt, so braucht im Grunde nur auf die weiter oben im Zusammenhang mit der Heilung von Verfahrensdefiziten gemachten Ausführungen betreffend das „Prinzip gegenseitiger Überwachung" verwiesen zu werden:[1190] Sind mit der Ausübung der Entscheidungsgewalt durch ein einzelnes Vorstandsmitglied Unregelmäßigkeiten in der Gestalt von drohenden oder bereits eingetretenen Pflichtverletzungen – gleich welcher Art[1191] – verbunden, so obliegt es jedem Organmitglied, dafür zu sorgen, dass die Entscheidungsgewalt in Bezug auf den entsprechenden Entscheidungsgegenstand wieder an den Gesamtvorstand zurückgezogen wird. Im Grunde wird eine solche Rückübertragung der Entscheidungsgewalt von der Dogmatik des Aktienrechts also sogar geradezu gefordert.

Im Ergebnis ist einem befangenen Ressortverantwortlichen zum Erhalt des Schutzes des Geschäftsleiterermessens mithin zu empfehlen, den entsprechenden Interessenkonflikt offen zu legen und den betroffenen Entscheidungsgegenstand an den Gesamtvorstand zurückzuverweisen.[1192] Etwas genauer führt dies schließlich dazu, dass der Ressortverantwortliche für die sodann von den übrigen Vorstandsmitgliedern allein zu treffende Entscheidung mangels Verursachungsbeitrag sogar gar nicht mehr zur Verantwortung gezogen werden kann. Dies gilt meines Erachtens selbst dann, wenn er gleichwohl noch zur diesbezüglichen Beratung hinzugezogen wurde.[1193] Spätestens mit Blick auf die eigenen Haftungsrisiken der übrigen Vorstandsmitglieder kann in Bezug auf Letztere nämlich durchaus auf eine kritische Auseinandersetzung mit dem vom befangenen Ressortverantwortlichen beigesteuerten Diskussionsbeitrag vertraut werden.[1194] Konform zum bereits oben im Zusammenhang mit der Heilung von Verfahrensdefiziten Ausgeführten sollte allerdings von einer Entscheidungsvorbereitung allein durch den befangenen Ressortverantwortlichen

1190 S. § 8 II. 1. a. (S. 253 ff.).

1191 S. hierzu noch einmal § 8 II. 1. a. (S. 255): Die dem „Prinzip gegenseitiger Überwachung" entspringenden Rechte und Pflichten beziehen sich gerade auf sämtliche (möglichen) Gesetzes- und Satzungsverstöße bzw. sogar auch nur auf Bedenken betreffend die Zweckmäßigkeit einer Entscheidung (Nachweis in Fn. 962).

1192 So auch *C. Schäfer*, ZIP 2005, 1253 (1257). Vgl. des Weiteren *Semler*, in: FS Ulmer, 2003, S. 627 (637), der ebenfalls davon ausgeht, dass bei Befangenheit einzelner Vorstandsmitglieder die jeweilige Entscheidung letztlich von den übrigen unbefangenen Vorstandsmitgliedern getroffen werden müsse. Sich anschließend *Kock/Dinkel*, NZG 2004, 441 (444).

1193 Dafür, dass gegen eine Teilnahme an der Beratung noch nichts einzuwenden ist, auch *Oltmanns*, Geschäftsleiterhaftung, 2001, S. 323 f.

1194 Vgl. *Oltmanns*, Geschäftsleiterhaftung, 2001, S. 323 f., der ebenfalls davon ausgeht, dass von den übrigen Vorstandsmitgliedern die nötige Charakterstärke zu erwarten ist, um auch in Anwesenheit eines betroffenen Kollegen eine offene und konstruktive Aussprache führen zu können.

abgesehen werden.[1195] Vor dem Hintergrund, dass die Entscheidungsvorbereitung in aller Regel großen Einfluss auf den Entscheidungsinhalt hat,[1196] wäre ein solches Vorgehen nämlich wiederum nicht in der Lage, den Anschein einer Pflichtverletzung gänzlich auszuräumen.

Im Ergebnis käme eine Inanspruchnahme des an der Abstimmung nicht teilnehmenden Ressortverantwortlichen also allenfalls noch unter dem Aspekt unzureichender (nachträglicher) Überwachung in Betracht. Schließlich können sich selbst nicht anwesende Vorstandsmitglieder von einer solchen Überwachungsverantwortung nicht freisprechen.[1197] Damit darf sich aber auch ein befangenes Vorstandsmitglied von diesem Kernbereich der Vorstandspflichten bzw. –verantwortung nicht lossagen können.

bb. Heilung durch Genehmigung von Seiten des Gesamtvorstands

Was nun den Fall einer trotz Interessenkonflikt gleichwohl getroffenen Entscheidung eines Ressortverantwortlichen anbelangt, so kann im Grunde ebenfalls nur auf die im Zusammenhang mit der Heilung von Verfahrensdefiziten bereits gemachten Ausführungen betreffend Einzelentscheidungen verwiesen werden.[1198] Wie eben schon erinnert, bestehen auch in Bezug auf eine (möglicherweise) treuwidrige Geschäftsführung letztlich die oben beschriebenen dem „Prinzip gegenseitiger Überwachung" entspringenden Rechte und Pflichten aller Vorstandsmitglieder. Damit lässt sich aber auch in diesem Zusammenhang wieder eine zur Heilung führende „Genehmigung" als Akt „organinterner Selbstkontrolle" konstruieren, für den gleichsam als „genehmigungsfähiges" Organ der Gesamtvorstand zuständig ist. Was nun die einzelnen Voraussetzungen des „Genehmigungsbeschlusses" anbelangt, so wird man das Augenmerk hier natürlich vor allem auf das Loyalitätserfordernis richten müssen, zu dem nochmals angemerkt sei, dass eine gegenseitige Schonung oder in diesem Zusammenhang mehr noch eine gegenseitige Bevorteilung infolge eigener Haftungsrisiken der übrigen Vorstandsmitglieder insofern nicht zu befürchten steht.[1199]

1195 S. oben unter § 8 II. 1. b. bb. (1) (b) (S. 261 ff.).
1196 S. auch hierzu bereits oben unter § 8 II. 1. b. bb. (1) (b) (S. 263).
1197 S. *Fleischer*, in: Handbuch des Vorstandsrechts, 2006, § 11, Rn. 54.
1198 S. § 8 II. 1. (S. 253 ff.).
1199 S. insofern auch bereits oben unter § 8 II. 1. b. bb. (2) (S. 264).

b. Kollektiventscheidungen

aa. Offenlegung und Konsequenzen

Im Kontext von Kollektiventscheidungen soll es nun ebenfalls zunächst um die Frage gehen, was getan werden kann, um den Schutz des Geschäftsleiterermessens trotz bestehenden Interessenkonfliktes weitestgehend zu erhalten:

Dass den einzelnen befangenen Vorstandsmitgliedern auch in diesem Zusammenhang wieder jedenfalls die Offenlegung ihres Interessenkonfliktes nahe gelegt werden muss, kann mit Blick auf die diesbezüglichen Äußerungen von Seiten des Gesetzgebers sowie des Deutschen Corporate Governance Kodex nicht bezweifelt werden.[1200]

Desgleichen muss aus teleologischer Sicht aber auch hier das Ziel letztlich wieder darin bestehen, den befangenen Vorstandsmitgliedern die Möglichkeit der Durchsetzung ihrer jeweiligen gesellschaftsfremden Interessen abzuschneiden. Im Gegensatz zu den eben besprochenen Einzelentscheidungen kommt hierzu eine Übertragung des Beschlussgegenstandes an den Gesamtvorstand nun aber allenfalls noch im Zusammenhang mit Ausschussentscheidungen[1201] in Betracht.[1202] Für bereits von vornherein vom Gesamtvorstand zu treffende Entscheidungen müssen dagegen andere Maßstäbe gefunden werden:

(1) Bestehenbleiben der Beschlussfähigkeit

Vergleichsweise unkompliziert stellt sich insofern nun zunächst noch der Fall dar, in dem die Zahl von einem Interessenkonflikt betroffener Vorstandsmitglieder noch nicht die Beschlussfähigkeit des Gesamtorgans sprengt. Dann vermag die Entscheidung nämlich noch schlicht von den Vorstandsmitgliedern getroffen zu werden, die keinem Interessenkonflikt unterliegen.[1203]

(2) Beschlussunfähigkeit

Ungleich mehr Schwierigkeiten wirft dagegen schließlich der Fall auf, in dem so viele Vorstandsmitglieder von einem Interessenkonflikt betroffen sind, dass, ließe man die befangenen Vorstandsmitglieder außer Acht, die Beschlussfähigkeit des

1200 S. hierzu bereits oben unter § 9 I. 2. a. aa. (S. 314, Fn. 1187, 1188).

1201 S. zu Ausschüssen allgemein oben unter § 8 I. 3. c. (S. 230, Fn. 831).

1202 S. dazu, dass die dem „Prinzip gegenseitiger Überwachung" entspringenden Rechte und Pflichten aller Vorstandsmitglieder auch in Bezug auf die Geschäftsführung durch einen Vorstandsausschuss bestehen, wiederum schon oben unter § 8 II. 2. b. aa. (S. 282, Fn. 1042).

1203 Vgl. auch *Fleischer*, in: Handbuch des Vorstandsrechts, 2006, § 7, Rn. 57; *Semler*, in: FS Ulmer, 2003, S. 627 (637) sowie *Kock/Dinkel*, NZG 2004, 441 (444).

Gesamtorgans nicht mehr gegeben wäre. Hier kann der Vorstand alleine keine den Schutz des Geschäftsleiterermessens genießende Entscheidung mehr treffen. Einen Schritt weiter gedacht, drängt sich vielmehr sogleich auch die Frage auf, ob für die anstehende unternehmerische Entscheidung in einem solchen Fall überhaupt noch die Anwendbarkeit von § 93 Abs. 1 S. 2 AktG erreicht werden kann oder ob hier nicht vielleicht stets sofort auf den strengen an § 93 Abs. 1 S. 1 AktG orientierten Überprüfungsmaßstab abzustellen ist.

Aus teleologischer Sicht stünde einer Anwendbarkeit des Geschäftsleiterermessens jedenfalls dann wiederum nichts mehr im Wege, wenn die anstehende unternehmerische Entscheidung gänzlich auf einen anderen unbefangenen Entscheidungsträger übertragen werden könnte – wobei aus praktischer Sicht insofern allein der Aufsichtsrat in Betracht käme. Würdigt man eine solche Erwägung allerdings vom dogmatischen Standpunkt aus, so muss schnell Ernüchterung einsetzen: Wie schon ausgeführt,[1204] ist es dem Aufsichtsrat nach der – wegen § 23 Abs. 5 AktG zwingenden – aktienrechtlichen Funktionentrennung grundsätzlich verwehrt, Geschäftsführungsmaßnahmen vorzunehmen. Zwar kennt das aktienrechtliche Regelwerk neben dieser strikten Funktionentrennung zugleich auch diverse Durchbrechungen,[1205] die teilweise sogar die eigenständige Vertretung der Gesellschaft in bestimmten für den Vorstand mit einem Interessenkonflikt verbundenen Angelegenheiten vorsehen und dem Aufsichtsrat damit im Grunde sogar eine ganze Geschäftsführungsaufgabe allein überantworten (§§ 112, 111 Abs. 2 S. 2 und 3 sowie 111 Abs. 3 AktG). Andererseits handelt es sich bei diesen Vorschriften aber allesamt um nur ganz punktuell ansetzende und einer Analogie grundsätzlich unzugängliche Ausnahmeregelungen. Damit muss eine – etwa auf eine analoge Anwendung von § 112 AktG gestützte – Überantwortung all jener unternehmerischer Entscheidungen, an denen mehr Vorstandsmitglieder persönlich interessiert sind, als zur Herstellung der Beschlussfähigkeit erforderlich, im Ergebnis ausscheiden.[1206]

Nachdem sich nun also jedenfalls schon die – aus teleologischer Sicht sicherlich effektivste – vollständige Übertragung des entsprechenden Entscheidungsgegenstandes auf ein anderes unbefangenes Organ wie den Aufsichtsrat als dogmatisch nicht gangbar erwiesen hat, bleibt nichts anderes übrig, als das aktienrechtliche Instrumentarium nach einem anderen Weg zum Erhalt des Schutzes des Geschäftsleiterermessens zu durchforsten:

Kock/Dinkel[1207] haben insofern unter anderem eine analoge Anwendung von § 88 Abs. 1 AktG vorgeschlagen. Danach könne auch ein befangener Vorstand den Schutz des Geschäftsleiterermessens wiederherstellen, indem er die Einwilligung des Aufsichtsrates einhole, gleichwohl über die Maßnahme zu entscheiden. Meines

1204 S. zum Folgenden auch bereits oben unter § 8 II. 2. b. bb. (1) (S. 283 f.).

1205 S. hierzu vor allem die Übersicht bei *Pentz*, in: Handbuch des Vorstandsrechts, 2006, § 16, Rn. 5.

1206 Vgl. auch *Semler*, in: FS Ulmer, 2003, S. 627 (637): „Aber auch dann, wenn der Vorstand im konkreten Fall von Eigeninteressen nicht frei ist, hat er und nicht der Aufsichtsrat die anstehende Entscheidung zu treffen.“.

1207 *Kock/Dinkel*, NZG 2004, 441 (444).

Erachtens erscheint eine solche Analogie nun allerdings bereits unter dem Gesichtspunkt des vergleichbaren Sachverhalts als nicht unproblematisch: Während § 88 AktG an sich gerade den umgekehrten Fall der Einwilligung zu Handlungen bzw. noch umfassender zu Arten von Handlungen von Vorstandsmitgliedern regelt, die diese gerade für sich selbst, jedenfalls aber nicht im Namen der Aktiengesellschaft vorzunehmen beabsichtigen, geht es vorliegend vielmehr um die Zustimmung zur Vornahme einer ganz konkreten und gerade die Angelegenheiten der Gesellschaft betreffenden Maßnahme.

Des Weiteren braucht hier aber an sich auch gar nicht länger der Frage nachgegangen zu werden, ob sich besagte Analogie nicht vielleicht gleichwohl noch vertreten ließe – hat der Gesetzgeber an anderer Stelle doch an sich bereits sehr klar zu Ausdruck gebracht, welchen Weg er im Fall der Befangenheit des gesamten Vorstands für den Richtigen hält: Angesprochen ist die schon eingehend betrachtete[1208] Vorschrift des § 33 Abs. 1 S. 2, 3. Var. WpÜG. Danach wird der Vorstand gerade im Fall evidenter und typischerweise alle Vorstandsmitglieder zugleich betreffender Eigeninteressen gleichwohl zur Vornahme von – diesen Eigeninteressen potentiell dienenden – Abwehrmaßnahmen autorisiert, sofern er nur die vorherige – eine faktische Präjudizierung ausschließende –[1209] Zustimmung des Aufsichtsrates eingeholt hat. Zwar ist in diesem Zusammenhang lediglich ein „verbleibendes Ermessen" des Vorstands angenommen worden.[1210] Diese Beschränkung des Ermessens ist aber, wie oben dargelegt, einzig dem Umstand geschuldet, dass der Gesetzgeber vermittels der systematischen Fassung von § 33 WpÜG sowie der Begründung[1211] zu besagter Vorschrift sehr klar zum Ausdruck gebracht hat, dass er in diesem Zusammenhang ausnahmsweise das Erstentscheidungsinteresse der Aktionäre privilegiert wissen will, und es diese Vorgabe letztlich auch bei der Entscheidung über die Einleitung von Abwehrmaßnahmen zu berücksichtigen gilt. Die dem Erfolgsverhinderungsverbot ebenfalls zu Grunde liegende Befürchtung, der Vorstand strebe in Zeiten drohender Übernahme in erster Linie die Durchsetzung seiner eigenen, auf den Erhalt seiner Stellung in der Gesellschaft gerichteten, Interessen an, vermag – nach hier vertretener Ansicht – dagegen sehr wohl durch die Hinzuziehung des Aufsichtsrates ausgeräumt zu werden: Schließlich handelt es sich bei dem Aufsichtsrat um ein interessenpluralistisch ausgerichtetes Organ, dessen Einschaltung bezogen auf das potentielle Eigeninteresse des Vorstands gerade die Etablierung eines das „Unternehmensinteresse" verkörpernden „Gegenpols" zu bewirken imstande ist.[1212]

1208 S. § 9 I. 1. b. bb. (2) (c) (S. 306 ff.).

1209 *Ekkenga*, in: Ehricke/Ekkenga/Oechsler, WpÜG, 2003, § 33, Rn. 62; *Krause/Pötzsch* in Assmann/Pötzsch/U.H. Schneider, WpÜG, 2005, § 33, Rn. 179; *Röh* in Haarmann/Riehmer/Schüppen, WpÜG, 2002, § 33, Rn. 129; MünchKommAktG/*Schlitt*, WpÜG, 2004, § 33, Rn. 174; *Winter/Harbarth*, ZIP 2002, 1, (8); a.A. *Hirte* in ZGR 2002, 623 (644) sowie – allerdings schon einschränkender – in KK-WpÜG, 2003, § 33, Rn. 86.

1210 S. § 9 I. 1. b. bb. (2) (c) (S. 309).

1211 Begr. WpÜG-GesetzesE, BT-Drs. 14/7034 v. 5.10.2001, S. 57.

1212 S. § 9 I. 1. b. bb. (2) (c) (S. 307).

Mit Blick auf die eingangs aufgeworfene Frage nach einer Möglichkeit zum Erhalt des Schutzes des Geschäftsleiterermessens trotz „allseitigen" vorstandsinternen Interessenkonfliktes bedeutet dies nun, dass nicht ersichtlich ist, warum die vorherige Zustimmung des Aufsichtsrates vor diesem Hintergrund dann nicht auch generell als geeignet erachtet werden kann, bezogen auf besagten Interessenkonflikt den Anschein der Pflichtwidrigkeit zu zerstören und demgemäß auch die grundsätzliche Anwendbarkeit des Geschäftsleiterermessens zu rechtfertigen.[1213]

Da es sich bei § 33 Abs. 1 S. 2, 3. Var. WpÜG im Grunde um nichts anderes als um einen gesetzlich geregelten Fall von § 111 Abs. 4 S. 2 AktG handelt,[1214] drängt sich auch für die hier vorzunehmende dogmatische Einordnung der Zustimmung des Aufsichtsrates letztlich ein Rückgriff auf diese Vorschrift auf. Damit lässt sich eine solche Zustimmung schließlich auch mühelos in das aktienrechtliche Regelwerk einpassen.

Dieser Umstand sei nun zugleich auch nochmals zum Anlass dafür genommen, zu betonen, dass es sich bei der hier in Rede stehenden Zustimmung letztlich um etwas gänzlich anderes handelt, als dies im Zusammenhang mit der weiter oben[1215] thematisierten Heilung von Verfahrensdefiziten der Fall war: Schließlich stellt sich die Bindung des Schutzes des Geschäftsleiterermessens an die vorherige Zustimmung des Aufsichtsrates im Fall eines von vornherein offen gelegten „allseitigen" vorstandsinternen Interessenkonfliktes als nichts anderes dar als eine – im übrigen sehr effektive – Form präventiver Überwachung[1216] mittels „Erweiterung" des für ge-

1213 So auch *C. Schäfer*, ZIP 2005, 1253 (1257). Ebenfalls in diesem Sinne *Kock/Dinkel*, NZG 2004, 441 (444). Vgl. des Weiteren auch die US-amerikanische Rechtslage, wo nach dem Del. Gen. Corp. L. die Zustimmung der unbefangenen *board-* oder *committee*-Mitglieder bzw. der Aktionäre ebenfalls wieder die Anwendbarkeit der *BJR* zu rechtfertigen vermag, während die *Principles of Corporate Governance* des *ALI* anstelle einer vollständigen Rückkehr zur *BJR* demgegenüber allerdings vielmehr die Anwendung eines *intermediate standard of review* empfehlen (s. oben unter § 3 III. 2. b. (S. 80, Fn. 251)). Für eine Einschaltung des Aufsichtsrates im Falle eines „allseitigen" vorstandsinternen Interessenkonfliktes letztlich auch *Semler*, in: FS Ulmer, 2003, S. 627 (637 f.). Allerdings vermag ihm zufolge auch eine solche Einschaltung des Aufsichtsrates nicht mehr den Schutz des Geschäftsleiterermessens zu erhalten.

1214 S. *U.H. Schneider*, AG 2002, 125 (129): „Vielmehr wird – nur – abweichend vom Regelfall nach § 111 Abs. 4 Satz 2 AktG, wonach durch die Satzung oder durch Beschluß des Aufsichtsrats ad hoc der Zustimmungsvorbehalt begründet werden kann, durch § 33 Abs. 1 WpÜG der Zustimmungsvorbehalt gesetzlich zwingend festgeschrieben." Vgl. auch MünchKommAktG/*Schlitt*, WpÜG, 2004, § 33, Rn. 162: „Konstruktiv ähnelt die Regelung der Bestimmung des § 111 Abs. 4 Satz 2 AktG über Zustimmungsvorbehalte zu Gunsten des Aufsichtsrates." sowie *Steinmeyer*/Häger, WpÜG, 2007, § 33, Rn. 26: „Im Ergebnis ist die Regelung damit einem Zustimmungsvorbehalt im Sinne des § 111 Abs. 4 Satz 2 AktG vergleichbar." S. dazu, dass auch im Zusammenhang mit § 111 IV 2 AktG grundsätzlich die vorherige Zustimmung gemeint ist, *Hüffer*, AktG, 2008, § 111, Rn. 19 sowie MünchKommAktG/*Semler*, 2004, § 111, Rn. 436.

1215 § 8 II. 2. b. bb. (1) (S. 283 ff.).

1216 S. zum Charakter des Instituts des Zustimmungsvorbehalts i.S.v. § 111 IV 2 AktG als präventive Überwachungsmaßnahme nur *Hüffer*, AktG, 2008, § 111, Rn. 16 sowie *Pentz*, in: Handbuch des Vorstandsrechts, 2006, § 16, Rn. 113.

wöhnlich zur Entscheidung berufenen Gremiums. Mit einer – der Rolle des Aufsichtsrates widersprechenden – nachträglichen Enthaftung hat dies demgegenüber nichts gemein.

Im Einzelnen wird man nun davon ausgehen müssen, dass der Aufsichtsrat immer dann, wenn der Vorstand ihm einen Interessenkonflikt des beschriebenen Ausmaßes anzeigt, einen Zustimmungsvorbehalt anordnen muss.[1217] Für die Entscheidung über die Erteilung der Zustimmung gilt sodann wiederum zunächst der Maßstab des § 93 Abs. 1 S. 2 AktG.[1218] Schließlich kann in den (wenigen) Fällen, in denen auch der Aufsichtsrat einmal „unternehmerisch" im Sinne des Geschäftsleiterermessens handelt, nichts anderes gelten als für den Vorstand – unterliegt der Aufsichtsrat infolge der Verweisung des § 116 S. 1 AktG insofern doch im Grunde denselben Unwägbarkeiten. Besonderes Augenmerk wird man im Rahmen des § 93 Abs. 1 S. 2 AktG schließlich auf die Loyalität der Aufsichtsratsmitglieder richten müssen. Was demgegenüber die Entscheidungsvorbereitung anbelangt, so ist eine alleinige Vorbereitung aus den Reihen der befangenen Vorstandsmitglieder zu vermeiden.[1219] Vielmehr sollte zugleich auch ein unbefangenes Aufsichtsratsmitglied damit befasst werden. Hält die Zustimmung diesen Anforderungen stand, so ist nicht ersichtlich, warum nicht auch die gesamte unternehmerische Entscheidung bzw. die sie initiierenden befangenen Vorstandsmitglieder den Schutz des Geschäftsleiterermessens zu beanspruchen berechtigt sein sollten.

Im Ergebnis vermag also auch bei einem „allseitigen" vorstandsinternen Interessenkonflikt der Schutz des Geschäftsleiterermessens noch dadurch aufrecht erhalten zu werden, dass der unbefangene und infolge der Offenlegung über den Interessenkonflikt voll informierte Aufsichtsrat der entsprechenden unternehmerischen Entscheidung gemäß § 111 Abs. 4 S. 2 AktG im Vorhinein seine Zustimmung erteilt.[1220]

1217 Vgl. hierzu – wenn auch aus dem Kontext der Zulassung einer *Due Diligence* – *Hemeling*, ZHR 169 (2005), 274 (282 f.): „Bei erkennbaren Interessenkollisionen kann die Befugnis des Aufsichtsrats im Rahmen einer Aufsichtspflicht daher in eine Verpflichtung umschlagen, Entscheidungen des Vorstands zur Due Diligence an seine Zustimmung zu binden.".

1218 Vgl. speziell im Fall einer Interessenkollision *Semler*, in: FS Ulmer, 2003, S. 627 (639). S. zur Anwendbarkeit des Geschäftsleiterermessens allgemein auf die Zustimmung des Aufsichtsrates i.S.v. § 111 IV 2 AktG MünchKommAktG/*Semler*, 2004, § 111, Rn. 444; *Penz*, in: Handbuch des Vorstandsrechts, 2006, § 16, Rn. 46 (m.w.N. zu dieser nicht ganz unumstrittenen Sichtweise) und Rn. 117; *Raiser/Veil*, Recht der Kapitalgesellschaften, 2006, § 15, Rn. 8; *Ihrig*, WM 2004, 2098 (2106); *C. Schäfer*, ZIP 2005, 1253 (1258).

1219 Vgl. hierzu nochmals oben unter § 8 II. 1. b. bb. (1) (b) (S. 261 ff.).

1220 Zum Schluss sei nochmals betont, dass insofern also nicht etwa jede mit Zustimmung des Aufsichtsrates getroffene Entscheidung sogleich auch dem Loyalitätserfordernis genüge tut. Erforderlich ist vielmehr zugleich die Offenlegung des Interessenkonfliktes durch den Vorstand, damit der Aufsichtsrat die Entscheidung auch gerade daraufhin zu überprüfen in der Lage ist. Eine Bestätigung durch den Aufsichtsrat demgegenüber ohne weiteres für ausreichend erklärend: *Paefgen*, Unternehmerische Entscheidungen und Rechtsbindung, 2002, S. 218 f.

bb. Auswirkung und Heilung nicht offen gelegter Interessenkonflikte

Zuletzt soll es nun schließlich auch im Kontext von Kollektiventscheidungen noch um den Fall gehen, in dem die Interessenkonflikte Einzelner nicht offen gelegt und dementsprechend auch sonst keine Konsequenzen aus dieser Befangenheit gezogen worden sind.

(1) Grundsätzlich maßgebliches Quorum

Dabei stellt sich – wie im Kontext der Auswirkung von Verfahrensdefiziten auch – wiederum zunächst die Frage, unter welchen Umständen sich die Befangenheit Einzelner zugleich auch maßgeblich auf die Entscheidung des gesamten Kollektivs auswirkt bzw. – mit anderen Worten – ab wann überhaupt von einer insgesamt unter Befangenheit getroffenen Kollektiventscheidung gesprochen werden kann.

Im Ergebnis kann insofern nun allerdings auch hier nichts anderes gelten als das, was schon im Kontext der Auswirkung von Verfahrensdefiziten erarbeitet worden ist:[1221] So wird man nämlich auch hier wieder maßgeblich auf das abstellen müssen, was sich mit dem Begriff der „Entscheidungserheblichkeit" schlagwortartig zusammenfassen lässt.[1222] Anders ausgedrückt gilt es danach zu fragen, ob die unbefangene Organmehrheit zugleich auch in der die Entscheidung tragenden Mehrheit enthalten war.[1223] Schließlich kommen die oben ausgeführten Vorzüge eines solchen Quorums, die mit den Begriffen der „Praxistauglichkeit" und „mangelnden tatsächlichen Auswirkung" nochmals ins Gedächtnis zurückgerufen seien,[1224] grundsätzlich auch im Rahmen der Loyalitätskontrolle wieder zum Tragen. Darüber hinaus muss die auch oben schon getätigte Anleihe im nordrhein-westfälischen Kommunalrecht „erst recht" an dieser Stelle überzeugen:[1225] § 31 Abs. 6 GO NW betrifft letzten Endes nämlich genau den Fall der Befangenheit.

Folglich gilt es auch im Kontext der Loyalitätskontrolle nach der Entscheidungserheblichkeit der Mitwirkung eines befangenen Vorstandsmitglieds zu fragen – das heißt zunächst zu überprüfen, ob die Organmehrheit an sich als unbefangen erachtet werden kann, und sodann zu verifizieren, ob Letztere zugleich auch in der die Entscheidung tragenden Mehrheit enthalten ist.

Ist dies der Fall, so soll es – nach hier vertretener Ansicht – auch nicht mehr darauf ankommen, ob die befangene Minderheit ihren Interessenkonflikt zumindest

1221 S. oben unter § 8 II. 2. a. (S. 279 ff.).
1222 In diesem Sinne auch *Oltmanns*, Geschäftsleiterhaftung, 2001, S. 324 f. sowie *Paefgen*, Unternehmerische Entscheidungen und Rechtsbindung, 2002, S. 218.
1223 S. hierzu *Paefgen*, AG 2004, 245 (253).
1224 S. § 8 II. 2. a. (S. 281 f.).
1225 S. § 8 II. 2. a. (S. 281).

offen gelegt hat oder nicht.[1226] Im Grundsatz muss nämlich darauf vertraut werden können, dass jedes Vorstandsmitglied die – für seine herausgehobene Position in der Gesellschaft auch nötige – Charakterstärke mitbringt, um sich zunächst selbst eine eigene Meinung bilden und diese sodann auch vertreten zu können.[1227]

(2) Wesentliche Beeinflussung trotz Nichterreichens des Quorums

Eine Einschränkung vom zuvor Gesagten wird man allenfalls dann einmal vertreten können, wenn – entgegen der die Charakterstärke der Vorstandsmitglieder betreffenden allgemeinen Annahmen – erkennbar eine wesentliche Beeinflussung der unbefangenen Organmitglieder durch ein befangenes Vorstandsmitglied gegeben ist, nach der sich trotz Nichterreichens des oben für maßgeblich erklärten Quorums eben doch das Bild eines insgesamt befangenen Vorstands aufdrängt.

Dies kann namentlich etwa dann einmal der Fall sein, wenn in der Person eines offensichtlich „dominanten" Vorstandsvorsitzenden gesellschaftsfremde Interessen bestehen,[1228] ohne dass dadurch allerdings zugleich auch schon der – bei den übrigen Vorstandsmitgliedern unmittelbar einen „eigenen" relevanten Interessenkonflikt begründende – Fall einer „Kontrolle" bzw. „Beherrschung" gegeben wäre.[1229]

(3) Heilung durch Genehmigung

Was nun die Frage nach einer Heilung von unter Befangenheit getroffenen Kollektiventscheidungen anbelangt, so kann wiederum gänzlich auf das oben schon zur Heilung von Verfahrensfehlern im Zusammenhang mit Kollektiventscheidungen verwiesen werden: Während sich für Ausschussentscheidungen eine zur Heilung führende „Genehmigung" wieder als ein Akt „organinterner Selbstkontrolle" konstruieren lässt, für den gleichsam als „genehmigungsfähiges" Organ der Gesamtvorstand zuständig ist,[1230] ist eine den Gesamtvorstand betreffende Befangenheit letztendlich keiner Heilung zugänglich.[1231]

1226 Auch in diesem Zusammenhang aber die Offenlegung voraussetzend: *Paefgen*, AG 2002, 245 (253).

1227 So auch *Oltmanns*, Geschäftsleiterhaftung, 2001, S. 323 f.

1228 Im Zusammenhang mit der Auswirkung von Verfahrensdefiziten ist eine solche Erwägung deshalb außen vor gelassen worden, weil im Fall der Befangenheit der Anreiz, sich insofern auch durchzusetzen, noch ungleich höher und die Bildung einer diesbezüglichen Ausnahme damit auch erst hier gerechtfertigt ist.

1229 S. hierzu nochmals oben unter § 9 I. 1. b. aa. (4) (S. 298).

1230 S. oben unter § 8 II. 2. b. aa. (S. 282).

1231 S. oben unter § 8 II. 2. b. bb. (3) (S. 289).

3. *Zusammenfassung*

Zusammenfassend lässt sich damit festhalten, dass – zunächst im Zusammenhang mit Einzelentscheidungen – der von einem Interessenkonflikt betroffene Ressortverantwortliche den Schutz des Geschäftsleiterermessens für die anstehende Entscheidung dadurch aufrecht erhalten kann, dass er seinen Interessenkonflikt offen legt und den Entscheidungsgegenstand an den Gesamtvorstand zurückverweist.[1232] Aber selbst wenn er die Entscheidung demgegenüber gleichwohl selbst getroffen hat, so kommt stets noch eine zur Heilung der Befangenheit führende „Genehmigung" von Seiten des Gesamtvorstandes in Betracht, die sich – konform zum im Kontext von Verfahrensdefiziten Gesagten – wiederum als Akt „organinterner Selbstkontrolle" konstruieren lässt.[1233]

Im Zusammenhang mit Kollektiventscheidungen gilt es, für die Frage nach einem Erhalt des Schutzes des Geschäftsleiterermessens trotz Interessenkonfliktes zunächst wieder danach zu differenzieren, ob es sich insofern um eine Ausschussentscheidung oder um eine Entscheidung des Gesamtvorstandes handelt. Während für Ausschussentscheidungen noch auf das zu Einzelentscheidungen Gesagte verwiesen werden kann,[1234] müssen in Bezug auf Entscheidungen des Gesamtvorstandes neue Grundsätze zur Anwendung gelangen. Diese bedingen im Ausgangspunkt nun wiederum eine erneute Unterscheidung – und zwar danach, ob bei Außerachtlassung der befangenen Organmitglieder die Beschlussfähigkeit bestehen bleibt oder nicht. Im zuerst genannten Fall vermag die Entscheidung schließlich schlicht von den Vorstandsmitgliedern getroffen zu werden, die keinem Interessenkonflikt unterliegen.[1235] Im zweiten Fall bedarf es zum Erhalt des Schutzes des Geschäftsleiterermessens demgegenüber der vorherigen Zustimmung des unbefangenen und infolge der Offenlegung über den Interessenkonflikt voll informierten Aufsichtsrats gemäß § 111 Abs. 4 S. 2 AktG.[1236]

Was zum Schluss noch die Auswirkung und Heilung nicht offen gelegter Interessenkonflikte anbelangt, so ist – auch hier – das zur Annahme einer insgesamt befangenen Entscheidung erforderliche Quorum mit dem Begriff der „Entscheidungserheblichkeit" festgemacht worden, so dass auch im Rahmen der Loyalitätskontrolle bei Kollektiventscheidungen zunächst zu überprüfen ist, ob die Organmehrheit an sich als unbefangen erachtet werden kann, bevor sodann danach gefragt werden muss, ob Letztere zugleich auch in der die Entscheidung tragenden Mehrheit enthalten ist.[1237] Eine in Richtung eines schwächeren Quorums weisende Ausnahme vermag allenfalls im Fall einer wesentlichen Beeinflussung der Unbefangenen durch ein befangenes Vorstandsmitglied Geltung zu beanspruchen.[1238] Eine Heilung von

1232 § 9 I. 2. a. aa. (S. 315).
1233 § 9 I. 2. a. bb. (S. 316).
1234 § 9 I. 2. b. aa. (S. 317 f.).
1235 § 9 I. 2. b. aa. (1) (S. 317).
1236 § 9 I. 2. b. aa. (2) (S. 321).
1237 § 9 I. 2. b. bb. (1) (S. 322).
1238 § 9 I. 2. b. bb. (2) (S. 323).

insgesamt unter Befangenheit getroffenen Entscheidungen kommt schließlich wieder allein im Fall von Ausschussentscheidungen in Betracht.[1239]

II. Inhaltskontrolle

Im Folgenden soll es nun um die ebenfalls aus dem Merkmal des „annehmen Dürfens, zum Wohle der Gesellschaft zu handeln" herauszulesende[1240] Inhaltskontrolle als zweiter Teil der andererseits verfahrensbezogenen Sorgfaltskontrolle gehen.

Anders als die zuvor behandelte Verfahrenskontrolle auf der einen und Loyalitätskontrolle auf der anderen Seite, die (zugleich) auch immer Voraussetzung für die – gleich noch näher zu erläuternde – starke Begrenzung der inhaltsbezogenen Sorgfaltskontrolle waren, kommt nun der Inhaltskontrolle selbst keine vergleichbare Legitimationsfunktion mehr zu. Anders ausgedrückt, bezieht sich die von Verfahrens- und Loyalitätskontrolle ausgehende „Richtigkeitsgewähr" – zum Großteil – gerade auf die Inhaltskontrolle. Gilt es für sie doch den mit Abstand weitesten Handlungsspielraum zu rechtfertigen.

1. Erfordernis einer Inhaltskontrolle

Im Zusammenhang mit dieser extremen Weite des inhaltsbezogenen Handlungsspielraums ist schließlich wohl auch der Umstand zu sehen, dass auf die Durchführung einer Inhaltskontrolle vereinzelt sogar gänzlich verzichtet wird.[1241]

1239 § 9 I. 2. b. bb. (3) (S. 323).

1240 Begr. UMAG-GesetzesE, BT-Drs. 15/5092 v. 14.3.2005, S. 11: „Ein Handeln zum Wohle der Gesellschaft liegt jedenfalls dann vor, wenn es der langfristigen Ertragsstärkung und Wettbewerbsfähigkeit des Unternehmens und seiner Produkte oder Dienstleistungen dient." S. darüber hinaus etwa auch *Gehb/Heckelmann*, ZRP 2005, 145 (147) sowie *C. Schäfer*, ZIP 2005, 1253 (1257).

1241 So vor allem *Thümmel*, DB 2004, 471 (472): „Wichtig und richtig ist auch, dass die vorgesehene Regelung keine inhaltliche Überprüfung der Entscheidung vorsieht und damit dem Tatbestandsmerkmal ARAG IV […] eine Absage erteilt." S. auch *dens.*, Persönliche Haftung, 2003, Rn. 171, wo er eine nochmalige Überprüfung der unternehmerischen Entscheidung am Merkmal der „Unverantwortlichkeit" für überflüssig erklärt, in Rn. 174 dann allerdings gleichwohl verschiedene inhaltsbezogene Kriterien aufstellt. Weniger weit gehend *Paefgen*, Unternehmerische Entscheidungen und Rechtsbindung, 2002, S. 179 f., der sich zwar auch zunächst dafür ausspricht, „im Rahmen einer BJR deutscher Prägung dem amerikanischen Vorbild folgend den Sorgfaltsmaßstab des § 93 Abs. 1 Satz 1 AktG konsequent auf das Entscheidungsverfahren zu beziehen", im Ergebnis dann aber gleichwohl eine inhaltsbezogene Überprüfung dergestalt anerkennt, ob „die getroffene Entscheidung so offensichtlich abwegig

Dem ist nicht zuzustimmen: Selbst wenn die ökonomischen Rahmenbedingungen unternehmerischen Handelns in Verbindung mit denen einer nachträglichen Überprüfung eine sehr weitgehende Einschränkung der Inhaltskontrolle bedingen[1242] und der Akzent somit vielmehr ganz deutlich auf der Verfahrens- und Loyalitätskontrolle liegt,[1243] so verbleibt dennoch stets ein schmaler Bereich, in dem auch die angesprochenen Widrigkeiten nach keinem noch weiter gehenden Schutz der Geschäftsleitung mehr verlangen. Des Weiteren wäre ein gänzlicher Kontrollverzicht auch kaum mehr mit der Treuhandfunktion des Vorstands vereinbar.[1244] Nicht zuletzt deshalb entspricht eine – eingeschränkte – Inhaltskontrolle schließlich auch einer bereits seit Jahrzehnten bestehenden Rechtstradition,[1245] die in der Begründung zum UMAG-Gesetzesentwurf nun gleichsam ihre Bestätigung erfahren hat.[1246]

2. *Abstrakter Überprüfungsmaßstab*

Nachdem damit also schon einmal das grundsätzliche Erfordernis überhaupt einer Inhaltskontrolle dargelegt worden ist, gilt es nun im Folgenden, deren Reichweite näher abzustecken. Bevor insofern jedoch wiederum konkret mit der Zusammenstellung einer Kasuistik von – nun inhaltsbezogenen – Ermessensgrenzen begonnen werden kann, ist die Reichweite der Inhaltskontrolle zuvor erst einmal in genereller Form zu vermessen. Mit anderen Worten gilt es, auch hier erst wieder eine abstrakte Formulierung für den inhaltsbezogenen Überprüfungsmaßstab zu finden.

Im Kontext der Verfahrenskontrolle ist der abstrakte Überprüfungsmaßstab mit dem Terminus der „Rückführbarkeit des Entscheidungsverfahrens auf vernünftige unternehmerische Erwägungen" wiedergegeben worden, wobei die wesentlichen

und unüberlegt ist, daß ihr unter keinerlei Gesichtspunkt irgendein vernünftiger unternehmerischer Sinn beigemessen werden kann." Anders als noch a.a.O., S. 180, Fn. 100 misst er der Inhaltskontrolle in AG 2004, 245 (255) schließlich sogar soviel eigenes Gewicht bei, dass er sich zugleich für deren explizite Formulierung im Gesetzestext ausspricht.

1242 S. zu besagten Rahmenbedingungen ausführlich oben unter § 2 II. 1. (S. 43 ff.).

1243 In diesem Sinne auch *Fleischer*, in: FS Wiedemann, 2002, S. 827 (840).

1244 S. *Brömmelmeyer*, WM 2005, 2065 (2067).

1245 S. zunächst die vergleichsweise große Fülle an Rechtsprechungsnachweisen sogleich im Rahmen der näheren Konkretisierung des abstrakten inhaltsbezogenen Überprüfungsmaßstabs unter § 9 II. 3. (S. 329 ff.). S. des Weiteren die schon oben unter § 4 II. 1. c. (S. 113 f.) vorgestellten monographischen Abhandlungen von *Oltmanns*, *M. Roth* und *Paefgen* sowie die gleichfalls unter § 4 II. 1. c. (S. 113, Fn. 399, 400, 401) angesprochenen Beiträge von *Horn*, *Kindler* und *Ulmer*, die letzten Endes ebenfalls allesamt eine Inhaltskontrolle vorsehen. Desgleichen bereits vor der Kodifikation des Geschäftsleiterermessens von einer Inhaltskontrolle ausgehend: *H. Schaefer/Missling*, NZG 1998, 441 (444). S. zu aktuelleren – auf die Neuregelung Bezug nehmenden – Nachweisen dagegen die nachfolgende Fn.

1246 Begr. zum UMAG-GesetzesE, BT-Drs. 15/5092 v. 14.3.2005, S. 11. Das Element der Inhaltskontrolle daher ebenfalls in § 93 I 2 AktG verankert sehend etwa *Brömmelmeyer*, WM 2005, 2065 (2068 f.); *Fleischer*, ZIP 2004, 685 (690); *Gehb/Heckelmann*, ZRP 2005, 145 (147); *Ihrig*, WM 2004, 2098 (2105); *Paefgen*, AG 2004, 245 (255); *M. Roth*, BB 2004, 1066 (1067); *Weiss/Buchner*, WM 2005, 162 (164).

Beweggründe insofern vor allem darin bestanden, dass besagte Formulierung zum einen die vermittels der Teleologie des Geschäftsleiterermessens bemessene Reichweite zum Ausdruck zu bringen vermag, sich zum anderen aber auch nahtlos in die sowohl hier zu Lande als auch im US-amerikanischen Rechtskreis verwendete Terminologie einfügt.[1247]

An einer dementsprechenden Zielsetzung wird sich auch die hier gesuchte Formulierung wieder messen lassen müssen:

Wie nun schon an verschiedener Stelle angedeutet,[1248] verlangt die Teleologie des Geschäftsleiterermessens im Bereich der Inhaltskontrolle nach der insgesamt geringsten Kontrolldichte – schlägt doch gerade bezogen auf den Inhalt der unternehmerischen Entscheidung der für die typische Unsicherheit unternehmerischen Handelns maßgebliche Aspekt hoher Komplexität und Unstrukturiertheit voll zu Buche: Während es im Rahmen der Entscheidungsvorbereitung – auch für den Laien noch vergleichsweise einfach – abzuschätzen gilt, ob etwa vorzugsweise Information „A“ oder aber Information „B“ eingeholt werden soll, liegt der eigentlichen Sachentscheidung stattdessen eine ungleich komplexere Abwägung etwa derart zu Grunde, welchen Auskünften, Gutachten, Studien etc. aus der Fülle der eingeholten Informationen insgesamt betrachtet nun gegebenenfalls das ausschlaggebende Gewicht beizumessen ist, wie die auch unter Zuhilfenahme betriebswirtschaftlicher Entscheidungstheorien noch verbleibenden Restrisiken zu bewerten sind bzw. welcher konkrete Inhalt der ausstehenden Entscheidung damit letztlich verliehen werden soll. Vor diesem Hintergrund wurde bezogen auf den Vergleich „verfahrens-/inhaltsbezogene Unsicherheit“ auch schon pointierter formuliert, dass Entscheidungen betreffend die Informationsgrundlage von ihrer Komplexität und damit letztlich auch von ihrer Unsicherheit her noch „eine Stufe“ vor der eigentlichen Sachentscheidung anzusiedeln sind bzw. dass insofern jedenfalls ein deutliches „Unsicherheitsgefälle“ zu verzeichnen ist, das sich auch in der Vermessung der jeweiligen Überprüfungsreichweite niederschlagen muss.[1249]

Was dagegen die sowohl hier zu Lande als auch im US-amerikanischen Rechtskreis bisher verwendete Terminologie anbelangt, so fallen dem Betrachter vor allem zwei Ausdrücke verstärkt ins Auge: der aus den USA stammende – zuweilen allerdings auch hier zu Grunde gelegte[1250] – Begriff der „Rationalität“[1251] sowie der vom

1247 S. oben unter § 8 I. 2. (S. 214).

1248 S. vor allem jedoch oben unter § 8 I. 1. b. aa. (2) und (3) (S. 208 f.), wo zudem auch das nachstehend Gesagte bereits Erwähnung gefunden hat.

1249 S. zur Diskrepanz zwischen verfahrens- und inhaltsbezogenem Überprüfungsmaßstab auch noch einmal die US-amerikanische Rechtslage oben unter § 3 III. 4. (S. 86 f.).

1250 S. insofern vor allem *Oltmanns*, Geschäftsleiterhaftung, 2001, S. 326, der, da er bezogen auf den Vergleich „verfahrens-/inhaltsbezogene Unsicherheit“ zu einem anderen Ergebnis als die vorliegende Darstellung gelangt (a.a.O., S. 282), den Begriff der „Rationalität“ allerdings sowohl in Bezug auf die Inhalts- als auch schon in Bezug auf die Verfahrenskontrolle verwendet. S. des Weiteren *Mutschler/Mersmann*, DB 2003, 79 (82) sowie aus der älteren Literatur dagegen etwa *Saage*, DB 1973, 115 (120).

1251 S. zum US-amerikanischen Recht insofern noch einmal oben unter § 3 III. 4. (S. 86 ff.).

BGH in der *ARAG/Garmenbeck*-Entscheidung verwendete Begriff der „Unverantwortlichkeit“[1252].

Da sich unter Verwendung des Begriffs der „Rationalität“ meines Erachtens eine noch bessere Abstufung zum Maßstab der „Vernunft“ etablieren lässt und sich dieser Ausdruck auch sonst besser in die schon vorhandene – und damit letztendlich zu einer im Ausgangspunkt einheitlichen „Formel“ erhobene – Formulierung einfügt, spricht sich die vorliegende Darstellung zur Wiedergabe des abstrakten inhaltsbezogenen Überprüfungsmaßstabs im Ergebnis für den Terminus der „Rückführbarkeit des Entscheidungsinhalts auf *rationale* unternehmerische Erwägungen“ aus.

3. Konkretisierung anhand von Leitlinien

Diesen abstrakten Terminus gilt es nun, vermittels der Etablierung einer (beginnenden) Kasuistik inhaltsbezogener Ermessensgrenzen näher zu konkretisieren.

Dazu sind schließlich zunächst die vom Gesetzgeber möglicherweise selbst zur Verfügung gestellten Vorgaben in Augenschein zu nehmen. Sieht man die Begründung zum UMAG-Gesetzesentwurf auf inhaltsbezogene Vorgaben hin durch, so muss insofern allerdings schnell Ernüchterung einsetzen. Die einzige inhaltsbezogene Äußerung lautet insofern nämlich dahingehend, dass ein Handeln zum Wohle der Gesellschaft jedenfalls dann vorliege, wenn es aus ex ante-Sicht der langfristigen Ertragsstärkung und Wettbewerbsfähigkeit des Unternehmens und seiner Produkte oder Dienstleistungen diene.[1253] Dieser Aussage allein vermag nun aber letzten Endes noch nichts im Hinblick auf eine Ermessensgrenze entnommen zu werden – gibt sie doch noch nicht einmal zu erkennen, ob allein auf kurzfristige Erfolge – etwa im Sinne von Quartalsergebnissen – fixierte Strategien demgemäß nicht mehr vom Schutz des Geschäftsleiterermessens erfasst sein sollen oder ob insofern lediglich der generelle Trend zur Nachhaltigkeit angesprochen ist.[1254]

Als ähnlich unergiebig und in ihrer Undifferenziertheit sogar als unzutreffend erweisen sich auch einige der bisweilen immer wieder gern zitierten Redensarten,

1252 *BGH*, Urt. v. 21.4.1997 – II ZR 175/95 („*ARAG/Garmenbeck*“) –, BGHZ 135, 244 (253 f.) = NJW 1997, 1926 (1928) = ZIP 1997, 883 (886) (wiedergegeben oben unter § 4 II. 1. c. (S. 112)). S. insofern aber auch die Begr. zum UMAG-GesetzesE, BT-Drs. 15/5092 v. 14.3.2005, S. 11, wo der Begriff des *BGH* ebenfalls aufgegriffen wird. S. des Weiteren etwa *M. Roth*, Unternehmerisches Ermessen, 2001, S. 100 sowie *ders*, BB 2004, 1066 (1068) (dort allerdings auch wieder für Inhalt und Verfahren gleichermaßen). Sich im Zusammenhang mit der Inhaltskontrolle sogar für die Positivierung des Begriffs der „Unverantwortlichkeit“ aussprechend: *Paefgen*, AG 2004, 245, (255).

1253 Begr. UMAG-GesetzesE, BT-Drs. 15/5092 v. 14.3.2005, S. 11.

1254 Vgl. *Hauschka*, ZRP 2004, 65 (67). Besagtes Kriterium dennoch zur Voraussetzung erhebend: *Holzborn/Bunnemann*, BKR 2005, 51 (52) sowie *Weiss/Buchner*, WM 2005, 163 (164). Tatsächlich davon ausgehend, dass sich der Gesetzgeber damit gegen eine Orientierung am kurzfristigen, lediglich den nächsten Quartalsbericht in Blick nehmenden, Unternehmenswohl wendet, *Göz/Holzborn*, WM 2006, 157 (158).

wonach etwa Risiken generell zu minimieren seien,[1255] die Höhe des Risikos mit der Wahrscheinlichkeit des Schadenseintritts in Bezug zu setzen sei[1256] bzw. Risiken, die im Falle ihrer Realisation den Bestand[1257] oder die dauerhafte Rentabilität[1258] des Unternehmens gefährdeten, generell nicht eingegangen werden dürften. Eine Risikominimierung ist nun aber grundsätzlich nur dann uneingeschränkt sinnvoll, wenn damit nicht zugleich auch die erwartete Rendite sinkt.[1259] Anders gewendet, kann das Eingehen einer Investition mit hoher Unsicherheit dementsprechend völlig gerechtfertigt sein, wenn zugleich auch die mögliche Rendite hoch ist.[1260] Zuletzt muss die Eingehung selbst den Bestand des Unternehmens gefährdender Risiken jedenfalls dann erlaubt sein, wenn dies gleichsam die einzige Chance für das Unternehmen darstellt, überhaupt am Markt bleiben zu können.[1261]

Nachdem nun also auch diese gern zitierten Redensarten noch nichts zur Etablierung einer Kasuistik inhaltsbezogener Ermessensgrenzen beizutragen vermochten, soll das Augenmerk nun auf eine Fallgruppe gerichtet werden, die selbst innerhalb des insgesamt eher spärlichen Fundus gerichtlicher Organhaftungsentscheidungen vergleichsweise häufig anzutreffen[1262] und von daher auch im Kontext der Verfahrenskontrolle[1263] schon einer eingehenden Würdigung unterzogen worden ist: Gemeint sind Entscheidungen betreffend die Vergabe eines (Groß-)Kredits. Vergleichbar dem bemerkenswert großen Einvernehmen bezüglich einer insofern erforderlichen Bonitätsprüfung, scheint man sich in juristischen Fachkreisen nämlich auch, was den Inhalt solcher Entscheidungen anbelangt, jedenfalls darüber einig zu sein, dass der Verzicht auf die Bestellung angemessener Sicherheiten die inhaltsbezogenen Ermessensgrenzen grundsätzlich zu sprengen imstande ist.[1264] Ist die ausrei-

1255 S. etwa *Landwehrmann*, in: Heidel, Aktienrecht, 2007, § 93, Rn. 63; *Mertens* in Kölner Kommentar zum AktG, 2. Auflage, § 93, Rn. 48. A.A. *Hopt* in Großkomm. AktG, 1999, § 93, Rn. 82. Gegen eine derartige Pauschalisierung auch *M. Schmidt*, ZBB 2006, 31 (33).

1256 So *Hopt* in Großkomm. AktG, 1999, § 93, Rn. 82: „Im übrigen muß je höher das Schadensrisiko, desto geringer das des Eintritts des Schadens sein." S. auch *Lutter*, Pflichten und Haftung von Sparkassenorganen, 1991, S. 38.

1257 S. etwa *OLG Hamm*, Urt. v. 10.5.1995 – 8 U 59/94 („*Harpener/Omni*") –, AG 1995, 512 (514); *ThürOLG Jena*, Urt. v. 8.8.2000 – 8 U 1387/98 –, NZG 2001, 86 (87) (GmbH); *Landwehrmann*, in: Heidel, Aktienrecht, 2007, § 93, Rn. 63; *Mertens* in Kölner Kommentar zum AktG, 2. Auflage, 1996, § 93, Rn. 48; *Lutter*, Pflichten und Haftung von Sparkassenorganen, 1991, S. 38; *ders.*, ZIP 2007, 841 (845); *Wiesner*, in: Münchener Handbuch des Gesellschaftsrechts, Bd. 4, 2007, § 25, Rn. 8.

1258 *OLG Hamm*, Urt. v. 10.5.1995 – 8 U 59/94 („*Harpener/Omni*") –, AG 1995, 512 (514).

1259 *M. Schmidt*, ZBB 2006, 31 (33). Vgl. auch *Fleischer*, in: Handbuch des Vorstandsrechts, 2006, § 7, Rn. 64 sowie *M. Roth*, Unternehmerisches Ermessen, 2001, S. 111.

1260 Vgl. *M. Schmidt*, ZBB 2006, 31 (34).

1261 Im Sinne einer Ausnahme vom oben wiedergegebenen Grundsatz so auch *Hopt* in Großkomm. AktG, 1999, § 93, Rn. 82.

1262 S. die Nachweise sogleich in Fn. 1264.

1263 S. oben unter § 8 I. 3. c. aa. (2) (c) (S. 239 ff.).

1264 S. etwa *BGH*, Urt. v. 16.2.1981 – II ZR 49/80 –, WM 1981, 440 (441) = GmbHR 1981, 191 (192) (GmbH & Co. KG); *BGH*, Urt. v. 3.12.2001 – II ZR 308/99 –, ZIP 2002, 213 (214) (Genossenschaft); *BGH*, Urt. v. 21.3.2005 – II ZR 54/03 –, WM 2005, 933 (934) (Genossen-

chende Hereinnahme von Sicherheiten nicht möglich, so darf die Kreditgewährung nur ausnahmsweise erfolgen[1265] – so etwa dann, wenn die Insolvenz eines Unternehmens Konsequenzen für die allgemeine wirtschaftliche Lage zeitigen könnte, die auf die Gesellschaft selbst zurückzuwirken imstande sind.[1266] Im Ergebnis vermögen diese Annahmen nun auch hier als erste inhaltsbezogene Ermessensgrenzen übernommen zu werden.[1267]

Ebenfalls noch zum Bereich von Kreditentscheidungen, nun allerdings aus anderer Warte, lässt sich der weitere Grundsatz finden, nach dem eine eigene Kreditaufnahme der Aktiengesellschaft nur dann noch mit dem Geschäftsleiterermessen zu bemänteln ist, wenn die Leistungsfähigkeit des Unternehmens nicht von vornherein überschritten wird bzw. die Rückführbarkeit nicht nur bei besonders guter Geschäftsentwicklung zu erwarten ist.[1268] Auch dieser Ermessensgrenze lässt sich im Grundsatz zustimmen. Es sollte jedoch berücksichtigt werden, dass sie im Fall einer „kränkelnden" Gesellschaft möglicherweise etwas weniger rigide gehandhabt wird.

In Bezug auf – gleichfalls schon im Rahmen der Verfahrenskontrolle behandelte – Akquisitionsentscheidungen lassen sich vor allem der Darstellung von *Mutschler/Mersmann*[1269] zahlreiche weitere inhaltsbezogene Ermessensschranken entnehmen. Als Beispiele seien etwa der Grundsatz der Einfügung in die Unternehmensstrategie[1270] genannt sowie die folgenden allesamt den Aspekt der Preisfindung betreffenden Leitlinien: Aus Erwerbersicht ist der Preis dann auf rationale unternehmerische Erwägungen rückführbar, wenn er entweder durch die Bewertung des Unternehmens gerechtfertigt wird oder aber die Akquisition bei einem höheren Preis gleichwohl volle Kapitalkostendeckung und einen Wertbeitrag unter Einhaltung der Zielrendite erreicht. Bei mangelnder Kapitalkostendeckung muss die Akquisition demgegenüber grundsätzlich unterbleiben, es sei denn es liegen ausnahmsweise besondere Gründe vor, die gleichwohl ihre Durchführung rechtfertigen – wie etwa

schaft); *OLG Düsseldorf*, Urt. v. 28.11.1996 – 6 U 11/95 (*„ARAG/Garmenbeck"*) –, ZIP 1997, 27 (31); *ThürOLG Jena*, Urt. v. 8.8.2000 – 8 U 1387/98 –, NZG 2001, 86 (87) (GmbH); *OLG München*, Urt. v. 16.7.1997 – 7 U 4603/96 –, BB 1997, 1655 (1655); *LG Bochum*, Urt. v. 27.6.1989 – 12 O 133/88 (*„Krupp/Rheinform"*) –, ZIP 1989, 1557 (1561 f.). Vgl. aus der früheren Rechtsprechung (allgemein) zur sicherheitslosen Kreditgewährung dagegen etwa *RG*, Urt. v. 17.3.1885 – Rep. II. 467/85 –, RGZ 13, 43 (47 f.) (Genossenschaft); *RG*, Urt. v. 13.4.1920 – 473/19 II –, JW 1920, 1032 (1033); *LG Hagen*, Urt. v. 22.4.1976 – 12 HO 180/75 –, BB 1976, 1093 (1093) (GmbH & Co. KG). S. aus dem Schrifttum etwa MünchKommAktG/*Hefermehl/Spindler*, 2004, § 93, Rn. 30; *Hopt* in Großkomm. AktG, 1999, § 93, Rn. 113; *Landwehrmann*, in: Heidel, Aktienrecht, 2007, § 93, Rn. 63; *Fleischer*, in: Handbuch des Vorstandsrechts, 2006, § 7, Rn. 65; *Thümmel*, Persönliche Haftung, 2003, Rn. 174; *Wiesner*, in: Münchener Handbuch des Gesellschaftsrechts, Bd. 4, 2007, § 25, Rn. 8.

1265 *Hopt* in Großkomm. AktG, 1999, § 93, Rn. 113; *Mertens* in Kölner Kommentar zum AktG, 2. Auflage, 1996, § 93, Rn. 53.

1266 *Hopt* in Großkomm. AktG, 1999, § 93, Rn. 113, Fn. 381; *Mertens* in Kölner Kommentar zum AktG, 2. Auflage, 1996, § 93, Rn. 53.

1267 So auch *Brömmelmeyer*, WM 2005, 2065 (2069).

1268 *Hopt* in Großkomm. AktG, 1999, § 93, Rn. 113.

1269 *Mutschler/Mersmann*, DB 2003, 79 (80 ff.).

1270 *Mutschler/Mersmann*, DB 2003, 79 (80).

das Erfordernis, einen Markt zu besetzen oder eine Lieferantenposition abzusichern, die sonst an die Konkurrenz verloren ginge.[1271]

Darüber hinaus lassen sich als weitere inhaltsbezogene Ermessensgrenzen die Grundsätze aufstellen, nach denen der Vorstand im Fall eines nicht unerheblichen Fehlbetrags im Kassenbestand die dem insofern verantwortlichen Angestellten erteilte Bankvollmacht widerrufen[1272] und für besonders gefährdete Vermögenswerte eine Versicherung abschließen sollte.[1273]

Zum Schluss soll schließlich noch ein Bereich unternehmerischer Entscheidungen angegangen werden, der schlagwortartig mit dem Begriff der „Verschwendung von Gesellschaftsmitteln" zusammengefasst werden kann. Wie damit schon sprachlich angedeutet, lässt sich unter diesem Oberbegriff zum einen das in den USA unter dem Begriff des *waste test* behandelte Fallmaterial in das deutsche Recht implementieren.[1274] Danach wird eine Verschwendung von Gesellschaftsmitteln – abstrakt gesehen – immer dann angenommen, wenn Vermögenswerte der Gesellschaft entweder ohne Erhalt irgendeiner Gegenleistung oder aber unter Erhalt einer derart unverhältnismäßigen Gegenleistung hingegeben werden, dass keine vernünftige Person sich auf einen solchen Handel eingelassen hätte.[1275]

Zum anderen sind im Laufe der Jahre aber auch hier zu Lande bisweilen schon – vergleichsweise viele – Fälle diskutiert bzw. teilweise sogar gerichtlich verhandelt worden, die sich unter besagtem Schlagwort zusammenfassen lassen.[1276] Dazu gehören der grundlose Verzicht auf eine klare rechtliche Position einschließlich deren gerichtlicher Durchsetzung,[1277] das Nichteintreiben fälliger Forderungen bis zur Verjährung,[1278] die Übernahme wertloser Geschäftsanteile,[1279] der Erwerb nutzloser Patente,[1280] der Abschluss eines nutzlosen Beratungsvertrages,[1281] die Abgabe zu

1271 *Mutschler/Mersmann*, DB 2003, 79 (82).

1272 *Wiesner*, in: Münchener Handbuch des Gesellschaftsrechts, Bd. 4, 2007, § 25, Rn. 8.

1273 *Hopt* in Großkomm. AktG, 1999, § 93, Rn. 82.

1274 Vgl. insofern auch *Brömmelmeyer*, WM 2005, 2065 (2068), nach dem solche Entscheidungen, die den „Rational Business Purpose Test" – und damit den *waste test* – nicht bestehen, auch nicht unter die *BJR* fallen.

1275 S. konkreter oben unter § 3 III. 4. (S. 87 f.).

1276 So auch *Hopt* in Großkomm. AktG, 1999, § 93, Rn. 111. Letztendlich handelt es sich dabei um Fälle, die man auch unter die oben im Zusammenhang mit der historischen Entwicklung des Geschäftsleiterermessens (§ 4 II. 1. b. (S. 110)) angesprochene „Floskel", die Entscheidung dürfe nicht schon von vornherein ohne Aussicht auf einen Vorteil für die Gesellschaft sein, fassen könnte.

1277 *Hopt* in Großkomm. AktG, 2003, § 93, Rn. 112; *Thümmel*, Persönliche Haftung, 2003, Rn. 174.

1278 *Hopt* in Großkomm. AktG, 2003, § 93, Rn. 112; *Schlechtriem*, in: Die Haftung der Leitungsorgane von Kapitalgesellschaften, 1991, S. 9 (34) m.w.N. Vgl. auch *Fleischer*, in: Handbuch des Vorstandsrechts, 2006, § 7, Rn. 69.

1279 *Hopt* in Großkomm. AktG, 1999, § 93, Rn. 111; *Schlechtriem*, in: Die Haftung der Leitungsorgane von Kapitalgesellschaften, 1991, S. 9 (35) m.w.N.

1280 *Hopt* in Großkomm. AktG, 1999, § 93, Rn. 111; Spindler/Stilz/*Fleischer*, AktG, 2007, § 93, Rn. 82; *Fleischer*, in: Handbuch des Vorstandsrechts, 2006, § 7, Rn. 71; *Schlechtriem*, in: Die Haftung der Leitungsorgane von Kapitalgesellschaften, 1991, S. 9 (35) m.w.N.

niedrig kalkulierter Angebote,[1282] die Ausstellung eines Gefälligkeitswechsels, wenn ein spezifisches Interesse der Gesellschaft am Erhalt des begünstigten Unternehmens nicht besteht,[1283] sowie allgemein der Abschluss unsinniger Verträge.[1284]

Einer gesonderten Erwähnung bedürfen in diesem Zusammenhang schließlich noch „soziale Aktivitäten" im weitesten Sinne – das heißt Sponsoring, sonstige Zuwendungen für sportliche, kulturelle, wissenschaftliche, mildtätige oder gar politische Zwecke, die Etablierung von Stiftungen und die Beteiligung an ihnen, Hilfeleistungen bei Naturkatastrophen und Unglücksfällen im In- wie Ausland und Ähnliches. Selbst wenn der Gesellschaft auch durch solcherlei Zuwendungen typischerweise gerade kein unmittelbarer geldwerter Vorteil zufließt, stellen sie – vor allem unter dem Aspekt der Verbesserung ihrer sozialen und damit letztlich auch wirtschaftlichen Akzeptanz als *good corporate citizen*[1285] – nämlich gleichwohl nicht schon per se eine Verschwendung von Gesellschaftsmitteln dar.[1286] Vielmehr gelten für sie wiederum eigene inhaltsbezogene Ermessensgrenzen,[1287] die sich insgesamt betrachtet mit dem Begriff der „Angemessenheit" zusammenfassen lassen.[1288] Im Einzelnen darf nun zunächst die Höhe der unentgeltlichen Zuwendungen nicht den Rahmen dessen sprengen, was nach Größenordnung und finanzieller Situation der Gesellschaft als angemessen angesehen werden kann.[1289] Als wesentlicher Anhaltspunkt mag insofern vor allem die Ertragslage des Unternehmens die-

1281 *BGH*, Urt. v. 9.12.1996 – II ZR 240/95 –, NJW 1997, 741 (742) (GmbH: teure Unternehmensberatung durch nicht ausreichend qualifizierten Rechtsreferendar); *Hopt* in Großkomm. AktG, 1999, § 93, Rn. 111; Spindler/Stilz/*Fleischer*, AktG, 2007, § 93, Rn. 82; *Fleischer*, in: Handbuch des Vorstandsrechts, 2006, § 7, Rn. 71.

1282 *Hopt* in Großkomm. AktG, 1999, § 93, Rn. 111; *Schlechtriem*, in: Die Haftung der Leitungsorgane von Kapitalgesellschaften, 1991, S. 9 (34) m.w.N.

1283 *BGH*, Urt. v. 21.12.1979 – II ZR 244/78 –, NJW 1980, 1629 (1629 f.) (Aufsichtsratsmitglied); *Hopt* in Großkomm. AktG, 1999, § 93, Rn. 113.

1284 *Thümmel*, Persönliche Haftung, 2003, Rn. 174.

1285 *BGH*, Urt. v. 6.12.2001 – 1 StR 215/01 –, NJW 2002, 1585 (1586). S. zu weiteren Begründungsmustern vor allem die Übersicht bei *Fleischer*, AG 2001, 171 (174 ff.).

1286 Für eine grundsätzliche Anwendbarkeit des Geschäftsleiterermessens auf soziale Aufwendungen auch: *BGH*, Urt. v. 6.12.2001 – 1 StR 215/01 –, NJW 2002, 1585 (1586); *Hopt* in Großkomm. AktG, 1999, § 93, Rn. 120; *Mertens* in Kölner Kommentar zum AktG, 2. Auflage, 1996, § 76, Rn. 33; *Fleischer*, in: Handbuch des Vorstandsrechts, 2006, § 7, Rn. 72. Für eine Pflicht des Vorstands zumindest zu politischer Neutralität wohl im Wesentlichen nur *Meilicke*, NJW 1959, 409 (410 f.).

1287 Betonend, dass die folgenden Grunsätze richterlicher Würdigung zugänglich sind, *Hopt* in Großkomm. AktG, 1999, § 93, Rn. 120.

1288 *BGH*, Urt. v. 6.12.2001 – 1 StR 215/01 –, NJW 2002, 1585 (1587); *Fleischer*, in: Handbuch des Vorstandsrechts, 2006, § 1, Rn. 38; *Thümmel*, Persönliche Haftung, 2003, Rn. 174; *Fleischer*, AG 2001, 171 (177 f.).

1289 MünchKommAktG/*Hefermehl/Spindler*, 2004, § 76, Rn. 72; *Hopt* in Großkomm. AktG, 1999, § 93, Rn. 120; *Kort* in Großkomm. AktG, 2003, § 76, Rn. 67; *Landwehrmann*, in: Heidel, Aktienrecht, 2007, § 93, Rn. 28; *Mertens* in Kölner Kommentar zum AktG, 2. Auflage, 1996, § 76, Rn. 33; *Fleischer*, in: Handbuch des Vorstandsrechts, 2006, § 1, Rn. 38; *Raiser/Veil*, Recht der Kapitalgesellschaften, 2006, § 14, Rn. 85.

nen.[1290] Des Weiteren ist die Angemessenheit einer solchen Zuwendung schließlich an den Aspekten der Verkehrsüblichkeit der Spende[1291] sowie der Nähe des unterstützten Zwecks zum Unternehmensgegenstand[1292] festzumachen.[1293] In solchen Fällen, in denen der Vorstand mit einer derartigen Zuwendung relevante Eigeninteressen zu verfolgen geneigt sein könnte, ist schließlich wieder das im Kontext der Loyalitätskontrolle Gesagte zu beachten.[1294] Gemeint sind damit nun allerdings vor allem so genannte *personal aggrandizement*-Fälle, in denen Spenden zuvörderst dem persönlichen Prestigegewinn des Vorstandsmitgliedes dienen,[1295] nicht aber schon solche Fälle, in denen es sich zwischen zwei gleichermaßen geeigneten Zuwendungsempfängern letztendlich für denjenigen entscheidet, der ihm persönlich mehr am Herzen liegt.[1296]

1290 *BGH*, Urt. v. 6.12.2001 – 1 StR 215/01 –, NJW 2002, 1585 (1587); *Kort* in Großkomm. AktG, 2003, § 76, Rn. 67; *Landwehrmann*, in: Heidel, Aktienrecht, 2007, § 93, Rn. 28; *Fleischer*, in: Handbuch des Vorstandsrechts, 2006, § 1, Rn. 38, § 7, Rn. 72; *ders.*, AG 2001, 171 (178).

1291 MünchKommAktG/*Hefermehl/Spindler*, 2004, § 76, Rn. 72; *Fleischer*, in: Handbuch des Vorstandsrechts, 2006, § 1, Rn. 38; *Raiser/Veil*, Recht der Kapitalgesellschaften, 2006, § 14, Rn. 85; *Fleischer*, AG 2001, 171 (178).

1292 *BGH*, Urt. v. 6.12.2001 – 1 StR 215/01 –, NJW 2002, 1585 (1587); MünchKommAktG/*Hefermehl/Spindler*, 2004, § 76, Rn. 72; *Hopt* in Großkomm. AktG, 1999, § 93, Rn. 120; *Landwehrmann*, in: Heidel, Aktienrecht, 2007, § 93, Rn. 28; *Fleischer*, in: Handbuch des Vorstandsrechts, 2006, § 1, Rn. 38; *ders.*, AG 2001, 171 (178). Vgl. auch *Abeltshauser*, Leitungshaftung, 1998, S. 199.

1293 Bei politischen Spenden hat der Vorstand zudem darauf Acht zu geben, dass die „soziale Akzeptanz" bzw. das „Image" der Gesellschaft dadurch nicht gerade – insgesamt betrachtet – in Mitleidenschaft gerät (*Hopt* in Großkomm. AktG, 1999, § 93, Rn. 121; *Kort* in Großkomm. AktG, 2003, § 76, Rn. 70).

1294 S. insofern vor allem noch einmal die abstrakten Grundsätze oben unter § 9 I. 1. b. aa. (295 ff.). Vgl. auch *Fleischer*, in: Handbuch des Vorstandsrechts, 2006, § 1, Rn. 39.

1295 Vgl. hierzu aus dem US-amerikanischen Recht etwa *Kahn v. Sullivan*, 594 A.2d 48, 61-62 (Del. Supr. 1991), wo der *Supreme Court of Delaware* dem *Court of Chancery of Delaware* jedoch darin beipflichtete, dass ein solcher Fall von *personal aggrandizement* hier gerade nicht gegeben war. S. hierzu auch *Fleischer*, in: Handbuch des Vorstandsrechts, 2006, § 1, Rn. 39.

1296 *Fleischer*, in: Handbuch des Vorstandsrechts, 2006, § 1, Rn. 39. Vgl. auch *BGH*, Urt. v. 6.12.2001 – 1 StR 215/01 –, NJW 2002, 1585 (1587).

III. Gutgläubigkeit

Wie schon angedeutet, ist dem Merkmal des „annehmen Dürfens, zum Wohle der Gesellschaft zu handeln“ schlussendlich noch ein Gutgläubigkeitserfordernis[1297] zu entnehmen, bei dem es sich nun aber zugleich auch um das letzte der in § 93 Abs. 1 S. 2 AktG verankerten Elemente handelt.

1. Inhalt und Funktion eines Gutgläubigkeitskriteriums

Seinem Inhalt nach verlangt das Gutgläubigkeitskriterium vom jeweiligen Entscheidungsträger, selbst an die Richtigkeit seiner Entscheidung zu glauben.[1298] Mit anderen Worten geht es im Wesentlichen um die Aussonderung subjektiv bösen Glaubens, andererseits aber auch um die bewusster Nachlässigkeit bzw. Gleichgültigkeit aus dem Schutzbereich des Geschäftsleiterermessens.

Zwar handelt es sich bei dem Gutgläubigkeitserfordernis damit an sich um einen schon von der organschaftlichen Treuepflicht mit umfassten Aspekt – fordert diese als besondere Ausprägung von § 242 BGB[1299] doch schon umfassend eine positiv und zugleich allein auf die Interessen der Gesellschaft gerichtete Motivation der Vorstandsmitglieder.[1300] Andererseits vermag dessen gesonderte Erwähnung dadurch aber gleichwohl noch nicht als überflüssig bewertet zu werden: Schließlich ist im Kontext der Loyalitätskontrolle der Fokus allein auf das mögliche Vorhandensein gesellschaftsfremder Interessen, denen die unternehmerische Entscheidung auch zu dienen imstande ist, gerichtet worden.[1301] Das heißt, bisher hat allein der anhand dieser objektivierten und zugleich standardisierten Fragestellung nachweisbare Aspekt einer positiven Bevorzugung gesellschaftsfremder Belange vor solchen, die sich mit dem Begriff des „Unternehmensinteresses“ zusammenfassen lassen, Beachtung gefunden. Die schlichte, das heißt nicht aus einer direkten Interessenkollision heraus geborene Nichtbeachtung der Interessen der Gesellschaft ist demgegenüber bislang noch außen vor geblieben.[1302] Dies vor Augen, erscheint diese letzte Ergän-

1297 Begr. UMAG-GesetzesE, BT-Drs. 15/5092 v. 14.3.2005, S. 11: „Auch das Merkmal der Gutgläubigkeit ist Bestandteil des „annehmen Dürfens“.“ Dem folgend *Fleischer*, ZIP 2004, 685 (691); *Gehb/Heckelmann*, ZRP 2005, 145 (148); *Kock/Dinkel*, NZG 2004, 441 (443).

1298 *Fleischer*, in: FS Wiedemann, 2002, S. 827 (843); *ders.*, ZIP 2004, 685 (691); *Koch*, ZGR 2006, 769 (790); *Kock/Dinkel*, NZG 2004, 441 (443); *Weiss/Buchner*, WM 2005, 162 (164).

1299 Vgl. etwa *Hopt* in Großkomm. AktG, 1999, § 93, Rn. 145 sowie *Mertens* in Kölner Kommentar zum AktG, 2. Auflage, 1996, § 93, Rn. 57, die von der Treuepflicht als eine über § 242 BGB „hinausgehende“ Pflicht sprechen.

1300 S. bereits oben unter § 4 I. 2. c. (S. 99 f.).

1301 S. oben unter § 9 I. 1. a. (S. 294).

1302 Vgl. insofern auch schon den Verweis oben unter § 9 1. a. (S. 294, Fn. 1087).

zung des Tatbestands von § 93 Abs. 1 S. 2 AktG im Ergebnis also nur als folgerichtig.[1303]

Mit dem eben Gesagten ist nun allerdings zugleich auch schon angedeutet worden, dass sich der letztendliche Anwendungsbereich dieses Merkmals nichtsdestotrotz als äußerst schmal und zudem auch noch als äußerst praxisfern bzw. teilweise sogar als praxisuntauglich darstellt:[1304] Schließlich sind – rational betrachtet – zunächst einmal kaum Fälle denkbar, in denen ein Vorstandsmitglied bewusst zum Schaden der Gesellschaft handelt, ohne dass dabei anderweitige gesellschaftsfremde Interessen eine Rolle spielen. Aber selbst wenn dem einmal so sein sollte, so dürfte – erstens – nicht nur der diesbezügliche Nachweis kaum zu erbringen sein.[1305] Handelt es sich bei subjektiv bösem Glauben bzw. schlichter Gleichgültigkeit doch um vermittels objektiver Kriterien kaum einfangbare Umstände – mit der Folge, dass die Kontrollmöglichkeiten hier noch stärker begrenzt sind als im Rahmen der allgemeinen Loyalitätskontrolle, selbst wenn die Ratio des Geschäftsleiterermessens wegen der mangelnden Schutzbedürftigkeit des Vorstands[1306] an sich hier wie dort keine Beschränkung der Kontrolle fordert.[1307] Vielmehr wird – zweitens – auch bei „rein" dolosem bzw. gleichgültigem Handeln der Anwendungsbereich des Gutgläubigkeitserfordernisses noch dadurch weiter begrenzt, dass unter diesen Umständen oftmals ebenso bereits im Rahmen eines der anderen Merkmale – wie der Verfahrens- oder Inhaltskontrolle – der Ausstieg aus der Prüfung möglich sein wird.[1308]

Dies vor Augen, vermag dem Gutgläubigkeitserfordernis damit also allenfalls eine Art „Notbremsfunktion"[1309] beigemessen zu werden. Dem kann nun allerdings auch nichts Ungewöhnliches abgewonnen werden, ist dem Rechtsanwender das Merkmal der Gutgläubigkeit – wenn auch vorwiegend in seiner eher schwächeren gemeingültigen bürgerlich-rechtlichen Ausprägung – doch gerade als allgemeiner Auffangtatbestand und damit als Garant für die nötige Flexibilität bzw. Einzelfallgerechtigkeit bekannt.

1303 Das Gutgläubigkeitserfordernis gleichwohl als verzichtbar erklärend: *Paefgen*, Unternehmerische Entscheidungen und Rechtsbindung, 2002, S. 167 (zum US-amerikanischen Recht); *ders.*, AG 2004, 245 (256) sowie *Hauschka*, ZRP 2004, 65 (66).

1304 Die „marginale praktische Bedeutung" dieses Merkmals herausstellend etwa auch *Koch*, ZGR 2006, 769 (790).

1305 Vgl. insofern auch *Weiss/Buchner*, WM 2005, 162 (164): „kein Handelnder wird erklären, an die Richtigkeit seiner Entscheidung nicht geglaubt zu haben".

1306 So auch noch einmal ausdrücklich für das Gutgläubigkeitskriterium: *Fleischer*, in: FS Wiedemann, 2002, S. 827 (843); *ders.*, ZIP 2004, 685 (691).

1307 S. dazu, dass im Bereich der Treuepflicht eine Abmilderung des Überprüfungsmaßstabs nach der Ratio des Geschäftsleiterermessens nicht angezeigt ist, oben unter § 4 I. 2 d. (S. 104 f.).

1308 So auch *Fleischer*, in: Handbuch des Vorstandsrechts, 2006, § 7, Rn. 60; *ders.*, ZIP 2004, 685 (691).

1309 Spindler/Stilz/*Fleischer*, AktG, 2007, § 93, Rn. 71; *Fleischer*, in: Handbuch des Vorstandsrechts, 2006, § 7, Rn. 60; *ders.*, ZIP 2004, 685 (691).

Nichts anderes gilt im Übrigen für die US-amerikanische Rechtslage:[1310] Selbst wenn dem *good faith*-Erfordernis heute offenbar auch noch zunehmend die Funktion eines allgemeinen „Ausweichprüfungsstandorts" für (besonders krasse) Verfahrensfehler zugewiesen wird, so vermag doch letztlich genau diese Tendenz wieder den Charakter besagten Merkmals als allgemeiner Auffangtatbestand zu belegen.[1311]

2. *Auswirkung und Heilung mangelnder Gutgläubigkeit*

Nachdem mit dem vorstehend Gesagten im Grunde schon die wesentlichen Besonderheiten im Zusammenhang mit dem Gutgläubigkeitserfordernis angesprochen worden sind, soll im Folgenden – der Vollständigkeit halber – noch kurz auf die beiden Aspekte betreffend Auswirkung und Heilung mangelnder Gutgläubigkeit eingegangen werden.

Da das Gutgläubigkeitserfordernis genau betrachtet nichts anderes darstellt als einen vom allgemeinen Loyalitätserfordernis abgespaltenen Teilaspekt, kann bezogen auf die Auswirkung und Heilung mangelnder Gutgläubigkeit im Wesentlichen auf die bereits im Kontext des Loyalitätserfordernisses gemachten Ausführungen verwiesen werden:

Für den Gesichtspunkt der Auswirkung bedeutet dies, dass bezogen auf – insofern einzig relevante – Kollektiventscheidungen wiederum maßgeblich auf das Kriterium der „Entscheidungserheblichkeit" und damit darauf abzustellen ist, ob die zugleich entscheidungstragende Mehrheit als gutgläubig im Sinne des vorstehend Gesagten bezeichnet werden kann.[1312] Schließlich büßen die bereits oben[1313] dazu angebrachten Argumente zum Großteil auch in diesem Zusammenhang nichts an Schlagkraft ein. Einzig den Aspekt der „Praxistauglichkeit" wird man hier vernachlässigen können – wäre infolge der Umstände, die das Gutgläubigkeitskriterium zur bloßen „Notbremse" degradieren, ein Leerlaufen der Neuregelung doch selbst unter Zugrundelegung eines strengeren Quorums kaum zu befürchten.

Was demgegenüber den Aspekt der Heilung mangelnder Gutgläubigkeit anbelangt, so vermag bezogen auf Einzelentscheidungen sowie Entscheidungen eines Vorstandsausschusses letztlich wiederum dadurch eine Heilung erreicht zu werden, dass der insofern voll aufgeklärte und seinerseits gutgläubige Gesamtvorstand eine auch sonst in jeder Hinsicht § 93 Abs. 1 S. 2 AktG gerecht werdende und dogmatisch als Akt „organinterner Selbstkontrolle" auffassbare „Genehmigung" aus-

1310 S. dazu, dass das Gutgläubigkeitserfordernis letztlich auch dem internationalen Standard entspräche, *Fleischer*, in: Handbuch des Vorstandsrechts, 2006, § 7, Rn. 60; *ders.*, in: FS Wiedemann, 2002, S. 827 (843); *ders.*, ZIP 2004, 685 (691).

1311 S. oben unter § 3 III. 5. (S. 90 ff.).

1312 S. zu diesem Quorum im Zusammenhang mit der Loyalitätskontrolle oben unter § 9 I. 2. b. bb. (1) (S. 322) sowie auch schon im Kontext der Verfahrenskontrolle oben unter § 8 II. 2. a. (S. 282).

1313 S. § 9 I. 2. b. bb. (1) (S. 322) mit Weiterverweis auf § 8 II. 2. a. (S. 281 f.).

spricht.[1314] Für den praktisch höchst unwahrscheinlichen Fall der Bösgläubigkeit des Gesamtvorstandes ist eine Heilungsmöglichkeit dagegen wiederum zu verneinen.[1315]

3. Zusammenfassung

Zusammenfassend verdient damit nochmals festgehalten zu werden, dass es sich bei dem Gutgläubigkeitserfordernis im Grunde um nichts anderes als um einen vom allgemeinen Loyalitätserfordernis abgespaltenen Teilaspekt handelt[1316] – ein Umstand, den es im Umgang mit besagtem Kriterium stets im Auge zu behalten gilt.[1317]

Inhaltlich betrifft das Gutgläubigkeitserfordernis nun nicht mehr den vergleichsweise relevanteren und zudem leichter überprüfbaren Fall etwaiger mit dem „Unternehmensinteresse" konkurrierender Fremdeinflüsse.[1318] Vielmehr geht es hierbei lediglich noch darum, ob die jeweiligen Vorstandsmitglieder nicht vielleicht gleichwohl eine positiv und zugleich allein auf die Interessen der Gesellschaft gerichtete Motivation haben vermissen lassen, indem sie subjektiv bösgläubig oder zumindest bewusst nachlässig bzw. gleichgültig gehandelt haben.[1319]

Da dieser Teilaspekt des Loyalitätserfordernisses im bisherigen Prüfungsprogramm noch keine Berücksichtigung gefunden hat, vermag das Gutgläubigkeitskriterium auch nicht als überflüssig bewertet zu werden. Seine gleichwohl stark untergeordnete Bedeutung ist vielmehr den ausgeführten „praktischen Rahmenbedingungen" geschuldet.[1320]

1314 S. insofern für das Loyalitätserfordernis oben unter § 9 I. 2. a. bb. (S. 316 f.) bzw. § 9 I. 2. b. bb. (3) (S. 323). S. zum entsprechenden Ergebnis im Kontext der Verfahrenskontrolle dagegen oben unter § 8 II. 1. b. aa. (S. 258) bzw. § 8 II. 2. b. aa. (S. 282).

1315 S. zum Loyalitätserfordernis wiederum § 9 I. 2. b. bb. (3) (S. 323) und zur Verfahrenskontrolle § 8 II. 2. b. bb. (3) (S. 289).

1316 S. § 9 III. 1. (S. 334) und 2. (S. 336).

1317 S. insofern die Ausführungen zu Auswirkung und Heilung mangelnder Gutgläubigkeit oben unter § 9 III. 2. (S. 336 f.).

1318 S. hierzu vielmehr die allgemeine Loyalitätskontrolle oben unter § 9 I. 1. a. und b. (S. 294 ff.).

1319 S. § 9 III. 1. (S. 334).

1320 S. § 9 III. 1. (S. 335).

IV. Fazit

An diese letzte Bemerkung anknüpfend, kann nun auch für sämtliche der unter § 9 dargestellten Merkmale prognostiziert werden, dass die Reihenfolge ihrer Darstellung zugleich auch ihrer – hier empfundenen – Bedeutung in der Praxis entsprechen wird. Insgesamt betrachtet, werden schließlich die Elemente der Verfahrens- und Loyalitätskontrolle die größte Aufmerksamkeit auf sich vereinen können.

4. Teil: Schluss

§ 10 Fazit und Zusammenfassung in Thesen

Zum Schluss soll nun schließlich noch ein abschließendes Fazit gezogen und eine thesenartige Zusammenfassung der im Zuge der Arbeit gefundenen Einzelergebnisse gegeben werden:

I. Fazit

Nach dem zu Beginn der Arbeit proklamierten Ziel galt es, sich nicht nur mit dem ökonomischen und rechtsvergleichenden Hintergrund des Geschäftsleiterermessens auseinanderzusetzen, sondern zugleich auch die Möglichkeiten einer dogmatischen Einpassung in das hiesige aktienrechtliche Regelwerk auszuloten, um am Ende zur Schaffung einer insgesamt interessengerechten und handhabbaren Richtschnur für die Praxis beitragen zu können.

Was nun zunächst die Möglichkeiten einer dogmatischen Einpassung anbelangt, so hat die dazu vorgenommene Analyse ergeben, dass dem gesetzgeberischen Anliegen wie auch der Teleologie des Geschäftsleiterermessens und der Dogmatik des Aktienrechts letztendlich dadurch am besten Rechnung getragen werden kann, dass man im Ausgangspunkt zunächst einmal dem US-amerikanischen Fingerzeig folgt und das Geschäftsleiterermessen dem Grunde nach als abgemilderten (gerichtlichen) Überprüfungsmaßstab bezogen auf die Einhaltung der allgemeinen Sorgfaltspflicht auffasst. Im Bemühen darum, diesem vorerst noch sehr allgemeinen Befund nunmehr auch konkretere dogmatische Züge zu verleihen, ist das Geschäftsleiterermessen sodann in das mehr und mehr an den Rand juristischer Aufmerksamkeit geratene Gewand der unwiderlegbaren gesetzlichen Tatsachenvermutung gekleidet worden. Auf diese Weise vermochte nicht nur dem Einwand mangelnder Vereinbarkeit eines als abgemilderter Überprüfungsmaßstab verstandenen Geschäftsleiterermessens der Wind aus den Segeln genommen zu werden. Vielmehr hat die Neuregelung dadurch zugleich auch – wie intendiert – eine vollständige Integration in das zivilrechtliche Regelwerk erfahren, die der Praxis den Rückgriff auf bereits Bekanntes ermöglicht und darüber hinaus auch noch einen dogmatisch „eleganten“ Weg zur Lösung des

Ausgangsproblems betreffend die mangelnde praktische Überprüfbarkeit des strengen Sorgfaltspflichtenstandards des § 93 Abs. 1 S. 1 AktG darstellt.

Dem weiteren Anliegen, sodann vor allem auch den einzelnen – in ihrer tatbestandlichen Feinzeichnung bislang nicht hinreichend geklärten – Merkmalen des Geschäftsleiterermessens insgesamt ein Mehr an operationalem Gehalt zu verleihen, ist schließlich in erster Linie durch die Erarbeitung zahlreicher Kriterien, Leitlinien und Fallgruppen nachzukommen gesucht worden. Hierzu seien insbesondere noch einmal die ebenfalls vielfach rechtsvergleichend inspirierten Ausführungen zur Konkretisierung der Reichweite der Verfahrens- und Loyalitätskontrolle exemplarisch ins Gedächtnis gerufen. Des Weiteren soll aber auch noch einmal die jeweils mit den Schlagworten der „Auswirkung und Heilung" überschriebene Entwicklung eines ausdifferenzierten Fehlerfolgensystems herausgegriffen werden, für die zu Beginn nicht mehr als die elementarsten Grundlagen deutschen (Aktien-)Rechts zur Verfügung standen.

Dies vor Augen, hegt die Verfasserin die Hoffnung, mit ihrem Beitrag zumindest Denkanstöße für eine hoffentlich noch weiter gehende Konkretisierung in Bezug auf dieses praktisch wichtige und juristisch höchst interessante Rechtsinstitut geliefert zu haben.

Dazu seien zum Abschluss nun noch einmal die wichtigsten Arbeitsergebnisse rekapituliert:

II. Zusammenfassung in Thesen

A. Ökonomische Grundlagen

1. Ökonomisch betrachtet resultiert das Erfordernis eines vorstandseigenen Handlungsspielraums und damit das eines Geschäftsleiterermessens letztlich aus der Gefahr der Sanktionierung pflichtgemäßen Vorstandsverhaltens, auf die Letzterer – gemäß seiner grundsätzlich risikoaversen Haltung – mit einer den Interessen aller Wirtschaftssubjekte zuwiderlaufenden Einstellung der Geschäfte der Gesellschaft zu reagieren droht.

2. Die Gefahr der Sanktionierung auch pflichtgemäßen Verhaltens folgt in ergebnisorientierten Sanktionssystemen wie dem der aktienrechtlichen Organhaftung insofern wiederum daraus, dass das Ergebnis unternehmerischen Handelns nicht allein von den Handlungen des jeweiligen Akteurs, sondern zugleich auch von für diesen nicht beherrschbaren und damit anreizinkompatiblen Faktoren abhängt. Sich insgesamt zur typischen Unsicherheit unternehmerischer Entscheidungen zusammenfügend, lassen sich diese im Wesentlichen in drei Kategorien unterteilen: Während die erste Facette besagter Unsicherheit ganz auf die Zukunftgerichtetheit unter-

nehmerischen Handelns zurückgeht, bezieht deren zweite Komponente ihr typisches Gepräge demgegenüber aus den Umständen des gegenwärtigen Entscheidungsumfeldes und damit vor allem aus der im Allgemeinen hohen Komplexität und Unstrukturiertheit unternehmerischer Entscheidungsprobleme. Flankiert werden diese beiden Aspekte schließlich noch von den mit einer nachträglichen Überprüfung verbundenen Widrigkeiten, die sich schlagwortartig mit den folgenden Begriffen zusammenfassen lassen: „nachträgliche Rekonstruktion des ohnehin schon hochkomplexen und unstrukturierten Entscheidungsumfeldes", „vergleichsweise geringer ökonomischer Sachverstand der Richter" sowie „Problem der *hindsight bias*".

3. Pointierter kommt dem Geschäftsleiterermessen innerhalb dieses Szenarios damit also die Aufgabe der Begrenzung des Anreizsystems Organhaftung durch Gewährung eines vorstandseigenen Handlungsspielraums zu, innerhalb dessen Letzterer nicht mehr Gefahr läuft, ex post von „fachfremden" und in Kenntnis des ruinösen Ausgangs handelnden Richtern für die Realisation eines bereits ex ante nur unzulänglich abschätzbaren Risikos verantwortlich gemacht zu werden und daher die erwünschten Risiken auch einzugehen bereit ist.

B. Rechtsvergleichende Grundlagen

1. In den USA wurde für das Institut des Geschäftsleiterermessens der Begriff der *Business Judgment Rule* (*BJR*) geprägt. Aus materiell-rechtlicher Sicht handelt es sich dabei um einen gegenüber dem allgemeinen Verhaltensstandard der *duty of care* stark abgemilderten gerichtlichen Überprüfungsmaßstab, der die Überprüfung des infrage stehenden *business judgment* anhand des strengen, da an der allgemeinen *duty of care* orientierten, Kontrollmaßstabs erst bei Nichtvorliegen eines der Elemente der *BJR* zulässt (Stufenprüfung). Prozessual betrachtet, korrespondiert damit der folgende Aussagegehalt: Während es auf einer ersten Stufe dem Kläger, das heißt in aller Regel den Aktionären obliegt, das Nichtvorliegen eines der Elemente der *BJR* nachzuweisen, sind – gesetzt den Fall, die Kläger waren insofern erfolgreich – auf einer zweiten Stufe nun demgegenüber die für die Entscheidung verantwortlichen *directors* bzw. *officers* gehalten, den Nachweis der *entire fairness* zu erbringen.

2. Dem ersten Element der *BJR*, dem *business judgment*, lassen sich infolge seiner vergleichsweise geringen Bedeutung im US-amerikanischen Rechts- und Wirtschaftsalltag im Wesentlichen nur die folgenden beiden Aussagen entnehmen: Entscheidende Voraussetzung für die Eröffnung des Anwendungsbereichs der *BJR* ist das Vorliegen einer bewusst getroffenen Entscheidung, unabhängig davon, ob diese letztlich auf ein aktives Tun oder aber auf ein Unterlassen gerichtet ist. Des Weiteren wird mit dem Charakter als *business decision* in Verbindung gebracht, dass sämtliche gesellschaftsinternen Überwachungstätigkeiten insofern nicht mehr erfasst sein sollen.

3. Zur Erschütterung des zweiten Elements der *BJR* muss der Kläger schließlich die Unbefangenheit der *directors* bzw. *officers* (*disinterestedness*) bzw. dessen Unabhängigkeit (*independence*) in Zweifel ziehen. Genauer wird von *interestedness*

dabei dann ausgegangen, wenn der *director* oder eine Person, zu der der *director* ein geschäftliches, finanzielles oder familiäres Verhältnis unterhält, entweder selbst Partei des infrage stehenden Geschäfts ist oder aber zumindest ein bedeutendes (*material*) finanzielles Interesse daran hegt. Ein Fall von *lack of independence* soll demgegenüber dann gegeben sein, wenn von Seiten einer Partei des infrage stehenden Geschäfts oder von einer sonst in bedeutsamer Weise (*material*) finanziell daran interessierten Person ein beherrschender Einfluss auf den *director* ausgeübt wird. Zur Feststellung besagter Umstände in der Person eines *director* ist schließlich stets die Gesamtschau seiner konkreten Eigenschaften bzw. seines sonstigen Verhaltens maßgeblich (*subjective actual person standard*). Abstrakt gesehen kann für die Beurteilung der Relevanz eines sonstigen finanziellen Interesses (*materiallity*) der Fall eines Insichgeschäfts (*self-dealing*) – und damit der der Innehabung der Parteieigenschaft – als Vergleichsmaßstab herangezogen werden.

Aus dem Fundus der dargestellten diesbezüglichen Grundsätze und Fallgruppen sei schließlich vor allem noch einmal der Sonderfall betreffend „feindliche Übernahmeangebote" erwähnt, in dem die Gefahr der Durchsetzung vorstandseigener – nämlich auf den Erhalt ihrer Position in der Gesellschaft gerichteter – Interessen besonders hoch und die *BJR* demgemäß erst nach erfolgreichem Überwinden gewisser „Anfangshürden" anwendbar ist: In der sich unmittelbar an das feindliche Übernahmeangebot anschließenden Phase (*response phase*) müssen die *directors* dazu zum einen den Nachweis vernünftiger Gründe für die Annahme einer Gefahr für die Gesellschaft (*reasonableness test*) und zum anderen den eines angemessenen Verhältnisses zwischen dieser Gefahr und der beschlossenen Abwehrmaßnahme (*proportionality test*) führen. In der späteren *auction phase* genügt demgegenüber der Nachweis, der Maßnahme habe der Sinn zu Grunde gelegen, den Preis in die Höhe zu treiben.

Bei Kollektiventscheidungen entfällt der Schutz der *BJR* schließlich erst dann, wenn die Mehrheit der zustimmenden *directors* als interessiert bzw. abhängig eingestuft werden muss. Aber selbst dann besteht noch die Möglichkeit der Heilung. Nach dem Del. Gen. Corp. L. § 144(a)(1)-(2) muss dazu entweder die Mehrheit der unbefangenen *board-* bzw. *committee*-Mitglieder oder aber die der Aktionäre die Entscheidung voll aufgeklärt genehmigen.

4. Im Zusammenhang mit dem dritten Merkmal, der *informed basis*, ist schließlich zu prüfen, ob die *directors* bzw. *officers* ihre Entscheidung auch auf der Grundlage sämtlicher unter den gegebenen Umständen vernünftigerweise (*reasonably*) erreichbarer Informationen getroffen haben. Zur Konkretisierung des hierfür erforderlichen Informationsmaßes spielen im Wesentlichen die folgenden Umstände eine Rolle:

(1) Bedeutung der unternehmerischen Entscheidung;

(2) für die Informationsbeschaffung zur Verfügung stehende Zeit;

(3) Kosten der Informationsbeschaffung sowie

(4) momentane wirtschaftliche Unternehmenslage.

Die Anforderungen an den Prozess der Entscheidungsfindung lassen sich demgegenüber anhand der folgenden Aussagen skizzieren:

(1) Die *directors* sind bei Einberufung einer *board*-Sitzung über den Grund der Zusammenkunft zu informieren.

(2) Sie müssen sodann bereits im Vorhinein mit ausreichenden Informationen, bei der Zustimmung zu Verträgen mit deren wichtigsten Bestimmungen bzw. mit einer Zusammenfassung des Übereinkommens versorgt werden.

(3) Von *directors* wird erwartet, dass sie sich aktiv und direkt in die Verhandlungen einbringen; dass sie sachkundig Alternativen erwägen.

(4) Es sind in angemessenem Umfang in- sowie externe sachkundige Stellungnahmen einzubeziehen – auch wenn die *directors* bereits selbst als im Allgemeinen gut mit den Belangen der Gesellschaft bzw. des Unternehmens vertraut gelten.

(5) Grundlos überstürzte Entscheidungen sind zu vermeiden.

Während es bei Kollektiventscheidungen wiederum maßgeblich auf die Mehrheit der zustimmenden *directors* ankommt, akzeptiert die Rechtsprechung Delaware`s für eine Heilung nun allerdings allein die Billigung der Entscheidung durch eine voll aufgeklärte Aktionärsmehrheit.

5. Bezogen auf das vierte Element der *BJR* ist sodann danach zu fragen, ob sich die infrage stehende Entscheidung zumindest auf irgendeinen rational nachvollziehbaren Geschäftszweck stützen lässt (*rational business purpose test*). Die mit diesem *rationality standard* zum Ausdruck gebrachte – und gegenüber dem bereits abgemilderten *reasonableness standard* der Verfahrenskontrolle noch stärkere – Zurückhaltung bei der inhaltlichen Überprüfung der Entscheidung verdeutlicht zugleich eines der charakteristischen Grundmerkmale der *BJR*. Als wichtigster Anwendungsfall sei insofern die Verschwendung von Gesellschaftsmitteln (*waste*) genannt.

6. Das fünfte und letzte Element der *BJR*, das *good faith*-Erfordernis, ist schließlich als Auffangtatbestand konzipiert. Als solcher diente es bisher vor allem der Aussonderung subjektiv bösen Glaubens (*subjective bad faith*) sowie wissentlich illegaler Entscheidungen aus dem Anwendungsbereich der *BJR*. Neuerdings wird ihm von der Rechtsprechung Delaware`s allerdings zugleich auch noch die Rolle eines „Ausweichprüfungsstandortes" für (besonders krasse) Verfahrensfehler zugedacht.

C. Dogmatische Grundlagen

Die Rechtsfigur des Geschäftsleiterermessens findet in dem in § 76 Abs. 1 AktG verankerten Prinzip der Eigenverantwortlichkeit seinen dogmatischen Ursprung. Dieses Prinzip begründet nämlich einen zunächst sogar umfassenden, lediglich durch die Kompetenzordnung begrenzten, vorstandseigenen Handlungsspielraum. Bereits durch Gesetz, Satzung, Geschäftsordnung und Anstellungsvertrag sowie durch die allgemeine Treuepflicht teilweise wieder eingeschränkt, wird dieser Handlungsspielraum durch die strenge allgemeine Sorgfaltspflicht des § 93 Abs. 1 S. 1

AktG sodann allerdings wieder gänzlich aufgezehrt. Nach hier vertretener Ansicht gebietet diese dem Vorstand nämlich, stets die ex ante qualitativ „beste" – im Sinne einer die in der Gesellschaft zusammenlaufenden Interessen bestmöglich in Einklang bringenden – Entscheidung zu treffen. Da diese aufgrund der eingangs beschriebenen Unsicherheiten aber selbst unter Ökonomen nicht einhellig bestimmt werden kann, muss das Geschäftsleiterermessen letztlich auch genau im Bereich dieser allgemeinen Sorgfaltspflicht Platz greifen, das heißt dem Vorstand genau dort einen Teil seines ursprünglichen Handlungsspielraums zurückgeben. Anderenfalls böte genau diese Pflichtenquelle den Nährboden für besagte Gefahr, dass der Vorstand ex post von „fachfremden" und in Kenntnis der ruinösen Folgen urteilenden Richtern für die Realisation eines bereits ex ante ökonomisch kaum abschätzbaren Risikos verantwortlich gemacht wird und sich dementsprechend risikoavers verhält. Indem die anderen Pflichtenquellen diese Gefahr nicht begründen, bedürfen sie auch keiner Relativierung durch ein Geschäftsleiterermessen, sondern stellen vielmehr allgemeine Grenzen desselben dar.

D. Historische Grundlagen

1. Dass das Konzept eines derart strengen Sorgfaltspflichtenstandards praktisch nicht durchführbar ist, wurde schon früh erkannt. Dem Vorstand als Folge dieser Einsicht ausdrücklich ein Geschäftsleiterermessen zu gewähren, entspricht demgegenüber aber erst einer jüngeren Entwicklung. So fand diese Rechtsfigur schließlich erstmalig mit der *Herstatt*-Entscheidung des *Bundesgerichtshofs* vom 9.7.1979 explizite höchstrichterliche Aufmerksamkeit. Das Bestreben, in Bezug auf das Geschäftsleiterermessen systembildende Grundsätze zu entwickeln und diesem damit überhaupt erst operationalen Gehalt zu verleihen, wurde demgegenüber sogar erst mit Beginn der neunziger Jahre intensiver, als spektakuläre Unternehmenskrisen und –skandale (*ARAG*, *Metallgesellschaft*, *ASS*, *Bremer Vulkan*, *Balsam*, *KHD*, *Mannesmann*, *Holzmann*, *HypoVereinsbank*) auch in Deutschland die *Corporate Governance*-Debatte entfachten. Eine ganze Welle juristischer Stellungnahmen bzw. Konkretisierungsvorschläge, in deren Rahmen nun auch immer mehr auf das US-amerikanische Pendant der *BJR* Bezug genommen wurde, setzte schließlich dann ein, als sich auch der *Bundesgerichtshof* im Jahr 1997 endlich dazu aufgefordert sah, die Sache *ARAG/Garmenbeck* zum Anlass für einen – für damalige Verhältnisse – wegweisenden Beitrag zu nehmen. Ihren (vorläufigen) Höhepunkt erlebte die Fortentwicklung des Geschäftsleiterermessens letztlich durch dessen Kodifikation in § 93 Abs. 1 S. 2 AktG.

2. Diese vergleichsweise rasante Entwicklung zumindest der letzten Jahre darf nun allerdings nicht darüber hinwegtäuschen, dass dem an das Geschäftsleiterermessen gestellten Anspruch damit gleichwohl noch lange nicht Genüge getan ist. Will diese Rechtsfigur über die mangelnde praktische Handhabbarkeit des strengen Sorgfaltspflichtenstandards des § 93 Abs. 1 S. 1 AktG hinweghelfen, so muss nämlich jedenfalls sie selbst den insofern nötigen operationalen Gehalt aufweisen. Das ist bisher nicht der Fall: Zum einen stehen die angesprochenen Konkretisierungsbeiträ-

ge mehr oder weniger zusammenhanglos nebeneinander. Zum anderen ist an verschiedener Stelle aber auch noch bislang völlig unbeachteter Konkretisierungsbedarf zu verzeichnen. Ziel einer solchermaßen benötigten systembildenden Grundlagenarbeit – und damit auch der vorliegenden Arbeit – muss also einerseits die konkrete interessengerechte und den Bedürfnissen der Praxis entsprechende Ausformung der einzelnen Elemente der Neuregelung sowie andererseits die Auseinandersetzung mit den bis dato gänzlich vernachlässigten Aspekten, wie etwa dem der Rechtsnatur des Geschäftsleiterermessens, sein.

E. Materiell-rechtliche Funktionsweise des Geschäftsleiterermessens

Was die materiell-rechtliche Funktionsweise des Geschäftsleiterermessens anbelangt, so wird man dem Anliegen des Gesetzgebers und der Dogmatik des geltenden Zivil- bzw. Aktienrechts am ehesten gerecht, wenn man besagtes Rechtsinstitut im Ergebnis als abgemilderten (gerichtlichen) Überprüfungsmaßstab auffasst und die Neuregelung dazu in das bekannte dogmatische Gewand der unwiderlegbaren gesetzlichen Tatsachenvermutung kleidet. Wird die unternehmerische Entscheidung den insofern die „Vermutungsbasis" und damit den abgemilderten Überprüfungsstandard bildenden Voraussetzungen des § 93 Abs. 1 S. 2 AktG gerecht, so wird unwiderlegbar vermutet, dass eine Sorgfaltspflichtverletzung nicht vorliegt. Andernfalls kommt es – und zwar insofern konform zum US-amerikanischen Vorbild – auf einer zweiten Stufe zu einer Verdichtung des Überprüfungsmaßstabs entsprechend dem Standard der „Sorgfalt eines ordentlichen und gewissenhaften Geschäftsleiters" im Sinne von § 93 Abs. 1 S. 1 AktG.

Insgesamt betrachtet ermöglicht eine solche Integration der Neuregelung in das zivilrechtliche Regelwerk der Praxis also zunächst den Rückgriff auf bereits Bekanntes. Darüber hinaus stellt die beschriebene Auswechslung des „Beweisthemas" aber zugleich auch einen dogmatisch „eleganten" Weg zur Lösung des Ausgangsproblems der mangelnden praktischen Überprüfbarkeit des strengen Sorgfaltspflichtenstandards des § 93 Abs. 1 S. 1 AktG dar.

F. Prozessuale Funktionsweise des Geschäftsleiterermessens

1. Was demgegenüber die prozessuale Funktionsweise des Geschäftsleiterermessens anbelangt, so ist festgestellt worden, dass die auf die Neuregelung des § 93 Abs. 1 S. 2 AktG bezogene Darlegungs- und Beweislast im Kontext aktienrechtlicher Organhaftungsprozesse letztendlich auf Seiten der insofern beklagten Vorstandsmitglieder liegt. Dies folgt in erster Linie aus der Konzeption der Neuregelung als Ausnahmevorschrift („Eine Pflichtverletzung liegt nicht vor, wenn [...]"). Darüber hinaus lässt sich diese Schlussfolgerung aber auch aus der sich nach Wortlaut und Systematik gleichermaßen auf die Neuregelung beziehenden Beweislastregel des § 93 Abs. 2 S. 2 AktG ableiten.

2. Eine davon abweichende Verteilung der Darlegungs- und Beweislast lässt sich infolge der vom Gesetzgeber insofern bewusst getroffenen Wertentscheidung weder

im Wege der Auslegung begründen. Noch stellen die im Zuge des Kodifikationsprozesses geäußerten Einwände und Bedenken – etwa bezogen auf die Wirkkraft der Neuregelung sowie den internationalen Vergleich – ein unabweisbares Bedürfnis des Rechtsverkehrs dar, infolgedessen sich eine solche Abweichung – zumindest in Zukunft – im Wege der gesetzesübersteigenden Rechtsfortbildung erzielen ließe. Die mangelnde Schlagkraft besagter Einwände und Bedenken bedingt vielmehr, dass auch dem Gesetzgeber selbst keine diesbezügliche Änderungsempfehlung ausgesprochen werden kann.

G. Unternehmerische Entscheidung

1. Das erste Element von § 93 Abs. 1 S. 2 AktG, die „unternehmerische Entscheidung", kann, allgemein gesprochen, als Aussage zum sachlichen Anwendungsbereich der Neuregelung verstanden werden. Für eine Definition hat sich eine Untergliederung in insgesamt drei Merkmale als sinnvoll erwiesen:

2. Erstens muss in tatsächlicher Hinsicht überhaupt eine Entscheidungssituation bestehen. Das bedeutet, dass dem Vorstand mindestens zwei tatsächlich mögliche – entweder auf ein aktives Tun oder auf ein Unterlassen gerichtete – Handlungsalternativen zur Verfügung stehen müssen, von denen er sich auf eine festlegen zu müssen glaubt. Als problematisch kann sich dieses zuletzt angesprochene Merkmal einer „psychologischen Zwangslage" vor allem dann entpuppen, wenn der an den Vorstand gerichtete Vorwurf gerade in der Nichtvornahme einer Handlung bzw. überhaupt einer diesbezüglichen Entscheidung besteht. Von vornherein auszuschließen ist ein Geschäftsleiterermessen insofern allerdings allein im Rahmen „unbewusster Untätigkeit außerhalb eines laufenden Entscheidungsprozesses". Im Zusammenhang mit den übrigen gebildeten „Entscheidungskategorien" vermag das Merkmal der „bewusst" getroffenen Entscheidung allenfalls infolge insofern denkbarer Darlegungs- und Beweisschwierigkeiten einmal zum Ausschluss der Neuregelung zu führen.

3. Über diese tatsächliche Ungebundenheit hinaus darf zweitens nun aber auch keine rechtliche Gebundenheit gegeben sein. Im Sinne einer Zuweisung eines Teilbereichs der allgemeinen Ermessensschranken zum Merkmal der „unternehmerischen Entscheidung" müssen danach zugleich mindestens zwei Handlungsalternativen bestehen, die weder gegen konkrete gesetzliche Pflichten noch gegen aus Satzung, Geschäftsordnung und Anstellungsvertrag resultierende Vorgaben verstoßen. Erst recht darf sich der Vorstand – ungeachtet einer etwaigen „Nützlichkeit" des Verstoßes für die Gesellschaft – nicht noch positiv für eine solchermaßen rechtswidrige Handlungsalternative entscheiden. Mit anderen Worten dürfen die gesetzlichen Vorgaben nicht bereits eine konkrete Entscheidung vorzeichnen. Ergänzend ist jedoch zu beachten, dass das Vorhandensein spezieller Regelungen nur soweit zum Ausschluss des Geschäftsleiterermessens zu führen vermag, wie dieselben auch tatsächlich konkrete Handlungsanweisungen bzw. -verbote beinhalten. Begnügt sich der Gesetzgeber vermittels der Etablierung eines unbestimmten Rechtsbegriffes demgegenüber mit der Zuverfügungstellung eines bloßen „Handlungsrahmens", so

bleibt die Neuregelung für den damit nicht konkretisierten Bereich gleichwohl anwendbar. Eine wirkliche Ausnahme von diesem das Legalitätsprinzip betreffenden Grundsatz gilt allein im Fall einer unklaren Rechtslage.

4. Drittens muss die infrage stehende Entscheidung schließlich noch eine erhebliche Unsicherheit dergestalt mitsichbringen, dass, würde man den strengen Standard des § 93 Abs. 1 S. 1 AktG zu Grunde legen, selbst unter Anwendung modernster betriebswirtschaftlicher Entscheidungsgrundsätze, wie etwa der der modernen Investitions- und Kapitalbudgetierungstheorien, noch die für den Vorstand unzumutbare Gefahr verbliebe, von „fachfremden" und in Kenntnis des ruinösen Ausgangs urteilenden Richtern für die Realisation eines bereits ex ante schwer kalkulierbaren Risikos verantwortlich gemacht zu werden.

H. Verfahrenskontrolle

1. Das zweite Element der Neuregelung verbirgt sich schließlich hinter der Formulierung des „Handelns auf der Grundlage angemessener Information". Gemeint ist die verfahrensbezogene Sorgfaltskontrolle bzw. kurz die Verfahrenskontrolle als erster Teil der andererseits inhaltsbezogenen Sorgfaltskontrolle. Im Sinne einer Art „Doppelrolle" bietet sie zum einen – zusammen mit dem Loyalitätserfordernis – eine gewisse „Richtigkeitsgewähr" bezogen auf den Inhalt der infrage stehenden unternehmerischen Entscheidung. Zum anderen stellt sich die verfahrensbezogene Sorgfaltspflicht aber auch selbst als aus § 93 Abs. 1 S. 1 AktG resultierende Pflicht dar, deren Einhaltung es im Zusammenhang mit der Organhaftung und damit auch im Kontext des Geschäftsleiterermessens genauso zu überprüfen gilt wie die Qualität des Entscheidungsinhalts.

2. Obgleich noch nicht selbst als „unternehmerische Entscheidungen" im Sinne von § 93 Abs. 1 S. 2 AktG qualifizierbar, weisen Verfahrensentscheidungen aber jedenfalls schon eine derart hohe Unsicherheit auf, dass auch bereits bezogen auf das Verfahrenserfordernis eine gewisse Absenkung des Überprüfungsmaßstabs für erforderlich zu erachten ist. Abstrakt lässt sich der verfahrensbezogene Überprüfungsmaßstab schließlich mit dem Terminus der „Rückführbarkeit des Entscheidungsvefahrens auf *vernünftige* unternehmerische Erwägungen" wiedergeben.

3. Insgesamt betrachtet unerliegt der Verfahrenskontrolle einerseits der gesamte Prozess der *Informationsbeschaffung* – das heißt sowohl der Inhalt von Informationsbeschaffungsentscheidungen („Was") als auch die Art und Weise ihres Zustandekommens („Wie"). Andererseits wird in ihrem Rahmen aber auch noch das „Wie" der zur eigentlichen Sachentscheidung führenden *Informationsabwägung* kontrolliert. Das „Was" der Informationsabwägung ist demgegenüber originärer Gegenstand der Inhaltskontrolle.

4. Im Rahmen der Konkretisierung des vorgenannten abstrakten Überprüfungsmaßstabs ist nun zuerst allein auf *Einzelentscheidungen* und dabei auf den Aspekt des *„Was" der Informationsbeschaffung* näher eingegangen worden:

a. Zur Vermessung zunächst der generell erforderlichen *„Mindestinformationsdichte"* sind schließlich die folgenden Kriterien aufgestellt worden, die – im Übrigen wie sämtliche Kriterien und Leitlinien – vor dem Hintergrund der teilweisen Absenkung des verfahrensbezogenen Überprüfungsmaßstabs insofern allerdings stets nur als ein gewisser „Rahmen" bzw. im Sinne von „Mindestanforderungen" zu verstehen sind:

(1) *Art* und *Bedeutung* der zu treffenden unternehmerischen Entscheidung (Unternehmenskauf bzw. Einführung einer neuen Produktlinie sowie damit verbundene Chancen und Risiken);

(2) *Dringlichkeit* der Entscheidung (unmittelbar bevorstehende Anmeldung eines vergleichbaren Patentes durch die Konkurrenz);

(3) *Kosten* der Informationsbeschaffung („direkte" Auslagen etwa für Gutachten, Produkt-, Laden- und Markttests, aber auch „indirekte" – etwa aus der dementsprechend verzögerten Produkteinführung resultierende – Kosten);

(4) erwarteter *Nutzen* der Information (Relevanz der Information überhaupt; konkrete Aussagekraft bestimmter Konsumentenurteile, Produkt-, Laden- und Markttests bzw. Verlässlichkeit etwaiger Absatzprognosen) sowie

(5) *Art*, *Größe* und *wirtschaftliche Lage* des jeweiligen Unternehmens (weltweit tätige florierende Großunternehmung oder vergleichsweise kleines zudem von einer Krise betroffenes Unternehmen).

Unter Berücksichtigung der die einzelnen Kriterien vernetzenden Wechselwirkungen ergeben sich daraus wiederum die folgenden wesentlichen Leitlinien:

Zunächst gestalten sich die Anforderungen an die Informationsbeschaffung umso höher, desto riskanter sich die Maßnahme darstellt. Unter Hinzuziehung des Dringlichkeitsaspektes kann allerdings grundsätzlich umso eher auf die Einholung zusätzlichen Rates oder eine sonstige Vorbereitung verzichtet werden, je eiliger die Maßnahme erscheint. Andererseits muss der Dringlichkeitsaspekt aber wiederum dann tendenziell hintanstehen, wenn die Maßnahme besonders riskant ausfällt. Desgleichen reduzieren sich grundsätzlich auch mit steigenden Informationsbeschaffungskosten die Anforderungen an die Informationsdichte, wobei sich bei besonders riskanten Maßnahmen im Zweifel auch hier wieder das Kriterium der Art und Bedeutung der Entscheidung durchsetzen muss. Kosten- und Nutzenaspekte bedingen einander dagegen wie folgt: Je höher der prognostizierte Zuwachs an Planungssicherheit, desto eher kann erwartet werden, dass dafür auch sehr kostenintensive Informationen eingeholt werden. Ebenso wird ein Unternehmen umso mehr für die Informationsbeschaffung aufwenden können, desto größer und finanzkräftiger es ist. Umgekehrt – und mehr „hilfsweise" – muss sich dann aber auch ein finanziell angeschlagenes Unternehmen auf seine angespannte Finanzlage berufen dürfen.

b. Für die – auch bereits im Zusammenhang mit Einzelentscheidungen vorkommende – „Standardsituation" der Vereinbarung einer Vorleistungspflicht der Aktiengesellschaft lässt sich darüber hinaus auch noch die insofern konkret erforderliche *„Informationsart"* festlegen – und zwar darf eine solche Vereinbarung nur dann eingegangen werden, wenn sowohl die Bonität und Integrität des Käufers als auch die Vertrauenswürdigkeit der vom Käufer geplanten Warenverwendung überprüft worden sind.

5. Was dagegen das *„Wie" der Informationsbeschaffung* und *–abwägung* anbelangt, so sollte das jeweilige Vorstandsmitglied – nicht im Sinne einer weiteren „Mindestanforderung", sondern lediglich als praxisorientierte Empfehlung – nicht darauf verzichten, etwaige Beratungen mit seinen engsten Mitarbeitern oder auch mit anderen Vorstandskollegen hinreichend zu dokumentieren. Will der Ressortverantwortliche seine spätere Sachentscheidung dagegen auf von nachgeordneten Mitarbeitern oder sonst von dritter Seite beschaffte Informationen stützen, so genügt ein solches Vorgehen allein dann dem Erfordernis einer angemessenen Informationsgrundlage, wenn das Vorstandsmitglied nicht nur auf den Inhalt der Aussage selbst sowie die diesbezügliche Tatsachengrundlage, sondern zugleich auch auf die Sachkunde des die Information Beschaffenden berechtigterweise vertrauen durfte.

6. Was nun demgegenüber die Konkretisierung des abstrakten Überprüfungsmaßstabs der „Rückführbarkeit des Entscheidungsverfahrens auf *vernünftige* unternehmerische Erwägungen" in Bezug auf *Kollektiventscheidungen* anbelangt, so gilt das Folgende:

a. Mit Blick auf die erforderliche *„Mindestinformationsdichte"* – als erster Aspekt des *„Was" der Informationsbeschaffung* – kann festgehalten werden, dass die bereits im Zusammenhang mit Einzelentscheidungen aufgestellten Kriterien und Leitlinien im Grundsatz auch hier zur Anwendung gelangen. Die wenigen Besonderheiten betreffen insofern zum einen das Kriterium der *Art* und *Bedeutung* der unternehmerischen Entscheidung, dem im Kontext von Kollektiventscheidungen in aller Regel besonderes Gewicht beizukommen pflegt, und zum anderen das jeweils unterschiedliche Informationsniveau der einzelnen Vorstandsmitglieder im praktisch relevanten und daher auch hier in den Vordergrund gestellten Fall der Entscheidungsvorbereitung unter teilweiser Delegation an das sachlich zuständige Ressort. Auf diesen letzten Aspekt ist auch sogleich die nächste Empfehlung bezogen: Zur Erreichung einer ausgewogeneren, da von vornherein mehrere Perspektiven berücksichtigenden Entscheidungsvorbereitung empfiehlt es sich, zumindest im Fall großköpfiger Gremien und auf der Schnittfläche gleich mehrerer Ressorts angesiedelter Maßnahmen, dann auch zugleich zwei Ressorts mit deren Vorbereitung zu betrauen („Vier-Augen-Prinzip").

b. Im Rahmen der sodann auch für Kollektiventscheidungen wieder aufgenommenen Präzisierung der erforderlichen *„Informationsart"* für bestimmte Standardentscheidungen sind zunächst für *Maßnahmen aus dem M&A-Bereich* schließlich die folgenden Leitlinien aufgestellt worden:

(1) Im Zusammenhang mit Entscheidungen betreffend die Durchführung eines Unternehmenskaufs hat der Vorstand der erwerbenden Gesellschaft grundsätzlich eine *Due Diligence* durchzuführen

(2) Die der *Due Diligence* zu Grunde zu legende Checkliste sollte sich zunächst an den bereits existierenden Checklisten orientieren, in einem zweiten Schritt jedoch auch auf die konkreten Bedürfnisse des Einzelfalls abgestimmt werden. Insgesamt sollte sie möglichst umfangreich sein.

(3) Zwingt der zeitliche Rahmen einer Akquisition einmal zu Abstrichen bezüglich des Umfangs einer *Due Diligence*, so ist die Auswahl der gleichwohl noch zu überprüfenden

Aspekte vor allem daran zu orientieren, welche Bedeutung das jeweilige Prüfungsgebiet für die Erreichung des Akquisitionsziels hat sowie für wie hoch die mit dem jeweiligen Prüfungsgebiet verbundenen Risiken einzuschätzen sind.

(4) Geben die Ergebnisse der *Due Diligence* in bestimmten Punkten keine hinreichende Klarheit, so sollte der Vorstand der erwerbenden Gesellschaft auf die Vereinbarung entsprechender Garantien dringen – insbesondere dann, wenn der Vorstand der Zielgesellschaft die Beantwortung ganz konkreter Fragen aus unersichtlichen Gründen schlicht verweigert. Erst wenn Letzterer auch die Aufnahme entsprechender Gewährleistungsklauseln zurückweist, die infrage stehenden, zudem nicht anderweitig beschaffbaren, Informationen aber von entscheidender Bedeutung für die Erreichung des Akquisitionsziels sind bzw. das betreffende Prüfungsgebiet ein hohes Risikopotential aufweist, sollte von der Akquisition Abstand genommen werden.

(5) Bezüglich der erhaltenen Informationen sollte der Vorstand auf eine möglichst weitgehende Vollständigkeitserklärung von Seiten des Vorstands der Zielgesellschaft drängen.

(6) Im Fall (nahezu) vollständiger Delegation der *Due Diligence* an nachgeordnete Mitarbeiter bzw. Dritte hat der mit der Entscheidungsvorbereitung betraute Ressortverantwortliche diese jedenfalls noch zu überwachen. Das heißt, dass er etwa nachprüfen sollte, ob die Checklisten ordnungsgemäß abgearbeitet worden sind. Ebenso sollte er die angeforderten Unterlagen des Zielunternehmens stichprobenartig einsehen und den *Due Diligence Report* lesen.

(7) An die übrigen Vorstandsmitglieder ist dagegen nur die vergleichsweise knappere *Executive Summary* weiterzuleiten.

Vor der *Einführung einer neuen Produktlinie*, als zweite der näher betrachteten Standardentscheidungen, ist dem Vorstand demgegenüber aufzugeben, anhand von Absatzprognosen, Konsumentenurteilen und – vermittels Produkt-, Laden- und Markttests erhobenen – Kaufverhaltensdaten eine möglichst genaue Einschätzung der künftigen Erfolgsträchtigkeit der Produktlinie vorzunehmen.

Zur näheren Präzisierung von *Kreditbewilligungen erheblichen Umfangs* empfiehlt es sich, diesbezügliche Leitlinien aus dem Kreditwesengesetz bzw. genauer aus den erst kürzlich von der *BaFin* veröffentlichten MaRisk abzuleiten:

(1) Die Entscheidung für eine Projektfinanzierung erfordert zum einen Informationen in Bezug auf die Person des Kreditnehmers und zum anderen solche in Bezug auf das zu finanzierende Projekt. Konkreter sollten diese mit Blick auf die Person des Kreditnehmers nicht nur über dessen finanzielle Lage, sondern darüber hinaus auch über dessen unternehmerische Fähigkeiten sowie dessen Integrität Auskunft geben können. Was dagegen das zu finanzierende Projekt anbelangt, so gilt es einerseits Informationen über dessen wirtschaftliche Realisierbarkeit (erwartete Rentabilität, Investitionsvolumen, Gesamtfinanzierung) einzuholen, andererseits aber auch dessen technische und rechtliche Durchführbarkeit in Augenschein zu nehmen.

(2) Bei besonders großen Engagements sollte eine Informationsbeschaffung in Form einer *Due Diligence* stattfinden.

(3) Des Weiteren sind vor der Kreditvergabe sowohl die Werthaltigkeit als auch der Bestand der Sicherheiten zu überprüfen. Hängt der Sicherheitenwert maßgeblich von den Verhältnissen eines Dritten ab (Bürgschaft), so ist eine angemessene Überprüfung der finanziellen Lage des Dritten vorzunehmen.

(4) Im Rahmen einer laufenden Kreditbeziehung sind die unter (1) genannten Aspekte in – mit Blick auf den Risikogehalt des Engagements und die Gesamtlaufzeit – angemessenen Abständen, das heißt grundsätzlich jährlich, einer erneuten Beurteilung zu unterziehen. Gleiches gilt in Bezug auf die Werthaltigkeit und den rechtlichen Bestand der Sicherheiten. Außerordentliche Überprüfungen von Engagements einschließlich der Sicherheiten sind zumindest dann unverzüglich durchzuführen, wenn dem Vorstand aus externen oder internen Quellen Informationen bekannt werden, die auf eine wesentliche negative Änderung der Risikoeinschätzung des Engagements oder der Sicherheiten hindeuten.

7. Bezogen auf das *„Wie" der Informationsbeschaffung* galt es schließlich, zunächst die „Form" der Informationsmitteilung an die übrigen Vorstandsmitglieder näher zu konkretisieren:

(1) Grundsätzlich sind den an der Entscheidungsvorbereitung unbeteiligten Vorstandsmitgliedern die entscheidungserheblichen Fakten in Form schriftlicher Sitzungsunterlagen zu kommunizieren.

(2) Umfasst die Entscheidungsvorbereitung die Durchführung einer *Due Diligence*, so ist den einzelnen Organmitgliedern jeweils eine Ausführung der *Executive Summary* zuzuleiten.

(3) Steht die Entscheidung über die Zustimmung zu einem Vertrag an, so sollten die übrigen Vorstandsmitglieder jedenfalls die wichtigsten Bestimmungen und ansonsten eine Zusammenfassung des gesamten Vertragswerkes erhalten.

(4) Darüber hinaus bietet es sich in Bezug auf Spezialfragen bisweilen an, dass der mit der Informationsvorbereitung betraute Ressortverantwortliche während der Sitzung des Kollektivs entweder selbst referiert oder aber gezielt aus den Reihen seiner Mitarbeiterstäbe bzw. auch von professionellen Beratern vortragen lässt.

Bezogen auf den „Zeitpunkt" der Informationsmitteilung an die übrigen Vorstandsmitglieder gilt demgegenüber die Leitlinie, dass diese nicht nur bereits bei Einberufung der Vorstandssitzung – etwa durch gleichzeitige Übermittlung einer Tagesordnung – über die jeweiligen Abstimmungsgegenstände zu informieren sind. Vielmehr sind ihnen auch die die entscheidungserheblichen Fakten enthaltenden schriftlichen Sitzungsunterlagen, insbesondere etwaige Vertragsauszüge bzw. -zusammenfassungen, mit einem angemessenen Vorlauf von etwa einer Woche zuzuleiten. Eine Ausnahme von diesem Grundsatz kommt allein für den Fall von Krisensitzungen in Betracht, die unter hohem nicht selbst erzeugtem Zeitdruck einberufen worden sind.

8. Was schließlich das *„Wie" der Informationsabwägung* anbelangt, so haben sich sämtliche Vorstandsmitglieder möglichst aktiv in die Beratung einzubringen und sachkundig die bestehenden Handlungsalternativen zu erwägen. Grundlos, das heißt nicht krisenbedingt überstürzte Entscheidungen sind auch insofern unbedingt zu vermeiden.

9. Die vorstehend wiedergegebenen Leitlinien lassen sich schließlich auch nicht unter dem Aspekt einer Erhöhung des Dokumentationsaufwandes oder einer sich in gewissen Maßen einstellenden Formalisierung infrage stellen. Vielmehr sind diese – unweigerlich mit der Etablierung solcher Kriterien und Leitlinien verbundenen –

Aspekte die durch das UMAG aktualisierte aktienrechtliche Organhaftung gerade zu operationalisieren bzw. insgesamt zu einer guten *Corporate Governance* beizutragen imstande.

10. Was nun die Aspekte der *Auswirkung* von Verfahrensdefiziten sowie der *Heilung* durch „Genehmigung" anbelangt, so kann man sich im Bereich von *Einzelentscheidungen*, bei denen eine Auswirkung unweigerlich gegeben ist, sogleich mit der Möglichkeit einer Heilung auseinandersetzen:

a. Da die vom Verfahrenserfordernis ausgehende „Richtigkeitsgewähr" nicht vom Zeitpunkt des Vorliegens der diesbezüglichen Voraussetzungen abhängig ist, erweist sich die Möglichkeit einer solchen Heilung mit Blick auf die mangelnde praktische Handhabbarkeit des strengen an § 93 Abs. 1 S. 1 AktG orientierten Überprüfungsmaßstabs dem Grunde nach sogar als aus teleologischer Sicht geradezu geboten.

b. Dogmatisch ist die zur Heilung führende „Genehmigung" schließlich als ein Akt „organinterner Selbstkontrolle" aufzufassen, für den gleichsam als „genehmigungsfähiges" Organ der Gesamtvorstand zuständig ist. Durch ihn vermag bezogen auf das Verfahrenserfordernis der Schutz des § 93 Abs. 1 S. 2 AktG wiederhergestellt zu werden.

c. Dafür muss die „Genehmigung" jedoch auch ihrerseits wieder sorgfaltsgemäß zustande gekommen sein. Das bedeutet, dass sie – gleichsam als erneute „unternehmerische Entscheidung" – (mindestens) den in § 93 Abs. 1 S. 2 AktG verankerten Anforderungen gerecht zu werden hat. Die diesbezüglich noch einmal gesondert zu erwähnenden Aspekte betreffen wiederum vor allem das Verfahrenserfordernis: So gilt es, als für die Informationsgrundlage maßgeblichen Zeitpunkt schließlich auf den der „Genehmigung" selbst abzustellen. In Bezug auf die Frage nach der mit der „Genehmigungsvorbereitung" zu betrauenden Person ist dagegen zu fordern, dass – gegebenenfalls neben dem Ressortverantwortlichen – jedenfalls auch ein weiteres unabhängig von diesem handelndes Vorstandsmitglied die für den Beschluss des Gesamtvorstandes erforderlichen Informationen beschaffen sollte.

d. Der Besprechung haftungsrechtlicher Anschlussfragen lassen sich vor allem die folgenden – im Wesentlichen den Fall (verfahrens-)sorgfaltswidriger „Genehmigungserteilung" betreffenden – Thesen entnehmen: Im Rahmen des internen Haftungsquotenausgleichs gem. § 426 BGB lässt sich eine grundsätzlich alleinige Ausgleichspflicht des die ursprüngliche Entscheidung initiierenden Ressortleiters nicht begründen. Eine diesbezügliche Heranziehung der Wertung von § 840 Abs. 2 BGB scheitert insofern bereits an deren mangelnder Verallgemeinerungsfähigkeit und würde davon abgesehen die von einer haftungsbewehrten Überwachungspflicht ausgehende Anreizwirkung aushebeln. Unter dem Aspekt des „Maßes der Verursachung" ist die Haftungsquote des Ressortverantwortlichen allerdings zumindest insoweit zu erhöhen, als der eingetretene Schaden selbst bei pflichtgemäßem Verhalten der überwachungspflichtigen Vorstandsmitglieder nicht mehr sicher hätte verhindert werden können. Etwaige weitere Umstände, wie „Übernahme der Entscheidungsvorbereitung", „faktische Dominanz", „Enthaltung", „Überstimmtwordensein" oder „Verhinderung" kommen insofern jedoch nicht zum Tragen. Was sodann den Gesichtspunkt der „Schwere der Pflichtverletzung" anbelangt, so findet nicht schon grundsätzlich eine Differenzierung zwischen der Verletzung der die eigene Ressortverwaltung betreffenden Pflichten und der ressortübergreifenden Überwachungspflicht statt. Vielmehr sind stets für die einzelnen Vorstandsmitglieder getrennt die jeweils konkreten Umstände ihrer eigenen Pflichtverletzung genauer in Augenschein zu nehmen. Das Kriterium der „Sachnähe“ bzw. des „Sachverstandes“ vermag hierbei allerdings wiederum nicht zu überzeugen. Stattdessen kann es insofern allenfalls dann zu einer höhenmäßigen Verschiebung einzelner Quoten kommen, wenn die Verletzung der Überwachungspflicht zugleich auch eine Missachtung der dem eigenen Ressort zugewiesenen Aufgaben darstellt und damit eine Art „doppelte“ Pflichtverletzung gegeben ist.

11. Für die Frage nach der *Auswirkung* von Verfahrensdefiziten einzelner Organmitglieder auf die *Entscheidung des gesamten Kollektivs* kommt es schließlich maßgeblich auf das Kriterium der „Entscheidungserheblichkeit“ an. Etwas ausführlicher bedeutet dies, dass es zur Feststellung eines insgesamt noch für „informiert“ zu erachtenden Kollektivs zunächst zu überprüfen gilt, ob die Organmehrheit an sich über eine ausreichende Informationsgrundlage verfügt, bevor sodann danach zu fragen ist, ob Letztere zugleich auch in der die Entscheidung tragenden Mehrheit enthalten ist.

12. Was demgegenüber die *Heilung* von Kollektiventscheidungen anbelangt, so gilt das Folgende: Während sich im Zusammenhang mit Ausschussentscheidungen eine zur Heilung führende „Genehmigung“ wiederum als Akt „organinterner Selbstkontrolle“ konstruieren lässt, für den gleichsam als „genehmigungsfähiges“ Organ der Gesamtvorstand zuständig ist, sind vom Gesamtvorstand selbst zu verantwortende Verfahrensdefizite letztendlich keiner Heilung zugänglich. Eine Heilung durch „Genehmigung“ von Seiten des Aufsichtsrates scheitert insofern spätestens daran, dass dieser hierbei entgegen der zwingenden aktienrechtlichen Rollenverteilung vom „Gegenspieler“ zum „Zuspieler“ des Vorstands avancieren würde. Die Hauptversammlung muss demgegenüber deshalb als „genehmigungsfähiges Organ“ ausscheiden, weil dies jedenfalls die vom Gesetzgeber qua § 93 Abs. 4 S. 3 AktG bewusst gezogene Grenze für eine Enthaftung von Vorstandsmitgliedern sprengen würde.

I. Loyalitätskontrolle

1. Das dritte Element des Geschäftsleiterermessens, die Loyalitätskontrolle, verbirgt sich schließlich hinter dem Merkmal des „annehmen Dürfens, zum Wohle der Gesellschaft zu handeln“. Anders als die Verfahrenskontrolle, ist dieses Merkmal nun wieder als bloße Voraussetzung für die Zugrundelegung des – teils mehr, teils weniger – abgemiderten sorgfaltsbezogenen Überprüfungsmaßstabs des § 93 Abs. 1 S. 2 AktG aufzufassen. Ihre Funktion überhaupt als Voraussetzung für die Gewährung eines solchen Handlungsspielraums ist dabei vornehmlich der auch von ihr ausgehenden inhaltsbezogenen „Richtigkeitsgewähr“ geschuldet.

2. Was *Reichweite* und *Inhalt* der Loyalitätskontrolle anbelangt, so ist in diesem Zusammenhang zunächst ganz generell danach zu fragen, ob bezogen auf die ein-

zelnen Vorstandsmitglieder etwaige „gesellschaftsfremde“ Interessen ersichtlich sind, denen die infrage stehende unternehmerische Entscheidung auch zu dienen imstande ist.

3. Der Terminus *„gesellschaftsfremd“* spricht dabei all jene Interessen an, die weder von Seiten der Aktionäre oder Arbeitnehmer herrühren, noch auf Gemeinwohlbelange zurückgehen, sondern dementsprechend vielmehr in der Person der Vorstandsmitglieder selbst bzw. in der eines Dritten begründet sind. Allerdings schaden selbst solchermaßen als „gesellschaftsfremd“ einzustufende Interessen dann nicht, wenn ein Fall von „Interessenidentität“ gegeben ist.

4. Bezogen auf die grundsätzlich erforderliche *„Intensität“* eines solchen disqualifizierenden Interesses ist schließlich zu fordern, dass besagtes Interesse den in Rede stehenden Entscheidungsprozess von seiner Bedeutung her überhaupt zu beeinflussen geeignet ist – was abstrakt gesprochen immer dann der Fall sein wird, wenn es sich um ein ähnlich starkes Eigeninteresse handelt, wie es in Fällen eines Insichgeschäfts angenommen wird. Konform zum *subjective actual person standard* US-amerikanischen Rechts erfordert dies im Einzelnen, stets die jeweils konkreten Eigenschaften bzw. das Verhalten des einzelnen Vorstandsmitglieds sowie die sonstigen konkreten Umstände des Einzelfalls in ihrer Gesamtheit zu würdigen.

5. Was nun die *„Art“* des Fremdinteresses anbelangt, so kann grundsätzlich zwischen Interessen, die aus der Innehabung der Parteieigenschaft herrühren (1), „finanziellen“ (2), „ideellen“ (3) und „strukturellen“ Interessen (4) unterschieden werden. In Bezug auf ihre jeweilige Relevanz gelten schließlich die folgenden Grundsätze: Während Interessen der zuerst genannten Art stets relevante Fremdinteresse darstellen, gilt dies in Bezug auf „finanzielle“ Interessen allein unter der Maßgabe, dass der in Rede stehende Betrag – oder andere Gründe – eine tatsächliche Beeinflussung des Vorstandsmitgliedes nicht höchst zweifelhaft erscheinen lassen. Bezüglich „ideeller“ und „struktureller“ Fremdinteressen bedarf es demgegenüber stets einer Abwägung der konkreten Umstände des Einzelfalls, um Art und Schwere des Interessenkonfliktes mit Blick auf dessen Relevanz für die Anwendbarkeit des Geschäftsleiterermessens beurteilen zu können.

6. Bezogen auf den *„Ursprung“* des „gesellschaftsfremden“ Interesses ist im Zusammenhang mit von dritter Seite herrührenden Interessen schließlich maßgeblich auf die Unterscheidung „freiwillige/unfreiwillige Befolgung“ abzustellen. Die Kategorie „freiwilliger Befolgung“ umfasst dabei all diejenigen Personen, zu dem das jeweilige Vorstandsmitglied ein besonderes Näheverhältnis unterhält, während die Kategorie „unfreiwilliger Befolgung“ demgegenüber solche Fälle betrifft, in denen das entsprechende Vorstandsmitglied einer tatsächlichen Kontrolle bzw. Beherrschung durch einen Dritten unterliegt.

7. Im Rahmen der Konkretisierung dieser abstrakten Grundsätze sind schließlich die folgenden *Leitlinien* aufgestellt worden:

a. Aktienkurs- bzw. erfolgsbezogene Vergütungsformen, wie die Gewährung von Aktienoptionen und Gewinntantiemen, stehen einer Anwendung des Geschäftsleiterermessens grundsätzlich nicht entgegen („Interessenidentität“). Etwas anderes vermag allenfalls dann zu gelten, wenn die Aktienoptionen auf andere Gesellschaften innerhalb eines Konzerns bezogen sind und das zulässige Maß der Orientierung an Konzerninteressen überschritten wird.

b. Ebenfalls als in Bezug auf das Geschäftsleiterermessen irrelevant kann schließlich die Kapitalbeteiligung der Geschäftsleitung nach einem *Management Buyout* angesehen werden.

c. Für Vorstandsentscheidungen im Zusammenhang mit dem *Management Buyout* selbst muss jedoch von der Existenz relevanter „finanzieller" Eigeninteressen und damit von der Nichtanwendbarkeit des Geschäftsleiterermessens ausgegangen werden.

d. Auch das Inaussichtstellen von Prämien und Provisionen von Seiten des (potentiellen) Geschäftspartners der Gesellschaft oder auch von sonst an der Transaktion interessierter Seite wird in aller Regel – insbesondere ab einer gewissen Höhe – ein relevantes „finanzielles" Eigeninteresse begründen, selbst wenn sie als Zahlungen für nicht näher spezifizierte „beratende" Tätigkeiten „getarnt" werden. Als Orientierungshilfe vermag das Gehalt des Vorstandsmitgliedes herangezogen zu werden. Für Vorteile, die Vorstandsmitgliedern nahe stehenden Personen in Aussicht gestellt werden, kann selbstverständlich nichts anderes gelten.

e. Ebenfalls um ein relevantes – diesmal „strukturelles" – Interesse kann es sich dann handeln, wenn ein Vorstandsmitglied an einem Vertragspartner der Gesellschaft beteiligt ist, es sei denn, es steht dabei allein eine nichtmehrheitliche Beteiligung im Raume.

f. Aus dem Umstand, dass Interessenkonflikte stets aus ihrem Gesamtkontext heraus bzw. zugleich auch in Gesamtschau zu würdigen sind, folgt schließlich, dass sich ein relevanter Interessenkonflikt – nach hier vertretener Ansicht – auch einmal aus der Zusammenschau verschiedener, für sich alleine betrachtet noch nicht unbedingt als relevant zu beurteilender, Eigeninteressen ergeben kann.

g. Im Zusammenhang mit Entscheidungen des Vorstands einer von einem „feindlichen Übernahmeangebot" betroffenen Gesellschaft gelten schließlich die folgenden Leitlinien: Für Entscheidungen betreffend das Tagesgeschäft bzw. eine bereits eingeleitete Unternehmensstrategie (§ 33 Abs. 1 S. 2, 1. Var. WpÜG bzw. § 33a Abs. 2 S. 2 Nr. 2 und 3 WpÜG) sowie für Entscheidungen im Rahmen der Suche nach einem konkurrierenden Angebot (§ 33 Abs. 1 S. 2, 2. Var. WpÜG bzw. § 33a Abs. 2 S. 2 Nr. 4 WpÜG) steht dem Vorstand mangels (gravierender) Kollision mit dem in § 33 Abs. 1 S. 1 WpÜG (bzw. in § 33a Abs. 2 S. 1 WpÜG) niedergelegten Erfolgsverhinderungsverbot grundsätzlich der Schutz des Geschäftsleiterermessens zur Verfügung. Im Bereich „klassischer Abwehrmaßnahmen" im Sinne von § 33 Abs. 1 S. 2, 3. Var. WpÜG ist zur Feststellung eines „qualifizierten Unternehmensinteresses" schließlich ebenfalls noch von einem „verbleibenden Ermessen" auszugehen, so dass auch insofern die Vorschrift des § 93 Abs. 1 S. 2 AktG zur Anwendung gelangt. Bezogen auf Maßnahmen auf der Grundlage von Hauptversammlungsbeschlüssen (in der Form von Ermächtigungsbeschlüssen) sowie Werbemaßnahmen ist dagegen wiederum erst gar keine das Geschäftsleiterermessen ausschließende Kollision mit dem Erfolgsverhinderungsverbot ersichtlich.

8. Was die Aspekte der *Auswirkung* und *Heilung* von Interessenkonflikten anbe-

langt, so kann – zunächst im Zusammenhang mit *Einzelentscheidungen* – der von einem Interessenkonflikt betroffene Ressortverantwortliche den Schutz des Geschäftsleiterermessens für die anstehende Entscheidung dadurch aufrecht erhalten, dass er seinen Interessenkonflikt offen legt und den Entscheidungsgegenstand an den Gesamtvorstand zurückverweist. Aber selbst wenn er die Entscheidung demgegenüber gleichwohl selbst getroffen hat, so kommt stets noch eine zur Heilung der Befangenheit führende „Genehmigung" von Seiten des Gesamtvorstandes in Betracht, die sich – konform zum im Kontext von Verfahrensdefiziten Gesagten – wiederum als Akt „organinterner Selbstkontrolle" konstruieren lässt.

9. Im Zusammenhang mit *Kollektiventscheidungen* gilt es, für die Frage nach einem Erhalt des Schutzes des Geschäftsleiterermessens trotz Interessenkonflikt zunächst wieder danach zu differenzieren, ob es sich insofern um eine Ausschussentscheidung oder um eine Entscheidung des Gesamtvorstandes handelt. Während für Ausschussentscheidungen noch auf das zu Einzelentscheidungen Gesagte verwiesen werden kann, müssen in Bezug auf Entscheidungen des Gesamtvorstandes neue Grundsätze zur Anwendung gelangen. Diese bedingen im Ausgangspunkt nun wiederum eine erneute Unterscheidung – und zwar danach, ob bei Außerachtlassung der befangenen Organmitglieder die Beschlussfähigkeit bestehen bleibt oder nicht. Im zuerst genannten Fall vermag die Entscheidung schließlich schlicht von den Vorstandsmitgliedern getroffen zu werden, die keinem Interessenkonflikt unterliegen. Im zweiten Fall kann der Schutz des Geschäftsleiterermessens demgegenüber durch vorherige Zustimmung des unbefangenen und infolge Offenlegung voll informierten Aufsichtsrats gemäß § 111 Abs. 4 S. 2 AktG aufrechterhalten werden. Für die Erteilung der Zustimmung gilt sodann wiederum der Maßstab des § 93 Abs. 1 S. 2 AktG.

Was zum Schluss noch die Auswirkung und Heilung nicht offen gelegter Interessenkonflikte anbelangt, so ist – auch hier – das zur Annahme einer insgesamt befangenen Entscheidung erforderliche Quorum mit dem Begriff der „Entscheidungserheblichkeit" festgemacht worden, so dass auch im Rahmen der Loyalitätskontrolle bei Kollektiventscheidungen zunächst zu überprüfen ist, ob die Organmehrheit an sich als unbefangen erachtet werden kann, bevor sodann danach gefragt werden muss, ob Letztere zugleich auch in der die Entscheidung tragenden Mehrheit enthalten ist. Eine in Richtung eines schwächeren Quorums weisende Ausnahme vermag allenfalls im Fall einer wesentlichen Beeinflussung der Unbefangenen durch ein befangenes Vorstandsmitglied Geltung zu beanspruchen. Eine Heilung von insgesamt unter Befangenheit getroffenen Entscheidungen kommt schließlich wieder allein im Fall von Ausschussentscheidungen in Betracht. Entscheidungen des Gesamtvorstands sind demgegenüber auch unter diesem Aspekt keiner Heilung zugänglich.

J. Inhaltskontrolle

1. Des Weiteren verbirgt sich hinter dem Merkmal des „annehmen Dürfens, zum Wohle der Gesellschaft zu handeln" eine Inhaltskontrolle als zweiter Teil der andererseits verfahrensbezogenen Sorgfaltskontrolle. Ohne dadurch sogleich auch der

Überflüssigkeit anheim zu fallen, beansprucht diese Kontrolle nun den mit Abstand weitesten vorstandseigenen Handlungsspielraum. Anders als die vorherigen Elemente, fungiert sie daher nicht zugleich auch selbst wieder als Voraussetzung für eines der anderen Merkmale von § 93 Abs. 1 S. 2 AktG.

2. Abstrakt lässt sich der inhaltsbezogene Überprüfungsmaßstab schließlich mit dem Terminus der „Rückführbarkeit des Entscheidungsinhalts auf *rationale* unternehmerische Erwägungen" wiedergeben.

3. Im Rahmen der Etablierung einer (beginnenden) Kasuistik inhaltsbezogener Ermessensgrenzen ist diese „Formel" sodann anhand der folgenden Leitlinien näher konkretisiert worden:

a. Im Rahmen der Entscheidung über die Vergabe eines Kredits sind grundsätzlich angemessene Sicherheiten zu vereinbaren. Ist die ausreichende Hereinnahme von Sicherheiten nicht möglich, so darf die Kreditgewährung nur ausnahmsweise erfolgen – so etwa dann, wenn die Insolvenz eines Unternehmens Konsequenzen für die allgemeine wirtschaftliche Lage zeitigen könnte, die auf die Gesellschaft selbst zurückzuwirken imstande sind.

b. Die eigene Kreditaufnahme der Aktiengesellschaft lässt sich demgegenüber nur dann noch mit dem Geschäftsleiterermessen bemänteln, wenn die Leistungsfähigkeit des Unternehmens nicht von vornherein überschritten wird bzw. die Rückführbarkeit nicht nur bei besonders guter Geschäftsentwicklung zu erwarten ist. Im Fall einer „kränkelnden" Gesellschaft ist diese Leitlinie nur einschränkend anzuwenden.

c. In Bezug auf Akquisitionsentscheidungen gelten neben dem Grundsatz der Einfügung in die Unternehmensstrategie vor allem die folgenden – allesamt den Aspekt der Preisfindung betreffenden – Leitlinien: Aus Erwerbersicht ist der Preis dann auf rationale unternehmerische Erwägungen rückführbar, wenn er entweder durch die Bewertung des Unternehmens gerechtfertigt wird oder aber die Akquisition bei einem höheren Preis gleichwohl volle Kapitalkostendeckung und einen Wertbeitrag unter Einhaltung der Zielrendite erreicht. Bei mangelnder Kapitalkostendeckung muss die Akquisition demgegenüber grundsätzlich unterbleiben, es sei denn, es liegen ausnahmsweise besondere Gründe vor, die gleichwohl ihre Durchführung rechtfertigen – wie etwa das Erfordernis, einen Markt zu besetzen oder eine Lieferantenposition abzusichern, die sonst an die Konkurrenz verloren ginge.

d. Darüber hinaus lassen sich als weitere inhaltsbezogene Ermessensgrenzen die Grundsätze aufstellen, nach denen der Vorstand im Fall eines nicht unerheblichen Fehlbetrags im Kassenbestand die dem insofern verantwortlichen Angestellten erteilte Bankvollmacht widerrufen und für besonders gefährdete Vermögenswerte eine Versicherung abschließen sollte.

e. Unter dem Begriff der „Verschwendung von Gesellschaftsmitteln" lässt sich schließlich zum einen das in den USA unter dem Begriff des *waste test* behandelte Fallmaterial in das deutsche Recht implementieren. Zum anderen gehören hierzu aber auch der grundlose Verzicht auf eine klare rechtliche Position einschließlich deren gerichtlicher Durchsetzung, das Nichteintreiben fälliger Forderungen bis zur Verjährung, die Übernahme wertloser Geschäftsanteile, der Erwerb nutzloser Patente, der Abschluss eines nutzlosen Beratungsvertrages, die Abgabe zu niedrig kalkulierter Angebote, die Ausstellung eines Gefälligkeitswechsels, wenn ein spezifisches Interesse der Gesellschaft am Erhalt des begünstigten Unternehmens nicht besteht, sowie allgemein der Abschluss unsinniger Verträge. „Soziale Aktivitäten" im weitesten Sinne – wie Sponsoring, sonstige Zuwendungen für sportliche, kulturelle, wissenschaftliche, mildtätige oder gar politische Zwecke, die Etablierung von Stiftungen und die Beteiligung an ihnen, Hilfeleistungen bei Naturkatastrophen und Unglücksfällen im In- wie Ausland und Ähnliches – stellen demgegenüber nicht schon per se eine Verschwendung von Gesellschaftsmitteln dar. Vielmehr gelten für sie wiederum eigene inhaltsbezogene Ermessensgrenzen, die sich insgesamt betrachtet mit dem Begriff der „Angemessenheit" zusammenfassen lassen und im Einzelnen vor allem auf die folgenden Aspekte gerichtet sind: Größenordnung und finanzielle Situation der Gesellschaft, insbesondere Ertragslage des Unternehmens; Verkehrsüblichkeit der Spende sowie Nähe des unterstützten Zwecks zum Unternehmensgegenstand.

K. Gutgläubigkeitserfordernis

1. Zuletzt ist dem Merkmal des „annehmen Dürfens, zum Wohle der Gesellschaft zu handeln" schließlich noch ein Gutgläubigkeitserfordernis zu entnehmen, bei dem es sich im Grunde um nichts anderes als um einen vom allgemeinen Loyalitätserfordernis abgespaltenen Teilaspekt handelt – ein Umstand, den es im Umgang mit besagtem Kriterium stets im Auge zu behalten gilt.

2. Inhaltlich betrifft das Gutgläubigkeitserfordernis nun nicht mehr den vergleichsweise relevanteren und zudem leichter überprüfbaren Fall etwaiger mit dem „Unternehmensinteresse" konkurrierender Fremdeinflüsse. Vielmehr geht es hierbei lediglich noch darum, ob die jeweiligen Vorstandsmitglieder nicht vielleicht gleichwohl eine positiv und zugleich allein auf die Interessen der Gesellschaft gerichtete Motivation haben vermissen lassen, indem sie subjektiv bösgläubig oder zumindest bewusst nachlässig bzw. gleichgültig gehandelt haben.

3. Da dieser Teilaspekt des Loyalitätserfordernisses im bisherigen Prüfungsprogramm noch keine Berücksichtigung gefunden hat, vermag das Gutgläubigkeitskriterium auch nicht als überflüssig bewertet zu werden. Seine gleichwohl stark untergeordnete Bedeutung als allgemeiner Auffangtatbestand ist vielmehr im Wesentlichen der insofern einzuräumenden „Praxisferne" bzw. gewissermaßen auch „Praxisuntauglichkeit" dieses Merkmals geschuldet.

4. Die Aspekte der Auswirkung und Heilung richten sich ganz nach dem bereits zum Loyalitätserfordernis Gesagten.

Literaturverzeichnis

Abeltshauser, Thomas E., Leitungshaftung im Kapitalgesellschaftsrecht – Zu den Sorgfalts- und Loyalitätspflichten von Unternehmensleitern im deutschen und im US-amerikanischen Kapitalgesellschaftsrecht, Köln 1998, zugl.: Gießen, Univ., Habil.-Schr., 1994 (zit.: *Abeltshauser*, Leitungshaftung, 1998, S.)

Alexy, Robert, Ermessensfehler, JZ 1986, 701-716

Allen, William T. / Jacobs, Jack B. / Strine, Leo E., Function over Form: A Reassessment of Standards of Review in Delaware Corporation Law, 56 Bus. Law. (2005) 1287-1321

Allen, William T., The Corporate Director`s Fiduciary Duty of Care and the Business Judgment Rule Under U.S. Corporate Law, in: Hopt, Klaus J. / Kanda, Hideki / Roe, Mark J. / Wymeersch, Eddy / Prigge, Stefan (Hrsg.), Comparative Corporate Governance – The State of the Art and Emerging Research –, Oxford 1998, S. 307 – 331 (zit.: *Allen*, in: Comparative Corporate Governance, 1998, S. 307 (S.))

Articus, Stephan / Schneider, Bernd Jürgen (Hrsg.), Gemeindeordnung für das Land Nordrhein-Westfalen, 2. Aufl., Stuttgart 2004 (zit.: *Bearbeiter*, in: Articus/Schneider, Gemeindeordnung für das Land Nordrhein-Westfalen, Erl. §, S.)

Assmann, Heinz-Dieter / Pötzsch, Thorsten / Schneider, Uwe H. (Hrsg.), Wertpapiererwerbs- und Übernahmegesetz – Kommentar, Köln 2005 (zit.: *Bearbeiter* in Assmann/Pötzsch/Schneider, WpÜG, 2005, §, Rn.)

Atkins, Peter Allan, M&A Today – Practical Thoughts for Directors and Deal-Makers, 60 Bus. Law. (2005) 1455-1467

Bainbridge, Stephen M., The Business Judgment Rule as Abstention Doctrine, 57 Vand. L. Rev. (2004) 83-130

ders., Corporation Law and Economics, New York 2002 (zit.: *Bainbridge*, Corporation Law, 2002, S.)

Balotti, R. Franklin / Hanks, James J. Jr., Rejudging the Business Judgment Rule, 48 Bus. Law. (1993) 1337-1353

Balotti, R. Franklin / Varallo, Gregory V. / Czeschin, Brock E., Unocal Revisited: Lipton`s Influence on Bedrock Takeover Jurisprudence, 60 Bus. Law. (2005) 1399-1417

Bamberger, Heinz Georg / Roth, Herbert (Hrsg.), Kommentar zum Bürgerlichen Gesetzbuch, Bd. 1 – §§ 1-610 – CISG, 2. Aufl., München 2007 (zit.: Bamberger/Roth-*Bearbeiter*, BGB, 2007, §, Rn.)

Bastuck, Burkhard, Enthaftung des Managements – Corporate Indemnification im amerikanischen und deutschen Recht, Köln 1986

Battis, Ulrich, Allgemeines Verwaltungsrecht, 3. Aufl., Heidelberg 2002

Baumbach, Adolf / Hueck, Alfred / Hueck, Götz, Aktiengesetz, 13. Aufl., München 1968 (zit.: *Bearbeiter* in Baumbach/Hueck, AktG, 1968, §, Rn.)

Baumbach, Adolf / Hueck, Alfred, GmbH-Gesetz, 18. Aufl., München 2006 (zit.: *Bearbeiter* in Baumbach/Hueck, GmbHG, 2006, §, Rn.)

Baumbach, Adolf / Lauterbach, Wolfgang / Albers, Jan / Hartmann, Peter, Zivilprozessordnung, 66. Aufl., München 2008 (zit.: Baumbach/Lauterbach/Albers/Hartmann, ZPO, 2008, §, Rn.)

Baums, Theodor, Der Geschäftsleitervertrag – Begründung, Inhalt und Beendigung der Rechtsstellung der Vorstandsmitglieder und Geschäftsführer in den Kapitalgesellschaften und Genossenschaften, Köln 1987

Becker, Michael, Verwaltungskontrolle durch Gesellschafterrechte: Eine vergleichende Studie nach deutschem Verbandsrecht und dem amerikanischen Recht der corporation, Tübingen 1997, zugl.: Hamburg, Univ., Habil., 1995/96 (zit.: *Becker*, Verwaltungskontrolle, 1997, S.)

Berding, Benjamin, Gesellschafts- und kapitalmarktrechtliche Grundsätze im Übernahmerecht, WM 2002, 1149-1158

Berens, Wolfgang / Brauner, Hans U. / Strauch, Joachim (Hrsg.), Due Diligence bei Unternehmensakquisitionen, 4. Aufl., Stuttgart 2005

Berens, Wolfgang / Strauch, Joachim, Due Diligence bei Unternehmensakquisitionen – Eine empirische Untersuchung –, WPg 2002, 511-525

Berger, Christian / Frege, Michael C., Business Judgment Rule bei Unternehmensfortführung in der Insolvenz – Haftungsprivileg für den Verwalter?, ZIP 2008, 204-210

Bezzenberger, Tilman, Der Vorstandsvorsitzende der Aktiengesellschaft, ZGR 1996, 661-673

Bihr, Dietrich, Due Diligence: Geschäftsführungsorgane im Spannungsfeld zwischen Gesellschafts- und Gesellschafterinteressen, BB 1998, 1198-1201

Bishop, Joseph W., Jr., Sitting Ducks and Decoy Ducks: New Trends in the Indemnification of Corporate Directors and Officers, 77 Yale L. J. (1968) 1078-1103

Blaschczok, Andreas, Kommentar zu Claus Ott / Hans-Bernd Schäfer: Anreiz- und Abschreckungsfunktion im Zivilrecht, in: Ott, Claus / Schäfer, Hans-Bernd (Hrsg.), Die Präventivwirkung zivil- und strafrechtlicher Sanktionen, Tübingen 1999, S. 156-168 (zit.: *Blaschczok*, in: Ott/Schäfer, Präventivwirkung, 1999, S. 156 (S.))

Block, Dennis J. / Barton, Nancy E. / Radin, Stephen A., The Business Judgment Rule – Fiduciary Duties of Corporate Directors, Volume I, II, 5th ed., New York 1998

Blomeyer, Arwed, Zivilprozeßrecht – Erkenntnisverfahren, 2. Aufl., Berlin 1985

Böttcher, Lars, Organpflichten beim Unternehmenskauf, NZG 2007, 481-485

ders., Verpflichtung des Vorstands einer AG zur Durchführung einer Due Diligence, NZG 2005, 49-54

Boos, Karl-Heinz / Fischer, Reinfried / Schulte-Mattler, Hermann (Hrsg.), Kreditwesengesetz – Kommentar zu KWG und Ausführungsvorschriften, 2. Aufl., München 2004 (zit.: *Bearbeiter*, in: Boos/Fischer/Schulte-Mattler, KWG, 2004, §, Rn.)

Boujong, Karlheinz, Anmerkung zu BGH, Urt. v. 21.4.1997 – II ZR 175/95, DZWir 1997, 326-329

Brandes, Helmut, Die Rechtsprechung des Bundesgerichtshofs zur Aktiengesellschaft, WM 2000, 53-57

Branson, Douglas M., The Rule that isn`t a rule – The Business Judgment Rule, 36 Val. U. L. Rev. (2002) 631-654

Brömmelmeyer, Christoph, Neue Regeln für die Binnenhaftung des Vorstands – Ein Beitrag zur Konkretisierung der Business Judgment Rule, WM 2005, 2065-2070

Baltzer, Johannes, Der Beschluß als rechtstechnisches Mittel organschaftlicher Funktion im Privatrecht, Köln 1965

Bürgers, Tobias / Körber, Torsten (Hrsg.), Heidelberger Kommentar zum Aktiengesetz, Heidelberg 2008 (zit.: *Bearbeiter*, in: Bürgers/Körber, AktG, 2008, §, Rn.)

Bürkle, Jürgen / Fecker, Jörg, Business Judgment Rule: Unternehmerischer Haftungsfreiraum für leitende Angestellte, NZA, 589-596

Bühring-Uhle, Christian / Nelle, Andreas, Aktionärsklage und Konzernklage im amerikanischen Recht – ein Modell?, AG 1989, 41-53

Bull, Hans Peter / Mehde, Veith, Allgemeines Verwaltungsrecht mit Verwaltungslehre, 7. Aufl., Heidelberg 2005

Bundesrechtsanwaltskammer – Ausschuss Gesellschaftsrecht / Ausschuss ZPO/GVG, Stellungnahme zum Entwurf eines Gesetzes zur Unternehmensintegrität und Modernisierung des Anfechtungsrechts (UMAG) v. 5.4.2004, http://brak.de/seiten/pdf/Stellungnahmen/UMAG.pdf (zul. abgerufen am 1.5.2008) (zit.: Stellungnahme der *BRAK* zum UMAG-RefE v. 5.4.2004, http://brak.de/seiten/pdf/Stellungnahmen/UMAG.pdf, S.)

Bundesverband der Deutschen Industrie / Bundesvereinigung der Deutschen Arbeitgeberverbände / Deutscher Industrie- und Handelskammertag / Gesamtverband der Deutschen Versicherungswirtschaft / Bundesverband deutscher Banken, Gemeinsame Stellungnahme zum Referentenentwurf eines Gesetzes zur Unternehmensintegrität und Modernisierung des Anfechtungsrechts (UMAG-RefE) v. 2.4.2004, http://www.dihk.de/index.html?/inhalt/themen/rechtundfairplay/stellungnahmen/index.html (zul. abgerufen am 1.5.2008) (zit.: Gem. Stellungnahme v. BDI, BDA, DIHK, GDV und BdB zum UMAG-RefE v. 2.4.2004, http://www.dihk.de/index.html?/inhalt/themen/rechtundfairplay/stellungnahmen/index.html, S.)

Bundesverband der Deutschen Industrie / Bundesvereinigung der Deutschen Arbeitgeberverbände / Deutscher Industrie- und Handelskammertag / Gesamtverband der Deutschen Versicherungswirtschaft / Bundesverband deutscher Banken, Gemeinsame Stellungnahme zum Regierungsentwurf eines Gesetzes zur Unternehmensintegrität und Modernisierung des Anfechtungsrechts (UMAG-RegE) v. 26.1.2005, http://www.dihk.de/index.html?/inhalt/themen/rechtundfairplay/stellungnahmen/index.html (zul. abgerufen am 1.5.2008) (zit.: Gem. Stellungnahme v. BDI, BDA, DIHK, GDV und BdB zum UMAG-RegE v. 26.1.2005, http://www.dihk.de/index.html?/inhalt/themen/rechtundfairplay/stellungnahmen/index.html, S.)

Bungert, Hartwin, Gesellschaftsrecht in den USA – Eine Einführung mit vergleichenden Tabellen, 3. Aufl., Berlin 2003 (zit.: *Bungert*, Gesellschaftsrecht, 2003, S.)

Casper, Matthias, Der Optionsvertrag, Tübingen 2005, zugl.: Heidelberg, Univ., Habil.-Schr., 2002

Deckert, Martina, Ökonomische Aspekte in der Rechtsanwendung, JA 1996, 712-717

Deutscher Gewerkschaftsbund – Bundesvorstand, Stellungnahme zum Entwurf eines Gesetzes zur Unternehmensintegrität und Modernisierung des Anfechtungsrechts (UMAG) v. 17.5.2004, http://www.boeckler.de/pdf/dgb_stellungnahme_umag_2004.pdf (zul. abgerufen am 1.5.2008) (zit.: Stellungnahme des *DGB* zum UMAG-RefE v. 17.5.2004, http://www.boeckler.de/pdf/dgb_stellungnahme_umag_2004.pdf, S.)

Deutsches Aktieninstitut e.V., Stellungnahme zu dem Referentenentwurf eines Gesetzes zur Unternehmensintegrität und Modernisierung des Anfechtungsrechts (UMAG) v. 31.3.2004, http://www.dai.de/internet/dai/dai-2-0.nsf/LookupDL/6507FCC96CC72FC4C1256E6D00344251/$File/DAI-Stellungnahme+UMAG-RefE_040331.pdf (zul. abgerufen am 1.5.2008) (zit.: Stellungnahme des *DAI* zum UMAG-RefE v. 31.3.2004, http://www.dai.de/internet/dai/dai-2-0.nsf/LookupDL/6507FCC96CC72FC4C1256E6D00344251/$File/DAI-Stellungnahme+UMAG-RefE_040331.pdf, S.)

Deutsche Schutzvereinigung für Wertpapierbesitz e.V. (DSW), Stellungnahme zum Referentenentwurf eines Gesetzes zur Unternehmensintegrität und Modernisierung des Anfechtungsrechts (UMAG), http://www.dsw-info.de/uploads/media/DSW-Stellungnahme-UMAG.pdf (zul. abgerufen am 1.5.2008) (zit.: Stellungnahme der *DSW* zum UMAG-RefE, http://www.dsw-info.de/uploads/media/DSW-Stellungnahme-UMAG.pdf, S.)

Diekmann, Hans / Leuering, Dieter, Der Referentenentwurf eines Gesetzes zur Unternehmensintegrität und Modernisierung des Anfechtungsrechts (UMAG), NZG 2004, 249-265

Dooley, Michael P., Two Models of Corporate Governance, 47 Bus. Law. (1992) 461-527

Dose, Stefan, Die Rechtsstellung der Vorstandsmitglieder einer Aktiengesellschaft, 3. Aufl., Köln 1975

Dreher, Meinrad, Das Ermessen des Aufsichtsrats – Der Aufsichtsrat in der Aktiengesellschaft zwischen Verbandsautonomie und Richterkontrolle, ZHR 158 (1994), 614-645

ders., Interessenkonflikte bei Aufsichtsratsmitgliedern von Aktiengesellschaften, JZ 1990, 896-904

Drescher, Jochen, Kurzkommentar zu KG, Urt. v. 22.3.2005 – 14 U 248/03 –, EWiR 2006, 97-98

Drygala, Tim, Die neue deutsche Übernahmeskepsis und ihre Auswirkungen auf die Vorstandspflichten nach § 33 WpÜG, ZIP 2001, 1861-1871

Dütz, Wilhelm, Arbeitsrecht, 12. Aufl., München 2007

Easterbrook, Frank H. / Fischel, Daniel R., The Economic Structure of Corporate Law, London 1991

Ebke, Werner F., Management Buy-Outs, ZHR 155 (1991), 132-162

Ehricke, Ulrich / Ekkenga, Jens / Oechsler, Jürgen, Wertpapiererwerbs- und Übernahmegesetz, München 2003 (zit.: *Bearbeiter*, in: Ehricke/Ekkenga/Oechsler, WpÜG, 2003, §, Rn.)

Eidenmüller, Horst, Effizienz als Rechtsprinzip – Möglichkeiten und Grenzen der ökonomischen Analyse des Rechts, 2. Aufl., Tübingen 1998

Eisenberg, Melvin Aron, The Divergence of Standards of Conduct and Standards of Review in Corporate Law, 62 Fordham L. Rev. (1993) 437-568

Eisenhardt, Kathleen, Agency Theory: An Assessment and Review, Academy of Management Review, 1989, Vol. 14, No. 1, 57-74

Eisenhardt, Ulrich, Gesellschaftsrecht, 13. Aufl., München 2007

Ekkenga, Jens / Hofschroer, Josef, Das Wertpapiererwerbs- und Übernahmegesetz (Teil I), DStR 2002, 724-734

Elschen, Rainer, Agency-Theorie, DBW 48 (1988), 248-250

Elsing, Siegfried H. / Van Alstine, Michael P., US-amerikanisches Handels- und Wirtschaftsrecht, 2. Aufl., Heidelberg 1999

Elster, Thomas, Die Kodifizierung der Business Judgment Rule im deutschen Aktiengesetz – ein Überblick, PHi 2006, 232-236

Endres, Michael, Organisation der Unternehmensleitung aus der Sicht der Praxis, ZHR 163 (1999), 441-460

Erman, Walter, Bürgerliches Gesetzbuch, Handkommentar mit AGG, EGBGB (Auszug), ErbbauRG, HausratsVO, LPartG, ProdHaftG, UKlaG, VAHRG und WEG, hrsg. v. Westermann, Harm Peter, Bd. I und II, 12. Aufl., Köln 2008 (zit.: Erman/*Bearbeiter*, BGB, 12. Aufl., 2008, §, Rn.)

Eschenbruch, Klaus, Konzernhaftung – Haftung der Unternehmen und der Manager, Düsseldorf 1996

Eucken, Walter, Grundsätze der Wirtschaftspolitik, 7. Aufl., Tübingen 2004

Feddersen, Dieter, Nochmals – Die Pflichten des Vorstands zur Unternehmensplanung, ZGR 1993, 114-117

Fezer, Karl-Heinz, Nochmals: Kritik an der ökonomischen Analyse des Rechts, JZ 1988, 223-228

Fischer, Petra / Koch, Clemens, Neue Gestaltungsspielräume bei § 18 Kreditwesengesetz ausschöpfen, http://www.pwc.com/extweb/pwcpublications.nsf/docid/D1CD04707081307380257023002EE20F (zul. abgerufen am 3.9.2006)

Fleck, Hans-Joachim, Zur Haftung des GmbH-Geschäftsführers, GmbHR 1974, 224-235

Fleischer, Holger (Hrsg.), Handbuch des Vorstandsrechts, München 2006 (zit.: *Bearbeiter*, in: Handbuch des Vorstandsrechts, 2006, §, Rn.)

ders., Aktienrechtliche Legalitätspflicht und „nützliche“ Pflichtverletzungen von Vorstandsmitgliedern, ZIP 2005, 141-152

ders., Zur Verantwortlichkeit einzelner Vorstandsmitglieder bei Kollegialentscheidungen im Aktienrecht, BB 2004, 2645-2652

ders., Legal Transplants im deutschen Aktienrecht, NZG 2004, 1129-1137

ders., Die „Business Judgment Rule“: Vom Richterrecht zur Kodifizierung, ZIP 2004, 685-692

ders., Zur organschaftlichen Treuepflicht der Geschäftsleiter im Aktien- und GmbH-Recht, WM 2003, 1045-1058

ders., Zum Grundsatz der Gesamtverantwortung im Aktienrecht, NZG 2003, 449-459

ders., Vorstandsverantwortlichkeit und Fehlverhalten von Unternehmensangehörigen – Von der Einzelüberwachung zur Errichtung einer Compliance-Organisation, AG 2003, 291-300

ders., Zur Leitungsaufgabe des Vorstands im Aktienrecht, ZIP 2003, 1-11 *ders.*, Die „Business Judgment Rule“ im Spiegel von Rechtsvergleichung und Rechtsökonomie, in: Wank, Rolf / Hirte, Heribert / Frey, Kaspar / Fleischer, Holger / Thüsing, Gregor (Hrsg.), Festschrift für Herbert Wiedemann zum 70. Geburtstag, München 2002, S. 827-849 (zit.: *Fleischer*, in: FS Wiedemann, 2002, S. 827 (S.))

ders., Unternehmensspenden und Leitungsermessen des Vorstands im Aktienrecht, AG 2001, 171-181

ders., Grundfragen der ökonomischen Theorie im Gesellschafts- und Kapitalmarktrecht, ZGR 2001, 1-31

Frank, William P. / Moreland, Allen, Unternehmerisches Ermessen des Vorstands bei feindlichen Übernahmeversuchen in den USA: die Time-Entscheidung, RIW 1989, 761-769

Franke, Günter / Hax, Herbert, Finanzwirtschaft des Unternehmens und Kapitalmarkt, 5. Aufl., Berlin 2004 (zit.: *Franke/Hax*, Finanzwirtschaft, 2004, S.)

Frels, Harro, Zur Behauptungs- und Beweislast bei § 84 Abs. 2 AktG, AG 1960, 296-298

Fritsch, Michael / Wein, Thomas / Ewers, Hans-Jürgen, Marktversagen und Wirtschaftspolitik – Mikroökonomische Grundlagen staatlichen Handelns, 7. Aufl., München 2007 (zit.: *Fritsch/Wein/Ewers*, Marktversagen, 2007, S.)

Gabler, Th., Wirtschaftslexikon, Bd. 1, 5, 6 und 7, 15. Aufl., Wiesbaden 2000

Gehb, Jürgen / Heckelmann, Martin, Haftungsfreistellung von Vorständen, ZRP 2005, 145-149

Geibel, Stephan / Süßmann, Rainer (Hrsg.), Wertpapiererwerbs- und Übernahmegesetz (WpÜG), München 2002 (zit.: *Bearbeiter*, in: Geibel/Süßmann, WpÜG, 2002, §, Rn.)

Gerkan, Hartwin von, Die Beweislastverteilung beim Schadensersatzanspruch der GmbH gegen ihren Geschäftsführer, ZHR 154 (1990), 39-63

Geschwandtner, Marcus, Anmerkung zu BGH, Beschl. v. 8.1.2007 – II ZR 304/04 –, WuB II D. § 34 GenG 1.07, 346-348

Geßler, Ernst / Hefermehl, Wolfgang / Eckhardt, Ulrich / Kropff, Bruno, Aktiengesetz, Band II (§§ 76-147), München 1974 (zit.: Geßler/Hefermehl/Eckhardt/Kropff-*Bearbeiter*, AktG, 1974, §, Rn.)

Giesen, Hans-Michael, Organhandeln und Interessenkonflikt – Vergleichende Untersuchung zum deutschen und französischen Aktienrecht, Berlin 1984, zugl.: Münster (Westfalen), Univ., Diss., 1982/83

Goette, Wulf, Zur Verteilung der Darlegungs- und Beweislast der objektiven Pflichtwidrigkeit bei der Organhaftung, ZGR 1995, 648-674

Götz, Heinrich, Organhaftpflichtprozesse in der Aktiengesellschaft – Eine Entgegnung auf Kallmeyer, AG 1997, 107 ff., AG 1997, 219-222

ders., Die Überwachung der Aktiengesellschaft im Lichte jüngerer Unternehmenskrisen, AG 1995, 337-353

Göz, Philipp / Holzborn, Timo, Die Aktienrechtsreform durch das Gesetz für Unternehmensintegrität und Modernisierung des Anfechtungsrechts – UMAG, WM 2006, 157-164

Gottwald, Peter, Grundprobleme der Beweislastverteilung, Jura 1980, 225-236

Gottwald, Richard, Entscheidungen unter Unsicherheit – Informationsdefizite und unklare Präferenzen, Wiesbaden 1990, zugl.: Hamburg, Univ., Diss., 1989 u.d.T.: Gottwald, Richard: Die einstufige Individualentscheidung unter Unsicherheit

Grass, Andrea R., Business Judgment Rule – Schranken der richterlichen Überprüfbarkeit von Management-Entscheidungen in aktienrechtlichen Verantwortlichkeitsprozessen, Zürich 1998, zugl.: Zürich, Univ., Diss., 1998

Griffith, Sean J., Good Faith Business Judgment: A Theory of Rhetoric in Corporate Law Jurisprudence, 55 Duke L.J. (2005) 1-73

Großkommentar AktG, hrsg. von *Hopt, Klaus J. / Wiedemann, Herbert*, Aktiengesetz Großkommentar, Erster Band, 2. Halbband (§§ 76-147), 3. Aufl., Berlin 1973 (zit.: *Bearbeiter* in Großkomm. AktG, 1973, §, Anm.); Sechster Band (§§ 150-220), 4. Aufl., Berlin 2006; weiterhin zur

4. Aufl.: 19. Lieferung (§§ 76-83), Berlin 2003, 11. Lieferung (§§ 92-94), Berlin 1999, 26. Lieferung (§§ 84-91; Nachtrag zu § 93), Berlin 2006 (zit.: *Bearbeiter* in Großkomm. AktG, Erscheinungsjahr, §, Rn.)

Großmann, Adolf, Unternehmensziele im Aktienrecht – Eine Untersuchung über Handlungsmaßstäbe für Vorstand und Aufsichtsrat, Köln 1980, zugl.: Bochum, Univ., Diss., 1979

Grumann, Marc-Olaf / Gillmann, Michael, Abberufung und Kündigung von Vorstandsmitgliedern einer Aktiengesellschaft, DB 2003, 770-775

Grundmann, Stefan, Methodenpluralismus als Aufgabe – Zur Legalität von ökonomischen und rechtsethischen Argumenten in Auslegung und Rechtsanwendung, RabelsZ 61 (1997), 423-453

Grunewald, Barbara, Gesellschaftsrecht, 6. Aufl., Tübingen 2005

dies. / Müller, Hans-Friedrich, Die Entwicklung des Gesellschaftsrechts 1997/1998, JZ 1999, 442-455

dies., Rechtsschutz gegen fehlerhafte Maßnahmen der Geschäftsführung, DB 1981, 407-409

Grunsky, Wolfgang, Zivilprozessrecht, 12. Aufl., München 2006

Gummow, Susan N. K. / Bart, David P., Director and Officer Liability Insurance: How Bankruptcy Transforms the Rights of the Various Parties, J. Bankr. L. & Prac. 6 (2005) Art. 4

Haarmann, Wilhelm / Riehmer, Klaus / Schüppen, Matthias (Hrsg.), Öffentliche Übernahmeangebote – Kommentar zum Wertpapiererwerbs- und Übernahmegesetz, Heidelberg 2002 (zit.: *Bearbeiter* in Haarmann/Riehmer/Schüppen, WpÜG, 2002, §, Rn.)

Habersack, Mathias, Gesteigerte Überwachungspflichten des Leiters eines „sachnahen" Vorstandsressorts? – Kritische Bemerkung zum Urteil des VG Frankfurt a.M. vom 8.7.2004 = WM 2004, 2157 –, WM 2005, 2360-2364

Hamermesh, Lawrence A. / Sparks, A. Gilchrist, Corporate Officers and The Business Judgment Rule: A Reply to Professor Johnson, 60 Bus. Law. 865-876

Hamilton, Robert W., The Law of Corporations – In a Nutshell, 5th ed., St. Paul, Minn. 2000

Hanson, Charles, The Duty of Care, the Business Judgment Rule, and The American Law Institute Corporate Governance Project, 48 Bus. Law. (1993) 1355-1376

Harrer, Herbert, Die Bedeutung der Due Diligence bei der Vorbereitung eines Unternehmenskaufs, DStR 1993, 1673-1675

Hauschildt, Jürgen / Gemünden, Hans Georg / Grotz-Martin, Silvia / Haidle, Ulf, Entscheidungen der Geschäftsführung – Typologie, Informationsverhalten, Effizienz, Tübingen 1983 (zit.: *Bearbeiter*, in: Entscheidungen der Geschäftsführung, 1983, S.)

Hauschka, Christoph E., Corporate Compliance – Unternehmensorganisatorische Ansätze zur Erfüllung der Pflichten von Vorständen und Geschäftsführern, AG 2004, 461-480

ders., Grundsätze pflichtgemäßer Unternehmensführung – Entwurf eines Gesetzes zur Unternehmensintegrität und Modernisierung des Anfechtungsrechts (UMAG), ZRP 2004, 65-67

Hedemann, Justus Wilhelm, Die Vermutung nach dem Recht des Deutschen Reiches, Jena 1904 (zit.: *Hedemann*, Die Vermutung, 1904, S.)

Heermann, Peter W., Unternehmerisches Ermessen, Organhaftung und Beweislastverteilung, ZIP 1998, 761-769

Heidel, Thomas, Aktienrecht – Aktiengesetz, Gesellschaftsrecht, Kapitalmarktrecht, Steuerrecht, Europarecht –, Bonn 2003 (zit.: AnwK-AktienR/*Bearbeiter*, 2003, §, Rn.); 2. Aufl. unter dem Titel „Aktienrecht und Kapitalmarktrecht", Baden-Baden 2007 (zit.: *Bearbeiter*, in: Heidel, Aktienrecht, 2007, §, Rn.)

Heimbach, Heinz-J. / Boll, Lothar, Führungsaufgabe und persönliche Haftung der Vorstandsmitglieder und des Vorstandsvorsitzenden im ressortaufgeteilten Vorstand einer AG, VersR 2001, 801-809

Heisse, Matthias, Die Beschränkung der Geschäftsführerhaftung gegenüber der GmbH, Köln 1988, zugl.: München, Univ., Diss., 1987

Hemeling, Peter, Gesellschaftsrechtliche Fragen der Due Diligence beim Unternehmenskauf, ZHR 169 (2005), 274-294

Henn, Harry G. / Alexander, John R., Laws of Corporations – And other Business Enterprises, 3rd ed., St. Paul, Minn. 1983

Henze, Hartwig, Leitungsverantwortung des Vorstands – Überwachungspflicht des Aufsichtsrats, BB 2000, 209-216

Himmelsbach, Rainer / Krüger, Stefan, Anmerkung zu Geschäftsführerhaftung wegen unterlassener Due Diligence-Prüfung bei Unternehmenserwerb aus Insolvenz – OLG Oldenburg, Urt. v. 22.6.2006 – 1 U 34/03, NZI 2007, 309-311

Hinsey, Joseph, Business Judgment and the American Law Institute`s Corporate Governance Project: The Rule, the Doctrine and the Reality, 52 Geo. Wash. L. Rev. (1984) 609-623

Hirte, Heribert, Verteidigung gegen Übernahmeangebote und Rechtsschutz des Aktionärs gegen die Verteidigung, ZGR 2002, 623-658

Hoffmann-Becking, Michael, Vorstandsvorsitzender oder CEO?, NZG 2003, 745-750

ders., Zur rechtlichen Organisation der Zusammenarbeit im Vorstand der AG, ZGR 1998, 497-519

ders., Vorstands-Doppelmandate im Konzern, ZHR 150 (1986), 570-584

Holzapfel, Hans-Joachim / Pöllath, Reinhard, Unternehmenskauf in Recht und Praxis – Rechtliche und steuerliche Aspekte, 12. Aufl., Köln 2005

Holzborn, Timo / Bunnemann, Jan, Änderungen im AktG durch den Regierungsentwurf für das UMAG, BKR 2005, 51-58

Hommelhoff, Peter / Schwab, Martin, Zum Stellenwert betriebswirtschaftlicher Grundsätze ordnungsgemäßer Unternehmensleitung und –überwachung im Vorgang der Rechtserkenntnis, ZfbF, SoHeft 36/1996, 149-178

Hommelhoff, Peter, 100 Bände BGHZ: Aktienrecht, ZHR 151 (1987), 493-516

ders., Die Konzernleitungspflicht – Zentrale Aspekte eines Konzernverfassungsrechts, Köln 1982

Hopt, Klaus J., Die rechtlichen Rahmenbedingungen der Corporate Governance, in: Hommelhoff, Peter / Hopt, Klaus J. / Werder, Axel v. (Hrsg.), Handbuch Corporate Governance – Leitung und Überwachung börsennotierter Unternehmen in der Rechts- und Wirtschaftspraxis, Köln 2003

ders., Grundsatz- und Praxisprobleme nach dem Wertpapierhandelsgesetz – insbesondere Insidergeschäfte und Ad-hoc-Publizität –, ZHR 159 (1995), 135-163

Horn, Norbert, Die Haftung des Vorstands der AG nach § 93 AktG und die Pflichten des Aufsichtsrats – Zugleich Besprechung der Urteile des Bundesgerichtshofs vom 21. April 1997, ZIP 1997, 883, und des OLG Düsseldorf vom 28. November 1996, ZIP 1997, 27, im Fall ARAG/Garmenbeck, ZIP 1997, 1129-1139

Hueck, Götz / Windbichler, Christine, Gesellschaftsrecht, 21. Aufl., München 2008

Hüffer, Uwe, Aktiengesetz, 8. Aufl., München 2008 (zit.: *Hüffer*, AktG, 2008, §, Rn.)

Ihrig, Hans-Christoph, Reformbedarf beim Haftungstatbestand des § 93 AktG, WM 2004, 2098-2107

Ipsen, Jörn, Allgemeines Verwaltungsrecht, 5. Aufl., Köln 2007

Jauernig, Othmar (Hrsg.), Bürgerliches Gesetzbuch, 12. Aufl., München 2007 (zit.: Jauernig/*Bearbeiter*, BGB, 2007, §, Rn.)

ders., Zivilprozessrecht – Ein Studienbuch, 29. Aufl., München 2007

Johnson, Lyman P. Q., Corporate Officers and the Business Judgment Rule, 60 Bus. Law. (2005) 439-469

Junker, Abbo, Grundkurs Arbeitsrecht, 6. Aufl., München 2007

Kallmeyer, Harald, Pflichten des Vorstands der Aktiengesellschaft zur Unternehmensplanung, ZGR 1993, 104-113

Kau, Wolfgang / Kukat, Klaus, Haftung von Vorstands- und Aufsichtsratsmitgliedern bei Pflichtverletzungen nach dem Aktiengesetz, BB 2000, 1045-1050

Kessler, Manfred H., Die Leitungsmacht des Vorstandes einer Aktiengesellschaft – Der Versuch der Integration eines ökonomietheoretischen Konzepts in die Verbandsrechtsordnung zur Auflösung organspezifischer Kompetenzkonflikte –, Tübingen 1991, zugl.: Tübingen, Univ., Diss., 1991 (zit.: *Kessler*, Die Leitungsmacht, 1991, S.)

Kiethe, Kurt, Die zivil- und strafrechtliche Haftung von Aufsichtsräten für Geschäftsrisiken, WM 2005, 2122-2130

ders., Maßnahmenkatalog der Bundesregierung zur Aktienrechtsreform 2003 – „Verbesserung" des Klagerechts der Aktionäre?, ZIP 2003, 707-713

ders., Vorstandshaftung aufgrund fehlerhafter Due Diligence beim Unternehmenskauf, NZG 1999, 976-983

Kindler, Peter, Unternehmerisches Ermessen und Pflichtenbindung – Voraussetzungen und Geltendmachung der Vorstandshaftung in der Aktiengesellschaft – Rezensionsabhandlung, ZHR 162 (1998), 101-119

Kinzl, Ulrich-Peter, Gesetzgeber auf Abwegen? – Kritische Überlegungen zur Übernahme der Business Judgement Rule, AG 2004, R3

Kirchner, Christian, Managementpflichten bei „feindlichen" Übernahmeangeboten, WM 2000, 1821-1830

ders., Ökonomische Theorie des Rechts, Berlin 1997

Klausing, Friedrich, Gesetz über Aktiengesellschaften und Kommanditgesellschaften auf Aktien (Aktien-Gesetz) nebst Einführungsgesetz und „Amtlicher Begründung", Berlin 1937 (zit.: *Klausing*, Aktien-Gesetz, 1937, S.)

Klindt, Thomas / Swoboda, Jörg, Unternehmenskauf: Produktsicherheit als Teil der juristischen Due Diligence, DB 2005, 1203-1207

Koch, Jens, Das Gesetz zur Unternehmensintegrität und Modernisierung des Anfechtungsrechts (UMAG), ZGR 2006, 769-804

Kock, Martin / Dinkel, Renate, Die zivilrechtliche Haftung von Vorständen für unternehmerische Entscheidungen – Die geplante Kodifizierung der Business Judgment Rule im Gesetz zur Unternehmensintegrität und Modernisierung des Anfechtungsrechts, NZG 2004, 441-448

Kölner Kommentar AktG, hrsg. von *Zöllner, Wolfgang*, Kölner Kommentar zum Aktiengesetz, Band 2 (§§ 76-117 AktG und Mitbestimmung im Aufsichtsrat), 2. Aufl., Köln 1996 (Stand der Bearbeitung: Dezember 1988 (§§ 76-94 AktG); Dezember 1995 (Anh. § 94, §§ 95-117, Anh. § 117 AktG)) (zit.: *Bearbeiter* in Kölner Kommentar zum AktG, 2. Auflage, 1996, §, Rn.)

Kölner Kommentar WpÜG, hrsg. v. *Hirte, Heribert / v. Bülo, Christoph*, Kölner Kommentar zum WpÜG – mit AngebVO und §§ 327a-327f AktG, Köln 2003 (zit.: *Bearbeiter* in KK-WpÜG, 2003, §, Rn.)

Kornblum, Udo, Die Rechtsnatur der Bestimmung der Leistung in den §§ 315-319 BGB, AcP 168 (1968), 450-469

Korndörfer, Wolfgang, Allgemeine Betriebswirtschaftslehre – Aufbau – Ablauf – Führung – Leitung, 13. Aufl., Wiesbaden 2003

Krieger, Gerd, Personalentscheidungen des Aufsichtsrats, Köln 1981

Kronstein, Werner / Hawkins, Gerard L., Die Haftung der Organwalter und Gesellschafter von Tochtergesellschaften in den USA, RIW 1983, 249-257

Krüger, Dirk / Kalbfleisch, Eberhard, Due Diligence bei Kauf und Verkauf von Unternehmen – Rechtliche und steuerliche Aspekte der Vorprüfung beim Unternehmenskauf –, DStR 1999, 174-180

Kuntz, Thilo, Geltung und Reichweite der Business Judgment Rule in der GmbH, GmbHR 2008, 121-128

Kust, Egon, Zur Sorgfaltspflicht und Verantwortlichkeit eines ordentlichen und gewissenhaften Geschäftsleiters, WM 1980, 758-765

Kuthe, Thorsten, Die Fortsetzung der Aktienrechtsreform durch den Entwurf eines Gesetzes zur Unternehmensintegrität und Modernisierung des Anfechtungsrechts, BB 2004, 449-451

Larenz, Karl, Methodenlehre der Rechtswissenschaft, 6. Aufl., Berlin 1991 (zit.: *Larenz*, Methodenlehre, 1991, S.)

Leipold, Dieter, Beweislastregeln und gesetzliche Vermutungen – insbesondere bei Verweisungen zwischen verschiedenen Rechtsgebieten, Berlin 1966

Lieb, Manfred / Jacobs, Matthias, Arbeitsrecht, 9. Aufl., Heidelberg 2006

Liese, Jens / Theusinger, Ingo, BB-Kommentar zu OLG Oldenburg, Urt. v. 22.6.2006 – 1 U 34/03, BB 2007, 71-72

Linnerz, Markus, Vom Anfechtungs- zum Haftungstourismus? – Stellungnahme zur geplanten Neuregelung aktienrechtlicher Haftungsklagen, NZG 2004, 307-313

Loges, Rainer, Der Einfluß der „Due Diligence" auf die Rechtsstellung des Käufers eines Unternehmens, DB 1997, 965-969

Lohse, Andrea, Unternehmerisches Ermessen – Zu den Aufgaben und Pflichten von Vorstand und Aufsichtsrat, Tübingen 2005, zugl.: Berlin, Univ., Habil.-Schr., 2004

Losert, Walter / Schiemer, Karl / Stadler, Max (Hrsg.), Aktiengesetz 1965 mit Gesetzesmaterialien und ausführlichen Erläuterungen, Wien 1966 (zit.: Losert/Schiemer/Stadler-*Bearbeiter*, AktG 1965, 1966, §, S.)

Lutter, Marcus, Die Business Judgment Rule und ihre praktische Anwendung, ZIP 2007, 841-848

ders., Due diligence des Erwerbers beim Kauf einer Beteiligung, ZIP 1997, 613-620

ders., Zum unternehmerischen Ermessen des Aufsichtsrats, ZIP 1995, 441-442

ders., Pflichten und Haftung von Sparkassenorganen, Köln 1991

Lutter, Marcus / Hommelhoff, Peter, GmbH-Gesetz, Kommentar, 16. Aufl., Köln 2004 (zit.: *Bearbeiter* in Lutter/Hommelhoff, GmbHG, 16. Aufl., 2004, §, Rn.)

Luttermann, Claus, Unternehmensfinanzierung, Geschäftsleiterpflicht und Haftkapital bei Kapitalgesellschaften – Rechtsfragen der Vermögensbetreuung und Liquiditätssicherung („business judgement rule") im Konzern („Bremer Vulkan") und ein umfassendes Finanzierungs- und Haftungskonzept, BB 2001, 2433-2437

Macey, Jonathan R. / Miller, Geoffrey P., Trans Union Reconsidered, 98 Yale L. J. (1988/89) 127-143

Mag, Wolfgang, Grundzüge der Entscheidungstheorie, München 1990

Maly, Werner, Die Entwicklung von Grundsätzen ordnungsmäßiger Unternehmensführung aus Sicht der Praxis, ZfbF, SoHeft 36/1996, 179-197

Manning, Bayless, The Business Judgment Rule and the Director`s Duty of Attention: Time for Reality, 39 Bus. Law. (1984) 1477-1501

Martens, Klaus-Peter, Der Grundsatz gemeinsamer Vorstandsverantwortung, in: Goerdeler, Reinhard / Hommelhoff, Peter / Lutter, Marcus / Wiedemann, Herbert (Hrsg.), Festschrift für Hans-Joachim Fleck zum 70 Geburtstag am 30. Januar 1988, Berlin 1988, S. 191-208 (zit.: *Martens*, in: FS Fleck, 1988, S. 191 (S.))

Maurer, Hartmut, Allgemeines Verwaltungsrecht, 16. Aufl., München 2006

Mayer-Maly, Theo, Das Ermessen im Privatrecht, in: Im Dienst an Staat und Recht, Internationale Festschrift Erwin Melichar zum 70. Geburtstag, hrsg. v.: Schäffer, Heinz in Verbindung mit König, Klaus und Ringhofer, Kurt, S. 441-449, Wien 1983 (zit.: *Mayer-Maly*, in: FS Melichar, 1983, S. 441 (S.))

Meilicke, Heinz, Zuwendungen an politische Parteien aus Mitteln wirtschaftlicher Unternehmen, NJW 1959, 409-413

Merkt, Hanno / Göthel, Stephan R., US-amerikanisches Gesellschaftsrecht, 2. Aufl., Frankfurt a.M. 2006

ders., Rechtliche Bedeutung der „due diligence" beim Unternehmenskauf, WiB 1996, 145-150

ders., Due Diligence und Gewährleistung beim Unternehmenskauf, BB 1995, 1041-1048
Mertens, Hans-Joachim, Der Aktionär als Wahrer des Rechts? – Aktuelle Probleme der Durchsetzung von Aktionärsrechten, AG 1990, 49-55
Mestmäcker, Ernst-Joachim, Verwaltung, Konzerngewalt und Rechte der Aktionäre – Eine rechtsvergleichende Untersuchung nach deutschem Aktienrecht und dem Recht der Corporations in den Vereinigten Staaten, Karlsruhe 1958 (zit.: *Mestmäcker*, Verwaltung, 1958, S.)
Meyers großes Taschenlexikon: in 24 Bänden, hrsg. und bearb. von Meyers Lexikonredaktion, Bd. 6, 10. Aufl., Mannheim 2006
Michalski, Lutz (Hrsg.), Kommentar zum Gesetz betreffend die Gesellschaften mit beschränkter Haftung (GmbH-Gesetz), Bd. II, München 2002 (zit.: Michalski-*Bearbeiter*, GmbHG, 2002, §, Rn.)
Miller, Elizabeth S. / Rutledge, Thomas E., The Duty of Finest Loyalty and Reasonable Decisions: The Business Judgment Rule in Unincorporated Business Organizations?, 30 Del. J. Corp. L. (2005) 343-388
Müller, Welf / Rödder, Thomas (Hrsg.), Beck`sches Handbuch der AG – mit KGaA – Gesellschaftsrecht – Steuerrecht – Börsengang, München 2004 (zit.: Beck AG-HB/*Bearbeiter*, 2004, §, Rn.)
Münchener Handbuch des Gesellschaftsrechts, hrsg. von *Hoffmann-Becking, Michael*, Bd. 4, Aktiengesellschaft, 3. Aufl., München 2007 (zit.: *Bearbeiter*, in: Münchener Handbuch des Gesellschaftsrechts, Bd. 4, 2007, §, Rn.)
Münchener Kommentar AktG, hrsg. v. *Kropff, Bruno / Semler, Johannes*, Münchener Kommentar zum Aktiengesetz, Bd. 3 (§§ 76-117 AktG, MitbestG, § 76 BetrVG 1952), München 2004, Bd. 4 (§§ 118-147), München 2004, Bd. 6 (§§ 179-221), München 2005, Bd. 9/1 (§§ 327a-327f AktG, WpÜG, SpruchG), München 2004, 2. Aufl. des Geßler/Hefermehl/Eckhardt/Kropff, Aktiengesetz, (zit.: MünchKommAktG/*Bearbeiter*, Erscheinungsjahr, §, Rn.)
Münchener Kommentar BGB, Münchener Kommentar zum Bürgerlichen Gesetzbuch, Bd. 1, Allgemeiner Teil, 1. Halbband (§§ 1-240 – ProstG), hrsg. v. *Säcker, Franz Jürgen*, 5. Aufl., München 2006; Bd. 2, Schuldrecht Allgemeiner Teil (§§ 241-432), hrsg. v. *Krüger, Wolfgang*, 5. Aufl., München 2007; Bd. 7, Familienrecht I (§§ 1297-1588 – VAHRG – VAÜG – HausratsV), hrsg. v. *Rebmann, Kurt*, 4. Aufl., München 2000 (zit.: MünchKommBGB/*Bearbeiter*, Jahr, §, Rn.)
Münchener Kommentar ZPO, hrsg. v. *Rauscher, Thomas / Wax, Peter / Wenzel, Joachim*, Münchener Kommentar zur Zivilprozessordnung, Bd. 1 (§§ 1-510c), 3. Aufl., München 2008 (zit.: MünchKommZPO/*Bearbeiter*, 2008, §, Rn.)
Musielak, Hans-Joachim, Kommentar zur Zivilprozessordnung mit Gerichtsverfassungsgesetzen, 5. Aufl., München 2007 (zit.: Musielak/*Bearbeiter*, ZPO, 2007, §, Rn.)
ders., Grundkurs ZPO, 9. Aufl., München 2007
ders. / Stadler, Max, Grundfragen des Beweisrechts – Beweisaufnahme – Beweiswürdigung – Beweislast, München 1984
ders., Die Grundlagen der Beweislast im Zivilprozeß, Berlin 1975
Mutschler, Ulrich / Mersmann, Ruth, Verfahrensmäßige Anforderungen an ordnungsgemäße Vorstandsentscheidungen im M&A-Bereich, DB 2003, 79-83
Mutter, Stefan, Unternehmerische Entscheidungen und Haftung des Aufsichtsrats der Aktiengesellschaft, Köln 1994, zugl.: Tübingen, Univ., Diss., 1994 (zit.: *Mutter*, Unternehmerische Entscheidungen und Haftung, 1994, S.)

Nieschlag, Robert / Dichtl, Erwin / Hörschgen, Hans, Marketing, 19. Aufl., Berlin 2002

Oltmanns, Martin, Geschäftsleiterhaftung und unternehmerisches Ermessen – Die Business Judgment Rule im deutschen und im amerikanischen Recht, Frankfurt am Main 2001, zugl.: Bonn, Univ., Diss., 2000 (zit.: *Oltmanns*, Geschäftsleiterhaftung, 2001, S.)

Ott, Claus / Schäfer, Hans-Bernd, Die ökonomische Analyse des Rechts – Irrweg oder Chance wissenschaftlicher Rechtserkenntnis?, JZ 1988, 213-223

Paefgen, Walter, Dogmatische Grundlagen, Anwendungsbereich und Formulierung einer Business Judgment Rule im künftigen UMAG, AG 2004, 245-261

ders., Unternehmerische Entscheidungen und Rechtsbindung der Organe in der AG, Köln 2002, zugl.: Tübingen, Univ., Habil.-Schr., 2002 (zit.: *Paefgen*, Unternehmerische Entscheidungen und Rechtsbindung, 2002, S.)

Pagenstecher, Max, Zur Lehre von der materiellen Rechtskraft, Berlin 1905

Palandt, Otto (Begr.), Bürgerliches Gesetzbuch, 67. Aufl., München 2008 (zit.: Palandt/*Bearbeiter*, BGB, 2008, §, Rn.)

Paschos, Nikolaos / Neumann, Kay-Uwe, Die Neuregelungen des UMAG im Bereich der Durchsetzung von Haftungsansprüchen der Aktiengesellschaft gegen Organmitglieder, DB 2005, 1779-1786

Peine, Franz-Joseph, Allgemeines Verwaltungsrecht, 8. Aufl., Heidelberg 2006

Picot, Arnold / Dietl, Helmut / Franck, Egon, Organisation – Eine ökonomische Perspektive, 4. Aufl., Stuttgart 2005

Picot, Arnold / Reichwald, Ralf / Wigand, Rolf T., Die grenzenlose Unternehmung – Information, Organisation und Management – Lehrbuch zur Unternehmensführung im Informationszeitalter, 5. Aufl., Wiesbaden 2003

Plósz, Alexander, Die Natur der gesetzlichen Vermutungen, in: Festschrift für Adolf Wach, 2. Bd., S. 1-42, Leipzig 1913 (zit.: *Plósz*, in: FS Wach, 1913, S. 1 (S.))

Pötzsch, Thorsten, Das neue Übernahmerecht – Das Gesetz zur Regelung von öffentlichen Angeboten zum Erwerb von Wertpapieren und von Unternehmensübernahmen – Einführung – Texte – Materialien, Köln 2002

Posner, Richard, A., Recht und Ökonomie: Eine Einführung, in: Assmann, Heinz-Dieter / Kirchner, Christian / Schanze, Erich, Ökonomische Analyse des Rechts, Tübingen 1993, S. 79-98 (zit.: *Posner*, in: A/K/S, Ökonomische Analyse des Rechts, 1993, S. 79 (S.))

Raiser, Thomas / Veil, Rüdiger, Recht der Kapitalgesellschaften – Ein Handbuch für Praxis und Wissenschaft – Aktiengesellschaft, Kommanditgesellschaft auf Aktien, Gesellschaft mit beschränkter Haftung, Kapitalgesellschaft & Co., Umwandlungsrecht, Konzernrecht, Internationales Gesellschaftsrecht, 4. Aufl., München 2006

Rehn, Erich / Cronauge, Ulrich, Gemeindeordnung für das Land Nordrhein-Westfalen, Loseblatt-Ausgabe, 2. Aufl., Bd. I, Siegburg 2003

Richter, Rudolf / Furubotn, Eirik G., Neue Institutionenökonomik – Eine Einführung und kritische Würdigung, 3. Aufl., Tübingen 2003

Rodewald, Jörg / Unger, Ulrike, Corporate Compliance – Organisatorische Vorkehrungen zur Vermeidung von Haftungsfällen der Geschäftsleitung, BB 2006, 113-117

Röhl, Klaus F., Allgemeine Rechtslehre – Ein Lehrbuch, 2. Aufl., Köln 2001

Rosenberg, Leo, Die Beweislast – auf der Grundlage des Bürgerlichen Gesetzbuchs und der Zivilprozessordnung, 5. Aufl., München 1965

Rosenberg, Leo / Schwab, Karl Heinz / Gottwald, Peter, Zivilprozessrecht, 16. Aufl., München 2004

Roth, Markus, Das unternehmerische Ermessen des Vorstands – Neuerungen durch den Referentenentwurf eines Gesetzes zur Unternehmensintegrität und zur Modernisierung des Anfechtungsrechts (UMAG)?, BB 2004, 1066-1069

ders., Unternehmerisches Ermessen und Haftung des Vorstands – Handlungsspielräume und Haftungsrisiken insbesondere in der wirtschaftlichen Krise, München 2001, zugl.: Hamburg, Univ., Diss., 2000 (zit.: *M. Roth*, Unternehmerisches Ermessen, 2001, S.)

Saage, Gustav, Die Haftung des Aufsichtsrats für wirtschaftliche Fehlentscheidungen des Vorstandes nach dem Aktiengesetz, DB 1973, 115-121

Saenger, Ingo (Hrsg.), Zivilprozessordnung, Handkommentar, 2. Aufl., Baden-Baden 2007 (zit.: Hk-ZPO/*Bearbeiter*, 2007, §, Rn.)

Schäfer, Carsten, Die Binnenhaftung von Vorstand und Aufsichtsrat nach der Renovierung durch das UMAG, ZIP 2005, 1253-1259

Schaefer, Franz W. /Eichner, Christian, Abwehrmöglichkeiten des Vorstands von börsennotierten Aktiengesellschaften bei feindlichen Übernahmeversuchen – ein Rechtsvergleich zwischen Deutschland und den USA, NZG 2003, 150-155

Schaefer, Hans / Missling, Patrick J., Haftung von Vorstand und Aufsichtsrat, NZG 1998, 441-447

Schäfer, Hans-Bernd / Ott, Claus, Lehrbuch der ökonomischen Analyse des Zivilrechts, 4. Aufl., Berlin 2005

Schellhammer, Kurt, Zivilprozess – Gesetz – Praxis – Fälle, 12. Aufl., Heidelberg 2007

Schilling, Wolfgang, Das Aktienunternehmen, ZHR 144 (1980), 136-144

Schiessl, Maximilian, Gesellschafts- und mitbestimmungsrechtliche Probleme der Spartenorganisation (Divisionalisierung), ZGR 1992, 64-86

Schlechtriem, Peter, Schadensersatzhaftung der Leitungsorgane von Kapitalgesellschaften, in: Kreuzer, Karl (Hrsg.), Die Haftung der Leitungsorgane von Kapitalgesellschaften, Baden-Baden 1991 (zit.: *Schlechtriem*, in: Die Haftung der Leitungsorgane von Kapitalgesellschaften, 1991, S. 9 (S.))

Schlüter, Wilfried, BGB – Familienrecht, 12. Aufl., Heidelberg 2006

Schmalz, Dieter, Methodenlehre für das juristische Studium, 4. Aufl., Baden-Baden 1998

Schmidt, Karsten, Gesellschaftsrecht, 4. Aufl., Köln 2002

ders., Verfolgungspflichten, Verfolgungsrechte und Aktionärsklagen: Ist die Quadratur des Zirkels näher gerückt?, NZG 2005, 796-801

ders., / Lutter, Marcus (Hrsg.), Aktiengesetz – Kommentar, I. Bd. (§§ 1-149), Köln 2008 (zit.: *Bearbeiter*, in: K. Schmidt/Lutter, AktG, 2008, §, Rn.)

Schmidt, Martin, Die Sorgfaltspflicht des Vorstands nach § 93 Abs. 1 AktG bei Kreditvergabeentscheidungen aus ökonomischer Sicht, ZBB 2006, 31-40

Schneider, Dieter, Betriebswirtschaftslehre – Band 3: Theorie der Unternehmung, München 1997 (zit.: *D. Schneider*, BWL, Bd. 3, 1997, S.)

Schneider, Sven H., „Unternehmerische Entscheidungen" als Anwendungsvoraussetzung für die Business Judgment Rule, DB 2005, 707-712

Schneider, Uwe H., Die Zielgesellschaft nach Abgabe eines Übernahme- oder Pflichtangebots, AG 2002, 125-133

ders. / Burgard, Ulrich, Übernahmeangebote und Konzerngründung – Zum Verhältnis von Übernahmerecht, Gesellschaftsrecht und Konzernrecht, DB 2001, 963-969

Schneider, Uwe H., Gesellschaftsrechtliche und öffentlich-rechtliche Anforderungen an eine ordnungsgemäße Unternehmensorganisation – Zur Überlagerung des Gesellschaftsrechts durch öffentlich-rechtliche Verhaltenspflichten und öffentlich-rechtliche Strukturnormen, DB 1993, 1909-1915

ders., Haftungsmilderung für Vorstandsmitglieder und Geschäftsführer bei fehlerhafter Unternehmensleitung?, in: Hadding, Walther / Immenga, Ulrich / Mertens, Hans-Joachim / Pleyer, Klemens / Schneider, Uwe H. (Hrsg.), Festschrift für Winfried Werner zum 65. Geburtstag am 17. Oktober 1984, Berlin 1984, S. 795-815 (zit.: *U. H. Schneider*, in: FS Werner, 1984, S. 795 (S.))

Scholz, Franz, Kommentar zum GmbH-Gesetz – mit Anhang Konzernrecht, II. Bd., 10. Aufl., Köln 2007 (zit.: Scholz/*Bearbeiter*, GmbHG, 10. Aufl., 2007, §, Rn.)

Schroeder, Ulrich, Darf der Vorstand der Aktiengesellschaft dem Aktienkäufer eine Due Diligence gestatten?, DB 1997, 2161-2166

Schubert, Werner / Hommelhoff, Peter (Hrsg.), Die Aktienrechtsreform am Ende der Weimarer Republik – Die Protokolle der Verhandlungen im Aktienrechtsausschuß des Vorläufigen

Reichswirtschaftsrats unter dem Vorsitz von Max Hachenburg, Berlin 1987 (zit.: *Schubert/Hommelhoff*, Aktienrechtsreform, 1987, S.)

Schutzgemeinschaft der Kleinaktionäre e.V. (SdK), Stellungnahme zum Entwurf eines Gesetzes zur Unternehmensintegrität und Modernisierung des Anfechtungsrechts v. 30.3.2004, http://www.jura.uni-augsburg.de/prof/moellers/materialien/materialdateien/040_deutsche_gesetzgebungsgeschichte/umag_geschichte/umag_geschichte_pdfs/stnahme_sdk_umag.pdf (zul. abgerufen am 1.5.2008) (zit.: Stellungnahme des *SdK* zum UMAG-RefE v. 30.3.2004, http://www.jura.uni-augsburg.de/prof/moellers/materialien/materialdateien/040_deutsche_gesetzgebungsgeschichte/umag_geschichte/umag_geschichte_pdfs/stnahme_sdk_umag.pdf, S.)

Schwark, Eberhard, Spartenorganisation in Großunternehmen und Unternehmensrecht, ZHR 142 (1978), 203-227

Schwintowski, Hans-Peter, Ökonomische Theorie des Rechts, JZ 1998, 581-588

Seibert, Ulrich / Schütz, Carsten, Der Referentenentwurf eines Gesetzes zur Unternehmensintegrität und Modernisierung des Anfechtungsrechts – UMAG, ZIP 2004, 252-258

Semler, Johannes, Zur aktienrechtlichen Haftung der Organmitglieder einer Aktiengesellschaft, AG 2005, 321-336

ders., Entscheidungen und Ermessen im Aktienrecht, in: Habersack, Mathias / Hommelhoff, Peter / Hüffer, Uwe / Schmidt, Karsten (Hrsg.), Festschrift für Peter Ulmer zum 70. Geburtstag am 2. Januar 2003, Berlin 2003, S. 627-642 (zit.: *Semler*, in: FS Ulmer, 2003, S. 627 (S.))

ders., Leitung und Überwachung der Aktiengesellschaft – Die Leitungsaufgabe des Vorstands und die Überwachungsaufgabe des Aufsichtsrats, 2. Aufl., Köln 1996

ders. / Stengel, Arndt, Interessenkonflikte bei Aufsichtsratsmitgliedern von Aktiengesellschaften am Beispiel von Konflikten bei Übernahme, NZG 2003, 1-8

Sieg, Oliver, Tendenzen und Entwicklungen der Managerhaftung in Deutschland, PHi 2001, 90-98

Soergel, Hans Th. (Begr.), Bürgerliches Gesetzbuch – mit Einführungsgesetz und Nebengesetzen, Bd. 7, Familienrecht I (§§ 1297-1588), Stuttgart 1989, Bd. 12, Schuldrecht 10 (§§ 823-853, ProdHG, UmweltHG), Stuttgart 2005 (zit.: Soergel-*Bearbeiter*, BGB, Erscheinungsjahr, §, Rn.)

Sonnenberger, Hans J., Gesellschaftsrechtliche Verantwortlichkeit geschäftsführender Organe von Kapitalgesellschaften – Rechtsvergleichende Bemerkungen zum deutschen, englischen und französischen Recht, GmbHR 1973, 25-32

Spindler, Gerald, Haftung und Aktionärsklage nach dem neuen UMAG, NZG 2005, 865-872

ders. / Stilz, Eberhard (Hrsg.), Kommentar zum Aktiengesetz, Bd. 1 (§§ 1-178), München 2007 (zit.: Spindler/Stilz/*Bearbeiter*, AktG, 2007, §, Rn.)

Stein, Friedrich / Jonas, Martin, Kommentar zur Zivilprozeßordnung, Bd. 3 (§§ 253-299a), 21. Aufl., Tübingen 1997 (zit.: Stein-Jonas/*Bearbeiter*, ZPO, 1997, §, Rn.)

Stein, Ursula, Konzernherrschaft durch EDV? – Gesellschaftsrechtliche und konzernrechtliche Probleme der EDV-Auslagerung auf ein konzernverbundenes Unternehmen –, ZGR 1988, 163-191

Steinmeyer, Roland / Häger, Michael, WpÜG – Wertpapiererwerbs- und Übernahmegesetz – Kommentar, 2. Aufl., Berlin 2007 (zit.: *Bearbeiter*, in: Steinmeyer/Häger, WpÜG, 2007, §, Rn.)

Stickelbrock, Barbara, Inhalt und Grenzen richterlichen Ermessens im Zivilprozeß, Köln 2002, zugl.: Köln, Univ., Habil.-Schr., 2001 (zit.: *Stickelbrock*, Richterliches Ermessen, 2002, S.)

Stout, Lynn A., In praise of procedure: an economic and behavioral defense of Smith v. Van Gorkom and the Business Judgment Rule, 96 Nw. U. L. Rev. (2002) 675-693

Taupitz, Jochen, Ökonomische Analyse und Haftungsrecht – Eine Zwischenbilanz, AcP 196 (1996), 114-167

Thomas, Heinz / Putzo, Hans, Zivilprozessordnung – mit Gerichtsverfassungsgesetz, den Einführungsgesetzen und europarechtlichen Vorschriften, Kommentar, 28. Aufl., München 2007 (zit.: *Bearbeiter* in Thomas/Putzo, ZPO, 2007, §, Rn.)

Thümmel, Roderich, Organhaftung nach dem Referentenentwurf des Gesetzes zur Unternehmensintegrität und Modernisierung des Anfechtungsrechts (UMAG) – Neue Risiken für Manager?, DB 2004, 471-474

ders., Persönliche Haftung von Managern und Aufsichtsräten – Haftungsrisiken bei Managementfehlern, Risikobegrenzung und D&O-Versicherung, 3. Aufl., Stuttgart 2003 (zit.: *Thümmel*, Persönliche Haftung, 2003, Rn.)

Treek, Joachim, Die Offenbarung von Unternehmensgeheimnissen durch den Vorstand einer Aktiengesellschaft im Rahmen einer Due Diligence, in: Großfeld, Bernhard / Sack, Rolf / Möllers, Thomas M. J. /Drexl, Josef / Heinemann, Andreas (Hrsg.), Festschrift für Wolfgang Fikentscher zum 70. Geburtstag, Tübingen 1998, S. 434-455 (zit.: *Treek*, in: FS Fikentscher, 1998, S. 434 (S.))

Trockels, Friedrich, „Business Judgement Rule" und „Corporate Take-overs", AG 1990, 139-144

Tröger, Tobias, Unternehmensübernahmen im deutschen Recht (II) – Übernahmeangebote, Pflichtangebot, Squeeze Out –, DZWir 2002, 397-407

Turcon, Rémi J. / Zimmer, Daniel, Grundlagen des US-amerikanischen Gesellschafts-, Wirtschafts-, Steuer- und Fremdenrechts – Rechtliche Rahmenbedingungen für ausländische Direktinvestitionen in den USA, München 1994 (zit.: *Turcon/Zimmer*, Grundlagen, 1994, S.)

Turiaux, André / Knigge, Dagmar, Vorstandshaftung ohne Grenzen? – Rechtssichere Vorstands- und Unternehmensorganisation als Instrument der Risikominimierung, DB 2004, 2199-2207

Ulmer, Peter, Haftungsfreistellung bis zur Grenze grober Fahrlässigkeit bei unternehmerischen Fehlentscheidungen von Vorstand und Aufsichtsrat? – Kritische Bemerkungen zur geplanten Kodifizierung der business judgment rule im UMAG-Entwurf (§ 93 Abs. 1 Satz 2 AktG), DB 2004, 859-863

ders., Die Aktionärsklage als Instrument zur Kontrolle des Vorstands- und Aufsichtsratshandelns – Vor dem Hintergrund der US-Erfahrungen mit der shareholders` derivative action, ZHR 163 (1999), 290-342

Veasey, Norman, The Defining Tension in Corporate Governance in America, 52 Bus. Law. (1997) 393-406

Vetter, Eberhard, Die Verantwortung und Haftung des überstimmten Aufsichtsratsmitglieds, DB 2004, 2623-2628

Wegen, Gerhard, Due Diligence-Checkliste für den Erwerb einer deutschen Gesellschaft, WiB 1994, 291-296

Weigel, Wolfgang, Rechtsökonomik – Eine methodologische Einführung für Einsteiger und Neugierige, München 2003

Werder, Axel v., Ökonomische Grundfragen der Corporate Governance, in: Hommelhoff, Peter / Hopt, Klaus J. / Werder, Axel v. (Hrsg.), Handbuch Corporate Governance – Leitung und Überwachung börsennotierter Unternehmen in der Rechts- und Wirtschaftspraxis, Köln 2003

Werder, Axel v. / Maly, Werner / Pohle, Klaus / Wolff, Gerhardt, Grundsätze ordnungsmäßiger Unternehmensleitung (GoU) im Urteil der Praxis, DB 1998, 1193-1198

Werder, Axel v., Vorstandsentscheidungen nur auf der Grundlage „sämtlicher relevanter Informationen? – Zur sachgerechten Konkretisierung der „Sorgfalt eines ordentlichen und gewissenhaften Geschäftsleiters" durch Grundsätze ordnungsmäßiger Entscheidungsfundierung, ZfB 1997, 901-922

ders., Grundsätze ordnungsmäßiger Unternehmungsführung (GoF) – Zusammenhang, Grundlagen und Systemstruktur von Führungsgrundsätzen für die Unternehmungsleitung (GoU), Überwachung (GoÜ) und Abschlussprüfung (GoA), ZfbF, SoHeft 36/1996, 1-26

ders., Grundsätze ordnungsmäßiger Unternehmungsleitung (GoU) – Bedeutung und erste Konkretisierung von Leitlinien für das Top-Management, ZfbF, SoHeft 36/1996, 27-73 *ders.*, Organisation der Unternehmensleitung und Haftung des Top-Managements, DB 1987, 2265-2273

Werner, Rüdiger, Haftungsrisiken bei Unternehmensakquisitionen: die Pflicht des Vorstands zur Due Diligence, ZIP 2000, 989-996

Wieczorek, Bernhard, Zivilprozeßordnung und Nebengesetze – aufgrund der Rechtsprechung kommentiert, 2. Bd. (§§ 253-510c), 2. Aufl., Berlin 1976 (zit.: *Wieczorek*, ZPO, 1976, §)

Wiedemann, Herbert, Zu den Treuepflichten im Gesellschaftsrecht, in: Kübler, Friedrich / Mertens, Hans-Joachim / Werner, Winfried (Hrsg.), Festschrift für Theodor Heinsius zum 65. Geburtstag am 25. September 1991, Berlin 1991, S. 948-966 (zit.: *Wiedemann*, in: FS Heinsius, 1991, S. 948 (S.))

ders., Organverantwortung und Gesellschafterklagen in der Aktiengesellschaft, Opladen 1989 (zit.: *Wiedemann*, Organverantwortung, 1989, S.)

ders., Gesellschaftsrecht – Ein Lehrbuch des Unternehmens- und Verbandsrechts, Bd. I – Grundlagen, München 1980

Wiese, Götz Tobias / Demisch, Dominik, Unternehmensführung bei feindlichen Übernahmeangeboten, DB 2001, 849-852

Wilsing, Hans-Ulrich, Neuerungen des UMAG für die aktienrechtliche Beratungspraxis, ZIP 2004, 1082-1091

Windbichler, Christine, Schadensersatzansprüche des stillen Gesellschafters – Besprechung der Entscheidung BGH WM 1987, 1193 ff –, ZGR 1989, 434-444

Winter, Martin / Harbarth, Stephan, Verhaltenspflichten von Vorstand und Aufsichtsrat der Zielgesellschaft bei feindlichen Übernahmeangeboten nach dem WpÜG, ZIP 2002, 1-18

Witte, Eberhard (Hrsg.), Das Informationsverhalten in Entscheidungsprozessen, Tübingen 1972 (zit.: *Witte*, in: Das Informationsverhalten in Entscheidungsprozessen, 1972, S.)

Witte, Jürgen / Hrubesch, Boris, Die persönliche Haftung von Mitgliedern des Aufsichtsrats einer AG – unter besonderer Berücksichtigung der Haftung bei Kreditvergaben, BB 2004, 725-732

Wolff, Hans J. / Bachof, Otto / Stober, Rolf / Kluth, Winfried, Verwaltungsrecht I, Ein Studienbuch, 12. Aufl., München 2007

Zeiss, Walter / Schreiber, Klaus, Zivilprozessrecht, 10. Aufl., Tübingen 2003

Ziegler, Ole, „Due Diligence" im Spannungsfeld zur Geheimhaltungspflicht von Geschäftsführern und Gesellschaften, DStR 2000, 249-255

Ziemons, Hildegard, Neuerungen im Insiderrecht und bei der Ad-hoc-Publizität durch die Marktmissbrauchsrichtlinie und das Gesetz zur Verbesserung des Anlegerschutzes, NZG 2004, 537-543

Zippelius, Reinhold, Juristische Methodenlehre, 10. Aufl., München 2006

Zöller, Richard, Zivilprozessordnung – mit Gerichtsverfassungsgesetz und den Einführungsgesetzen, mit Internationalem Zivilprozessrecht, EG-Verordnungen, Kostenanmerkungen – Kommentar, 26. Aufl., Köln 2006

Stichwortverzeichnis

Kolibri 360 GmbH
Ferdinand-Jühlke-Straße 7
99095 Erfurt, Deutschland
produktsicherheit@kolibri360.de